21世纪工商管理特色教材

管理经济学
MANAGERIAL ECONOMICS
（第2版）

王尔大 于 洋 ⊙ 主编

清华大学出版社
北京

内 容 简 介

本书是以当今国际上流行的管理经济学教材框架和内容为基础,结合国内外企业管理实践编写的一本管理经济学教材。除介绍最基本的微观经济学理论与方法之外,本书更注重经济学理论在企业管理中的应用。基于这样的定位,本书系统地介绍了产品特殊定价方法、博弈论、市场预测和风险分析,此外,本书重点介绍了回归分析方法在企业管理决策中的应用。

本书适用于管理学专业大学本科和研究生学习,也可供各级管理人员自学使用。

本书封面贴有清华大学出版社防伪标签,无标签者不得销售。
版权所有,侵权必究。举报: 010-62782989,beiqinquan@tup.tsinghua.edu.cn。

图书在版编目 CIP 数据

管理经济学/王尔大,于洋主编.--2版.--北京:清华大学出版社,2015(2022.10重印)
(21世纪工商管理特色教材)
ISBN 978-7-302-40078-3

Ⅰ.①管… Ⅱ.①王… ②于… Ⅲ.①管理经济学－高等学校－教材 Ⅳ.①F270

中国版本图书馆 CIP 数据核字(2015)第 082476 号

责任编辑:刘志彬
封面设计:汉风唐韵
责任校对:宋玉莲
责任印制:宋 林

出版发行:清华大学出版社
    网 址: http://www.tup.com.cn, http://www.wqbook.com
    地 址: 北京清华大学学研大厦 A 座 邮 编: 100084
    社 总 机: 010-83470000 邮 购: 010-62786544
    投稿与读者服务: 010-62776969, c-service@tup.tsinghua.edu.cn
    质量反馈: 010-62772015, zhiliang@tup.tsinghua.edu.cn
    课件下载: http://www.tup.com.cn, 010-83470332
印 装 者: 涿州市京南印刷厂
经 销: 全国新华书店
开 本: 185mm×260mm 印 张: 28.5 字 数: 658 千字
版 次: 2010 年 10 月第 1 版 2015 年 5 月第 2 版 印 次: 2022 年 10 月第 5 次印刷
定 价: 75.00 元

产品编号: 056384-03

21 世纪工商管理特色教材

编辑委员会

名誉主任　王众托
主　　任　苏敬勤
副 主 任　李新然
成　　员　（按姓氏笔画排列）
　　　　　王延章　王雪华　王淑娟　刘晓冰
　　　　　仲秋雁　朱方伟　李延喜　李文立
　　　　　陈树文　党延忠　戴大双
协　　调　张秋艳

前言

作者多年来在美国和中国高校教授经济学的过程中,经常听到很多学生,特别是 MBA 学生抱怨经济学过于抽象,很难学懂,而且与企业管理实践联系不够紧密,学完之后除了掌握了一些抽象的概念,其他内容很快就淡忘了,收获十分有限。与此同时,攻读工商管理专业的本科生、硕士研究生以及博士研究生在学位论文选题上很少选取管理经济学领域的研究命题。但是,他们在实际撰写论文的过程中,又难以回避要触及诸多管理经济学的问题,因而显得力不从心,写出的论文常常捉襟见肘,甚至漏洞百出。这种现象是作为一个经济学教授的作者所不愿意看到的。因此,如何通过教材,全面地、通俗地或者是艺术性地介绍管理经济学的理论和方法及其对企业管理的指导作用,就显得十分必要。编写本书的特点有三个:第一,通过系统的、深入浅出的理论介绍加上案例分析来增进读者,特别是 MBA 学生对管理经济学的正确认识,了解管理经济学与一般微观经济学的主要区别;第二,在大量参考、吸纳和总结西方管理经济学教材内容的基础上,结合我国学生的知识背景和企业管理的特点,编写一本能够代表世界前沿水平的管理经济学教材,为此,在编写的过程中作者查阅和参考了一些美国知名商学院,包括宾夕法尼亚大学沃顿商学院(Wharton School of the University of Pennsylvania)采用的管理经济学教材;第三,突出理论联系实际。本书不是特别注重介绍经济学理论的系统性,而是强调介绍那些与企业管理决策关系较为密切的理论模型和分析方法。为此,本书重点讨论了寡头市场、博弈论和风险分析等内容。相信这本教材会激发读者自觉学习的热情,更重要的是学会运用管理经济学的知识解决企业管理中遇到的实际问题。

本书在第 版的基础上做了较大篇幅的调整。调整的主要目的是突出介绍和阐述那些更加贴近解决我国企业管理实践的管理经济学理论模型和分析方法。为此,作者重新撰写了第 1 章导论,第 10 章寡头垄断,第 12 章博弈论,增加了第 4 章消费者行为与理性选择和第 14 章风险分析。

管理经济学是一门以微观经济学理论为基础,借助于决策科学方法和工具来阐释和分析企业管理决策问题的应用理论性课程。不可否认,这些基本的经济学理论早在一百多年以前就已经由英国剑桥大学 Alfred Marshall 教授写进了经济学的教科书。细心的读者不难发现本书中所采用的许多图示和数学公式早已出现在 Marshall 教授 1890 年撰写的《经济学原理》一书中。必须承认,自 1776 年 Adams Smith 的《国富论》和 1890 年 Marshall 发表的《微观经济学原理》至今,世界经济已经发生了天翻地覆的变化。以"完全竞争市场"为代表的市场结构及其重要性发生了很大的变化,与之相比"非完全竞争市场"结构的重要性越来越得以显现。科技的快速进步使得很多产品的淘汰速度不再是以"几年"的时间来计算,而是以"几个月"的时间来计算。在很多情况下,企业之间的竞争已扩大到在国际范围内进行,而不再是"地区"、本国或"局部"范围内的竞争。众多跨国公司将资金投入他国,进行产品生产,然后再将产品面向全世界销售。一些跨国公司在全球范围内计划实施并购、合并、重组战略等手段兼并竞争对手,或形成跨国企业联盟,以提高企业在国际市场上的竞争能力和垄断地位。近年来,"互联网"和电子商务的出现和发展已成为众多企业走向成功的关键要素。

然而,尽管整个世界经济形势发生了巨大的变化,但是许多微观经济学的基本原理,诸如供给和需求、弹性、资源的短期和长期分配、报酬递减、规模经济以及边际收益等于边际成本的产品定价原则,仍然是企业管理者可以信赖的、重要的管理决策工具。事实上,编写此书的一个重要目的就是向读者证明:经济学的理论与方法不但没有过时,反而在现代企业管理决策中发挥越来越重要的作用。比如,市场需求与供给理论是在所有微观经济学入门课本中就讲到的内容。然而,这些看上去似乎非常浅显的道理,却在企业发展和运营当中发挥着重要的作用。一个成功的企业管理者必须要能够清醒地认识到市场供给和需求的变化给企业产品价格带来的影响,必须时刻注重新产品的研发,改善产品的某些属性和调整企业的产品结构来满足新的市场需求。以美国的食品市场为例,每年约有 15 000 多种新的食品推向市场,它们在市场上失败的比例高达 90% 以上。

与现有的经济学教材相比,本书具有三个特点:①在内容的选取上,突出企业管理中涉及的经济学问题,从企业管理的视角出发引入相关的经济学理论和方法,而不同于微观经济学教材注重经济学理论体系的完整性。所以,本书着重介绍那些跟企业管理关系较为密切的经济学概念、问题、模型解释和案例;②在表述的风格上,兼顾通俗性与严谨性。基本不去运用过多的高等数学,而是用文字、图表和少量的必要的数学公式来表述,以便增强教材的可读性。但是,为了满足部分读者对经济数学的兴趣,把一些重要的公式推导放到了每章的附录作为读者参考;③在案例的引用上,尽量采用小型案例或国际性案例,目的是帮助读者理解核心概念和经济学原理的应用,同时减少本书的字数。本书作者相信,一旦读者真正理解了书中阐述的理论模型和方法,读者自己可以结合自身的工作经历举出很多更具有实际意义的例子。当然,很多管理经济学理论与方法的掌握只是依靠几个典型例子的学习是远远不够的。因此,在每章结束时都给出了大量的各种类型的习题,供读者练习。从某种意义上来说,学好管理经济学与学好数学和物理学是一样的,没有一个做大量习题的过程,想要真正掌握经济学的一些基本理论并能够把这些理论正确地运用到企业管理实践当中,几乎是不可能的。本书在每一章的前面都设有"学习目标",每章中间或末尾有"案例研究"、"本章小结"、"习题"以及部分相关"附录",以方便学生学习、查找相关文献和掌握书中的内容。

本书适用于大学本科学习管理学专业的高年级，MBA专业一年级和应用经济学专业学生的学习课程，也适合高职高专院校和应用型本科院校管理专业作教材，还可以作为各类相关培训的教材和各级管理人员自学使用。本书的头两章主要是介绍一些基本的经济学概念和原理；其余各章除了讨论应用经济学理论解决公司决策问题之外，还介绍了企业管理者在进行决策的过程中所要用到的各种分析工具。需要强调的是，后者并非是传统的微观经济学所要阐述的核心内容。这些包括：应用回归分析方法估计产品需求和成本、风险分析和战略经济学等。

最后，我要借此机会感谢我的博士、硕士研究生为撰写本书在资料收集、数据处理以及书稿排版等方面付出的辛勤劳动。没有他们的大力支持，这本书很难在这么短的时间内问世。

编　者
2014年10月

目录

第1章　导论 ………………………………………………… 1
1.1　厂商理论 ……………………………………………… 2
1.2　什么是利润？ ………………………………………… 4
1.3　产生利润的原因 ……………………………………… 4
1.4　管理者的兴趣和委托代理问题 ……………………… 5
1.5　需求和供给浅析 ……………………………………… 6
1.6　需求市场 ……………………………………………… 7
1.7　市场供给 ……………………………………………… 9
1.8　均衡价格 ……………………………………………… 10
1.9　实际价格 ……………………………………………… 12
1.10　需求曲线的变化对价格的影响 …………………… 12
1.11　供给曲线移动对价格的影响 ……………………… 15
1.12　本章小结 …………………………………………… 15
习题 ………………………………………………………… 16

第2章　公司和它的经营目标 ……………………………… 19
2.1　公司 …………………………………………………… 19
2.2　企业的经济目标及其优化决策 ……………………… 23
2.3　企业利润最大化的再度思考 ………………………… 25
2.4　股东财富最大化 ……………………………………… 27
2.5　经济利润 ……………………………………………… 30
2.6　国际应用 ……………………………………………… 32
2.7　本章小结 ……………………………………………… 33
习题 ………………………………………………………… 33

第3章　供给和需求 ………………………………………… 35
3.1　市场需求 ……………………………………………… 35
3.2　生产供给 ……………………………………………… 39
3.3　商品的市场均衡 ……………………………………… 41
3.4　比较静态分析 ………………………………………… 42

3.5 供给、需求和价格：企业管理者面临的挑战 ⋯⋯⋯⋯⋯⋯⋯⋯⋯⋯⋯⋯⋯⋯⋯ 49
3.6 国际应用案例 ⋯⋯⋯⋯⋯⋯⋯⋯⋯⋯ 52
3.7 本章小结 ⋯⋯⋯⋯⋯⋯⋯⋯⋯⋯⋯⋯ 52
附录 3A ⋯⋯⋯⋯⋯⋯⋯⋯⋯⋯⋯⋯⋯⋯⋯ 53
习题 ⋯⋯⋯⋯⋯⋯⋯⋯⋯⋯⋯⋯⋯⋯⋯⋯⋯ 56

第4章 消费者行为与理性选择 ⋯⋯⋯⋯ 59

4.1 无差异曲线 ⋯⋯⋯⋯⋯⋯⋯⋯⋯⋯⋯ 60
4.2 边际替代率 ⋯⋯⋯⋯⋯⋯⋯⋯⋯⋯⋯ 62
4.3 效用的概念 ⋯⋯⋯⋯⋯⋯⋯⋯⋯⋯⋯ 63
4.4 预算线 ⋯⋯⋯⋯⋯⋯⋯⋯⋯⋯⋯⋯⋯ 63
4.5 市场均衡 ⋯⋯⋯⋯⋯⋯⋯⋯⋯⋯⋯⋯ 65
4.6 效用最大化的详细分析 ⋯⋯⋯⋯⋯⋯ 67
4.7 角解 ⋯⋯⋯⋯⋯⋯⋯⋯⋯⋯⋯⋯⋯⋯ 68
4.8 如何制定影响消费者选择战略 ⋯⋯⋯ 70
4.9 推导消费者个人需求曲线 ⋯⋯⋯⋯⋯ 73
4.10 市场需求曲线 ⋯⋯⋯⋯⋯⋯⋯⋯⋯⋯ 76
4.11 消费者剩余 ⋯⋯⋯⋯⋯⋯⋯⋯⋯⋯⋯ 78
4.12 本章小结 ⋯⋯⋯⋯⋯⋯⋯⋯⋯⋯⋯⋯ 80
习题 ⋯⋯⋯⋯⋯⋯⋯⋯⋯⋯⋯⋯⋯⋯⋯⋯⋯ 81

第5章 需求弹性 ⋯⋯⋯⋯⋯⋯⋯⋯⋯⋯⋯ 83

5.1 弹性的经济概念 ⋯⋯⋯⋯⋯⋯⋯⋯⋯ 83
5.2 需求价格弹性 ⋯⋯⋯⋯⋯⋯⋯⋯⋯⋯ 83
5.3 交叉需求弹性 ⋯⋯⋯⋯⋯⋯⋯⋯⋯⋯ 96
5.4 收入弹性 ⋯⋯⋯⋯⋯⋯⋯⋯⋯⋯⋯⋯ 98
5.5 其他的弹性 ⋯⋯⋯⋯⋯⋯⋯⋯⋯⋯⋯ 100
5.6 供给弹性 ⋯⋯⋯⋯⋯⋯⋯⋯⋯⋯⋯⋯ 100
5.7 国际应用案例：亚洲的价格需求弹性 ⋯ 100
5.8 本章小结 ⋯⋯⋯⋯⋯⋯⋯⋯⋯⋯⋯⋯ 101
附录 5A ⋯⋯⋯⋯⋯⋯⋯⋯⋯⋯⋯⋯⋯⋯⋯ 102
习题 ⋯⋯⋯⋯⋯⋯⋯⋯⋯⋯⋯⋯⋯⋯⋯⋯⋯ 112

第6章 需求估计与预测 ⋯⋯⋯⋯⋯⋯⋯⋯ 115

6.1 需求估计 ⋯⋯⋯⋯⋯⋯⋯⋯⋯⋯⋯⋯ 115
6.2 回归分析在企业管理中的应用 ⋯⋯⋯ 117
6.3 回归分析中存在的问题 ⋯⋯⋯⋯⋯⋯ 123
6.4 预测 ⋯⋯⋯⋯⋯⋯⋯⋯⋯⋯⋯⋯⋯⋯ 127

6.5　国际应用案例 ·· 143
　　6.6　本章小结 ·· 147
　　习题 ·· 148

第7章　生产函数理论与估计 ·· 153
　　7.1　生产函数 ·· 153
　　7.2　总产量、平均产量和边际产量的短期分析 ·· 154
　　7.3　长期生产函数 ·· 163
　　7.4　生产函数估计 ·· 165
　　7.5　生产函数在管理决策中的重要性 ·· 170
　　7.6　呼叫中心：服务业生产函数的应用 ·· 172
　　7.7　多种生产投入要素分析 ··· 172
　　7.8　用微积分表达生产函数 ··· 182
　　7.9　国际应用案例：中国正在耗尽工人吗？ ·· 186
　　7.10　本章小结 ··· 186
　　习题 ·· 187

第8章　成本估计理论 ·· 193
　　8.1　成本在企业管理决策中的重要性 ·· 193
　　8.2　在经济分析中成本的定义及其用途 ·· 194
　　8.3　短期成本函数 ·· 197
　　8.4　长期成本函数 ·· 203
　　8.5　学习曲线 ·· 209
　　8.6　范围经济 ·· 212
　　8.7　短期与长期规模经济 ·· 212
　　8.8　供应链管理 ··· 213
　　8.9　公司降低成本提高竞争力的主要方法 ·· 215
　　8.10　国际应用案例：世界的服装是否会全部由中国来生产 ························ 217
　　8.11　本章小结 ··· 218
　　附录8A ·· 218
　　附录8B ·· 219
　　习题 ·· 231

第9章　完全竞争和垄断条件下的价格和产量决策 ·· 236
　　9.1　经济分析中的竞争和市场类型 ·· 237
　　9.2　完全竞争条件下的价格和产量决策 ·· 240
　　9.3　垄断市场价格和产量决策 ··· 252
　　9.4　完全竞争企业和垄断企业管理决策的含义 ·· 255

9.5　应用案例 ………………………………………………………………………… 256
9.6　本章小结 ………………………………………………………………………… 258
附录 9A ………………………………………………………………………………… 258
附录 9B ………………………………………………………………………………… 260
习题（一） …………………………………………………………………………… 268
习题（二） …………………………………………………………………………… 271

第 10 章　寡头垄断 ……………………………………………………………… 273

10.1　合作行为 ……………………………………………………………………… 274
10.2　诋毁勾结协议 ………………………………………………………………… 275
10.3　价格领导者 …………………………………………………………………… 276
10.4　市场上仅有少数竞争对手时企业的行为 ………………………………… 279
10.5　双寡头和差异化产品价格竞争 ……………………………………………… 289
10.6　企业的黏性定价 ……………………………………………………………… 292
10.7　国际案例研究——啤酒市场 ………………………………………………… 293
10.8　本章小节 ……………………………………………………………………… 294
习题 …………………………………………………………………………………… 295

第 11 章　特殊定价 ……………………………………………………………… 299

11.1　卡特尔安排 …………………………………………………………………… 299
11.2　价格领导 ……………………………………………………………………… 301
11.3　收入最大化 …………………………………………………………………… 303
11.4　价格歧视 ……………………………………………………………………… 305
11.5　非边际定价法 ………………………………………………………………… 312
11.6　多产品定价 …………………………………………………………………… 315
11.7　转移定价 ……………………………………………………………………… 319
11.8　其他定价实践 ………………………………………………………………… 321
11.9　国际应用案例 ………………………………………………………………… 322
11.10　本章小结 …………………………………………………………………… 323
习题 …………………………………………………………………………………… 323

第 12 章　博弈论 ………………………………………………………………… 327

12.1　战略制定与博弈论 …………………………………………………………… 327
12.2　策略基础 ……………………………………………………………………… 329
12.3　可视化 ………………………………………………………………………… 330
12.4　预测博弈的原理 ……………………………………………………………… 332
12.5　均衡 …………………………………………………………………………… 333
12.6　主导策略 ……………………………………………………………………… 333

12.7	纳什均衡	336
12.8	战略远见：逆向归纳法的应用	338
12.9	重复博弈	341
12.10	不完全信息条件下的博弈	343
12.11	建立声誉	344
12.12	协同博弈	345
12.13	严格的竞争博弈	348
12.14	本章小结	349
习题		350

第13章 资本预算 … 353

13.1	资本预算决策	353
13.2	货币的时间价值	354
13.3	资本项目评价方法	355
13.4	现金流的类型	361
13.5	资本成本	362
13.6	资本预算模型	365
13.7	资本限额	366
13.8	本章小结	367
习题		367

第14章 风险分析 … 371

14.1	风险和概率	372
14.2	概率分布和期望值	375
14.3	比较期望利润	375
14.4	决策路线图	376
14.5	完全信息的期望值	378
14.6	运用效用方法测量对风险的态度	380
14.7	对待风险的三种态度	383
14.8	风险的测量：标准差和变异系数	384
14.9	调整风险评价模型	386
14.10	确定性等值和保险市场	387
14.11	本章小结	389
习题		390

第15章 跨国公司与经济全球化 … 396

| 15.1 | 全球化背景下的管理经济学问题 | 396 |
| 15.2 | 全球化优劣评述 | 398 |

- 15.3 赞同全球化的观点 ········· 399
- 15.4 反对全球化的观点 ········· 400
- 15.5 国际化的未来 ········· 400
- 15.6 多国企业面对的各种风险 ········· 402
- 15.7 汇率 ········· 403
- 15.8 汇率套购 ········· 403
- 15.9 直接对外投资 ········· 405
- 15.10 跨国资本预算 ········· 405
- 15.11 资金的重新定位 ········· 407
- 15.12 跨国公司转移定价 ········· 408
- 15.13 跨国企业的旅行成本 ········· 410
- 15.14 案例研究：中国企业实施海外并购的战略分析 ········· 410
- 15.15 本章小结 ········· 412
- 习题 ········· 413

第16章 政府和企业的关系 ········· 415

- 16.1 政府干预市场经济的合理性 ········· 415
- 16.2 利用货币和财政政策稳定宏观经济的发展 ········· 418
- 16.3 企业并购 ········· 420
- 16.4 本章小结 ········· 423
- 习题 ········· 423

附录 统计检验与财务分析表 ········· 424

参考文献 ········· 436

第 1 章 导 论

学习目标

学完本章之后,读者应该能够:
- 厂商理论;
- 利润的概念;
- 产生利润的原因;
- 管理者的兴趣和委托代理问题;
- 需求与供给浅析;
- 市场需求;
- 市场供给;
- 均衡价格;
- 实际价格;
- 需求曲线和供给曲线变化对市场价格的影响。

在一个企业或者任何一个组织内部,管理者的主要任务是做出正确的决策。在复杂的商海世界里,企业管理者需要面对各种各样的选择或决策,他们需要某种方法来帮助其做出好的选择或决策。因此,这种方法对于管理者个人或组织来说具有十分重要的意义。我国古代学者早就认识到知识是随着时间发生变化的,知识不是简单的记忆、存储和记录过去和当前发生的事情,而是一种理解或解释他人行为的能力。谁掌握了这些知识,谁就能够更好地预判别人的行为。本书中介绍或讨论的所有方法就是为了帮助管理者理解和掌控在管理世界中的各种决策行为。

我们每一个人在面对一项选择时,总是要基于某一特定的视角来决定自己的选择。采取的视角不同,选择的内容往往也就不同。本书是基于管理经济学的视角来帮助企业管理者解决管理决策问题。因此,我们必须把上面提到的所谓的方法植入到管理经济学的框架里。管理经济学多使用一些正式的模型来分析管理行为,评价这些管理行为对企业绩效的影响。因此,我们需要利用这些模型来解释企业的成本、利润、竞争、定价、补偿、营销策略和拍卖策略等重要的理论和方法。管理者需要清楚地掌握和运用这些理论和方法,从而决定企业未来发展的命运。

许多人把管理经济学与微观经济学混为一谈,认为二者差异甚微。实际上,管理经济学和微观经济学各自所关注的核心问题是有区别的。微观经济学研究的核心问题是厂商层面的问题,大多数情况下它所分析的问题是市场水平的问题,注重对市场环境的分析,而管理经济学研究的核心问题是管理者的行为。所以,管理经济学能够给管理者提供一个具有较强操作性的分析工具和方法构架,直接作用于企业管理决策过程。同时,这些工具和方法能够让管理者了解采取不同决策方案的结果。

管理经济学在为学生准备他们的管理生涯的过程中起着两个十分重要的作用。第一,管理经济学介绍的各种概念是会计、财务、战略、运营和市场营销等各门课程的基础。因此,管理经济学课程在整个 MBA 课程体系中起到一个综合引领作用,是学习其他课程的基础。学生把这些概念理解得越透彻,他们在学习其他课程内容时就越容易理解。其次,管理经济学能够帮助学生和企业管理者全面地、系统性地分析和认识管理问题的能力,帮助学生学会综合思维、批判性思维,从而使企业管理者不仅能够学会如何进行当前或短期决策,而且能够正确地判断每一项决策可能给企业带来的长期影响。

1.1 厂商理论

一个企业管理者的管理水平决定着该企业未来的发展前景。但是,我们想要了解管理者的行为,首先必须了解公司的行为。当然,公司本身并不存在行为问题。我们可以把公司看作一个木偶,把管理者看作是木偶的操控者。有一些管理者擅长用拉线来控制木偶的动作,而另一些则不太擅长。虽然全世界有成千上万个企业的管理者,其管理风格可能各不相同,但是分析发现他们管理的目标却有着惊人的相似,几乎所有管理者都会选择那些他们认为能够提升公司价值的管理方案。因此,在厂商理论当中,提出企业管理者的目标是提高企业的价值。当然,对于任何一个企业来讲,可能有各种不同的途径提高企业的价值。例如:对于一个小微贷款企业,它可以通过向客户提供贷款从中获得利润;同时通过为个人或企业提供贷款帮助当地经济发展。在分析了众多企业的行为之后,我们不难发现,所有管理者的工作目标都是为了增加企业未来创造更高的现金流的净现值。我们可以把这一管理目标用如下的数学公式来表示:

$$\text{企业预期利润的净现值} = \frac{\pi_1}{1+i} + \frac{\pi_2}{(1+i)^2} + \cdots + \frac{\pi_n}{(1+i)^n} = \sum_{t=1}^{n} \frac{\pi_t}{(1+i)^t} \tag{1.1}$$

式中 π_t 是第 t 年的预期利润,i 为利息率,t 是从第 1(下一年)年到第 n(计划期的最后一年)年份。

因为企业利润等于总收益(TR)减去总成本(TC)。因此,该式可表示成:

$$\text{企业预期利润净现值} = \sum_{t=1}^{n} \frac{TR_t - TC_t}{(1+i)^t} \tag{1.2}$$

式中 TR_t 为企业在第 t 年获得的总收益,TC_t 是企业在第 t 年发生的总成本。

公式(1.2)间接地说明了为什么管理者能够影响企业的发展,因为管理者的决策既影响企业的收益,又影响企业的成本。以丰田汽车公司为例,销售部经理会尽最大努力,增加公司的总收益;而生产部门的经理和机械工程师会想方设法减少公司的总成本。与此同时,财务部门经理也会认真研究如何以较低的费用获取企业需要的资本,从而影响到公式(1.2)中的i;公司的研发人员会重点关注开发新的产品和生产流程,从中增加收益、降低成本。可见,丰田汽车公司各个部门的管理工作都是围绕如何增加公司价值这个核心问题展开。管理经济学把企业未来预期收益的净现值看作是企业的价值。

尽管每一位企业管理者都想提高企业的价值,但是他们各自并不能够完全掌握影响企业价值变化的各种因素。否则的话,我们就不需要去学习管理学的课程了。一般来说,现实当中有两个主要因素约束管理者的决策行为,使得他们不能完全掌控影响企业价值的各种因素。

首先,企业使用的绝大多数资源是稀缺的。企业在产品的生产、分配、销售以及售后服务的过程中,往往要受到一些资源稀缺的约束,从而导致生产成本的增加。其次,管理者行为要受到法律和社会制度等结构性限制。例如,按照最低工资法的规定,管理者必须为企业员工支付大于法律规定的最低工资;根据国家、省、市各级政府的纳税政策,企业管理者也必须负责为企业纳税;此外,企业管理者还必须恪守与客户和供应商之间签订的各项协议。最后,企业管理者的行为还要受到各种各样国家和政府的法律条文(如环境保护法、反垄断法和税法等)的限制,在法律框架的约束下从事各种管理工作。

战略分析案例1.1

美国摇滚乐明星波诺(Bono)创办Red企业,投资者从中获利

美国摇滚乐明星Bono于2007年把消费主义和利他主义结合起来,创立了Red企业。Red企业本身并不从事某种特定产品的生产,而是购买销售其他企业产品的销售许可,然后在销售别人的商品中贴上Red标签。企业每卖出一个贴有Red标签的商品,如戴尔电脑、摩托罗拉手机等,都会将其部分收入纳入Red环球贡献基金会。每年有超过59 000 000美元投入到基金会,用作慈善事业,比如,这些钱被用来在加纳、卢旺达和斯威士兰等非洲国家防治艾滋病、结核病和疟疾。到目前为止,已经有22 000 000美元投入卢旺达国家的艾滋病防治工作中。

这种产品营销的概念被称作是"公益营销",它在Red成立之前就已经存在了,只不过没有像Bono那样具有如此之大的公信力。与之相类似,多年以来美国麦当劳公司也通过创办麦当劳之屋(McDonald Houses)为社会提供救助服务。该项目在医院附近修建了罗纳德麦当劳之屋,既为那些父母照顾生病的孩子提供休息处,也为那些前来为生病孩子的家庭提供帮助的人提供接待场所。那么,为什么企业愿意参与公益营销呢?因为,企业通过这样的营销活动被认为具有社会责任感。当然,企业要为开展这样的营销活动付出一些代价,如Red需要支付经营许可费用;麦当劳之屋需要支付房屋的经营管理费用。那么对于企业来说,采取这种公益营销的经济效益来自哪里呢?根据2006年一家市场营销公司(Cone)所做的一项调查,有89%的年龄从13~15岁的美国消费者(Bono公司产品主要客户群体),在相同产品质量和价格条件下,会选择购买Red产品。从而,使得"公益营销"给企业带来了十分丰厚的经济利润。

基于此,Red企业的参与者从中得到了丰厚的投资回报。因此,我们可以说公益营销

和企业利润最大化目标是一致的,二者并非相互矛盾。另外,我们还观察到,全世界像沃伦·巴菲特、比尔·盖茨、理查德·布兰森和特得·特纳等一些慈善家的数量在逐年增加,他们中的每一位每年都会赚取大量的利润,然后将其中的部分利润用于慈善事业。

资料来源:Bottom line for (red). The New York Times. February 6, 2008.

1.2 什么是利润?

经济学家所说的利润是指企业把股东的资本和劳动投入到某一用途之后,从中获得的收益扣除把这些投入用到其他用途中能够获得收益的剩余部分。

正如前面所说,企业的利润是企业价值的函数。与会计学不一样,在管理经济学衡量利润要把企业拥有者(或股东)自身投入的资本和劳动力成本部分从总收入当中扣除。例如,假设一个企业经理辞去了她在某一家大企业的工作,开始经营自己建立一个小公司。那么,不论她花费多大的力气来发展她的公司,都不会有人给她发薪水。当然,如果她继续留在原来的公司工作,她将会每年获得 65 000(元)的收入。同样地,如果她将用来创办自己公司的资本,用于其他投资活动的话(如购买股票或设备出租),她会获得 24 000 元的收益。那么,假如她的公司在 2008 年获得的会计收益为 100 000(元),从管理经济学的角度来说,她的公司获得的利润就等于 100 000−65 000−24 000=11 000(元),这个利润要远远低于会计利润。

运用经济学和会计学计算出来的利润之所以会有如此之大的差异,是因为两者的目的或出发点是不同的。会计学核算的主要目的是为了监督公司日常的经营状况,预防资金滥用、随意盗用和挪用现象的发生,使公司能够严格地遵循税法和其他相关法律条文,规避法律风险,以及为利益相关者提供清晰的生产和经营活动记录等。经济学的主要任务是指导和帮助企业进行理性的战略选择。尽管绝大多数公司的财务报表都遵循会计学利润的定义,而不是采用经济学利润的概念,但是后者与企业管理决策的关系更为密切(当然,这个观点早已被经验丰富的会计师所认知)。例如,在前面介绍的那位女士的例子中,如果从经济学的角度进行分析,她是否应该继续经营自己的公司,那就应该采用经济利润指标来进行决策。如果她公司的经济利润远大于 0,那就应该继续经营自己的公司;反之,就应该关闭自己的公司,去思考其他的方案。

1.3 产生利润的原因

企业管理者的行为会直接影响到企业的经济利润水平。利润水平是衡量管理者决策能力的一个重要指标。管理者主要是通过创新、风险控制和垄断能力三个方面来为企业创造经济利润。当我在编写本书这个章节的时候,人们正在排队购买由苹果公司最近生产的 iPhone 手机,国航正准备花费近百亿元的资金从美国波音公司购买多架波音 787 客机。其实在这两种产品市场上,类似的手机和飞机产品早已存在了。市场的状态告诉我们消费者们更喜欢创新的产品。iPhone手机和波音787在当下都被认为是创新的产品，即在原有产品的基础上增加了新的功能、新的技术和新的款式。据报道，这些管理的付出为企业提高了高达40%的利润。企业未来的价值还将取决于每一个管理团队如何制定市场营销的策略。

风险决策是企业管理决策的一个重要标志。管理者在进行风险决策的时候会遇到各种来自不同方面的风险。他们需要在不知道未来结果的情况下做出很多的决策(比如，新产品投放到市场之后是否会成功？)；他们可能会需要在不知道竞争对手对自己的决策做出什么样反应的情况下作出决策(比如，如果我提高本企业产品的价格，我的竞争对手企业是否也会跟随提高产品的价格？)；他们可能需要在不知道未来事件发生概率大小的情况下做出决策(比如，在现有政党的候选人当中，谁最有可能当选为下一任国家主席或总统？)。从某种意义上讲，利润是对那些能够比较理性地承担风险能力的一种奖励或回报。

在之后的内容里我们还将介绍，管理者如何从无效率的市场环境中赚取利润。事实上，一个优秀的企业管理者知道如何主动去创造一个无效率的市场，从而为企业带来可持续性的竞争优势。常用的策略包括：制造市场进入壁垒、采取复杂的定价策略、生产多样化的产品和控制产品生产数量等。如果这些策略使用得当的话，将会给公司带来长期的利润。

1.4 管理者的兴趣和委托代理问题

一般来说，虽然管理经济学家总是假定管理者从事企业管理的目标是实现企业利润的最大化(或增加公司的价值)，但是经济学家也发现，除了企业利润目标之外，管理者也有其他的目标。比如，为了追求企业的长期价值，扩大企业产品的市场份额，建立产品的品牌，或者是增加自己管理工作的薪酬和补贴等。

正如我们常常看到的，企业的拥有者和管理者之间在某些方面是存在分歧的。当管理者面对提升公司价值和提高管理者个人收益两个选择时，很多管理者会因为自私而选择了后者，这也是管理者行为的一个重要特点。当今，在全球范围内企业所有权和管理权的分离不断加剧，由此导致越来越多的管理者更注重自身的利益，而非公司价值的最大化或者是股东的利益。而且，由于公司所有者(股票持有人)，通常都不太详细了解公司具体的运行情况，公司董事会成员对公司的管理团队也知之甚少。只要公司业绩表现还说得过去，管理者就会有很大的谋取私利的空间。因此，企业的行为并非完全是以股东的利益为主导，在很多时候是受制于管理者获得更高的工资和补贴的欲望。这在一定程度上必将导致企业经营业绩保持现状，导致企业难以得到更大的发展。

管理经济学把这种现象称作委托代理问题。企业所有者雇用管理者为他们工作，前者叫作主人或股票持有者，后者叫作代理人，他们两者之间的关系被称作委托代理关系。委托代理问题集中体现在，管理者利用企业拥有者投入的资金来追求个人的目标，谋求个人利益的最大化。比如，企业管理者到外地出差办理公司的业务，可以使用各种各样的运输工具，包括自驾车、公司专用车、城市间大巴、高铁和飞机等。企业管理者可能不一定从实际出发，而选择价格最为昂贵的交通工具，致使企业每年要为管理者支付高额的外出交通费用。如果管理者完全是从股东利益考虑，采用经济实惠的交通运输工具，这将为企业节省大量的开支。事实上，随着多媒体、视频会议设施的普及，企业的很多业务完全可以通过视频会议的形式来完成，这些措施更能为企业每年节省大量的费用。然而，这看上去是一个很简单问题，但是解决起来并不容易。其原因就在于对企业所有者来说，他们很难分辨出管理者的行为哪些是为了增加企业的利润，哪些是为了增加管理者个人的收益。

为了解决这个问题，企业所有者往往会采用合同的方式，诱导和规范管理者的工作目标，使其与股东利益完全一致。比如，把企业取得的业绩和成功与企业管理者工资、奖励或各种福利紧密挂钩。很多公司采用股票期权计划，让管理者以低于股票市场的价格购买一定份额本企业的股票。这种计划能够激励管理者为增加公司利润和维护股东的最大利益而努力工作。有证据表明，这些激励机制的确能够改变管理者的行为。例如，当管理者拥有公司5%～20%的股份时，企业创造的利润大大超过管理者拥有少于5%公司股份创造的利润。

1.5 需求和供给浅析

想要了解任何一个社会的行为，我们必须首先了解与该社会体制相关的一些知识。企业管理始终要跟市场打交道。因此，无论你是在北京、上海、东京、纽约、伦敦还是多伦多，作为一个企业管理者你都必须了解市场运作的基本原理，从而能够预测它未来的发展趋势。市场是买卖双方进行商品交换的场所。

本书的一个重要目标就是帮助读者了解人们在市场环境中的行为。我们先对市场进行一个概述，然后再对其中的需求和供给函数进行详细的分析。

企业管理者在很早以前就认识到经济商品这个问题。当市场上只有两个人面对面进行商品交易谈判的时候，协调成本是较低的。但是，随着更多的人加入到这个交易谈判当中，协调成本就会迅速上升。为了减少协调成本，企业管理者必须制定出一种方案，让更多的人加入到商品交换当中，而且协调成本不至于过高。因此，他们选择了市场这样一种社会体制。

不论我们处在世界的哪个角落，凡是有商品交易的地方就有市场。市场上总是有多个组织或个人相互之间签署买卖合同。在当今世界里有数不清的市场，商业组织和个人就是在这些市场中运作的。因此，我们必须研究和了解市场的行为。令人惊讶的是，这些复杂多变的市场竟然都在遵循一些普遍的规律。现在，我们就来探讨这些规律。一旦我们了解了这些规律，也就理解了市场的行为。然而，市场的行为是由那些进入市场的人的行为决定的。只有真正掌握了参与市场的人的行为，我们才能抓住市场的规律。

战略分析案例1.2

棒球比赛中的供给和需求规律

几年前，位于美国科罗拉多州的落基山棒球队，想要找到一种既能够增加球队的收入，同时又让那些忠实球迷在比赛季支付高昂门票的定价方法。在2003年赛季，又有11

支棒球队加入了落基山棒球俱乐部,至此,该俱乐部球队的数量仅略低于全美主要棒球俱乐部球队数量(总数为30个)的半数。俱乐部最终决定实行差异化的门票定价。具体做法是,对两个为竞争对手的强队或有明星球员参加的比赛时,制定较高的门票价格,而对其他比赛门票制定较低的价格。尽管这样的定价方法在许多其他商品定价中已十分常见(比如,迈阿密海滩酒店,同样的房间2月的价格比6月要高一些,白天打电话要比晚上打电话贵一些等)。但是对于棒球比赛来说,这样的定价方法还是第一次尝试。

体育场馆的座位在81天的棒球赛季里的价格是恒定不变的。但是现在,某一座位X的价格在每一赛季的首场球赛,在纽约洋基队和它的强劲对手前来参赛时,座位X的票价要比以前高很多。这种价格变化就是由供给和需求决定的。棒球场的座位是固定不变的,但是座位对于购买者的吸引力是变化的。

正如纽约大都会门票销售副总裁比尔所说:"大家更喜欢观看两个竞争对手打比赛。夏天看比赛比春天或秋天看比赛的人数要多,周末看比赛的人数比平时工作日看比赛的人数要多。所以,体育馆对每次比赛收取不同的门票价格是合理的。"这种差异定价的做法,不仅为经营者带来了经济利益,而且也被广大的球迷所接受。

所有12支球队都有自己的差异化定价方法。总体来看,81场比赛可分为4个价格层级:金价(17场),银价(21场),铜价(27场)和普通价(16场)。而在2001年赛季以前,所有球队还没有采取差异化定价,所有的座位都是收取铜价。然而,到2002年的赛季,各个球队都开始采用差异化定价,对于同样的座位,金价是53美元,银价是48美元,铜价43美元,普通价38美元。

资料来源:All Games Are Not Created Equal as Teams Turn to Variable Pricing. Philadelphia Inquirer, 2003(2). pp. E-1 and E-4.

1.6 需求市场

任何一个市场都是由供给和需求双方构成的。管理者必须知道哪些产品或服务对潜在消费者具有较大的吸引力,同时,还要掌握在不同价格水平下,顾客对产品的需求量是多少。管理企业的核心目标之一就是实现企业价值的最大化。然而,要实现这一目标,管理者就必须掌握与市场需求相关的信息,特别是当价格发生变化时给企业的收益带来的影响。我们知道,总收益等于销售的产品数量(Q)乘以产品的价格(P)($TR=P \times Q$)。

产品价格和数量之间的关系取决于很多因素,有些因素是管理者可以控制的,但另外一些因素是管理者无法控制的。这些因素包括:消费者收入、消费者偏好、替代产品和互补产品的价格、广告投入、产品质量(也包括替代品和互补品的质量)以及政府政策等。我们把企业某一种产品价格(在其他影响因素保持不变情况下)变化所引起的该种产品市场需求量的变化关系叫作公司该产品的需求函数。

需求曲线为企业管理者提供了在某一给定的价格水平下,企业能够销售产品数量的信息。图1.1所示是2008年世界市场铜的需求函数曲线。从图中可以看出,当每一磅铜的价格为3.1美元时,全球铜的需求量大约为1 620万吨。当价格为3.2美元时,全球铜的需求量大约为1 430万吨。当价格为3美元时,全球铜的需求量大约为1 790万吨。近年来,由于中国和印度等新兴市场铜需求量的不断增加,导致全球铜的消耗量逐年增加。

从图1.1所示中,我们可以看到在不同的价格水平下,全球铜的需求量。请注意,需求曲线描述的是在一个特定的时间段,产品的需求量随着价格发生变化的情况。因此,延长时间或在不同的时间段里估计需求曲线的形状和需求量的多少是不同的。全世界铜的需求曲线的形状是向右下方倾斜的。我们把这种想象叫作价格和需求量之间呈负相关。意思是,当铜的价格降低时,铜的需求量增加;当铜的价格上升时,铜的需求量下降。大部分商品的需求曲线都符合向右下方倾斜的规律。我们把这个规律称为需求法则。

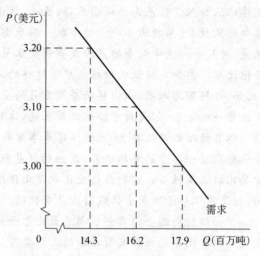

图1.1　2008年世界市场铜的需求函数曲线

需求曲线还会受到消费者偏好和消费者收入水平等因素的影响。这些因素的改变将会引起需求曲线的位置发生改变。比如,由于某种原因,消费者可能更加喜欢购买铜制用品(如家庭用具),也许是因为消费者的收入水平提高了。那么,整个铜的需求曲线就会向右侧移动。换句话说,在每一个价格水平下,铜的需求量变得更多了。

战略分析案例1.3

需求和供给分析:石油价格上升多少才会诱发高成本供应商进入石油开发市场

虽然我们不能从石头里提取出血液,但是我们却能从页岩之中提取出石油。当石油的价格上升的时候,一些石油开发商们就会开始寻找油页岩资源,试图从中生产石油。当油价降低时,他们就会放弃这个想法。到目前为止,还没有任何一个石油开发公司从油页岩中能够经济有效地生产出石油,很多公司在这类项目的投资中,损失了大量的资本,远没有得到理想的投资回报。从20世纪50年代到80年代,美国许多大的石油公司共投资2亿多美元用于从页岩中提取石油的试验。1980年发生的第二次阿拉伯石油禁运事件,又一次激发了美国油页岩勘探的热潮,主要目标是集中在科罗拉多州、犹他州和怀俄明州地区。但是,当石油的价格下跌时,页岩石油开发又一次遭到搁浅。其原因并非是页岩中没有石油(根据美国政府的估计结果,上述地区页岩中的石油储量可达8亿桶,为已知沙特阿拉伯国家石油储量的3倍还多),而是因为将石油从油页岩中提取出来的费用过于昂贵。这些成本包括提取石油的能源耗费、提炼过程中造成的空气污染,以及对附近稀缺的地下水污染成本。

不过仍然有三家公司(壳牌、雪佛龙与EGL资源)认为,随着新的石油开采技术的出现,页岩油的提取成本的降低,加之油价的上涨,提取页岩油的潜在利润会大幅度增加。这些公司预计在2020年的时候,页岩油将会正式投入市场。所有页岩油生产技术都包括:将地下的有机混合物熔化成石油,然后再抽送到地面等各个环节。但是,每个公司采用的具体技术却各不相同。

当石油价格超过供应商生产石油的预期价格时,这些供应商就会进入油页岩市场。很显然,这要取决于石油公司对石油未来的价格和提取成本的预期。不过,实践证明了之前石油公司的一些预期是错误的(石油价格下降,实际生产成本高于预期)。回顾一下石油市场变化的历史,不难看出从1972—1973年和1980年发生的石油危机中,石油的价格并没有保持长期持续上升。然而,近年来石油价格的上涨却是持续了较长的时间,并且看不到有下降的趋势(至少是在高位价格上波动)。其次,主要产油国(伊朗、伊拉克、尼日利亚、委内瑞拉)的政治动荡,以及中东许多国家政局存在较大的不确定性。最后,石油公司还是相信他们能够以廉价的技术有效地从页岩油矿中开采石油。

只有时间能够见证这一切。如果石油价格继续走高,而且开采成本得以控制,那么我们有理由相信那些位于美国西部曾经被报废和遗弃的页岩油厂将会继续上马。

资料来源:The Cautions U. S. Boom in oil Shale. The New York Times,December 21, 2006. www.nytimes.com/2006/12/21/business/21shale.html.

1.7 市场供给

市场供给的状态可以用市场供给曲线来描述。供给曲线反映了在各个不同价格水平下,生产者愿意向市场提供商品的数量。图1.2表示2008年世界市场铜的供给函数曲线。从该供给函数曲线我们可以看出,当每磅铜的价格为3.1美元时,铜的供给量约为1 620万吨;当每磅铜的价格为3.2美元时,铜的供给量为1 740万吨;当每磅铜的价格为3美元时,铜的供给量为1 490万吨。

世界市场铜的供给曲线是向右上方倾斜的,我们把这种情况叫作铜的供给量和价格之间呈正相关。意思是,当价格上涨时,铜的供给量会随之增加。这个理论很明显是成立的,因为当市场上铜的价格提高时,会激励生产商向市场供应更多的铜。任何一种产品的

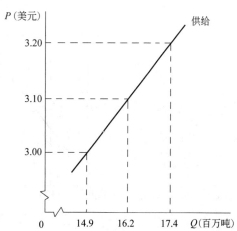

图1.2 2008年世界市场铜的供给函数曲线

市场供给曲线都要受到生产技术的影响。生产技术水平的提高,会降低生产成本。因此,在同一价格水平下,生产者愿意生产更多的产品。可见,生产技术水平的改善会导致整个市场供给曲线向右侧移动。

市场供给曲线还会受到生产成本的影响。当产品生产的成本下降时,企业管理者愿意为市场生产更多的产品。所以,当生产成本降低的时候,市场供给曲线会向右侧移动。相反,当生产成本增加时,企业管理者就不会愿意生产更多的产品,从而导致整个供给曲线向左侧移动。

1.8 均衡价格

经济学家认为市场是需求曲线和供给曲线相互作用、相互影响的产物。下面,我们通过分析世界铜的市场来证明这一观点。我们将需求曲线(图1.1)和供给曲线(图1.2)叠放在一起,结果如图1.3所示。现在,我们可以运用图1.3来预测不同价格下的市场行为。例如,当铜的价格为每磅3.2美元时,根据需求曲线,铜的需求量为1 430万吨;而根据供给曲线,铜的供给量为1 740万吨。因此,当每磅铜的价格为3.2美元时,铜的供给量和需求量之间不匹配。铜的供给量比需求量多了310万吨。此时,一些铜的供应商将无法在这个价格水平上全部卖出自己的产品,他们需要通过降价来售出剩余的铜,否则就会造成铜的库存积压。因此,当每磅铜的价格为3.2美元时,铜市场的供需是不均衡的。为了解决市场上铜的供应过多,供应商们不得不降价销售。因此,每磅3.2美元铜的价格水平在市场上不会持续存在。

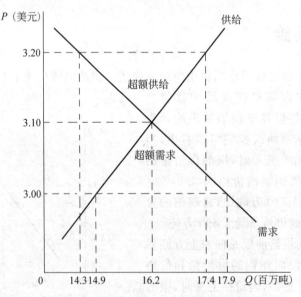

图1.3 世界市场上铜的均衡价格

当铜的价格为每磅3美元的时候,需求曲线告诉我们,铜的需求量为1 790万吨;而根据供给曲线显示,铜的供给量为1 490万吨。因此,当每磅铜的价格为3美元时,也会出现市场供需的不平衡,即市场上铜的供给不能够满足铜的需求。在这个价格水平下,铜的需求一方需要再有 300 万吨铜才能够满足需求。当供应商意识到市场上铜短缺的时候,他们将会提高铜的价格。因此,每磅 3 美元铜的价格也不会是可持续的市场价格。

那么,什么是可持续的市场价格呢?当在某一价格水平下,产品的供给量和需求量刚好相等时,该价格就是可持续的市场价格。因为在这个价格水平下,需求方能够买到他们想要的产品,而生产商能够卖出他们所生产的产品,市场供需双方达到了一种平衡状态。我们将这种情况称为市场均衡,此时产品的价格被称为均衡价格。在图 1.3 中,供给量等于需求量时铜的价格是每磅铜 3.1 美元,正好发生在两条曲线的交点处。

战略分析案例 1.4

供给和需求对汽油价格的影响

当一些大的石油公司相互勾结,密谋提高石油市场的价格时,经济学认为这是市场力在发挥作用。另外,当人们今天看到输油管道关闭或者炼油厂发生了火灾时,会普遍认为这将会影响明天市场上汽油的供应。但是,令人困惑的是今天市场上的汽油是从过去储备的石油生产出来的,那么今天发生的石油事故为什么会直接影响到今天的汽油价格?导致今天汽油价格上涨呢?

这可以用一个叫作存储套利的概念来解释。假设你拥有 1 亩玉米地,今天玉米的价格是每公斤 3 元。但是,如果几乎所有人都认为明天玉米的价格会涨到每公斤 3.5 元,那么你今天不会愿意以每公斤 3 元的价格卖掉你的玉米,你会选择推迟一天,等到第二天以每公斤 3.5 元的价格卖出玉米(只要每公斤玉米的收获成本不会在今晚增加了 0.5 元)。但是,由于如果许多跟你一样的农民都决定等到明天再出售他们手中的玉米,这就会造成今天市场上玉米的供应出现短缺,从而导致今天玉米的市场价格上涨。那么,今天玉米的市场价格需要上涨多少才能诱导玉米生产者今天就来市场买玉米呢?答案是,只有当今天的玉米价格上涨到每公斤 3.5 元,才会使得有人愿意在今天到市场上销售玉米,而不再等到明天。

针对这样的问题,研究企业密谋行为的学者提出,政府可以设定一个价格上限,勒令市场上汽油的价格低于市场均衡价格以下的某一个限制水平。政府的这一措施会导致市场上汽油的短缺,即汽油的市场需求会大于市场供给。美国联邦政府曾在发生卡特里娜(Katrina)和丽塔(Rita)飓风过后,对美国汽油市场采取了价格上限政策。然而,研究结果表明由政府采取汽油价格上限政策所带来无谓的经济损失高达 19 亿美元。

2005 年卡特里娜和丽塔飓风过后,美国联邦贸易委员会与能源部联手对一些石油公司进行了合谋抬价的指控展开调查。结果显示,这些美国石油公司之间并没有采取合谋抬价的欺诈行为,汽油的市场价格基本上是由市场的供给和需求决定的。一项联邦贸易委员会 2003 年的研究显示,1991—2003 年汽油价格变化的 85% 是由于原油价格的上涨。这个价格变化并不是由美国市场造成的,而是由中东世界石油出口组织(OPEC)所控制的,该组织一直是石油价格的领导者,因为它大约控制着 40% 世界石油市场的份额。类似于租金控制、政府的汽油价格控制政策会在很大程度上限制炼油企业对扩大生产能力的投资。

资料来源：The Rapidly changing signs at the Gas Station show the Market at Work. The New York Times，August 24，2006. www.nytimes.com/2006/08/24/business/24scene.html.

"Gasbags," The Wall Street Journal，April 19，2007.

Oil Price "Gouging"：A phantom Menace?. The New Times，May 20，2007. www.nytimes.com/2007/05/20/business/yourmoney/ 20view.html.

1.9　实际价格

在现实市场分析中，企业管理者更加关注的是实际价格，即市场上占据主导地位的价格，而不一定是市场的均衡价格。通常，经济学家假设产品的实际价格总是非常接近于均衡价格，这是因为市场本身具有一种基本的力量，它能促使实际价格趋近于均衡价格。因此，在某一特定时间内，当市场环境保持相对稳定的情况下，产品的实际价格应该接近于市场的均衡价格。

现在，我们再来关注一下如图 1.3 所示的全球铜的市场。当每磅铜的实际价格是 3.2 美元时，将会发生什么情况呢？正像我们想象的一样，该价格水平将会对铜的价格造成下降的压力。假设铜的价格下跌到每磅 3.15 美元。比较在每磅 3.15 美元价格水平下铜的需求和供给的数量，我们发现，铜的价格仍然有下跌的趋势，因为铜的供给数量大于需求数量。这种市场压力会使得铜的价格继续下降。假设铜的价格下降到了每磅 3.12 美元，比较在该价格水平下铜的需求和供给的数量，不难看出价格仍然具有下降的趋势。

可见，当产品的实际价格高于均衡价格时，价格水平会有逐渐下降的趋势。同样地，当产品的实际价格低于市场均衡价格时，价格水平将会有逐渐上升的趋势。因此，市场调整变化或调整的结果会使得产品的实际价格趋向于均衡价格。当然，这种价格调整的速度可能存在着较大的差异，有些产品的价格在某种条件下可能需要很长的调整时间，才能使得实际价格接近于均衡价格；而对另外一些产品，这种价格调整可以是非常迅速的。

在自由市场中，这种产品价格调整的过程被经济学之父亚当·斯密称作是看不见的手。亚当·斯密的这一理论告诉我们在自由竞争的市场条件下，不需要政府采取任何手段或措施去人为地干预产品的市场价格，由供求双方共同作用决定的市场价格才是最有效的。

1.10　需求曲线的变化对价格的影响

如图 1.3 所示，任何需求和供给关系图在本质上都是对在某一时间点市场环境的反映。但是，图 1.3 所示的结果是受特定的市场环境制约的，这是因为需求和供给曲线并不总是静止不动的,它们随着市场环境的变化而发生改变。当需求曲线发生变化时,均衡价格会发生什么样的变化呢?这是一个十分重要的问题,因为管理者需要对未来产品价格的变化作出预测,以便对此作出正确的反应。

让我们仍以2006年世界铜产业为例,来说明需求曲线发生向右移动对市场价格的影响。在世界范围内,由于房屋建设数量的增加,引起对铜的需求快速增长(铜管制品通常用于地下水管道的铺设)。同时,由于中国和印度两大的新兴经济体的快速崛起,导致全球对铜的市场需求大幅度上升。根据图1.4右图所示,需求曲线向右移动,导致铜的价格从P上升至P_2,铜生产企业的管理者应该期待这种情况的发生。事实上,2006年全球市场上铜的价格为每磅2.65美元,但是到了2008年,这个价格上升至每磅3.10美元。

如图1.4左图所示,2008年铜的需求曲线发生向左移动,这是因为美国和欧盟一些国家经济增长放缓,导致铜的需求量下降,这意味着铜的需求曲线向左移动。所以,在同一价格下,铜的需求量比以前减少,铜的价格从P下降到P_1。

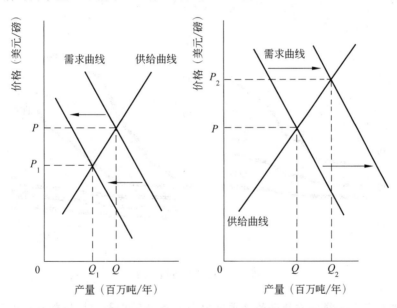

图1.4　铜的需求曲线向左、向右移动对市场价格的影响

战略分析案例1.5

世界粮食市场的变化

当今局部粮食市场发生变化可能会很快波及全世界。在2008年早春季节,粮食市场需求和供给曲线的变化影响到了世界所有的国家。全球范围内,粮食供应失衡,导致世界上很多国家陷入恐慌。在2008年早春的一个星期里,世界上很多主要经济体利用自己国家的主权,采取限制一些基础食品或粮食的进出口。沙特阿拉伯采取削减基本食品的进口关税,印度实行了取消食用油的进口关税同时禁止大米的出口,越南减少了22%的大米的出口量。政治动荡的局面在多个国家发生,导致埃及、墨西哥等国家食品的成本大幅

上升。但是，粮食价格的动荡对各个国家影响的程度是大不相同的。比如，对于大多数美国家庭来说，支付每加仑4.25美元的牛奶，只是给他们的家庭生活带来一点点的不便而已；而对那些处在贫困线以下的家庭来说，支付如此之高的牛奶价格，相当于要面对死亡的威胁。要知道在印度的许多贫困人口中，食品消费要占到整个家庭开支的50%以上。

让我们来分析一下是什么原因导致了这场粮食市场危机的发生。图1.5显示了2008年中期之前部分食品价格的变化情况。从图中我们可以清楚地看出，主要食品价格的增长速度。据英国《金融时报》的报道，2008年菲律宾政府为每吨大米支付700美元的费用，这几乎是2007年菲律宾政府所支付大米费用的两倍。从2007年4月至2008年4月，世界玉米的价格增加了73%（从每蒲式耳3.46美元增加到每蒲式耳6美元）。在同一时期内，小麦的价格增加了123%（从每蒲式耳5.63美元增加到每蒲式耳12.57美元）。在中国，猪肉的价格增加了63%。

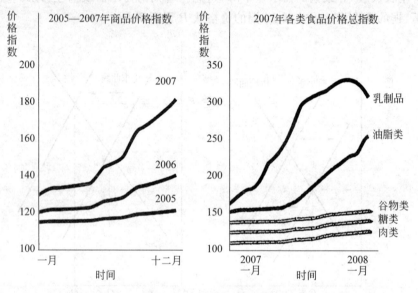

图1.5　食品价格趋势图

导致食品需求曲线向右移动的原因可以归结为以下几点。托马斯·马尔萨斯理论认为是有关人口理论的预测成为了现实。首先，世界人口数量持续扩大，而耕地面积却不断缩小。许多发展中国家政府集中精力发展经济，但是却忽略了农业的发展。联合国的一份报告显示，农业生产力的年增长率在2002年降至1%。在一些人口众多的发展中国家中，例如中国和印度，不断壮大的中产阶级消费食物的数量大幅增加。随着人们收入水平的增加，他们通常会消费更多的食品。在中国，随着人们收入水平的提高，肉类消费数量已经翻了一番。其次，一些国家把部分粮食储备，像玉米，用于乙醇燃料生产，从而减少了粮食的市场供给。最后，随着世界各国城市化进程的加快，有更多的人离开农村，移居到城市，这同样会使粮食供给减少，粮食供给曲线向左移动，从而导致价格上升。

资料来源：Countries Rush to Restrict Trade in Basic Foods. Financial Times，April 2，2008，p.1.
Food Prices Give Asian Nations a Wake-Up Call. Financial Times，April 3，2008，p.4.

1.11 供给曲线移动对价格的影响

供给曲线的移动会对均衡价格产生什么影响呢?由于铜的生产技术的进步,一些大型的供应商,例如,智利国家铜业公司(Codelco)能够生产更多数量的铜,这会导致全球铜的供给曲线向右移动,如图1.6中的右图所示。这种供给曲线的移动会对均衡价格会产生什么影响呢?显然,它使得铜的价格从 P(原来需求与供给曲线的交点)下降到 P_4(新的供给曲线与需求曲线的交点)。

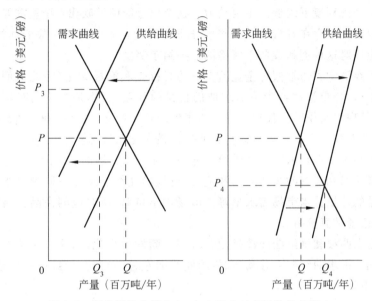

图 1.6 铜的供给曲线向左、向右移动对市场价格的影响

另外,假如铜的生产成本上升(由于提高工人的工资),会导致铜的供给量减少,供给曲线向左移动,如图1.6中左图所示。此时,铜的均衡价格从 P(原需求与供给曲线的交点)上升至 P_3(新的供给曲线与需求曲线的交点)。

1.12 本章小结

企业管理者的主要任务是为企业制定决策。一个好的企业管理决策需要一些必要的指导。这些指导是基于行为经济学管理模型。与微观经济学相比,管理经济学更加注重规范性和具有实效性的管理行为指导准则,而微观经济学更强调对某种经济行为进行描述。管理经济学的课程不仅能够为企业管理者提供一些基本的分析工具,还能为学习其他课程奠定一个良好的基础。管理经济学建立的决策体系可以用来描述各种企业组织的行为,包括非商业组织,例如政府部门。

为了把经济学理论运用到管理行为的分析中,我们需要借助于厂商理论。厂商理论早已被大多数管理经济学家所认同。这个理论基于一个重要假设:管理者的目标就是企业价值的最大化。企业的价值被定义为预计未来现金流量的净现值(也就是利润)。但是,实现企业价值的最大化是要受到多种因素的约束,因为企业在经营过程中要面对诸多投入要素的短缺,尤其是在短期生产过程中。而且,管理者的决策过程还要受到来自法律、社会规范以及合同方面的制约。

对于利润的定义,管理经济学与会计学之间有着很大的不同。管理经济学所说的利润,是指扣除企业拥有者自己投入的劳动和资本成本后的剩余部分。会计学和经济学对利润给予不同的定义,这是因为各自的用途是不尽相同的。

产生企业利润的三个重要原因分别是创新、风险和垄断能力。盈利和亏损是一个企业在自由市场经济环境下发展的主要动力。这个信号能够反映出:哪里需要什么样的资源?某些资源在哪里存在着过剩?这些信号将会诱发企业创新和冒险的动机,整个经济体或者社会应该对这种创新或敢于冒险的行为给予奖励。

尽管管理经济学家通常假定企业所有者的目标是利润最大化(因此他们能够从中获得最大的价值)。如果管理者为了追求他们自身的利益,而不是企业拥有者的利润最大化,我们把这种现象叫作委托代理问题。为了解决这个问题,很多企业对管理者采取业绩奖励的办法,诱发管理者的个人目标与企业价值最大化的目标相一致。

每一个产品市场都是由需求和供给两方面构成的。市场的需求曲线表示在不同价格水平下消费者愿意和能够购买商品的数量;市场供给曲线表示在不同价格水平下生产者愿意卖出产品的数量。当市场需求量等于市场供给量时,所对应的商品价格叫作市场均衡价格,也叫市场结算价格。

市场的需求曲线和供给曲线都是随着时间不断发生变化的,这个变化的结果导致商品价格的变化。需求曲线向右移动(和供给曲线向左移动)都会导致商品价格的上升;反之,商品价格下降。

习题

1. 杜教授想写一本关于少林武侠的历史书,××出版社同意以 600 万元买下这本尚未开始撰写的书的版权。据一位出版商透露,如果××出版社能够卖出 62.5 万本该书的精装本的话,出版社将能赚得 120 万元的利润。但是,如果该书只能卖出 37.5 万本的话,出版社要损失 130 万元。出版业的高级管理者表示,对于非小说类的精装书,销售数量是很难达到 50 万本以上的,只有在非常特殊的情况下可能卖出 100 万本。那么,××出版社是否会冒如此大的风险去出版这本书?

2. 有人说,任何一个有较强自尊心的高级企业管理者在加入一个新的公司的时候都会与公司提前签署一份有关红利或奖金的合约。在许多情况下,这份红利(或奖金)的金额大约是在 7 位数。与此同时,公司还会给新雇的经理一笔红利保证金,即无论企业的利润出现了什么状况,她都能至少得到一定比例的红利。试问这样的一个长期红利保障政策,是有助于解决委托代理问题,还是不利于解决甚至会恶化委托代理问题?为什么?

3. 如果市场利率是 10%,请根据表 1.1 提供的数据,计算富达公司在未来十年的利润现值是多少?

表 1.1

未来年份	利润/百万元
1	8
2	10
3	12
4	14
5	15
6	16
7	17
8	15
9	13
10	10

4. 杜邦公司经理预期在2008年获得290万元的利润。这意味着杜邦公司是预期获得290万元的经济利润吗？为什么？

5. 威廉需要决定是否在明年夏季的6~8月在某一海洋度假村开展一项出租沙滩伞的生意。他计划这样定价：日租沙滩伞价格为5元，他打算在这3个月里以3 000元的租金租用50把沙滩伞。为打理这项生意，除了自己之外他不需要雇任何人，他的运营费用包括租伞费和地皮费，加起来合计每月共3 000元。威廉是一个大学生，如果不做此项生意，选择去建筑工地打工，三个月能赚4 000元。问题如下：

(1) 假如在这3个月里威廉有80天，每天都能租出去所有的50把伞，那么在整个暑假他能获得的会计利润是多少？

(2) 在整个暑假里威廉挣得的经济利润是多少？

6. 在辽宁大剧院要举办一场大型歌剧表演。剧院大厅每个席位的价格从42元到117元不等。举办这场歌剧每一周的收入、运作成本和利润估计如下，分别按票价为65元和75元进行估计。如表1.2所示

表 1.2

	每张票价75元	每张票价65元
总收入(元)	765 000	680 000
运营成本(元)	600 000	600 000
利润(元)	165 000	80 000

(1) 一个由71人组成的剧团，需要支付30件管乐和500套服装的成本共计1 000万元。这个投资还不包括支付演员工资和剧场租赁费用。那么，当门票平均价格为65元时，剧团大概需要几周的演出才能收回投资？如果票价平均为75元，需要几周才能收回投资？

(2) 根据以往的经验，每3次歌剧表演只有1次剧团能够达到收支平衡。根据这样的记录，该剧团的投资是否在冒着巨大的风险？

7. 如果小麦的需求曲线为：
$$P = 12.4 - Q_d$$

第1章 导论

式中 P 是农场小麦的价格(元/公斤),Q_d 是小麦的需求数量(亿公斤),小麦的供给曲线为

$$P = -2.6 + 2Q_s$$

式中 Q_s 是小麦的供应数量(亿公斤),那么小麦的市场均衡价格是多少?小麦销售的均衡数量是多少?实际价格必须等于均衡价格吗?为什么?

8. 木材行业的发展在2008年的经济危机中遭到重创,其价格从每立方米290元降至每立方米200元。许多观察家认为,这个价格的改变是由于房地产市场供过于求,新住宅建设速度的放缓。那么,木材价格的下降是否是由于需求曲线或者供给曲线的变动造成的?

9. 从2007年11月至2008年3月,黄金的市场价格从每盎司865美元增加到每盎司1 000美元。据此期间的报纸报道显示,首饰行业的需求几乎没有增加,是因为美元贬值,导致更多的投资者选择购买黄金。

(1) 黄金价格的上涨是由于需求曲线的变动还是供给曲线的变动所致?还是二者共同变动所导致的结果?

(2) 黄金价格的上涨是否会影响到黄金首饰的供给曲线?如果是,那么它是如何影响的?

第 2 章　公司和它的经营目标

> **学习目标**

学完本章之后,读者应该能够:
- 解释在资源稀缺条件下,为了实现公司的经营目标,公司的最优决策过程以及最优决策的经济重要性;
- 掌握公司的定义和理解公司的目标;
- 理解公司存在的原因和交易成本的概念;
- 掌握公司的最优决策方法;
- 了解委托代理;
- 区分公司利润最大化和股东财富最大化;
- 理解市场附加值和经济附加值二者在概念上的主要区别。

2.1 公司

古典经济学理论把公司定义为能够把资源转变成消费者所需要的产品的载体。公司生产成本的大小取决于可用的技术、产品产量、所用资源的价格水平及其市场结构。从企业所得收入中扣除所有成本即为企业利润。一般来说,公司经营的主要目标是获得最大利润。

很明显,上述理论是假设公司已经存在,但并没有回答公司存在的原因。为什么公司的某些功能靠内部运作来实现,而另外一些功能则需要通过外部市场运作来实现呢?要知道公司规模的大小并不完全是由技术原因所决定的。那么为什么有的公司大有的公司小呢?

美国经济学家罗纳德·科斯(Ronald Coase)在1937年对该问题作出过明确的回答。科斯在回答该问题时提出一个假设:公司在决定从事一项活动时,要比较由公司内部完成这项活动的成本与通过外部市场交易完成这项活动的成本,找出两者的差异。

如果通过外部市场交易完成某项活动的成本为零,那么一个公司就会成立起来,并将其所有的活动通过外部市场交易的途径来完成。然而,这种市场交易成本是零的假设在现实中是不成立的,因为任何市场交易总会产生交易成本。

交易成本产生于当一个公司与其他任意一个经济实体做交易或签署一项合同过程中可能发生的各种费用。其中,包括为了解对方公司进行的一些基本情况调查,合同谈判、起草合同、合同实施以及在合同执行过程可能发生的协调费用。交易成本还会受到不确定性、再发生性以及资产专用性的影响。

不确定性是指合同双方无法准确地预知未来,从而导致交易成本的增加。因为合同各方不可能在协议中考虑到了未来所有的可能性,特别是对于制作一项长期合同来说,情况更是如此。一份典型的商业合同必须包括签署合同各方的责、权、利的内容。

对于那些具有专门用途的设备,买卖双方签订协议就更有意义。如果在合同中买方想购买的特定产品只有一个卖方,而且该产品只能用于某种特定产品的生产,那么合同双方的关系就会变得十分密切。但是,在这种情况下,一旦市场条件(或生产技术)发生变化,就容易导致投机行为,即合同一方有可能寻求机会去占对方的便宜。在这种情况下,交易成本会变得更高。

当交易成本变得很高时,公司将会选择自己生产所需要的产品或服务。然而,采取内部经营会产生新的成本,包括雇用新的员工。这中间为了保证产品质量和员工的工作效率需要增加管理和监督成本。另外,公司里拿着固定工资员工的工作效率可能比外部承包商的工作效率要低,这同样意味着成本的增加。

雇主将采取激励的方式来提高工人的工作效率,目的是为了降低员工监督成本。这些激励措施包括奖金、津贴和其他各种补助等。另一种常用的激励员工的方式是利用期权和员工持股计划,当然股权也可以用来吸引新的员工加入公司队伍。当公司利润增加时,股票会增值,持股者将从中获利。激励机制通常要与员工的工作业绩挂钩。

图 2.1 展示了公司采用外部市场交易成本和采用内部经营成本之间的平衡关系。图中,纵轴表示公司运作是全部依靠跟外部市场进行交易的,内部生产活动为 0。从左向右移动表示公司逐步采用内部生产来取代外部市场交易。所以,外部交易成本逐渐减少,内部经营成本逐渐增加。总成本为两条成本曲线的垂直相加。在开始阶段,随着公司发现采用内部生产(或经营)的效率越来越高,总成本随之下降。然而,随着公司内部经营所占的比例越来越大,其中一些内部经营活动效率可能会出现下降,导致总成本开始上升。公司将选择把资源部分地用于外部市场交易和部分地用于内部经营,实现总成本最低的目标,如图中所示的在两个极端点之间的中间部位。

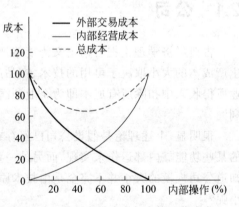

图 2.1 外部交易成本与内部经营成本

当一个特定产品的市场交易成本大于公司内部经营成本时,公司将采用自己生产的做法。一个独立的公司如果只是生产一个或少数几个客户需求的产品是不可能获得很大利润的。然而,当产品市场扩大时,过去的产量和服务不再能够满足当前市场的需求。随着市场需求进一步增加,之前这些产品是由一些非专业公司生产的,而现在这些产品必须由新的公司来从事专门生产。这样,新的公司和行业就诞生了。这种情况不仅发生在产品生产过程中,而且也发生在服务行业当中。以前,公司的某些服务可能是由公司内部提供的,而现在,这些服务可能是由某些独立的公司提供的。例如,当今很多企业、政府机关和学校的清洁服务,安全服务、自助餐厅等都是由专门的公司来经营的。另一个例子就是大学书店,现在不论是在美国还是在中国,很多大学的书店完全是由图书出版业中一家或少数几家大公司来运营。其实,这种专业化生产的出现已有非常悠久的历史,它是由经济学之父亚当·斯密最先提出的,"劳动力的分工受市场范围的限制"。乔治·斯蒂格勒(George Stigler)在1951年的一篇文章中也阐述了这一观点。他说:"随着行业的不断扩张,过去几乎每一种产品都是靠公司自己生产,而未来将变成由多个专业公司生产,每个公司只集中生产一种或少数的几种产品,这意味着公司将出现垂直分解的现象。"这可能导致交易成本上升和投机行为的增多。

虽然公司对一些不重要的或非核心性业务采用外包的做法已经存在很长时间了,但是公司对一些核心业务采取外包的做法还是近几年的事。另外,过去一些公司只是对一些私家品牌的小件产品采用外包,而现在企业对高科技产品和服务采取外包也已经非常普遍。"离岸"一词是用来形容一个公司把原来自己生产的产品,现在包给外国公司去进行生产。

例如,美国柯达公司80%的数码相机均来自亚洲国家的一些生产商。康柏(Compaq)公司销售的电脑在与惠普(HP)合并之前只有10%是自己生产的。这些现象与20世纪初期美国福特(Ford)汽车公司依靠自己生产轮胎、钢铁和玻璃等汽车生产需要的部件的情形大不相同。

我们知道在2005年前后,美国IBM公司生产的最主要的独家产品是电脑硬件。但这种情况在20年前就已经改变了。今天,IBM的主要业务不再只是生产计算机硬件,而是负责把所有计算机服务业务外包给许多其他公司去做。它的"全球服务部"是世界最大的信息提供商,承担着计算机系统组装、售后服务、业务咨询和电子商务,提供产品支持、业务重组服务、系统管理和网络服务等。2003年通过"全球服务部"创造的外部收入高达420亿美元,大约占了IBM总收入的50%。与此同时,IBM还外包了许多计算机硬件产品生产。由多家不同的公司为IBM的个人电脑(PC)和工业用的大型计算机生产各种配件。比如,加拿大的天弘电子(Celestica)公司生产了大多数IBM的服务器;台湾宏碁(Acer)公司的三分之一的收入来源于为IBM提供电脑设备运输服务。

外包的另一个领域是企业的人事管理。长期以来,员工的薪酬管理是由外部公司负责完成的。一些公司使用第三方服务公司负责管理员工招聘、医疗保健、福利、退休、养老等事宜。例如,1999年英国的阿莫科石油公司(BP Amoco)以5年6亿美元的合同把它的人力资源管理业务转交给美国得克萨斯的Exult公司管理。2000年秋,美国银行(bank of America)以10年11亿美元的合同把它的人力资源管理业务也委托给Exult公司。

尽管一直以来,外包被看作是一种西方国家的现象,但现在,它已逐渐发展到东方国家。特别是日本企业,过去其一直对外包持否定态度,主张自己做事情。然而,历史上日本的电子工业在世界上具有很强的竞争力,但长期以来并没有获得很大的利润。这明显折射出日本现在经济问题的一个重要方面,即资产利用效率低下,即使是日本最先进的电子产品公司之一的索尼公司,在2001年财政年度只是取得了5.5%资产回报率。相比之下,美国的一些大的技术公司资产回报率达到15%。

索尼公司目前正在采取各种措施来改善资产利用效率。2000年10月索尼公司把它的一个分厂卖了了美国加州的旭电(Solectron)公司。这个美国新厂生产的产品仍将继续使用索尼的商标。从那以后,索尼公司开始继续实施外包战略。2001年索尼公司把它的游戏站(play station)牌视频游戏机的生产线转交了一家中国公司。同样是在2001年,索尼公司从它拥有的十一个电子产品企业中挑选出一个专门生产索尼最精密部件的企业。虽然,这不同于把一个产品外包给一个独立的公司生产。但是,这说明索尼公司为了获得更大利润采取了又一个新的措施。

近年来,出现的另外一个令人关注的现象是,原来西方国家的许多白领工作机会正在向工资水平较低的国家转移,与此同时,还出现了一些高技术工种的外包(离岸)潮流,特别是在计算机软件开发领域。新的计算机软件或服务公司已遍及世界许多国家和地区。其中,印度由于拥有大量受过良好IT教育的劳动力,而工资水平却明显低于美国或许多其他西方国家,因此印度成了计算机软件生产和服务的最大提供国。技术和服务外包造成本国很多工作机会的流失,这在美国和欧洲一些国家已经成为一个重要的政治问题。

2.1.1 科斯和互联网

当罗纳德·科斯在1937年提出公司和交易成本等重要经济学概念时,他和世界上所有人一样对20世纪末互联网的出现一无所知。然而,他提出的经济学理论却可以很好地用来说明今天的互联网与商业交易成本之间的关系问题。如果你在网上搜索关键词"交易成本 科斯 互联网",你将会得到大量的链接,证实了现在科斯理论的流行。

实践证明,企业内部经营成本和外部市场交易成本平衡理论始终是有效的。近年来发生的具有变革性的事件就是互联网的出现,使得市场交易成本急剧下降,很多企业可以更加容易和有效地削减自己的经营成本,并且开始把过去曾经是采用外包的产品或服务改成自己生产或经营。

前面提到,交易成本包括信息搜集和调查、合同谈判、协调或实施等成本。那么,互联网是如何影响这些交易活动和交易成本呢?

互联网的出现使得信息搜索和调查工作变得非常简单。在计算机网络上产品或服务需求的一方可以很容易地找到潜在的产品或服务的供给者,包括这些产品的可靠性和生产公司的财务状况信息都可以很容易地获得。这些信息搜集过程,包括产品预定价格、质量和交货方式和交货时间等都可以通过点击几次鼠标即可完成。至于节约协调成本,互联网可以直接跟踪货物在邮寄或运输过程中所处的状态,何时到达何地,做到及时提取货物。

尽管最近科斯声称他没有对正在兴起的电子商务给予很多关注,但他相信在新的经济环境中充分理解交易成本,能够使企业更快地实行专业化产品生产、提高产量和企业的经营效率。很多行业中将会出现更多小的公司,当然大公司也会越来越大。大公司能够把精力集中到核心产品和技术,把其他那些自己不擅长的业务外包出去。

总之，一个企业要学会平衡采用外部市场交易发生的交易成本和企业内部自己经营的成本，实现总成本的最小化。这是所有企业的经济目标，也是我们下面将要讨论的主题。

2.2 企业的经济目标及其优化决策

任何企业的活动都有一个目标。许多人可能认为企业活动的首要目标是获得一定数量的利润。事实上，作为管理经济学基础的厂商经济理论是假设企业活动的最重要的目标就是获得利润最大化（或损失最小化）。因此，在本书中除给予特别说明外，总是把利润最大化作为企业经营的终极目标，经济学家把它叫作企业利润最大化假设。

当然，一个公司可以追求其他很多目标，包括产品销量所占市场的份额、收入增长率、利润率、投资回报、技术水平、消费者满意度、股票价格和股东利益等。明确经营目标对一个公司来说是至关重要的。因为在给定有限的资源条件下，不同的经营目标将采用不同的资源分配决策方案。例如，如果一个公司的主要目标是扩大所生产产品的市场占有率而不是利润，那么，公司可能会采取降低产品价格策略；如果公司的主要目标是提高产品中高新技术的含量，那么公司可能会决定分配更多的资源用于研发。但是，追加用于研发的投资可能会在短期内减少公司的利润，但从长期来看，由于公司的产品较其竞争对手更有技术优势，因此，可能会给公司带来更多的利润。如果公司的目标是提供全套的产品和服务，公司可能会选择出售一些无利润可图的产品。

在企业经营目标明确的情况下，我们把那个能够最容易实现的公司目标的决策称为最佳决策。正如我们将在第8章要讨论的，要想实现利润最大化（或损失最小化），一个公司应该将产品价格确定在使最后一个单位产品的收益（边际收益）与生产该单位产品的成本（边际成本）相等的水平上。换句话说，边际收益等于边际成本决定产品的最佳价格。

在有关公司目标的讨论中，要区分短期和长期，它们是两个不同的概念。经济学中所说的短期和长期与日历时间没有直接的关系。短期是指假定一个企业可以改变某些资源的使用数量（例如劳动时间），但必须至少有一种生产投入要素使用数量是固定不变的，如企业使用的厂房空间，农户可以用来种植作物的土地面积。而长期是指一个企业可以改变它所使用的所有资源的数量。在本书中，研究企业的短期和长期决策是假定企业的目标或是短期利润最大化，或是长期利润的最大化。当然，必须知道有时候一个企业在追求长期利润最大化的同时，可能要牺牲一些短期的利润。

2.2.1 经济目标

很多经济学教材都对厂商利润最大化概念进行了阐述，但却很少有作者对该问题给出一个满意的答案。很多作者都会提出除了利润最大化以外，企业还会有许多其他的目标。正像我们在前边所说的。在这里，我们暂且不讨论企业"价值"目标或者"股东财富"最大化问题。可以考虑一下，在一定时期内（例如一年时间）关于公司的各种业务活动。毫不否认，利润最大化的确是一个非常模糊的字眼。公司怎么会知道在未来某一时期结束时会达到利润最大化呢？或者从企业计划角度来说，即使一切情况都是按企业的计划来实现,企业也很难做到在它所计划的时期内采取的各项活动都是为了实现最大的利润。

下面,让我们来看一下一位公司总裁(CEO)为公司制定的目标。假设 CEO 已经决定了公司在下一个财政年度里要实现的目标,他在年初把这些目标分配给各个管理层的负责人去执行。假设 CEO 在给某一部门总经理的一封便函中写道:

亲爱的李克勤经理:

公司度过了美好的 2009 年,相信 2010 年将会更加美好。

以下是你部门在 2010 年需要达到的目标,请采取各种有效的措施确保利润最大化。

虽然该目标具有挑战性,但公司相信你不会让大家失望。祝你早日成功!

艾立文总裁

很明显,这是一封非常简单的便函。李克勤接到公司总裁的工作订单后应该怎样做才能使公司的利润最大化呢?需要哪些资源?年终时总裁会怎样考核他的工作绩效?他应该实现的最大化利润是多少?

另一封便函如下:

李克勤经理:

公司度过了美好的 2009 年,相信 2010 年将会更加美好。

公司根据经济情况、行业预测、可利用资源、生产率的提高等状况为每个运营部门分配了具体的目标。公司希望你的部门根据以下目标作出 2010 年工作计划。

(1) 与 2009 年相比,收入增加 10%。

(2) 部门利润率从 8% 增加到 9%,资产收益率达到 10%。

(3) 公司将给你部门提供 1 000 万元用以扩展计划,最小内部收益率要达到 12%。

(4) 部门职工数增加不超过 2%。

虽然这些目标具有挑战性,但公司相信你不会让大家失望。祝你早日成功!

艾立文总裁

看上去这封便函好像更加符合实际情况。但是,有人会认为,这意味着公司的目标不是利润最大化,而可能是最快的企业增长率、利润率、资产回报率等。

事实上,每一个单项衡量指标都是不全面的,但是,它们又是与利润最大化的最终目标相一致的。如果根据对公司的经济环境、竞争对手、技术优势和市场潜力的分析,认为实现公司总体利润最大化的目标是可能的话,那么,分配到公司各部门的具体目标就是公司最终目标的分解。公司会在年底对各个分部门制定的具体目标完成情况进行评价,对部门主管的绩效及其为公司利润增长作出的贡献进行评估,并决定对其实施相应的奖励。

2.2.2 非经济目标

在现实复杂的世界里,企业除了追求经济目标之外,还有很多其他目标。有些大公司公开声称获得经济利润不是公司的主要目标,而是所有目标中排在最后的一个目标。这些公司在陈述企业发展目标时很少用到"最大化"一词,而是用一些意义有些含糊不清的词,如获得"充分的"或"合理的"股东回报。这种相对委婉的说法更容易得到公众的认同。一般来说,企业对外公开宣布的基本原则是这样的。

(1) 为员工提供好的工作地点。

(2) 为顾客提供好的商品和服务。

(3) 要求每一位员工在社会中做一个好公民。

这些提法看上去似乎与利润最大化互不相干。而实际上,员工满意度提高会使工作效率提高,而且至少会愿意在这个公司工作更长的时间,减少了员工流动带来的成本。如果不能满足顾客要求,公司将无法生存。此外,资助公共事业,如慈善机构或非营利组织等,会为公司制造良好的声誉和产品销售市场。所以,公司在这些非经济目标上分配一些资源是值得的,能够换来收入和利润的增加。因此,从这个意义上讲,公司的上述活动与利润最大化的目标并无矛盾。

如今的市场和国家法规对企业在很多方面提出了较高的要求。与过去相比,今天的企业不仅要能够更多地关心员工和顾客的满意度,而且还要对社会高度负责。但是,这些做法并不与企业的利润最大化目标相矛盾。如果说过去企业是在不受许多限制的条件下去获得最大化利润,那么在今天,我们可以说企业是在满足较多社会约束并为此付出较高成本的条件下来追求利润的最大化。

2.3 企业利润最大化的再度思考

我们在前几部分讨论了除了利润最大化目标以外,企业还可能设定其他各种目标。得到的结论是,这些其他目标并非与利润最大化目标相矛盾。下面我们来继续关注一下有关企业利润最大化目标的各种评论。

主要观点是现在的公司并不是以利润最大化为目标,而是以"满意度"为目标。为了理解这一观点,需要考虑以下两个问题:

(1) 股东目前在大公司中的地位和权利;

(2) 职业经理目前在大公司中的地位和权利。

在过去,绝大多数企业都是由企业的拥有者进行管理的,因为那时候企业规模不大,多以独家独资经营或由少数人合伙经营等形式为主。而今天的企业,尤其是中型或大型企业,无法再由企业拥有者进行管理,因为他们与成百上千的企业的股东们一样只是拥有企业部分的股份。在众多的企业股东中,由于很多股东仅仅拥有企业很小的股份,加之这些股东常常购买多家企业或多种产品的股票,因此,他们对某一特定企业股票的业绩并不是十分关注。对这些股东们来说,由于没有得到关于公司股票业绩详细的信息,他们很容易满足于股票分红和公司成长的现状。由于这些股东持有多家公司的股票,所以持有每一家公司的股份都不大,这样一家股票的业绩欠佳造成的损失可以从其他表现好的股票中得到补偿。所以,当今股票持有者更感兴趣的是购买多家不同公司的股票,而不太关注个别股票业绩的好坏。因此,股东们可能无法得知公司管理者是否真正关心股东利益的最大化,他们只是要求能获得"满意"的投资收入水平就可以了,从而得到"满意度"的说法。

在当今的大企业里,董事会主席、总裁、副总裁及其他高级经理们直接指挥公司的运作。虽然他们是受董事会(通常由很多企业内部人士组成)的监督,但他们负责公司的主要决策。很多人认为,这些企业管理者(通常只是拥有公司很小的一部分股份)有他们自己追求的目标,而这些目标并非是全部股东利益的最大化,即让股东们赚更多的钱。因此,一般来说,企业的管理者在进行企业投资决策时,与大多数股东们相比更趋向于选择比较保守的投资策略,即风险规避型的决策。因为,采取这种策略能够使公司业绩表现比较平稳,更容易被股东们所接受,进而更容易保住他们长期担任企业经理的位置。事实上,他们也许可以采取一些具有一定风险的投资决策,让债权人能够长期受益。但是,管理者出于个人的考虑,他们不会这么做。企业管理者必须尽量使公司利益特别是股东的利益得到满足,否则他们的地位将受到威胁。

有时候企业管理者的兴趣可能与股东们的兴趣截然不同。比如,与业主感兴趣的利润相比,管理者可能更关注企业收入的增长。这是为什么呢?因为在很多情况下,管理者的工作报酬与公司的收入水平比利润的多少有着更密切的关系。很多学者的研究证明了这一点。研究表明,很多企业管理者或者对收入最大化感兴趣,或者迷恋于各种特权享受,而不去全心关注债权人的利益。企业拥有者和管理者在目标上的分歧一直是经济学研究文献中的主要内容,被称为"委托代理问题"或简称"代理问题"。

企业业主和管理者双方之间的关系是互补的。业主,即股东,有时对利润最大化并非十分感兴趣,即使感兴趣的话,由于他们不掌握有关信息,也就几乎无法干预董事会的决策。所以,在股东们的目标与管理者目标不一致的情况下,管理者自然把他们个人的利益放在股东的利益之上,他们所做的只是为股东提供稍微满意的收益和企业适度的增长率。做到了这一点,他们在公司的管理地位就可以得到保障。

上述提出的各种观点不无道理。必须承认,这些观点的确反映出在某一特定时期里,某些企业表现出的代理问题。然而,同样在当今企业的现实中也不乏找到与以上观点相矛盾的事实。作为本书的读者,你可能是持有一家发行上百万股股票的上市公司的100股股票。但是,你要知道一些大公司发行股票的大多数股都是被一些专业股票账户管理机构所买断。这些大公司可能经营多种业务,包括大型管理抚恤基金的银行、持有多种资产和基金的保险公司。这些组织聘请专业分析师根据公司管理水平和对未来经济形势的分析,帮助公司作出投资决策。当然,这些分析师们作出的分析和决策有时也可能是错误的。他们从事的主要工作就是确定股票的价格,但是,股票的价格归根结底反映的是公司的营利能力,即经济利润的多少。这些专业分析师给管理者们提供股票买入或卖出的建议,并建议公司把表现不好的股票从公司现有的投资组合中剔除,从而导致该股票价格下跌。

当某一只股票在市场上表现欠佳时,它会成为其他股票公司收购的对象。我们无须对此做更多的说明,因为任何关注有关商业报纸和企业出版物的人都会经常看到关于一只股票被另一只股票收购的报道。在这个过程中,股票持有者们常常是持有不同意见的,股东和管理者之间常常可能为此发生激烈的争执。因此,今天的很多大公司的管理者不再免受外部的压力,公司的许多管理决策是在股东的各种要求和监督之下作出的。当然,股东们的目标是想方设法增加股票的价值或回报,对不能帮助他们实现这一目标的管理者将会不惜采取各种惩罚措施。

当然,市场竞争压力也会促使管理者改善工作业绩。如果公司取得的成绩落后于其他竞争对手,那么公司的债权人将会选择卖掉该公司股票,转而购买能够提供较好投资回报的竞争对手的股票，从而导致售出股票的价格下跌；这种现象在金融市场里随处可见。因此，可以说在一定程度上企业的管理者是在迫于各种压力之下改善工作绩效。尽管如此，他们最终还是可能由于受到董事会外部的压力或被其他股票公司收购的压力而丢失经理的位置。美国"加利福尼亚州公共雇员养老基金"是一个非常注重维护股东权益和给股东很大话语权的组织。截止到2004年4月30日，该公司的资产超过1 600亿美元，这个业绩证明了公司治理是能够实现的。其具体做法就是该公司通过全面地总结过去各种投资组合中的每个公司的绩效，选出绩效差的公司，然后对其采取治理措施。比如，该组织在2004年共挑选出四家需要进行治理的公司。

还有一个办法可以使管理者愿意为实现股东利益的目标而努力工作。有时候一位公司高管报酬很大的一部分与公司获得利润水平以及他所监管部门的数量有着密切的联系。此外，公司高管的个人福利会随着优先股权股票发行的数量增加而得到提高。因为职工优先股权股票的价值取决于公司的股票价格，而股票价格取决于公司的利润率水平。因此，私营公司的管理者会发现他们个人的目标与债权人的目标基本上是一致的。

重申利润最大化

从上面的讨论可知，我们很难清楚地证明利润最大化是企业经营的主要目标。但是，我们必须注意到缺乏财务方面成功的企业不见得就是与利润最大化的目标相矛盾。再好的计划也可能在付诸实施或在执行中出现大的差错，何况管理者的决策不可能总是正确的。在某些情况下，把损失降到最小也许可以代替利润最大化目标，这跟我们前边的假设几乎是一回事。由于很多方面的原因，我们很难证明管理者的一切活动都是为了利润最大化。那么，只要公司在尽力争取获得较高的利润和较低的成本，利润最大化的目标假设就会比任何其他目标的假设为公司的决策提供了一个比较好的指导原则。换句话说，如果说"把公司的工作做得更好"，这要涉及多种决策过程，包括使收入的增长大于成本的增长，收入的减少小于成本的减少，或在保证收入不变的前提下使成本不断减小等。很显然，这些决策都是为了增加企业利润。

然而，在短时间里（比如1年）利润最大化的目标是可以通过管理来实现的。例如，如果预期下一年的收入会下降，公司可以采取削减开支来保持利润。如果管理者想要这么做，而不计划采取任何削减开支的措施，那么他可以通过砍掉几个公司的发展项目的做法来维持公司的利润水平。虽然这种做法的后果在短时间内可能不会显现出来，但是在几年以后，这种缺乏远见的决策会给企业带来严重的不良后果。从企业发展角度来看，追求短期利润最大化是不可取的，这会导致企业管理的短期行为，忽视企业的长远发展。

2.4 股东财富最大化

在企业日常工作中，阶段利润最大化目标会直接影响到企业的决策。这一思想贯穿于本书的始终。我们知道，在财务学中考虑的最大化问题是指现金流的最大化，在现金流的最大化中，不仅要考虑到现金在某一特定时间点的流量，还要考虑到资金的时间价值。这是因为未来挣得的1元钱的价值要低于现在挣得的1元钱的价值。为了比较发生在不同时间的现金流量价值的大小,必须采用折现的方法把未来发生的现金流折现为现在的价值。那么,在不同时间点上发生的资金流的大小以及折现率自然会影响到股东的财富的大小。折现率的高低取决于企业未来经受风险的大小,因此,风险高低是影响企业价值的一个重要因素。如果一个企业在经营过程中风险很大,即企业的经济利润忽高忽低变化无常,在这种情况下,企业必须采取较高的折现率来计算企业的价值。那么,未来一年1元钱的价值要大大低于现在1元钱的价值。相反,如果企业在经营过程中风险较低,那么企业就可以选择较高的折现率计算企业的价值。在这种情况下,未来一年1元钱的价值可能不会明显低于现在1元钱的价值。也就是说,企业经营风险越大,企业的价格就会越低;企业经营风险越小,企业的价格就会越高。金融学家把各种风险进行了划分,提出企业面对的两种常见的风险是经营风险和财务风险。

经营风险是指由于经济形势、行业状况和公司经营管理水平的变化引起的企业经济效益的波动。这些风险虽然大小各异,但可以说它们普遍存在于所有的企业组织中。一些企业的经营效益相对稳定,而另一些企业却可能经历利润回报的大幅度波动。例如,电力、天然气和电话服务等公共效用企业的经济效益要相对于很多制造业企业如钢铁、汽车、建筑等要稳定得多。

财务风险是指由企业融资引起的收益的不确定性。融资是指企业筹措到的债务的构成,即各种债务占总债务的比例。对于一个给定的公司融资结构来说,股东收入会随着企业总利润(没有扣除利息和税收)的变化而变化。企业融资的数量越大,股东收益的波动也就越大。因此,企业的财务风险随融资数量的增加而逐渐增加。

如何衡量股东财富的多少呢?可以通过对未来现金流进行折现计算得到的现值来衡量。因为公司股票的当前价格是已知的,再根据股东的预期分红来决定折现率,这是很多投资公司决定折现率的普遍做法。折现率考虑了资金纯粹时间价值和两种风险的保费价值。分红金额代表股东从企业投资中获得的收益。当然,一个股东会通过股票买卖寻求资本增值,不过在有人卖出股票的同时,就意味着有人买入股票,这个过程只是资金的转手。所以,只有股票分红才真正代表公司为股东真正创造的收入。这种关系可用下面的公式表示:

$$P = \frac{D_1}{(1+k)} + \frac{D_2}{(1+k)^2} + \frac{D_3}{(1+k)^3} + \cdots + \frac{D_n}{(1+k)^n}$$

其中,P=当前股票价格;

D_n=股东在第n年得到的股息($n=1,2,\cdots$);

k=折现率,通常被看作是公司自有资本成本。

如果持有某种股票的时间为无穷大,并且每年股息稳定不变,那么该股票每股价格可按永久年金公式来计算:

$$P = \frac{D}{k}$$

然而,投资者通常希望长期持有的股票股息每年能够保持一个稳定的增长率,这种情况下,股票的价格为:

$$P = \frac{D_1}{(k-g)}$$

其中，D_1＝第二年获得的股息；

　g＝以百分比表示的每年股息的恒定增长率。

把股票价格 P 乘以股票份数就得到公司普通股本权益的总价值。

假设一个公司有 100 万股股票，来年预计为每份股票支付 4 元的股息，同时假设股息保持每年 5% 的增长率，股东的现金流折现率（即股东预计从购买股票中得到的回报率）为 12%，则每股股票的价格为：

$$P = \frac{4}{(0.12 - 0.05)} = 57.12(元)$$

所以公司股票的价值为 5 712 万元。这是根据上述给定的假设条件计算的股票的市场价值，并不是公司可以实现的最大价值。当然，这可能不是公司股票最终可能获得的最大价值。公式中的每个变量都是可变的，式中的 k 为公司风险水平（包括经营风险和财务风险）的函数，即与公司面临的风险大小有关，公司可以通过改善经营水平或融资渠道来降低风险。式中 g 和 D 受股息所得能够保留在公司的数量的大小。如果能够把大部分股票收入保留在公司内部，而只是把少量收入进行股票分红，那么公司就能够提高年股息增长率 g。

因此，实现股东财富最大化的目标自然包括公司对股票的分红管理和风险管理两个方面，通过加强和改善这两个方面的管理可以实现最高的股票价格和公司股票的最大值。

实际上，股东财富最大化假设弱化了管理者和股东之间各自利益的分歧。大公司高级管理者的个人福利与职工优先股权类股票发行的数量有着密切的关系，即这部分股票发行数量越大，公司高管得到的个人福利就越大。所以高管们的个人目标与股东们的目标是一致的。

2.4.1　市场增加值和经济增加值

很多管理经济学教材都是用每一股股票的价格与股票份数的乘积来衡量股东财富的多少。这个乘积只是反映股票的现行价值，也是目前公司的市场价值。但是，这个计算结果不能反映公司具有新创造的财富是多少。假设股东向公司提供的资本数量超过当前公司股票的价值，那么在这种情况下，公司可能"破坏"掉了股东的部分财富。不论是对公司还是对股东来说，最重要的是跟原来购买公司股票总投入资本的价值相比，投资是否增值？增值了多少？以及有多少股息收入被留在公司用于再投资？

近年来，金融行业和一些大的上市公司提出一个新的企业经营绩效评价指标，叫作市场增加值（market value added，MVA），它是由美国 Stern Stewart 咨询公司提出来的。MVA 被定义为企业当前市场价值与原投资者投入资本数量之间的差额。

公司的市场价值包括股权和债权的市场价值。总资本包括纯资产（自有资本）与债务。资本包括账面债务和公司纯资产平衡表中报告的结果，在此基础上再进行一些调整，调整后的资本基数会增加。调整内容包括公司研发投资（财务上被看作是支出）和商誉投资分摊两项。过去历年累积的研发投资要被分摊到很多年份里去，经过这些调整，公司的实有资本将会大于公司账面上记录的纯资产和债务价值的总和。尽管公司市场价值总是正的，但市场增加值（MVA）可能是正值，也可能是负值，取决于公司市值是否大于投资者贡献的总资本。当公司市值小于实有资本时,股东的部分财富就被"毁掉"了。

对中国酒精及饮料酒制造业上市公司的调查结果表明,2010年五粮液集团的市场增加值为33.95亿元,该公司的MVA较前一年相比下降了0.71亿元。为了显示企业市场增加值的相对水平,可以采用另外一种计算指标:把市场增加值除以公司本年的收入。这一计算方法可以避免在企业经营绩效评估中企业规模大小对评价结果的影响,即避免一些小公司在评比中吃亏的现象。在此基础上,思腾思特公司提出了另一个测量方法叫作经济增加值(economic value added)。按照这种计算方法得出2010年五粮液集团的经济增加值为44.17亿元。

实际上,MVA是一种事前测量方法。如果公司市场价值是基于金融市场状况计算得到的,那么MVA就代表公司未来净现金流的评价(即扣除各种投资之后公司所能获得的现金流)。而经济增加值的计算公式为:

$$EVA = (总资本回报率 - 资本成本率) \times 总资本$$

式中,总资本回报率(利润除以总资本)的计算并非是什么新的指标。经济增加值就是从资本收入中扣除资本成本。如果结果是正值,说明公司挣得的收入大于股东要求所得,即为股东创造了财富,反之,如果成本大于收入,股东的财富就被"破坏"掉了。

实际上,经济增加值与经济利润的概念非常相似。我们将在第9章再详细讨论经济利润的问题。这些指标的计算是依据过去的数据,并不能完全说明公司未来的营利能力。当然,经济增加值与市场增加值之间是有着直接联系的,如果管理者改善了公司的经济增加值,那么一般来说市场增加值也会同时得到改善。

在过去的几年中,与股票每股收益、股本回报率等指标相比,很多公司开始更加重视经济增加值这一衡量指标。

2.5 经济利润

虽然在本章中用到了"利润"这个词很多次,但我们并没有给它一个明确的定义,我们只是说利润最大化是公司业主和管理者心目中最为重要的追求目标。公司在每年结算时,会计要制作利润报表,报告公司的利润水平,并确保财务决算中的每一项符合一般公认会计原则。

然而,公司收益报表中报告的利润并不是十分确定的,因为会计有一定的自由度来记录每条账款。举如下几个例子。

1. 采用不同的资产折旧方法。过去常用的有直线法、折旧年数合计法、余额递减法等多种方法计算折旧,根据目前的税法,加速成本回收制度方法是最为常用的。

2. 记录存货清单的方法也有很多。如先进先出法和后进先出法就是两种可供选择的方法。

3. 商誉和专利等摊销也有不同的记账方法。

这些只是会计人员根据一般公认会计原则调整会计记账科目的一些实例。另外,公司向政府负责纳税部门上报的返税表与上市公司公开财务报表数据往往也相差很大。

此外,会计利润的定义与经济利润的定义也有很大的不同。在讨论两者区别之前,我们必须引进机会成本的概念,因为正是机会成本揭示了两者之间本质上的区别。机会成本是企业把资源用于某种产品或服务过程中所放弃的价值。对于企业使用不同资源来说,其机会成本的计算是不同的。一般来说,企业在经营过程中需要使用两类资源。一类是市场供给资源,这类资源归他人所有,企业要想使用这些资源,就必须从市场上购买,如雇用劳动力、租用厂房、办公室、机器设备和各种原材料等;另一类资源是自给资源。这类资源包括:业主对企业进行的投资、资本和设备投入(业主自有土地、厂房、机器等)和业主本身提供的劳动力和所做的管理工作。可见,当企业使用市场供给资源时是需要掏腰包进行付费的,我们把企业所支付的这类费用称作显性成本。例如,一个大豆榨油企业需要向生产大豆的农民那里购买大豆,如果大豆的价格为每公斤5元,那么榨油公司获得每公斤大豆的机会成本就是5元,榨油公司必须向大豆资源的拥有者,即农户支付5元。需要强调的是,对于榨油公司,这5元的显性成本正是机会成本,因为榨油企业的老板为得到这个市场提供的资源刚好要放弃5元。

与使用市场提供资源所需支付的显性成本相比,使用企业拥有者自己拥有的资源是不需要掏腰包支付费用的。使用自有资源的机会成本是指如果企业老板不把自己拥有的资源用于自己企业的生产,而是把资源在市场上进行出售的价格。这种使用企业自有资源的非货币性机会成本叫作隐性成本,因为企业老板没有对使用自己拥有的资源支付任何费用。尽管企业老板没有对使用自己拥有的资源支付任何费用,但不等于企业使用自有资源的机会成本是0。只有在一种情况下机会成本才可能变为0,那就是如果某种资源的市场价格为0,也就是说在市场上没有人愿意为这种资源支付任何费用。

虽然企业可能发生各种各样的隐性成本,我们在这里主要关注三种最重要的隐性成本:(1)企业老板为自有企业提供现金的机会成本,叫作自有资本;(2)提供的土地和资本的机会成本;(3)用于管理企业的时间的机会成本。在过去70多年的时间里,在会计学中如何计算企业自有资源的隐性成本一直是一个带有争论性的问题。

经济利润 = 总收入 − 总经济成本 = 总收入 − 显性成本 − 隐性成本

总经济成本 = 使用市场供给资源的显性成本 + 使用企业自有资源的隐性成本

可见,只有经济利润的增长才能代表企业财富的增加。当企业的收入小于经济成本时,经济利润则是负的,此时企业必须动用以前自身积累的财富来支付企业的经济损失。然而,当会计在各种财务报表中(资金平衡表、现金流量表和收入表等),利润的计算是遵循一般接受的记账原则。根据这个一般记账原则,在企业利润计算中是不允许扣除大多数的隐性成本的,这种做法的目的之一是使得政府用于征税的会计利润水平提高,从而使政府可以征收更多的税收。

因此,会计利润与经济利润有着很大的不同,会计利润没有从总收入中扣除隐性成本。会计利润只是从总收入中扣除显性成本:

$$会计利润 = 总收入 − 显性成本$$

由于在会计利润的计算中没有从总收入中扣除企业使用自有资源的隐性成本,因此会计利润大大高估了企业的实际利润。在会计成本的计算中不考虑我们在前面列出的三种隐性成本。

总之,会计报告的成本是以历史记录为基础的,而经济学家关注的成本是指与未来企业决策有关的那些成本,即未来成本。在本书的第 8 章会进一步详细讨论经济成本与会计成本之间的区别。简言之,经济成本指的是资源的机会成本或替代成本,即为了把某种资源吸引到用于某一特定用途时所必须支付的费用,或者说为了保证某种资源继续用于某一特定的产品生产活动,而保持其不被用到其他生产活动中去所必须支付的费用。现举例说明如下。

(1) 历史成本与重置成本。从经济学角度看,一台机器的重置成本是指为补偿机器损失的价值所需要支付的成本,这个成本的大小可能与购买机器的价格没有直接的联系,而是与当年使用机器的市场价格密切相关。会计成本则是根据购买机器的价格,在其使用期内把该购买价格进行分摊,即所谓的折旧,因此会计成本与购买机器的价格有直接的关系。

(2) 隐含成本和正常利润。

① 在合伙开办企业或者独资企业中,企业老板工作的时间和资本利息都被看作是企业利润的一部分,但是如果企业老板为其他企业工作或者把自己拥有的资金用于其他非自身企业投资,那么他们的时间和资本利息就成了企业的成本而并非企业利润了。

② 然而,在大公司里情况就不同了。因为在大公司里,即使企业的高级管理者也属于领取薪水的员工,公司负债产生的利息也会作为费用从利润中扣除。尽管如此,对企业老板或债权人支付的款项,如企业股票分红并不被看作是企业的成本,而被看作是可以进行分配的企业利润。其实,股东的收益与债务产生的利息成本很相似,因为股东可以把资金作为投资投放到其他领域,从中获得收益。股东之所以把资金继续投放到该企业,他们是期望从该企业得到的收益不低于把资金投到其他企业所能得到的收益。否则,他们会选择把投在原企业的资金撤出来。

所以,经济学家认为的成本,在会计学中可能不被看作是成本。经济学家所指的第二种成本,是指为了保证资源能够被继续用于某一企业生产活动,该资源必须为企业挣得正常利润。

因此,经济成本不仅包括会计学上的过去成本和显性成本,还包括重置成本或隐含成本(资源拥有者必须挣得的正常利润)。在本书的后续章节中提到的利润,如未加特殊说明,都是指经济利润。其定义就是总收入减去总经济成本。

2.6 国际应用

本章讨论的企业目标模型主要用于美国和英国等经济发达国家。那么也许有人会问,企业利润最大化或股东财富最大化假设是否也适合于世界其他国家呢?有很多理由(如政治、文化、法律和体制)可以用来解释为什么其他国家企业追求的目标可能包括除了股东利益之外的其他某些团体的利益,像为劳动力、社区、政府等谋求利益。例如,一些国家工会可能参与公司的董事会。因此,在我们的讨论中考虑到不同方面的利益也许是必要的。但是,尽管这些考虑是必要的,我们仍然可以将它们看作是各种约束条件。即使利润或股东财富最大化不是企业的唯一目标,只要企业试图在某些特定的约束条件下采取各种行动来改善它的收入,那么我们的最大化模型就是有用的。当然,要充分地认识到,那些跨国企业(跨国公司立足本国但在国际上其他国家设有分公司)必须要考虑到在国外的分公司所面临的各种限制和错综复杂的情况。这里简单地解释一下有关情况。

(1) 跨国企业必须考虑到各种外国货币及其汇率的差异。企业需要把在其他国家所得收入、成本及其他各种现金流转换成本国的货币,以便准确地了解这些企业的经营状况。在这个过程中,要对各国的货币政策和汇率变化对自己企业的影响进行分析。在某些情况下,从主公司所在国的角度来看,国外的子公司利润可能很小,甚至没有利润。

(2) 必须考虑到法律制度的差异。不同税法可能对本国主公司与国外的子公司之间交易的结果产生重要的影响。法律制度的差异给公司的管理决策带来相当大的难度,有时情况可能变得非常复杂。

(3) 语言上的障碍。大多数外国企业领导者不懂得中国语言,同样地,绝大多数中国企业的管理者也不懂得外国语言。这是经营跨国企业的一大障碍,尤其是那些跨多个国家的企业,情况更是如此。

(4) 文化环境差异会影响企业目标和完成某项任务的态度。而这些差异会明显地影响企业的运作方式。

(5) 各国政府对企业的管理模式、采取的方针政策和规章制度是不一样的。虽然在一些国家把市场自由竞争作为一种主要的经济制度,而在另外一些国家,政治因素是主导企业行为的主要因素。

(6) 在一些大的跨国公司内部,各分公司之间进行资源交换或传输过程中可能会面临被所在国家没收的危险。这种政治风险在公司进行各种经济分析中是必须要考虑到的。

上述提及的各点以及还没有提及的其他方面是在经营跨国企业必须要考虑到的。尽管各个国家之间的差异可能对公司的经营带来很多不利的影响,但是当今的经济形势清楚地表明不论是对大企业还是对一些小企业,参与全球市场竞争已成为企业生存的必由之路,势在必行。

2.7 本章小结

在本章中,我们提出了一个企业的短期或长期目标是利润最大化或成本最小化。虽然企业在短期经营或长期经营中可以选择各种其他目标,但是利润最大化仍然给我们提供了一个企业如何利用经济学概念和分析工具进行优化决策的模型。

习题

1. 下面我们引用来自《经济日报》的文章"如果一个公司给学校捐赠物品,例如电脑,那么公司的形象在那些使用公司电脑的毕业生心中会得到提升"。公司的这一举动是否与利润最大化的目标相一致?请讨论。

2. "随着消费者信息组织进一步扩大、法律进一步规范和保修服务的发展等,这一切导致了企业为满足消费者需求而付出的成本显著增加,因此我们不要再提利润最大化是公司的主要目标。"请对这一观点进行评论。

3. 讨论利润最大化和股东财富最大化之间的差异,两者之间哪种说法更能全面地表述公司的经济目标?

4. 以一家大公司经营为例解释"满意"的含义。

5. 讨论"委托代理问题"的含义。解释这个问题存在的原因。

6. 为什么大企业管理者不把"利润最大化"作为公司的主要目标?

7. 哪些因素会促使企业管理者以股东的利益为出发点进行企业决策?

8. 你是否认为"利润最大化"(或股东财富最大化)仍然是当今企业的最佳总体经济目标?

9. 由于通货膨胀,公司必须以8年前购买同样机器的名义价格的两倍价格来更换现有的一台旧机器。依据现在的会计规则,对这台新机器采取的折旧能否会收回全部机器成本?请比较会计成本和经济成本的差异。

10. 请解释隐性成本是如何导致会计利润和经济利润的不同?

11. 假设你可以选择自己开设一个公司,或者被另外一家同样的公司雇用。你会怎样选择?你做出这种选择考虑的机会成本有哪些?

12. 会计利润的计算中可采用很多折旧方法。从经济学的角度来看,应该如何计算每年折旧?

13. 你认为利润最大化模型能否适用于跨国公司的经营活动?为什么?

14. 什么是交易成本?为什么投机行为能增加交易成本?

15. 近年来,公司的一些产品统统采取外包。你如何解释这些变化?互联网对这些变化产生了什么样的影响?

16. 请解释公司采取交易成本内在化的原因是什么?

17. 某公司发行了200万股股票,去年每股股息为2元,预计未来每年股息增值6%。如果股票持有人要求得到13%的收益率,那么你预计现在该股票每股的价格是多少?公司普通股价值是多少?

18. 讨论股东财富的计算与市场增加值概念的区别。从股东角度看,哪一个计算指标更有意义?

第 3 章 供给和需求

> **学习目标**
>
> 学完本章之后,读者应该能够:
> - 确定供给、需求和均衡价格;
> - 举例说明影响供给和需求变化的非价格因素;
> - 区分短期价格函数与长期价格函数;
> - 阐述如何利用供给和需求的概念进行市场分析,以及企业管理者如何根据市场的状况进行产品的价格和资源分配决策;
> - 解释供给和需求决定因素是如何通过相互作用决定企业产品短期和长期的市场价格。

在本章,我们将介绍那些最基本的供给和需求要素。虽然对有些读者来说,对本章的内容可能比较熟悉,因为他们可能在过去选修的经济学原理课程中接触过这些内容。但是,我们还是把供给和需求分析单独列为一章来讨论,因为准确地掌握供给和需求分析是进行本书以后各章内容学习的基础。本书中讨论的很多内容都是与供给和需求有着密切的联系。实际上,供给和需求分析是这个管理经济学课程学习的核心内容。

3.1 市场需求

某种产品或服务的需求可定义为在给定的时间内,当价格以外其他各种因素都保持不变的情况下,面对不同的价格水平,人们准备购买该种产品或服务的数量。这里需要提醒读者注意的是"准备"两个字,它是指消费者已经准备好购买该种产品或服务,因为他们愿意(消费者偏好)并且具有支付能力(消费者的收入水平使其能够实现这个偏好)。

下面,我们做一个简单的市场需求实验。假设有一位从事市场调查者向你询问下列问题:"在下一周的时间里如果每个牛肉馅饼的价格分别是 2.00 元、1.50 元、1.00 元、0.50 元和 0.05 元,你会准备购买多少个馅饼?"对于这个问题每一位被采访者都会有自己的回答。假设有三位被采访者分别作出如下回答(见表 3.1)。

表 3.1

价格/元	Q_{D1}	Q_{D2}	Q_{D3}	Q_{DM}
2.00	0	2	3	5
1.50	1	2	5	8
1.00	2	2	8	12
0.50	3	3	10	16
0.05	4	4	12	2

我们可以把这三个人各自对馅饼需求的总和看作是整个市场馅饼需求（Q_{DM}）。

我们用一个简单的数字表来说明市场需求（表3.2）。表3.2给出了一个假设馅饼需求的例子。当馅饼的价格从7.00元下降到0，该市场消费者愿意购买馅饼的数量从0增加到700个。馅饼价格与需求量之间的这种反向关系称为需求法则。在现实生活中，有时我们会看到当某种产品的价格上升时，消费者购买该产品的数量增加；而当价格下降时，消费者购买该产品的数量下降等所谓的非理性的消费行为。这可能是由于产品的价格与产品质量之间的关系所致。但是，在需求经济分析中，我们是假设消费者不把产品的价格和产品的质量联系在一起的，因此，消费者的购买行为总是遵守需求法则。

表 3.2　馅饼的市场需求

价格/元	Q_D	价格/元	Q_D
7.00	0	3.00	400
6.00	100	2.00	500
5.00	200	1.00	600
4.00	300	0	700

可以从图3.1所示的需求曲线来进一步认识需求法则。该需求曲线是基于表3.2的数据画出来的。我们看到需求曲线是向右下方倾斜的，表明随着馅饼的价格下降，馅饼的需求数量增加，或者说当馅饼的价格上升，需求数量减少。

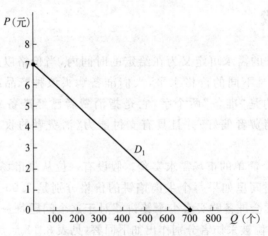

图 3.1　馅饼的市场需求曲线

然而,当馅饼需求(不是需求量)或任何一种产品需求(不是需求量)变化时,我们是指在原来同等价格水平下所对应的新的需求数量,即整条需求曲线发生向左或向右移动。表3.3和图3.2反映了这种需求变化。

表3.3 不同价格水平下的馅饼市场需求

价格/元	Q_{D1}	Q_{D2}	Q_{D3}
7	0	100	0
6	100	200	0
5	200	300	100
4	300	400	200
3	400	500	300
2	500	600	400
1	600	700	500
0	700	800	600

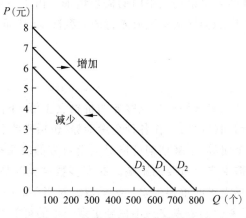

图3.2 馅饼市场需求曲线的移动

至此,我们可以得出如下总结:

价格变化导致需求量的变化(沿着需求曲线上下移动);

非价格因素变化引起需求变化(整个需求曲线发生移动)。

两者的差异可以从表3.3中看出。比如,当每个馅饼的价格是5元时,第一位消费者的需求(Q_{D1})为200个。当价格下降到4元,需求数量上升到300个。但是,如果需求上升到Q_{D2},那么,当价格是5元时,需求量增加到300。事实上,相对于Q_{D2},在所对应的每一价格水平下,需求量都较Q_{D1}增加了100。

那些能够引起需求变化的因素叫作需求的非价格因素。下面,我们逐一列出这些需求的非价格因素,并对每一决定因子对需求的影响进行简要的讨论。

1. 偏好

为什么消费者要买东西?市场学家、大企业的市场研究人员和广告商花了大量的时间甚至是一生的精力来研究这一问题。经济学家把偏好列入需求的非价格决定因素是为了反映消费者对各种商品或服务的喜欢程度。当然,消费者的某种偏好本身也受到许多其他因素的影响。如广告、促销活动甚至某些政府报告都会影响消费者的偏好,从而影响到消费者对某种特定产品和服务的需求。

2. 收入

当人们收入水平增加时,购买力的提高自然导致对许多产品需求的增加,收入水平下降导致需求减少。在下一章,我们将讨论需求与收入水平呈相反方向变化的情况。

3. 相关产品的价格

一种产品或服务的需求总是要受到其替代品或互补品的影响。当替代产品的价格发生变化时,可以预计所关注的产品的需求会发生改变,产品的需求与其替代品的价格呈相同方向变化。举例说明,当市场上猪肉的价格上涨时,牛肉的市场需求会发生什么样的变化呢?飞机票价格上涨会对酒店的需求产生什么样的影响呢?如果猪肉和牛肉互为替代品,那么猪肉价格的上涨会导致市场上牛肉的需求增加。由于飞机票与酒店住宿为互补服务。因此,飞机票价格增加会导致乘飞机旅行的人数减少,从而导致酒店住宿服务需求下降。

4. 预期

如果很多消费者预计未来某种产品或服务的价格会上涨(下降),那会引起这种产品或服务当前的市场需求增加(减少)。在各种金融债券(包括股票、基金、政府发行的债券)以及许多农产品和贵重金属等,未来预期价格对买卖双方的决策行为都会产生重要的影响,因此,也就对市场的需求产生重要的影响。在大多数这类商品市场上,买卖双方各自的投机心理也是影响市场需求的重要因素。买卖双方对当前商品价格的反应并非是基于当前的消费需求,而是要考虑到未来交易中得到更多回报的可能性。事实上,上述这些产品大规模的期货市场正在逐步形成,买卖双方进行着频繁的期货交易。因此,这些产品未来预期价格的走势对其市场供给和需求有着重要的影响。反过来,期货价格也对当前产品的供给和需求产生重要的影响。

预期因素影响消费者对产品的需求。比如,DVD音响、数码相机、家庭娱乐系统设备、手提电脑等产品的生产商在这些产品最初上市时,并没有预计会有大的市场需求,因为消费者可能在等待晚些时候,当价格下降时再实施购买。

5. 购买人数

购买人数的多少对产品市场需求的影响是显而易见的。对于卖者而言,购买其产品的人数越多,卖者就会越高兴。然而,最令卖者感兴趣的是在一个给定的人口群体中,不同群体消费偏好的变化可能给某种商品的需求或服务带来明显的影响,卖者可以从中识别潜在消费需求。换句话说,了解人口当中的差异状况比仅仅知道人口数量多少更加重要。例如,对某一年代大量出生的婴儿,进行从出生—儿童—青春期—成年—退休的成长变化过程开展研究,是市场研究者最感兴趣的课题。因为了解某一年代出生的人在不同时期内对各种产品或服务的需求状况,对各种产品或服务的市场需求定位是非常有用的。

我们会进一步讨论上述各个要素的变化对市场需求和价格的影响。但是,我们还是首先介绍供给的概念。通过把供给和需求结合到一块,我们可以进行全面的包括短期和长期的市场分析。

3.2 生产供给

一种商品或服务的供给被定义为:在除了商品或服务的价格以外其他各种因素都保持不变的情况下,在一定时期内不同价格水平下,生产者准备生产或卖出这种商品或服务的数量。请注意,这个定义与产品需求定义的唯一区别在于"卖"字上。与需求的情况相似,供给也是基于一个特定的时间内,价格和其他多种因素都会影响产品供给的数量。

需求法则认为:当其他各种因素保持不变的情况下,产品需求的数量与其价格成反比。与此相比,供给法则是指在其他各种因素都保持不变的情况下,产品供给的数量与其价格成正比或同方向变化。即当价格上升时,供给量增加,价格下降时供给量减小。

表3.4给出了一个假设的价格与供给量相对应的数据。此外,还另给出了两列供给量数据,一个表示较大的供给量,一个表示较少的供给量。利用这些数据制作出图3.4的供给曲线。具有正的斜率的供给曲线,反映出价格与供给量之间存在着正向关系。

表 3.4 馅饼的市场供给

P/元	Q_{S1}	Q_{S2}	Q_{S3}
7	600	700	500
6	500	600	400
5	400	500	300
4	300	400	200
3	200	300	100
2	100	200	0
1	0	100	0
0	0	0	0

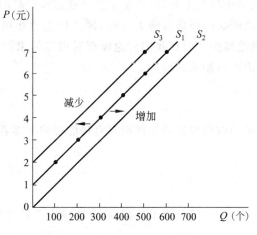

图 3.3 馅饼的市场供给曲线

在市场供给分析中,很重要的一点是要区分供给量与供给的区别。两者的区别与我们讨论市场需求的情况是一样的:

价格变化引起供给量的变化(沿着同一条供给曲线移动);

非价格因素变化导致供给的变化(供给曲线发生移动)。

正像有一些非价格市场需求决定因素那样,也有一些非价格市场供给决定因素。这些因素中任意一个变化或几个因素同时发生变化都会引起市场供给的变化(供给曲线向右或向左移动)。我们下面逐一讨论这些非价格供给决定因素对市场供给的影响。

1. 成本和技术

把成本和技术看作是一个因素,是因为两者之间存在着紧密的联系。成本通常是指生产成本,包括劳动力成本、材料成本、租金、利息付款、折旧费用以及一般管理支出等,即通常在企业收入报表中涉及的所有科目。技术是指为了降低单位产品成本而采取的技术革新或改进(包括自动化、机器人和计算机软件硬件的应用)。在任何情况下,无论是技术革新还是简单的改善管理决策都将会降低单位产品的生产成本,导致市场供给增加。而单位产品生产成本上升则有相反的效果。

2. 其他相关产品或服务的价格

对于消费者来说,大多数产品或服务都有其替代品和互补品。从生产者角度来说,其生产的产品同样具有替代品和互补品。比如,生产月饼的公司注意到月饼的市场需求受到蛋糕价格变化的影响。当蛋糕能卖到很高的价格时,生产月饼的企业可能考虑停止月饼的生产而转为蛋糕生产,或者至少是把原来用于生产月饼的资源转用到蛋糕生产。在任何一种情况下,月饼的产量都会下降。如果企业过去一直在市场上销售两种或两种以上多种产品,市场条件的变化将会促使企业把更多的资源用于那个能够为企业带来较高利润的产品。

3. 预期

这个因素对产品卖者的影响和对买者的影响相似,唯一不同的是变化的方向。例如,当卖者预计其产品将来的价格会上升时,将会减少当前这种产品的市场供应,把产品或者资源储备起来,等待未来产品的市场价格上升时,再进行生产和销售。因此,这必然导致目前这种产品的市场供给减少。而在我们讨论预期对市场需求影响的时候,预期产品价格的上涨,将会导致目前产品需求的增加。

4. 卖者的数量

很明显,市场上卖者的数量对市场的供给有直接的影响。卖者的数量越多,市场的供给越大。

5. 气候条件

恶劣气候(像洪水、干旱、特殊的季节气温)将会减少农产品的供给。而风调雨顺会增加农产品的供给。

基于上述对供给的讨论,我们现在可以把供给和需求结合起来进行市场分析。

3.3 商品的市场均衡

根据上述市场供给和需求的定义及其基本原理,我们现在来考察供给和需求是如何通过相互作用决定市场状态的。表3.5和图3.4对市场需求和供给进行了比较。

表3.5 馅饼的供给和需求

P/元	Q_D	Q_S
7	0	600
6	100	500
5	200	400
4	300	300
3	400	200
2	500	100
1	600	0
0	700	0

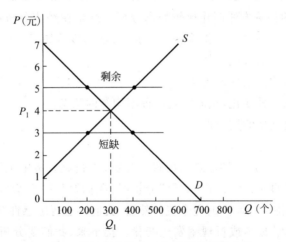

图3.4 市场均衡状态下的供给和需求曲线

从表3.5和图3.4中可看到,当价格是4元时,市场实现了均衡状态,即需求量(300)等于供给量(300)。因此,4元被称作均衡价格,300被称作均衡数量。

当价格不是处在均衡水平时,想象一下市场将是一种什么样的情况?例如,假设价格大于均衡价格,为5元。在这个价格下,如表3.5所示,供给量大于需求量,这种情况被称作市场剩余。在较低价格时,例如3元,情况刚好相反,需求量大于供给量,这种情况被称作市场短缺。这种剩余和短缺的情况也被显示在图3.4中。

在市场上出现剩余或短缺情况下,各种竞争压力的作用会使得价格发生变化(存在剩余时价格下降,出现短缺时价格上升)。因此,价格起到调节市场供需平衡的作用,直到建立起新的平衡。当市场出现剩余时,卖者为了处理剩余的产品会向买者提供较低的价格来诱发买者购买更多的产品。同时,随着价格的下降,卖者愿意向市场提供的该种产品的数量比以前要少。在市场短缺的情况下,随着价格逐渐向均衡水平提升,市场会逐渐实现均衡,因为需求量下降,供给量增加。在市场短缺的情况下,卖者会趁机提高价格,导致买者购买的积极性较以前下降。随着卖者向市场供给产品数量的增加,买者购买兴趣下降,最终导致市场短缺状况的消失。

为了总结本节所讨论的内容,我们要记住下面的一些定义。

均衡价格:由需求量等于供给量所决定的价格(在这个价格下,市场不存在过剩或短缺)。

均衡数量:在均衡价格下,人们愿意购买商品的数量刚好等于卖者愿意出售商品的数量。

短缺:市场上出现需求量大于供给量的情形,此时产品的价格低于均衡价格水平。

剩余:市场上产品的供给量超过需求量的情形,此时产品的价格大于均衡价格水平。

3.4 比较静态分析

现在,我们将用前面讲述的市场需求、供给以及均衡价格和均衡数量模型进行市场分析。我们在此利用的特殊方法叫作比较静态分析。这是在经济分析中普遍使用的方法,也是本书中主要使用的方法。一般来说,使用该方法的步骤如下:

(1) 给出构建模型的假设条件。
(2) 假设模型从均衡条件开始。
(3) 向模型引入一种变化,从而引发一种不均衡的状态。
(4) 找到模型建立新的均衡点。
(5) 比较新旧均衡点的差别。

其实,比较静态分析是一种形式的敏感性分析,在企业分析中也被称作"如果"分析。比如,当我们对公司的现金流进行"如果"分析时,我们要从一个给定的估计的收入表开始,据此来决定某一特定时期内的现金流。然后,我们再进行敏感性分析。假设某些因素发生变化,例如:收入、成本或折现率发生变化。接下来,我们要分析这些因素变化对现金流会产生什么样的影响。同样地,经济学家也在他们的模型中进行这种"如果"分析。

这里的"静态"是指理论上的均衡点,而"比较"是指对各个均衡点的状况进行对比。我们将在下一节详细解释如何进行市场的比较静态分析。

3.4.1 短期市场变化:价格的"分配功能"

我们仍以馅饼分析作为例子。遵循上面阐述的比较静态分析步骤,首先假设除了馅饼的价格之外,其他各个因素都是恒定不变的。图 3.4 中供给和需求曲线代表买卖双方各自对价格变化所作出的反应。为了清楚起见,我们把图 3.4 重新做成图 3.5。让我们回忆一下那些能够影响供给和需求的非价格因素。这些因素被列入表 3.6。

表 3.6 影响需求和供给的非价格因素

需 求	供 给
1. 偏好	1. 技术与成本
2. 收入	2. 生产其他产品的价格
3. 相关产品的价格	3. 卖者群体的未来预期
4. 买者群体的未来预期	4. 卖者的数量
5. 买者数量	5. 天气状况(特别是对农产品的供给而言)

如上一节讲到的第 2 步所示,我们的分析始于均衡状态。图 3.5 给出了供给曲线 S_1 与需求曲线 D_1 相交的点,表示市场的均衡状态(供给量等于需求量时所决定的价格水平)。

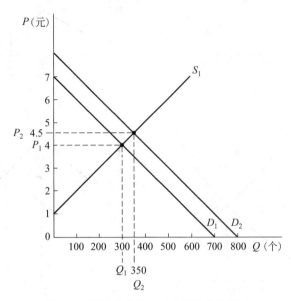

图 3.5 馅饼需求增加对市场均衡的影响

根据第 3 步,我们引进一种或多种构建模型时的非价格因素的变化。也就是说,表 3.6 中列出的任一要素发生变化。假设政府进行的一项研究表明,馅饼除了是一种文化食品外,还有重要的营养价值。这一研究结果的公布,会导致馅饼市场需求的增加。馅饼需求的增加可用图 3.5 所示的需求曲线从 D_1 移至 D_2 来表示。这一需求曲线移动结果,产生一个新的较高的均衡价格为 4.50 元,新的均衡数量也随之提高了。通过比较新、旧均衡点(比较静态分析的第 5 步),我们可以得出这样的结论,随着消费者偏好的变化,馅饼的价格及其销售数量均上升。

通过改变各种市场条件,我们可以作出类似的分析(比如,蛋糕价格的下降可能导致馅饼需求下降)。每一次分析,我们都可以遵循同样的步骤。如果每一次分析只是考虑一种可能的市场条件变化,这种变化对市场均衡价格和数量的影响可用图 3.6 加以说明。为了方便起见,我们分别把价格和数量用字母 P 和 Q 及其下标来表示。图 3.6 的变化结果可总结如下:

需求增加引起均衡价格和数量上升[见图 3.6(a)]。

需求减少引起均衡价格和数量下降[见图3.6(b)]。
供给增加引起均衡价格下降,但数量增加[见图3.6(c)]。
供给减少引起均衡价格上升,但数量下降[见图3.6(d)]。

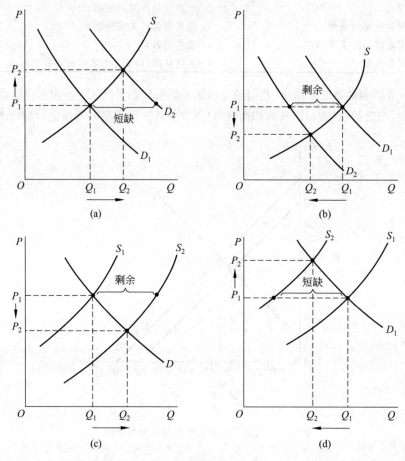

图3.6 供给和需求的变化及其对短期市场均衡的影响(价格的分配功能)

从图3.6中我们观察到,在原来价格P_1基础上不论是需求曲线移动还是供给曲线的移动都会产生市场短缺或者剩余。因此,均衡价格必须通过上升或下降来实现新的市场均衡。通过市场价格发生变化来消除供给量与需求量的不均衡状态,经济学家把价格的这种作用叫作价格的分配功能。

3.4.2 长期生产分析:价格的"指挥"和"分配"功能

我们在上面介绍的比较静态分析中,只是考虑了市场均衡价格和数量对一种给定的产品供给或需求变化所作出的反应。这种反应叫作价格的"分配"功能。现在,我们考虑一下市场价格的变化会引发什么样的反应?为了说明这一点,我们再来考察蛋糕市场,假定蛋糕是馅饼的替代品。图3.7展示了这两个产品市场的供给和需求曲线。

现在,我们假设人们的偏好发生了变化,更加喜欢吃馅饼,而不愿意吃蛋糕(可能是因

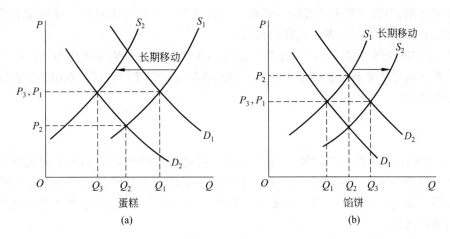

图 3.7 短期和长期供给变化(对最初需求变化的反应)

为蛋糕的含糖量过高)。两种产品需求的变化可从图 3.7 反映出来,图中蛋糕的需求曲线向左移动,从 $D_1 \to D_2$,而馅饼的需求曲线向右移动,从 $D_1 \to D_2$。这种变化导致馅饼市场出现短缺,而蛋糕市场出现剩余。我们知道,价格的分配功能会立即开始矫正市场的这种不均衡状态。随着蛋糕的价格回落,市场剩余被消除;随着馅饼价格上升,市场短缺被排除。

当价格发生上述变化,而且两个产品市场分别建立了新的市场均衡,下一步会发生什么情况呢?可以想象,蛋糕价格下降将会引起卖者逐渐减少用于生产蛋糕的资源,增加用于馅饼生产的资源。所以,可能有更多新的馅饼生产企业出现。蛋糕和馅饼供给的这种变化可从图 3.7 中看出,馅饼的供给曲线向右移动,$S_1 \to S_2$,而蛋糕的供给曲线向左移动,$S_1 \to S_2$。

在经过这种长期调整之后,均衡价格和数量可能恢复到最初价格变化前的水平(例如,在新的价格 P_3 是非常接近或等于最初价格 P_1)。但是,值得注意的是,在蛋糕市场上,Q_3 明显小于 Q_1,而在馅饼市场上 Q_3 明显大于 Q_1。这些差异表明企业把资源退出了蛋糕产品生产,将其转入馅饼产品生产的市场。几个世纪前,亚当·斯密把由产品的价格变化引起的资源在不同产品市场之间的重新分配的过程称作"看不见的手"。我们也可以从另一个角度来看待这些供给曲线的移动,那就是可以把它们看作是生产要素的拥有者对"价格信号"作出的反应。不管怎样,资源移出蛋糕生产市场进入馅饼生产市场的过程是价格在发挥着指挥或分配功能。正是由于价格这种指挥或分配功能,使得在产品或服务市场的均衡价格发生变化时,引起资源在不同产品之间进行重新分配。

上面的例子说明了"短期"和"长期"经济分析的基本区别。这种区别与具体时间的长短并没有什么关系,它是指买者和卖者对市场均衡价格变化作出反应所需要的时间。下面的描述用来帮助读者更好地理解短期和长期的差异。

1. 短期

(1)指在给定的时期内,产品市场上已有的卖者对均衡价格变化作出的反应,如调整某些资源使用,即经济学家所说的可变投入。包括劳动时间和原材料。这种卖者的短期调整可被看作是沿着同一条供给曲线移动。

(2) 指在给定的时期内,产品市场上已有的买者对均衡价格变化作出的反应。包括调整对某一特定产品和服务的需求数量。需求者的这种短期调整可被看作是沿着同一条需求曲线移动。

2. 长期

(1) 是指在这样的一个时期内,新的卖者可以进入某种产品市场,原有的卖者可以退出该产品市场。这个期间可以是足够长,使得已有的卖者能够增加或减少固定生产投入要素使用的数量。固定生产投入要素包括财产、厂房、设备。卖者的长期调整可被看作是供给曲线的移动。

(2) 是指在这样的一个时期内,均衡价格的变化可能引起买者偏好或购买行为的改变。所以,买者的长期调整可被看作是需求曲线的移动。

区分短期和长期的另一种方法是,把价格的分配功能看作是一种短期现象,而把价格的指挥功能看作是一种长期现象。

我们还是用馅饼和蛋糕的例子总结一下价格具有的短期的"分配功能"和长期的"指挥功能"。

(1) 消费者偏好的变化引起馅饼需求增加和蛋糕需求下降。

(2) 两种产品需求的变化引起馅饼市场出现短缺,而蛋糕市场出现剩余。

(3) 对于两种产品市场呈现的剩余和短缺状况,价格发挥其分配功能,即减少蛋糕的市场供应,增加馅饼的市场供应。在短期里,两种产品的供给者分别调整各自的可变生产投入使用量(在蛋糕生产量减少,沿着同一条供给曲线向下移动;而馅饼生产量增加,沿着同一供给曲线向上移动)。

(4) 在长期,价格发挥其指挥功能,使得已有的馅饼卖者提高生产能力、潜在的卖者可能进入馅饼市场;已有的蛋糕卖者削减生产能力或退出市场(即,馅饼供给曲线向右移动,蛋糕供给曲线向左移动)。

(5) 供给曲线的移动导致出现新的市场均衡价格和数量。增加的产品购买量或销售数量表示用于产品生产的资源从一个产品市场转移到另一个产品市场。

短期与长期市场变化的区别不仅只是用需求的变化加以说明,也可以通过供给的变化来说明。一个最常用引用的例子是石油输出国组织(OPEC)与世界石油市场的关系。早在1970年前后,OPEC曾密谋通过限制石油产量来提高世界石油市场的价格。我们用图3.8中的供给和需求曲线来说明这种情况。可以把限制石油产量看作是供给曲线向左移动,与同一需求曲线产生一个新的交点,在该点石油的价格P_2高于现有价格P_1。在短期内,消费者对石油价格上升作出的反应是减少石油消费。这种减少可以被看作是对石油需求量的减少。换句话说,石油供给下降(供给曲线向左移动),使得石油需求曲线也向左移动。

随着时间的推移,石油价格的上涨开始逐步改变消费者对石油的消费习惯。人们可以通过采取并车、购买省油汽车、低速驾驶,比如每小时车速限制在80千米。工业用油也

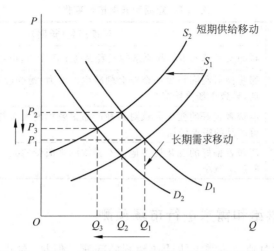

图 3.8 短期和长期需求变化（对最初供给变化的反应）

开始进行较大幅度的调整，比如采用耗油效率较高的机器设备。这种长期的石油消费习惯的改变必然导致对石油需求的下降，使得图中的需求曲线从 D_1 移到 D_2。由于在长期需求曲线的移动，导致均衡价格和数量下降。如图 3.8 所示，长期购买和销售数量（如 Q_3）比以前减少，这表明资源逐渐发生转移。

前面讨论的是 40 年前的情况。然而，当今世界的情形与过去仍然非常相似。由于政治、军事、自然灾害等各种因素引起的世界石油市场的起伏动荡几乎从来没有停息过。最值得注意的是，20 世纪 70 年代发生的美伊战争和 1990 年发生的海湾战争，还有 20 世纪上半叶发生的美伊战争，加之中国和印度两大亚洲国家经济的快速发展，使得全球石油价格从 20 世纪 90 年代上半叶的每桶 20 美元，特殊时候每桶价格甚至降低到 10 美元左右，一路攀升到 2003 年的每桶 50 美元，那么，石油价格还能发挥 30 年以前那样的指挥功能吗？美国纽约时报的一篇文章对此表示怀疑[①]，指出根据美国各种级别燃油的平均价格，在 2003 年 8 月为 1.6 美元/加仑，一年后价格上升到 1.75 美元/加仑（2009 年 5 月达到 3.75 美元/加仑）。但是，美国每天汽油的消费量与前一年同一时间持平，为 900 万桶。

如果我们只是观察在一年时间里的情况，可以看到汽油的需求量表现出波动情况，反映出人们对短期价格变化作出的反应。但是，根据统计资料显示，人们对汽油的长期消费需求并没有真正发生变化。

按不变价格计算，每桶石油价格在 1980 年为 80 美元。这也许使人们认为石油价格相对来说还算是较低的。也许我们还需要等待更长的时间让亚当·斯密提出的价格指挥功能发挥作用。然而，短期和长期市场变化的区别是企业管理者理解生产调节过程的核心。为此，我们在表 3.7 中继续阐述市场的各种变化。

[①] Atukeren E. Laissez-Faire My Gas Guzzler, Already: Never Mind the Price, Just Fill "er up". New York Times, September 7, 2004.

表 3.7　短期和长期市场变化

最初变化（短期）	连续变化（长期）
需求增加引起价格上升	新的卖者进入市场和原来的卖者提高生产能力，市场供给增加
需求下降引起价格下降	那些挣得利润较少的企业会削减生产能力；遭受经济损失的企业会退出市场，导致市场供给减少
供给增加引起价格下降	消费者偏好的变化导致对某种产品偏爱程度大大超过该产品的替代品，使得产品的需求增加
供给减少引起价格上升	消费者偏好的变化使得他们不喜欢原来消费的某种产品，导致对这种产品的需求减小

3.4.3　使用供给和需求进行市场预测

我们将在第 6 章单独讨论需求估计和预测的问题。但是，在此我们要强调经济预测的实质是为了解那些影响供给和需求的各种因素是如何发挥作用的。从某种意义上说，供给预测较需求预测要容易一些，特别是当像自然灾害（干旱或洪水对粮食市场的影响）、国际间发生冲突或政治危机（像美伊战争）等因素不予考虑的时候。例如，制造业产品预测离不开对当前各个生产商生产能力的估计。这可以通过计算目前正在从事制造业产品生产企业的数量、生产设备的利用率以及整个行业的货物库存率来完成。

需求估计具有更大的挑战性。在第 6 章里，我们将系统地学习怎样使用数据统计分析来预测市场需求，搜集的数据包括历史时间序列数据和截面数据两种（包括消费者、家庭、公司、省、市、地区或县）。统计分析的目的是为了理解各种需求决定因素变化与某种产品和服务的需求之间的关系。有时候，仅是采用定性分析识别各个市场需求决定因素对需求的影响，对管理决策也是非常有用的。让我们考虑下面的例子。

1. 中国自驾车出行旅游消费趋势

统计资料显示，近年来随着我国家庭小汽车销售数量的大幅度增加，居民自驾车旅游需求开始明显增加。毫无疑问，采用自驾车旅行自然会取代以往采用的传统的乘坐火车、公共汽车、轮船和飞机的运输模式。但是，按百分比计算，采取自驾车旅游的人数占全部游客数量的比例仍然是很低的，不足 3%。尽管采用自驾车出行旅游方式在发达国家早已是非常普遍的事情，平均占全部游客的 80% 以上。但是，在我国，由于受到人口数量、交通运输条件、旅游景区停车条件等因素的限制，自驾车旅游是一种时髦，还是代表未来长期的发展趋势？这个问题的答案对其他各种运输工具的需求状况有着重要的影响。如果自驾车出行旅游代表我国居民未来长期的出行习惯，那么它将对目前我国已有的其他各种运输方式，包括火车、公共汽车、飞机、轮船等产生重要的影响。如果可以预计我国未来自驾车出行旅游需求将会占据主要的出行旅游运输方式的话，那么铁路、航运、公共汽车运输的需求将会明显下降。

2. 全球平板电视市场

许多人认为平板屏幕电视市场发展已经很成熟。平板电视包括等离子和液晶（LCD）

两种。两者的主要区别是等离子电视有较大屏幕而且价格相对便宜,还有动态画面好,对比度高,黑色画面纯正,色彩自然真实,画面层次感强等优点。电视节目,DVD 电影大片,体育赛事等观赏,非等离子电视莫属。对比而言,液晶电视具有使用寿命较长,颜色鲜艳亮丽,画面透亮,精细度高,像素间距小,适合表现高清画面和连接电脑等特点。故人们有大看等离子,小看液晶;动看等离子,静看液晶之说。液晶电视屏的尺寸不像等离子电视屏幕那样大,但是每一代新的液晶电视屏的尺寸和价格都在跟等离子电视逐渐接近。然而,液晶电视的主要生产商台湾奇美电子公司于 2004 年夏季宣布中断第七代工厂建设(原计划于 2006 年投入建设)。这种做法的原因是出于企业一再追求生产大屏幕电视的可行性。此前,奇美电子公司一直在遵循生产大而好但成本低的产品策略。第六代液晶电视于 2005 年开始大批量进入市场,其屏幕尺寸分布是 32 英寸到 37 英寸。第七代产品计划是 40 英寸。奇美电子公司财务总监发表声明说,中断第七代液晶电视生产线投资计划是出于对 2006 年市场对该电视产品需求的不确定性的考虑。用他的话说,"我们会继续关注市场需求的变化,如果我们得出小屏幕电视仍然是市场需求的主流的话,那么保持第六代液晶电视产品特点已经足够了"。

3.5 供给、需求和价格:企业管理者面临的挑战

一个企业的管理者在进行产品价格和企业稀缺资源分配时必须考虑的一个关键性的因素是企业所处的市场的竞争环境。本章主要考虑的是处于高度市场竞争环境企业的供给和需求分析。在某些情况下,供给和需求可能是决定市场价格的唯一因素。这种市场叫作"完全竞争"市场(关于这个市场的完整定义和详细讨论请见第 8 章)。完全竞争企业的管理者是"价格的接受者",为了挣得利润,他们所能做的只能是根据短期和长期市场供给和需求以及价格的变化情况来决定如何分配企业的资源。

企业也可能在其他竞争市场条件下进行经营,如垄断市场环境或垄断竞争市场环境。这类企业叫作"自己定价企业"。由于这类企业能够在一定程度上控制其产品的市场价格,我们把这种市场叫作"不完全竞争市场"或价格控制市场。企业对产品价格的控制能力称作市场势力。企业的定价能力主要取决于自己产品的差异化。提高企业产品差异化的主要途径是通过登产品广告、注册商标名或向买者提供特殊的服务。每个寡头企业占有其产品较大的市场份额,因为它们庞大的规模使得它们能够在很大程度上控制自己产品的市场价格。然而,供给和需求仍然是决定价格的主要因素。比如,不论一个企业的定价能力或市场势力有多大,当他生产的产品的市场需求处于十分低迷时,企业很难提高自己产品的市场价格。为了明晰价格接受企业管理与定价企业管理之间的主要区别,我们把咖啡市场与航空旅行市场进行一下比较。

3.5.1 咖啡:"低价买高价卖"

2000 年,由于咖啡的过量生产导致在国际市场上咖啡的价格下降到低于生产成本。2001 年 12 月下降到每磅 41.5 美分,为过去 30 多年的最低水平。安哥拉、洪都拉斯、斯里兰卡和津巴布韦等国家的很多农民放弃了对咖啡树的管理,以节省化肥和其他维持费

用。咖啡价格的大幅度下降,这其中部分原因通常是由供给和需求变化引起的价格波动。当咖啡价格持续走高时,使得供给增加,供给曲线大幅度地向右移动,导致价格下降[①]。

咖啡价格如此低下,我们马上会联想到消费者会从较低的每杯咖啡的价格中受益。然而,我们清楚地知道并不是每杯咖啡的价格都是相同的。虽然咖啡价格继续保持下降,一些老牌特殊的咖啡零售商,如美国的星巴克咖啡门店仍然把咖啡卖到每杯3.50美元。尽管星巴克咖啡店通常设在房地产高租金地带,我们仍然不难想象星巴克经营商从咖啡批发商那里以较低的价格买进咖啡,经过简单的加工后即可以较高的价格卖出饮料。这说明,虽然咖啡批发市场明显受到供给和需求无常变化影响,而在零售市场,咖啡饮料经营商仍然通过发挥自己的市场定价能力,向那些偏爱本企业生产的咖啡的消费者继续收取较高的价格。直到如今,星巴克公司仍然从萧条的咖啡批发市场那里低价购买咖啡豆,再以高价卖出自己加工的有别于其他公司生产的咖啡饮料。

到了2004年,咖啡的批发价格开始回升,在5月和6月之间增加了30%。这是由于先前过低的咖啡价格使得一些农户减少甚至停止咖啡生产对市场作用的结果(供给曲线向左移动)。由于在过去的4~5年里,整个咖啡豆市场的低迷,使得那些较大的咖啡饮料销售商(跟星巴克和其他一些咖啡专卖店不同)没有能力提高咖啡饮料的价格。如今,由于高咖啡豆批发价格引起的成本压力,使得这些企业不得不考虑提高销售咖啡饮料的价格。

面对这些普通咖啡店销售咖啡的价格上涨,消费者会作出什么反应呢?正像我们在第4章里解释的那样,咖啡需求被认为是相对缺乏弹性。因此,行业分析家们预计咖啡的需求不会因价格上涨而发生明显的变化。如果我们采访一位每天喝10杯咖啡的消费者,他可能会说,"我讨厌咖啡涨价,但我每天还是要喝10杯的咖啡"。

对于星巴克公司来说,它是希望咖啡的批发价格上涨。因为较低的批发价格,会使得很多种植咖啡的农户放弃咖啡生产,这会威胁到咖啡豆的长期市场供应。所以,适当的购买价格对保证产品连续的市场供应是非常重要的。如果较高的咖啡价格能帮助农户继续从事种植咖啡,那么像星巴克这类公司是愿意对购买咖啡豆支付较高的价格的。

3.5.2 航空旅行:"高买低卖"

自从1970年美国政府对航空业放松管制以来,那些美国大的航空公司一直在承受着巨大的行业竞争压力。直到1990年之后,这些航空公司才最终能够扭亏为盈。但是,由于技术不景气、短期经济萧条以及"9·11"事件的发生,使得航空运输业过去一直被认为是最能挣得长期利润的梦想得以破灭。在"9·11"之后的连续几年里,这些大航空公司的经济损失逐步加剧。除了 United 航空公司 和 USAirways 航空公司受到政府倒闭保护外,Delta 航空公司和 American 航空公司都于2003年面临着严重的倒闭威胁。

---

① Knight R. Coffee Bean Prices Perk Up 30 Percent in Last Month as Supply Trickles Down. Chicago Tribune, June 5, 2004.

然而，在取消过去政府对航空业诸多管制的环境下，一些低成本航空企业却都能够免遭经济危机的劫难，而且企业的利润还大有改善。例如，美国西南(Northwest)航空公司就是一个最具代表性的例子。该公司一直是奉行追求低成本战略的，把经营重点放在提供短距离飞行服务(通常小于500英里)。公司认为它的竞争对手不是那些大的航空公司，而是汽车运输业。这种经营模式的成功很快受到其他很多公司的效仿。

实践证明，当市场处于激烈竞争导致价格下降的情况下，只有那些低成本的企业才能继续生存下去。当然，在市场竞争中，也有一些大的航空公司坚守"高价格"战略，其目的是为了占领高端消费市场。他们的主要客户是那些对机票价格不敏感，而更关注服务质量和航班方便的商业旅行者。然而，如果全部市场需求出现大幅度下降，这种依靠高端消费需求市场战略可能就行不通了。不难理解，当今很多航空企业为了降低成本，采取了限制员工出差旅行，尽量采用电话或网络会议替代出差旅行。如果出差是必要的话，要求出差人员尽量订购最低票价的车、船或飞机等运输工具[①]。

为了与低成本航空公司进行有效竞争，这些大的航空公司一直在削减企业的员工并与工会商谈如何进一步减少员工的工资。比如，美国United航空公司在2001年9月11日拥有100 000个员工。到2004年，该航空公司员工的数量下降到少于55 000个。2004年9月8日美国达美(Delta)航空公司宣布裁员7 000人。2005年1月，达美航空公司宣布机票全方位降价，目的是为了增加企业的市场竞争力。

然而，飞机燃油价格上涨给这些本来就难以生存的大航空公司带来了进一步的威胁。到2004年秋季，石油价格上涨到每桶50美元。American航空公司预测在本年内燃油的费用支出要超出计划10亿美元。面对那些低成本的小航空公司的激烈竞争，如果这些大航空公司难以继续维持较高的票价，它们当然也就无法继续将增加的燃油成本加到机票的价格上去。所以，一些大的航空公司开始采取买票收费的措施。2004年9月，美国Northwest航空公司宣布采取买票收费政策。公司规定，凡是通过本航空公司售票代理处卖出的每张机票一律收取5美元的手续费，而对直接从机场航班柜台购买的每张机票一律收取10美元的手续费。American航空公司很快采取了同样的措施。根据American航空公司的报告，这笔额外的收费将会给公司每年增加2 500万美元的收入。

总之，市场的力量已经把这些美国大的航空公司逼入成本陷阱，使得它们很难逃脱。一方面，石油的供给和需求状况大幅度地提高了飞机燃油的价格；另一方面，航空服务的供给和需求状况，使得它们几乎是完全没有可能提高机票的价格。这种状况与前面谈到的咖啡企业管理者所面对的情况可以说形成了一个鲜明的对照。那些知名的咖啡专卖店，像星巴克可以从"低买高卖"中获得巨大利润。当供给和需求的状况把咖啡豆推到较高的市场价位时，那些普通的大咖啡饮料价格公司仍然能够提高每杯咖啡的价格。不仅如此，这些大公司也想提高咖啡价格，因为它们相信即使价格上升，咖啡的需求量并不会因此而明显减少。

---

① Paul G. Keat, Philip K. Y. Young. Managerial Economics: Economic Tools for Today's Decision Makers, 2006, pp. 66-67.

3.6 国际应用案例

正像我们在前边所提到的,与许多其他产品相类似,咖啡豆的价格受市场供给和需求的影响十分明显。这一点对咖啡种植者和做咖啡进口生意的企业来说是非常重要的。不论是那些生产和销售烤制的或生咖啡豆的企业,还是那些加工咖啡饮料的零售企业,各自都有很大的机会来施展产品市场定价能力。

一般来说,人们从市场上能够买到罗布斯塔(Robusta)和阿拉比卡(Arabica)两种咖啡豆。前者质量较低,咖啡豆带有一点苦味。这种咖啡豆在世界市场上的销售价格是每吨 380 美元(大约每磅 0.20 美元)。而阿拉比卡属于高质量的咖啡豆,它的市场价格是以每磅为单位而不是以吨为单位标示的。巴西是世界上最大的咖啡豆生产国,生产罗布斯塔和阿拉比卡两种咖啡豆。在过去的 6 年里,越南成为世界上最大的罗布斯塔咖啡豆的出口国。近年来,由于越南的大量生产,使得世界罗布斯塔咖啡豆市场出现生产过剩。虽然,这种过剩并没有给巴西的咖啡经济带来明显的影响,因为巴西的货币贬值在一定程度上抵消了咖啡豆价格下降给巴西带来的损失。

但是,正像我们所预料的,罗布斯塔咖啡豆价格下降却给越南农户带来了严重的经济损失。越南政府一直劝说农户减少罗布斯塔咖啡豆生产,转为增加阿拉比卡咖啡豆的生产,以获得较好的经济效益。但是,由于越南政府对农产品生产和商业活动采取的是民主政策,因此,增加或减少某种作物的种植面积最终完全是由农户自己决策的[①]。

尽管咖啡豆价格大幅下跌,世界上仍然有一个国家咖啡生意做得挺好,这个国家就是南美洲的哥斯达黎加。面对低迷的世界咖啡市场,哥斯达黎加政府采取的主要措施是:引导农户把生产的重心转移到阿拉比卡咖啡豆生产;采用高标准的保护环境的咖啡种植与收获技术;采用高标准种植技术和生产高质量的咖啡豆作为主要的市场卖点,把主要推销客户定在那些加工高质量名牌咖啡饮料的经营商,像星巴克这样的公司。哥斯达黎加的主要成功经验就是把咖啡生产与自然环境保护结合起来。例如,对咖啡豆生产和加工的下脚料进行发酵循环利用,制成有机肥料继续用于咖啡生产。而且,哥斯达黎加生产的咖啡的味道和口感确属上等,非他国生产的咖啡可以比拟。

3.7 本章小结

本章介绍了供给和需求的基本要素。我们从介绍需求法则和供给法则开始,接着讨论那些影响需求和供给的非价格因素。需求法则是指在其他各种因素保持不变的情况下,需求量与价格之间存在着负的相关关系。而供给法则是指在其他各种因素都保持不变的情况下,供给量与价格之间存在着正的相关关系。影响需求的其他因素包括:(1)消费者偏好;(2)收入;(3)相关产品的价格;(4)买者的人数;(5)预期。影响供给的其他因素包括:(1)成本;(2)技术;(3)相关产品的价格;(4)卖者的数量;(5)预期;(6)天气

---

① Asian Pulse News. Commodities and Agriculture: Vietnam Tackles Coffee Crisis-Plans Include Reducing Acreage and Expanding Arabica Production. Financial Times, January 29, 2002.

状况。我们用数字和作图两种方法,讨论了需求与供给是怎样相互作用决定市场均衡价格和均衡数量。附录3A采用代数方法介绍了同样的内容。

接着我们继续研究了价格是如何在市场上发挥短期的分配功能和长期的指挥功能。价格增加或减少能够清除由市场条件变化(供给曲线或需求曲线移动)引起的市场短缺或过剩问题。价格的指挥功能是指价格变化能够向生产者或消费者发出信号,告诉他们如何根据市场的状况来调整资源的分配。

在解释价格的分配功能和指挥功能的时候,我们注意到经济学家是采用一种特殊的方式来区分短期和长期的。比较静态分析也可以用于解释价格的分配功能和指挥功能。这种方法是分析市场从一种均衡状态变化到另一种均衡状态的过程,这是进行市场分析的一个基本方法,将会贯穿本书的始终。

附录 3A

供给和需求分析的数学方法

本附录主要介绍如何利用代数方程和作图进行短期供给和需求分析。从中我们可以看到供给和需求分析过程完全可以用代数方程进行准确地表述。此外,把一个需求函数看作是一个方程将非常有助于我们在下两章对需求弹性的讨论。

需求函数的数学表达方式:

$$Q_D = f(P, X_1, \cdots, X_n)$$

式中 Q_D=需求量;P=价格;$X_1, \cdots, X_n$=影响需求的其他各个因素。

我们再次利用馅饼需求的例子。假设价格及其他非价格因素对馅饼需求的影响可用下列函数表示:

$$Q_D = -100P + 1.5P_{hd} - 5P_{sd} + 20A + 15P_{op} \quad (3A.1)$$

式中 Q_D=馅饼的需求量;

P=馅饼的价格;

P_{dg}=蛋糕的价格;

P_{yl}=饮料的价格;

A=广告支出费用(单位:千元);

P_{op}=人口中年龄为10~35岁所占的百分比。

假设除馅饼的价格之外,通过给定下列信息可以把所有的非价格因素变成常数

$$P_{dg} = 100 \text{ (1元或100分)}$$
$$P_{yl} = 75(0.75\text{元或75分})$$
$$A = 20 \text{ (20 000元)}$$
$$P_{op} = 35(35\%)$$

把这些值代入方程(3A.1)得到

$$Q_D = -100P + 1.5 \times 100 - 5 \times 75 + 20 \times 20 + 15 \times 35 = 700 - 100P \quad (3A.2)$$

现在,所有非价格变量的值都被合并到常数项700。画出该曲线图,见图3.9。图3.9

中横坐标和纵坐标的表示方式与一般数学函数的表达方式有所不同。在数学函数表达中，一般是因变量放在纵坐标，即 Y 轴，自变量放在横坐标，即 X 轴。根据这样的表达形式，Q 应该放在纵坐标上，自变量 P 应该放在横坐标上。然而，在本章以及本书的第 4 章，我们总是把 Q 放在横坐标，P 放在纵坐标。采用这种表达形式的原因，主要是来自于 Alfred Marshall 教授最初发明的供给和需求曲线图的表达方式[①]。

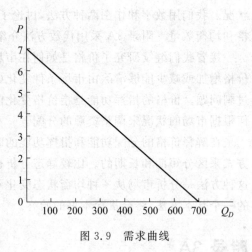

图 3.9　需求曲线

不管 Marshall 最初是出于何种原因采用了这种数学函数的因变量和自变量的数学函数表达与图形表达相反的形式，我们在这里还是要重申，不论是成本分析，还是收入和利润分析，总是把产量作为自变量。

如果想把供给和需求方程的图形表达与数学表达习惯一致起来，就必须进行一些调整。在供给和需求分析中，当把方程 $Q_D = 700 - 100P$ 画成图的时候，为了与数学习惯表示方法一致，那就必须把 Q_D 放到纵坐标，把 P 放到横坐标。请见图 3.10(a)。如果想遵循经济学的表达方式，我们就必须对原来的方程进行转换，把 P 变为因变量，Q 变为自变量。

$$Q_D = 700 - 100P$$
$$100P = 700 - Q_D$$
$$P = \frac{700 - Q_D}{100}$$
$$P = 7 - 0.01Q_D$$

现在，P 是因变量，所以，将其放在纵轴。Q_D 是自变量，所以，将其放在横轴。图 3.10(b)说明了这种情况。

让我们回顾下一个非价格因素的变化对馅饼需求产生的影响。假设蛋糕的价格增加到 1.20 元，这将使得方程(3A.2)中的常数项或截距从 700 增加到 730。这一变化使得需求曲线发生移动，见图 3.10(a)。图 3.10(b)显示了蛋糕价格增加对馅饼需求的影响。此时，常数项或截距从 7 增加到 7.3，表现为需求曲线向右移动。

现在，我们讨论供给方程，仍以表 3.5 和图 3.3 的供给函数为例。

$$Q_S = -100 + 100P \qquad (3A.3)$$

一旦有了供给方程和需求方程，可以采用几种方法来找到均衡价格和数量。一种办法是求两个联立方程的解。首先，我们把两个方程写成下面的形式：

$$Q_D = 700 - 100P$$

[①] Alfred Marshall. Principles of Economics, 8th ed.. Philadelphia: Porcupine Press, 1920, reprinted 1982, p. 288.

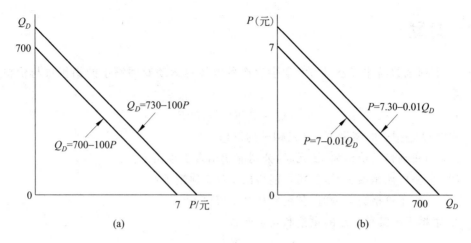

图 3.10 转换需求曲线

$$Q_S = -100 + 100P$$

通过把两个方程相加来去掉 P。从而得到

$$2Q = 700 - 100 = 600 \quad (3A.4)$$
$$Q = 300$$

为了找到均衡价格(P),我们可以把均衡数量(300)带入需求方程或供给方程,解出 P。利用方程(3A.2),可得到下面的结果。

$$300 = 700 - 100P$$
$$100P = 700 - 300$$
$$P = 4$$

请注意,当我们把供给和需求两个方程加到一起时,Q_S 和 Q_D 之间不再有任何区别,因为在均衡时 $Q_S = Q_D$。根据定义,只有当供给数量等于需求数量时,市场才实现均衡状态。因此,可以令方程(3A.2)等于方程(3A.3),然后解出未知变量 P。即

$$700 - 100P = -100 + 100P$$
$$200P = 800$$
$$P = 4$$

把 $P=4$ 代入供给方程或需求方程,就可以得出均衡数量 300。

可以通过三种途径来考察供给和需求实现均衡的过程。第一是通过供给和需求函数数字表,见表 3.1、表 3.2、表 3.3 和表 3.4。在这些表中,通过查看供给量等于需求量,就可以确定市场的均衡价格。第二是通过供给曲线和需求曲线的交点决定均衡价格和数量。第三是通过求解供给和需求二元一次方程组,得到均衡价格和数量。从教学角度讲,利用供给曲线和需求曲线图来表示均衡价格和数量是最受欢迎的。但是,不管以何种方式来阐述供给和需求的概念,对于企业决策者来说,获得行业实际的准确的供给和需求数据始终是一个巨大的挑战。

习题

1. 下列函数描述某公司为大学生生产各类体育运动专用帽子的销售量与价格之间的关系。

$$Q = 2\,000 - 100P$$

式中 Q 是帽子的销售量，P 是帽子的价格。

(1) 当每顶帽子价格为 12 元时，公司能卖出多少顶帽子？

(2) 价格应该是多少时，公司才能售出 1 000 顶帽子？

(3) 当帽子价格为多少时，其销售量会下降到 0？

2. 根据下列某种产品的供给和需求曲线。

$$Q_S = 25\,000P$$

$$Q_D = 50\,000 - 10\,000P$$

(1) 画出供给和需求曲线图。

(2) 行业均衡数量和均衡价格各是多少？分别用数字表格和图表示结果。（省略到分）

3. 给定下列春联的需求和供给函数

$$Q_D = 65\,000 - 10\,000P$$

$$Q_S = -35\,000 + 15\,000P$$

式中 Q 和 P 分别为春联的数量和价格。

(1) 计算下表

价格/元	Q_S	Q_D	剩余或短缺
6.00 元			
5.00			
4.00			
3.00			
2.00			
1.00			

(2) 均衡价格是多少？

4. 下列供给和需求函数表示每个月小企业计算机软件服务市场需求和供给的情况。

$$Q_D = 3\,000 - 10P$$

$$Q_S = -1\,000 + 10P$$

式中 Q 是需要提供计算机软件服务的数量，P 为每个月提供服务的价格，单位是元。

(1) 当平均每月的价格是多少时，软件服务需求的数量等于 0？

(2) 当平均每月的费用是多少时，软件服务供给的数量等于 0？

(3) 画出软件服务的供给和需求曲线。

(4) 市场均衡价格和数量各是多少？

(5) 假设需求增加，新的需求曲线为：
$$Q_D = 3\,500 - 10P$$
需求增加是否对供给产生影响？新的市场均衡价格 P 和 Q 各是多少？

(6) 假设由于需求的增加导致新的公司进入市场。新的供给曲线为 $Q = -500 + 10P$。那么新的市场均衡价格和数量各是多少？

(7) 用图表示上述变化结果。

5. 由于广告宣传的作用，近年来沃尔玛超市的酸奶需求呈现明显增长。研究得出下列酸奶需求曲线：
$$Q = 200 - 300P + 120I + 65T - 250A_c + 400A_j$$
式中 Q ＝每周卖出酸奶的盒数；

P ＝每盒酸奶的价格；

I ＝每个酸奶消费者的平均收入(单位：1 000 元)；

T ＝室外平均温度；

A_c ＝竞争企业每月的广告支出(单位：1 000 元)；

A_j ＝本公司每个月的广告支出(单位：1 000 元)；

某零售店具有下列信息：$P=1.50$，$I=10$，$T=60$，$A_c=15$，$A_j=10$。

(1) 请估计该零售店每周能卖出多少盒酸奶，并决定其需求曲线。

(2) 如果竞争公司增加 5 000 元的广告费用，这会对沃尔玛酸奶销量产生什么影响？画图表示零售店的需求曲线。

(3) 沃尔玛必须增加多少广告费用才能抵消竞争公司带来的影响？

6. 在过去近 10 年里，USB 的需求大幅度上升。试分析引起这种需求增加的因素有哪些？根据供给—需求理论，当需求增加时价格应该上升。然而，近年来同等质量的 USB 的价格实际上在下降。如何解释这种明显的理论与实际之间的矛盾？

7. 假设某农产品加工企业具有下列生产函数：
$$Q = 1\,000 - 3\,000P + 10A$$
式中 Q ＝需求量；

P ＝产品的价格（元）；

A ＝广告支出费用(元)。

假设 $P=3$ 元，$A=2\,000$ 元。

(1) 如果企业把价格降到 2.50 元，企业是否仍然有利可图？请解释。请用需求函数表和需求曲线图解释你的答案。

(2) 假设企业把价格提高到 4.00 元同时增加 100 元的广告支出，此举对企业是否有利可图？并利用需求函数表和需求曲线图解释你的答案。（提示：首先制作需求函数表和需求曲线图，假定 $A=2\,000$ 元。然后再根据 $A=2\,000$ 构造新的需求函数表与需求曲线图。）

8. 某旅游企业雇用一咨询公司分析企业的导游服务在 26 个地区的市场需求。咨询公司通过搜集有关数据估计出下面的导游服务需求方程：
$$Q = 1\,500 - 4P + 5A + 10I + 3PX$$

式中 $Q=$ 导游服务需求；

$P=$ 服务的价格（元）；

$A=$ 公司刊登的广告费用（单位：千元）；

$I=$ 游客收入（单位：千元）；

$P_X=$ 竞争企业提供类似导游服务的价格。

（1）利用给定的下列信息计算导游服务的需求量：

$$P = 400 \text{ 元}$$
$$A = 20\,000 \text{ 元}$$
$$I = 15\,000 \text{ 元}$$
$$P_X = 500 \text{ 元}$$

（2）如果竞争企业把导游服务的价格降到跟本企业相同，即 400 元。那么，本企业必须增加多少广告支出才能抵消由竞争企业减少价格引起的销售收入的损失？对本企业来说，这种做法是否值得？请解释。

（3）是否还有其他重要变量能够用于估计该旅游企业的导游服务需求方程？

9. 下面是从三个样本估计得到的需求方程。请用 Q 表示纵坐标，P 表示横坐标画出每条需求曲线图。然后再把每一个方程转换成 P 是 Q 的函数，同时以 P 作为纵坐标，Q 作为横坐标画出每条曲线图。

$$(1)\ Q = 250 - 10P$$
$$(2)\ Q = 1\,300 - 140P$$
$$(3)\ Q = 45 - 0.5P$$

10. 利用下列函数推导出需求函数表和画出需求曲线图。请讨论什么样的产品可能表现出这样的非线性需求曲线？请解释。

$$Q = 100P^{-0.3}$$

第 4 章 消费者行为与理性选择

> **学习目标**

学完本章之后,读者应该能够:
- 无差异曲线;
- 边际替代率;
- 效用的概念;
- 预算线;
- 市场均衡;
- 效用最大化;
- 角解;
- 管理者如何从战略角度去影响消费者的选择;
- 推导个人需求曲线;
- 推导市场需求曲线;
- 消费者剩余。

我们在第 2 章中讨论了市场需求的问题。一种产品的市场需求就是每个消费者对该种产品需求的总和,因此,企业管理者需要知道每一位消费者是如何选择商品的。在学习本章的过程中,请思考您是如何作出商品购买选择的。当然,我们在生活中是需要购买大量的各种各样的商品。更重要的,我们需要理解企业的管理者是如何通过他所能够控制的一些要素,如价格、广告等来影响消费者对商品的选择。

消费者每天都会作出各种各样的选择,我们构建的消费者行为模型描述的只是这些选择的一部分。对于我们日常购买的很多商品,大多数情况下我们并不需要做过多的思考就可以作出决策。偶尔,我们也会遇到一些需要进行较多思考才能作出的购买选择,因为这些决定可能对我们的生活具有较大的影响。这时我们往往需要认真地分析存在的各种不同的选择,认真考虑各项选择会给我们的生活带来什么样的影响。但是,无论我们所做的选择是一个草率的决定还是经过一个系统性的分析过程,都是基于我们心里对各种不同产品的喜好程度进行的排序。如果在我们的头脑里没有这种偏好的次序,那么我们的选择就变成了一个毫无目的性的随机性的选择了。

本章将从理论上系统地描述经济学家是如何模仿消费者的商品购买的决策过程。在后面的章节中,我们还将讨论在消费者面临风险和信息不对称情况下的消费决策问题。

虽然有些学生可能对在商业世界中,经济学原理的有用性感到困惑,但是,他们是无法否认我们在这里介绍的消费者选择模型是有用的。众所周知,企业的管理者经常要面对如何将有限的预算分配到企业各种不同的经营活动当中去。作为消费者,我们每天同样也面临着类似的选择。经济学家设计的消费者行为模型对于解决这类问题提供了一些很好的指导。一个好的企业管理者知道可以采取什么样的措施来影响消费者对产品的选择。这一问题分析的思路为制定市场运作、产品定价以及资源分配策略奠定了基础。

在后面的章节中,我们将会阐述如何利用所建立的消费者决策模型来帮助管理者制定企业管理决策。为了研究消费者是如何作出选择的,我们首先假定每一位消费者都是理性的,他们追求的是自身福利的最大化。也就是说,在给定某一消费者具有的知识水平和认知能力的条件下,消费者不会作出对自己不利的选择。对于某一消费者来说,她的福利水平(或幸福程度)是购买和消费各种商品的函数。然而,这个福利水平并不是不受约束的,否则,我们会看到有更多的人驾驶保时捷、宾利这样的豪车了。消费者的购买能力是受其收入水平限制的。消费者是在给定的商品价格、个人偏好和收入水平的情况下,来实现个人福利的最大化。我们可以通过消费者的效用函数、无差异曲线和预算线来描述消费者的消费选择行为。通过使用这些概念和方法,可以推导出消费者对某种商品的需求曲线,并且揭示当消费者收入改变时需求曲线会发生变动。

4.1 无差异曲线

无差异曲线是由一系列能够带给消费者带来相同效用水平的各种商品组合的点构成的连线。

为了更清楚地说明无差异曲线的概念,我们首先假设一个消费者只能购买食品和衣服两种商品。当然,我们所讨论问题的含义适用于所有复杂现实世界的情况,消费者对商品的选择可以采用一系列的无差异曲线来描述。为了说明这一点,我们以居住在大连市的薄曲女士购物消费为例。薄曲女士对由不同数量的食品和衣物两种商品的组合消费具有相同的偏好,即各种不同食物和衣服的组合能够给薄曲女士带来相同的福利。例如,她可以选择购买50斤食品和5件衣服,还可以选择购买100斤食品和2件衣服。这两种产品数量的组合可由图4.1中的无差异曲线上的 K 和 L 两个点来表示。除此之外,图4.1还有许多其他不同的这两种产品的组合构成的点,这些产品数量组合给薄曲女士带来的满足感是相同的。我们把这些能够给薄曲女士带来相同福利的各个产品购买组合的点用一条线连接起来,就构成了一条无差异曲线,见图4.1中的曲线 I_1。

关于无差异曲线,我们需要作出如下三点说明。

1. 每一个消费者要面对很多条无差异曲线

如果图4.1中 I_2 上的各个点所代表的不同的两种商品的组合对薄曲女士来说是无差异的,那么 I_2 就是她的另一条无差异曲线。另外,对于薄曲女士来说,无差异曲线 I_2 上的各个产品组合要好于无差异曲线 I_1 上的各个产品组合。因为相比之下,曲线 I_2 上

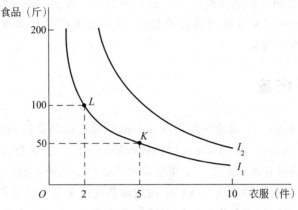

图 4.1 薄曲女士的两条无差异曲线

的商品组合在衣服数量相同时,拥有更多的食品(或在食品数量相同时,拥有更多的衣服)。这是因为我们假定消费者在商品方面具有不满足感,即多总是比少要好。(当然,不排除有时候消费者也会有偏好商品数量较少的情况,但是在这里我们不考虑这类情况)。因此,I_1 与 I_2 相比,消费者更加偏好于 I_2 就显而易见了。

2. 每一条无差异曲线都是向右下方倾斜的,反映消费者偏好拥有更多的商品

在同一条无差异曲线上,如果消费者想多得到一些其中的一种商品,那么她就必须减少拥有另外一种商品的数量。只要消费者是偏好拥有更多的商品,那么无差异曲线就必须是这种向下倾斜的形状。

3. 两条无差异曲线不能相交

如果两条无差异曲线相交的话,将会与消费者偏好较多的商品相矛盾。例如,图 4.2 中的曲线 I_1 和 I_2 是两条相交的无差异曲线,那么 D 点所代表的效用是等同于 C 点的,因为它们都是在一条无差异曲线 I_1 上。而 E 点所代表的效用又与 C 点相同,因为它们也处在同一条无差异曲线 I_2 上。这就意味着 D 点与 E 点所代表的效用是相同的。但这是

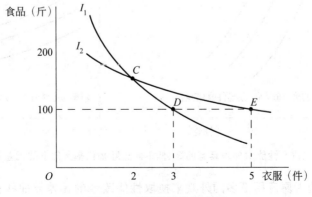

图 4.2 交叉的无差异曲线

第 4 章 消费者行为与理性选择

不可能的,因为 E 点的商品组合拥有与 D 点相同的食品数量,而衣服的数量却是 D 点的二倍。那么,根据消费者偏好较多商品的假设,该消费者自然会选择 E 点而不是 D 点。因此,无差异曲线不能相交。

4.2 边际替代率

一个消费者从增加一个单位的某种商品中能得到较高的价值,而对另一个消费者来说从增加同样一个单位的产品中,却只能得到较低的价值。如果企业管理者懂得消费者的选择,知道一个消费者从多购买一个单位某种产品对于消费者的相对重要程度,这对企业来说将是一个非常有用的信息。我们采用边际替代率来衡量消费者对购买某种商品的相对重要程度。边际替代率是指在效用水平保持不变时,当消费者增加一个单位商品 X 消费时必须放弃商品 Y 的数量。

很显然,如果消费者愿意放弃更多数量的商品 Y 来换取一个单位的商品 X,那么商品 X(相对于 Y 来说)对于消费者来说就更为重要。为了评价边际替代率,我们把消费者的无差异曲线的斜率乘以 -1。这样,我们就得到了消费者为了多得到一个单位的商品 X 所愿意放弃商品 Y 的数量。

为了进一步说明商品 X 与商品 Y 之间的上述关系,我们以消费者对家用小汽车具有的两种属性的偏好为例,来进一步解释边际替代率的概念。假设小汽车的两种重要属性分别是外观和性能(如速度、耗油量、制动等)。有的消费者愿意舍弃较多汽车的外观来换取小汽车性能的改善。这种行为如图 4.3 的左图所示。在该图中,无差异曲线是陡峭的。性能对外观的边际替代率相对来说较高,因为无差异曲线斜率(乘以 -1)的值较大。另外一些消费者则愿意牺牲较多的性能来换取小汽车时髦的外观。对于这些消费者来说,无差异曲线则是比较平坦的,如图 4.3 的右图所示。此时,性能对外观的边际替代率相对来说就较低,因为无差异曲线斜率(乘以 -1)的值较小。

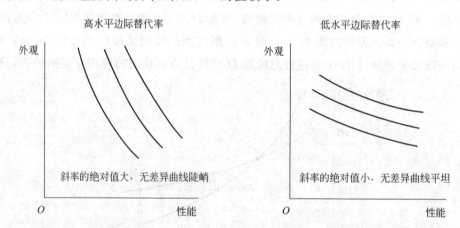

图 4.3 汽车性能对外观具有的高、低不同边际替代率条件下的无差异曲线

左图表示消费者愿意用更多的外观来换取性能改善的无差异曲线;右图表示消费者愿意用更多的性能来换取小汽车外观改善的无差异曲线。

4.3 效用的概念

消费者的无差异曲线代表消费者的品味和偏好。给定一个消费者具有的多条无差异曲线,我们给每条曲线上的任何一个商品组合赋予一个数值,用来表示效用水平。效用指的是消费者对于某种商品组合的喜欢和偏好程度。更加具体地说,效用可以用来描述消费者对于各种商品组合的偏好程度,并可以对程度进行排序。消费者从某一商品组合中获得的满意程度越大,该商品组合给消费者带来的效用水平就越高。在给定的一条无差异曲线上,各种商品组合给消费者带来的满足程度是相同的,所以它们具有相同水平的效用。处在较高位置的无差异曲线所代表的商品组合要比处在较低位置的无差异曲线所代表的商品组合,能够为消费者带来更高的福利,因此具有更高的效用水平。

当我们对商品组合赋予效用值时,它会显示消费者更加偏好哪一种商品组合。如果第一组商品所代表的效用水平高于第二组商品,那么消费者一定是更加偏好第一组商品;如果第一组商品的效用水平低于第二组商品,那么消费者将更加偏好第二组商品;如果第一组商品的效用与第二组的商品的效用相同,那么对于该消费者来说,两种商品组合就是无差异的。

我们怎样才能正确地对效用进行赋值呢?假设消费者喜欢商品组合 R 好于商品组合 S,S 好于商品组合 T,那么我们对 R 所赋予的效用值一定要高于 S,而对 S 赋予的效用值也一定要高于 T。符合这些基本要求的以任何数值形式的赋值都可以用来度量效用的大小。因此,商品组合 R、S 和 T 的效用值可以分别设定为 30、20 和 10;也可以分别设定为 6、5 和 4。总之,商品组合 R 的效用值要大于 S 组合的效用值,相应地也就应该大于 T 组合的效用值。以上这两种形式的效用赋值均能够起到给消费者对不同商品的偏好程度进行排序和分级的目的。

无差异曲线也被称为等效用曲线。我们可以把上面提到的无差异曲线的斜率用数学公式来表示,

$$-\Delta f/\Delta c = -(\Delta U/\Delta c)/(\Delta U/\Delta f) = -MU_c/MU_f$$

式中 MU_f 表示食品的边际效用,表示薄曲女士从多获得一个单位的食品(获得衣服的数量保持不变)中所能得到效用增加的数量。MU_c 表示衣服的边际效用,表示薄曲女士从多获得一件衣服(获得食品的数量保持不变)中所能得到效用增加的数量。因此,薄曲女士的边际替代率就等于衣服的边际效用与食品的边际效用的比值。这个边际效用就是之前我们所说的,消费者从多消费一个单位的商品中所能够得到的价值。

4.4 预算线

消费者都希望从商品的消费中获得最大的效用,这意味着他们都希望能够消费那些处在最高无差异曲线上的商品组合。但是,对于一个消费者来说,她是否能够实现消费处在某一条无差异曲线中的商品,取决于消费者的收入水平和商品的价格水平两个因素。我们用预算线来表示收入水平。因此,预算线即是消费者购买商品的约束线。

我们仍以薄曲女士为例。假设薄曲每周的收入为 600 元,全部用来购买食品和衣服。除了收入水平之外,薄曲女士能够购买每种商品的数量还要取决于食品和衣服的价格。假定每斤食品的价格是 3 元,每一件衣服的价格是 60 元。那么,如果把全部的收入用来购买食品,她每周可买到 200 斤食品;如果把所有的收入都用来购买衣服,她每周可以够买 10 件衣服。当然,如果愿意的话,她也可以花一部分钱用来购买食品,另一部分钱用来购买衣服。薄曲女士可以选择多种不同数量食品和衣服的组合,其中每一种组合都可用图 4.4 中直线上任何一个点来表示,这条直线就被定义为预算线。

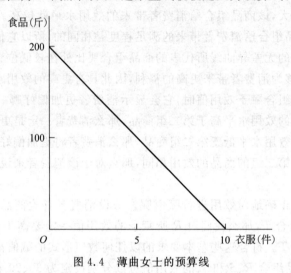

图 4.4　薄曲女士的预算线

薄曲女士的预算线可用下面的数学方程来表示:

$$YP_f + XP_c = I \qquad (4.1)$$

式中 Y 表示购买食品的数量,X 表示购买衣服的数量,P_f 是食品的价格,P_c 是衣服的价格,I 表示收入。方程(4.1)的左边是她花费在食品和衣服上的总支出。该方程表明薄曲女士花在食品和衣服上的总支出必须等于她的总收入。为讨论问题方便起见,我们假设薄曲女士不采取任何存钱行为。(当然这个假定条件可以放宽。)从方程(4.1)解出 Y,可以得到她的预算线方程:

$$Y = \frac{I}{P_f} - \frac{P_c}{P_f}X \qquad (4.2)$$

当消费者的收入或商品的价格变动时,预算线会发生变动。例如,当收入增加时,预算线会向右侧移动;而当收入减少时,预算线会向左侧移动。但是,由收入增加引起预算线的移动总是与初始的预算线保持平行状态,因为收入 I 的变化并没有改变预算线的斜率。如图 4.5 所示,三条线表示薄曲女士每个星期收入分别为 300 元、600 元和 900 元的预算线。随着收入水平的增加,预算线也随之增长。

除了收入以外,商品的价格影响预算线。商品价格下降会导致预算线与该商品坐标轴的交点远离原点。图 4.6 表示当食品价格分别为每斤 3 元和 6 元时薄曲女士的预算线。我们可以看到,当食品价格为 3 元时预算线与纵轴,或者说与食品轴的交点要比当价格是 6 元时,预算线与纵轴的交点更远一些。这是因为食品价格的变化改变了预算线的

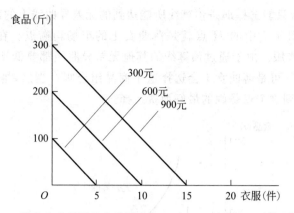

图 4.5　薄曲女士每周收入分别为 300 元、600 元和 900 元的预算线

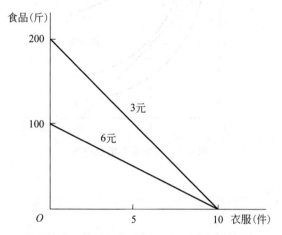

图 4.6　当食品的价格分别为每斤 3 元、6 元薄曲女士的预算线

斜率,正如方程(4.2)所示的一样,斜率为 $-P_c/P_f$。

4.5　市场均衡

　　给定一个消费者的无差异曲线和预算线,我们就能确定该消费者的市场均衡,即消费者在市场上买到能够使其效用达到最大化的商品组合。所谓市场均衡是指消费者在市场上购买到实现效用最大化的商品组合。

　　为了建立消费者的市场消费均衡,首先要将图中的无差异曲线和预算线组合到一起。如图 4.7,就是将薄曲女士的无差异曲线(见图 4.1)和预算线(见图 4.4)结合到了一起。以该图提供的信息为基础,我们可以很容易得出薄曲女士的市场均衡点。薄曲女士的无差异曲线表示她的消费选择偏好,曲线距离坐标原点越远表示效用越高。因此,她的偏好次序是 I_3 大于 I_2 大于 I_1。但是,她不能完全根据个人的意愿任意地选择自己能够达到的无差异曲线,因为预算线和商品的价格对她的购买欲望构成限制。她只能选择处在预算线以内的商品组合。

很显然，消费者只能选择那条预算线所能达到的无差异曲线上的商品，从而实现消费市场均衡。例如，图 4.7 中的 H 点就是薄曲女士的市场均衡点。在该点，她每周购买 100 斤食品和 5 件衣服。由于通过预算线的其他无差异曲线都要低于 H 点，所以该点即为她的市场均衡点。可是薄曲女士会选择这个商品组合吗？当然，她也许需要花费一些时间才会逐渐意识到这个点是她的最好消费选择。

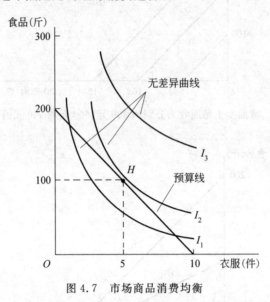

图 4.7　市场商品消费均衡

战略分析案例 4.1

时间约束对消费者行为的影响

对于消费者来说，时间可以像金钱一样的重要。例如，假定伊婉是一个忠实的棒球和足球球迷，每个月几乎定期去观看棒球和足球比赛。但是，她最近决定最多每个月只能用 24 个小时的时间去观看棒球和足球比赛，并且每个月最多只能花费 120 元用于购买球赛门票。她的家距离当地的棒球场馆要比距离最近的足球场馆近得多，所以看场棒球比赛需要花费 4 个小时，而看场足球比赛则需要花费掉 6 个小时的时间。一场棒球比赛的门票是 10 元，而一场足球比赛的门票则是 40 元[①]。

我们用 B 代表每个月伊婉观看棒球比赛的次数，F 代表观看足球比赛的次数。如果她每个月花费 120 元购买门票的话，那么：

$$40F + 10B = 120 \tag{4.3}$$

为什么呢？因为 40F 是她花费在足球门票上的费用，而 10B 则是她花费在棒球比赛门票上的费用。所以，40F＋10B 就是她每个月花费在两种比赛门票上的总费用。而这个

---

① Bruce W. Allen, Neil A. Doherty, Keith Weigelt, Edwin Mansfield. Managerial Economics Theory, Applications, and Cases, Seventh Edition. W. W. Norton & Company, Inc, 2009, p.70.

费用应该等于120元。从方程(4.3)我们可以得出：

$$F = 3 - B/4 \tag{4.4}$$

这就是伊婉的预算线方程，如图4.8预算线所示。

但是，我们在这里忽略了时间的因素。如果她每个月只能用24个小时来观看比赛的话，那么：

$$6F + 4B = 24 \tag{4.5}$$

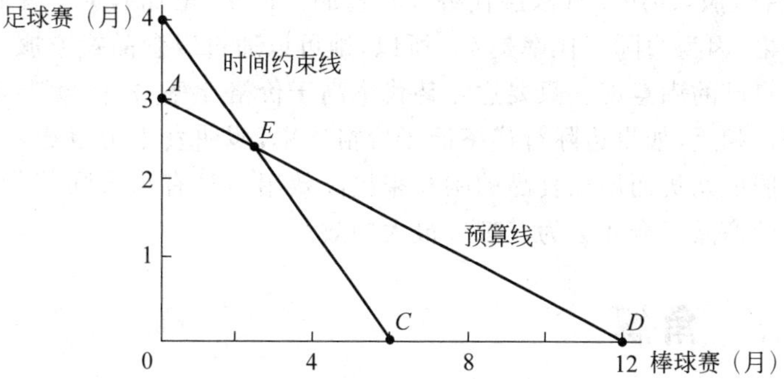

为什么呢？因为6F是她花费在足球比赛上的时间，而4B表示她花费在棒球比赛上的时间，6F+4B刚好是她花费在两种比赛上总的时间。这个时间就是24个小时。从方程(4.5)我们可以得出：

$$F = 4 - 2B/3 \tag{4.6}$$

这就是她的时间约束方程，如图4.8时间约束线所示。

为了满足时间和费用这两个方面的制约，伊婉必须在图中的线段AE或EC部分选择出一个组合。由于时间因素的限制，她可以选取的组合数量减少了。考虑到伊婉每个月仅能投入24小时观看球赛，她必定更倾向于EC线段而不是ED线段的组合，ED线段只有在没有时间限制的条件下才能选择。

图4.8 伊婉的时间约束线与预算线

4.6 效用最大化的详细分析

下面我们进一步分析一下薄曲女士选择市场均衡H点的情况。很显然，这个均衡点是预算线与一条无差异曲线相切的点。在该点无差异曲线的斜率等于衣服对食品的边际替代率乘以−1，它和预算线的斜率−P_c/P_f相等。据此，薄曲女士要想获得效用最大化，她的食品和衣服消费达到市场均衡条件时，必须满足下列条件：

$$\text{MRS} = P_c/P_f \tag{4.7}$$

式中，MRS是衣服对食品的边际替代率。

为了便于理解，我们把边际替代率定义为，在保持消费者的满意程度不变时，消费者愿意选择用衣服替代食品的比率。比如，当边际替代率是4，就意味着消费者愿意放弃4斤的食品来换取1件衣服。另外，价格比P_c/P_f是消费者愿意选择用衣服换取食品的比率。因此，当P_c/P_f为4时，表示消费者愿意用4斤的食品去换取1件衣服。

方程(4.7)的含义是，当消费者的满意程度保持不变时，她愿意用衣服替代食品的比率必须与她有能力用衣服替代食品的比例相一致。否则，她仍然有可能找到改善自己满意程度的商品组合。

为了证明这一点，我们假定薄曲女士用衣服代替食品的边际替代率为 4，而这两种商品的价格比率 P_c/P_f 为 3。在这种情况下，薄曲女士可以减少购买 3 斤食品而增加购买 1 件衣服，即用 1 件衣服代替 3 斤食品。但是，增加购买 1 件衣服的价格等于 4 斤食品的价格，因为边际替代率是 4。所以，她可以通过以食品换衣服，即增加衣服的购买，从中提高自己的满意度。只要边际替代率高于价格比率，薄曲女士就会继续进行这样的替代过程。相反，如果边际替代率低于价格比率，薄曲女士可以通过用食品来替代衣服，即减少衣服的购买而增加食品的购买来提高效用。只有当边际替代率等于价格比率时，她所选择的商品组合才会为其带来最大的效用。

4.7 角解

尽管在上面的例子中，薄曲女士选择了预算线与无差异曲线相切点 H 的商品组合（见图 4.7），但是情况并不一定总是这样的。比如，如果消费者不能从某种商品消费中获得合理的满意度，那么她就可能不会购买这种产品，从而导致产生角解的情况。角解是指当预算线与无差异曲线同时相交于坐标轴时的情况。

例如，虽然很多人的收入水平能够买得起臭豆腐，但是有些人可能从来都不会选择购买臭豆腐。这是因为他们觉得花在臭豆腐上的成本要超过他们从消费臭豆腐中获得的效用。

图 4.9 说明的就是这种情况。简单地说，我们假定消费者只能在比萨和臭豆腐之间进行选择。给定一系列的无差异曲线，消费者在 W 点处获得了最大的效用。在这个点上，消费者把所有的收入都用来购买比萨饼，而没有花一分钱用于购买臭豆腐。只有在这个均衡点上，消费者能够达到效用的最大化，因为通过预算线上所有其他的点的无差异曲线都是处在较低的位置。当预算线与无差异曲线相交于坐标轴时，(本例中是相交于纵轴上)就得到了角解。

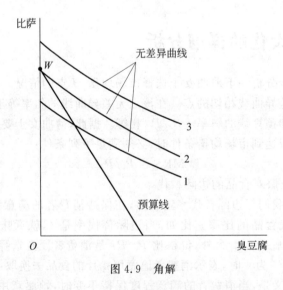

图 4.9 角解

我们之前说过如果消费者从购买两种商品的组合中获得最大效用时，边际替代率与价格的比率是相等的。但是，如果消费者在角解处获得最大的效用，情况就不一样了。

战略案例分析 4.2

企业管理者在产量与利润之间进行取舍

在企业管理中,厂商通常需要从众多经营目标中进行选择,我们可以运用无差异曲线来模拟这一管理者的行为和目标选择过程。假设一个管理者要实现两个目标:一是获取企业利润的最大化;二是提高企业公众的认知度。一般来说,只有那些大企业会更加注重企业的公众认知度。

假定该企业是一个垄断企业。因此,市场的需求曲线就是该企业的需求曲线。设需求曲线函数是 $P=a-bQ$,当 $Q=0$ 时,$P=a$,当 $P=0$ 时,$Q=a/b$;当 $P=0$ 或 $Q=0$ 时,企业的总收入均为 0。企业在 $\eta=-1$ 的价格时可以获得最大的收入。如果生产一个单位的产品所耗费的成本 K 保持不变,总成本即为 $TC=KQ$。图 4.10 表示两种不同的总收入、总成本和利润曲线[①]。

这里企业的效用曲线形状跟普通的无差异曲线的形状是一样的。当产量不变,利润增加时,效用也是会增加的;当利润不变,产量增加时,效用也会增加。当然,企业会更愿意得到产量和利润一同增加。利润曲线目前是企业的约束线。当产量为 Q_2,利润为 Π_2,企业将获得最大效用 U_2。注意企业并不会单独地选择获得利润的最大化(因为此时的效用只有 U_1),或者是单独地选择产量的最大化(因为此时的效用水平只有 U_0。我们把企业的产量规模目标限制在有利润可得的范围内)。

现在假定管理者经营的是一家大型的股份上市公司。您是该公司的一个股东,您追求的目标是利润的最大化。这个追求目标是有充分理由的,因为高的股票价格跟高的企业利润是联系在一起的。我们刚才说到管理者并不是想要获得利润的最大化。那么,股东需要采取哪些措施才能让管理者改变他的行为,使其管理的工作目标与追求企业利润的最大化一致呢?

在大多数股份制企业中,股东们都会面临着这样的问题。但是,如同我们从图 4.10

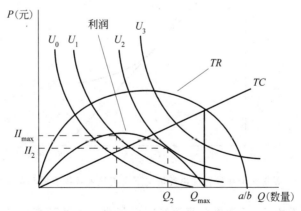

图 4.10 企业产量与利润之间的关系

---

① Bruce W. Allen, Neil A. Doherty, Keith Weigelt, Edwin Mansfield. Managerial Economics Theory, Applications, and Cases, Seventh Edition. W. W. Norton & Company, Inc, 2009, p.72.

中所看到的,如果将管理者的个人业绩补偿与企业的利润挂钩,那么管理者就会更加关心企业利润的最大化。

4.8 如何制定影响消费者选择战略

之前我们分析了薄曲女士在进行商品选择的过程中,是如何受到她的偏好、收入水平和商品价格的影响。尽管管理者无法改变消费者的收入水平,但是他们可以通过影响消费者的偏好和预算约束的效应来影响消费者的购买选择。比如,企业通过登广告可以直接影响到消费者的偏好;采用低价策略可以吸引更多的消费者购买某种商品。因此,管理者可以运用价格政策影响消费者的预算约束。我们之前把预算线近似地绘制成直线来分析消费者选择消费的基本理论;但在现实生活中,管理者给商品定价一般都是有意识地将预算约束设计成非线性的,以此来影响消费者的选择。

最近一家处在市场排名领先位置的连锁百货商店沃尔玛向它的顾客发行了一种优惠券,消费者在沃尔玛商店一次性购物满180元的商品可立减18元。我们来分析一下这种优惠券的发行将会对薄曲女士购物产生什么样的影响。假定薄曲的收入是200元,她可以购买每单位1元的蔬菜或者每单位1元的衣物。因此,在发放优惠券之前,她的预算约束和购买的选择如图4.11所示(她可以购买C_0单位的衣服,G_0单位的蔬菜,并获得U_0水平的效用)。

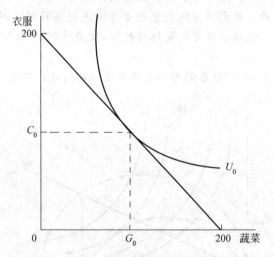

图4.11 薄曲女士在没有优惠券情况下实现最大效用衣服和蔬菜的购买

在发放了优惠券之后,沃尔玛企业的经理把薄曲女士的预算约束线向外平移了。当她购买蔬菜的账单达到180元(仅用20元用于购买衣物),她获得了18元的返现(仅支付给商店162元用于购买蔬菜),这样她就可以有38元用于购买衣物(假设她把省下的钱全部用来买衣物)。同样地,她也可以花218元用来购买蔬菜(如果她将返还的钱全部用来购买蔬菜)。图4.12表示薄曲女士面对的新的预算约束和购物选择。

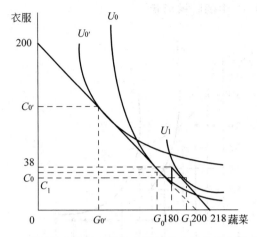

图 4.12　得到优惠券后薄曲女士效用最大的衣服和蔬菜购买

对薄曲女士来说,有优惠券的预算约束与没有优惠券的预算约束,在她对蔬菜的消费低于180元时是一样的。然后,她的预算线将向右上方移动18元的距离。事实上,这相当于沃尔玛的价格政策使得薄曲女士的预算线发生改变。但是,如果她的无差异曲线是类似于图4.12中虚线的形状,那么优惠券就不会对薄曲女士的购买行为产生任何影响(此时她的效用水平仍然是 U_0,购买商品的数量分别是 $C_{0'}$ 和 $G_{0'}$)。在这种情况下,企业实施的价格优惠策略就不会给企业带来任何利益。当然,实施这样的优惠券策略对企业来说成本也不高,只是需要支付一些优惠券的印刷加工费用。但是,如果薄曲女士初始的无差异曲线为实线 U_0,那么优惠券将会使她的无差异曲线增加到 U_1。此时,优惠券将会给薄曲女士带来实惠。那么,这对沃尔玛企业来说是否算是一个好的策略呢?只有当 $G_1 - G_0 > 18$ 时,也就是只有当薄曲女士在获得优惠券后比没有优惠券在蔬菜上要多消费18元时,优惠券策略才算是个好的策略。当然,沃尔玛的管理者会预计大多数的消费者在得到优惠券后都会增加18元的蔬菜消费。从中我们可以看到企业的管理者除了采取广告和价格策略之外,还有其他一系列的策略可以用来改变消费者的购物选择。

另一个影响消费者预算约束的策略是商品购买数量优惠。假如,薄曲女士到超市中的面包部购物。购买一个面包的价格是0.5元,购买半打面包的价格是2元,购买一打面包的价格是3元。假定薄曲计划花4元用来购买面包和其他商品。如果每个单位其他商品的价格是1元。那么,如果她买1个面包的话,就会剩下3.5元用于购买其他的商品;如果她买2个面包,就会有3元用于购买其他商品。但是,如果她4个面包分开买,即在面包上花2元,另外的2元用于购买其他商品。当然,她也可以一次花2元购买半打面包。如果购买商品的数量多要好于少的话(即购买面包的边际效用是正的),她会选择购买半打面包,而不会去选择购买4个或5个面包。如果薄曲女士想要得到7个面包,她应该花2元一次性购买半打面包;然后,再花0.5元单独买1个面包;这样她还剩下1.5元用于购买其他商品。如果她想买8个面包的话,就应该用3元买一打面包。她也可以花2元买6个面包,再分别花0.5元购买第7个和第8个面包,或者她也可以花3元一次性购买1打面包。这样的话,她从来不用去买第8、第9、第10或第11个面包了。那么,她的预算线就变成了图4.13中的阶梯形状。

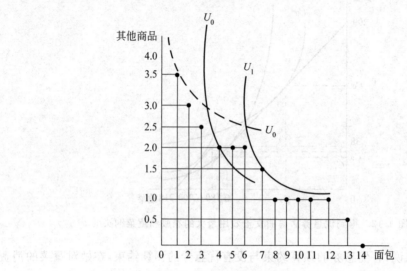

图4.13 薄曲女士获得效用最大化时面包和其他商品的购买

价格策略究竟能够产生什么影响呢?卖出半打面包只收取2元,这使得每个面包的价格下降到0.33元;而一打面包只卖3元使得面包的价格降为每个0.25元。那么,为什么管理者要采取这样的降价策略呢?也许是因为面包的边际效用递减。消费者愿意为购买第1个面包支付较高的价格。但是,由于面包会令人饱腹和发胖,随着面包的边际效用减少,管理者必须通过降价来吸引消费者增加购买。

如果面包的价格总是每个0.5元,薄曲女士的预算线将与图中表示面包轴上的8个面包处相交。当面包店采取了购买产品数量优惠策略之后,薄曲的预算线将与横轴表示14个面包处相交。如果她的无差异曲线是虚线的话,那么数量优惠策略就不会对薄曲的购买行为产生任何影响;但是,如果她的无差异曲线是实线,这将诱使薄曲购买面包的数量从4个增加到7个,同时效用水平从U_0增加到U_1。从而,不论是消费者还是企业管理者都会从该购买数量优惠的策略中获益。

每当遇到商品采取购买数量优惠策略时,你都会面临这样的情况。记住当你下次遇到这样的情况,想想这种价格策略是否改变了你的购买行为。

我们也可以用预算线的移动来解释为什么大多数人会更喜欢现金而不是礼品(除非消费者需要的恰好就是这个礼品)。每逢节假日,消费者都会作出决定为家人和朋友选择什么样的礼品。假定薄曲女士面对的预算约束为I_0时,她会购买A_0单位的其他物品和G_0单位的礼品,从中获得最大效用U_0。令其他物品的单价P_A为1。假定她的婆婆在节日里送给她另外一件礼品,对她来说这件礼物的边际效用值是正的,那么在得到节日礼品后薄曲女士的效用一定是会增加的。因此,对婆婆而言,她送的礼品是成功的。但是对于薄曲女士来说情况是怎样的呢?让我们全面地分析一下图4.14中所描述的情况。

收到婆婆的礼品后,如果薄曲女士的效用水平提高到由虚线表示的无差异曲线,那么

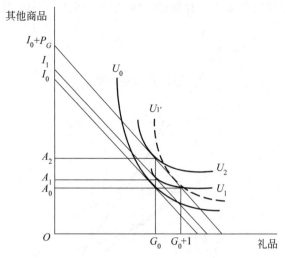

图 4.14　薄曲女士接收礼品后的消费情况分析

她将获得 A_0 单位的其他商品和 G_0+1 单位的礼品,并获得效用的最大化 $U_{1'}$。如果婆婆花费 P_G 数量的钱购买礼品,这是最理想的状态,因为这刚好使得薄曲的效用达到最大。此时,婆婆会从薄曲对礼品的满意中得到满足,薄曲从婆婆的礼品中得到更多的效用。当然,如果我们送给别人的所有礼品都能达到这样的效果,那是一种最理想的状态。可不幸的是,在很多情况下,我们所遇到的情况是像图中的由实线表示的无差异曲线(U_1 和 U_2)。在此我们可以声明两点:第一,如果婆婆送礼品的目的是使得薄曲女士的效用水平达到 U_1,那么她可以花较少的钱($I_1 < I_0 + P_G$)实现这一目的。比如,婆婆可以不用给薄曲送任何礼品,而只购买 $A_1 - A_0$ 单位的其他商品。如果薄曲女士得到 A_1 单位的其他商品和 G_0 单位的礼品,她会得到与礼品相同的效用水平。一般来说,从效用角度来说,赠送礼品不必要地支付了更多的费用;第二,如果婆婆给薄曲女士与礼品同价的现金(P_G),那么薄曲的预算线会向外移动到 $I_0 + P_G$,为了获得最大效用,她会购买 A_2 单位的其他商品和 G_0 单位的礼品。也就是说,如果购买礼品的费用与送现金是等值的话,赠送现金可以使薄曲的效用水平提高到 U_2,大于薄曲从收到的礼品中获得的效用 U_1。因此,赠送现金与赠送礼品相比,婆婆可以少花钱,通过选择给薄曲女士购买更多其他的商品,即可使得薄曲获得同样水平的效用,或者说,通过赠送给薄曲与礼品等价的现金,可以使薄曲获得更高的效用。

4.9　推导消费者个人需求曲线

消费者的个人需求曲线表示当收入和其他商品的价格保持不变时,对应某种商品不同价格水平下,消费者购买该商品的数量。需求曲线能够反映消费者真实的购买行为。下面,我们仍以消费者薄曲女士为例来讨论消费者个人的需求曲线。

假设薄曲女士可以选择购买两种商品:食品和衣服。她每个星期的收入是 600 元,每件衣服的价格是 60 元。图 4.15 中的 1 号曲线显示当食品的价格是每斤 3 元时,薄曲女士的预算线。正如我们在图 4.7 看到的一样,她每周会购买 100 斤的食品。

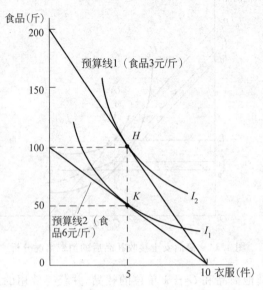

图 4.15 价格变化对薄曲女士市场均衡的影响

当食品的价格涨到每斤 6 元时,薄曲女士会如何选择这两种产品呢?当收入和衣服的价格保持不变,她的预算线就会变成 4.13 中的 2 号曲线。她可以从最高水平的无差异曲线 I_1 上获得最大效用,这时她会选择商品组合 K 点,即购买 50 斤的食品。也就是说,当食品的价格是每斤 6 元,薄曲女士每周会选择购买 50 斤的食品。

战略案例分析 4.3

利用无差异曲线分析休息与工作时间的选择

薄曲女士自己想做点生意,同时还要承担料理家务。随着生意的不断扩大,她每天需要 18～20 小时的时间用在工作上。当然,她知道照顾孩子也需要花费同样的时间。那么,她应该怎么做呢?如何把自己的时间在生意(或工作)与照顾孩子(闲暇)之间进行分配呢?与前边讲到的资金预算约束不同,那时我们主要考虑的是个人收入的约束。现在,时间的约束同样重要的:不管富人还是穷人我们每天都只有 24 个小时。薄曲的时间约束方程可写成 $H_w + H_L = 24$,式中 H_w 是工作时间,H_L 是闲暇时间。我们可以将工作时间表示为 $H_w = 24 - H_L$。

假设薄曲工作每小时得到的工资是 W。我们采用估计收入的方法来估计时间预算的约束。薄曲的效用(满意水平)是收入(I)和闲暇(L)两个变量的函数:$U = U(I, L)$。作为一个购买决定,她必须在两者之间作出选择。对于一个给定的收入水平,她希望获得更多的闲暇时间。对于给定的闲暇时间,她希望能够得到更多的收入。她的无差异曲线是向下倾斜并凸向原点的正常形态[①]。

薄曲的收入等于她每小时的工资乘以工作的时间：$W \times (24 - H_L) = 24W - WH_L$。

我们假定时间就是金钱，并采取预算约束的形式来表示。如果她选择全部的时间用来工作，闲暇的时间为 0，即 $H_w = 24$ 且 $H_L = 0$，收入是 $24W$。如果她选择所有的时间都用作闲暇，而不做任何工作，那么 $H_w = 0, H_L = 24$，她的收入则为 0。她的效用最大化行为如图 4.16 所示。

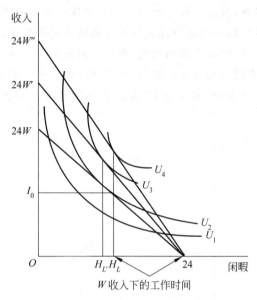

图 4.16　薄曲面临的工作时间和闲暇时间之间的取舍

她时间约束的斜率是 $-W = -24W/24$；即市场将会为她每小时的工作支付 W（或者说当她选择一个小时的闲暇时间，就放弃了收入 W）。那么，无差异曲线的斜率是

$$\frac{-\Delta I}{\Delta L} = \left(\frac{-\Delta I}{\Delta L}\right)\left(\frac{\Delta U}{\Delta U}\right) = -\left(\frac{\Delta U}{\Delta L}\right) \bigg/ \left(\frac{\Delta U}{\Delta I}\right) = -\frac{MU_L}{MU_I}$$

或用更完美的表示，

$$-\frac{MU_L}{MU_I} = -\left(\frac{\mathrm{d}U}{\mathrm{d}L}\right) \bigg/ \left(\frac{\mathrm{d}U}{\mathrm{d}L}\right)$$

我们估计薄曲的无差异曲线的斜率为 $\frac{MU_L}{MU_I} = W$，使其等于预算约束线的斜率。也就是说，她的最佳工作时间的选择是基于闲暇对收入的替代率刚好等于工资率。通过改变工资率（比如工资率从 W 增加到 W'），我们可以估计薄曲是怎样改变她的闲暇需求的（在这种情况下她选择较少的闲暇时间 $H_{L'} < H_L$，来换取更多的收入）。我们可以通过改变工资率来建立薄曲的劳动供给曲线。但是，我们要知道如果付给薄曲的工资太高，她可能会选择减少工作的时间，因为她会感觉用较少的工作时间即可挣得令其生活舒适的收

[①] Bruce W. Allen, Neil A. Doherty, Keith Weigelt, Edwin Mansfield. Managerial Economics Theory, Applications, and Cases, Seventh Edition. W. W. Norton & Company, Inc., 2009, pp. 80-81.

入,所以她可能会选择花较多的闲暇时间和家人在一起,从而减少她的劳动供给。如果工资率增加到 W''',薄曲将会把她的工作时间减少到 $24-H_L$。图 4.16 为薄曲面临的工作时间和闲暇时间之间的取舍。

至此,我们已经找到了薄曲女士食品需求曲线上的两个点:一点是当每斤食品的价格为 3 元时所对应的需求,另一点是当食品的价格为每斤 6 元时所对应的需求。图 4.17 给出了这两个点,分别为 U 和 V。为了得到薄曲的需求曲线上更多的点,我们可以假设更多不同的食品价格水平,对应于每一个价格水平会有一个相应的预算线(令她的收入水平和衣服的价格保持不变),然后在所能达到的最高的无差异曲线上确定一个商品购买组合,划出与该价格相对应的食品需求的数量,即可得到薄曲的食品需求曲线上另一个新的点。在图 4.17 中将所有这些点连接起来,我们就得到了一条完整的薄曲女士对食品的需求曲线。(在我们的讨论中,假定衣服的消费保持不变。当然,并不需要非得是这样的。)

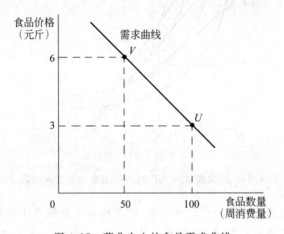

图 4.17 薄曲女士的食品需求曲线

4.10 市场需求曲线

我们刚刚讲述了在给定消费者的偏好、收入和其他商品价格的条件下,如何推导出消费者个人的需求曲线。那么,消费者个人的需求曲线与市场的需求曲线之间存在着什么样的关系呢?

答案是很简单的,市场需求曲线就是将市场中所有消费者个人需求曲线进行水平相加。换句话说,我们把市场中每个个体消费者的需求曲线进行横向加总,就得到了市场的需求曲线。我们知道对应于某种商品的某一个价格水平,市场中每一个消费者会购买该商品的数量可能是不同的,我们把每一个消费者在该价格水平上购买商品的数量进行相加,就得到了该商品的市场需求曲线。

表 4.1 代表米勒、沙凡、车式、库伯四个家庭对食品的需求曲线。为简化起见,我们假设整个食品市场就是由该四个家庭构成的。表 4.1 中的最后一列显示了食品的市场需求曲线。图 4.18 显示了每个家庭的食品需求曲线和整个市场需求曲线。为了进一步说明市场需求曲线的推导过程,假定食品的价格是每斤 3 元;每个月的市场需求量就是 10 300 斤,这刚好是四个家庭食品需求数量的总和。(如表 4.1 所示,103＝51.0＋45.0＋5.0＋2.0)。

表 4.1 食品的个人需求曲线和市场需求曲线

食品价格(元/斤)	个人需求(百斤/月)				市场需求
	米勒	沙凡	车式	库伯	
3.00	51.0	45.0	5.0	2.0	103
3.20	43.0	44.0	4.2	1.8	93
3.40	36.0	43.0	3.4	1.6	84
3.60	30.0	42.0	2.6	1.4	76
3.80	26.0	41.4	2.4	1.2	71
4.00	21.0	41.0	2.0	1.0	65

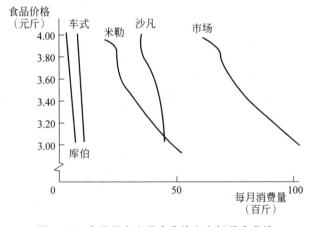

图 4.18 食品的个人需求曲线和市场需求曲线

图 4.18 清楚地说明了在任何一种产品的市场中,需求并不完全是由具有同质性的消费者构成的。一般来说,市场是由具有各种不同品味和偏好的消费者构成的。稍后我们将分析管理者是如何通过消费者偏好的差异,来对某种商品的市场进行细分,并在每一个细分市场上制定不同的价格来进行商品销售。

我们也应该能够理解为什么管理者愿意拓展市场。这是因为随着更多的消费者进入到市场中,将会使得市场需求曲线向右移动。当需求曲线向右侧移动时(供给曲线保持不变),商品的市场价格就会增加。

最后,尽管在市场中由一家企业提供的产品或服务,仅能满足整个市场需求的一部分,但是个体厂商所面临的商品需求曲线并非是整个市场需求曲线平行地缩小。因此,企业管理者仍然具有一定的能力来影响自身产品的市场需求。知道如何去影响消费者购买行为的企业管理者自然要比自己的竞争对手企业在市场上有更加出色的表现。

4.11 消费者剩余

有一点对企业管理者来说是非常重要的,那就是很多消费者是以加价(或溢价)来衡量商品的价值。如图 4.19 所示,消费者愿意为商品支付比市场价格更高的价格。这一点看上去很简单,但对企业管理者能够获得潜在收益方面却是具有十分重要的意义。个人需求曲线描述的是消费者对于给定数量的商品(X),个人愿意支付的价格(P_X)是多少。由于通常的需求曲线都是向下倾斜的(具有负的斜率),该曲线表示消费者对第 $X-1$、$X-2$ 个单位的商品愿意支付的价值 P_{X-1}、P_{X-2} 要比第 X 个单位商品愿意支付的价值要高。消费者主观愿意为某一单位商品支付的价格,被称为保留价格,通常也被叫作支付意愿(WTP)。保留价格是消费者愿意为某一单位的商品或服务所支付的最高价格。也就是说,对于任何一种商品,如果我们把商品的价位定在高于保留价格的水平,那么消费者就不会购买该产品。

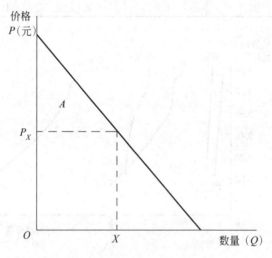

图 4.19 价格为 P_X 的消费者剩余

消费者愿意支付的价格(即保留价格)与实际支付的价格(市场价格)之差叫作消费者剩余。消费者剩余就是从保留价格中减去实际支付的价格的剩余部分。

当市场达到均衡状态时,最后一个购买者(或叫边际消费者)的保留价格刚好等于该商品的市场价格。那么,该消费者得到的消费者剩余就是 0;此时,该单位产品给消费者带来的价值与其实际支付的市场价格相等。但是,处在边际购买者之前的所有其他购买者的保留价格都要大于市场价格,因此他们都获得了消费者剩余,因为他们实际支付的价格小于他们的意愿支付(他们得到了一个划算的交易)。把每个个体消费者剩余相加,就可以测算出在该价格水平下整个市场的消费者剩余。从图 4.19 中可以看到,一种商品的消费者剩余就是价格线以上,需求曲线以下的部分,即为 A 的区域。

我们在后面还将继续介绍类似的生产者剩余概念,那时我们会更多地讨论消费者剩余的问题,以及消费者剩余与生产者剩余的总和构成总剩余等概念问题。经济学家利用这些概念来描绘市场的效率和市场交易的社会福利问题。一般来说,只要某种产品的需求曲线是向下方倾斜的(大多数需求曲线都是这样的),如果厂商将产品的价格定在消费者的保留价格水平,企业就能获得更多的收入。厂商也可以通过对具有较高保留价格的消费者收取较高的价格来增加收入,厂商的这种行为被叫作价格歧视。与单一的价格策略相比较,价格歧视策略可以把更多的消费者剩余转化为生产者剩余,所以企业能够从中获利。尽管企业对同一产品制定不同价格的做法会受到来自许多方面的限制,如来自法律层面的、实践层面的以及经济层面的各种约束,但价格歧视的做法还是极为普遍的。有关这方面的例子很多,比如航空运输的票价、汽车代理商卖车时与买家进行的讨价还价以及许多商品或服务在交易过程中,卖方采取优惠券和各种折价方式等。在后面的章节中,我们会对这些策略问题进行稍加详细的讨论。

消费者剩余就是图中价格线(P_X)以上,需求曲线以下的部分,如图中 A 区域,这个定义也同样适用于市场需求曲线。

战略分析案例 4.4

风险和回报的权衡

随着印度和中国这样的发展中国家的投资者,从过去单一的储蓄存款账户转变为政府债券账户和股票账户等多样化的投资形式,不论是政府、债券公司还是投资者都开始关注投资者属于哪种风险回报类型。最近在《印度时报》上刊登的一篇文章,讨论了投资者需要了解他们自己属于哪种风险类型的投资者。我们可以用无差异曲线来分析这种风险类型的识别问题。

假定投资者潘杰拥有 100 万元,她需要决定怎样将这笔钱在购买股票和政府债券之间进行投资分配。如果她投资政府债券,她肯定会获得 5% 的回报,没有任何风险。但是,如果她将 100 万元全部投到股票上,可预期得到 10% 的回报,但是要承受较大的风险。如果她将钱投到债券和股票各占二分之一,她的期望回报率是 7.5%,且具有一定的风险。下图中的直线 RT,表示两种投资组合的期望回报与所对应的各种风险水平之间的关系。每个人承受风险的能力是不同的,这是由人的天性决定的。我们可以无差异曲线的形式来分析潘杰女士对风险的承受能力[①]。

我们每个人风险承受的能力不同,并不等于说我们每个人都是很怪异的人。对大多数人来说,无差异曲线都是向右上方倾斜的。具有不同风险偏好的人会采用不同的购买决策(如图 4.20 所示)。

风险无差异曲线是向右上方倾斜的,因为在回报率一定时,潘杰会偏好更小的风险。随着投资风险水平的增加,潘杰需要更高的期望投资回报率来保持自己的风险偏好。因

---

① D. Ghosh. Know Your Appetite for Risk-Taking. The Times of India, April 15, 2008.

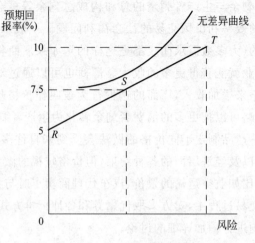

图 4.20　风险和回报的权衡

此,她必须在直线 RT 上选择某个点。位于 RT 线上的点 S 与最高的无差异曲线相切。此时,她的期望投资回报率是 7.5%。因此,她应该购买 50 万元的政府债券和 50 万元的股票。

4.12　本章小结

一条无差异曲线上各个点代表的商品组合对消费者来说是无差异的。如果消费者对两种商品的偏好是多好于少,那么这条无差异曲线一定具有负的斜率。

位于高位置的无差异曲线上的产品组合要比处在低位置的无差异曲线上的产品组合能够给消费者提供更多的效用(或满足)。效用相当于是一个指数,表示消费者从消费某种商品组合中获得的满意程度。具有较高效用的商品组合自然要好于具有较低效用的商品组合。

边际替代率表示在消费者效用(或满意水平)保持不变的情况下,消费者必须放弃多少个单位的一种商品,来换取一个单位的另一种商品。用 −1 乘以无差异曲线的斜率表示边际替代率。

预算线表示在收入水平和价格水平一定的情况下,消费者能够购买各种不同的商品组合的情况。收入增加会使得预算线向右上方移动并与原来的预算线保持平行。商品价格比率发生变化将会改变预算线的斜率。

消费者在给定一条预算线上要获得最大的效用,她必须选择预算线与无差异曲线相切的那个点所对应的商品组合(存在角解的情况除外)。

为了实现效用最大化的市场均衡,消费者必须遵循两种商品的边际替代率等于两种商品的价格比率来分配自己的收入(除非存在角解)。

消费者行为理论经常被用来说明理性选择过程。通常会有一个人或者一个组织要面对花费一定数额的钱,她必须决定如何将这笔钱在不同用途之间进行分配。消费者行为理论告诉我们该如何作出这样的决定。

消费者的需求曲线表示在其他商品的价格和消费者的收入保持不变的情况下,消费者在各种不同的价格水平下对某种商品的购买数量。消费者行为理论可以用来推导消费者需求曲线,市场需求曲线是通过对个人需求曲线进行水平相加获得的。

消费者剩余是消费者对某一商品的意愿支付与在市场上的实际花费之间的差额。一个聪明的管理者应该知道如何设计不同的价格政策,从中捞取部分的消费者剩余。

习题

1. 全球体育运动饮料市场于2008年经历了一个大的变革,低热量的运动饮料消费增长超过了25%。这在很大程度上归因于广大妇女同志热衷于消费低热量的运动饮料。

(1) 如果一位女同志对消费2罐低热量的运动饮料和1罐高热量的运动饮料具有同等的偏好,那么她的无差异曲线(在低热量运动饮料和高热量饮料之间进行选择)会是什么样的形状呢?

(2) 该无差异曲线与一般典型的无差异曲线形状有什么差别吗?为什么?

2. 根据下表给出的信息画出佳阳女士的无差异曲线,用纵轴标出她消费羊肉的数量,横轴标出她消费大米的数量。每一个商品组合给佳阳女士带来同等的效用。

商品组合	羊肉/斤	大米/斤	商品组合	羊肉/斤	大米/斤
1	2	8	5	6	4
2	3	7	6	7	3
3	4	6	7	8	2
4	5	5	8	9	1

3. 在上一个问题中,大米对羊肉的边际替代率是多少?如果佳阳女士增加羊肉的消费,减少大米的消费,大米对羊肉的边际替代率会发生怎样的变化?

4. 假设李德先生每个星期的税后收入是500元,用来购买食品和衣服。如果食品的价格是每斤5元,衣服的价格是每件10元。请画出李先生的预算线,用纵轴表示食品的数量,横轴表示衣服的数量。

5. 在上一个问题中,如果李先生每周的收入增加到600元,预算线会发生怎样的变化?如果他的收入是500元,但是食品的价格增长为每斤10元,预算线会发生何种变化?如果他的收入是500元,但是食品的价格上升为每斤20元,预算线又会发生怎样的变化?画出每种情况下的预算线。

6. 马丽有9元用来购买薯条和调味汁两种商品。她喜欢同时消费1个单位的薯条和1个单位的调味汁,即将二者按1:1的比例进行消费。如果薯条的价格是每单位50分,调味汁的价格是每单位10分,那么每种商品她各应该购买多少?

7. 下图给出了贾恩的无差异曲线和预算线。请回答下列问题:

(1) 如果 X 商品的价格是 100 元,贾恩收入是多少?
(2) 写出他的预算线方程。
(3) 给出预算线的斜率。
(4) Y 商品的价格是多少?
(5) 处在市场均衡状态时,贾恩的边际替代率是多少?

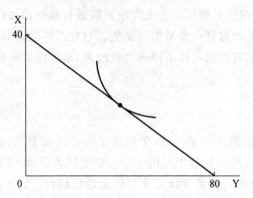

8. 萨沙想用 300 元购买歌剧门票和电影门票。歌剧门票的价格是每张 60 元,电影门票的价格是每张 6 元。不论她选择购买什么样的两种门票组合,她的歌剧门票对电影门票的边际替代率都等于 5。她将会购买多少张歌剧门票呢?

9. 假设耿乐花 50 元购买玉米和大豆。大豆的价格是每斤 0.5 元。如果 $U = \log Q_c + 4\log Q_b$,U 代表他的效用,Q_c 代表他消费玉米的数量(单位斤),Q_b 代表他消费大豆的数量(单位斤),那么玉米的价格和玉米的购买数量之间将是什么关系?

10. 2000 年辽宁省获得了 30 亿元的资金(来自中央拨款和税收)用来投资建设沈大高速公路和沈阳市公共交通(地铁、公交、城际铁路),以改善省内的交通状况。

(1) 如果修建每公里公共交通道路需要花费 2 000 万元,30 亿元的资金最多能够建设多少千米的公共交通道路?

(2) 如果修建每千米高速公路的花费是 1 000 万元,这些财政资金最多能够建设多少千米的高速公路?

(3) 如果用纵轴表示修建公共交通道路千米数,横轴表示高速公路建设的千米数,请画出预算线(给定高速公路建设的千米数,说明公共交通建设的最大千米数)。预算线的斜率是多少?

(4) 如果额外增加修建 1 千米的公共道路带来的运输能力的提高是额外增加修建 1 千米高速公路提高运输能力的 3 倍。那么,以最大化运输能力为目标,30 亿元中将会有多少应该用在修建公共交通?

第 5 章 需求弹性

学习目标

学完本章之后,读者应该能够:
- 定义和计算弹性;
- 掌握价格弹性、交叉弹性以及收入弹性的概念;
- 理解弹性的决定因素;
- 说明弹性是如何影响收入的。

5.1 弹性的经济概念

在第 3 章中,我们学习了需求的相关知识,并且讨论了沿着同一条需求曲线上下的移动(比如需求量的变化)。需求曲线是向右下方倾斜的,这当然意味着,产品(或服务)价格越低,对应的消费需求的数量越大。现在,我们进一步讨论随着价格变化需求量变化的灵敏度问题。这个灵敏度是用百分比的形式来衡量的,即所谓的需求价格弹性。当企业决定降低产品销售价格为了更好地与其他商家竞争时要运用需求价格弹性这个概念。但是,本章重点讨论的需求价格弹性仅仅是众多弹性的一种,其他还包括收入弹性、交叉弹性以及供给弹性。

一般来说,我们可以将弹性定义为两个变量之间变化的百分比关系,即一个变量的百分比变化相对于另一个变量的百分比变化。概括地讲,我们用一个变量变化的百分比除以另一个变量变化的百分比:

$$\text{弹性系数} = \frac{A \text{变化的百分比}}{B \text{变化的百分比}}$$

相除的结果就是弹性系数。然后,我们需要对此系数进行解释,并确定变量变化的影响。弹性系数的大小、符号所反映的意义(系数可能表示正相关或者负相关)正是本章其余部分的分析重点。首先,让我们谈谈最常见的需求价格弹性。

5.2 需求价格弹性

当企业管理者考虑通过降低产品价格来抵御新的产品市场竞争对手时,他就正在考虑需求价格弹性问题。他在思考通过降低产品价格能否提高企业产品的销量,企业的总收入能否增加。

当我们谈论需求价格弹性时,我们考虑的是由产品价格变动所引起的需求量变化的敏感程度。因此,这个概念描述的是在生产者(或经销商)控制范围内的行为。稍后讨论的其他弹性代表的情况不在生产者的控制范围内,但是可能会引起生产者采取其他行动来应对这些弹性的变化。

需求价格弹性是指由于价格变化百分之一所引起需求量变化的百分比。下面,让我们从数学的角度来分析这个概念。我们可以将"需求量变化的百分比"写成一个数学表达式,具体如下:

$$\frac{\Delta 需求量}{初始的需求量} \quad (式5.1)$$

其中,Δ 代表一个绝对的变化量。该弹性系数中的"价格变化的百分比"可以表示如下:

$$\frac{\Delta 价格}{初始的价格} \quad (式5.2)$$

用(式5.1)除以(式5.2),我们得出价格需求弹性的表达式:

$$\frac{\Delta 需求量}{初始的需求量} \div \frac{\Delta 价格}{初始的价格} = \frac{\Delta 需求量的百分比}{\Delta 价格的百分比}$$

这是最常见的表达式。现在,我们来看看现实中弹性的计算过程。以下就描述了两种计算需求价格弹性的方法。

5.2.1 价格弹性的计算

首先我们介绍弧弹性,它是众多经济学教科书中经常介绍的方法。其计算公式如下:

$$E_p = \frac{Q_2 - Q_1}{(Q_1 + Q_2)/2} \div \frac{P_2 - P_1}{(P_1 + P_2)/2}$$

其中,E_p = 弧价格弹性系数;

Q_1 = 最初的需求量;

Q_2 = 最终的需求量;

P_1 = 最初的价格;

P_2 = 最终的价格。

该系数的分子$(Q_2 - Q_1)/[(Q_1 + Q_2)/2]$,代表需求量变化的百分比,分母$(P_2 - P_1)/[(P_1 + P_2)/2]$,代表价格变化的百分比。

需要注意的是,所谓价格需求弹性是指每个变量的变化值除以各自变化的平均值。例如,如果产品的价格从11元上升到12元,导致需求量从7个单位下降到6个单位,根据公式可以计算出此时的价格弹性系数:

$$E_p = \frac{6-7}{(7+6)/2} \div \frac{12-11}{(11+12)/2} = \frac{-1}{6.5} \div \frac{1}{11.5} = \frac{-1}{6.5} \times \frac{11.5}{1} = \frac{-11.5}{6.5} = -1.77$$

在弧弹性公式中,我们可以清楚地理解采用最初和最终值的平均值的原因。如果我们使用最初值,该系数将变为:

$$E_p = \frac{6-7}{7} \div \frac{12-11}{11} = \frac{-1}{7} \div \frac{1}{11} = \frac{-1}{7} \times \frac{11}{1} = \frac{-11}{7} = -1.57$$

然而,假如价格从 12 元下降到 11 元,引起需求量从 6 个单位上升到 7 个单位。此时,如果取最初值来计算的话,得到的弹性系数变为－2(读者可以自行计算)。因此,相同单位的价格和需求量的变动会得到不同的弹性值,这主要取决于价格是上升还是下降。而采用最初和最终值的平均值,我们可以避免这种不确定性,因为不管价格是上升还是下降,所得的价格弹性系数都是一样的。

弹性不确定性的另一个来源,主要产生于价格和需求量发生不同幅度变化时的弹性计算。例如,假设前面分析中所提供的价格和需求量均取自表 5.1。

表 5.1 假设的需求计划表

价格/元	18	17	16	15	14	13	12	11	10	9	8	7	6	5
需求量	0	1	2	3	4	5	6	7	8	9	10	11	12	13

表中的数字表现出需求量和价格之间的线性关系,即价格每变化 1 元,对应需求量变化也是 1 个单位。假如我们计算价格从 12 元下降到 10 元的弧弹性,而不是 12 元下降到 11 元。根据公式计算如下:

$$E_p = \frac{6-8}{(8+6)/2} \div \frac{12-10}{(10+12)/2} = \frac{-2}{7} \div \frac{2}{11} = \frac{-2}{7} \times \frac{11}{2} = \frac{-22}{14} = -1.57$$

值得注意的是,所得的这个系数跟前面计算得到的值不一样。事实上,对于任何给定的价格,弧弹性系数将取决于价格变动的幅度。

为了避免在弧弹性公式使用中存在的计算结果的不一致性,经济学家建议采用点弹性,即计算弹性系数的第二种方法。点弹性的计算公式表示如下(我们使用希腊字母 ε 来表示点弹性):

$$\varepsilon p = \frac{dQ}{dP} \times \frac{P_1}{Q_1}$$

为了计算点弹性,我们使用经济学家最喜欢的数学工具——导数。熟悉初等微积分的读者,会很容易理解这个表达式。它的关键在于通过假设价格和需求量在给定的水平周围变化很小(实际上,微积分中的变化也是"极小的"),我们能有效地解决基于不同变化量弹性的计算问题。

为了找出 Q 对 P 的导数 $\left(\frac{dQ}{dP}\right)$,我们需要得到需求方程式。从表 5.1 得到的需求方程为 $Q=18-P$。在这个方程式中,Q 对 P 的导数为－1。因此,在当 $P=12$ 元,$Q=6$ 个单位时的点弹性系数为:

$$\varepsilon p = -1 \times \frac{12}{6} = -2$$

事实上,只要需求方程是线性,对于价格 P 的一阶导数都是常数,因而关于点弹性的计算公式都是很简单的。从实践角度看,没有必要运用微积分来计算线性需求函数的点弹性。一阶导数 $\frac{dQ}{dP}$ 等于需求曲线的斜率,$\frac{\Delta Q}{\Delta P}$。因此,线性需求函数的点弹性能够被表示为：

$$\varepsilon p = \frac{\Delta Q}{\Delta P} \times \frac{P_1}{Q_1}$$

当然，在需求曲线不是线性时，必须运用微积分来计算点弹性。举个例子，考虑下面的这个需求曲线。

$$Q = 100 - P^2$$

当 $P_1=5$ 时，$Q=75$。则点弹性为：

$$\varepsilon p = -2p \times \frac{5}{75} = -2(5) \times \frac{5}{75} = -\frac{50}{75} = -0.67$$

虽然线性的需求曲线弹性计算非常方便，但现实中的需求曲线的形状可能是不尽相同的。在前面的例证中，价格下降导致数量增加较小。这种需求曲线呈现出凹形状。相反的，需求曲线还可能是凸形的，例如，曲线方程为 $Q=\frac{10}{P^2}$。这种需求曲线表示一些产品数量的购买是在非常高的价格下发生的。在这个情况下，需求曲线在接近价格轴时几乎是一条垂直线。

到现在，我们讨论了线性和非线性的需求曲线在沿着曲线移动时弹性的变化情况。但是，我们可能遇到另外一种需求曲线，其弹性在相关范围内是一个常数。比如，由下面的方程代表的需求曲线：

$$Q = aP^{-b}$$

式中 a 是一个常数，$-b$ 代表的是弹性系数。这种非线性等式可以通过求其对数转化为线性方程：

$$\log Q = \log a - b(\log P)$$

这个需求曲线在对两边取对数后就变成了一条直线，并且它的弹性为$(-b)$，该需求曲线上任一点的需求弹性是相同的，都是$(-b)$。例如，给定需求方程 $Q=100P^{-1.7}$，从这个方程中，我们能够计算出需求计划表，如表5.2所示。

表5.2 需求计划表

需求量	10	12.5	15	17.5	20	22.5	25	27.5	30
价格	3.875	3.398	3.052	2.788	2.577	2.405	2.260	2.137	2.030

图5.1中的两个图描述了这个需求曲线。图5.1(a)表示的是正常数值单位，图5.1(b)是转化为对数后的数值单位，转化后的需求曲线表现为一条直线，象征着这个弹性值是固定的。

点弹性的概念以及微积分的运用，对我们讨论需求方程估计是非常重要的。但是，离散变化和弧弹性系数计算在实际工作中是经常遇到的。一些企业管理者可能不熟悉微积分，但这并不会减少他们的商业运作的直觉。在实际工作中管理经常碰到这样的问题：减少价格某一个离散的量（如，一个确定的多少钱），产品的销售量会增加多少。弧弹性非常适合用来解决这个问题。

但是，我们必须认识到，在实际的商业环境下，弹性的影响也许是用简单的百分率来

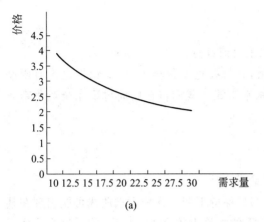
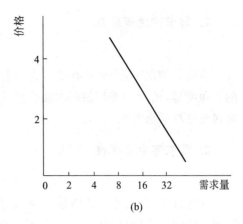

(a) (b)

图 5.1 不变弹性

计算的,即以初始价格和需求量作为基础数据。例如,一个企业管理者可能说,预计价格下降 10%可能导致销量提高 20%,说明弹性为－2;再如,价格从 10 元减少到 9 元,可能使销量从 1 000 上升到 1 200 个单位。这当然意味着当价格从 9 元提高到 10 元(增加 11.1%)将使得需求量从 1 200 下降到 1 000 个单位(下降 16.7%)。在这个例子中的弹性是－1.5。这种不对称导致了前面讨论的问题,而这种问题可运用弧弹性计算来解决。但是,在现实弹性计算中,我们必须理解,沿着需求曲线向下的移动计算弹性结果未必和沿着需求曲线向上移动计算弹性的结果是一样的。更重要的是,我们应该记住数学计算上的精确性未必是最重要的。在管理者进行决策时,最重要的还是要看价格的减少能否提高足够的更多的销量来改善企业的利润。

经济学把需求价格弹性划分为下面三种。

1. 相对有弹性

$$E_p > 1 \quad (\text{以绝对值计算})$$

这种情况发生在当价格变化 1%导致需求量的变化大于 1%,前面计算的弹性系数为 1.77 就是一个相对需求有弹性的例子。

2. 相对缺乏弹性

$$0 < E_p < 1 \quad (\text{以绝对值计算})$$

这里,价格的百分比变化大于相应的需求量的百分比变化。例如,表 5.1 中当价格从 8 元降低到 7 元时,需求量从 10 上升到了 11,弹性系数为 0.71。

3. 单一弹性

$$E_p = 1 \quad (\text{以绝对值计算})$$

一个百分比的价格变化导致需求量反方向的一个百分比的变化。

这是三个常用的需求弹性测定。另外,还存在两个极端条件下的弹性测定。

1. 需求完全有弹性

$$E_p = \infty \quad \text{（以绝对值计算）}$$

在这种情况下,产品只有唯一的一个价格,并且在这个价格下,产品销量是没有限制的。很明显,$E_p = \infty$ 类型的需求曲线是一条水平直线。我们将在后面讨论完全竞争市场时讨论这种需求曲线。

2. 需求完全无弹性

$$E_p = 0 \quad \text{（以绝对值计算）}$$

在这种情况下,不管价格是多少,需求量都是保持不变。这种需求曲线可能出现在某种产品的特殊的价格范围之内。以盐为例,今天的盐价大约是 44 分/斤,如果这个价格上升至 54 分/斤(一个显著的上升比例),或者下降至 34 分/斤(一个显著的下降比例),那么盐的消费量的变化是值得怀疑的。

这两种极端情况虽然可能出现在某些特定的条件下,但几乎不会在现实生活中观察到。但是,这两种情况仍然是值得每个经济专业的学生很好的理解。

5.2.2 弹性的决定因素

既然我们已经解释了什么叫作弹性,那么我们来看一下为何某些产品和服务具有需求弹性而其他一些产品及服务却是缺乏需求弹性。换句话说,是什么因素决定了弹性？在我们探讨这个问题时,我们必须注意的是,对于某一特定产品,它的需求弹性可能会因其价格的变化而发生变动。因此,尽管食盐在目前的市场价格下其需求弹性很低(可能为 0),但是当食盐的市场价格达到 5 元/斤或 10 元/斤时,它的需求弹性可能就不会那么低了。

人们通常说：对于必需品的需求是缺乏弹性的,而对奢侈品的需求恰恰相反。例如,毛皮、珍珠和昂贵汽车的需求弹性可能远高于牛奶、鞋和电的需求弹性。这是多数人常用的经验法则。

不幸的是,这种奢侈品与必需品的二分法是模糊的。昂贵的汽车需求可能是具有弹性的,但是如果我们考虑的对象是奔驰汽车,我们可能会发现,在现行的价格范围内,几千元的价格涨跌对于这种特殊汽车的市场消费者需求影响甚微。造成这种不一致的原因是很简单的：一个人的奢侈品是另一个人的必需品。

图 5.2 给出了影响需求弹性的几个重要因素,在接下来我们将讨论这些因素。

■ 替代品的可获得性
■ 总支出的比例
■ 产品耐用性
　■ 推迟购买的可能性
　■ 维修的可能性
　■ 旧产品市场
■ 周期长度

图 5.2 需求弹性的影响因素

影响弹性最重要的因素可能是替代品的可获得性。这个论点包括两个方面：如果一种产品有很多好的替代品，则这种产品的需求弹性会很高；相反，如果某种商品是其他多种商品很好的替代品，则这种商品的需求弹性将会很高。一种商品的定义范围越广，它的价格弹性就会越低，因为存在替代品的可能会比较小。举例来说，普通啤酒或面包的需求弹性倾向于比特别的名牌啤酒或白色面包的需求弹性小。普通面包的替代品相对于白色面包，尤其是某种特别的名牌面包的替代品要少。如果普通面包的价格上涨，我们可能会消费较少的面包。然而，如果A品牌的白色面包价格上涨，其他品牌的白色面包价格不变，那么我们会发现品牌A的白色面包需求量会明显下降，因为消费者将转而购买其他品牌的白色面包。

李先生在莲花乡开的便利店曾是该乡里唯一的一个店铺，李先生经营的一个主要产品是果子橙饮料。前些日子，全乡附近只有李先生开的一家店铺。但是，近来附近成立了几家新的杂货店，店主们也经营各种饮料产品。现在，顾客可以更加方便地买到各种饮料。因为李先生和他临近的杂货店主销售类似的饮料，产品的替代效果很强。

另一个弹性的主要决定因素是产品的花费占收入的比例。这里我们回到盐的例子。盐的需求弹性低的原因主要是每个消费单位(个人、家庭等)用于购买盐的支出占其总收入的比例极小。即使价格大幅度上涨(例如，从44分/斤上升到54分/斤)，它对盐的消费需求影响仍然很小。

对典型的个人或者家庭而言，软饮料的支出占收入的比例要大于食盐支出所占的比例。但是，在大多数情况下，汽水的开支只能占一个家庭收入的很小部分。因此，我们不能期望汽水价格的变化能很显著地影响汽水需求量的变化。尽管如此，在那些要消耗大量软饮料的家庭中，价格的变化可能会对汽水的需求量产生一些影响，但这种影响需要在价格发生较大幅度变动时才会显现出来。

然而，对于大型机器设备等产品，情况可能完全不同。对于大多数的家庭，购买洗衣机的费用占收入的比重较大，故价格变动可能对购买产生重要影响。因此，我们预计洗衣机的需求弹性将大大高于盐或软饮料的需求弹性。另外，还有一个可能使洗衣机的需求弹性相对较高的原因。购买一台设备可能会被延缓，因为购买者通常会在购买和维修之间进行选择。面对较高的购买价格时，消费者可能会选择不购买新的设备而是选择继续使用修理的旧设备。

尽管有新的店铺进入李先生的市场，但市场的地理位置是限制在一个相对较小的局部区域。随着市场的扩大，会有越来越多的产品替代成为可能。随着交通和通信技术的进步和成本的下降，市场规模在不断扩大。因此，极具竞争性的替代品数量逐渐增加。市场不仅在一国境内逐渐扩大，而且还经常会越过国界，从而提出了国际贸易的重要性。虽然运输和通信的进步对扩大市场起到了很大的作用，但促进国家之间更加自由贸易的国际贸易协定正在进一步减少人为造成的各国之间的贸易障碍，包括减少关税和配额等。这种全球性竞争的逐步加剧，无疑增加了企业所面临的各种产品的需求弹性。而消费者则是这种变化趋势的最终受益者。

5.2.3 弹性对价格和需求量的影响

在相当程度上,对供给变化的反映是由需求的价格弹性所决定的。对于那些能在变化的经济环境下及时调整自己的产品和价格的商家来说是相当重要的。除了完全弹性或完全无弹性的情况之外,价格和生产量都将受到影响。每个变量的变化程度是由需求的价格弹性所决定的。

图 5.3 中,我们已经画出了一条需求曲线 D_1,对应的需求方程为 $Q=27-3P$。供给曲线 S_1 的方程为 $Q=-5+5P$。此时,均衡价格是 4 元,数量是 15 个单位(点 1)。如果我们再画一条弹性较大的需求曲线 D_2,需求方程为 $Q=55-10P$,而供给曲线不变,那么均衡点依旧不变,$Q=15,P=4$。现在,如果说供给增加了,供给曲线为 S_2,对应的供给方程为 $Q=0+5P$,此时两个需求曲线与给定的供给曲线的均衡点将不再相同。供给曲线 S_2 和需求曲线 D_1,均衡价格为 3.375 元,数量是 16.875 个单位(点 2)。但是,需求曲线 D_2 的均衡结果是 $P=3.667$ 元,$Q=18.333$(点 3)。弹性较大的需求曲线 D_2 与弹性较小的需求曲线 D_1 相比,在价格下降较小的同时,数量却增加了更多。读者应该用相同的需求曲线,但供给曲线变为 $Q=-10+P$ 来尝试做一下这个练习。在这种情况下,弹性值大的需求曲线将会出现较小的价格增加,较大的数量减少。因此,我们说对于企业管理者来说,对价格变化要有很好的敏感性是相当重要的。在供给发生变化时,如果对提高或是降低产品的价格做了错误的决定,会给企业造成很大的损失。

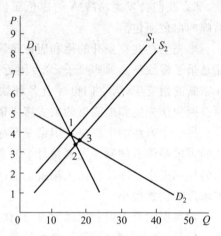

图 5.3 弹性对价格和数量的影响

5.2.4 派生需求弹性

到目前为止,我们已经讨论了最终产品的需求弹性。最终产品,是指消费者购买的产品,如软饮料、洗衣机、盐、面包或啤酒等。

现在,我们将简短地介绍在最终产品的生产过程中对使用的投入要素的需求,例如,原材料、机器、劳动力。我们把企业对这些用于生产最终产品的投入要素的需求叫作派生需求。换句话说,对这些投入要素的需求不是为了满足直接消费的需要,而是为了满足生产市场最终需要的产品。

著名英国经济学家阿尔弗雷德·马歇尔描述了决定控制派生需求曲线弹性的四个原则。根据 Marshall,派生需求曲线将会更缺乏弹性。

(1) 问题中所考虑的因素更重要。

(2) 最终产品的需求曲线更缺乏弹性。

(3) 花在该因素的成本占总成本的比例很小。

(4) 协同因素的供给曲线更缺乏弹性。

可用一个例子来说明这个概念。让我们考虑住房需求和在房屋建筑过程中对劳动力投入、电工的派生需求。毕竟，房地产开发商对电工的需求不是直接从中受益，而是房屋建筑的需求。很可能 Marshall 的所有原则都可以在该例子中得以运用，但是其中两个原理是相当重要的。第一，没有电工是不能建造一个完整的房子；第二，使用电工的成本仅占所有建筑房屋总成本的一小部分。

假设由于电工的需求增加导致电工工资的大幅度上涨，承包者可设法减少一些电力工程方面的作业，但是大多数电力作业还是要做的。因此，雇用电工的人数将不会明显减少。这意味着电工的需求弹性是低的。试想电工的作业成本占总房屋建筑总成本的 10%（这个成本很可能有些夸张）。电工的工资增加 10%代表建筑工程的总成本增加 1%。这个总成本小幅度的增加不会引起房屋价格的上升，因而也就不会对电工就业产生明显的影响。如果我们考虑这样一个可能性，即房子的需求稍微缺乏弹性，那么协同要素的供给弹性会更低，所以我们可以得出结论，电工的需求弹性也就相应地低了。

这些总结是针对短期的情况，而不是长期的情况。在短期内，雇用电工的人数不会明显下降。但是随着时间拉长，不论是生产方面还是消费方面，人们会逐渐发现这种昂贵投入要素的替代品，从而使得需求弹性提高。

5.2.5　长期和短期需求弹性

长期需求曲线一般会比短期需求曲线更具弹性。"短期理论"被定义为，消费者不能对价格变动作出充分的调整。在最短的时间里，几乎不可能做出任何调整，此时的需求曲线可能是完全缺乏弹性的。随着时间的延长，消费者通过利用替代品来应对价格变化（如果产品价格增加）。用其他产品替代提高价格的产品，或者通过改变消费习惯调整原来消费的产品。

一个好的例子是关于能源成本的。1970 年当油价上涨时，短时间内消费者的反应并不是很大。但是，随着时间的推移，消费者逐渐开始调整石油的消费，不论是在家里还是在工作，他们使自己适应在较低温度下进行生活和工作。他们开始在室内穿更多的衣服。（会导致毛衣需求上升吗？）通过一段较长的时间后，消费者在家里将燃油取暖改为气体取暖了。不仅居民自己对房子的取暖系统进行了改造，而且更多的新建房屋开始直接安装气体取暖设施。另外，转售房屋的业主也在售房广告上商登出所售房子是气体供暖的信息，以吸引潜在的买家，天然气供暖的房子会额外加价。我们怎样用需求曲线图来分析这个现象呢？

我们可以用一系列短期需求曲线和长期需求曲线相交的点来阐述短期和长期之间的关系，就像图 5.4 表示的那样。每一个短期需求曲线（D_{S_1} 到 D_{S_5}）都是缺乏弹性的。假

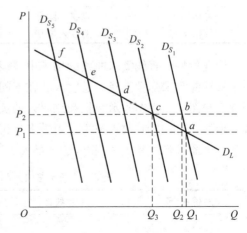

图 5.4　比较短期和长期需求弹性

设我们从 a 点开始讨论,在该点价格是 P_1 数量是 Q_1。如果价格上升到 P_2,短期内消费者将降低需求数量到点 b,数量为 Q_2,数量上略有不同。随着时间的拉长,在消费者开始试用替代品,出现新的短期需求曲线 D_{S_2},需求到达点 c,数量是 Q_3,表明需求量呈现较大幅度的下降。因此,我们连接 a 点和点 c 来解释长期需求数量的变化。然后,对于不断增长的价格,我们逐步建立新的短期需求曲线,如 D_{S_3}、D_{S_4} 和 D_{S_5},从而得到点 d、e 和 f,将这些点连接起来就构成了一条长期需求曲线。

换句话说,短期内价格的改变,增加或减少只是引起需求数量发生较小的变化,沿着短期需求曲线上下变动。但是,随着时间延长,需求就会从一条短期需求曲线调整到另一条短期需求曲线,从而一个长期需求曲线就逐渐形成了。从每一条短期曲线上的点形成的长期需求曲线很明显是更加具有弹性的。

5.2.6 需求弹性和收入

需求弹性本身是一个颇为有趣的概念。但是,如果只是把它理解成价格对应需求量的变化,那也许会低估了它的重要性。在定价决策中,需求弹性对任何一个经营者来说是极其重要的。

价格需求弹性与收入之间有着紧密的联系。当其他因素保持不变的情况下,价格的下降会减少收入。但是,由于需求曲线是向下倾斜的,价格的降低会增加购买的数量,这样也可能会增加收入。那么,两个可能性哪一个会更大决定不同的结果?记住:弹性被定义为需求量变动的百分比/价格变动的百分比。如果分子比较大(按绝对值计算,这个比值将会比 1 大),说明数量的变化相对于价格的变化要大。

是什么带来收入?如果价格降低百分比小于数量增加的百分比量,收入将会增加。我们把弹性与总收入之间的关系总结在表 5.3 中。

表 5.3 价格弹性和总收入之间的关系

	需求		
	有弹性	单一弹性	无弹性
价格增加	总收入降低	收入不变	总收入增加
价格下降	总收入增加	收入不变	总收入降低

让我们回到直线需求曲线的例子中,看看收入会发生什么变化。当沿着需求曲线向右下移动时需求弹性下降。总收入和在不同价格区间的弹性计算结果被列在表 5.4 中。图 5.5 和图 5.6 用图表示弹性和总收入的关系。很明显,当需求是有弹性时,价格下降,收入增加;价格增加,收入减少。当需求是无弹性时,价格下降,收入下降,价格增加,收入增加。当需求弹性是 1 时,收入达到最大。

表 5.4 表示总收入和弹性之间关系的需求表

(P)价格/元	(Q)数量	弧弹性	(TR)总收入/元
18	0	—	0
17	1	−35.0	17

续表

（P）价格/元	（Q）数量	弧弹性	（TR）总收入/元
16	2	−11.0	32
15	3	−6.2	45
14	4	−4.1	56
13	5	−3.0	65
12	6	−2.3	72
11	7	−1.8	77
10	8	−1.4	80
9	9	−1.1	81
8	10	−0.9	80
7	11	−0.7	77
6	12	−0.6	72
5	13	−0.4	65
4	14	−0.3	56
3	15	−0.2	45
2	16	−0.2	32
1	17	−0.1	17
0	18	0	0

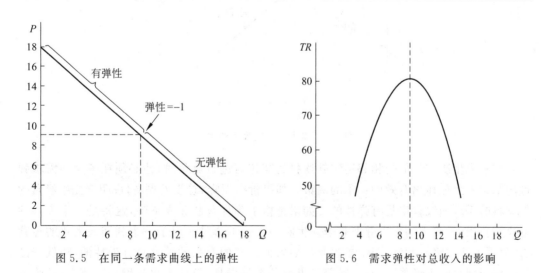

图 5.5　在同一条需求曲线上的弹性　　图 5.6　需求弹性对总收入的影响

现在，我们正式引入一个在书中经常用到的概念：边际收入。边际收入被定义为由成立变化一个单位所引起的总收入的变化量。

$$\Delta TR \div \Delta Q$$

现在我们在表 5.4 中添加边际收入一列，见表 5.5。当总收入达到最大时（弹性等于 1），边际收入等于 0。

表 5.5　包括边际收入的需求函数表

（P）价格/元	（Q）数量	（TR）总收入	（dTR/dQ）边际收入/元	弧弹性
13	5	65	9	−3
12	6	72	7	−2.3
11	7	77	5	−1.8
10	8	80	3	−1.4
9	9	81	1	−1.1
8	10	80	−1	−0.9
7	11	77	−3	−0.7

图 5.7 用数学和图表来反映需求曲线与边际收入之间的关系。当需求曲线是直线时，边际收入曲线的斜率为需求曲线斜率的 2 倍。在这种情况下，边际收入曲线与价格轴的交点与需求曲线相同，但与横坐标的交点处刚好是垂直轴和需求曲线之间的距离的一半。在边际收入曲线与横轴的交叉点，需求曲线具有单一弹性。此时总收入达到最大值。

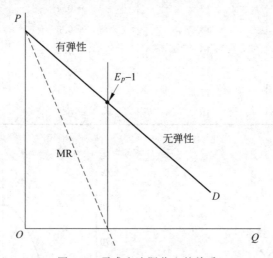

图 5.7　需求和边际收入的关系

在李先生决定如何与相邻销售软饮料的零售店进行竞争时，他必须在考虑到需求弹性的基础上才能作出有效的竞争的决策。如果价格下降，总收入提高，说明李先生经营的软饮料的需求曲线肯定是有弹性的。如果价格下降导致总收入下降，这将是一个灾难性的决策。当然，收入的多少并非是李先生唯一关注的事情。对于一个利润最大化的经营者，他更关注的将是利润，而不是收入。如果他经营的商品的需求是有弹性的，降低产品的价格会使总收入增加。当然，随着卖出商品数量增加，总成本也会增加。那么，总收入的增加会抵消总成本的增加吗？这是李先生最需要考虑的问题。不过我们现在还无法回答这个问题。我们必须在学习第 7 章和第 8 章把生产函数和成本函数联系起来进行分析之后，才能够回答这个问题。

5.2.7 需求价格弹性的数学表达

现在,我们要运用一些我们以前学过的微分的知识。在本节前面提到点弹性的计算中,我们提及过需要用一些微分的知识。点弹性计算的数学公式如下:

$$\mathrm{d}Q/\mathrm{d}P \times P/Q$$

对于运用的这一公式,需求曲线需要用方程形式来表示。表5.4所表示的需求曲线方程是

$$Q = 18 - P$$

所以 $\mathrm{d}Q/\mathrm{d}P$ 等于-1。这是直线形式的需求曲线的斜率。

正像我们在讨论弧弹性时所提到的,沿着同一条需求曲线弹性是变化的(前面讨论的恒定弹性情况除外)。当然,点弹性也是变化的。因此,在测定需求弹性的点弹性时,需要确切地指出哪一点。例如,$Q=5$ 和 $P=13$ 处的点弹性是

$$-1 \times 13 \div 5 = -2.6$$

在表5.4中,介于 $P=13$ 和 $P=14$ 之间,$Q=5$ 和 $Q=4$ 之间的弧弹性是-3,下一个区间的弧弹性是-2.3。如所预料的那样,点弹性的值应该是介于两个弧弹性的值之间。在点 $Q=10$ 和 $P=8$ 处,点弹性是

$$-1 \times 8 \div 10 = -0.8$$

此时,是处在需求曲线上缺乏弹性的部分。

当考虑到用微分来表示边际收入时,边际收入的定义为 $\mathrm{d}TR/\mathrm{d}Q$。为了应用这个定义,我们需要求出反需求函数,即把数量 Q 变成自变量。

需求函数:$P=18-Q$;

总收入:$TR=PQ=18Q-Q^2$;

边际收入:$\mathrm{d}TR/\mathrm{d}Q=18-2Q$。

那么,在点 $Q=5$ 和 $TR=65$ 处的边际收入(MR)是

$$18 - (2 \times 5) = 8$$

此外,由于我们测量的是一个点而不是一个区间的总收入(TR),其结果(MR),当 $MR=8$ 时,会与表5.5中计算所得到的边际收入有所不同。

在点 $Q=10$,$MR=18-(2\times 10)=-2$。我们现在是在负的边际收入区域(相当于需求曲线上缺乏弹性的部分),或者是在一个数量大于总收入达到最大值时的数量。

如果我们想要找到最大收入产量水平,我们需要找到。因而

$$18 - 2Q = 0$$
$$2Q = 18$$
$$Q = 9$$

同样地,这个结果和表5.5计算的结果并不完全一样,但是非常的相似,这是因为表5.5计算采用的是离散数字而不是连续数字的微分。

5.2.8 实证需求价格弹性结果

下面我们就来介绍一些近年来发表的价格弹性研究的结果,这也许会更加有助于我

们对弹性的重要性的理解。我们将在第6章进一步解释怎样通过行业和生产数据估计需求曲线和需求弹性。

一项关于咖啡需求弹性的研究,得出咖啡的短期价格需求弹性是—0.2,长期价格需求弹性是—0.33。一项关于厨房和家庭用具的需求弹性的研究表明,厨房和家庭用具的价格需求弹性是—0.63。餐馆的肉食品(不包括酒和饮料)的价格需求弹性高达—2.27。一项关于横跨北大西洋的航空旅行需求的研究表明,其价格需求弹性是—1.2。而且,乘坐头等舱旅行的需求弹性,正如我们所料的,比经济舱旅行的需求弹性要低很多,两者分别为—0.4和—1.8。最近一项研究表明,乘坐美国航空公司旅行的价格需求弹性高达—1.98。啤酒的价格需求弹性被测定为—0.84,而葡萄酒的价格需求弹性为—0.55。

在短期,美国香烟的价格需求弹性为—0.4。然而,在长期美国香烟的价格需求弹性是—0.6,尽管还是很低。在加拿大一项关于香烟征税效应的研究发现其价格需求弹性介于—0.45与—0.47之间。这表明,税务局通过提高税率可以增加政府的收入。另外一些研究发现香烟在中国和俄罗斯的价格需求弹性极低,介于0和—0.15之间。

一项关于美国进口葡萄酒的研究,发现进口智利酒的价格需求弹性为—1.6,进口法国和意大利葡萄酒的价格需求弹性小于—0.3。另一项研究是测定了原油在23个国家,从1979年到2000年期间原油价格需求弹性。在短期,原油是缺乏弹性。在美国测定的原油价格需求弹性是—0.06。但研究发现,原油长期的价格需求弹性要相对高一点,比如,在美国长期原油价格需求弹性是—0.45。在这23个国家中,平均的短期原油价格需求弹性是—0.05,长期原油价格需求弹性是—0.18。

许多关于汽油需求的研究发现,短期汽油价格需求弹性为—0.3,长期汽油价格需求弹性介于—0.6和—0.8之间。因此汽油价格需求弹性不论在长期内还是短期内都是缺乏弹性的,只是短期更缺乏弹性[①]。

5.3 交叉需求弹性

前面我们讨论了价格变化对商品需求数量的影响。交叉需求弹性(交叉价格弹性)讨论的是一种特定商品的需求(在其他变量保持不变的情况下)受相关商品价格变化的影响(这里同样用百分比的形式表示)。什么是相关商品呢?在经济学中,我们讨论商品之间存在的两种类型的关系:替代品和互补品。

在前边李先生卖果子橙饮料的例子中,我们讨论了果子橙饮料的替代品。新杂货店卖的苏打饮料是李先生店里卖果子橙饮料的替代品。它们可能是同一商品(相同的商标),但是由不同的供应者提供,一个供应者被看作是另一个供应者的替代者。当然,在李先生自己店铺的货架上同样也会有苏打饮料的替代品。例如,他储存了不同品牌的可乐。

在大多数情况下,我们考虑交叉需求弹性是指相似产品之间的替代(不仅仅是相同商品的不同品牌之间的替代)。因此,鸡肉和牛肉可以被看作是替代品,鸡肉价格的变化会对牛肉的消费量产生影响。我们很容易联想到其他替代品的例子,咖啡和茶,黄油和奶

---

① Milton Friedman. Price theory: A Provisional Text. Hawthorne, NY: Dldine, 1962, pp. 155-59.

油,铝和钢铁,玻璃和塑料等。

互补品是指一起消费或者一起使用的商品。李先生卖的薯条、饼干、月饼等,这些可能都是和饮料一起消费的。其他关于互补品的例子是水饺和醋,面包和花生酱,网球拍和网球,个人电脑和软盘。

交叉需求弹性是由商品 B 的价格变化 1% 所引致的商品 A 的需求量的变化。交叉弹性的一般表达式为:

$$E_X = \frac{\Delta Q_A}{Q_A} \div \frac{\Delta P_B}{P_B}$$

当价格变化幅度较大时,可以采用弧弹性的计算公式:

$$E_X = \frac{(Q_{2A} - Q_{1A})}{\frac{(Q_{2A} + Q_{1A})}{2}} \div \frac{P_{2B} - P_{1B}}{\frac{(P_{2B} + P_{1B})}{2}}$$

需求交叉弹性系数的含义是什么呢？首先,我们看一下交叉需求弹性的符号。超市饮料价格的下降会导致李先生饮料的销量减少。当然,如果超市提高饮料销售的价格,会导致李先生饮料的销售增加。因此,替代品交叉需求弹性的符号是正的。相反,互补品的交叉需求弹性的符号是负的。例如,CD 价格的下降会导致音响的销售量增加。

一般来说,当两种商品的交叉需求弹性系数大于 0.5 时(这里指的是绝对值形式,因为互补品的交叉需求弹性是负的),这两种商品就会被认为是很好的替代品或者互补品。

5.3.1 一些产品交叉需求弹性的测算结果

在了解交叉需求弹性的概念之后,介绍一些产品交叉需求弹性测算的结果是很有意义的。

一项关于居民对电力能源的需求发现,电力能源与天然气能源的交叉需求弹性很低,大约是+0.13。

铝和钢铁的交叉需求弹性大约是+2.0,这比铝和铜的交叉需求弹性要高一点。

牛肉和猪肉的交叉需求弹性大约是+0.25。牛肉和鸡肉的交叉需求弹性是+0.12。这两个结果表明,两种产品是替代品。但是,在这些研究结果中,弹性系数都很低。

在我国台湾地区,本地市场的香烟和进口香烟的交叉需求弹性是+2.78,这表明它们是替代品。

在印度尼西亚,一项关于煤油需求弹性弹性的研究表明,煤油和电的短期交叉需求弹性是 0.097,长期是 0.261。编者认为,这个根据 1957—1992 年期间的数据研究得到的交叉需求弹性值很低的原因是对于大部分家庭来说,电是不可用的。

一项关于美国生产的红葡萄酒和从其他国家进口的红葡萄酒之间需求关系的研究,计算出几个交叉需求弹性。几种进口红葡萄酒价格上升,会引起美国国内红葡萄酒需求的增加,其中,进口的智利红葡萄酒这一效应尤为明显,智利红葡萄酒价格每增加 1%,美国红葡萄酒的需求增加 1.2%。从其他国家进口的红葡萄酒也有类似正的效应,不过效果不是很明显。美国生产的红葡萄酒与澳大利亚生产的红葡萄酒的交叉需求弹性是 0.4,

与法国红葡萄酒的交叉需求弹性是 0.3,与西班牙红葡萄酒的交叉需求弹性仅仅是 0.04[①]。

5.4 收入弹性

在其他杂货店开张之前,李先生的果子橙饮料的销售量一直保持着增长的势头,这不仅是因为附近的家庭住户增加,而且是因为居民的收入水平也增加了。这表明果子橙饮料的销售量可以作为消费者收入的函数(受消费者收入的影响)。经济学家用需求收入弹性这一概念来衡量这一关系的敏感性。需求收入弹性的一般表达式是:

$$E_Y = \frac{\Delta Q\%}{\Delta Y\%}$$

这里 Y 代表收入。需求收入弹性的定义是由收入变化 1% 所引致的消费者消费数量变化的百分比。

与前面关于弹性的讨论一样,在实际应用中多采用弧弹性的计算:

$$E_Y = \frac{(Q_2 - Q_1)}{\frac{(Q_2 + Q_1)}{2}} \div \frac{(Y_2 - Y_1)}{\frac{(Y_2 + Y_1)}{2}}$$

收入弹性系数可以是正的,也可以是负的。对于大多数商品而言,需求收入弹性都是正的。毕竟,收入增加会导致消费的增加。因此,当收入弹性系数为正时,我们把它叫作收入弹性正常。

收入弹性系数为 +1 代表一条分界线。系数大于 1 表示随着收入的增加,消费需求增长比例大于收入增长的比例;系数小于 1 表示消费需求上升的比例小于收入上升的比例。比如,如果收入上涨 10%,对商品 A 上的花费也刚好增加 10%,那么弹性系数就是 1。也就是说,消费者在这一商品的花费所占的收入的比例在收入增加前后保持不变。(注:在价格不变的情况下,测量需求量变化的比例与测量支出变化的比例是一致的)假设一个消费者每年的收入是 33 000 元,每年花费在衣服上的支出是 2 700 元。如果这个消费者的年收入增长 10%,达到 33 000 元,她每年将花费 2 970 元买衣服,同样是 10% 比例的增长。那么,消费者购买衣服的花费所占的收入的比例仍然是 9%。

如果某种产品需求的收入弹性系数大于或者小于 1,那么消费者用在该种商品的支出变化的比例会大于或者小于收入变化的比例。随着收入的增加,消费者对于收入弹性大于 +1 的商品的花费占消费者收入的比例会增加。收入弹性大于 +1 的商品被称为高档商品。

下面,我们列举一些收入需求弹性的测算结果。

据估计,短期食物的需求收入弹性为 0.5,而饭店餐饮的需求收入弹性是 1.6。这一结果显示,随着收入的增加,在家里食物消费的增长比例慢于收入的增长比例。相反,在

---

① James R. Seale Jr., Mary A. Merchant, and Alberto Basso. Imports versus Domestic Production: A Deamnd system Analysis of the U. S. Redwine Market. Review of Agricultural Economics, Vol. 25, Issue Spring-Summer 2003, pp. 1870-2012.

餐馆消费增长的比例要快于工资增长的比例。

短期珠宝和手表的需求收入弹性约为 1.0,而长期需求收入弹性约为 1.6。显然,随着时间的延长,消费者更容易调整他们的需求。

从美国到欧洲乘坐飞机旅行的需求收入弹性是 1.9。最近,测算乘坐美国航班的需求收入弹性为 1。

一项关于西班牙食品需求的调查将食品分为六个种类,研究发现只有肉类的需求收入弹性大于 1,约为 1.54,因此把它归为高档商品。鱼肉的需求收入弹性是 0.81,脂肪和食用油的需求收入弹性是 0.35。

一项关于汽车燃油的需求调查显示,短期汽油需求收入弹性的范围为 0.35~0.55,长期的收入弹性会大一些,大约 1.1~1.3。

南斯拉夫共和国的铁路运输的需求收入弹性系数小于 1,约为 0.43~0.93[①]。

需求收入弹性的系数小于零是可能的。如果购买的数量(或者是花费)随着收入的增加而减少,这种情况会发生。尽管这种情况在一开始看起来不可能,但细想一下这种情况是完全存在的。某些商品是被一些收入低的人群所需要,但是随着收入水平提高,他们会逐渐转向消费那些符合他们经济地位的更好的商品。什么类型的商品是不受欢迎的呢?经济学家通常采用的例子是土豆、猪肉、豆类和肉罐头。这些商品一般被认为是次品。

下面,我们把需求收入弹性分为三类:

需求收入弹性＞1:高档商品。

0≤需求收入弹性≤1:正常商品。

需求收入弹性＜0:次品。

我们可以通过图 5.8 描述这几种情形。

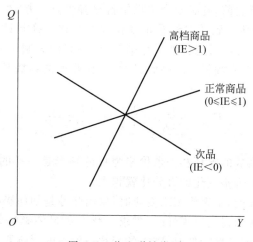

图 5.8 收入弹性类别

---

① Jani Beko. Some Evidence on Elasticities of Demand for Services of Public Railway Passenger Trsportation in Slovenia. Eastern European Economics, Vol. 42, No. 2, March-April 2004, pp. 63-85.

5.5 其他的弹性

我们已经介绍了三种常用的需求弹性,但是还有其他的需求弹性。当某一变量的变化导致需求量的变化时,弹性就出现了。例如,李先生可以通过广告来抵御其他竞争对手的竞争。他会预测广告费的增加会在多大程度上影响饮料的销售量。因此,广告需求弹性可定义为当广告费用增加1%,需求量的变化的百分比。广告需求弹性被广泛地用于经济研究中。许多年以前,有人做过关于广告对牛肉、家禽和猪肉的需求影响程度的调查。得到的结果:当广告费用增加10%,导致牛肉的消费量上涨0.07%,猪肉销售量上涨0.33%,禽肉销售量上涨0.5%。

贷款利率会对商品,尤其是耐用品的需求产生明显的影响。没有人可以否认房贷利率的变化,会导致住房需求结构的变化。同样地,汽车生产商从20世纪80年代为消费者提供的特别贷款利率刺激了汽车的销售。当这个特别政策终止时,汽车销售量出现下滑。

需求弹性也可以从人口规模的角度计算。人口的变化对销售量有什么影响呢?例如,我们可以计算由于婴儿出生高峰期所导致的对婴儿车的需求弹性的变化。或者,我们可以调查成人(大于18岁的人口)数量的变化对每年汽车销量的影响。

以上只是给出了一些弹性计算的例子。在第6章我们学习需求估计的时候,将会看到经济学家用很多变量来解释需求的变化。尽管价格需求弹性、交叉需求弹性和收入需求弹性是最常用的弹性测定方法,弹性还可以通过其他许多变量来测算。

5.6 供给弹性

在我们结束这一章之前,有必要介绍供给价格弹性这一概念。供给价格弹性是用来衡量由于价格变化1%所导致的供给数量变化的百分比。换句话说,供给价格弹性反映了供给者对价格变化反应的敏感程度。在第3章中,我们编制了一个供给表和一条供给曲线,供给曲线是往右上方倾斜的。因而,供给价格弹性的系数是正的,价格和数量变化的方向相同。

$$E_S = \frac{(Q_2 - Q_1)}{\frac{(Q_2 + Q_1)}{2}} \div \frac{(P_2 - P_1)}{\frac{(P_2 + P_1)}{2}}$$

对供给价格弹性系数的解释和需求价格弹性的解释是一样的。系数越大,供给数量的变化的百分比相对于价格变化的百分比就越大。

对于企业管理者来说,了解当需求变化时,供给弹性是如何影响价格和产品数量是非常重要的。当供给曲线变得更有弹性时,需求变化对数量的影响要大于对产品价格的影响。相反,当供给曲线的弹性较低时,需求的变化对价格的影响要大于对数量的影响。

5.7 国际应用案例:亚洲的价格需求弹性

在关于价格弹性计算的例子中,我们引用了一些美国之外的其他国家所做的研究。这里我们简要地介绍一些由尼尔森公司在亚洲所做的一组产品的价格弹性。

这项研究考察了不同种类的产品的价格弹性。我们下面引用的弹性的数值都是表示为绝对值。总体而言,这些产品的价格需求弹性相对较低,其中70%的产品的价格弹性小于2.0,30%的产品的价格弹性小于1.0。平均价格弹性为1.5。然而,当考察个别品牌的产品时,价格需求弹性是相当高的。亚洲国家平均的价格弹性是2.3。例如,食品和饮料的价格弹性是3.0,家庭和个人日用品的弹性是2.2。这些结论和我们之前讨论的弹性的决定因素是一致的:商品被定义的幅度越宽,价格弹性越低。

当然,在亚洲不同的国家中,同一种商品的价格弹性差别是很大的。例如,马来西亚和我国香港特区的消费者对价格的变化反应非常敏感,高于亚洲的平均水品2.3,而菲律宾和韩国的价格弹性是1.5[①]。

5.8 本章小结

在本章我们讨论了弹性这一重要的概念。一般来说,弹性被定义为一个变量变化对另一个变量发生变化的敏感性。更具体地说,就是由于一个变量发生1%的变化所引起的另外一个变量发生变化的百分比。这一章我们重点围绕一些与需求曲线有关的弹性展开讨论。

第一个是需求价格弹性:由于商品价格变化1%所导致的商品需求数量变化的百分比。因为需求曲线是往右下方倾斜的,需求价格弹性系数总是负的。如果需求价格弹性小于-1(或者说需求价格弹性的绝对值大于1),需求就是有弹性的。相反,需求弹性系数可以是小于1,即缺乏弹性或者是等于单位弹性。

需求弹性还和总收益有关。当需求是有弹性的,总收益随着需求量的增加而增加;总收入在需求弹性值为1时达到最大值;总收入在需求量增至需求曲线缺乏弹性的部分时,随着数量的增加而减少。从总收入这一概念,可以得到边际收入的定义:产品数量增加一个单位,所带来的收入的变化量。当需求为有弹性时,边际收入是正的;当需求为无弹性时,边际收入是负的。

接着,我们解释探讨了交叉弹性。交叉弹性是指一种产品的需求和另一种产品价格之间的关系。如果两种产品是替代品,则它们的交叉弹性是正的;如果两种产品是互补品,则它们的交叉弹性是负的。

第三个主要弹性的概念是需求收入弹性,它是衡量产品的需求量对收入变化的敏感程度。根据收入变化百分比所引起的某种产品花费的变化的百分比的大小,将商品定义为高档品、正常品、次品。

这一章我们采用弹性的主要计算方法是弧弹性法——运用离散数据来计算弹性。而点弹性计算方法是适合于价格变化间隔很小,即连续性的微小的变化情况。此时,弹性的计算需要运用到微分的基础知识。

本章还提到其他一些弹性,包括:广告弹性和利率弹性。

[①] Rajindar K. Koshal and Manjulika Koshal. Deamnd for Kerosene in Developing Countries: a Case of Indonesia. Journal of Asian Economincs,Vol. 10,Issue 2 ,Summer 1999,pp. 329-336.

派生需求：是指对一种生产要素的需求，这种需求来自对最终产品的需求。此时，同样涉及派生需求弹性。

供给弹性：供给数量对产品价格变化的敏感程度。

在第6章里，我们将讨论估计需求曲线的方法，那时我们还会用到需求弹性的概念。其实，这些弹性的概念将在本书后面的章节里多次出现。

附录 5A

1. 供给和需求分析的应用

第3章和第5章里介绍了关于供给、需求、弹性的基本理论，这些基础知识是我们学习经济学以及本书以后各章的先决条件。在我们讨论管理经济学的其他内容之前，这个附录试图从以下两个方面进一步强调需求、供给和弹性等概念的重要性。

（1）需求和供给分析的一些具体应用，包括价格控制及征税的影响分析。

（2）宣传媒体经常讨论和报道各种实际情况，我们将如何运用之前学习的这些理论分析这些实际问题。

2. 价格机制的干扰因素

在第3章中我们讨论了短期和长期的市场均衡的调节过程。当需求或是供给发生变化，通过市场自身调节最终达到新的需求和供给均衡。在短期内，价格的变动能够消除市场过剩或者市场短缺，而在长期里由价格引发的需求变化会使资源从一种产品的生产转向另外一种产品的生产。当然这种从一种市场均衡变化到另一种市场均衡的前提是市场内部各种要素能够自由流动，不受其他任何外界因素的干扰。因此，当玉米的供给减少价格上升时，市场调节的结果将是一个新的较高的价格水平下的均衡，即玉米的供给曲线和需求曲线实现了一个新的交点，没有其他任何因素来干扰实现这一新的均衡。

但是，在现实情况中价格的自由变动是很难达到的。即使是在所谓的纯市场经济制度的美国，产品的价格同样不能实现完全的自有变动。美国在最近的60年里至少实行了三次价格控制。各种商品的价格被限制在某一个固定的水平，不得高出政府规定的价格标准。政府的这种价格政策通常被称为价格上限。如果价格上限刚好设在与市场均衡价格一致的水平，则价格控制将不会起到任何作用。但是如果所设价格上限低于均衡价格，正如第3章所解释的情况，市场将会出现短缺现象。如图5.9所示，均衡价格为P_0，产品的销售量为Q_0。如果，由于某种原因，在自由竞争的情况下，价格达到P_1，低于市场均衡价格，价格会自动逐渐上升，直至恢复到均衡价格P_0。但是，如果价格被控制在P_1，价格向上移动就不会发生。在这种情况下，供给下降到Q_2，而需求由于价格下降上升至Q_1，所以市场出现Q_1—Q_2数量的短缺。因此，消费者只能购买0—Q_1数量的这种特定产品。这种由政府控制造成的市场非均衡会产生怎样的后果呢？消费者可能转向购买其他的商品，造成其他产品价格上升的压力。如果这些商品的价格也是受到控制的，则这些产品也会出现供应短缺。

也存在另外一种可能。在价格为 P_1 时,厂商只会生产 Q_2 数量的产品,而从需求曲线可以看出,消费者愿意以 P_2 的价格购买这些产品。对于有限数量的产品供给 Q_1,消费者愿意支付的价格 P_2 大于市场均衡价格 P_0。这对价格造成很大的压力,在可能的条件下,消费者愿意为产品的供给方支付 P_1 与 P_2 之间的差价。

假如为了缓解交通拥挤,政府出台了低于市场均衡价格的新车销售价格上限政策。这项政策导致生产商纷纷限制汽车产量。结果是消费者愿意以佣金的形式对售车商支付较高的价格来购买新汽车。不仅如此,消费者还愿意以较低的价格将自己的旧车卖给车行以换来购买新车的机会,此外,他们还宁愿把买到的新车当

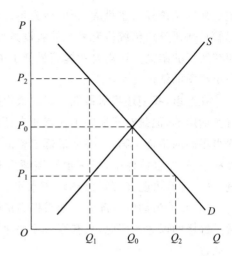

图 5.9 价格上限对需求和供给的影响

作是二手车,为了避开限制价格政策,因为购买二手车不受价格上限的限制。这样,消费者为购买新车所实际支付的价格可能要高于在没有价格限制条件下车行的售价。类似地,当政府实行租金上限政策时,最终的结果也是消费者愿意支付额外的费用给资源拥有者或是租赁机构。

与价格上限相对应的是价格下限。价格下限政策是指某种产品或服务不允许在低于某一价格水平下销售。一个典型的例子就是法定最低工资。雇主给雇员支付工资不允许低于最低工资水平,否则会被认为是非法的。

如图 5.10 所示,在市场均衡情况下某种非技术工人的工资水平(每小时)为 W_0,而法律规定工资低于 W_1 属于违法,则会出现 Q_1—Q_2 数量的劳动力过剩。如果取消最低价格,达到新的平衡时工资水平会降为 W_0,劳动力数量也会在 Q_0。在没有最低工资法律的情况下,工资水平会下降到 P_0,劳动力供给刚好等于需求,均衡数量为 Q_0。在这一工资水平下所有愿意工作的人都将得到工作。

如果工资水平不能低于 W_1,将会出现怎样的情况呢?那些失业者将会去寻找其他领域的工作,如果所有的就业领域都实行了最低工资,那么这些失业者就不会找到工作。

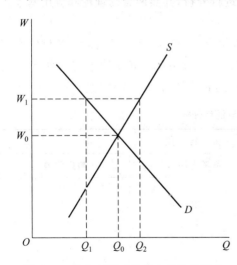

图 5.10 价格下限对需求和供给的影响

经济学家对提高最低工资的效果多年来进行了大量的研究。过去,大多数学者普遍认为提高最低工资会对就业有负面的影响,特别是对年轻人和非熟练工人就业的影响更是如此。青少年的失业率一般是最高的,他们中的很多人高中都没有毕业,几乎没有掌握任何一技之长。然而,最近的一些研究结论向传

统的研究结论提出了挑战,新的研究得出的主要结论是提高最低工资不一定会导致失业。尽管最新研究对传统研究采取的假设条件提出了质疑,但是还不能过早地全盘否定传统研究所得的结论。还需要就提高最低工资对失业的影响进行更加深入的研究,才能最终得出科学的结论。

在这里,我们还将对最低工资的效果提出几点看法。第一,即使提高最低工资对就业有负面影响,但是对于那些正在就业者还是会从中受益。比如,$0-Q_1$ 数量的劳动者能够挣得更高的工资。第二,提高最低工资的短期效果可能会大于其长期效果。随着时间的推移,在整个经济体中,工资水平逐渐上升(不论是名义工资还是实际工资),在某一时刻,最低工资可能会接近市场均衡水平。第三,提高最低工资需要经过人大立法选举通过,这是政治活动的一部分。如果提高最低工资会导致失业,那么人民代表大会将不情愿通过这样的议案。因此,只有当这项法律对失业的影响被认为是很小的时候方有可能得以通过。

3. 税收的影响

从企业经济学角度出发,运用供给需求曲线及弹性分析的一个重要方面就是征收所得税对价格和产量的影响。

消费税是对每一单位产品征收的一定数量的税,有时也被称为定额税。与消费税相对的是销售税,销售税是按照一定比例对商品或服务的价格进行征税,比如,按产品销售价格的百分之多少征税。政府对汽油消费征收消费税,比如每升19分。在美国销售税通常是由各州和地方社区征收的,如菲尼克斯、亚利桑那州是按照商品价格的 8.1% 征收销售税。销售税通常被认为是一种按价(从价)税。我们可以对从价税和定额税两种税收的影响进行分析,但这里我们选择定额税(消费税)进行分析,其实两者的理论和应用基本相同,只是定额税的影响分析更为简单和便于说明。

我们采用一个数字的例子进行说明。表5.6给出了一种特殊商品的需求和供给数字表。达到均衡时价格为 4 元,此时需求等于供给为 15 个单位,市场处于均衡状态。从图 5.11(a)中的供给和需求曲线也可以看出,市场达到均衡时,$P=4$ 且 $Q=15$。

表 5.6 需求、供给与税负分摊

单价(元)	需求量	供给量	
		不考虑税收	考虑税收
6	5	25	20
5	10	20	15
4	15	15	10
3	20	10	5
2	25	5	0
1	30	0	

现在,假设政府对卖者销售每一个单位的商品征收 1 元的消费税。征税的效果是使供给曲线向上移动一个单位(1元税收)。供给曲线的这种移动可以被看作是这样进行

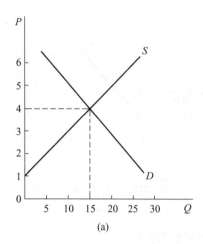
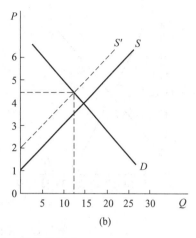

图 5.11 消费税对需求和供给的影响

的:征税之前,在商品价格是 5 元时厂商出售 20 个单位的商品。征税之后,为了使从销售每单位商品中继续得到 5 元,厂商必须以 6 元的价格出售该商品(其中 1 元将作为消费税上缴给政府)。事实上,这相当于每单位商品的生产成本比原来上升了 1 元,表 5.6 中最后一列为新的供给表。

问题的关键是征收消费税后市场的均衡价格和产量会是多少。一个简单答案就是比以前高出 1 元,即为 5 元。当然,厂商不会愿意出售每单位商品得到的价格比征税之前有所减少。但是,这不是一个正确答案,除非是在一种极端的情况下。新的均衡价格是 4.50 元,产量是 12.5 个单位。

因此,征税后厂商售出每单位商品只得到了 3.50 元,消费者支付的价格比征税前多了 5 角。从经济学的角度出发,1 元的消费税在消费者和生产者之间平均分摊了,各承担 5 角。图 5.11(b)显示的是新的均衡。

交易双方如何分摊税收取决于供给曲线和需求曲线的弹性。如果需求曲线的弹性越大,厂商分摊税收的数额就越大。在图 5.12(a)中,除了有之前用到的需求和供给曲线之外,多了一条比原来的需求曲线弹性更大的需求曲线,它与供给曲线同样在 4 元 和 15 个单位产品处交叉。图 5.12(b)表示消费税加到了供给曲线上。新的需求曲线与供给曲线相交于价格等于 4.42 元,产量刚好是 12 个单位。

征税后的市场均衡数量对政府来说是非常重要的。很明显,政府是通过设立新税收标准来增加财政收入。但是,如果某种商品的需求弹性很大,政府就难以实现预期的税收收入目标。比如,在这个例子中,如果是之前的需求曲线,政府可以获得 12.50 元的税收收入,而如果是后来弹性较大的需求曲线,政府只能获得 12.08 元的税收收入。

如果需求曲线是完全没有弹性(需求曲线为一条垂直的直线),那么,不但税收将全部转移到消费者一方支付,而且支付的税收收入将达到 15 元。因为此时产品销售的数量仍然是 15 个单位。所以,政府愿意对那些具有较低的需求弹性的产品征收消费税。

烟草和酒精是我们较熟悉的征收消费税的对象。由于这些商品的消费在当今时代不太受到普遍推崇,所以当政府想获得更多财政收入时,总是首先考虑到对烟草和酒类商品

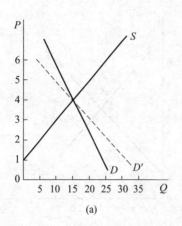
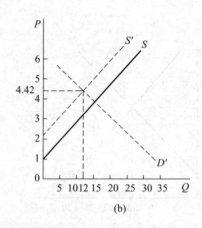

图 5.12 需求弹性对均衡的影响

征收消费税。世界上,几乎所有国家都对烟草和酒类商品征收消费税。在很多情况下,征税的标准达到这类商品销售价格的 50%。试想,如果这两类商品的需求曲线弹性变得较大的话,那么再向它们征收消费税还会是明智的吗?答案是否定的,因为征税的基数(对象)将会大幅度地减小。所以,政府如果想获得预期的税收收入,应对那些在给定的税收范围内具有较低需求弹性的商品征税。烟草和酒类商品似乎是很合适的选择。因此,政府既可以声称通过税收控制消费者这些不良的消费习惯,同时又能扩大政府的财政收入,可谓一箭双雕。

20 世纪 80 年代末期,美国联邦政府为了应对高额赤字,很多人主张对汽车燃油征收高额的消费税(每加仑 30~50 美分)。据估计每提高 1 美分的汽油消费税可以使联邦政府赤字减少 10 亿美元。但是这一估算没有考虑到在长期汽油消费将会发生怎样的变化。OPEC 从 20 世纪 70 年代到 80 年代初大幅提高原油价格的结果表明,长期的汽油需求曲线并非是没有弹性的。

供给弹性对于税付分摊分析也是非常重要的。从图 5.13 可以看出,供给弹性越大对价格和产量的影响就越大。如果供给的弹性相对较低,则生产者将承担税收的大部分。

3. 实证弹性分析

现在我们想应用供给和需求理论对各种媒体和学术期刊报道的一些现象进行分析。这些现象有些发生在很多年以前。对于这些现象分

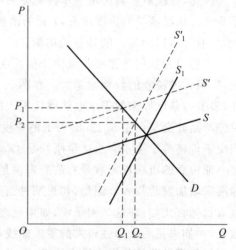

图 5.13 供给弹性与税付分摊

析会帮助我们进一步理解供给和需求分析方法永远都不会过时。此外,我们还将结合在第 3 章和第 4 章学习的知识来解释近期出现的一些经济现象。

4. 自愿出口限制

1981年美国和日本达成协议，日本向美国出口轿车每年限定在 1 680 000 辆。虽然这个出口限额后来有所提高，但是日本汽车在美国的需求量仍然是大大低于在不加任何美国进口限制条件下的销售量。结果如何呢？日本汽车的价格上升。这种限制的效果可用图5.14(a)加以描述。起初，日本汽车在美国的数量和价格和分别是 Q_0 和 P_0。对日本汽车出口施加限额后，使得日本汽车在美国市场的数量小于均衡数量，从而改变了供给曲线的形状。在出口限额 Q_1 处，供给曲线为一条垂直线，需求曲线与供给曲线相交于一个新的较高的价格水平 P_1。

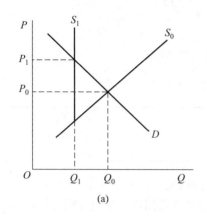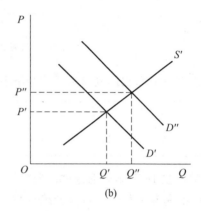

图 5.14　施加自愿出口限制

由于对日本汽车的需求得不到满足，美国人不得不寻求购买国产汽车或从其他进口的汽车。其结果是使得美国其他汽车市场的需求曲线向右移动，如图 5.14(b)所示，从而增加了汽车销售的数量和价格。据一位经济学家估计，1984 年美国新车的价格比没有进口限额要高 1 500 美元。美国消费者累计要为此多付 130 亿美元的成本。提高成本的受益者为三家大的汽车制造商（多得 60 亿美元的利润），汽车制造业工人多得 30 亿美元的加班费，经销日本汽车的美国车行以及日本汽车制造商共获得 40 亿美元的利润。这样一种结果使得日本汽车制造商开始决定在美国生产汽车。1985 年以后，由于美元相对于日元大幅度贬值，造成日本汽车价格在美国大幅度攀升，使得美国汽车制造商可以继续提高汽车价格，获得高额利润。但是，到 1998 年，随着日元相对于美元贬值，日本汽车开始在美国表现出价格优势。

5. 其他进口限制的经济效果

1973 年的研究表明，美国政府对食糖进口限制导致美国消费者每年经济损失达 5.86 亿美元。根据伦敦证券交易所的明茨估计，食糖进口限制使每磅糖价提高了 2.57 美分，食糖每年的消费从 232 亿磅下降到 224 亿磅。图 5.15 显示了这种情况。

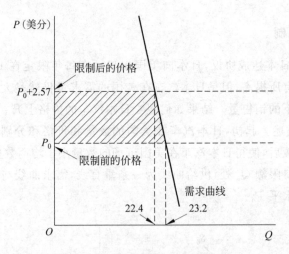

图 5.15　食糖进口限制对需求的影响

阴影部分的面积代表消费者的经济损失,计算如下:

0.025 7×224 亿美元	5.757 亿美元
0.025 7×(232−224)×0.5	0.103 亿美元
	5.86 亿美元

有学者在 1977 年对钢铁进口配额作了类似的研究。研究结果表明,每吨钢材价格上升 11 美元,每年钢材消费量就会减少 90 万吨,消费者费用增加超过 10 亿美元,而美国钢材生产企业增加收益 870 万美元。因此,消费者损失大于生产者收益,之间的部分差价部分归于外国钢材生产者,另一部分损失来自美国对钢材消费需求的下降,还有一部分损失归于用美国自产的高成本钢材替代廉价的进口钢材。

6. 牛肉的需求

20 世纪 80 年代,人们对牛肉的需求发生了转变,对海洋食品的需求大幅度上涨,但是这个消费需求转变的主要受益者是鸡肉生产者。表 5.7 显示了过去 12 年这些消费变化的数据。

表 5.7　美国人均肉类消费量(磅)

	1975	1987
牛肉	88.0	73.4
鸡肉	39.9	62.7
鱼肉	12.2	15.4

1970 年以前,牛肉的需求一直是很高的,致使牛肉的价格不断上升。但是,随着人们逐渐关注红肉和胆固醇水平之间的联系,开始对牛肉的需求下降。与此同时,肉鸡生产商开始生产出新的、便捷的鸡肉产品,由此吸引了公众的需求。表 5.7 显示,从 1975 年至 1987 年,牛肉的人均消费量下降了 16%,而鸡肉的消费量上升了 57%,同时,鱼类消费量也大幅上升了 26%,还是明显低于鸡肉消费需求上升的幅度。

在此期间,美国肉牛存栏的数量大幅下降。如前所述,供应量的变化对需求量变化的长期反应。近年来,牛肉生产行业采取了一些措施阻止了需求下滑的趋势。由于牛肉产业的广告宣传取得了一定的成效,使得牛肉的需求开始有些回升。1987年美国养牛者呼吁饲养每头牛捐助1美元,成立基金用于新的牛肉食品开发和营养学研究,以及在全国发布广告活动。与鸡肉需求增长相抗衡的一个有效途径是打造牛肉品牌商品,这也是鸡肉生产商多年来采用的主要营销技巧。图5.16描绘了这些牛肉需求的变化趋势。起初牛肉市场均衡价格和产量分别是 P_0 和 Q_0,随着消费者偏好从牛肉转向鸡肉和鱼肉,牛肉的需求曲线向左移动,从 D_0 到 D_1。随着生产数量的减少,牛肉的价格相对下降。

随着时间的推移,用于生产牛肉的资源开始转向其他行业。根据全国养牛协会的统计数据,肉牛数量约从1975年的1.3亿减少到1985年的1.1亿。图5.16中供给曲线从 S_0 移动到 S_1,表示了资源在转移。这种资源转移的结果使得牛肉的价格趋于稳定。在过去几年里,牛肉生产商已经开始反击,试图夺回牛肉市场。通过各种途径和手段来说服消费者消费牛肉,力争把牛肉的需求曲线从 D_1 到 D_2。我们无法预知新的牛肉需求曲线是在 D_1 到 D_0 之间,还是能够达到 D_0 的右端。然而,这种促进牛肉消费的宣传活动可能潜伏着一种危险,那就是给定目前较低数量的肉牛存栏,牛肉价格可能会飙升,将会挫败消费者对牛肉的消费需求。如果在短期内牛肉的供给曲线是比较缺乏弹性的话,这正是可能发生的结果。

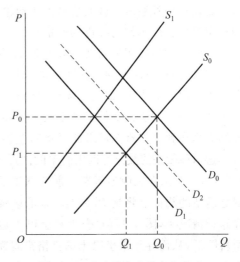

图5.16　牛肉需求曲线向左移动

我们在这里描述的是20世纪80年代和90年代初期出现的情况。尽管牛肉行业做了很大的努力试图改善市场需求,但是在过去的25年里,牛肉的需求还是下降了约41%。但是,近年来牛肉产业似乎从鸡肉生产商那里吸取了一些教训。现在,牛肉业产业正在投入数亿美元资金来扭转过去几十年里红肉消费需求下降的局面。行业内的一些大企业,如荷美尔食品公司和IBP公司,正在研发他们的品牌牛肉食品。比如,生产包装的半熟牛肉,适合放在微波炉中几分钟就能完成烹饪。这种食品主要是为了吸引那些夫妻双方都在工作,没有时间花费几个小时来准备晚餐。虽然这种牛肉食品的出售价格是大大高于生牛肉,但是这两家公司在2002年销售了约1亿美元的产品。

到2003年美国牛肉市场开始真正得到恢复,牛肉的需求猛增,牛肉价格也上升到了历史纪录,比上一年增加了38个百分点。当然,牛肉价格的上涨也与美国严格禁止了从加拿大进口牛肉有关,由于加拿大发生了疯牛病。正常情况下,每年从加拿大进口的牛肉约占美国牛肉消费量的8%。

7. 市中心的交通控制

1998年，新加坡开始采用一种新的城市中心交通控制系统。驾车者必须事先购买预付现金卡，用电子收费的方式从此卡中扣除通行费（此卡应放置在汽车的仪表板上）。收取的通行费标准依汽车每天进入城市中心的时间有所不同。如果某一辆汽车没有持卡而驶入市中心，其车牌号将会被拍照，交通管理部门将会把违规通知单邮寄给该车的驾驶员。这一计划的实施成功地控制了城市中心的交通秩序。在执行期，通行的车辆减少了17%，而车辆通过城市中心的速度明显增加，时间大大缩短。新加坡并不是唯一一个使用这种办法的国家，挪威的一些城市也在使用这种办法。在美国的明尼阿波利斯，市政府采用另一种方式来减少交通拥挤。在这里，该城市一家大企业老板——美国运通财务顾问其一直在出资补贴该地区的公共汽车运输系统，目的是为了大大减少公司雇员每月得到的违章驾车罚款单作为投资的回报。

虽然新加坡和明尼阿波利斯采取这些行动的目的都是为了减少高峰时间的交通拥挤，但是这两种方法对使用汽车的需求却有非常不同的影响。新加坡的做法是增加了驾车进入市中心的成本，即汽车需求量沿着需求曲线向上移动，导致需求量减少。相反，明尼阿波利斯的做法是降低了乘坐城市公共巴士的成本，使其成为私人驾车运输的替代品，其结果是导致自驾汽车需求曲线将向左移动，需求量减少。

这两种做法的效果可以用简单的图形来说明。假设在新加坡汽车运输需求如图 5.17 (a) 所示。如果在征收通行费之前的汽车运输的价格和需求量是 P_0 和 Q_0，那么收取通行费之后新的均衡点将是 P_1 和 Q_1，需求量减少。现在，让我们看看明尼阿波利斯的情形。在这种情况下，图 5.17(a) 表示乘坐巴士运输的需求。对于巴士系统的财政补贴使得其票价降低，从而导致乘坐巴士的价格沿着需求曲线从 P_0（补贴钱的价格）移动到 P_2，需求量从 Q_0 增加到 Q_2。图 5.17(b) 描述了自驾车进入市中心的需求。需求曲线 D_0 表示巴士票价下降前的需求，随着巴士票价的下降，替代效应将产生一条新的需求曲线 D_1，自驾车运输需求从 Q_0 减少到 Q_1。

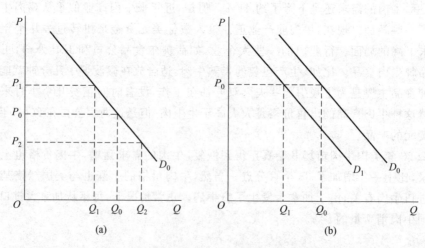

图 5.17　两种不同驾车旅行政策的效果分析

2003年2月伦敦采用了与新加坡非常相似的系统。每天从早7点到晚6：30对进入伦敦城的汽车征收5英镑的费用。据报道，六个月之后该计划成功地将伦敦汽车流量减少了16个百分点。

8. 美国的二手汽车市场

在"9·11"美国纽约世界贸易中心和国防部五角大楼被袭击后，底特律的汽车制造商与经销商开始提供汽车零利率贷款。此举引起美国2001年10月新车的销售量增加了35%。很多过去习惯于购买旧车的人现在发现购买新车相对更加便宜，于是争相购买新车。随着新车销量的大幅度上升，消费者将旧车卖给经销商以买回新车，这种做法导致美国二手车市场供给量剧增。

结果是二手车车价比同期下降了10%，有些二手车价格甚至下降了20%。此外，由于预期旅行需求减少，许多汽车租赁公司减少了20%～30%的汽车保有量，使得市场上二手车的数量进一步增加。

9. 法国葡萄酒工业

在过去的几年里法国葡萄酒工业一直很不景气。仅从1999年到2000年，法国葡萄酒的出口下降了5.4%，酒窖中未售葡萄酒达百万升。在过去的3年里，法国葡萄酒在美国的市场份额从7%下降到5%。在此期间，加利福尼亚、澳大利亚和智利生产的葡萄酒在北美、北欧和亚洲这些世界重要市场的销售量却大幅地上升。是什么原因使得世界葡萄酒的需求从原来世界领先的法国葡萄酒生产商转向世界其他新兴葡萄酒生产商呢？最近发表的一些文章认为：

（1）法国政府要求葡萄酒生产企业只能采用政府指定的地区种植的葡萄品种以及种植办法生产出的葡萄；

（2）酒厂按收购葡萄的数量支付价格，从而削弱了葡萄生产者种植葡萄的细心程度，导致葡萄质量参差不齐；

（3）最重要的原因是法国的葡萄酒企业虽数量很多，但小而分散（全法国有20 000个葡萄酒生产公司），他们很难与世界上生产规模很大、经营效率很高的葡萄酒生产商展开竞争。法国只有一家葡萄酒公司是世界10大葡萄酒生产商之一；

（4）与世界大型葡萄酒企业采用简单的单一的商标或产品标签相比，法国葡萄酒产品有众多区域性的、地方性的产品标签，这令消费者很难识别每一商标下葡萄酒的质量。消费者对购买这些杂牌葡萄酒当然很不放心；

（5）法国葡萄酒业的分散性使得它在营销与促销方面远不及一些世界上的大公司。例如，世界上最大的生产商美国E.&J.盖洛公司，仅2000年在英国市场的营销支出就达到了250万美元，而整个法国波尔多地区葡萄酒产业在英国的营销费用支出还不及美国E.&J.盖洛公司的一半。

法国葡萄酒业的困境仍在继续，出口量继续下降，法国人的葡萄酒消费量也在下降。最近，法国葡萄酒商已与政府商议，试图找到解决的办法。其中一个建议是通过修改法律，把葡萄酒定为"天然饮料"而并非目前法律规定的酒精食品。这样，葡萄酒生产商就可以自由地做广告。根据1991年法国政府通过的一项法令,是要减少对含有酒精类食物的消费。这使法国政府处于两难的境地。一方面,减少酒精的消费已经取得了显著的成效,因饮酒导致的交通事故死亡的人数有所下降;另一方面,这样做的结果是妨碍了法国葡萄酒工业的发展。总之,生产过剩、国内消费需求下降以及世界新兴葡萄酒业的快速发展已经导致法国葡萄酒价格的大幅度下降。可以断言,法国葡萄酒产业未来的发展将面临严峻的考验。

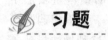

习题

1. 巅峰纸品公司将信封(100份)的价格从6元降低到5.40元。随着价格的降低,信封的销售量增加了20%,信封的需求弹性系数是多少?

2. 果粒橙饮料的需求函数是 $Q=20-2P$,式中 Q 代表数量,P 代表价格。

(1) 分别计算价格是5和9时的点弹性。需求曲线在这两点上是属于有弹性还是属于缺乏弹性的?

(2) 计算 $P=5$ 和 $P=6$ 这个区间的弧弹性。

(3) 在哪一个价格之下,价格和数量的变化对总收入的变化没有影响,为什么?

3. 一条需求曲线的函数方程为: $Q=100-10P+0.5Y$,式中 Q 代表数量,P 代表价格,Y 是收入。假设 $P=7,Y=50$。

(1) 解释这个方程。

(2) 当 $P=7$,需求价格弹性是多少?

(3) 当收入水平是50,收入弹性是多少?

(4) 假定收入水平是70,当 $P=8$ 时的价格需求弹性是多少?

4. 史先生对于某种商品的需求函数为: $Q=30-2P$。

(1) 计算价格等于7时的点弹性是多少?

(2) 计算 $P=5$ 和 $P=6$ 区间的弧弹性是多少?

(3) 如果市场是由100个和史密斯需求曲线相同的消费者组成,请计算 a,b 中的点弹性是多少?

5. 少年公司从事制造和销售滑雪板产品,平均售价是70元。去年,他们出售了4 000副滑雪板。该公司相信滑雪板的价格需求弹性是 -2.5。如果价格下降到63元,销售数量会是多少?总收入会增加吗?为什么?

6. 美声公司制造 AM/FM 两种类型的收音机,每个月的销售量为3 000台,销售价格为55元。与它相近的公司生产一种类似的收音机,售价44元。

(1) 如果美声公司产品的需求弹性是 -3,售价降低至32元时的销售量是多少?

(2) 假如竞争公司将价格降低至24元。如果两种收音机的需求交叉弹性是0.3,那么美声公司的月销售量是多少?

7. 万达足球队在可容纳80 000人的体育场比赛。去年入座平均人数仅为50 000人。平均的票价是50元。加入价格弹性是 -4,如果球队想让体育场座无虚席,应该如何调整门票的价格? 如果门票价格降低到27元时,平均的入座人数为60 000人。那么,价格弹性是多少?

8. 给定需求函数方程为 $Q=1\,500-200P$,通过计算填表5.8。

表 5.8

P/元	Q	弹性		总收入	边际收入
		点弹性	弧弹性		
7.00					
6.50					
6.00					
5.50					
5.00					
4.50					
4.00					
3.50					
3.00					
2.50					

9. 判断以下几对商品的交叉需求弹性是正的、负的,还是零?
(1) 电视和录像机;
(2) 黑麦面包和全小麦(小麦不经脱壳处理)面包;
(3) 住房建筑和家具;
(4) 谷类早餐和男人的 T 恤衫。
解释每对产品之间的关系。

10. 研究表明,在大连鞋子的价格需求弹性为0.7,收入需求弹性为0.9。
(1) 你会建议远足鞋业公司通过降低价格来提高总收入吗?
(2) 如果收入上升10%,大连鞋子总的销售量会发生什么样的变化?

11. 大学书店对面有一家书店,出售同样的书却比大学书店的价格便宜20%。假设交叉弹性为1.5,且大学书店不跟其竞争,它的销售会降低多少?

12. 一家超市里当香草冰激凌的价格从3.5元降到3元,销售额增长了20%,同时巧克力糖浆的销售额也增加10%。
(1) 香草冰淇淋的价格弹性系数是多少?
(2) 为什么巧克力糖浆的销售量也会增加?如何衡量这种效果?
(3) 新的价格政策是否对超市整体有利?

13. 计算机公司销售中文文字处理软件,在过去10个月里每个月的销售额、价格如表5.9所示,同时也列示了与其相竞争的软件的价格、估计的家庭月收入,计算相应的弹性,注意,在计算相应的弹性时应保持其他因素不变。

表 5.9　1～10 月每月销售额、价格信息表

月	美体软件价格/元	美体软件销量	家庭收入/元	金字软件价格/元
1	120	200	4 000	130
2	120	210	4 000	145
3	120	220	4 200	145
4	110	240	4 200	145
5	114	230	4 200	145
6	115	215	4 200	125
7	115	220	4 400	125
8	105	230	4 400	125
9	105	235	4 600	125
10	105	220	4 600	125

14. X 产品的需求曲线为 $Q=2\,000-20P$。

(1) 价格为 10 元时，销量为多少？

(2) 在价格为多少时销量可达到 2 000？销量为 0 时的价格是多少？销量为 1 500 时的价格是多少？

(3) 写出以 Q 为自变量表示的总收入和边际收入方程。

(4) 价格为 70 元时总收入为多少？边际收入为多少？

(5) 价格为 70 元时的点弹性为多少？

(6) 当价格降为 60 元时，总收入、边际收入以及点弹性各是多少？

(7) 价格为多少时需求弹性为 1？

15. 2004 年 1 月 1 日某城市交通局将公交车的票价从 1 元提高到 1.15 元，结果发现乘客人数从 2003 年的 67.2 万降到 62.3 万。

(1) 交通局的收入会发生什么变化？

(2) 公交运输的弧弹性是多少？

16. 某时装公司对其知名品牌女装的广告预算从 2003 年的 1 万元增加到 2004 年的 1.50 万元，而每件服装的售价仍是 120 元不变，服装销量从 900 件增加至 1 050 件，计算这种服装的广告弹性。该公司的做法是明智之举吗？

第6章 需求估计与预测

学习目标

学完本章之后,读者应该能够:
- 识别用于估计需求方程的回归模型的各个部分;
- 解释回归结果(例如,从数量上解释影响需求量的诸多因素的变化情况);
- 解释 R^2 的含义;
- 运用 t 检验及 F 检验判断回归方程各个解释变量系数的统计显著性;
- 认识获得在需求方程中用于描述消费行为的截面数据以及时间序列数据的挑战性;
- 解释预测技术在商业活动中的重要性;
- 描述 6 种不同的主要预测技术;
- 学会如何实现最小二乘估计,并将其分解为趋势项,季节项和周期项以及随机扰动项;
- 掌握基本的平滑预测方法,比如移动平均数和指数平滑。

6.1 需求估计

在前面的章节中,我们从理论上分析了需求函数。我们说明了每一个决定需求的因素是如何影响消费者购买某种商品或服务总量的。这些因素包括价格因素和非价格因素,比如品味、偏好和收入。我们构造了数据算例来解释弹性的概念。弹性是测度需求量随价格因素以及非价格因素变化的稳定性的重要工具。尤其是对于经理人,不论他们选择何种工具和数据来解释、预测需求,弹性分析有着重要意义。试想,如果沃尔马企业的管理者能够预测由中国消费者饮食习惯的变化所带来的对于康师傅方便面消费量的影响,这对沃尔玛企业食品销售经济效益无疑是十分重要的。同样地,如果制造 LCD 电视的厂商能够准确地预测第六和第七代液晶显示器的销量,对他们获得理想的电视市场销售份额将会起到重要的作用,它会帮助企业准确地选择最优的投资战略,以及进行最有效的运营管理。

本章将给出两个重要的统计方法来估计一种产品的需求。考虑到在大多数商学院的必修课程中都会涉及这两种方法,并且现有的很多计算机软件使得管理者运用回归以及其他预测技术研究需求变化变得相对容易,所以本章旨在给出一个综述,讨论如何在各种类型的研究中运用这些技术。当然,掌握了这些技术并不意味着可以忽视获得高质量的数据,对模型结果的正确解释,以及利用结果进行最优决策的重要性。这些因素是本章的核心所在。让我们先从获得高质量数据的重要性的讨论开始,不论管理者运用什么样的统计分析,获得高质量的数据始终是第一位的。

6.1.1 获得高质量数据的重要性

当开始把计算机用于商业运营与分析的时候,人们常常被提醒可能出现"输入垃圾,输出垃圾"。这可以用来形容数据的重要性:统计分析的质量首先取决于被选用的数据样本的精确性和适宜性。

为了对国家、地区以及厂商进行经济研究,应该事先准备好可以获得的可信数据(比如,国民生产总值、利率、汇率和企业产出等)。这些数据通常可以从国家统计局、外汇管理局以及世界银行等政府部门以及经济研究机构获得。但是,用于分析特定种类产品的微观数据(比如对某种馅饼或手机的需求)则是很难获得的。

在中国提供市场研究服务的大公司有麦肯锡、埃森哲以及长城咨询。麦肯锡一直推行全球战略,埃森哲则在近几年进行海外拓展。可以通过访问他们公司的网站获得他们提供的服务的详细信息。他们的客户大多数是食品以及软饮料公司,产品大多数为快餐。这个网站同时也提供了大量的文章,这些文章是关于消费市场的分析,比如分类管理,新产品推广策略等,以及在全世界不同国家和地区间消费者行为的比较分析。

对于市场研究者,有很多方法可以识别消费者真实的行为。可以用最为直接的面对面(比如对在购物中心排队准备购物的人们)调查或者通过电话进行问卷调查,还有一种更直接的方法,就是追踪特定消费群体调查。

麦肯锡公司分析和测度消费者行为的另一种方式是让消费者参与一种平行调查。志愿者在这项活动中配有一个扫描器,扫描器通过扫描条形码可以记录他们购买的商品种类和数量。事后,调查者通过与电话相连的调解器将扫描数据传输给咨询公司。

技术的发展使得零售商搜集、存储或编制大量关于消费者行为的数据信息成为可能。编码,比如条形码是通过读码器转换成数据为厂商所有。最近,RFID(声品解码计算芯片)技术将使零售商更容易追踪并储存他们的存货和销售情况。沃尔玛——世界上最大的零售业公司,已经委托它的大部分供应商为其产品装配这种设备。沃尔玛已经建立了一个数据库用于存贮每个消费者每天在每家商店的消费信息。这种信息数据库据说仅次于美国政府的信息库。

不管数据如何,经济学家用来估计需求最常用的方法是回归分析。这种方法除了应用于需求估计,也用于生产和成本函数的估计(见第7、8章)。当然,回归分析同样可以用来估计宏观变量,比如消费、投资、国际贸易和利率。在下面的各节里,我们将简要地解释什么是回归分析以及如何解释回归分析的结果,然后讨论如何利用回归结果进行企业决策。更为全面的讨论,包括回归的理论基础,请参阅相关的统计和计量经济学教材。我们在这里仅仅给出一个关于回归的概要而并非理论与方法的系统介绍。

6.2 回归分析在企业管理中的应用

6.2.1 回归方程的识别以及数据的获取

在估计某种产品的需求时,首先要考虑可能影响需求的各种因素。假设我们要估计中国大学生对牛肉馅饼的需求,什么变量最可能影响他们对牛肉馅饼的需求呢?我们应该利用第 3 章中列出的影响需求的价格因素和非价格因素来回答这个问题。(品味和偏好、收入、相关产品的价格、对未来的期望以及购买者的数量)。但是,在一个特定的产品需求分析中是不太可能包括以上所有变量的。比如,在考虑馅饼的需求时,我们不太考虑未来预期的影响,因为它不是一个关键性因素。另外,偏好与品味这一变量要进行数量上的描述是很难做到的。例如,低碳食品的流行对于馅饼的需求可能带来冲击,但是要想测度这种冲击是非常困难的。

在理想状态下,所有影响需求的变量都应该包含在需求函数分析中。但是,在实际研究工作中,我们不得不考虑数据的易得性,以及获得新数据的成本。在回归分析中有两种类型的数据:截面数据和时间序列数据。截面数据是反映在某一给定时点,所获取的各个变量的信息;而时间序列数据则是反映所考虑的变量随时间变化的情况。为了便于分析,假设我们想知道在某年某个月在大学校园里生活的大学生对牛肉馅饼的消费需求情况。具体做法是,在全国随机抽取 30 所高校校园进行调查,得到如下截面数据。

该截面数据包括如下信息:(1)每个校园里学生每个月平均消费馅饼的数量;(2)在校园周边不同馅饼店出售馅饼的平均价格;(3)学生每年支付的学费;(4)馅饼店出售饮料的平均价格;(5)校园的区位(城市、郊区还是农村)。表 6.1 给出了假设的调查数据。表中 Y＝馅饼需求量,X_1＝馅饼的价格,X_2＝学费,X_3＝软饮料价格,X_4＝大学的区位。

表 6.1 牛肉馅饼需求的样本数据

学校	Y	X_1	X_2	X_3	X_4
1	10	100	14	100	1
2	12	100	16	95	1
3	13	90	8	110	1
4	14	95	7	90	1
5	9	10	11	100	0
6	8	110	5	100	0
7	4	125	12	125	1
8	3	150	10	150	0
9	15	80	18	100	1
10	12	80	12	90	1
11	13	90	6	80	1
12	14	100	5	75	1
13	12	100	12	100	1
14	10	110	10	125	0

续表

学校	Y	X_1	X_2	X_3	X_4
15	10	125	14	130	0
16	12	110	15	80	1
17	11	150	16	90	0
18	12	100	12	95	1
19	10	150		100	
20	8	150		90	
21	9	150	13	95	
22	10	125	15	100	1
23	11	125	16	95	
24	12	100	17	100	
25	13	75	10	100	
26		100	12	110	
27	9	110	6	125	0
28	8	125	10	90	
29	8	150	8	80	
30	5	150	10	95	0

选择以上这些变量的原因是基于需求经济理论。所以，变量中包括了馅饼的价格和其互补品——软饮料的价格是必要的。但是，有时研究者在选择解释变量时必须表现出一定的创造性，比如由于某大学学生的平均家庭收入数据比较难以获得，可以考虑用其他的变量来替代，那么学费就可以作为替代变量。区位变量用一个虚拟变量表示，用来反映馅饼的替代品对馅饼需求的影响。其中的经济学含义是坐落于城市中心大学的学生在饮食上可能会有更多的选择，这对馅饼的需求量构成反向的影响。利用这些数据，我们给出如下待估计的线性回归方程：

$$Y = a + b_1 X_1 + b_2 X_2 + b_3 X_3 + b_4 X_4$$

式中 Y 表示馅饼的需求量，a 表示截距项，X_1 表示馅饼的平均价格，X_2 表示每年的学费（千元），X_3 表示软饮料的平均价格，X_4 表示校园的区位（1 表示在市中心，0 表示其他）b_1，b_2，b_3，b_4，是解释变量的系数，表示该变量对馅饼需求量的影响程度。

馅饼需求量 Y 又叫因变量，X 称为自变量或解释变量。值得注意的一点是变量单位的选取。研究者应为回归方程中包括的各个变量选择适当的度量单位，本例中馅饼的价格单位是分，学费的单位是千元，区位变量为虚拟变量，取值 0,1。现在，方程已经设定好了，我们可以利用各种用于回归分析的软件来估计回归方程中的各个参数。

6.2.2 回归系数估计与解释

在众多适用于经济学家进行需求回归分析的软件中，最常用的有 SPSS、SAS、LIMDEP 和 MicroTSP。我们利用 Excel 中的回归函数功能估计馅饼的需求函数方程。尽管它只包含一些最基本的统计信息（比如不含 DW 检验），但是我们认为已经足够进行典型的回归分析，可以充分地满足大多数企业管理的研究。另外，较之其他的统计专业软件,Excel 更易获得。

利用 Excel 的回归分析功能,我们估计出了馅饼的需求函数,结果如下:

$$Y = 26.67 - 0.088X_1 + 0.138X_2 - 0.076X_3 - 0.544X_4$$
$$(0.018) \quad (0.087) \quad (0.020) \quad (0.884)$$

$$R^2 = 0.717 \quad Y\text{ 的标准误} = 1.64 \quad \bar{R}^2 = 0.67 \quad F = 15.8$$

(括号内是各项系数的标准差)

在解释这些结果之前,我们应该首先考虑各个解释变量对被解释变量作用的方向,也就是要考虑各个回归系数的符号。具体而言,我们可以对各个解释变量与馅饼需求量之间的关系进行如下假设。

假设 1. 馅饼的价格和馅饼的需求量负相关(即 X_1 的系数应该是负的)。

假设 2. 如果将学费作为家庭收入的替代变量,馅饼可能是正常品也可能是次品。所以,我们只能认为学费对馅饼的需求是有影响的,但我们不能事先判定影响的方向如何(即 X_2 的符号可正可负)。

假设 3. 软饮料的价格对于馅饼的需求量有反向的影响(即 X_3 的系数也是负的)。

假设 4. 我们认为区位因素 X_4 对馅饼需求量有反向的作用。

我们现在来分析回归方程的结果。你会注意到 X_1 的系数是负的,根据需求法则,这是我们预先期望的,馅饼的需求量与馅饼的价格成反向变化,这就是负号的含义。学费变量的系数为正,表明馅饼需求量与学费正相关,能够负担起高额学费的学生对于馅饼的需求也比较大,所以我们可以认为馅饼是正常品。当软饮料涨价时,学生对馅饼的需求会减少。反之,软饮料降价会导致馅饼需求的增加。最后,表示区位因素的虚拟变量的系数是负的(-0.054),表明在市中心校园里生活的学生对馅饼的需求要少于非城市中心校园里的学生对馅饼的需求,具体地说仅为乡村校园生活的学生对馅饼需求的一半稍多。

下面我们给出回归系数的经济学意义的解释。每一个估计出来的回归系数表示:当解释变量每变化一个单位,馅饼的需求量平均变化的数量。比如,$b_1 = -0.088$ 表明价格每增加一个单位,馅饼的需求量将减少 0.088 个单位。因为价格单位是分,所以价格每提高 1 元,馅饼的需求量将平均降低 8.8 个。对所有学生来说,学费每增加 1 000 元,支付较高学费的学生对馅饼的需求比支付较低学费的学生多 0.138 个。

这些回归结果会随着软饮料价格及区位因素的变化而不同吗?

通过比较不同研究的结果,一个有经验的研究者对他所熟悉的回归方程中各个回归系数是高估还是低估会有一个比较准确的把握。但是,如果没有其他相似的研究结果用来比较,研究者只能采用需求弹性来测定解释变量对需求量影响的大小。

从第 4 章里我们对需求弹性的讨论可知,某一变量对需求的点弹性为:

$$E_x = \frac{dQ}{dx} \cdot \frac{x}{Q}$$

这里 Q 表示需求量,x 表示影响需求量的某一变量(比如价格或者收入)。

在本例中,假设解释变量有如下值:

馅饼价格 $X_1 = 100(1 元)$;

每年的学费 $X_2 = 14(14000 元)$;

软饮料价格 $X_3=110(1.1$ 元)；

校园区位 $X_4=1$(城市中心)。

对回归方程中的变量赋予这些值,得到

$$Y = 26.67 - 0.088(100) + 0.138(14) - 0.076(110) - 0.544(1)$$
$$= 10.898 \text{ 或 } 11(\text{取整数})$$

下面计算点弹性,把需求量 Y 对各解释变量求偏导数,我们即可估计出下列弹性。

价格弹性：$-0.088 \times \dfrac{100}{10.898} = -0.807$

学费弹性：$0.138 \times \dfrac{14}{10.898} = 0.177$

交叉价格弹性：$-0.076 \times \dfrac{110}{10.898} = -0.767$

从以上结果可知,馅饼的需求对价格是缺乏弹性的,馅饼的需求与软饮价格的交叉弹性也小于 1,学费的需求弹性(相当于收入需求弹性)仅有 0.177,相对较低,说明学费对馅饼需求的影响甚微。

6.2.3 回归结果的统计分析

上述回归分析结果是基于从全国高校抽取 30 个学校学生为样本分析得到的。那么在多大程度上我们可以相信估计的结果能够真实地反映了全国学生群体对牛肉馅饼的需求情况呢？对每一个回归系数进行统计显著性检验的一个最基本的方法就是 t 检验。从本质上讲,t 检验就是计算回归系数的 t 值或称 t 统计量。相当于用的回归系数的估计值除以该回归系数的标准误。即

$$t = \frac{\hat{b}}{\hat{b} \text{ 的标准误}}$$

正如一般回归分析的做法一样,我们将牛肉馅饼需求的回归方程系数的标准误都放入方程下方的括号内,为了解释 t 值,我们选用 t 分布表。经济分析中习惯上选用 0.05 的显著性水平。这表明,我们有 95% 的把握相信我们回归方程估计的结果可以代表全国的学生对牛肉馅饼的真实需求情况。在估计中,我们还需要知道自由度。自由度定义为 $n-k-1$,其中 n 代表样本数量,k 代表解释变量的个数,1 表示含有 1 个常数项。所以在本例中,自由度为 $30-4-1$ 或 25。

在附录 A 中我们可以查到 t 分布表。可以看到在 0.05 的显著性水平下单侧检验的 t 值为 1.708,双侧检验的 t 值为 2.060,如果某个回归系数的 t 值大于 1.708,我们就可以认为在 0.05 显著性水平下的单侧检验是显著的,而双侧检验需要 t 值大于 2.060。最常用的方法是采用双侧检验,这意味着当 t 值的绝对值大于 2 时,估计的回归系数在 0.05 的显著性水平下不是零。

通过计算,馅饼价格以及软饮料价格的回归系数 t 值分别为 4.89 和 3.80,我们可以断言这两个变量的系数是显著非零的,而其他两个变量(区位以及学费)不显著,因为其 t 值小于 2。

如果通过了 t 检验,我们就可以认为该解释变量确实对馅饼需求量产生影响。如果没有通过 t 检验,我们可以说在很大程度上该解释变量对馅饼的需求并不产生真实影响。换言之,我们可以把没有通过 t 检验的变量的回归系数看作是零。

从统计上分析,我们的模型及检验结果确实反映出影响学生馅饼需求的主要因素。但是,我们对此结论并没有绝对的把握,因此,统计学家给出了置信水平的概念。稍后在本章中,我们会解释。利用双侧检验,我们有 5% 的显著性水平。换言之,虽然在本例中我们估计的变量系数通过了双侧 t 检验,我们仍有 5% 的可能性说我们的判断是错误的。

用于评价回归方程优劣的另一个重要的统计指标是可决系数 R^2,它测度了方程中包含的所有解释变量的变异占因变量的变异的百分比,也就是说,有多少因变量的变化是由回归方程中包括的所有的自变量来解释的。R^2 的最小值可以接近于 0(表明解释变量对因变量没有任何解释作用),也可以接近于 1,表明解释变量对因变量有很好的解释作用。对于统计分析者而言,R^2 越接近 1,回归方程的解释作用越好。

在馅饼需求的回归方程中,$R^2 = 0.717$,表明馅饼需求量的变化大约有 72% 来自馅饼价格、学费、软饮料价格和区位因素的变化。稍后我们会看到,在回归方程中添加更多的解释变量会导致 R^2 的增加。所以,统计学家倾向于用调整后的 R^2,这样便于比较不同回归方程的拟合优度。本回归方程调整后的 R^2 为 0.67。

另一个统计检验是 F 检验,它与 R^2 的作用很相似。F 统计量是用来对方程的效果进行总体检验,而不是对每一个个别回归变量的系数进行局部检验(如 t 检验)。事实上,我们可以把 F 检验看作是测度 R^2 的统计显著性。与 t 检验的程序相似,首先确定 F 检验的显著性水平,基于研究的目的不同,选择不同的显著性水平,一般情况下选用 0.05 或 0.01,然后据此确定 F 临界值。附录 A 给出了 F 分布的临界值表,这些值与样本容量以及解释变量的个数有关。F 检验涉及分子自由度和分母自由度,分子自由度为回归方程中包括的自变量的个数(不含常数项);分母自由度等于样本容量减去解释变量个数及一个常数项。所以,在本例中自由度为馅饼需求量样本容量 30 减去 4 个解释变量和一个常数项等于 25。从表 A.3 中我们可以查出显著性水平为 0.05 的 F 临界值为 2.76,显著性水平为 0.01 的临界值为 4.18。因为回归方程 F 估计值为 15.8,大于 4.18。我们可以断言,在 0.01 的显著性水平下,整个方程是显著的。

6.2.4 回归结果分析的关键步骤回顾

我们现在回顾一下,到目前为止所讨论的需求回归分析的关键步骤。方程如下:

$$Q = 70 - 10P + 4P_x + 50I$$

　　　　(3)　　　(2)　　　(30)(括号内为回归系数的标准误差)

$n = 56$

$R^2 = 0.47$

这里 $Q=$ 需求量,$P=$ 产品价格(单位:分),$P_x=$ 相关产品价格(单位:分),$I=$ 收入(单位:千元),$n=$ 样本容量,$R^2=$ 调整后的可决系数。

步骤 1:检查符号与测量单位。

价格变量 P 的系数为负号表明价格与需求量负相关,价格每增加一个单位,需求量将减少 10 个单位。反之,价格减少一个单位,需求量可能增加 10 个单位。假如提价 1 元,将导致需求量减少 1 000 个单位。

P_x 前的正号表明相关产品的价格与需求量正相关;表明相关产品是该产品的替代品;如果相关产品提价 1 分,该产品需求量将提高 4 个单位;I 系数的符号为正,表明该产品是正常品或者是高档品,这取决于收入弹性的大小。收入每增加一个单位(1 000 元)将导致需求量增加 50 个单位。

步骤 2:计算弹性系数。

为了计算弹性系数,我们需要给解释变量 P、P_x 和 I 赋一定的数值,如下:

$$P = 100 \quad (单位:分)$$
$$P_x = 120 \quad (单位:分)$$
$$I = 25 \quad (代表 25\,000 元)$$

把这些值带入前面的方程中,我们得到:

$$Q = 70 - 10 \times 100 + 4 \times 120 + 50 \times 25$$
$$Q = 800$$

利用弹性公式计算弹性系数,公式如下:

$$E_x = \frac{\partial Q}{\partial X} \cdot \frac{X}{Q}$$

利用此公式可获得

$$E_P = -10 \times \frac{100}{800} = -1.25$$

$$E_{P_x} = 4 \times \frac{120}{800} = 0.6$$

$$E_I = 50 \times \frac{25}{800} = 1.56$$

步骤 3:决定统计显著性。

利用"以 2 作为近似临界值的规则"作为 0.05 显著性水平为 t 值的近似估计,我们可以得到 P,P_x 皆为统计显著的结论,因为它们各自的 t 值都大于或等于 2(分别是 3.3 和 2)。I 在 0.05 的显著性水平下不显著,因为它的 t 值为 1.67。

另外,我们需要考虑 $R^2 = 0.47$,表明需求量变化的 47% 可以由解释变量 P、P_x 和 I 的变化来解释,尽管这不是一个精确的临界值,但它确实对回归方程起到解释作用。对于截面数据,这个 R^2 有点偏高。

6.2.5 利用回归分析进行管理决策

在企业管理实践中,任何统计分析,包括回归分析,都有一个基本要求,其目的就是帮助经理人作出好的决策。在我们的馅饼案例中,研究结果表明,馅饼价格以及其互补品软饮料的价格是影响馅饼需求量的关键性因素,其弹性系数都小于 1 并且都通过了 t 检验。这对馅饼行业有什么意义呢?首先,这些分析结果告诉我们在其他因素不变的情形下,价格下降将导致利润下降。所以企业不会为提高销售量而选择降价。但是,企业会试图对软饮料降价,这样会使更多的人购买馅饼。

在统计分析中,研究未通过 t 检验的那些变量与研究通过 t 检验的变量同等重要。在本例中,区位因素和学费对馅饼需求量的影响都是统计不显著的。另外,由于它们系数的测度单位相对较小,所以对馅饼连锁店,如台湾地区手抓饼的经理来说,这将导致他们在选择店址的决策中不会考虑学校类型及其区位。

希望这些总结能对前文有所补充,对那些想要了解回归分析在商业决策中的应用的读者有所裨益。在本章余下的篇幅中会继续进行一些细节上的讨论。

6.3 回归分析中存在的问题

在某些情况下,在定量分析需求量与各个影响因素之间关系的过程中,即使利用最好的数据和最新的计算机软件也不能够弥补统计分析中的问题,我们择其三个最重要的方面进行阐述。

6.3.1 问题识别

问题的识别可能是利用回归分析估计某种产品或服务的需求方程中最具挑战性的问题。为了更好地解释这一点,我们回顾馅饼需求的案例。假设我们有过去 20 年馅饼销售量和价格的时间序列数据。图 6.1 给出了数据的散点图。注意到这些散点呈现出有正向的斜率,利用最小二乘估计可以找到这一典型的关系。难道这意味着消费者是不理性的,以至于选择在更高的价格下消费更多的馅饼吗?常识让我们不得不对此有所怀疑。但是,为什么需求方程的斜率会是正的呢?细心的读者可能会意识到我们估计的需求方程很可能是一个供给方程或者是供给与需求双方移动的轨迹方程。如图 6.1(b) 所示,如果供给曲线 20 年不变,需求增加,需求曲线向右上方移动(随着收入增加,消费者数量增多,以及更加偏好该产品等因素的改变),那么回归方程所反映的是供给曲线 S_1;如果供给增加,需求也增加并且强于供给的增加,那么需求估计就是变化的 S 和 D 相互作用的结果,如图 6.1(c) 所示;图 6.1(d) 给出了另一种可能,供给的变化大于需求的变化,所以估计出的回归曲线是向右下方向倾斜的。尽管如此,估计出的需求曲线比逐年右移的真实的需求曲线要平坦,这样的话,回归得到的价格与需求量之间的关系就有一定程度的偏差,可能导致在馅饼消费中表现出比真实情况更大的价格弹性。

可采用较高级的估计方法,比如两阶段最小二乘法,间接最小二乘法来解决函数的识别问题,这些方法可以帮助研究者处理需求与供给同时变化的情况。从本质上讲,这些方法就是在考虑供给与需求同时变化的情况下,估计需求方程或供给方程。对这些方法的深入讨论超出本书的范围,但是我们要多说明的一点是,如果研究者对方程的存在识别问题没有正确的认识或采取适当的处理,仅仅采用普通最小二乘法会导致有偏差的估计。

6.3.2 多重共线性

在构建多元回归模型时,一个关键性的假设是各个解释变量之间不存在系统性的关

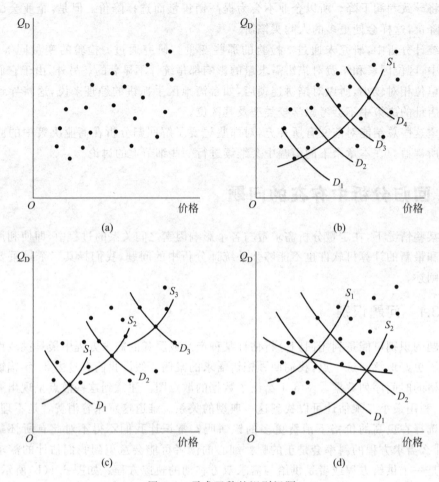

图 6.1 需求函数的识别问题

系,如果此假设不满足,可能导致解释变量的系数反映不了该解释变量对因变量的贡献。比如,一个回归方程利用价格、收入以及教育水平来解释进口豪华轿车的需求量,这里教育可以作为偏好的替代变量,假设那些受过高等教育的消费者对进口豪华轿车有更高的偏好。但是,当我们仔细推敲会发现收入和教育是有密切关系的。在一般情况下,受教育程度越高的人收入水平越高。如果二者同时增大或减少,利用最小二乘法估计出的回归系数,很可能给其中一个变量回归系数的值估计得很高,而对另一个系数的值估计得很小,或者估计的两个变量的回归系数都很小。事实上,如果两个变量高度相关,那么很难分清楚它们各自对因变量的贡献的大小。我们把这种情形称为回归方程存在多重共线性。

如果一个方程通过了 F 检验,但是却没通过 t 检验,这通常意味着样本数据可能存在多重共线性。多重共线性还可以利用相关函数来进行检验,检验两个变量的线性相关程度。一个常识性的判断是如果相关系数高于 0.7,那么我们就可以认为存在着多重共线性。

多重共线性是回归分析的一个比较严重的问题,它将导致回归系数标准误的偏大,使

t 值减小,从而检验的结果是很难拒绝原假设,导致回归系数不显著的结论。

应该指出的一点是,如果研究者仅仅是想利用估计出的回归方程对因变量进行预测,多重共线性并不会带来严重的问题。只有当研究者想要仔细推敲方程所反映的经济结构时,那么统计检验存在的问题应予以充分考虑。大多数计算软件会自动报告回归方程中变量的相关系数矩阵。对于多重共线性的一般解决办法是在方程中去掉相关性很高的解释变量中的一个。

6.3.3 自相关性

在利用时间序列数据时,自相关是一个常见的问题,自相关也称为序列相关。我们利用只含一个解释变量的简单回归来说明这个问题。本质上,当被解释变量 Y 以某种形式与解释变量 X 有关时,可能就会存在序列相关的问题。例如,如图 6.2(a)所示,随着 X 的增加,Y 以一定的带有系统规律性的形式偏离回归曲线。换言之,残差项,即观测值 Y 与给定 X($\hat{Y}$)得到的估计值 $\hat{Y}$ 的差,该值呈现出正负交替而且振幅相当的现象,如图 6.2(b)所示。

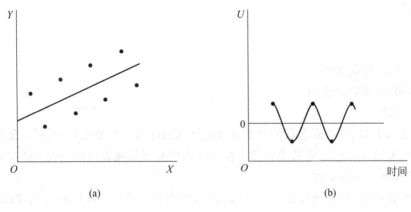

图 6.2 自相关问题

导致自相关性的原因之一是方程中可能有遗漏的重要解释变量,也可能是因为方程中变量之间的关系是非线性的。如果不考虑这些因素,方程中存在自相关性将会导致 t 检验无效。简单地说,残差自相关的存在会增大原假设被拒绝的可能性,这是因为自相关性会导致回归系数标准误变小。由 t 统计量的定义 $(\hat{b}-b)/SE_{\hat{b}}$ 可知在其他因素保持不变时,标准误变小,t 值增大。所以,在存在自相关的情形下,研究者容易对一个本来对因变量没有解释作用的解释变量误认为有很重要的解释作用。比如,如果本来广告对于需求没有显著的影响,但是如果研究者模型中存在着序列相关,那么企业很可能盲目地相信广告的作用,去加大对广告的投入,而放弃一些正确的策略比如提高企业声誉、改变产品分布渠道以及价格策略等。

单纯观察残差序列是很难识别自相关性的。一个对序列相关的标准检验是杜宾—沃顿检验(DW 检验)。DW 检验在常用的统计软件中都会给出检验结果报告,和 F、t 统计量一样,我们以表格形式给出了 DW 检验显著性水平为 0.05 的临界值表。见附录 A.5。在这里我们可以同样给出一个利用 DW 统计量简单判断序列相关的方法。如果 DW 统计量约等于2,我们就可以认为不存在自相关性,如果存在自相关,研究者可以对分析的样本数据进行一阶差分处理或者增加样本容量。

6.3.4 国际应用案例：西班牙食品业与美国达拉斯市小学生麦当劳快餐业

对于诸如麦肯锡、埃森哲以及长城咨询等公司给出的关于消费需求的回归结果我们很难保证其精确性。回归分析对这些研究者来说是最为有用的工具之一。但是,他们所做的每一项研究都是专有的,读者们应该相信在他们相对准确的研究中所使用的某些回归方程与本章中展示的方程极其相似。但是,大多数学者的研究都是面向公众的,我们在此挑选了两项研究,主要是因为这两个研究作为分析境外的消费行为是很好的例子。

例1：西班牙基本食品的回归分析

我们给出一项关于西班牙从1964年到1991年对六种食品的时间序列分析。这六种食物分别是：

1. 面粉以及谷物；
2. 肉类；
3. 鱼；
4. 牛奶、乳制品和蛋；
5. 水果、蔬菜以及土豆；
6. 食用油。

研究结果表明,食物需求量的改变不仅受到现期收入与价格的影响,而且还和未来收入与价格预期有关。西班牙的消费者对食物的消费并不是随着价格和收入的变化立即调整,而是表现出一种滞后性。

在六种食物中,只有肉类是高档品,其收入弹性为1.54；在其他的5类食品中,只有水果和蔬菜的收入弹性接近于0.9,而食用油的收入弹性是最低的,只有0.35。在自价格弹性方面,肉类表现出最高的价格弹性为－0.8,其余食品的自价格弹性也是负的。所有变量都通过了t显著性检验,表明系数显著非零。所有的交叉弹性都很低,统计上不显著,表明在这些产品中不存在很大程度的替代性。也有结果例外,鱼和肉的价格交叉弹性值是最大的,其t检验的结果显著,方程的R^2相对较高,为0.63。

例2：美国达拉斯市小学生麦当劳快餐需求的回归分析

下面的时间序列分析是基于对美国达拉斯市小学生进行的麦当劳快餐需求的调查研究,这项研究中不但考虑了收入、价格因素,而且还考虑了一些反映低热量饮食运动对小学生麦当劳需求影响的因素。选用从1966年到1995年跨度为30年的数据。待估计的回归方程如下：

$$C_t = a_0 + a_1 P_t + a_2 Y_t + a_3 H_t + a_4 X_t + e_t$$

其中C_t＝平均每个小学生每年的巨无霸消费量；

P_t＝平均每个巨无霸的价格；

Y_t＝人均可支配收入,以台币计；

H_t＝长期食用巨无霸对健康影响的测度；

X_t＝其他因素；

e_t＝随机残差项；

a_{1-4}＝回归系数。

另外，对达拉斯市小学生的巨无霸需求和用于出口的巨无霸需求方程分别进行估计。除了加入了一个残差项之外，对方程的处理与之前相似。在达拉斯市小学生巨无霸需求的方程中，价格交叉弹性反映了巨无霸出口的价格。在巨无霸出口的需求方程中，也包含了达拉斯的巨无霸价格。方程中包含两项与健康有关的因素。

（1）低热量巨无霸的市场份额；

（2）1992年达拉斯市开展了平衡小学生饮食结构计划。在这个计划中，主张通过增加蔬菜水果的消费来降低高热量食物的消费，目的是降低小学生中肥胖儿童的比例。为了反映这一变化，回归方程中采用一个虚拟变量，0表示在1992年之前没有低热量食物消费宣传时期，1表示之后进入了低热量食物消费计划。还有一些解释变量比如滞后消费量、巨无霸出口的市场份额、女性劳动力。

方程的估计结果如下：

自价格弹性在－0.6到－0.5之间；

收入弹性在0.14到0.22之间；

低热量巨无霸的需求弹性为－0.04。

所有这些变量在显著性水平为0.01或0.05的标准下都是显著的。摄入过高热量食物不利于儿童健康的宣传变量的回归系数也是负的，但是统计上不显著。出口巨无霸的系数是正的，且在0.1的水平下显著。

当分别考虑达拉斯市巨无霸需求和出口巨无霸需求时，回归得到的结果很相似。交叉弹性在两个方程中都是正的，表明二者互为替代品。所有方程的可决系数都令人满意。单个方程的可决系数为0.91，在分别估计达拉斯本市和出口巨无霸需求时，两个方程的可决系数分别为0.71和0.88。

6.4 预测

多年以前，笔者记得曾在一家大的制造商的市场部办公室外的墙上看到过一个海报。上边有这样的话："预测难，因为是关于未来的。"我们可以对此给予这样的补充："精确的预测难于上青天。"这句话是很有道理的。但是，尽管预测以及精确的预测工作很有难度，它却是我们生活中不可分割的一部分。大部分人都会看天气预报，很多股民喜欢看客户经理作出的对某支股票的预测结果，并为此支付一定的费用，尽管他们知道预测结果的准确性可能是很糟糕的。甚至在最普通的生活中，我们也是不经意地作出预测，比如我们参与购买彩票或是赌马的活动，或者我们在离家时决定是否带雨伞。

对于商业机构，政府以及其他一些非营利组织，相对来说预测更为重要。在当今世界，这些机构所处的环境变得越来越复杂，变化越来越快。这使得决策者需要在权衡各方面利益以及理解各种因素之间关系变化情况，才能作出正确的决策。想要充分利用现有资源以及获得更多的资源就需要得到最多的关于企业未来的信息。

要知道所有的企业采取各种决策都是基于带有不确定性的客观环境。或许预测的主要功能就是为了降低这种不确定性,但是不管为预测付出多大的代价,如果没有预测,我们就更不可能把我们所面对的不确定性做丝毫的降低。许多在工作中使用预测手段的经理人应该清楚知道的是,预测究竟能为正确的决策做出多大贡献?预测并不是决策的替代品,只是为决策过程起到辅助作用。

6.4.1 预测的内容

商业上很多方面的信息需要通过预测得到。在最后的分析中,公司对未来的销售与利润最感兴趣。但是,想要对销售和利润进行预测,首先要作出一系列其他必要的预测。在这一部分中,我们将为读者描述不同类型的预测,从宏观预测到个人预测。

对国内生产总值的预测——描述了一国一年的总产品和服务。

- 对 GDP 各个组成部分的预测——比如消费支出,厂商的投资支出,固定资产支出。
- 商业预测——比如为全球食品行业作出的预测,包括软饮料、瓶装水以及其他各种产品的销量预测。
- 对特殊产品的销量预测——比如健怡可乐。

需求估计和需求预测

在本章之初,我们讨论过需求估计的回归分析,在需求预测和估计之间有很多相似的地方。二者主要区别是分析的目的不同。

一个是想要知道需求量影响因素及其影响程度的经理人可能对需求的估计方法感兴趣。比如,一个经理人可能想要知道俱乐部对碳酸饮料提价时对需求量会有什么影响,其他竞争产品提价会对需求量产生什么影响,公司的广告支出会对产品的销售量产生什么影响,等等。

一般而言,预测并不关心影响需求量的因素以及如何对它们进行解释,而是得到关于未来销售量的信息,以及对解释变量作出最可能的假设。事实上,本章中有些预测并未用到任何解释变量,而是单纯地对过去发生的值进行外推预测。

6.4.2 一项好的预测应具备的先决条件

一项好的预测应该满足如下条件。

- 一项预测必须与其他商业条件保持一致。比如,一项预测结果表明销售量会增长 10%,那么必须有充足的生产设备和劳动力来保证实现这一产量。
- 一项预测与历史的情况是分不开的。尽管当出现结构性的变化时,历史数据可能对我们预测用处不大,还有可能是我们根本就找不到历史数据,比如我们在处理一项新产品或者新技术时,对其过去一无所知,那么预测者只能关注未来的信息。在一些情况下,预测纯粹依赖专家的判断与推测。
- 预测者必须考虑经济与政治环境以及二者的潜在变化。

- 预测必须有时效性,一项推迟公布的预测报告不管多么准确也一文不值。

6.4.3 预测方法

面对许多不同的预测方法,困难之一是选择一个适当的方法,方法和所待预测的对象以及预测者本身有密切的关系,我们给出一些值得考虑的因素。

(1) 关于预测项。预测项是否为自身历史状态的一种延续,还是出现了拐点?

(2) 各种不同预测方法的比较。经理人必须判断成本与收益的关系,如果一项便宜的预测能够达到预期的效果为什么要选择贵的呢?

(3) 可得的历史数据量。

(4) 完成预测所允许的期限。有时候时间紧迫,不得不选择能够迅速完成的预测。

这里必须提及的另一点是关于预测精度和成本。一般而言,对预测的精度要求越高,所用到的预测方法就越复杂,这意味着预测成本的增大。当然,经理人可以不惜重金得到精确度较高的预测,但是,实证分析表明,简单的预测方法并不一定导致低的预测精度,所以,笔者反对舍弃简单的预测方法而一味追求方法的复杂性。

预测方法的分类有很多方式,我们给出如下五种类型:

1. 专家意见;
2. 意见调查以及市场研究;
3. 支出计划调查;
4. 推测;
5. 计量经济模型。

在如下的篇幅中,一些方法可以划为定量的,其他的属于定性的。定性的预测是基于个人或一组人的判断,定性预测的结果可能以数值形式给出,但是通常不是基于历史数据。

相反地,定量预测一般是基于历史数据的,定量预测方法可以是单纯性的趋势外推或者是含有解释变量的。单纯性预测仅仅是历史数据的外推,解释性预测试图通过解释变量与待预测变量的函数关系进行预测。

尽管判断性的定性预测很常用,但是数量分析方法已经迅速地被研究者所采纳。一项调查显示,有60%的公司在预测中利用时间序列外推分析方法;24%的公司采用因果分析模型进行预测;8%的公司采用定性预测方法。这项调查包括经营不同业务的公司(市场、生产、财务、销售)。在被调查的公司中,有78%公司声称它们之间经常定期地检查他们所作的定量预测的结果,必要时它们会把定量分析与定性分析结合起来进行最终预测。而在早期的调查结果表明,在制造业中采取的预测方法主要是以定性分析为主。

1. 专家意见

很多类型的预测方法可被划为专家意见。我们在这里只讨论两种。

企业董事长调查意见:预测来源于一组企业的董事长或一家企业各子公司或各个部门的主要负责人,这一直是一个很成功的预测方法。但是,存在的一个弊端是如果调查组的成员中某个被调查者立场不够坚定,并且对预测内容知之甚少,则他的意见会影响预测结果的准确性。与此相似的方法是征求推销员的个人意见,但是,通常而言销售人员中有持悲观态度有持乐观态度的人,加之他们可能对能够影响需求的基本经济要素情况了解甚少,因此他们的预测常常会有很大的偏差。

德尔菲法:这个方法是由兰德公司在20世纪50年代研发的。最初应用于技术趋势的预测,德尔菲法同样是利用一组专家,但是专家之间是彼此隔离的,没有交流。整个过程是伴随一系列的书面问题与回答。尽管在过去,这样的互动过程可能浪费很多时间,但是计算机的出现以及电子邮件的利用使得这个过程变得很容易实现,互动过程一直进行到答案渐渐得到统一,最后产生一致性意见。有一个早期的研究案例,其中要求对6个对象进行未来50年的预测,包括有科学的突破性进展、人口增长率、汽车、宇航事业,以及未来的武器系统。

尽管德尔菲法取得了一定的成功,还是存在缺点:"置信不足,结果对模糊问题过于敏感,专家不同则结果不同,专家意见正确性难以度量,不可预期的因素无法预测。"但是长期以来,德尔菲法预测并没有因以上批评而显得逊色于其他预测方法。

2. 意见调查以及市场研究

你可能对意见调查很熟悉,因为我们大多数人都接受过不止一次的电话抽样询问,或问卷调查,要求我们评价一个产品,或一个社区提出的一项新的主张。不同于咨询专家,意见调查反映了某一人群的行为,他们的行为通常能够决定未来趋势。在本章中,我们将会看到定量的方法并不一定能反映这种趋势。

选择有代表性的样本极其重要,因为利用没有代表性的样本将导致完全没有意义的结果,另外调查的问题必须简洁明确。通常一个问题会出现多项选择,以打钩的形式作答。

市场研究和意见调查差不多,在市场营销学的教材中可以找到详细的介绍。市场研究会给出"为什么消费者选择买或不买某种产品,而且什么样的人会买,购买者如何利用产品以及产品的哪种功能消费者认为最重要,这是购买的主要原因"。这些信息可以用来估计市场潜力以及产品可能的市场份额。

3. 支出计划调查

与意见调查和市场研究相似,消费计划调查也要收集数据。但是,意见调查和市场研究通常是对个别公司或消费者个人进行某种商品的调查,而消费计划调查是对与经济有关的宏观数据进行分析,找出有用的信息。

(1) 消费意图:因为消费在国内生产总值中所占的比重最大,多以消费态度的改变以及对相应支出的变化对企业预测构成关键性的变量。下面对两个著名的调查进行评论。

① 消费者调查,美国密歇根大学调查研究中心。这可能是最著名的消费调查之一,始于1946年,每个月进行。调查内容包括个人财务状况,一般的商业条件,以及购买条件。

② 消费者信心调查,中国消协。该调查的样本是全国范围内5 000个家庭,每个月向

这些家庭发出调查问卷,每个月的 5 000 个家庭都是不同的。结果是基于对商业环境(未来 6 个月),就业状况(未来 6 个月),以及家庭未来 6 个月的收入预期。回收的答案被分为三类,分别作为消费者信心指标、现期状况指标和预期状况指标。这些调查从 1976 年开始公布。

(2) 库存与销售预期。这是由中国社科院国民经济研究所负责的关于消费者购买力的大样本调查,每个月都要公布调查结果。

4. 推测

现在我们讨论趋势预测,之前我们把趋势预测看作是一种单纯的外推形式的预测。本节将讨论几种推测方法,它们的共同点是在不考虑数据具有的任何趋势变化的情况下,直接利用过去的数据变化趋势来推测未来。这当然是简单地假设过去的趋势会继续。下面我们考察三种推测技术:

(1) 复合增长率;
(2) 时间序列视图外推;
(3) 使用最小二乘法进行时间序列外推。

如果要预测年度数据,三种方法都适用。但是,在实际预测工作中可能要求分析月或者季度数据。如果数据有显著的季节性,就需要用到平滑的方法。我们将讨论滑动平均的平滑方法,并讨论最小二乘法的时间序列外推。

(1) 常复合增长率。

常复合增长率是一种比较简单而且在商业活动中被广泛应用的方法。可以迅速地对未来做出估计,这种方法的优点是比较适合增长率为某一常数的预测。值得注意的是,要把握使用这个方法的基本条件,避免在不适当的情况下应用此方法。

该方法最基本的做法是利用开始年到结束年的全部年度数据计算出增长率常数。同理,可以计算每年固定利率的定期存款收益。计算可以利用计算器或者通过直接查看表 A.1,见附录 A。

比如,我们利用表 A.1 对我国福建省柠檬汁销量进行外推。已知期初和期末的销量,未知的是增长率,为了解出增长率,使用如下公式:

$$(1+i)^n = E/B$$

其中 E = 期末销量;
B = 期初销量;
i = 增长率;
n = 年数。

运用以上公式计算 1994 年到 2004 年的福建省柠檬汁消费总量的变化为:$1\,954 \div 3\,892 = 1.786\,7$。

因为期限为 10 年,在表中查询接近 1.786 7 的结果,得到增长率应该略低于 6%。

那么,如果以每年增长 6%,第二年的销售量可能是 7 337 000。通过观察数据表,我们发现前期的销量远远小于这个预测值,期初的 4 年增长率在 6.5% 到 8% 之间,接下来的 4 年中,增长率在 5% 到 6% 之间,最后两年竟然低于 5%,说明增长率逐年递减。

这说明了在运用复合增长率外推时经常遇到的一个主要问题,公式中只体现变量期初和期末的两个值,期间如何波动和趋势并没有反映出来。所以在年度增长率不稳定的情况下,任何利用此方法估计的结果都是会误导决策者。

图 6.3 给出了可能发生的情况,图中除了最后一年之外,均呈现明显的递增。而最后的变化恰恰可能反映一场经济衰退。这意味着,利用以上的公式预测仅依赖于期初和期末的值,将会导致很大的偏差。

（2）时间序列视图外推。

当我们目睹一列数字时,往往很难找到有任何规律性的东西。当把这些数字描到一张纸上,这将非常有助于我们对数字变化的理解。因为数字间的关系可以通过图线直观的表示出来。

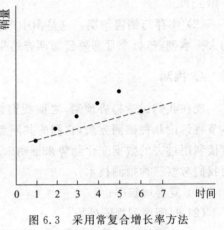

图 6.3　采用常复合增长率方法导致错误预测的例子

有两种类型的图纸,一种是在两个坐标轴上都有刻度,如图 6.4 所示,绘出了福建柠檬汁销量的增长情况。很容易利用直尺画出一条直线,很自然有一些点落在直线之上,另一些点落在直线下方。如果我们对 2005 年销售量的绝对值进行外推,我们会得到一个比较好的预测,如果这种增长反映了过去的增长情况,我们认为直线拟合的效果比较好,这是因为每年销售量增长波动都围绕着它的均值 306 000 进行的,并没有表现出任何其他的趋势。

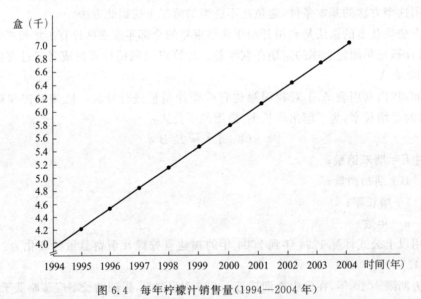

图 6.4　每年柠檬汁销售量(1994—2004 年)

另一种类型的图纸常用于表现观测数据的变化趋势,即进行半对数化处理。横轴上的刻度表示对数据进行了对数变换。在纵轴上相等距离的两个刻度表示 2 倍关系,比如

1和2,2和4,4和8等。在这种图纸上如果观测值增长率为常数,则数据点一定落在一条直线上。比如把福建柠檬汁的销量数据画在图6.5中,可以发现增长率在下降。如果利用图线进行外推,那么在这张图上将表现出增长率继续下降的推测。

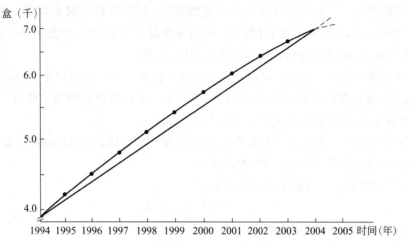

图6.5 柠檬销售量变化的半对数图

我们发现柠檬汁销量从1994年到2004年的复合增长率是6%,在图6.5中画一条表示年度增长率为6%的直线,对销售量进行外推发现由此得到的2005年的销售量将高于增长率下降预测的销售量。

如果我们按照6%的增长率估计,2005年的销售量应该是7 371 000瓶。如果利用10年绝对平均增长值30 600瓶进行预测,我们的预测结果应该是7 260 000瓶,增长率为4.4%,这一预测结果更接近采用外推线方法预测的真实值,这一预测结果看上去也更加合理。

尽管在一些情形下,这种预测很准确,但是大多数预测者更相信一种包含更多细节的预测方法,特别是软饮料季节性的变化。所以,我们将利用最小二乘法继续进行时间序列分析,并对饮料销量的季节性进行识别。

(3)时间序列分析。

在这一部分我们将运用比画图更为精确的最小二乘法进行统计分析。在本章分析需求时,我们介绍过这一方法。然而,需求方程要有一个或多个解释变量,这些变量之间的相互关系很重要。现在,我们先讨论只有一个自变量,即时间变量的情况。所以,我们说这种预测是简单的,因为它并不需要考虑其他任何的解释变量,若预测的变量仅仅是时间的函数。

尽管该种时间序列类型的预测有些机械式,但仍有很多优点。

① 容易计算,大多数软件都能计算。

② 分析者不需要太多的判断或者分析的技巧。

③ 给出的是概率意义下的最优拟合,并提供统计误差和显著性水平等信息。

④ 通常在短期预测效果很好,除非正处于一个拐点处。

虽然时间序列分析并没有考虑解释变量,但这并不意味着我们不考虑潜在的影响因素。任何一个分析者都应该在充分考虑可能的影响因素之后才能作出结论。

历史数据集往往有如下四种不同的特征。

① 趋势——数据在一段时间内表现出变化的方向,增大或减小。

② 周期波动——是指在经济条件改变情况下,数据表现出对总体趋势的背离。比如,在一段时间内观测 GDP 变化的数据,长期来看是向上的趋势,但是数据表现出围绕长期趋势上下波动,表明经济增长的快慢不同,甚至衰退。

③ 季节性波动——很多产品的产量和销量特征在一年中出现重复,如玩具销量在儿童节前陡增;流行服饰有春秋两季;在夏季,软饮料企业销售额会增加。所以,当数据频率表现出季节性规律时,在分析时要给予充分的考虑。

④ 不规则性——意外事件常常导致数据表现出与总体趋势的偏离,或者表现出"噪声"。它们的发生常常带有随机性,难以预测。

时间序列数据模型的数学表达形式为:

$$Y_t = f(T_t, C_t, S_t, R_t)$$

其中 Y_t = 时间序列的精确值;

T_t = 趋势项;

C_t = 周期项;

S_t = 季节项;

R_t = 随机项。

特别地,如果方程满足可加性:

$$Y_t = T_t + C_t + S_t + R_t$$

当然,也可能是其他形式,比如乘积形式:

$$Y_t = T_t C_t S_t R_t$$

这样,真实值 Y_t 被四个因素决定,分析者的任务就是对 Y_t 进行四个部分的分解。

我们可以回到前面讲到的预测问题中。现在,我们不仅分析 2005 年整年的情况,而且还分析每个季节的变化,整个过程总结在表 6.2 中。

表 6.2 柠檬汁的季节销量分析

(1)	(2)	(3)	(4)	(5)	(6)	(7)	(8)	(9)	(10)
季度	真实值	移动平均	中心化移动平均(CMA)	比值=(1)/(4)	调整后的季节因子	去季节趋势的数据	趋势项	周期项与非规律项	周期项
1	842				0.889	947.1	940.1	100.7	
2	939				0.991	947.5	959.4	98.73	100.74
3	1 236	973	981.1	1.26	1.229	1 005.7	978.7	102.79	99.99
4	875	989.3	999.0	0.876	0.891	982.0	998.0	98.45	100.5
5	907	1 088.8	1 020.6	0.889	0.889	1 020.2	1 017.3	100.25	99.22
6	1 017	1 032.5	1 041.6	0.976	0.991	1 026.2	1 036.5	98.7	100.61
7	1 331	1 050.8	1 056.5	1.26	1.229	1 083.3	1 055.8	102.6	100.19

续表

(1)	(2)	(3)	(4)	(5)	(6)	(7)	(8)	(9)	(10)
季度	真实值	移动平均	中心化移动平均（CMA）	比值＝(1)/(4)	调整后的季节因子	去季节趋势的数据	趋势项	周期项与非规律项	周期项
8	948	1 062.3	1 073.0	0.884	0.891	1 064.2	1 075.1	99	99.84
9	953	1 083.8	1 093.1	0.872	0.889	1 072.5	1 094.4	97.91	98.94
10	1 103	1 102.5	1 110.9	0.993	0.991	1 113.6	1 113.7	99.9	99.6
11	1 406	1 119.9	1 131.0	1.234	1.229	1 144.8	1 133.0	101.01	99.94
12	1 015	1 142.8	1 152.4	0.881	0.891	1 139.2	1 152.3	98.9	100.13
13	1 047	1 162.0	1 174.4	0.892	0.889	1 177.7	1 171.6	100.48	99.78
14	1 180	1 186.8	1 194.6	0.988	0.991	1 190.7	1 190.9	99.95	100.55
15	1 505	1 202.5	1 212.1	1.242	1.229	1 224.6	1 210.1	101.22	99.88
16	1 078	1 221.8	1 232.6	0.875	0.891	1 209.9	1 229.4	98.45	100.29
17	1 124	1 243.5	1 252.4	0.897	0.889	1 264.3	1 248.7	101.21	100.15
18	1 267	1 261.3	1 272.1	0.996	0.991	1 278.5	12 680.0	100.79	100.55
19	1 576	1 283.0	1 288.4	1.223	1.229	1 282.3	1 287.3	99.65	100.18
20	1 165	1 293.8	1 302.9	0.894	0.891	1 307.5	1 306.6	100.11	99.57
21	1 167	1 312.0	1 323.8	0.882	0.889	1 312.7	1 325.9	98.96	99.85
22	1 340	1 335.5	1 343.6	0.997	0.991	1 352.2	1 345.2	100.48	99.69
23	1 670	1 351.8	1 362.8	1.225	1.229	1 358.8	1 364.4	99.62	99.97
24	1 230	1 373.8	1 381.6	0.89	0.891	1 380.5	1 383.7	99.81	100
25	1 255	1 389.5	1 401.5	0.895	0.889	1 411.7	1 403.0	100.57	9996
26	1 403	1 413.5	1 422.5	0.986	0.991	1 415.7	1 422.3	99.5	99.93
27	1 766	1 413.5	1 438.5	1.228	1.229	1 436.9	1 441.6	99.71	99.76
28	1 302	1 445.5	1 457.0	0.894	0.891	1 461.3	1 460.9	100.07	99.79
29	1 311	1 468.5	1 477.4	0.887	0.889	1 474.7	1 480.2	99.59	100.07
30	1 495	1 486.3	1 496.0	0.999	0.991	1 508.6	1 499.5	100.57	99.53
31	1 837	1 505.8	1 515.6	1.212	1.229	1 494.7	1 518.8	98.45	99.92
32	1 380	1 525.5	1 534.3	0.899	0.891	1 548.8	1 538.0	100.74	99.85
33	1 390	1 543.0	1 555.9	0.893	0.889	1 563.6	1 557.3	100.36	100.41
34	1 565	1 568.8	1 579.4	0.991	0.991	1 579.2	1 576.6	100.13	99.81
35	1 940	1 590.0	1 598.1	1.214	1.229	1 578.5	1 595.9	98.94	100.3
36	1 465	1 606.3	1 616.8	0.906	0.891	1 644.2	1 615.2	101.84	100.29
37	1 455	1 627.3	1 638.0	0.888	0.889	1 636.7	1 634.5	100.09	100.84
38	1 649	1 648.8	1 654.5	0.997	0.991	1 664.0	1 653.8	100.58	99.74
39	2 026	166.3	1 670.4	1.213	1.229	1 648.5	1 673.1	98.56	99.8
40	1 511	1 080.5	1 688.6	0.895	0.891	1 695.8	1 692.3	100.25	99.9
41	1 536	1 696.8	1 706.4	0.9	0.889	1 727.8	1 711.6	100.9	100.34
42	1 714	1 716.0	1 727.3	0.992	0.991	1 729.6	1 730.9	99.88	99.53
43	2 103	1 738.5			1.229	1 711.1	1 750.2	97.08	99.76
44	1 601				0.891	1 796.9	1 769.5	101.59	66.46

季节性分解过程包括识别季节项，并且把季节项从真实值中剔除以便计算趋势项。我们利用移动平均的方法剔除季节波动。

第6章 需求估计与预测

第 1 列:这一列包含从 1994—2004 年 11 年的 44 个季度。

第 2 列:所有在表 6.2 中给出的季度数据。

第 3 列:去季节性的第一步是计算第一年的季度均值(例如,第一年的四个季度)。结果是 973.0,把该数字放在该列中的第 3 季度。将这个过程下移,去掉第一个季度,加入第 5 个季度,然后计算 2、3、4、5 季度的平均值,得到 989.3,把该数值放在该列的第 4 季度。以此类推,最终推算出该列的所有数值。因为最初前两个季度不足 4 个,所以第 3 列最开始的 2 个数据是空缺的。同理,该列中最后一个季度也是空缺的。

第 4 列:对第 3 列的相邻的两个数据进行修正性平均,原因是第 3 列的数据四项平均应该对应在第 2 项和第 3 项之间。比如第 3 列第一和第二个数据是 973.0 和 989.3,取其平均得 981.1。

第 5 列:现在我们可以得到季节因素了。它们是第 4 列与第 3 列的比值,把得到的数值存放在第 5 列中。可以看到,从第 3 个季节开始比值大于 1,表明是夏季,对饮料需求旺盛,相反地在紧接着的下一个季节比值小于 1,表明秋冬季节对饮料需求减少。

第 6 列:为了得到季节性指标,我们必须对第 5 列中的比值进行平均,从表 6.3 可以看出,季节性十分明显。

表 6.3 季节因子平均

年度	第一季度	第二季度	第三季度	第四季度	总和
1994			1.260	0.876	
1995	0.889	0.976	1.260	0.884	
1996	0.872	0.993	1.243	0.881	
1997	0.892	0.988	1.242	0.875	
1998	0.897	0.996	1.223	0.894	
1999	0.882	0.997	1.225	0.890	
2000	0.895	0.986	1.228	0.894	
2001	0.887	0.999	1.212	0.899	
2002	0.893	0.991	1.214	0.906	
2003	0.888	0.997	1.213	0.895	
2004	0.900	0.992			
平均值	0.890	0.992	1.229	0.891	4.002
修正平均值	0.889	0.991	1.229	0.891	4.000

第 7 列:当第 2 列中的数据真实值被第 6 列中的季节因数除之后我们得到了去季节的序列,用第 7 列存储得到的数据结果。真实值与去掉季节项之后的数据以散点图的形式绘出,见图 6.6,后一个序列和我们估计的一样,要比前者平滑。

分解程序的第一步可以表达为:$(T \times C \times S \times R)/S = T \times C \times R$。

新序列剔除了季节性,下一步是计算趋势项。

利用最小二乘法计算趋势项,把因变量去季节之后得到的数据存放在表 6.2 的第 7 列中。自变量是时间,对季度进行连续编号,最容易也最符合逻辑的编号是从 1 开始,把对季度的编号存放在表 6.2 的第 1 列作为自变量。

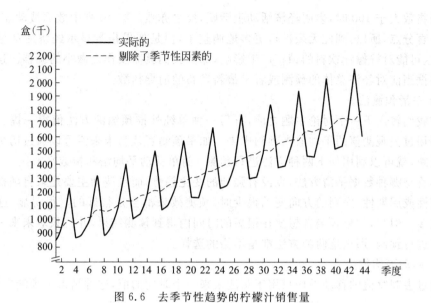

图 6.6 去季节性趋势的柠檬汁销售量

方程的形式取决于去季节之后的序列形式。理论上,去季节之后的序列应该近似一条直线,但这里我们给出如下三种表达:

直线:$Y=a+b(t)$;

指数型曲线:$Y=ab^t$;

二次曲线:$Y=a+b(t)+C(t)^2$。

尽管所有三种形式给出的拟合效果都不错,但是,最简单的直线方程在统计上是最优的。可决系数达到 0.996,解释变量的 t 统计量为 103.6,非常显著。指数型曲线和二次曲线拟合的可决系数也很高,但是,t 统计量的值相对较低。(并且二次曲线中二次项是不显著的)

直线型趋势方程是:

$$Y = 920.8 + 19.288\ 2t$$

第 8 列:我们把方程得到的趋势项的值存放在第 8 列。

第 9 列:下面我们用第 8 列中的数据除以第 7 列中的数据,得到去趋势数据,即

$$(T \times C \times R)/T = C \times R$$

这样只有周期项和随机项没有被分解。这样的数据以百分数的形式存放在第 9 列中。

周期项与随机项。到现在我们可以停止分解,开始预测了。第 9 列中的数据表现在上下 5% 的区间内呈现不规则的波动,一部分原因是由于随机项的扰动作用,这是不可预测的;另一部分是数据也可能表现出长期商业周期性的波动,为了分离周期项,我们进行另一种移动平均数的平滑操作。

第 10 列:我们不能事先决定移动平均的长度,因为每种情况都不同。在我们的例子中,选择 3 个时期滑动,如果通过滑动平均数的操作能够成功消除了随机项,那么得到的数据结果应该代表周期指数。

当指数大于100时,表明经济活动很活跃,反之亦然。第10列中数据波动非常小,小于两个百分点,所以,到此无须进行更多地调整了,但是如果指数显示经济活动呈现衰退迹象,这可能对柠檬汁饮料的销售产生影响,那么我们就需要作出微小的调整。这种调整可以根据当前对经济总体的预测或者是最新发布的前导指数。

① 平滑预测法。

在我们转入下一个讨论主题之前,有另一种单纯外推预测的方法值得一提。这种方法是利用过去观测值的平均值来预测未来。如果预测者认为未来值可以通过历史值的平均来反映,就可以利用如下两种方法进行预测:简单移动平均法和指数平滑法。

不管是哪种数据平滑方法,在没有强烈的变化趋势,而且波动主要是来自随机扰动而非季节性或周期性,序列的方向变动很少时,预测效果都会是很好的。很明显,这里限制条件太多。但是,如果预测者想要在很短的时间内得到预测结果,并且只对未来一个时期的情况进行预测,那么这两种方法都是不错的选择。

a. 移动平均数法。

对过去观察值的移动平均只用于预测未来一个时期的值,这种情形下预测方程如下:

$$E_{t+1} = (X_t + X_{t-1} + \cdots + X_{t-N+1})/N$$

其中 $E_{t+1}=t+1$ 期的预测值;

X_t, X_{t-1} =真实观察值;

N =移动平均中的观测数。

由于在福建柠檬汁的预测中表现出强烈的趋势和季节效应,所以简单地运用这种移动平均方法进行预测效果不好。为了说明此方法,我们看如下的例子,表6.4第2列中是样本数据。

表 6.4 移动平均预测

时期	真实值	3个月的移动平均			4个月的移动平均			5个月的移动平均		
		预测值	绝对误差	误差平方	预测值	绝对误差	误差平方	预测值	绝对误差	误差平方
1	1 100									
2	800									
3	1 000									
4	1 050	967	93	6 944						
5	1 050	950	550	302 500	988	513	262 656			
6	750	1 183	433	187 778	1 088	388	113 906	1 090	340	115 600
7	700	1 100	400	160 000	1 075	375	140 625	1 020	320	102 400
8	650	983	333	111 111	1 000	350	122 500	1 000	350	12 250
9	1 400	70	700	490 000	900	500	250 000	930	470	220 900
10	1 200	917	283	80 278	875	325	105 625	1 000	200	10 000
11	900	1 083	183	33 611	988	88	7 656	940	40	1 600
12	1 000	1 167	167	27 778	1 038	38	1 406	970	30	900
13		1 033			1 125			1 030		
合计			3 133	140 000		2 525	1 004 375		1750	603 900
均值			348	155 556		316	125 547		250	86 271

预测者必须决定在移动平均预测中要用到多少观测值。用到的观测值越多,平滑效果越明显。如果过去的数据含有很明显的随机性,那么当前的数据也应该如此。那么,我们应该选择较大的波动曲线。在表 6.4 中,给出三种不同移动步长为 3、4、5(月)的分析结果。结果在表示预测值的列中给出。例如,预测第 4 个时期的预测值为 967,利用步长为 3 个月的移动平均结果如下:

$$E_4 = (X_1 + X_2 + X_3)/N = (1100 + 800 + 1000) \div 3 = 967$$

三列预测值差异比较大,这种差异可以通过图 6.7 很容易看出,由于观测值包含在移动平均过程中,预测曲线相对平滑。

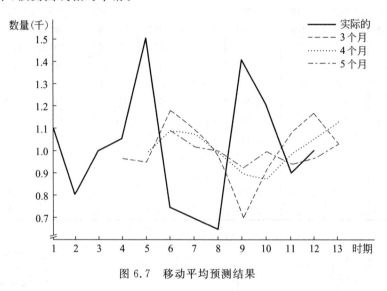

图 6.7 移动平均预测结果

我们该选择哪种移动平均呢?一个选择准则是计算预测值与真实值的均值偏差和均方误差。我们选择均方误差最小的平滑步长。由图 6.7 我们看到步长为 5 时均方误差最小。

b. 指数平滑法。

移动平均对于滑动步长内的观测值赋予相同的权重,表明之后的每一期的观测值对未来预测值有相同的重要程度。但是,分析者往往认为越接近未来值的那些观测值越能够反映出未来的信息,基于这种考虑我们选用指数平滑法。表现出离未来值越远的观测值在预测中的重要性越低,权重越小。这要利用数学中的几何级数,保证所有的权重之和为 1,复杂的级数公式最终可化简为

$$E_{t+1} = wX_t + (1-w)E_t$$

这里 w 是第 t 期观测值的权重。

这样,对未来一个时期做出预测仅仅需要过去一个时期的真实值和预测值,不像在移动平均中需要更多的滞后值。这里最关键的是要决定权数。某一项的权数越大,表明它对预测结果越重要。所以,如果某一序列表现出剧烈的波动,同时 w 的值又很大,那么平滑的效果就很不明显,如果 w 的值较小,则平滑的效果明显。从表 6.5 和图 6.8 中可以清楚地看到这一点,其中,权数分别是 0.2,0.4,0.8。那么,哪一个权数最好呢?同样地,

我们利用均值偏差和均方误差来决定。经计算,0.2 是最好的权数。

表 6.5 指数平滑预测

时期	真实值	滑动因子＝0.2			滑动因子＝0.4			滑动因子＝0.8		
		预测值	绝对误差	误差平方	预测值	绝对误差	误差平方	预测值	绝对误差	误差平方
1	1 100									
2	800	1 100	300	90 000	1 100	300	90 000	1 100	300	90 000
3	1 000	1 040	40	1 600	980	20	400	860	140	19 600
4	1 050	1 032	18	324	988	62	3 844	972	78	6 084
5	1 500	1 036	464	21 567	1 013	487	237 364	1 034	466	216 783
6	750	1 128	378	143 247	1 208	458	209 471	1 407	657	431 491
7	700	1 053	353	124 457	1 025	325	105 370	881	181	32 897
8	650	982	332	110 375	895	245	59 910	736	86	7 443
9	1 400	916	44	234 467	979	603	363 779	667	733	536 915
10	1 200	1 013	187	35 109	1 038	162	26 207	1 253	53	2 857
11	900	1 050	150	22 530	1 103	23	41 156	1 211	311	96 528
12	1 000	1 020	20	403	1 022	22	472	962	38	1 434
13		1 016			1 013			992		
总额			2 728	978 180		2 886	1 137 973		3 043	1 442 033
均值			248	88 925		262	103 452		277	131 094

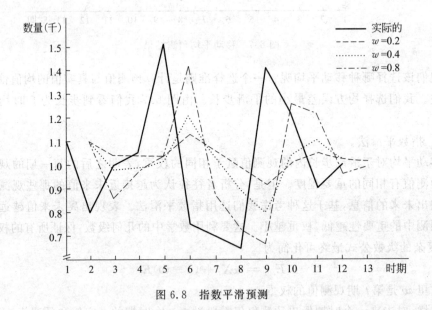

图 6.8 指数平滑预测

单纯外推的预测方法有其优点也有不足。简便性是最大的优点,但是受到的约束条件太多,要求序列没有明显的趋势,波动只来源于随机扰动项。当存在这些条件时,恐怕采用去季节性预测的方法会更好。另外,以上两种平滑方法仅适用于短期预测,最适合对未来一期的预测。

② Box-Jenkins 预测方法。

这里只是简单地提及这种复杂的预测方法，有兴趣的读者可以参考有关商业预测的书籍。Box-Jenkins 模型与时间序列分析和平滑模型一样是基于先前的观测值，而不是通过采用外生自变量来进行预测。但是，它对先前数据分布的形式没有任何限制。这种方法允许从很多的模型中进行选择，通过一个重复迭代过程，最终得到最好的预测结果（预测的误差最小）。

5. 计量经济模型方法

讨论到现在，所有的数量预测方法都是简单的外推预测。在这一部分，我们将介绍一种解释性的方法。这些经济计量预测模型在前文中我们也有所交代。

回归分析本身属于一种解释性的方法，它不同于仅仅依赖过去值的简单外推方法，分析者必须选择对因变量产生影响的解释变量。尽管外推方法可能得到不错的结果，但是利用解释变量进行的分析，通常可以提高预测精度和可信度。当然，一个计量经济模型很难解释因变量全部的变化，因为在有限的解释变量中存在复杂的相互作用的经济关系。正如前文所述，我们做的模型中仅仅包含了那些对因变量产生影响的一小部分因素，并且给出的函数关系也只是真实经济关系的一种近似的估计。所以，模型的结果仅仅解释了因变量变化的大部分而非全部。

前面的经济计量模型是运用单方程进行估计的，这里我们深入讨论单方程计量经济模型，其中解释变量用时间序列给出。

在众多描述汽车需求的研究中，由经济学家 Daniel Suits 给出的需求方程比较有意思，他将新车与二手车放到同一个方程中进行讨论，方程如下：

$$\Delta R = a_0 + a_1 \Delta Y + a_2 \Delta P/M + a_3 \Delta S + a_4 \Delta X$$

其中 R＝新车零售销量，以百万辆计；

Y＝实际可支配收入；

P＝新车实际零售价；

M＝平均贷款期限，以月计；

S＝汽车存量，以百万计；

X＝虚拟变量。

在方程中所有变量都是以一阶差分形式出现的，方程估计的是逐年的变化。数据收集不包含 1942 年到 1948 年的数据，原因是受到战争的影响，几乎没有生产出用于零售的汽车，直到"二战"之后，美国的汽车行业才开始蓬勃发展。

使用虚拟变量 X 是考虑到序列中并不是对所有的年份都给予同样的处理，1941年，1952 年和 1953 年属于特殊的年份，前两年虚拟变量 X 取 1，后一年取 -1，其他年份取值为 0。

在方程识别，系数估计与检验完成之后，检验对 1958 年新车销量的预测结果是接近于 600 万辆，与该年新车实际销量 610 万辆很接近，这一结果比采用其他预测方法得到的预测新车销量为 650 万甚至更多的结果相比要准确得多。

另一位经济学者对计算机行业进行了研究。他给出的方程如下：

$$\log(y_t/y_{t-1}) = a_0 - a_1 \log p_t - a_2 \log y_{t-1}$$

其中 $y_t = t$ 年的计算机存量；

$y_{t-1} = t-1$ 年的计算机存量；

$p =$ 电脑实际价格。

需求方程测度的是电脑存量逐年的百分比变化。

另一个例子是研究中国消费者对咖啡的需求,方程如下：

$$Q = b_0 + b_1 P_0 + b_2 Y + b_3 P + \sum_{i=1}^{3} b_4 D_i + b_5 T$$

其中 $Q = 16$ 周岁以上公民人均咖啡需求量；

$P_0 =$ 咖啡的实际零售价；

$Y =$ 人均可支配收入；

$P =$ 茶叶的实际零售价；

$D_i =$ 每年季度虚拟变量；

$T =$ 时间趋势。

研究发现咖啡的销量对价格非常敏感,长期来看,咖啡的销量呈现下降趋势,尤其是在夏秋季节。其他变量的系数检验结果都不显著,所以,选择时间趋势,季度变化以及咖啡价格作为解释变量估计咖啡销售量应该比较准确。

最后一个例子比较新,是为某一公司的特殊的产品做预测。研究者为兰州天然气公司估计甘肃全省每天的天然气使用量,这里同时运用时间序列分析和回归分析,利用过去两年的数据估计出回归方程。利用时间序列来预测增长率,预测方程如下,回归方程中包括增长率。

$$Q = (1 + G) \times (a + b_1 T + b_2 P + b_3 W)$$

其中,$Q =$ 甘肃每天的天然气需求量(1 000 立方米)；

$G =$ 增长率；

$T =$ 预测的温度；

$P =$ 前一天的温度；

$W =$ 预测的风速；

$a =$ 截距项；

b_1, b_2, b_3 为估计系数。

估计出的可决系数为 0.983。

这项预测的主要目的是为了保证未来的天然气供给能够满足需求,为满足未来 5 天内天然气供需平衡,公司要每隔一天搜集一次未来 5 天的天气预报。

在每个研究中,系数的值均来源于回归分析的结果,利用这些方程进行预测时,必须利用特定时期内的数据来估计系数,但是,为了比较也可以假设取不同的系数值,然后比较预测结果。

我们需要提醒读者的是,关于利用回归方程进行预测时,只有在解释变量和因变量的关系没有发生结构性变化的前提下,这种预测才是有意义的。理论上,由于回归方程所用到的数据都是历史数据,因此,对数据集以外的信息作出判断是有一定风险性的。虽然最小二乘法应用得非常广泛,而且估计效果也不错,但是请读者注意在使用过程中必须满足一些约束条件。

尽管在大多数情况下,采用单个方程的计量经济模型就可以解决问题了,但是,当遇到比较复杂的问题时,单一方程不足以反映全部问题的细节,分析时显得捉襟见肘。在这样的情况下,经济学家通常选择多方程的计量经济系统来描述和解决问题,比如在对GDP及其构成部分的预测中,适用的方程和变量多达几百个之多。

当因变量可以用多个自变量进行估计时,采用单方程是适合的,但是必须注意各个自变量之间应该是独立的,不存在任何关系,不能存在用方程中的一个自变量可以预测方程中的另外一个自变量的情况。如果出现这种情况,采用单一方程就不够了。

在多方程的系统中,变量分为内生变量和外生变量,内生变量相当于方程的因变量,由方程本身决定,当然它们可以彼此影响,所以这时在某些方程中我们把它们看成解释变量;外生变量由方程以外的因素决定,是真正的解释变量,下面给出一个极其简单的含有两个方程的个体经济系统:

$$C = a_0 + a_1 Y$$
$$Y = C + I$$

其中 C = 消费;

Y = 国民收入;

I = 投资。

这里 C 和 Y 是内生变量,I 假设是外生的,由系统外的因素决定。

另一个简单的多方程模型描述了一个公司中各个变量之间的关系:

$$销售量 = f(GDP,价格)$$
$$成本 = f(产量,投入要素价格)$$
$$支出 = f(销售量,投入要素价格)$$
$$产品价格 = f(成本,支出,利润)$$
$$利润 = 销售收入 - 生产成本 - 其他支出$$

这里有5个内生变量,外生变量是GDP,产量以及投入要素价格。这些方程只是给出了函数关系,当然,具体的表达式要对经济问题识别之后才能确定。

接下来是对系统中的方程系数进行估计和求解。具体的计算和应用的统计方法不在本书的研究范围之内。

6.5 国际应用案例

案例1:

于小姐研究生毕业后加入了一个全球食品有限公司,她的工作是为公司建立一个预测部门,她发现这项工作富于挑战性但非常有意思。研究生期间计量经济学和市场营销课程的学习,使她清楚地认识到,就算是在相对稳定的软饮料行业,预测也是一项比较复杂的工作,而且可能是出力不讨好的工作。她从桌上众多的预测任务书中选定了一家做柠檬苏打饮料的公司,该公司生产的果粒橙是最近从一个老企业购买的品牌。任务要求她预测未来一年果粒橙饮料的销售额,而且要尽快完成预测报告。她有该公司过去11年的年度和季度的销售数据。在一个行业中,如果夏季的销售额呈现出显著的增长,预测中考虑季节因素是非常必要的,这一点很重要。于小姐看了一下年度数据,迅速地计算出销售额的年度变化,表6.6给出了计算结果。她还发现尽管销售额呈现出年度递增的趋势,但是,其年度增长率却逐年下降。当进行预测时,必须要考虑到这一现象。表6.7给出了季度数据,当于小姐看到这些季度数据时,她很快意识到未来几天将有繁重的工作在等待着她[①]。

表 6.6 果粒橙销售量(基于数千个观测值)

年份	年度销售额	增长值	增长率%
1994	3 892		
1995	4 203	311	8.0
1996	4 477	274	6.5
1997	4 810	333	7.4
1998	5 132	322	6.7
1999	5 407	275	5.4
2000	5 726	319	5.9
2001	6 023	297	5.2
2002	6 360	337	5.6
2003	6 641	281	4.4
2004	6 954	313	4.7

表 6.7 果粒橙 1994—2004 季度销售量(基于数千个观测值)

年份	第一季度	第二季度	第三季度	第四季度	总额
1994	842	939	1 236	875	3 892
1995	907	1 017	1 331	948	4 203
1996	953	1 103	1 406	1 015	4 477
1997	1 047	1 180	1 505	1 078	4 810
1998	1 124	1 267	1 576	1 165	5 132
1999	1 167	1 340	1 670	1 230	5 407
2000	1 255	1 403	1 766	1 302	5 726
2001	1 311	1 495	1 837	1 380	6 023
2002	1 390	1 565	1 940	1 465	6 360
2003	1 455	1 649	2 026	1 511	6 641
2004	1 536	1 714	2 103	1 601	6 954

于小姐现在准备预测 2005 年的销量。她将采取如下三个步骤进行:
1. 推测 2005 年四个季度的趋势;
2. 应用季节因子;
3. 或许要对由周期项产生的影响作出修正。

[①] Paul G. Keat, Philip K. Y. Young. Managerial Tools for Today's Decesion Makers. 2006, p.169.

根据趋势方程 $Y=92\,008+19.258\,2(t)$,她得出如下趋势预测:

第一季度:$920.8+19.288\,2\times45=1\,788.8$;

第二季度:$920.8+19.288\,2\times46=1\,808.1$;

第三季度:$920.8+19.288\,2\times47=1\,827.3$;

第四季度:$920.8+19.288\,2\times48=1\,846.6$。

接下来是为每个结果乘上一个季节因子:

第一季度:$1\,788.8\times0.889=1\,590.2$;

第二季度:$1\,808.1\times0.991=1\,791.8$;

第三季度:$1\,827.3\times1.231=2\,245.8$;

第四季度:$1\,846.6\times0.891=1\,645.4$。

于小姐注意到表6.7中,在过去的11年里,季节因子表现出一定的趋势。第三季的因子呈现递减,而第一和第四两季的因子呈现递增。考虑到这些变化的影响,她决定使用每季最后三个观测值的平均值(调整第四个观测值,如前面的处理),通过对趋势项数据使用新的季节因子进行处理,得到如下结果:

第一季度:$1\,788.8\times0.894=1\,599.2$;

第二季度:$1\,808.1\times0.993=1\,795.3$;

第三季度:$1\,827.3\times1.213=2\,216.6$;

第四季度:$1\,846.6\times0.900=1\,662.0$。

于小姐认为最后得到的结果比较有效。最后一步是估计周期项和随机项因子的影响,她认为经济周期对明年软饮料销量的影响是中性的,尽管随机因子的估计不能实现,于小姐知道公司计划在明年第二个季度将为该饮料推出一个重大的广告项目,关于广告对销量的影响效果她并不是十分清楚,她在自己的报告中注明或许要做一些定量化估计。

值得注意,在该例子中我们是假定于小姐正在预测销量的产品已经在市场上存在了至少11年,如果消费者对该产品的偏爱程度发生变化,这将大大增加预测的难度。如果其他作为竞争对手的公司在过去也销售相似的产品,而且具有详细的市场统计报告公布信息。那么,于小姐可以利用这些数据进行预测,并假定存在新品牌进入市场的空间。尽管新品牌可能具有行业中不曾生产过的全新口味,但是,在基于市场研究的预测分析中,充分考虑到新品牌的市场状况是十分必要的。

案例2:汇率预测

在第2章中我们分析过跨国公司需要面临更多的挑战。这样一个大公司需要对价格,国家间的销量、支出、现金流等进行预测。在本国作出的预测结果很大程度上与本国和外国货币之间的汇率有关。通常一个公司选择在某个国家做境外投资生意,他们必须能得到这个国家货币充足的现金流。所以,任何一个跨国公司都会非常关注对汇率的短期和长期预测。

汇率预测一般是用前期数据进行短期预测。为了理解这一点,需要对两种类型的汇率进行定义:

1. 当期汇率——一个国家货币相对于另一个国家货币的瞬时比率;

2. 远期汇率——一种货币相对于另一种货币在未来某个时间点上的价格。

外汇市场一直是相当活跃的,每个交易商可以很容易地得到10多种主要货币的当期和远期汇率,这些货币是外汇交易市场的主要组成部分。一种对远期汇率的解释是把远期汇率看作是未来的当期汇率。例如,如果今天英镑兑美元的当期汇率是每英镑1.795美元,而90天的远期汇率是每英镑1.786美元,那么基于这种情况,我们可以说英镑会在未来90天内下跌0.009美元[①]。

利用远期汇率对当期汇率的未来值做预测合理吗?平均来说,远期汇率会等于当期汇率。换句话说,预测的正向偏差和负向偏差会相抵。可以认为远期汇率是当期汇率的未来值的无偏估计。但是,并不是说每时每刻都能准确预测。短期而言,预测的精度还是不错的,当然除了预测精度之外还有其他的一些不足之处。

1. 当前的汇率体制并不允许货币自由流动。为了本国的经济利益,政府会对汇率进行干预。

2. 尽管可以为未来一段相当长的时间建立远期汇率(某些情况下长达10年之后),但是,到目前为止,最长的远期合约只有180天或更短。

3. 可信的期货市场仅仅存在于世界上一些经济发达的国家。

通常使用经济计量模型对长期汇率进行预测。在构建多方程模型时一个主要的问题是选择恰当的解释变量,多数情况下我们把解释变量分为国内和国际变量,比如

1. GDP增长率;
2. 实际利率;
3. 名义利率;
4. 通货膨胀率;
5. 预算平衡。

当今,适用的模型规模巨大,形式复杂。这里我们只给出一个简单的假设模型来解释国内货币需求和国际货币需求之间的关系。

$$E_t = a + bI_t + cR_t + dG_t$$

其中 E =直接标价的汇率;
 I =国内外通货膨胀率的差;
 R =国内外名义利率的差;
 G =国内外GDP增长率的差;
 t =期限;
 a,b,c,d =回归系数。

这样的预测模型有其优点也有其缺点,这种情况几乎出现在所有应用回归方程来分析经济问题的实践中。

(1) 该选用哪些变量?

(2) 回归方程的形式如何?

(3) 解释变量是否可以进行数量化度量?除了几个主要国家,其余国家的数据往往不充分。

[①] Paul G. Keat, Philip K. Y. Young. Managerial Tools for Today's Decesion Makers, 2006. p.170.

(4) 为了预测汇率,其他的解释变量往往也需要预测,对解释变量的预测难度不亚于对汇率的预测。

到现在为止,读者应该感觉到汇率预测并不简单。其实,应该说任何预测本身都不是简单的。汇率预测的最优精度也在时常变化。尽管如此,商业人士并不能因此而放弃对汇率的预测。即便是预测很不准确,预测过程本身也使得企业管理者对商业环境有了进一步的了解,并且使得他们对国际经济变化更具洞察力,有助于作出正确的决策。

关于这一主题的论述到此为止,这里仅对国际经济学中的一小部分内容做了概述,有兴趣的读者可以进一步读一些关于国际财务管理方面的书籍。

6.6 本章小结

本章旨在对回归分析和预测方法给出一个引导,主要是介绍这些方法在企业管理中运用的原则和需要注意的问题。

我们以需求方程的估计作为回归分析的重点应用。具体应用过程总结如下:

(1) 识别需求方程;

(2) 收集相关数据;

(3) 估计回归方程;

(4) 分析和评价回归结果(t 统计量,F 统计量,R^2)并且对一些统计上的问题进行调整和修正(多重共线性,序列相关,函数形式设定不正确);

(5) 评价回归分析结果在商业决策中的运用。

在计量经济学的课程中,会对步骤 1、3 和 4 给予充分的强调(注重统计上的深入分析),而在商业实践中,最重要的步骤则是 2 和 5。现今,在商业研究中,功能强大的计算机和软件的存在使得计算任何产品和服务的市场需求或其他方面的回归分析成为可能。真正的挑战来源于如何获得高质量的数据以及如何正确地运用回归结果进行卓有成效的管理决策。从回归分析的这两点上说,没有任何一本教科书可以替代现实中获得的经验。

在许多组织机构中,预测总是非常重要的任务。在商业活动中,预测是必不可少的。本章讨论并总结了 6 类预测方法,包括:

(1) 专家意见是一种定性的预测方法,该方法基于一些专家的判断。德尔菲法是另一类基于专家意见的预测,在技术革新预测方面有广泛应用;

(2) 意见调查以及市场研究是基于抽样人群而不是专家来预测未来某些经济变量的发展趋势或者消费者行为;

(3) 消费计划调查与一些重要的经济数据相关,如消费者倾向等。这种预测是基于从调查问卷和电话抽样或面访得到的信息进行分析,得到预测结果;

(4) 推测是一种定量方法,利用历史数据对未来趋势进行预测,通常没有和趋势有关的解释变量;

(5) 计量经济模型是一种解释性的预测方法,模型中统计上显著的解释变量对预测模型的影响是可识别的。

本章涉及最小二乘预测值的分解,将其分解成趋势项,季节项和周期项以及随机误差项。

本章还提到另一种单纯的外推预测方法：平滑预测法。平滑方法主要分为移动平均和指数平滑两种，这两种方法在数据变化不存在明显的趋势并且波动只源于随机扰动时适用。

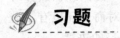 习题

需求估计

1. 回归分析中最困难的任务之一是找到适合定量分析的数据，假设你想要估计家具的需求量，下面提供了一些可以影响任何产品需求量的因素，分析一下哪些变量可以测度？你认为哪些数据比较难获得？为什么？

影响家具需求的因素	适用于回归分析的因素
价格	
品味与偏好	
相关产品的价格	
收入	
成本或贷款额度	
购买者数量	
未来预期	
其他因素	

2. 假如你是一家大的汽车公司汽车销售商的经理，你想了解过去 14 个月为客户提供的折扣是否对汽车销售量有影响。表 6.8 是某款车的月平均折扣价以及在当月的销售量。

（1）画出散点图，估计需求方程，回归结果描述了折扣价格对销量的作用如何？请解释。

表 6.8　某款车的月平均折扣价与当月销售量

月　份	价格	销量	月　份	价格	销量
1月	12 500	15	8月	12 100	15
2月	12 200	17	9月	11 400	22
3月	11 900	16	10月	11 400	25
4月	12 000	18	11月	11 400	24
5月	11 800	20	12月	11 000	30
6月	12 500	18	1月	10 800	25
7月	11 700	22	2月	10 000	28

（2）本方程中还应该包含哪些变量？在获得这些数据以及构建方程方面会遇到什么困难？

3. 一种低热量微波食品公司的经理运用 4 月全国 26 家超市的销售数据，构建了如下回归方程：

$$Q = -5\,200 - 42P + 20P_x + 5.2I + 0.20A + 0.25M$$
$$(2.002)(17.5) \quad (6.2) \quad (0.09) \quad (0.21)$$
$$R^2 = 0.55, \quad n = 26, \quad F = 4.88$$

式中 Q = 每月食品销售量。假设解释变量取值如下。

P(分) = 产品价格 = 500

P_x(分) = 主要的竞争产品价格 = 600

I(元) = 抽样地区的人均收入 = 5 500

A(元) = 每月广告支出 = 10 000

M = 抽样地区微波炉销量 = 5 000

利用以上信息回答下列问题：

(1) 计算每个解释变量的弹性。

(2) 你认为如果发生经济萧条会对这个公司销售量产生多大影响？请解释。

(3) 你认为该公司应该通过降价来提高销量吗？

(4) 在方程中被解释变量的变化有多少能被解释变量的变化所解释？对你的答案有多大把握？

4. 计算机终端制造商从全国 56 家分支机构以及代理商那里得到了月度的平均销量数据，估计出需求方程如下：

$$Q = 15\,000 - 2.8P + 150A + 20P_{pc} + 0.35P_m + 0.2P_c$$
$$(5234) \quad (1.29) \quad (175) \quad (0.12) \quad (0.17) \quad (0.13)$$
$$R^2 = 0.68, \quad SEE = 786, \quad F = 21.25$$

变量及其取值如下：

Q = 销量

P = 主要产品的价格

A = 广告支出（以千元计） = 52

P_{pc} = 个人电脑的均价 = 4 000

P_m = 迷你电脑的均价 = 15 000

P_c = 竞争产品的均价 = 8 000

(1) 计算每个解释变量的弹性，说明每个解释变量对需求的影响，这些结果对公司的市场定价策略有什么启示？

(2) 为每个解释变量做 t 检验，说明是单侧还是双侧检验，运用 t 检验结果对上述策略重新评价。

(3) 假如一个经理人看了结果之后建议添加另外两个关键性的解释变量——利率以及计算机性能，你将作何回答？请阐述你的理由。

预测

1. 基于过去的数据，辉瑞制药为其消炎药的市场销售量建立了如下方程：

$$Q = 1\,000 + 100t$$

其中 Q 是销量，t 是时间（单位年），设 2 000 年 = 0。

① 销量在 2005 年的预测值是多少？

② 药品销量呈现季节性,季节指数如下:

第一季　　　80%
第二季　　　100%
第三季　　　125%
第四季　　　95%

2005年各季度销售量是多少?

2. 假设联想电脑过去十年的销售记录如表6.9所示。

表6.9　联想电脑1995—2004年销售记录　　　　　　　　单位:元

1995年	230 000	2000年	526 000
1996年	276 000	2001年	605 000
1997年	328 000	2002年	690 000
1998年	388 000	2003年	779 000
1999年	453 000	2004年	873 000

(1) 计算从1995年到2004年的复合增长率。
(2) 利用从a中得到的结果预测2005年和2006年的联想电脑销量。
(3) 计算从1999年到2004年的复合增长率。
(4) 利用从c中得到的结果预测2005年和2006年的联想电脑销量。
(5) 分析b和d得到不同结果的原因,如果你自己选择预测方法,你将如何进行预测?

3. 奇迹公司过去10年的销售记录如表6.10所示。

表6.10　奇迹公司1995—2004年销售记录　　　　　　　　单位:千元

1995年	200	2000年	302
1996年	215	2001年	320
1997年	237	2002年	345
1998年	260	2003年	360
1999年	278	2004年	382

(1) 计算趋势线,预测2005年的销量。你对预测结果有多大把握?
(2) 利用权数为0.7的指数平滑法做预测,2005年的预测值是多少?有多大把握?

4. 你有PRQ公司过去12个月的销售数据(单位:千元),如表6.11所示。

表6.11　PRO公司销售数据

1月	500	7月	610
2月	520	8月	620
3月	520	9月	580
4月	510	10月	550
5月	530	11月	510
6月	580	12月	480

(1) 计算三个月的中心移动平均。

(2) 利用以上结果预测明年1月的销量。

(3) 如果要你预测明年1月和2月的销量,你会对使用的移动平均法有多大信心?为什么?

5. 白雪办公用品公司制造了一种金属的办公文件柜,该公司的经理调查搜集了大量的历史数据,建立了如下的需求方程:

$$Q = 10\,000 + 60B - 100P + 50C$$

其中 Q = 每年办公文件橱柜的销量;

B = 非居民住宅建筑指数;

P = 文件均价;

C = 竞争产品均价。

据说明年的非居民住宅建筑指数会是160,文件柜均价是40元,竞争产品均价是35元。

(1) 请预测明年文件柜的销量。

(2) 如果竞争者降价到32元,会有什么结果?如果提价到36元呢?

(3) 如果白雪公司对 b 种情况作出回应,降价到37元情况会怎样?

(4) 假如非居民住宅建筑指数预测有错误,正确的结果是140,这会对销量产生什么影响?

6. 假设某一国家从1987年到2001年的实际和名义的GDP如表6.12所示(单位:亿元)。

表6.12 某国1987—2001年实际和名义 GDP

年份	实际 GDP	名义 GDP	年份	实际 GDP	名义 GDP
1987	12 058.62	14 470.34	1995	59 810.53	71 772.64
1988	15 036.82	18 044.19	1996	70 142.49	84 170.99
1989	17 000.92	20 401.1	1997	77 653.13	93 183.76
1990	18 718.32	22 461.99	1998	83 024.28	99 629.14
1991	21 826.2	26 191.44	1999	88 188.95	105 826.7
1992	26 937.28	32 324.73	2000	98 000.45	117 600.5
1993	35 260.02	42 312.03	2001	108 068.2	129 681.9
1994	48 108.46	57 730.15			

(1) 利用直线趋势函数拟合每个数据集。

(2) 利用指数型趋势函数拟合每个数据集。

(3) 利用a、b中的结果,2002年、2003年两年的预测值应该是多少?

(4) 这些趋势线是GDP恰当的预测工具吗?为什么?

7. 一个经济学家为某城市可口可乐公司作出了销售量的趋势线:

$$S_t = 43.6 + 0.8t$$

其中 S_t 代表公司月销售额(单位:百万元),$t=1$(2000年1月)。

某城市可口可乐公司销售量统计如表6.13所示。

表 6.13　某城市可口可乐公司销售量统计

1月	60	4月	110	7月	90	10月	110
2月	70	5月	110	8月	80	11月	140
3月	85	6月	100	9月	95	12月	150

预测 2005 年每个月可口可乐的销量。

第 7 章 生产函数理论与估计

学习目标

学完本章之后,读者应该能够:
- 给出生产函数的定义,解释短期生产函数和长期生产函数之间的区别;
- 解释"收益递减规律"以及该规律与生产函数三个阶段的关系;
- 给出生产函数三阶段的定义,解释为什么理性的企业管理者总是关注第二阶段的运营;
- 列举制造业或服务业生产函数投入决策的例子;
- 描述如何利用统计分析方法估计各种形式的生产函数;
- 简要描述科布—道格拉斯函数,并列举一些利用该函数进行研究的案例;
- (附录7A)描述等产量曲线和等成本曲线,解释这些曲线的切线是如何帮助一个企业优化生产投入要素的组合;
- (附录7B)利用数学的微积分测定企业的最优生产投入要素的组合。

7.1 生产函数

当企业制定销售计划的时候,无论销售额达到多少,如果生产成本得不到有效控制,企业将不能获得可以接受的盈利水平。经济学中,成本分析起始于生产函数的研究。生产函数是企业投入的稀缺资源与通过使用这些资源生产出的产品产量之间关系的一种表达式。经济成本分析可以看作是应用某一货币为单位来测量在生产过程中使用某种投入要素的价值。因而,关于本章的生产以及第 8 章的成本学习都是在探讨企业经济成本分析问题。由于这个主题既冗长又复杂,所以,我们一直把它们分成两章来阐述。

生产函数的表达式如下:

$$Q = f(X_1, X_2, \cdots, X_K) \tag{7.1}$$

式中,Q=产出;$X_1, X_2, \cdots, X_K$=生产过程中使用的各种投入要素。

注意投入和产出之间的关系存在于一个特定的时间周期,换句话说,Q 不是多个生产周期生产量的总合。这里有两个假设值得注意:一是假设生产力水平是当前最新水平,任何一种生产技术变革(如机器人在生产中的使用以及更有效的财务分析软件的使用)

都将导致投入产出关系的改变;二是假设任何生产投入或投入要素的组合都包含在一个特定的函数中,产出是指所使用的生产投入要素能够获得的最大产量。基于这些假设条件,我们给出生产函数更加完整的定义。

生产函数是在给定的生产周期和技术水平条件下,生产投入要素使用数量与最大产量之间的关系。

对制造瓶装饮料公司而言,我们用 XS 代表原材料,如苏打水、甜味剂、食用香精;劳动力,如装配线工人、支持人员、主管;固定资产,如工厂和设备。

如果把生产函数中全部投入要素简化为两个变量,X 和 Y 来表示,那么方程式(7.1)变成:

$$Q = f(X, Y) \tag{7.2}$$

式中,Q=产出;X=劳动力;Y=资本。

尽管在该函数中,我们指定两个变量 X 和 Y 分别代表劳动力和资本,但也可以使用 X 和 Y 作为通用符号表示任意两种投入要素的组合。

如前所述,在经济分析中,长期和短期并不是指某一特定时间间隔(如天、月,或者年),而是指在生产过程中企业能够改变投入要素使用所需要的时间长度。所以,短期生产函数是指如果企业至少有一个生产投入要素保持不变,其余那些可变投入要素能够生产产品和服务的最大数量;长期生产函数是指在企业使用所有的生产投入要素都是可变的情况下所能生产的产品和服务的最大数量。

表 7.1 反映的是具有两种投入要素的生产函数。表格中的数字表示 X 和 Y 的不同组合下的产量水平。例如,两个单位的 X 和两个单位的 Y 生产出 18 个单位的产量;如果保持 Y 不变,增加一个单位的 X,会增加 11 个单位的产出(达到 29 个单位);X 和 Y 分别增加一个单位,产量达到 41 个单位。保持 Y 不变,增加一个单位的 X 可以理解为"短期"改变;X 和 Y 两种投入的增加可以被看作是"长期"改变。

表 7.1 典型的生产表

Y	总产量 Q							
8	37	60	83	96	107	117	127	128
7	42	64	78	90	101	110	119	120
6	37	52	52	73	82	90	97	104
5	31	47	47	67	75	90	89	95
4	24	39	39	60	67	82	79	85
3	17	29	29	52	58	73	69	73
2	8	18	18	39	47	64	56	52
1	4	8	8	20	27	52	21	17
	1	2	3	4	5	24	7	8
				X				

7.2 总产量、平均产量和边际产量的短期分析

在进行较为详细的生产函数分析之前,我们应该澄清本章中所使用的一些专用术语。首先,经济学家关于投入和产出使用了许多的术语,包括:

投入	产出
要素	产量（Q）
生产要素	总产量（TP）
资源	产品

其次，在短期生产函数分析中，还有其他两个重要的产量测量内容：即边际产量（MP）和平均产量（AP）。如果用 X 表示可变投入，那么 X 的边际产量为 $MP_X = \dfrac{DQ}{DX}$，X 的平均产量为 $AP_X = \dfrac{Q}{X}$，把 Y 看作是一个常数。

换句话说，边际产量是产出的变化，或是增加一个单位可变投入引起的总产量（TP）的变化量；平均产量是平均每单位可变投入所生产的产量。

表7.2中列出了一个短期生产函数的数据。可以看到当 Y 为一个固定值（$Y=2$），投入 X 增加的情况。表7.3再一次说明当保持 $Y=2$，只增加 X 对 TP、MP 和 AP 的影响；也可以从图7.1看到这种影响。这些图表说明：当 X 投入为一个单位时，总产量是8；当 X 投入为7个单位时，总产量增加到56；当 X 投入为8个单位时，总产量却下降到了52。同时，从表3可以看到最初 MP 等于8，随着投入的增加 MP 上升到11后开始下降，最终下降到−4。平均产量也从8开始，增加到最大值9.75后开始下降，直至下降到6.5个单位，可以从图7.1中看到这种变化趋势。图7.1(a)画出了总产量曲线，平均产量曲线和边际产量曲线，见图7.1(b)。

表7.2 由增加使用投入要素引起的短期产量的变化

Y	总产量 Q							
8	37	60	83	96	107	117	127	128
7	42	64	78	90	101	110	119	120
6	37	52	64	73	82	90	97	104
5	31	47	58	67	75	82	89	95
4	24	39	52	60	67	73	79	85
3	17	29	41	52	58	64	69	73
2	8	18	29	39	47	52	56	52
1	4	8	14	20	27	24	21	17
	1	2	3	4	5	6	7	8
				X				

表7.3 短期生产函数、Q、MP 和 AP

可变投入（X）	总产量（Q/TP）	边际产量（MP）	平均产量（AP）
0	0		
1	8	8	8
2	18	10	9
3	29	11	9.67
4	39	10	9.75
5	47	8	9.4

续表

可变投入(X)	总产量(Q/TP)	边际产量(MP)	平均产量(AP)
6	52	5	8.67
7	56	4	8
8	52	−4	6.5

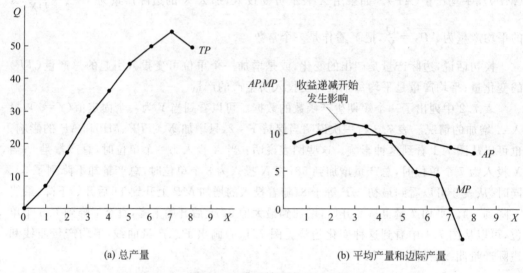

(a) 总产量　　　　　　　　　(b) 平均产量和边际产量

图 7.1　短期生产函数($Y=2$)

可以观察到当总产量 Q 达到最大时,$MP=0$;在生产的最初阶段,随着 X 投入的增加,MP 大于 AP,然后变成小于 AP。因此,在 AP 的最高点,$MP=AP$。由于我们选择 X 投入的递增为整数单位,在表 7.3 中很难看到这些极值点,但从图 7.1 中可以看到。在下一节里,我们将会更加详细地讨论 Q、AP 和 MP 的变化趋势,以及这些变化趋势的原因。

7.2.1　收益递减规律

理解引起 Q、AP 和 MP 发生各种变化原因的关键是收益递减规律。收益递减规律表述为:随着可变投入的增加,产出(如边际产量)增加的比率呈现递减。

表 7.3 的数值和利用该表中的数据构建的图 7.1 展示了收益递减规律,当投入每增加一个单位时,边际产量呈现下降。在图 7.2 中,我们将边际产量放置在每两个投入量之间和所对应的两个总产出水平之间。例如,第一单位 X 投入的边际产量 8 是位于 0~1 个单位投入或 0~8 个单位产出之间的位置。进而,我们看到在 X 投入的第 2~3 单位位置,边际产量达到最大值 11。精确地讲,是在投入的第 2.5 个单位处,收益递减开始发生。利用数学的微积分来分析收益递减发生的点是非常方便的。具体做法就是取总产量函数的一阶导数,即边际产量等于零时投入物的使用量。满足此条件的投入要素使用量被看作是一个精确的点,在此点,总产量达到最大,开始发生收益递减规律。本章最后的

附录B给出此方法的完整解释。

我们通常不会考虑小于一个单位投入或产出单位的区间,因此发生收益递减的点是近似的。如果你是一个公司的经理,想准确地测量出雇用每个员工的边际产量。那么,第一个人的 MP 可能是8,第二个人可能是10,第三个人可能是11。从第四个人开始,他的 MP 小于前面的员工,这使你意识到边际收益递减规律发生了。总之,在表7.3中收益递减准确发生的点是在 X 投入为第2.5个单位。实际上,为了观察到这个规律的发生,公司的管理者必须增加雇用第四个单位的劳动力。

在现实企业管理中,考虑收益递减规律时,我们建议读者记住两个主要实践特征。第一,这个规律不会告诉你收益递减什么时候开始发生。这个规律仅仅是说当不变生产投入要素为某一固定值,当可变投入要素增加到某一点时,边际产量开始下降。所以,我们假设一个企业管理者依靠经验或反复试验来判断收益递减发生的点是合乎情理的。第二,当经济学家最先表述这个收益递减规律时,对可变投入的特征赋予一些限制性假设。他们假设如果单独使用每一单位生产投入要素的话,它们各自的生产能力是等同的。那么,为什么某一特定单位的投入要素的边际产量较其他单位投入要素的边际产量相比可能高或者可能低呢?这是因为参与到生产过程中的每个单位投入要素使用的顺序不同。

我们再进一步对收益递减发生的原因展开分析。实质上,这是由于与可变投入要素相结合使用的固定投入要素受到的物理限制所致。假设表7.3的数值描述了一个简单的生产函数情况,其中可变投入是劳动力,固定投入是工厂和机器。我们讨论一下随着更多的劳动力逐渐加入到固定资本投入使用中产量的变化情况,当没有工人参加劳动时,TP 或总产量等于0;当有两个工人参加劳动时,生产了18个 TP,这意味着两个人共同劳动会生产出超过两个人各自分别劳动产量的和(1个人工作时,$AP=8$;2个人一起工作时,$AP=9$)。此外,第二个工人的 MP 比第一个工人大(第二个工人的 $MP=10$,大于第一个工人的 $MP=8$)。

经济学理论假设每个工人具有相同的生产能力,这就意味着,团队的协作和专业化分工使每个工人的贡献在生产初期可能有所增加,我们称这种现象为"收益递增"。但是,随着投入工人数量的增加,团队协作和专业化分工所产生的效益增加的可能性变得越来越小,当工人数量增加到某一点,再增加一个工人的劳动投入导致收益递减。最终,随着劳动人数的继续增加,虽然每个工人的生产能力不变,但由于人数太多,使得他们开始彼此干预各自的工作。随着总产量的减少,继续增加工人投入导致负的边际收益。从表7.3中我们看到,当使用劳动力增加到8个人时,这种情况发生。俗话说"人多误事"也许就是指的这个意思。

最初思考收益递减规律的经济学家主要是依靠推论,而非通过实证解释这一规律的存在。收益递减规律有助于解释"生产的三个阶段"以及边际成本增加(第8章详细讨论)现象。此外,收益递减规律在19世纪建立时,是通过观察农业生产过程,其中土地是固定生产投入要素,农民是可变生产要素。从某种意义上讲,这是合理的,因为把土地看作是固定投入(具有固定总量),随着单位土地面积上投入的农业工人数量增加,出现额外收获的产量递减。

现在,我们可以利用很多实例来阐述收益递减规律。这里,我们提供一个软饮料制瓶工厂的例子,以及一个有关信息技术的例子。

例1:可回收玻璃瓶的拣选

软饮料工业伊始,大多数饮料是用可回收的玻璃瓶装;而今天大多数饮品是用塑料和铝罐儿装。当然,在世界上很多国家和地区,可回收的瓶子仍被广泛地使用。拣选、清洁回收瓶子的基本方法有三种:(1)全自动拣选系统;(2)完全手工拣选系统;(3)混合系统。选择哪个拣选系统主要是取决于回收瓶子的数量。

企业采用的测量每个工人劳动生产率的标准是"每人每小时拣选的容器数量"。如果一个正在拣选瓶子的工人跟不上流水线,而拣选工人想设法追赶,将会导致流水线(输送带)阻塞,那么系统就必须停下来。在一般情况下,每种款式的瓶子使用两个工人进行拣选。因此,如果需要拣选五种款式的瓶子,需要有10个工人站在传送带旁。如果按推荐的每人3英尺的预留区,10个工人占据了30英尺最大拣选区。如果超过10个拣选工人,拣瓶效率会下降,因为工人彼此之间会相互影响。尽管没有定量分析的细节,我们认为读者能够想象出在某一点收益递减规律会发生,即使用超过10个拣选工人后再增加一个工人比之前增加一个工人带来的收益要少。这里,

不变投入:机器和工作区

可变投入:拣选瓶子的工人

例2:开发计算机应用软件

假如你是某一软件公司软件工程开发组的经理,正帮助公司开发一个新的计费系统。假定为了完成计划目标,你的项目管理计划要求每天大约写500行的代码。如果你有一个由五个程序员组成的软件开发组,每人每天需要写100行代码。为加快进度(最后期限就要来临),你决定为这个软件开发组添加程序员。你注意到:增加第一个人(小组的第六个程序员)每天能够增加90行代码,增加的第二个人每天能增加80行代码。假如这两个新增的程序员技术相当,工作融洽,那么你得出的结论是工作中一定存在着收益递减规律。

固定投入:编程系统硬件

可变投入:程序员

7.2.2 短期生产函数的三个阶段

短期生产函数被明显地分成三个生产阶段。为了阐明这种现象,我们回到表7.3和图7.1采用的数据。把图7.1改成图7.2。如图7.2所示,从0到第4单位可变投入X表示第一阶段(即平均产量达到最大点之前的阶段);第二阶段是从此点开始持续到X投入为7个单位时(即总产量达到最大的点);第三阶段是总产量下降部分。依照经济学理论,在短期,企业应该保持在第二阶段运营。很清楚,第一阶段和第三阶段都为不合理阶段。为什么第三阶段是不合理呢?因为,企业不可能为减少总产量而继续增加可变投入。然而,我们可能不太理解为什么第一阶段也是不合理的。原因是:如果企业运营在第一阶段,它未能充分利用企业的固定投入的生产能力。也就是说,在该阶段企业使用的可变投入与固定投入没有达到最佳的组合,企业通过继续增加可变投入的使用,会使边际产量和平均产量继续增加。图7.3(a)总结了生产函数的三个阶段以及为什么企业在短期应

保持在生产函数的第二阶段运营的原因。

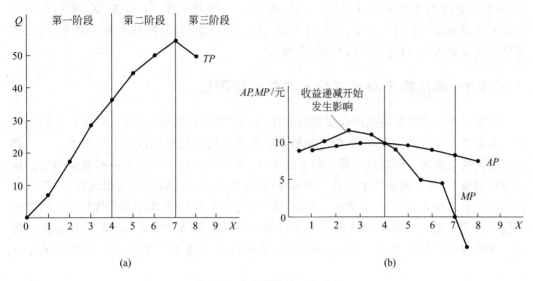

图 7.2 生产函数的三个阶段

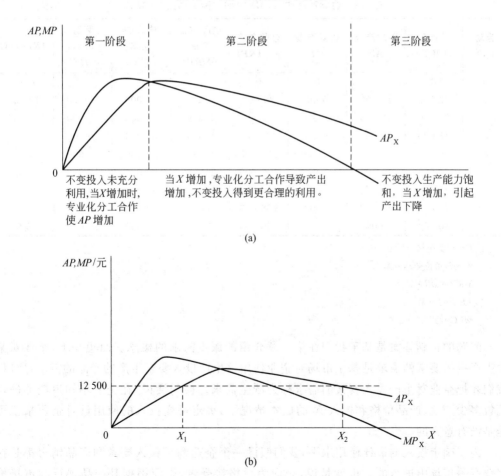

图 7.3 生产函数三个阶段的解释

如果你仍然不理解为什么第一阶段为不合理的特征,可以参考另外一个例子。图7.3(b)中,我们绘制了两个水平的可变投入:X_1和X_2。可变投入在X_1和X_2处,平均产量相同。不管使用哪一个投入水平,每个可变投入的平均产出相同,但是因为使用X_2投入获得的总产量更大,所以公司应该采用X_2投入。

7.2.3 派生需求和可变投入的最佳使用量

如果一个公司的短期生产仅仅是发生在"合理"的生产阶段(即第二阶段),我们仍然需要决定为了实现效益最大化,公司在第二阶段需要使用的最佳投入要素水平。为了弄清楚如何决定在第二阶段投入使用的最优水平,我们给出表7.4中另一些数值信息。从表中可以看出,第二阶段发生在总产量从60 000到80 000。就劳动力投入而言,第二阶段出现在劳动投入为4~8个单位。但是,哪个产出(或投入)的水平是最优的呢?回答此问题需要关注表7.4,其中 MP 的值表示增加一个单位劳动力的投入引起的产量的变化量。在此我们为您提供了一个 Excel 练习,你可以通过改变列于表7.4的数据来进行试验。

表7.4 边际产品收入(MRP)和边际劳动成本(MLC) 单位:元

劳动(X)	总产量($QORTP$)	平均产量(AP)	边际产量(MP)	总收益产品(TRP)	边际收益产品(MRP)	总劳动成本(TLC)	边际劳动成本(MLC)	TRP-TLC
0	0			0		0		0
1	10 000	10 000	10 000	20 000	20 000	10 000	10 000	10 000
2	25 000	12 500	15 000	50 000	30 000	20 000	10 000	20 000
3	45 000	15 000	20 000	90 000	40 000	30 000	10 000	30 000
4	60 000	15 000	15 000	120 000	30 000	40 000	10 000	20 000
5	70 000	14 000	10 000	140 000	20 000	50 000	10 000	10 000
6	75 000	12 500	5 000	150 000	10 000	60 000	10 000	—
7	78 000	11 143	3 000	156 000	6 000	70 000	10 000	−4 000
8	80 000	10 000	2 000	160 000	4 000	80 000	10 000	−6 000

注:P=产品价格=2元

W=每单位劳动成本

$MRP=MR \cdot P$

$TLC=X \cdot W$

$MLC=\Delta TLC \cdot \Delta X$

问题的正确答案是基于我们在第4章介绍的派生需求的概念。回想一下,企业对某种生产投入要素的需求是基于市场对企业使用该生产投入要素生产的产品的需求,所以,我们才把企业对生产投入要素的需求称为派生需求。换句话说,在企业不知道能够确切销售多少产量、产品价格和投入 X 的成本情况下,决定可变投入的使用量对企业来说可能是没有意义的。

为了确定投入的最佳使用水平,我们假设一个企业购买投入要素和产品销售都是在完全竞争市场中进行的。也就是说,企业为价格接受者,企业根据其产品现行的市场价格,能够卖出它想卖的全部产品;另外,只要企业按现行投入要素的市场价格(即竞争工资率)购买投入要素,它能买到足够的投入要素 X,如雇用劳动力。提醒读者注意,有四个新的测量指标被填加到表 7.4 中。

总产品收入(TRP):企业产出的市场价值,等于总产量乘以产品的市场价格($Q \cdot P$)。

边际产品收入(MRP):增加使用一个单位的投入引起的产品总收入的改变量,表示为 $\Delta TRP/\Delta X$;也可以通过边际产量乘以产品的价格($MP \cdot P$)求得。

总劳动力成本(TLC):使用可变投入(劳动力)的总成本,通过工资率(假定为给定的常数)乘以雇用劳动力的数量(工资率 $\times X$)求得。

边际劳动力成本(MLC):增加投入一个单位劳动力引起的总劳动力成本的变化量。因为是假设无论使用多少劳动力,工资率是一个常数,所以,MLC 和工资率相等。边际劳动力成本也是边际资源成本(MRC)和边际要素成本(MFC)。假设企业是在一个完全竞争市场上雇用工人,同时能够按现行市场价格雇用到所需要的工人。如果企业是在一个非完全竞争的市场上运营,情况就不是这样了。我们在此不考虑非完全竞争市场情况。感兴趣的读者应该参考经济学原理或者中级微观经济学教材,它们会给出不同劳动力市场企业投入决策原理的完整讨论。

继续讨论表 7.4 中指标的计算。假定产品的价格为 2 元,劳动力的工资率为 10 000 元。给定这些数据,我们可以看出一个理性的企业会雇用 6 个单位的劳动力。因为在这一劳动力使用水平,劳动力的边际产品收入能够完全补偿边际劳动力成本(MLC)。继续增加劳动力投入,企业挣得的边际产品收入将不能补偿边际劳动力成本。

讲到此,你能察觉到企业的产品需求与企业对投入要素 X 需求之间的关系吗?假设企业产品的市场需求增加了,导致产品的价格上升到 4 元,这会增加劳动力投入的市场价值。换句话说,就是每增加一个单位劳动力投入对企业总产量市场价值的贡献翻了一倍。这个劳动力投入的 MRP 增加,使得企业使用第 7 个劳动力仍然是有利可图的。因此,当所有其他投入要素保持不变,企业产品市场需求的增加,导致企业劳动力投入需求的增加。表 7.4 的原始数据以及市场价格增加到 4 元的分析被放在图 7.4 中。

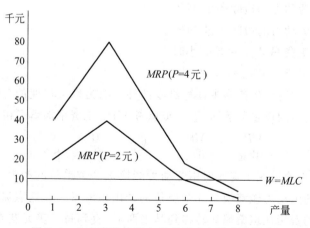

图 7.4 企业产品价格上升对劳动力需求的影响

我们总结一下在实现最优决策条件下,企业的产品需求与企业使用的投入要素需求之间的关系:一个运营于完全竞争的产品市场和投入市场的利润最大化企业,选择最佳投入要素使用量的标准是:当使用该投入要素创造的边际产量收入等于为使用该投入要素所支付的成本(即边际投入成本或边际要素成本),即 $MRP=MLC$。

7.2.4 多元投入分析案例

这部分我们以非定量的方式讨论两种或两种以上多种投入要素使用的优化决策问题。关于采用定量方法分析多种投入要素使用的优化决策问题,包括利用数值表、图示和算术方程等请参考本章最后的附录7A。

表7.4的例子表明一个企业是如何利用边际相等的概念来决定一个可变投入的最优使用水平。边际相等概念也应用到两种或更多种投入要素使用的决策中。在多元投入要素使用优化决策中,我们必须考虑一个投入要素的边际产量与其使用成本的比率与其他投入要素的边际产量与其使用成本的比率之间的关系。所以,"K"种投入要素优化利用的数学表达式是:

$$\frac{MP_1}{W_1} = \frac{MP_2}{W_2} = \frac{MP_K}{W_K}$$

假设某一跨国饮料制造公司在两个国家有饮料制造厂:一个是在高劳动力工资的国家;一个是在低劳动力工资的国家。我们把高工资劳动力和低工资劳动力看作是两种不同的投入来分析这个问题。乍一看,似乎很明显:为了实现成本最低和收益最大,企业应该选择在低劳动力工资的国家进行饮料生产。这意味着,企业要多使用低工资国家的劳动力投入。但是,生产理论建议企业不仅要考虑投入成本,而且还应考虑每个单位投入的边际产量与其成本的比值。

假如你是位于马来西亚和坦桑尼亚两国制造计算机零部件公司的生产经理。在两个国家当前的生产和投入利用水平,你发现:

在马来西亚,劳动力的边际产量 $MP_{Mal}=18$

在坦桑尼亚,劳动力的边际产量 $MP_{Tan}=6$

在马来西亚,工资率 $W_{Mal}=\$6$/小时

在坦桑尼亚,工资率 $W_{Tan}=\$3$/小时

你应该在每个制造厂生产多少计算机零部件?因为坦桑尼亚的劳动力便宜,你可能希望在那里生产更多的产量。然而,进一步思考 MP:工资率揭露了相反的结果。即

$$\frac{MP_{Mal}}{W_{Mal}} > \frac{MP_{Tan}}{W_{Tan}} \quad \text{或者} \quad \frac{18}{\$6} > \frac{6}{\$3}$$

这说明,最后花在坦桑尼亚1美元雇用劳动力能换来2个单位的产出(6/$3);而最后花在马来西亚雇用的劳动力能够换来3个单位的产出(18/$6)。这意味着,企业应该把更多的雇用劳动力的费用从坦桑尼亚转移到马来西亚,直到每一美元花在两个国家得到的边际产量相等。随着更多的雇用劳动力的费用从坦桑尼亚转移到马来西亚,由于报酬递减规律的作用,使得每1美元花在马来西亚的 MP 下降。随着在坦桑尼亚雇用的劳动力

成本的投入减少,同样是收益递减规律的作用,使得每 1 美元花在坦桑尼亚的 MP 上升,即每一美元的劳动力投入的边际产量增加。直到每一美元花在两个国家的边际产量相等才实现了最优的投入要素的分配。

7.3 长期生产函数

在长期,一个企业有足够的时间改变投入要素的使用数量。因此,这时候不再有不变投入和可变投入之分。表 7.5 继续使用表 7.1 的数据,当 X 和 Y 分别增加一个单位,总产出发生的变化。当总产量随着两个投入要素的增加而增加,我们把这种现象称作规模回报。

表 7.5　不同类型的规模回报

Y	总产量 Q							
8	37	60	83	96	107	117	127	128
7	42	64	78	90	101	110	119	120
6	37	52	64	73	82	90	97	104
5	31	47	58	67	75	82	89	95
4	24	39	52	60	67	73	79	85
3	17	29	41	52	58	64	69	73
2	8	18	29	39	47	52	56	52
1	4	8	14	20	27	24	21	17
	1	2	3	4	5	6	7	8
				X				

仔细地观察表 7.5,发现如果公司使用 1 个单位的 X 和 1 个单位的 Y,将生产 4 个单位的产出。如果两种投入要素的使用量翻倍(即使用 2 个单位的 X 和 2 个单位的 Y),将会得到 18 个单位的产出。所以,投入使用量增加 1 倍导致产出增加超过 4 倍。在此基础上,投入使用量再一次翻倍(即 4 个单位的 X 和 4 个单位的 Y)导致产出增加超过 3 倍,从 18 增加到 60。我们把这种情况称为递增规模回报。

根据经济学理论,如果一个企业以一定的比例增加投入要素的使用量,而产出却以更大的比例增加,我们就说这个企业经历了递增规模回报;如果产出增加的比例与投入增加的比例相同,我们就说这个企业经历了恒定规模回报;如果产出增加的比例小于投入增加的比例,我们就说企业经历了递减规模回报。

你也许会认为大多数企业从总体上看是经历恒定规模回报。例如,如果一个企业具有一个特定规模的工厂,当工厂的规模以及工人和机器设备投入的数量增加一倍会使得企业的产出也增加一倍。那么,为什么会出现产出增加更大的比例或者增加较小比例的情况呢?首先,一个更大规模企业可能把生产过程中各个生产环节变成专业化生产活动,所以增加了劳动生产率。同时,一个更大规模的企业运营可以购买更加先进的机器设备,使用这种先进的机器设备当然会提高企业的生产效率。这些因素有助于解释为什么一个企业会经历递增规模回报。相反,大规模企业运营可能会出现无效率管理的问题(如各个部门或各个环节之间交流出现障碍以及企业管理人员的官僚主义问题等),其结果是导致递减规模回报。关于引起递增规模回报或递减规模回报的原因,我们将在第8章讨论规模经济和规模不经济等相关概念时再进行详细的讨论。

衡量规模回报的一种方法是使用产出弹性系数:

$$E_Q = \frac{Q 变动的百分比}{所有投入变动的百分比}$$

所以,

如果 $E_Q > 1$,递增规模回报($IRTS$);

如果 $E_Q = 1$,恒定规模回报($CRTS$);

如果 $E_Q < 1$,递减规模回报($DRTS$)。

衡量规模回报的另一种方法是基于本章开始介绍的一个生产函数方程式

$$Q = f(X, Y) \tag{7.3}$$

回想一下这个表达式的最初说明,它描述了产品产量与众多投入要素变量之间的关系。为便于讨论,我们局限于两个投入要素变量:X 和 Y。现在,如果把每个投入要素使用量增加 K 倍。例如,如果投入增加 10%,$K=1.10$。如果投入增加一倍,$K=2.0$。当然,由于投入增加会使得 Q 增加某一比例。用 h 代表产量增加的比例,那么方程式 7.3 可重新表示为:

$$hQ = f(KX, KY) \tag{7.4}$$

那么,关于规模回报的类型可总结如下:

如果 $h > K$,递增规模回报($E_Q > 1$);

如果 $h = K$,恒定规模回报($E_Q = 1$);

如果 $h < K$,递减规模回报($E_Q < 1$)。

下面,我们用一个数字的例子来说明规模回报。假如有如下生产函数,

$$Q = 5X + 7Y$$

如果每个投入要素的使用量为 10 个单位,那么产出将是

$$Q_1 = 5(10) + 7(10)$$
$$= 50 + 70 = 120$$

现在,把每个投入要素的使用量增加 25%(即,$K=1.25$),将得到

$$Q_2 = 5(12.5) + 7(12.5)$$
$$= 62.5 + 87.5 = 150$$

可见,产量增加的比例大于 X 和 Y 投入增加 25% 的比例(即 150/120>25%)。

用图示也可以表明规模回报的概念。图 7.5 展示了三种可能的规模回报。假如投入要素(X 和 Y)以同样的比例增加,将其投入水平用横轴表示。显然,这些图示是规模回报的理想表示。当然,我们不能期望相对于投入要素的变化,产出会表现出如此光滑和有序的变化。

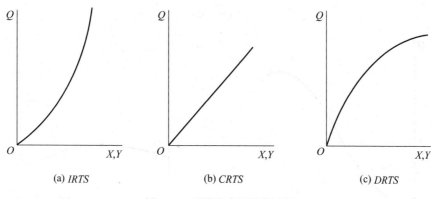

(a) IRTS　　　　　　　(b) CRTS　　　　　　　(c) DRTS

图 7.5　不同形式的规模回报

7.4 生产函数估计

现在,我们开始面对管理经济学的另一个重要任务——生产函数的估计。这部分内容包括三个主要话题:首先,讨论生产函数可能具有的形式;其次,是讨论自从 20 世纪 20 年代出现至今一直被广泛使用的柯布—道格拉斯生产函数形式;最后,我们讨论一下估计生产函数所需要的数据,并介绍经济学家关于生产函数的一些研究成果。

7.4.1 不同形式的生产函数

本章开始的时候,我们介绍了一个短期生产函数。短期生产函数的特征是函数中包含了固定投入要素和可变投入要素。所以,仅包含一个可变投入要素和一个固定投入要素的简单的生产函数如下:

$$Q = f(L)_K$$

式中,在固定投入要素 K(资本)不变的条件下,产出 Q 完全由可变投入要素 L(劳动力)使用的多少来决定。注意,我们在先前讨论中,把 X 和 Y 表示成生产投入要素。而现在,因为 L 和 K 经常被用来表示可变和固定投入要素,所以这里用 L 和 K 分别表示劳动力和资本投入要素。

本章的理论部分是假定生产函数体现了从边际收益递增到边际收益递减的全部特点,换句话说,它涵盖了生产的三个阶段。这种生产函数可以用一个立方函数来描述:

$$Q = a + bL + cL^2 - dL^3$$

式中,a 是常数,b、c 和 d 是系数。图 7.6(a)表示总产量曲线,图 7.6(b)表示平均和边际产量曲线。从图中可以看出,生产函数的三个阶段都出现了。注意,从理论上讲,总产量曲线应该始于原点,因为当没有使用可变要素投入时,生产不会发生。然而,当使用回归分析估计生产函数时,拟合曲线可能有一个正的或负的 y—截距。所以,在方程中我们包含了截距 a,此值可能没有任何经济学意义。

然而,在利用实际数据估计生产函数时,很有可能直接表现为边际收益递减,即不包括生产函数的第一阶段。比如,该方程的形式为:

$$Q = a + bL - cL^2$$

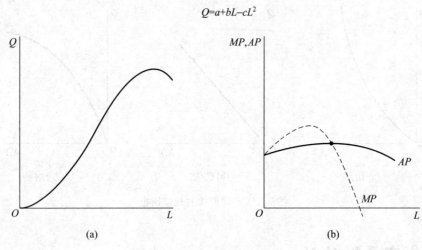

图 7.6　三次方生产函数形式

$$Q = a + bL - cL^2$$

图 7.7(a) 和图 7.7(b) 分别描述了总产量曲线和单位产量曲线。两个图反映边际收益递减情况,没有反映出边际收益递增情况,所以看不到生产函数的第一阶段。

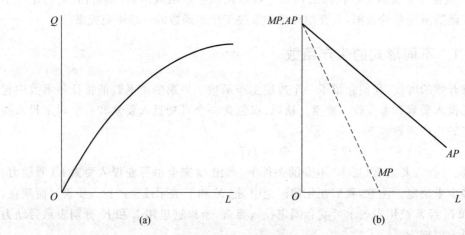

图 7.7　二次方生产函数

在进行实证研究时,可能要定义线性生产函数,$Q = a + bL$,此函数不会表现出收益递减;总产量线是斜率为 b 的直线,MP、AP 曲线将是一条重合的水平线。当然,直线生产函数也可能反映某些实际的生产情况。但是,基于给定的固定生产投入要素,在一个较大的产量变化范围内,假设边际产量总是保持恒定不变,显然是不切合实际的。指数函数是生产函数的另一种形式,其函数形式如下:

$$Q = aL^b$$

这个生产函数曲线的形状取决于指数 b,如图 7.8 所示。

指数生产函数的优点是当进行对数变换,能将函数转化成线性的形式,便于进行线性回归分析:

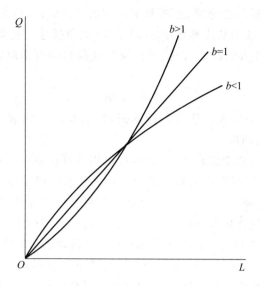

图 7.8 指数生产函数

$$\log Q = \log a + b\log L$$

边际产量曲线的方向由指数 b 的大小决定。如果 $b>1$，边际产量递增；如果 $b=1$，边际产量为常数；如果 $b<1$，边际产量递减。然而，一个指数函数不能显示立方函数式中边际产量表现出两个方向。指数函数经常用于实际研究工作中，受研究者欢迎的原因之一是它很容易被转换成包含多个自变量的函数形式。

$$Q = aX_1^b X_2^c \cdots X_n^m$$

在生产函数中，使用多个自变量比使用单一自变量更加符合实际。当假设所有投入要素都是可变的，短期生产函数就变成了长期生产函数。实际上，指数生产函数能够用于这两种分析。在一个简单的含有两个变量（如劳动和资本）模型中，指数函数可以用来做边际产量分析（当劳动改变，而资本不变）；也可以用来做规模回报分析（当两个变量都发生变化）。

7.4.2 科布—道格拉斯生产函数

科布—道格拉斯生产函数从 1928 年首次使用至今，仍然是经济学研究领域最常用的函数形式。它被广泛地用于评价一个企业和整个行业的生产函数，尽管对该函数也有很多批评意见。在经济学的研究中，一般情况下，人们否定该模型的有效性，但可以把它作为一个非常好的近似实际情况的研究。最初，它被用来研究美国从 1988 年到 1922 年制造业产品产量。作者使用的两个投入要素，即手工劳动力（L）和固定资本（K）。

科布提出的生产函数形式如下：

$$Q = aL^b K^{1-b}$$

那么，这个函数具有什么特征使其能够流行 70 多年呢？

1. 为了使方程式有用，两个投入要素变量的使用必须得到一个正的产量 Q。因为总产量是两个或更多个生产投入要素联合作用的结果。

2. 这个函数能反映回报递增、递减和不变的情况。最初,科布和道格拉斯假设规模回报是个常数,即函数的指数之和等于1(附录6B简单描述了科布—道格拉斯生产函数的数学推导)。然而,其后的研究,他们自己及其他很多学者都放宽了这些要求,将方程改为:

$$Q = aL^b K^c$$

在此函数下,如果 $b+c>1$,表示递增规模回报;如果 $b+c<1$,表示递减规模回报;如果 $b+c=1$,表示恒定规模回报。

3. 当其他生产投入要素保持不变,此函数可以计算任意一个投入要素的边际产量。所以,它可以用来分析短期生产函数。在两个投入要素的模型中,劳动力的边际产量是 $MP_L = bQ/L$,资本的边际产量是 $MP_K = cQ/K$(该结果的数学推导列于附录7B)。通常每个系数都是小于1,这意味着,每个生产投入要素都是边际收益递减的。这表明,生产发生在第二阶段,这是为什么我们说生产函数的第二阶段为理性决策阶段的原因。

4. 附录7B中讨论的生产弹性是一个重要的概念。在科布—道格拉斯函数中,每个生产投入要素的弹性等于它们的指数,如此例中的系数 b 和 c。所以,劳动和资本的弹性是常数。

5. 因为经对数变换,能够把指数函数转变成线性函数,所以,可用线性函数来估计该生产函数。因此,估计方法比较简单,几乎所有的统计学或计量经济学软件都能够估计直线方程函数。

6. 尽管在该函数中仅限于两个生产投入要素变量(L 和 K),但科布—道格拉斯生产函数可以包括任何数量的自变量,其函数形式如下:

$$Q = aX_1^b X_2^c \cdots X_n^m$$

7. 从理论上讲,任何生产函数都是假设生产技术水平是恒定不变的。然而,研究者分析的数据可能跨越不同的技术发展阶段。为了反映技术变化的作用,可以在前面方程式中增加一个反映技术变化的自变量(如一个时间序列变量),用来分析技术变化对产量的影响。

科布—道格拉斯函数有如下两个缺点:

1. 科布—道格拉斯函数不能通过一个函数反映生产三个阶段中的边际产量变化情况(而立方函数能够反映这些情况);

2. 它不能反映一个企业经历递增规模回报、恒定规模回报和递减规模回报的全过程。

例1:科布—道格拉斯生产函数估计的例子

假设有20个软饮料制瓶企业的截面数据样本,数据来自1998年的某个月份。这里,我们仅用两个自变量:(1)雇用工人的数量;(2)企业的规模。基于工程师对企业规模和生产能力的测算,得到企业规模范围是从1到1.75。

因变量为估计期内生产饮料产品的数量(单位是加仑)。表7.6给出了统计数据和函数估计结果。

表 7.6 软饮料生产函数

总产品	劳动	资本
97	15	1.00
98	17	1.00
104	20	1.00
120	22	1.00
136	22	1.25
129	25	1.25
145	30	1.25
170	32	1.25
181	35	1.25
166	30	1.50
175	35	1.50
190	38	1.50
212	42	1.50
220	44	1.50
207	45	1.50
228	44	1.75
226	47	1.75
240	52	1.75
270	55	1.75
280	58	1.75

结果

回归统计

R^2	0.980 965 846
调整的 R^2	0.978 726 534
标准误差	0.020 818 585
样本数	20

	系　数	标准差	t
截距	1.180 015 4	0.096 022 924	12.288 892
X 变量 1	0.664 370 2	0.075 371 367	8.814 622 8
X 变量 2	0.321 471 4	0.147 006 777	2.186 779 6

科布—道格拉斯生产函数的形式是 $Q=aL^b K^c$，根据表中的回归输出结果，得到下列回归方程：

$$Q = 15.14 L^{0.66} K^{0.32}$$

回归结果显示决定系数 R^2 很高为 0.98，说明该回归方程包括的自变量能够解释 98% 因变量的变化；此外，两个自变量系数分别通过了 5% 显著水平下的 t 检验；两个系数的和为 0.985，此结果非常接近于 1，说明该企业表现出恒定的规模回报。每一种投入要素都表现出边际收益递减。

例 2：综合生产函数

大多数使用科布—道格拉斯生产函数的研究不是针对单一企业或单一产品的生产过

第 7 章　生产函数理论与估计

程,而是研究包括很多行业在内的一个综合行业群体或整个经济体。尽管这种研究已经证明在描述生产函数特点方面取得了许多有用的成果,但是与个体生产函数相比,采用生产函数研究综合产业或整个宏观经济结果的解释并不是像研究某个企业或某个产品生产函数结果那样很有意义。当使用产业集成或整个宏观经济数据建立生产函数时,模型必须能够反映行业间采用的各种不同技术和生产过程的总体情况,因此它不可能代表个别企业所采用的某种特定的技术过程。当利用生产函数研究技术相近产业总体情况,而非整个宏观经济体时,采用相似技术假设是较为合适的,即便如此,被综合的行业里各个行业之间仍然存在一些差异,包括技术水平、生产流程等。

获取建立行业综合生产函数的数据可能是非常困难的。相对而言,就整个经济体的数据也许更容易获得,比如可以利用国内生产总值来表示整个经济的总产出。对于特定的产业,可以根据国家统计局或地方政府统计资料公布的数据,以及国家和地区编制的投入—产出表中提供的信息。

科布和道格拉斯早期的工作是通过利用时间序列数据(1899—1922 年)研究美国的制造业。当初使用的公式是:

$$Q = 1.01 L^{0.75} K^{0.25}$$

其他一些研究使用同样技术得到了类似的结果。

另一位美国学者 David Durand 于 1937 年建议在科布模型中不必满足恒定规模回报的条件,继此文章之后的研究中,指数之和不再等于 1。道格拉斯修正了自己最初的研究结果,发现劳动系数减少到 2/3,而资本指数增加到大概 1/3,两个指数的和仍然接近 1。所以,规模回报不变表现为具有很大的代表性。

几乎是在同一时期,截面数据分析开始被使用。

科布和道格拉斯假设恒定规模回报,即函数的指数之和等于 1,大多数研究都使用这种方法。根据一些来自美国、澳大利亚、加拿大和新西兰的研究结论,大多数研究发现科布模型的指数之和非常接近 1。

7.5 生产函数在管理决策中的重要性

如本章前面部分所述,生产函数是企业经济分析中的一个重要环节,因为它是成本分析的基础。对企业管理者来说,掌握本章讨论的基本概念能够为企业进行长期和短期管理决策提供一个实用的分析框架。生产经济理论需要讨论的另一个主要管理学原理是计划,将在后续章介绍。

在短期生产函数讨论中,一个企业要经历三个生产阶段。第一阶段,相对于可变投入企业使用较低的不变投入;而在第三阶段,相对于不变投入,企业使用过多的可变投入。事实上,运营在此阶段的企业会发现总产出随着可变投入的增加减少了。所以,只有生产函数的第二阶段才是理性生产阶段。那么,如果管理者明白这个道理,为什么企业还会使自己处在生产函数的第一或第三阶段呢?答案是生产水平不能只是依靠一个企业想生产多少,还要依据消费者想购买多少?

让我们考察图 7.9 中的短期生产函数,生产函数第二阶段的生产水平位于 $Q_1 = 200$

和 $Q_2=275$ 之间。如果消费者购买少于 200 或多于 275，那么，在短期企业将被迫运营在第一阶段或者第三阶段。

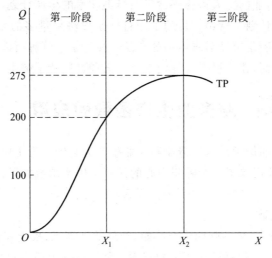

图 7.9　生产阶段和生产能力规划

图 7.9 中的信息暗示一个企业要想避免运营在第一或第三阶段，就必须对伴随可变投入使用的不变投入的数量做出一个仔细的规划，这就是在企业管理中所指的企业生产能力规划。例如，如果市场对企业产品需求的范围是 200～275 之间，图 7.9 中表示的生产能力是理想的。然而，如果企业预测到市场需求大于 275，企业不得不考虑扩大生产能力，以便在第二阶段实现更高的产出；如果企业预测市场需求小于 200，那就需要考虑减少生产能力。图 7.10 描述了生产能力的择优过程。

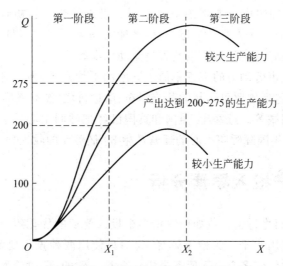

图 7.10　基于需求调整的生产能力

制定一个完善的生产能力规划需要两个基本条件：(1)精确的产品市场需求预测；(2)生产和销售部门之间能够有效地沟通（尤其是在生产函数被分割成多个部门的大企

业)。第一个条件很容易理解,但是当你回忆一下在第 5 章里学习的内容,你会知道它是难以实现的。第二个条件可能不是很容易理解,尤其是对那些没有在大公司工作经验的人来说。通常,制造行业的工人多感兴趣于执行纯技术的生产计划,而不愿意去考虑销售商品问题或制定营销计划。营销人员的工作目标是设法尽量多的卖出产品,而不顾及企业是否有能力生产出满足市场需求增加的产品。探讨企业管理所涉及的这些问题超出了本书的研究范围。然而,在这里提及它们是为了强调管理者了解生产理论的重要性。

7.6 呼叫中心:服务业生产函数的应用

大多数生产函数的例子是以制造业和农业生产为基础。为了探讨生产函数在服务业中的应用,我们再在此设计了一个呼叫中心的例子。生产函数如下:

$$Q = f(X, Y)$$

其中,Q=呼叫次数

X=可变投入(包括呼叫中心小姐,补给的计算机、桌子和软件等)

Y=不变投入(包括呼叫中心办公楼、服务和电子通讯用的硬件设备以及达到设计的最大用户量的软件使用权)

举例如下:就生产函数的三个阶段而言,在第一阶段主要是涉及很多关于可变投入的固定生产能力,呼叫代表闲置,等待接入的呼叫。在第二阶段,呼叫代表被均匀占用,呼叫完成之后立刻有新的呼叫者接入或者不超过规定的等待时间(如 3 分钟)。如果呼叫者等待的时间超过了 3 分钟,呼叫中心经理可能要考虑增加呼叫小姐。在第三阶段,呼叫者可能频繁地收到占线信号,或者呼叫小姐开始面临电脑反应速度缓慢,系统频繁地出现故障。这表明计算机处于过载的执行能力或传送能力状态。

投入组合:运营呼叫中心要考虑很多不同的投入组合。起初有一个生产能力的平衡,随着使用呼叫中心工作人员数量增加,生产能力与每个工作人员的关系发生改变,平均成本发生变化(包括工资、培训费以及人员流动成本等)。

由于美国很多城市劳动力的工资率低于国家的平均水平,所以呼叫中心主要建立在劳动成本较低地区,包括佛罗里达州的苏族瀑布、南达科塔、杰克逊维尔,密苏里州的圣路易斯和犹他州的盐湖城等。近些年,美国和英国已经把呼叫中心的运营业务逐步转移到印度。据介绍,2008 年国际呼叫中心的运营产生 80 亿美元的收入。

7.7 多种生产投入要素分析

在本附录中,我们将讨论企业如何决定多个投入要素的优化组合而不只是某一个特定投入要素的最佳使用水平。为便于解释,我们只使用两种投入要素的优化组合问题。其决策的原理与考虑任何多个投入要素最优组合是一致的,但讨论使用两种投入要素的优化利用问题是便于采用图形解释。

从经济理论上讲,两种投入要素不仅可用于短期生产分析,也可以用于长期生产分析,取决于企业对使用的投入要素性质的假设。如果企业仅仅使用两种生产投入要素(或者说把所有的投入要素分成两类),那么,这两种投入要素的分析就是一个长期的生产分析,因为企业的所有投入(即两种投入)都是可变的。然而,如果企业还使用其他一些固定的生产投入要素,而只评价两种投入要素的优化利用问题,那么企业考虑的就是短期生产分析。从讨论的上下文,读者应该能够识别给出的例子是适合哪一种情况。

为说明两种投入要素的决策问题,我们把表7.1中数据复制成表7.7。如果企业想生产52个单位的产出($Q=52$),根据表中的数据,企业可以用Y和X的不同投入组合来生产这52个单位的产品:6和2、4和3、3和4、2和6、2和8。这些投入要素的不同组合构成了等产量曲线,见表7.7。等产量曲线表示采用两种投入要素的不同组合生产出同一水平产量的曲线。从表7.7中,可以看到$Q=29,Q=52$和$Q=73$三条等产量曲线,其中$Q=52$的等产量线被单独画在图7.11中。在一个连续的生产函数中,即投入要素使用数量是完全可分的,就可以画出图7.12中一条平滑的等产量曲线。但是,不论是使用离散投入要素还是使用连续投入要素,其构成的等产量线的斜率都是负的,并且是凸向原点。这一特征意味着,等产量曲线是向右下方倾斜的,而且沿着曲线从左向右移动曲线陡峭的程度越来越小。这些特征表明在等产量曲线上两种投入要素是可以互相替代的。

表7.7 用于说明等产量曲线的生产函数表

Y				总产量 Q				
8	37	60	83	96	107	117	127	128
7	42	64	78	90	101	110	119	120
6	37	52	64	73	82	90	97	104
5	31	47	58	67	75	82	89	95
4	24	39	52	60	67	73	79	85
3	17	29	41	52	58	64	69	73
2	8	18	29	39	47	52	56	52
1	4	8	14	20	27	24	21	17
	1	2	3	4	5	6	7	8
				X				

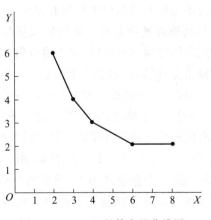

图7.11 $Q=52$的等产量曲线图

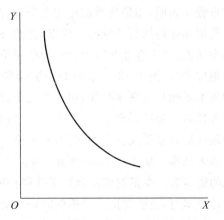

图7.12 连续生产函数的等产量曲线

7.7.1 替代投入要素

两种投入要素的相互替代程度是测量在一个给定的产量水平下,一种投入要素能够代替另一种投入要素的比例。为了进一步说明,我们仍然使用生产软饮料的例子。考虑写在软饮料标签上的营养成分包括:碳酸盐水、糖或者玉米糖浆、柠檬、自然香精、苯甲酸钠和焦糖色。

我们发现饮料中的甜味的成分主要来自"蔗糖或者玉米糖浆",而这两种成分彼此可以完全替代。图7.13(a)线性等产量曲线描述了这两种投入要素之间的完全可替代性。本例中,二者的替代比率是2∶1。就是说,无论使用多少糖或玉米糖汁,2克糖总是能够完全被1克玉米糖汁所代替,或者说1克重量的玉米糖浆总能代替2克重量的糖。

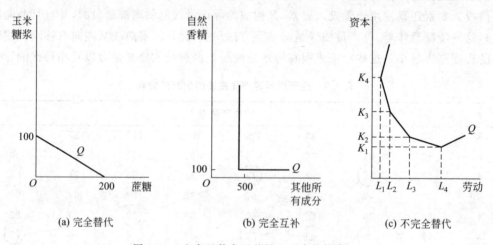

图7.13 生产函数中两种投入要素的替代性

如果把用于生产软饮料的原料划分成两部分:"自然香精和所有其他成分",可用图7.13(b)的等产量曲线来说明这两种投入要素之间的关系。假设在饮料生产中,带给软饮料特别口味的香精与其他成分之间存在一个固定的使用比率。列于图7.13(b)中的假设数字表明,如果只增加使用1个单位的香料而不去同时增加使用其他五种成分,是不可能增加任何饮料产量的。所以,自然香料投入与其他五种成分投入之间的关系是经济学中所说的"完全互补",因为它们必须按照某一固定的比例同时使用(如1份香料和5份其他成分)。图7.13(c)表示介于完全替代投入和完全互补投入之间的情况。这里劳动和资本不能相互完全替代,称为不完全替代关系。就是说,一种投入要素只能在一定程度上替代另一种投入要素。(如图所示,当劳动投入超过L_4个单位,为保持产量水平Q,就必须增加资本投入。)此外,随着一种投入要素逐渐代替另一种投入要素,其替代程度会变得越来越难。如图7.13(c)所示,当企业使用L_1单位的劳动,K_4单位的资本,用一个单位的资本替代少量的劳动就可保持同样的产量Q。然而,当企业使用L_2单位的劳动,K_3单位资本时,企业使用一个单位的资本要替代较多的劳动才能维持同一产量。我们将在下一部分对不完全替代做更多的解释。

就选择投入的优化组合而言,很明显不完全替代情况对企业具有最大的挑战。对于完全互补投入,企业必须按某一固定比例同时使用各种投入要素,这种决策是非常简单的。在完全替代投入的情况下,情况同样如此。如果一个投入总是能够以一个固定的比例替代另一种投入(无论每一种投入要素使用多少),那么优化组合唯一考虑的决定性因素就是投入要素的价格。

在不完全替代情况下,投入要素的优化组合取决于要素之间的替代程度以及它们的相对价格。比如,如果劳动成本大大低于资本成本,难道这就自然意味着企业应该使用更多的劳动投入吗(即采用一个劳动密集型生产技术)?答案是否定的,因为我们还要必须考虑到两种投入要素相对的生产效率。如果资本投入比劳动投入更具有生产效率,那么当这种生产效率的差异超过了对成本差异的补偿时,企业就应该使用相对于劳动投入更多的资本投入。

在解释经济学家如何决定两个不完全替代投入的优化组合之前,我们应该先说明一下不完全替代的程度是如何度量的? 边际技术替代率(MRTS)被用来测量两种投入要素之间的替代程度。我们给出一个逐步用 X 投入替代 Y 投入的例子。X 替代 Y 的边际技术替代率的算数表达式为:

$$MRTS(X 替代 Y) = \frac{DY}{DX}$$

上式说明:在生产过程中,分子表示 Y 的减少量,分母表示为了维持同样产量 Q,X 的增加量,或者说是当 X 投入增加一个单位需要放弃多少个单位的 Y 投入,以保持产量不变。MRTS 可以被看作是沿着等产量曲线向右下方移动时,该曲线斜率的变化。事实上,通过观察 MRTS 的算数表达式(X 替代 Y),我们可以证明它正是等产量曲线的斜率。

为了更清楚理解如何通过等产量曲线测量 MRTS,我们使用表 7.8 中的离散数据。表 7.8 给出了由不同的投入要素组合可以获得 52 个单位的产量。图 7.14 表示从 A 到 E 投入 Y 和投入 X 之间的不同组合。从 A 向 E 移动,得到投入要素 X 替代投入要素 Y 的边际替代率:

移动	$MRTS(X 替代 Y) = \frac{\Delta Y}{\Delta X}$	移动	$MRTS(X 替代 Y) = \frac{\Delta Y}{\Delta X}$
A 到 B	$\frac{-2}{1}$	C 到 D	$\frac{-1}{2}$
B 到 C	$\frac{-1}{1}$	D 到 E	$\frac{0}{2}$

表 7.8 等产量曲线 $Q=52$ 的投入要素组合

组合	Y	X
A	6	2
B	4	3
C	3	4
D	2	6
E	2	8

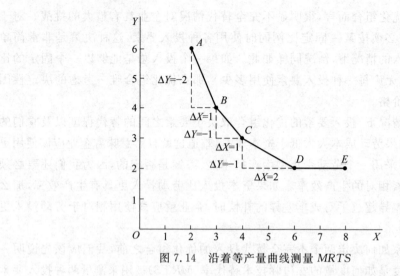

图 7.14 沿着等产量曲线测量 MRTS

注意，因为等产量曲线是向下倾斜的，$\Delta Y/\Delta X$，或者 MRTS 总是负的。然而，当讨论 MRTS 的经济意义时，把它看作是正值更方便。所以，例子中，A 到 B 的 MRTS 是：MRTS＝2/1。B 到 C 和 C 到 D，MRTS 分别是 1 和 1/2。把 MRTS 用绝对值表示，可以清楚看出投入要素组合的比例从 A 到 E 是递减的。经济学家称这种现象为边际技术替代率递减法则，它和报酬递减法则有关。

当投入要素组合从 A 变到 B，用 1 个单位的 X 替代了 2 个单位的 Y。换句话说，由减少 2 个单位 Y 导致的产出的丢失能通过增加 1 个单位的 X 得到补偿。当组合从 B 移动到 C，减少 1 个单位的 Y 导致产出的减少必须用增加 1 个单位的 X 得到补偿。当组合从 C 移动到 D，由减少 1 个单位的 Y 导致产出的减少必须用增加 2 个单位的 X 得到补偿。最后，从组合 D 变化到 E，我们发现不能实现 X 替代 Y，因此必须增加足够多的 X 才能维持 $Q=52$ 的产出水平。

显然，从组合 A 移动到组合 D，对于生产过程中减少的 Y 必须用增加的 X 来补偿才能保证产量不变，开始通过 1 个单位的 X 替代 2 单位的 Y，到后来，用 2 个单位的 X 替代 1 个单位的 Y。换句话说，随着生产过程中用更多的 X，相对于 Y 投入的生产效率，X 投入的生产效率出现递减。这个结果又一次验证了报酬递减规律。报酬递减规律是指随着可变投入要素增加到固定投入要素的使用中引起总产出的增加，到达某一点后，继续增加可变投入使用的数量，产出开始递减。

为了理解在保持产量不变情况下，随着 X 投入量增加能够补偿 Y 投入量逐渐减少，我们需要把边际产量的概念引入到分析之中。回顾表 7.1（为方便起见重新列于表 7.9 中），我们发现从 A 投入移动到 B 投入的确包括两个清晰的步骤。首先，投入 Y 减少 2 个单位（从 6 到 4），导致产出减少了 13 个单位（从 52 到 39），见表 7.9 中向下的箭头。其次，为补偿 Y 的减少，投入 X 必须增加。如表所示，增加 X 投入使产出恢复到原来的水平 52。如表 7.9 中向右的箭头所示。

表 7.9 典型生产函数表

Y				总产量 Q				
8	37	60	83	96	107	117	127	128
7	42	64	78	90	101	110	119	120
6	37	52	64	73	82	90	97	104
5	31	47	58	67	75	82	89	95
4	24	39	52	60	67	73	79	85
3	17	29	41	52	58	64	69	73
2	8	18	29	39	47	52	56	52
1	4	8	14	20	27	24	21	17
	1	2	3	4	5	6	7	8
				X				

回忆前面的讨论,边际产量被定义为相对某一给定投入量的改变所引起的产量的变化。这里,从 A 移动到 B 是经过两个不同的步骤揭示出 Y 投入的边际产量是:

$$\frac{DQ}{DY} = \frac{-13}{-2} = 6.5$$

X 投入的边际产量是:

$$\frac{DQ}{DX} = \frac{13}{1} = 13$$

采用相同的两个步骤,来分析 C 投入组合,然后分析 D 投入组合,得到 X 和 Y 的边际产量比率如下:从 B 到 C,$MP_X/MP_Y = 1$;从 C 到 D,$MP_X/MP_Y = 1/2$。

沿着等产量曲线 $Q = 52$,考察投入 X 和 Y 的边际产量比率的变化,你会发现 MRTS 和等产量曲线斜率之间存在的重要关系。事实上,它们是相等的。

$$MRTS = \frac{DY}{DX} = \frac{MP_X}{MP_Y} \tag{7.5}$$

表 7.10 用以说明这个方程。

表 7.10 $MRTS(X 代替 Y)$ 和 MP_X/MP_Y 的关系

组合	Q	Y	MP_X	X	MP_Y	MRTS(X 代替 Y)	MP_X/MP_Y
A	52	6		2			
B	52	4	13	3	6.5	2	2
C	52	3	11	4	11	1	1
D	52	2	6.5	6	13	1/2	1/2

因为方程 7.5 对本章后续的内容有着重要的作用,所以我们对它的推导做些简要的说明。考虑有两个投入变量沿着同一条等产量曲线移动。如前所述,这种移动包括了两个清晰的步骤:一个是投入(Y)减少,另一个是投入(X)增加。投入 Y 减少导致产出的减少可以被描述为:

$$-MP_Y \times \Delta Y$$

投入 X 的增加带来产出的增加可以表示为:

$$MP_X \cdot \Delta X$$

沿着同一条等产量曲线，产出水平是恒定不变的。所以

$$\frac{MP_Y}{\Delta Y} = \frac{MP_X}{\Delta X}$$

整理该方程，记住 $MRTS = \Delta Y/\Delta X$，所以有

$$MRTS = \frac{\Delta Y}{\Delta X} = \frac{MP_X}{MP_Y}$$

7.7.2 多种投入要素的优化组合

不完全替代投入的最优组合取决于投入要素之间的相对价格以及彼此之间能够替代的程度。一种投入要素能够代替另一种投入要素的程度可以通过两个投入要素边际产量之间的关系反映出来。所以，投入要素的优化组合取决于投入要素的相对边际产量和它们所对应的价格之间的关系。在两种投入要素的情况下，这种关系的数学表达式：

$$\frac{MP_X}{MP_Y} = \frac{P_X}{P_Y} \tag{7.6}$$

为进一步说明这种关系，我们需要使用等成本曲线，并把等成本曲线与前面讨论的等产量曲线结合起来进行分析。首先，我们对方程(7.6)作如下变形：

$$\frac{MP_X}{P_X} = \frac{MP_Y}{P_Y} \tag{7.7}$$

这说明当这两种投入要素达到最佳使用组合时，最后每一元钱花在各种投入要素得到的边际产量相等。

现在，我们使用等产量曲线和等成本曲线解释投入要素的优化组合规则，开始正式的优化投入组合的经济学分析。假设 $P_X = 100$ 元，$P_Y = 100$ 元，并进一步假设，一个公司花费在 X 和 Y 两种投入要素的预算是 1 000 元。基于这些投入要素价格和总支出约束条件，表 7.11 列出购买 X 和 Y 的各种不同组合。

表 7.11　基于 1 000 元预算的投入要素组合

组合	Y	X
A	0	5
B	2	4
C	4	3
D	6	2
E	8	1
F	10	0

预算的算术方程如下：

$$E = P_X \times X + P_Y \times Y \tag{7.8}$$

其中，$E =$ 用于购买 X 和 Y 投入的总预算

　　　$P_X = X$ 的价格

$P_Y = Y$ 的价格

$X = X$ 的投入量

$Y = Y$ 的投入量

因此，花费在 X 和 Y 的总预算额等于 X 的投入量乘以其价格加上 Y 的投入量乘以其价格，即

$$1\,000 = 100X + 200Y \tag{7.9}$$

根据此方程可以得到表 7.11 中的数值。

注意，等成本曲线是线性的，因为投入的价格是常数。对方程(7.8)进行变换得到，两种投入要素的价格之比等于等成本曲线的斜率：

$$E = P_X \cdot X + P_Y \cdot Y$$

$$P_Y \cdot Y = E - P_X \cdot X \tag{7.10}$$

$$Y = \frac{E}{P_X} - \frac{p_X}{p_Y} X$$

把图 7.15 的等成本曲线和图 7.16 的等产量曲线放在一起构成图 7.17。值得注意的是，等成本曲线和等产量曲线在点 (4,3) 和 (6,2) 处相切，意味着在这两点之间两条曲线的斜率是重合的。所以，如果等成本曲线的斜率是 $-P_X/P_Y$，等产量曲线的斜率是 $-MP_X/MP_Y$，那么，在这两点之间：

$$\frac{MP_X}{MP_Y} = \frac{P_X}{P_Y} \tag{7.11}$$

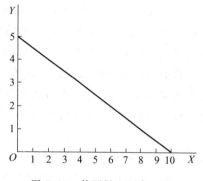

图 7.15　使用投入要素 X 和 Y 的等成本曲线

如果删除方程式两边的负号，我们就得到了方程 7.11 表示的优化规则。在给定 1 000 元的购买投入预算以及图 7.16 等产量曲线的条件下，如果企业采用 4 个单位的 X 和 3 个单位的 Y 投入组合，或者用 6 个单位的 X 和 2 个单位的 Y 投入组合，将实现最佳投入组合。

因为是使用离散的投入要素组合集，难以确定唯一的最佳投入要素组合。可以想象，如果投入要素是连续的，那就会很够容易地确定连续的等产量曲线，从而能够准确地找出一种最佳投入要素的组合。图 7.17 给出一组光滑的连续的等产量曲线和一条等成本曲线，图中点 B 代表企业使用投入要素的最优组合。接下来给出解释。

最初，如果选择 D 点的投入要素组合，这是不可取的选择，因为企业没有花费全部的预算。相反，在 E 点处的投入组合超过了企业预算的限制。剩下的由 A、B 和 C 三点代表的投入要素组合，每一组合都是可以实现的。然而，三点中的 B 点代表了最佳的投入组合，因为此点表示在满足企业预算约束条件下，生产最大的产量。

采用前面提到的边际分析，B 点是唯一的满足方程式(7.7)和方程式(7.11)的优化条件。也就是说，在 B 点，等成本曲线和等产量曲线的斜率相等。所以，$MP_X/MP_Y = P_X/P_Y$。

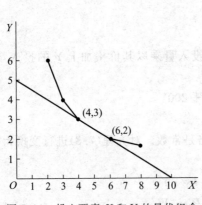

图 7.16 投入要素 X 和 Y 的最优组合   图 7.17 连续生产函数的最优投入要素组合

7.7.3 多元投入要素的最优组合

正如我们在前面介绍的，无论企业的产量是多少，如果满足方程式(7.7)和方程式(7.11)的最优条件，企业就实现了以最低成本进行生产。因此，方程 7.11 被称作成本最小化条件。但是，公司应该生产多少产量呢？答案是，这要取决于市场对企业产品的需求。

我们知道单一投入的最佳使用量决策条件是 $P_X = MCL = MRP_X$。即企业应该增加 X 投入到达某一点，在该点投入要素的成本(价格)刚好等于由使用该投入要素创造的产品的价值，即边际产量的价值(MRP_X)。

$$P_i = MRP_i \tag{7.12}$$

其中，P_i = 投入要素 i 的价格

MRP_i = 投入 i 的边际产品价值

如果企业使用两种投入(X 和 Y)，其最优使用优条件是

$$P_X = MRP_X \quad \text{和} \quad P_Y = MRP_Y \tag{7.13}$$

适合应用于单一投入的情况，也就必须能够使用于多种投入的情况，这个逻辑说明了上述条件可用于两种或更多种投入要素的优化利用条件。然而，微观经济学理论对此有更加正式的解释，关于理论上使用的术语和有关概念的细节问题将在第 9 章里讨论。尽管如此，我们还是在这里给出简单的理论解释。

按照经济学理论，收益最大化的企业总是设法运营在这样一个点，在此点，最后一个单位产量的市场销售收入额等于为生产该单位产量所支付的成本。换句话说，生产的最优水平发生在边际收益(MR)等于边际成本(MC)的点。在第 9 章，我们将学习关于 $MR = MC$ 原理应用的更多细节。现在，我们简单地解释多于一种投入要素优化利用规则的合理性。

边际成本(MC)是指多生产一个单位产品所要额外支付的成本。使用本章前面例子中介绍的一些概念：

$$MC = \frac{P_i}{MP_i} \tag{7.14}$$

其中，MC＝产品的边际成本

P_i＝投入要素 i 的价格（即企业使用一个单位额外投入 i 的成本）

MP_i＝使用投入要素 i 的边际产量

例如，假设投入要素是劳动（测量单位为小时），劳动工资是企业在完全竞争劳动市场条件下的工资率。如果工资率是每小时 10 元，同时假设每小时劳动时间的边际产量是 20 个单位。以单位计算，20 个单位边际产量的生产成本是 0.50 元（即 10 元/20）。就是说，在这一点边际成本是 0.50 元。

假设企业是在产出收益最大化水平下运营，也就是满足优化条件

$$MR = MC \tag{7.15}$$

同时假设公司使用两种投入要素（X 和 Y）。将方程 7.14 带入方程 7.15，

$$MR = \frac{P_X}{MP_X} \quad \text{对于 } X \text{ 投入} \tag{7.16}$$

$$MR = \frac{P_Y}{MP_Y} \quad \text{对于 } Y \text{ 投入}$$

经变换得到

$$P_X = MR \times MP_X \quad \text{和} \quad P_Y = MR \times MP_Y \tag{7.17}$$

因为 $MR \times MP_i = MRP_i$，满足 X 和 Y 投入组合的优化条件，即

$$P_X = MRP_X \quad \text{和} \quad P_Y = MRP_Y \tag{7.18}$$

简言之，当每种投入要素每个单位投入获得的额外收益等于为使用该投入要素支付的成本时，企业就实现了最优的投入要素使用水平。确定最佳投入要素使用水平的另一个方式是企业生产利润最大化的产量水平（即 $MR = MC$）。这就意味着，企业总是以一种最优化方式使用各种投入要素组合；如果不是这样，企业就没有实现利润的最大化。图 7.18 说明了成本最小化和利润最大化之间投入要素组合的差异。可以看出，沿着"扩展路径"上的任一点代表投入要素 X 和 Y 的组合成本最小。但是，假设 $MR = MC$ 这一利润最大化的规则指示企业应该在竞争市场中生产产量 Q_3，这意味着企业唯一应该使用的投入要素组合是（X_3 和 Y_3）。扩展路径上代表的其他各种投入要素组合表示使用的成本是有效的，但并非使企业实现利润最大化。

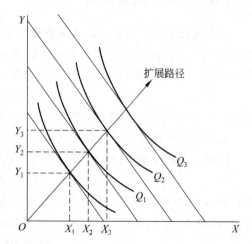

图 7.18　投入组合的成本最小化和收益最大化

在测定企业规模回报的时候，经济学家总是假设企业在投入要素最优组合条件下运营。如图 7.19 所示，我们也可以看出不同的规模回报。由投入增加引起的产量上升可用发自原点的射线来表示（该射线表示满足不同预算约束条件下投入要素的最低成本组合）。结合各个等产量线标识的产量水平以及最低成本投入要素组合信息，可以判断企业

是否经历递增规模回报、恒定规模回报或递减规模回报。

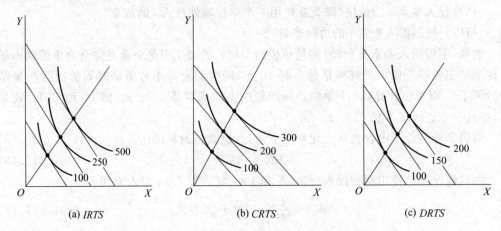

图 7.19 最优的投入要素组合与规模回报

7.8 用微积分表达生产函数

本章采用表格和图示系统地阐述了生产函数的分析过程。下面介绍如何利用微积分方法进行生产函数分析。

7.8.1 生产函数简评

生产函数表示产出和一种或多种投入要素之间的关系。产出指的是总产量(TP)或者总量(Q)。通过引用表 7.12 中给出的两种投入(即劳动和资本)要素的不同组合和产出的关系信息,我们来讨论生产函数的分析。前面我们提到过,生产函数的一般形式是:

$$Q = f(L, K) \tag{7.19}$$

其中,Q=产出总量;L=劳动(即可变投入);K=资本(即固定投入)

从这个生产函数的一般形式出发,可以构造生产函数的表格。

科布—道格拉斯生产函数是一个流行的生产函数形式。表述如下:

$$Q = AL^a K^b \tag{7.20}$$

Q、L 和 K 与方程式(7.19)有相同的定义。A、a 和 b 值决定了生产函数表中的实际数值。例如,假如 $A=100$、$a=0.5$ 且 $b=0.5$,那么该生产函数式为:

$$Q = 100L^{0.5} K^{0.5} \tag{7.21}$$

采用此方程式,得到表 7.12 的数据。

7.8.2 边际产量:总产量函数的一阶导数

在讨论等产量曲线时,边际产量代表总产量函数的偏导数。我们使用方程式(7.21)表示的科布—道格拉斯生产函数形式来展示如何通过导数求得边际产量。

表7.12 科布—道格拉斯生产函数

K				总产量\Q				
8	282	400	488	564	628	688	744	⑧⓪⓪
7	264	373	456	528	588	644	⑦⓪⓪	744
6	244	245	422	488	544	⑥⓪⓪	644	688
5	223	315	385	446	⑤⓪⓪	544	588	628
4	200	282	346	④⓪⓪	446	488	528	564
3	173	244	③⓪⓪	346	385	422	456	488
2	141	②⓪⓪	244	282	315	345	373	400
1	①⓪⓪	141	173	200	223	244	264	282
	1	2	3	4	5	6	7	8

假如我们要计算使用第4个单位劳动的边际产量,假设目前使用4个单位的资本。我们可以简单地求该方程对 L 的偏导数,然后令 $L=4$ 和 $K=4$,即可得到边际产量:

$$\frac{dQ}{dL} = 100(0.5)L^{-0.5}K^{0.5} = 100(0.5)4^{-0.5}4^{0.5} = 50$$

从表7.19中看出,对应于4个单位资本的投入,第4个单位劳动投入的边际产量是54(即 $400-346=54$)。两个边际产量值(50和54)不同的原因,是因为通过导数计算的是在使用4个单位劳动投入那一点的边际产量,而不是增加第4个单位劳动所引起的产量的变化。

7.8.3 把科布—道格拉斯生产函数转化为线性形式

1. 科布—道格拉斯函数是非线性的指数函数。然而,可以通过取对数将其转化成线性形式。

$$Q = aL^bK^c$$
$$\log Q = \log a + b\log L + c\log K$$

2. 函数的原始形式是

$$Q = aL^bK^{1-b}$$

该模型具有恒定规模回报。换句话说,如果劳动和资本投入变化的比例为 s,那么产量 Q 变化的比例也同样是 s:

$$Q = a(sL)^b(sK)^{1-b} = a(s^bL^b)(s^{1-b}K^{1-b}) = (s^{b+1-b})(Q) = s^1Q$$

所以,新计算的 Q 等于原来 Q 的 s 倍,这个比例正是 L 和 K 变化的比例。

后来,该函数的形式放宽了对系数的限制,允许 $b+c$ 小于、等于或大于1。推导结果如下:

$$Q = a(sL)^b(sK)^c = a(s^bL^b)(s^cK^c) = a(s^{b+c})(L^bK^c) = (s^{b+c})(Q)$$

如果 $b+c>1$,表示当投入增加 s 倍,Q 将增加超过 s 倍(即递增规模回报);如果 $b+c<1$,Q 的增加将小于 s 倍(即递减规模回报)。

3. 一种投入要素的边际产量是求函数对该要素的偏导数

$$MP_L = \delta Q/\delta L = abL^{b-1}K^{1-b} = bL^{-1}Q = bQ/L$$

类似,资本的边际产量,MP_K 等于 cQ/K 或者 $(1-b)Q/K$。

4. 生产弹性测量总产量对某一个投入要素变化的敏感度,用百分比表示:

$$E_Q = \frac{Q\text{ 的改变量}(\%)}{\text{投入的改变量}(\%)}$$

或者,以劳动投入为例,

$$\Delta Q/Q \div \Delta L/L = \Delta Q/Q \times L/\Delta L = \Delta Q/\Delta L \times L/Q = \Delta Q/\Delta L \div Q/L$$

当然,$\Delta Q/\Delta L$ 是劳动的边际产量;Q/L 是劳动的平均产量(资本保持不变)。所以,生产弹性等于边际产量除以平均产量。劳动的边际产量是 bQ/L,劳动的平均产量是 Q/L。两者相除,得到

$$MP_L/AP_L = bQ/L \div Q/L = bQ/L \cdot L/Q = b$$

所以,劳动的生产弹性是 b,资本的生产弹性是 c。最初的科布—道格拉斯生产函数指数的和是一个常数。一个生产要素投入量变化的百分比,增加(或减少),在其他生产要素投入量保持不变的情况下,总产量将按照一个固定的比例增加(或减少)。如果指数的和小于 1,总产量增加的百分比将会小于投入要素增加的百分比。

7.8.4 两种投入要素的最优组合

本章研究得到的结论是,如果企业按着利润最大化目标进行生产,那么它必须实现使用每个投入的边际产量价值等于投入要素的价格(或成本)。换句话说,如果企业使用 K 种投入要素,那么

$$MRP_1 = \text{投入 1 的成本}$$
$$MRP_2 = \text{投入 2 的成本}$$
$$\vdots$$
$$MRP_K = \text{投入 } K \text{ 的成本}$$

我们知道当企业实现投入成本最有效利用的时候,每一种投入要素的边际产量与其投入要素的价格的比值都是相等的。如下式:

$$\frac{MP_1}{P_1} = \frac{MP_2}{P_2} = \cdots = \frac{MP_K}{P_K}$$

下面,我们用微分来证明上述结论。

首先,企业的利润函数可表示如下:

$$\pi = TR - TC \tag{7.22}$$

其中,π = 总收益

  TR = 总收入

  TC = 总成本

根据定义,总收入等于价格乘以产量:

$$TR = P \cdot Q \tag{7.23}$$

其中,P = 产品的价格

$Q=$产品的销售量

总成本等于所有投入量乘以各自价格的总和。假设企业使用两种投入,劳动和资本,它们的价格是工资率和资本的出租成本,得到

$$TC = wL + rK \tag{7.24}$$

其中,$L=$劳动

$K=$资本

$w=$劳动的工资率

$r=$使用资本的出租成本

把方程(7.24)和方程式(7.23)带入方程7.22,得到

$$\pi = PQ - (wL + rK) \tag{7.25}$$

生产函数的一般形式是

$$Q = f(L, K) \tag{7.26}$$

将其带入方程(7.25)中,得到

$$\pi = Pf(L, K) - wL - rK \tag{7.27}$$

为了得到企业利润最大化使用投入要素的水平,分别对每一种投入要素(劳动或资本)求偏微分,并令其等于零:

$$\frac{\mathrm{d}p}{\mathrm{d}L} = Pf_L - w = 0 \tag{7.28}$$

$$\frac{\mathrm{d}p}{\mathrm{d}K} = Pf_K - r = 0 \tag{7.29}$$

对方程式(7.28)和方程式(7.29)进行变换,得到:

$$w = Pf_L \tag{7.30}$$

$$r = Pf_K \tag{7.31}$$

某一投入要素的边际产量被定义为增加一个单位投入要素引起的产出改变量。即

$$MP_L = f_L \tag{7.32}$$

$$MP_K = f_K \tag{7.33}$$

边际产量收入(MRP)是某一特定投入的 MP 乘以产品的价格。所以,方程式(7.30)和方程式(7.31)只是在本章先前主要讨论的实现投入要素优化组合的必要条件。即

$$Pf_L = MRP_L = w \tag{7.34}$$

$$Pf_K = MRP_K = r \tag{7.35}$$

现在,我们已经建立了上述关系,可以利用这些方程及其变量展示投入要素最小成本组合的必要条件是如何推导的。用方程式(7.30)除以方程式(7.31),得到

$$\frac{w}{r} = \frac{Pf_L}{Pf_K}$$

方程式右边分子和分母中的 P 可以删除,所以

$$\frac{w}{r} = \frac{f_L}{f_K}$$

采用方程式(7.32)和方程式(7.33)定义的边际产量,并依据上式,经过整理得到投入要素最有效组合利用的条件:

$$\frac{MP_L}{w} = \frac{MP_K}{r} \qquad (7.36)$$

7.9 国际应用案例：中国正在耗尽工人吗？

在如何降低企业使用劳动力成本的研究中，来自美国和其他支付高工资的工业化国家的制造商已经在过去的 10 年里把很多公司转移到中国，使中国大约有 3 亿人从中受益，大多数位于沿海城市。这些高工资国家企业的这种做法主要基于这样的一个考虑：尽管对劳动力需求的不断增加，中国制造业的劳动工资会在较长的时间里保持低水平，因为仍有另外的 9 亿农村劳动力可以提供劳动力的供给。然而在《商业周刊》一篇文章指出，这种情况可能不见得符合实际。文章引用中国台湾商人楼先生的企业的案例。1989 年，楼先生将其自行车和摩托车工厂从美国的蒙大拿州的苏必略市转移到中国广东省的东莞。丰富廉价的劳动力使楼的生意迅速增长。随着几个新工厂的扩张，到 15 年后的 2004 年，楼忽然发现劳动力短缺的问题，因为他面临 170 个工人的缺口，致使工厂的运营出现严重的生产能力不足。后来，他把工资提高了 35%（达到每月大约 85 美元），仍然招不到足够的劳动力。而且，楼还声称他的一些合作伙伴也面临同样的困境。

显然，楼所经历的是传统微观经济学关于劳动力的问题。请回忆我们对多投入的讨论，在中国，改善劳动力需求和供给需要考虑如下几个因素：(1)在中国内陆开设工厂，为沿海地区（如东莞）更多的农村劳动力提供就业机会；(2)政府的独生子女政策使大量的妇女从事工厂劳动成为可能（很多企业的劳动者是女性）；(3)改善农村的生活水平使年轻的一代在农村安居乐业；(4)政府对农业实行税收减免和补贴，促使农业企业对劳动力的需求，扩大农村就业。

然而，一个国家就业的形势并非是一个孤立的本国的问题，它也受到世界其他地区就业形势的影响。例如，尽管在中国劳动工资在逐渐提高，但还是处在马来西亚 1/3 的水平。在中国大陆，工资的提高一直影响着来自中国台湾和中国香港的商人，他们期望付出更低工资。一般来说，跨国公司，尤其是美国的跨国公司愿意为工人支付较高的工资，所以，在中国的美国公司还没有面临劳动力稀缺问题[1]。

7.10 本章小结

本章的核心内容是剖析市场供给经济分析的原理。毕竟，人们愿意以一个确定价格购买某企业的产品，但是，企业愿意以此价格供应这个产品吗？回答这个问题，首先要考虑企业投入和产出之间的关系，即企业的生产函数。在短期，企业生产投入要素中至少有一个投入要素是固定不变的，我们揭示了企业为什么会面临收益递减规律和生产函数出现的三个阶段。这意味着，在某种投入要素固定不变的情况下，随着可变投入的增加，到达某一点后，继续增加可变投入，边际产量开始递减；类似地，随着可变投入增加，每单位

---

[1] Dexler Roberts and Freserik Balfour. Is China Running Out of Workers?. Business Week, October 25, 2004.

可变投入的产出(即平均产量)逐渐增加,达到最大,然后开始下降。最大平均产量点表示生产函数的第一阶段结束,第二阶段的开始,即生产函数进入合理生产阶段——第二阶段。随着可变投入的使用继续增加,总产量达到最大,边际产量下降到 0,继续增加可变投入,导致总产量减少(MP 变成负值)。将发生在生产函数第二阶段可变投入的边际产量乘以产品的价格得到边际产量收入,该曲线是企业生产投入要素的派生需求曲线。结合投入要素的价格,管理者能够根据派生需求曲线判断投入要素的最佳使用量。可以用类似的分析推导更多投入的优化使用(见附录 7B)。

长期生产函数是指企业能够改变所有投入要素的使用量。当一个企业能够改变其整个企业的生产规模,他就经历了规模经济的变化。也就是说,产出的增加与投入的增加表现出不同的比例关系:产出增加的比例低于投入增加的比例,产出增加的比例等于投入增加的比例,以及产出增加的比例高于投入增加的比例。

多数生产函数的研究是使用指数表达式,随着投入的增加,产出呈现单调递增。科布和道格拉斯在 20 世纪 20 年代最初提出这个模型。他们的研究是使用时间序列分析方法,但不久,其他一些学者使用截面数据建立该模型,发现此方法更加适用。科布—道格拉斯函数可用于研究短期条件下的边际产量(代表固定要素)和长期条件下的规模回报问题。大多数实证研究结果表明多数企业具有恒定的规模回报,这已经成为美国和其他国家制造产业生产函数的普遍形式。

习题

1. 请指出下面陈述是否正确,并解释原因。

(1) 当发生收益递减规律,企业的平均产量开始下降。

(2) 以某一比率增加企业的所有投入,产出变化保持在一个恒定的比率,这表示出现规模回报递减。

(3) 线性短期生产函数意味着收益递减规律没有发挥作用。

(4) 生产过程的第一阶段的结束点是收益递减规律出现的点。

2. 太平洋舰队决定使用钓鱼竿钓金枪鱼代替刺网作业。经调查研究获得捕鱼人数与钓鱼数量结果如表 7.13 所示。

表 7.13 捕鱼人数与钓鱼数量统计

钓鱼人数(人)	每天捕获金枪鱼数量(条)	钓鱼人数(人)	每天捕获金枪鱼数量(条)
0	0	5	590
1	50	6	665
2	110	7	700
3	300	8	725
4	450	9	710

(1) 判断收益递减发生的点。

(2) 分别指出生产函数三个阶段的起始点。

(3) 假如金枪鱼的市场价格是每斤 3.50 元,如果每天的工资率是 100 元,公司应该雇用多少钓鱼的员工?

(4) 假如市场饱和,金枪鱼下降到每斤 2.75 元。这将对每条船上使用钓鱼人数产生怎样的影响?如果金枪鱼价格上升到每斤 5.00 元,对每条船上雇用钓鱼的人数会产生怎样的影响?

(5) 如果公司决定每条船每天至少捕捉 1 000 斤的金枪鱼,据上列数据,公司应该采取何种措施?请解释。

3. 某企业有如下短期生产函数:

$$Q = 50L + 6L^2 - 0.5L^3$$

其中,$Q=$ 每周产出的数量

$L=$ 劳动力(工人的数量)

(1) 收益递减规律什么时候发生?

(2) 分别计算在生产函数第一阶段、第二阶段和第三阶段的劳动力的取值范围。

(3) 假设每小时支付给工人 10 元,每周工作 40 小时,如果产品的价格是 10 元,企业应该雇用多少工人?假如产品的价格下降到 7.50 元,你认为会对企业短期生产有什么影响?对长期生产有什么影响?

4. 为了保持目前生意的运营水平,小汽车出租服务公司的老板正在设法决定车辆和技工合适的配合数量。凭借过去的经验,车辆与技工之间存在下列配备比例(附录 6A 有助于回答这个问题):

表 7.14 车辆与技工之间配备比例

车辆数	技工数	车辆数	技工数
100	2.5	40	15
70	5	35	25
50	10	32	35

(1) 假如每个汽车每年至少花费 6 000 元,每年雇用每个技工的工资是 25 000 元。应该怎样组合车辆和技工数?

(2) 利用等产量曲线/等成本曲线图解释这个问题。指出最优的资源组合。

5. 一家卖电子产品的美国公司在中国台湾、墨西哥和加拿大分别开设了制造工厂。平均每小时劳动力工资、产出和每年杂项开支如表 7.15 所示。

表 7.15 单位:美元

	中国台湾	墨西哥	加拿大
每小时工资率	3.00	1.50	6.00
每人的产出	18	10	20
固定的杂项开支	90 000	150 000	110 000

(1) 根据上表数字分析,公司目前生产资源的分配是否达到最优?如果不是,该怎样做?(把每人的产出看作是边际产量)

(2) 假如公司想把所有的制造合并为一个工厂，该工厂应该设在哪里？请解释。

6. 一家洗车公司的老板正在设法用下面的短期生产函数决定使用雇员的数量：

$$Q = 6L - 0.5L^2$$

其中 Q ＝每小时可刷洗汽车数

L ＝工人数量

(1) 制作一个包含总产量、平均产量和边际产量的明细表，并画出它们的曲线图。

(2) 假设该地区洗车的基本价格是 5 元，如果支付给每个工人工资为 6 元/小时，那么公司应该雇用多少人洗车？

(3) 如果雇用学生做临时工作的工资是 4 元/小时，那么你认为应该雇用多少人？请解释。

7. 贵族装饰品公司仅生产一种装饰品。公司新来的一个经济顾问计算出了一个短期生产函数如下：

$$Q = 7V + 0.6V^2 - 0.1V^3$$

式中，Q ＝每天生产装饰品的数量；V ＝雇用的劳动工人数。

(1) 用 $V=1$ 到 $V=10$ 制作一个生产函数表。

(2) 计算平均产量和边际产量，并画出图形。

8. 假设第 7 题中贵族装饰品公司的生产函数变成如下的形式：

$$Q = 7V - 0.5V^2$$

式中，Q 为每天生产的装饰品的数量；V 是雇用的劳动工人数量。

(1) 用 $V=1$ 到 $V=10$ 制作一个生产函数表格。

(2) 计算平均产量和边际产量，并画出图形。

(3) 讨论第 8 题和第 7 题中生产函数形式的差异。讨论两题中与生产函数的三个阶段相关的内容。

9. 中国国际计算机公司生产手提计算机。保持公司使用工人的数量为常数，以便能够测量可变投入材料的生产效率。根据过去 7 个月的生产情况，获得如下数据：

材料	产出数	材料	产出数
70	450	77	465
60	430	100	550
80	460	85	490
95	490		

(1) 估计形式为 $Q=aM^b$ 的科布—道格拉斯生产函数。

(2) 讨论计算结果中的重要属性。

(3) 材料的边际产量是多少？

10. 某家中国跨国公司在全球有 11 家工厂。近年来每个工厂的生产投入和产出之间存在下列关系（劳动时间为千小时、资本为工厂总净资产）：

资本	劳动力	产量
30	250	245
34	270	240
44	300	300
50	320	320
70	350	390
76	400	440
84	440	520
86	440	520
104	450	580
110	460	600
116	460	600

所有工厂运营的技术水平相似,所以可以用上述数据推导出每一各工厂的生产函数。

(1) 使用科布—道格拉斯生产函数作回归,并讨论结果的重要特征:如方程形式、R^2 和系数的统计显著性。

(2) 评估每一家工厂的产量。

(3) 结果能说明规模回报不变、递减和递增吗?

(4) 劳动和资本的生产弹性是什么?弹性有什么意义?

(5) 劳动力的边际产量出现递减吗?

回答问题 11～问题 15。

11. 根据 10 题中的图形,在图 7.20 曲线上画出下述各要素发生变化的结果。

(1) 公司预算增加。

(2) Y 价格降低。

(3) X 价格降低。

(4) Y 变得更昂贵,X 变得更便宜。

(5) 技术变革改善了 Y 投入的生产效率。

(6) 技术变革使 X 和 Y 生产效率提高了某一相同的比例。

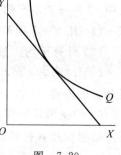

图 7.20

12. 假设有如下生产函数:

$$Q = 100K^{0.5}L^{0.5}$$

(1) 通过该方程计算如下数据表。

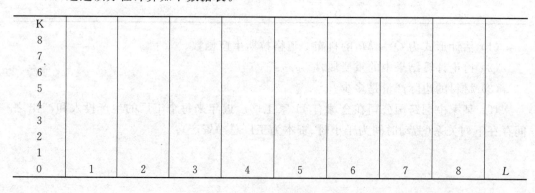

(2) 识别等产量曲线。

(3) 评论表格中的规模回报。（建议：开始假设使用1个单位的L和1个单位的K。然后，按比例系统地增加这两种投入）

13. 下面是不同生产函数的算术表达式。逐个判断是否存在规模回报不变、递增或递减。

(1) $Q=75L^{0.25}K^{0.75}$

(2) $Q=75A^{0.15}B^{0.40}C^{0.45}$

(3) $Q=75L^{0.60}K^{0.70}$

(4) $Q=100+50L+50K$

(5) $Q=50L+50K+50LK$

(6) $Q=50L^2+50K^2$

(7) 基于上述问题的回答，你能对这些生产函数的形式、系数的相对大小和规模回报等特性作出归纳吗？请解释。

14. 使用下面的生产矩阵回答下述问题。

Y	8	31	67	101	133	161	184	202	213
	7	30	62	93	122	147	168	184	193
	6	27	54	82	108	130	149	168	163
	5	23	45	69	91	108	126	137	142
	4	17	34	54	72	89	101	108	111
	3	12	25	38	54	65	74	79	79
	2	6	14	24	33	44	54	47	43
	1	3	7	11	17	27	19	16	8
X		1	2	3	4	5	6	7	8

(1) 确定该矩阵的规模回报。（起始于1个单位的X和1个单位的Y）

(2) 假如公司的预算是100元，Y价格是20元，X价格是10元，这将对公司的最优投入组合产生怎样的影响？

(3) 如果Y和X现在的价格分别是10元和20元，公司的最优投入组合又该是怎样？

(4) 利用等产量/等成本曲线图解释上述回答。

15. ABC行李箱制造公司的经济学家总结了中号行李箱制造的生产函数，如下：
$$Q = 1.3L^{0.75}K^{0.3}$$
式中，Q是每周行李箱的生产量，L是每天劳动投入的小时数，K是每天投入的资本。

劳动（小时）	资本（元）	劳动（小时）	资本（元）
100	50	200	100
120	60	300	150
150	75		

(1) 这个方程式能否用来表示企业规模回报递增、不变和减少？为什么？

(2) 采用表格中的劳动和资本投入,每周能够生产多少个行李箱?

(3) 如果资本和劳动同时增加了10%,产量增加的比例是多少?

(4) 如果仅仅是劳动增加了10%,产量增加的比例是多少?这个结果对劳动的边际产量意味着什么?

(5) 如果只是资本增加了10%,产量增加的比例又是多少?

(6) 如果生产函数用 $Q=1.3L^{0.7}K^{0.3}$ 代替,你对以上问题的答案会有哪些改变?这个生产函数与上面的函数有什么不同?

第 8 章 成本估计理论

学习目标

学完本章之后,读者应该能够:
- 给出成本函数的定义并解释短期与长期成本函数的区别;
- 解释生产函数与成本函数之间的关系;
- 区分经济成本与会计成本;
- 解释在经济成本分析中如何运用相关成本的概念;
- 掌握短期总成本,短期总可变成本,短期总固定成本的定义并解释他们之间的相互关系;
- 如何定义平均成本,平均可变成本,平均固定成本并解释在短期内他们之间的联系。同时,解释长期平均成本和长期平均可变成本之间的关系;
- 了解短期成本函数和长期生产函数的区别并解释为什么规模经济被认为是一个长期的现象;
- 提出四种解释规模经济的存在原因。

8.1 成本在企业管理决策中的重要性

当今,随着新经济全球化、技术的快速发展以及消费需求的多样化,使得企业面临着日益激烈的市场竞争。企业依靠提高产品价格来获取理想的利润几乎是不可能的。因此,如何通过改善企业成本管理、全面降低企业生产成本已成为提高企业市场竞争力的重要举措之一。然而,一谈到减少成本,很多企业的管理者就会联想到减少企业员工的数量即减少支付劳动力工资。其实,降低企业成本措施是多方面的,包括调整产品结构、选择适当经营规模、精简管理机构等。此外,近年来很多公司采用资源外包或在异地、他国进行生产的办法来降低生产成本,收到了明显的效果。

降低企业生产成本的另外一个重要途径就是采取企业并购。近年来,世界上一些巨头企业纷纷采取合并、兼并等手段来改善企业的市场竞争力已司空见惯,使得这些大公司变得越来越大,包括金融服务业、电子通信、航空和医药业等。以金融服务业为例,20世纪 90 年代美国的 Citicorp 银行与旅行保险公司(Travelers Insurance)的合并事件曾轰动世界。接下来,美国的 Bank One 与 JP Morgan Chase 两大银行的合并同样引起媒体的普遍关注。在医药界,美国的 Pfizers 一举收买了 Pharmacia 公司,而 Pharmacia 公司则是刚刚在几年以前与 Upjohn 公司进行了合并。在电子通信行业,曾经于 1984 年由原美国 AT&T 公司解体的七个子公司又重新进行了合并。类似地 Verizon 电子通信公司则是由 Nynex 与 Bell Atlanta 和 GTE 合并而成。在上述的每一个例子中,降低企业生产成本都被看作是企业合并所能带来的最大好处之一[①]。

如前所述,企业成本的经济分析始于生产函数。因此,成本分析也是从讨论生产函数与成本函数之间的关系开始。然而,在阐述生产函数与成本函数的关系之前,首先需要明确在经济分析中成本是如何定义的。

8.2 在经济分析中成本的定义及其用途

在一个典型的企业组织中,一般来说,成本控制是由财会部门所管辖的领域。会计部门在与银行、证券公司、投资者以及生产资料供应商打交道的时候要遵循《一般公认会计准则》(GAAP)。但是,在进行企业内部经营决策分析中,成本的定义则是基于其相关性。也就是说,我们只是考虑与管理决策有关的成本,而对那些跟管理决策没有任何关系的成本不予考虑。不论是经济学家、公司经理还是成本会计师在分析企业问题或进行决策时,都要采用"相关成本"这一概念。下面就来区分一下相关成本与非相关成本。

8.2.1 历史成本与置换成本

假设一个视频游戏机制造商从停止某一型号游戏机生产中剩下一批价值达 750 000 元的 16 号微型芯片。由于政府实行了严格的贸易保护主义政策,使得市场上这一型号的芯片出现严重短缺,导致芯片的市场价格从 750 000 元上升至 1 000 000 元。此时,公司准备重新生产视频游戏机在市场上销售,公司计划利用以前剩下的 16 号微型芯片在泰国开设视频游戏机生产线。那么,公司使用以前库存芯片的成本是多少呢?虽然,芯片的历史成本为 750 000 元,但是其置换成本应该是 1 000 000 元。根据相关成本的原理,公司应该按 1 000 000 元计算重新进入生产视频游戏机使用芯片的成本。我们来看一下这是为什么?

如果公司放弃视频游戏机生产,把库存的芯片在市场上销售,公司可以刚好得到 1 000 000 元的收入。因此,如果公司使用芯片,它所放弃芯片直接销售的价值刚好等于 1 000 000 元。同理,如果公司决定不使用自己库存的芯片而是使用从市场上购买芯片用于视频游戏机的生产,那么,公司需要支付的费用刚好是 1 000 000 元。因此,这 1 000 000 元属于相关成本,因为它正是企业进行视频游戏机生产决策时所要考虑到的成本信息。

---

① For a good review of "merger mania," see Richard Teitlebaum. Mergers, Mergers Everywhere, But Do Shareholders Benefit? *New York Times*, November 29, 1998.

8.2.2 机会成本与现金成本

在前面的讨论中,我们提及机会成本是在经济分析中最重要和最有用的概念,这是因为它揭示了在资源稀缺的条件下做出某一特定选择的后果。我们现在要利用机会成本的理念来解释相关成本的概念。

机会成本是指在选择某一特定活动时所必须放弃的下一个最佳选择活动的价值。我们可以将机会成本与现金成本进行一下比较。偶尔,经济学家也把机会成本称作间接成本或隐性成本,而把现金成本称作直接成本或显性成本。

就上面提到的库存芯片的例子来说,可以明确地说使用库存芯片生产视频游戏机的机会成本即是放弃了将芯片在市场上出售得到的 1 000 000 元。可以把这 1 000 000 元看作是公司的"相关机会成本"。而把 750 000 元看作是不相关成本,因为它不能代表公司再次从事视频游戏机生产的机会成本。此外,公司使用芯片的现金成本是指在生产过程当中购买芯片支付的成本。比如,如果公司决定在项目实施的第一年里,以现行价格购买价值达 1 500 000 元的芯片,我们可以说把其中的 1 000 000 元看作是机会成本,把 500 000 元看作是附加的现金成本。

8.2.3 沉没成本与增量成本

仍以公司利用库存芯片从事视频游戏机生产为例。假设公司库存芯片的价值并没有上升而是下降到 550 000 元。比如,由于市场上出现了 32 号芯片视频游戏系统,从而大幅度地减少了对 16 号芯片的市场需求,导致其价格暴跌。在这种情况下,公司原来需要支付 750 000 元库存芯片进行视频游戏机生产,现在的成本应该是多少呢?为了回答这个问题,我们需要区分一下附加成本与沉没成本。附加成本是指那些随着选择范围的变化而发生变化的成本。沉没成本是指不随着选择范围的变化而发生变化的成本。我们前面讲到计算机制造商已经为芯片支付了 750 000 元,公司对市场上芯片价格下降无法做出任何反应。如果公司决定在市场上出售库存的芯片,公司最多只能得到 550 000 元。如果公司决定进行视频游戏机生产,使用库存芯片的附加成本(此为影响公司决策的成本部分)刚好是 550 000 元,而不是 750 000 元。你也许可能想到这 200 000 元的差别一定是沉没成本。事实上,550 000 元也是使用芯片放弃将其在市场上出售的机会成本。总而言之,公司应该把 550 000 元看作是使用库存芯片的相关成本,因为它是附加机会成本。

使用附加成本和机会成本来决定相关成本的一个极端的例子,是假设由于一项新技术的出现导致了库存的 16 号芯片彻底过时报废。例如,由于市场上 32 号芯片视频游戏机系统的引进导致 16 号芯片游戏机系统被彻底淘汰。在这种情况下,不论市场上的价格是多少都没有人购买 16 号芯片,所以,库存芯片的价值下降到 0。那么,原来库存的价值为 750 000 元芯片就变成了沉没成本。进一步说,由于库存芯片的市场价值为零,公司使用库存芯片的机会成本也为零。使用经济学术语,可以说这些芯片成为一种"免费资源",因为在它们的使用过程中公司没有放弃任何东西。那么,该公司能否因为 16 号芯片为免费资源而用它来生产视频游戏机呢?如果你是一位视频游戏机生产商,你愿意使用过时的芯片生产视频游戏机吗?试想如果在市场上没有人购买你生产的游戏机,那么你生产这些产品又有什么意义呢?

8.2.4 生产和成本之间的关系

成本的经济分析与前面第 7 章讲述的生产经济分析是密不可分的。事实上,在经济分析中使用的成本函数就是把生产函数中使用的物理单位转化为货币单位。因此,在建立短期生产函数中所采用的假设条件可以完全适用于建立短期成本函数,唯一需要的额外条件,就是在生产过程中使用投入要素的价格。这里,我们假设在投入要素市场上,厂商为价格的接受者;就是说厂商对购买的某种投入要素支付同一价格,不论使用这种投入要素数量的多少。表 8.1 给出了一个用数据表示的短期生产与成本之间的关系。其中,使用可变投入要素的成本是由使用投入要素的数量乘以单位价格所得。假定每个劳动力每星期工作 40 个小时,每周的工资为 500 元。如表 8.1 所示,当总产量(Q)以递增的比率增加时,总可变成本(TVC)则以递减的比率增加。当 Q 以递减的比率增加时,TVC 则以递增的比率增加。如果把表中的数据用图像表示出来,很明显总可变成本曲线刚好是总产量曲线的"投影"(见图 8.1)。

表 8.1 短期生产和成本之间的关系

总投入(L)	Q	$TVC(L \times 500$ 元$)$	$MC(\Delta TVC/\Delta Q)$	参考图 8.1
0	—	—		
1	1 000	500	0.50	
2	3 000	1 000	0.25	$A(A')$
3	6 000	1 500	0.17	$B(B')$
4	8 000	2 000	0.25	$C(C')$
5	9 000	2 500	0.50	$D(D')$
6	9 500	3 000	1.00	$E(E')$
7	9 850	3 500	1.43	$F(F')$
8	10 000	4 000	3.33	$G(G')$
9	9 850	4 500	−3.33	$H(H')$

边际成本被定义为在生产过程中由使用可变投入要素的变化所引起的总成本的变化量,即用总成本的变化量除以总产量的变化量。或者说,把总可变成本的变化率叫作边际成本。用符号表示为:

$$MC = \Delta TVC/\Delta Q \text{ or } MC = \Delta TC/\Delta Q$$

注意,边际成本即是相对于总产量变化所引起的总可变成本的变化,也可以说是由于总产量变化所引起的总成本的变化。这是因为总成本中的固定成本是不随产量的增加而发生变化的。利用边际成本和边际产量,我们可以从图 8.1 中看出下列关系:当厂商的边际产量递增时,边际成本呈现递减;当边际产量出现递减时,边际成本呈现递增。(即边际报酬递减效应)。

报酬递减和边际成本递增之间的关系也可以用数学公式予以表述。首先,假设劳动

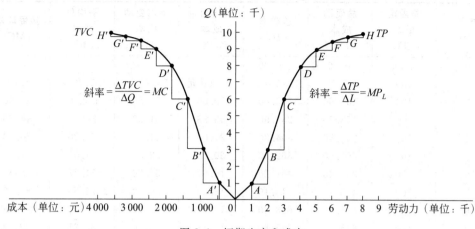

图 8.1 短期生产和成本

力的可变投入要素为(L),其单位成本即工资率为(W)。现在,我们可以把边际成本定义为:

$$MC = \frac{\Delta TVC}{\Delta Q} \tag{8.1}$$

由于 $TVC = L \times W$,则

$$\Delta TVC = \Delta L \times W \tag{8.2}$$

把方程(8.2)代入方程(8.1)得到

$$MC = \frac{\Delta L \times W}{\Delta Q} = \frac{\Delta L}{\Delta Q} \times W \tag{8.3}$$

根据边际产量(MP)的定义,我们知道 $MP_L = \Delta Q/\Delta L$。将这个条件带入到方程(8.3),得到

$$MC = \frac{1}{MP} \times W = \frac{W}{MP} \tag{8.4}$$

方程(8.4)清楚地表明,在工资率恒定不变的条件下,当 MP 递增时 MC 递减;当 MP 递减时,MC 递增(这是报酬递减法则效应)。

在经济学理论中,报酬递减与边际成本递增决定了厂商短期生产函数和短期成本函数为非线性的特点。因此,厂商的总成本、总可变成本、平均成本、平均可变成本和边际成本函数的构建都是基于非线性的短期生产函数和短期成本函数。

8.3 短期成本函数

本章的主要内容是剖析厂商的短期成本函数。表 8.2 用数字给出了一个厂商短期成本变化的例子。在讨论表中给出的每一列数字之前,我们先讨论一下经济学家在建立该模型时所采用的基本假设条件。

表 8.2　短期总成本和单位成本

产量(Q)	总固定成本(TFC)	总变动成本(TVC)	总成本(TC)	平均固定成本(AFC)	平均变动成本(AVC)	平均总成本(AC)	边际成本(MC)
0	100 元	0.00 元	0.00				
1	100	55.70	155.70 元	100.00 元	55.70 元	155.70 元	155.70 元
2	100	105.60	205.60	50.00	52.80	102.80	49.90
3	100	153.90	253.90	33.33	51.30	84.63	48.30
4	100	204.80	304.80	25.00	51.20	76.20	50.90
5	100	262.50	362.50	20.00	52.50	72.50	57.70
6	100	331.20	431.20	16.67	55.20	71.87	68.70
7	100	415.10	515.10	14.29	59.30	73.59	83.90
8	100	518.40	618.40	12.50	64.80	77.30	103.30
9	100	645.30	745.30	11.11	71.70	82.81	126.90
10	100	800.00	900.00	10.00	80.00	90.00	154.70
11	100	986.70	1 086.70	9.09	89.70	98.79	186.70
12	100	1 209.60	1 309.60	8.33	100.80	109.13	222.90

① 厂商只使用劳动力和资本两种投入要素。
② 厂商处于短期经营状态：劳动力为可变投入，资本为固定投入。
③ 厂商只生产一种产品。
④ 厂商在生产过程中使用一种特定技术。
⑤ 厂商以最大效率保持生产每一产品产量水平。
⑥ 厂商在完全竞争的市场条件下从事生产，因此对使用的生产投入要素支付的价格不变。换句话说，厂商在投入要素市场上为价格的接受者。
⑦ 厂商的短期生产函数遵循报酬递减法则。

随着本章阐述的内容逐步深入，你会逐渐理解采用这些假设条件的必要性。

表 8.2 给出了各个变量的定义如下：

产品数量(Q)：在短期内企业生产的产品总量；

总固定成本(TFC)：使用固定资本投入(K)的总成本；

总可变成本(TVC)：使用可变投入劳动力的总成本；

总成本(TC)：厂商使用所有投入要素的成本总和(在该例子中主要是指 L 和 K)。

平均固定成本(AFC)：使用固定投入 K 的平均成本。

平均可变成本(AVC)：使用可变投入 L 的平均成本。

平均成本(AC)：使用所有投入要素的平均成本。

边际成本(MC)：由单位产量变化引起的总成本(或总可变成本)的变化量。

上述变量之间的关系可总结如下：

$$TC = TFC + TVC$$

$$AC = AFC + AVC(或\ TC/Q)$$

$$MC = \Delta TC/\Delta Q(或 = \Delta TVC/\Delta Q)$$

$$AFC = TFC/Q$$
$$AVC = TVC/Q$$

在评价表 8.2 给出的数据中,为了方便起见,每次产量仅变化 1 个单位,即 ΔQ 总是等于 1,这样我们可以很方便地计算出随产量增加的边际成本。例如,第 2 个产量水平的边际成本刚好是介于第 1 和第 2 个产量水平之间的总成本(或总可变成本)的变化量。在表 8.2 中,这个变化量是 49.90 元。

当产量从 0 个单位增加到 12 个单位时,注意观察各种成本指标发生了什么样的变化。正如我们所期望的,总固定成本随着产量的变化不发生任何变化,即在表中所列全部产量变化范围内都是 100 元。总可变成本最初是以递减的比率增加,但到生产第 4 个单位产量时,开始以递增的比率增加。总成本表现出与总可变成本相类似的变化情况。当把这些数字绘制成图 8.2(a)时,总成本的变化率可以被看作是 TC 曲线的斜率。固定成本为一条水平线,表明固定成本是不随产量的变化而发生任何变化。

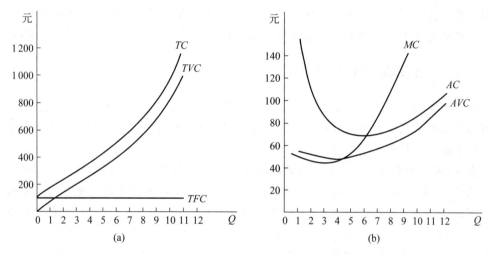

图 8.2　总成本、总可变成本、总固定成本、平均成本、平均可变成本和边际成本

再注意观察一下单位成本的变化情况。随着产量的增加,平均固定成本(AFC)表现为稳定下降,这是在我们预料之中的,因为 100 元的总固定费用被一个越来越大的产量水平来除,结果必然是越来越小。当产量达到 4 个单位以前,平均可变成本(AVC)一直处于下降状态,而后转为上升。平均总成本(ATC 或 AC)表现出与平均可变成本相类似的变化情况,但是 ATC 在产量为 6 个单位时达到最低点。边际成本最初也是在下降,但当产量达到 3 个单位时开始上升。

在表 8.2 中,边际成本被列于两个产量水平之间,表明它是度量由单位产量变化所引起的总成本的变化是多少。基于同样的原因,边际成本数据在图像上也是出现在不同产量水平之间。图 8.2(b)给出了边际成本、平均总成本和平均可变成本曲线。

从图 8.2 可以看出边际成本与平均总成本、平均可变成本之间的关系,而这种关系则不能从表 8.2 清楚地反映出来。值得注意的是,当边际成本等于平均可变成本时,平均可变成本达到最低点(发生在产量为 4 个单位)。当边际成本等于平均成本时,平均成本达到了最低点(发生在产量为6个单位)。此外,我们还可以用另一种方式描述这些关系,就是只要边际成本低于平均可变成本,随着产量增加平均可变成本下降。但是,当边际成本大于平均可变成本,平均可变成本开始上升。边际成本与平均总成本之间具有同样的关系。下面,我们简要地总结一下上述讨论的各种关系:

$$当 MC < AVC,AVC 下降。$$
$$当 MC > AVC,AVC 上升。$$
$$MC = AVC, AVC 达到最低点。$$

如果在上面的式子中,用 AC 替代 AVC 的话,我们就可以总结出边际成本和平均成本之间的关系。

充分理解如何把相关成本概念运用到短期成本分析中是至关重要的。假设厂商目前只生产6个单位产量,但计划增加到7个单位。在决定是否把产量增加到7个单位时,需要考虑的相关成本就是边际成本。换句话说,我们需要考虑的只是总成本的变化量而不是总成本。这是因为在给定的时期内,不管生产6个单位产量还是生产7个单位产量,需要支付的固定成本是不变的。通过分析总成本的变化,厂商自然地不用去考虑固定成本。

8.3.1 在短期提高成本效率

短期成本函数是企业产品生产数量和产品定价经济分析中的核心内容。现在我们可以通过探讨某公司如何提高经济效率来评价成本模型的作用。前面列出的模型假设条件为我们下面的分析提供了方便。

首先,模型中假设厂商是在最有效的状态下经营。如果厂商采用最新技术实现了最大经营效率,那么在短期减少成本的唯一途径只能是使用投入要素的价格下降。在这种情况下,厂商的短期成本曲线会向下移动。请见图 8.3(a) 和图 8.3(b)。厂商的固定成本下降(比如减少租金付款)也会使得平均成本曲线向下移动;而厂商的可变成本下降(比如支付员工工资率或使用原材料的价格下降)会引起所有三条成本曲线 AC、AVC、和 MC 的移动。其中 MC 曲线会向右下方向移动。

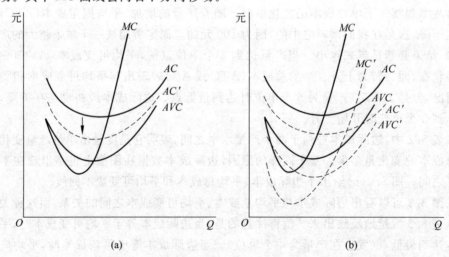

图 8.3 可变投入和固定投入要素价格的变化对短期成本结构的影响

公司使用的资本设备保持不变,因为在该模型中资本设备被看作是固定投入生产要素。其实,在短期分析中也可以增加或减少资本设备,即把资本投入看作是可变投入而把劳动力投入看作是固定投入。例如,可以假设使用劳动力的数量保持不变,但每个劳动力能够操作机器的数量增加了。总而言之,短期分析的一个重要特点就是至少有一种生产投入要素是固定不变的。

8.3.2　总成本函数的类型

在经济分析中,最常用的短期成本函数是在本章到目前为止我们讨论的这些成本函数其中之一,是成本与产量之间具有三次方的数学关系的函数。随着产量增加,总成本最初以递减的比率上升,但超过某一产量水平时总成本变成以递增的比率上升。这一基本的变化规律是由厂商的可变投入和产量之间的关系决定的。总成本起初以递减的比率上升,这是因为就可变投入来说,企业正在经历递增回报阶段。当报酬递减法则发生作用时,厂商的可变投入开始呈现递减回报,从而引起总成本以递增的比率上升。

除了三次方的成本函数外,还有两个重要的成本函数形式用以反映成本与产量之间的关系。一个是二次成本函数;另一个是线性成本函数。这两种函数的数学表达式及其图形被全部列到图 8.4 中。每一种成本函数的数学形式和曲线形状仍然是由厂商的可变投入和产量之间存在的基本关系决定的。例如,从图 8.4(c),我们看到二次形式的总成本函数。该函数一开始,总成本就表现为随着产量的增加以递增的比率上升。这意味着,从生产一开始报酬递减法则就开始发生作用。对比而言,图 8.4(e)表示的是线性函数,说明总成本总是以一个恒定不变的比率上升。试想一下,这意味着厂商的可变投入与产量之间存在着什么样的关系呢?这意味着,厂商在使用可变投入与固定投入进行产品生产的过程中,即没有经历报酬递增也没有经历报酬递减,就是说厂商在整个生产过程中每增加使用一个单位的可变投入,增加产品的数量是一样的(即边际产量相同)。因此,在整个生产过程中,相对于总产量的变化,总成本的变化是恒定不变的(这一点也可以从总成本曲线的斜率得到体现)。

与讨论各种形式的总成本函数相比,了解不同形式的单位成本,如平均成本和边际成本的特点会更有意义。比如,我们可以把总成本以递增的比率上升简单地说成是厂商的边际成本上升;把总成本的稳定增长说成是边际成本保持不变。可以参考图 8.4 来解释这些结论。

图 8.4(b)表示的短期成本曲线是我们在前面提到的典型的单位成本曲线。随着产量增加,边际成本下降,到达最低点,然后开始上升(由于报酬递减法则的作用)。当边际成本上升时,它分别与平均可变成本的最低点和平均总成本的最低点相交。其原因在于,当边际成本下降时,边际成本必须是处在平均可变成本的下方(当然也就处在平均总成本的下方,由于固定成本的存在,平均总成本总是要大于平均可变成本),其下降的速度要快于平均可变成本。所以随着产量的增加,递减的边际成本必然会把平均可变成本和平均总成本往下拉。而当边际成本上升时,其上升的速度要大于平均可变成本和平均总成本上升的速度,因此它必然会将平均可变成本和平均总成本向上拉。所以,当边际成本从下降转为上升时必然穿过平均可变成本和平均总成本的最低点。在图 8.4(d)中,我们看到

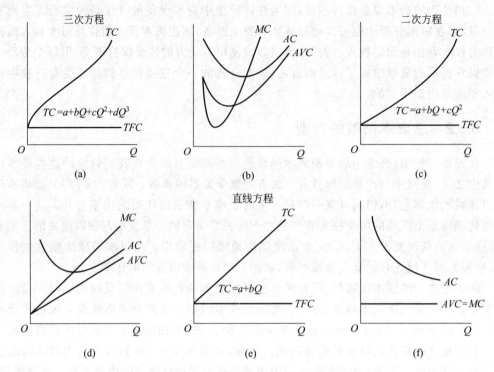

图 8.4 不同形式的总成本、平均成本和边际成本曲线

生产一开始边际成本就开始上升,正像我们所注意到总成本函数的斜率一样。如图 8.4(b)所示,边际成本相交于平均可变成本和平均总成本的最低点。

当成本函数为线性,如图 8.4(f)所示,边际成本曲线是一条水平直线。表明,随着产量增加边际成本保持不变。这同时也说明边际成本与平均可变成本相等,这种情况有别于图 8.4(b)和图 8.4(d)。为了说明这种关系,我们下面举一个数字的例子。假设某企业具有下列成本函数:

$$TC = 100 + 0.50Q \tag{8.5}$$

假定该函数的截距和斜率的单位以元来表示,该函数告诉我们企业的总固定成本为 100 元,边际成本为 0.50 元,企业每增加一个单位产量总成本就会增加 0.50 元。去掉方程中固定成本部分,得到

$$TVC = 0.05Q \tag{8.6}$$

我们知道 $AVC = TVC/Q$。将方程(8.6)两端同时除以 Q,得到 AVC 正好等于 0.50 元,这刚好是边际成本。

此例中所采用的数学知识是非常浅显的,但是用这种简单数学模型来描述平均可变成本与边际成本之间的关系却是十分重要的,因为在企业管理中这两种成本的概念是交替使用不予严格区分的。例如,当成本会计师使用标准可变成本时,他们是假定总成本曲线是线性的,表示企业在短期既没有经历递增回报也没有经历递减回报。这些假设条件以及线性成本函数在经济分析中的重要性将在附录 8B 和附录 8C 中继续讨论。

8.4 长期成本函数

8.4.1 长期生产与成本之间的关系

在长期中,企业的生产函数中包括的所有投入要素都是可变的。因为没有固定投入,所以也就没有固定成本。在大多数情况下,公司经理所做的决策属于经济学中的短期分析范畴。例如,面对实施一个工程项目,管理者必须决定需要使用多少个小时的劳动力。或者,是否需要让每个工人使用更多的机器来进行产品生产,满足增加的市场需求。但是,作为企业的管理者时常也要做出长期生产决策。就是说,企业的经理必须要考虑企业使用的所有投入物的变化,这就涉及企业成本的变化。经济学家将这一决策过程称为企业经理的规划周期。为了便于解释长期成本函数的特点,我们还是通过引用一个数字的例子来揭示企业的长期成本函数与长期生产函数之间的关系。与表8.2介绍的短期成本函数不同,表8.3给出的假设数据是基于这样的假设:即随着投入要素使用数量的增加,总产量呈现递增。与这一假设条件相一致,表8.3的数据说明当产量为0,成本也是0,因为在企业进行长期生产决策中不存在固定成本。

表8.3 长期成本函数数据表

生产规模 (能力水平)	总产量 (产量/MO)	长期总成本 (LRTC)	长期边际成本 (LMC)	长期平均成本 (LRAC)
A	10 000.00	50 000.00元	5.00元	5.00元
B	20 000.00	90 000.00	4.00	4.50
C	30 000.00	120 000.00	3.00	4.00
D	40 000.00	150 000.00	3.00	3.75
E	50 000.00	200 000.00	5.00	4.00
F	60 000.00	260 000.00	6.00	4.33

随着产量的增加,总成本逐渐上升,但并不是以一个恒定的比率增长。正像我们讨论短期成本函数那样,长期成本函数的变化率被称作边际成本(更确切地说应该叫作长期边际成本)。从表8.3中长期边际成本一列的数据,我们可以看到长期边际成本最初随着产量的增加呈现递减状态,然后保持一段恒定不变,最后随着产量的继续增加呈现一直递增的状态。用表8.3中的数据制成图8.5。长期边际成本的变化率可通过观察总成本曲线的斜率或长期边际成本曲线的形状进行判断。

长期边际成本曲线或者说长期总成本的变化率呈现上述形状的原因是基于规模回报。经济学家假设厂商的生产函数最初表现出递增回报,然后变为恒定回报,最后表现为递减规模回报。基于这样的假设,我们可以预计厂商的长期成本刚好与生产函数呈相反方向变化。

当厂商处于递增规模回报的时候,如果把使用的所有的生产投入要素增加某一倍数,厂商的总产量增加的倍数要大于投入要素增加的倍数。如果投入要素的价格是恒定不变的,这意味着当厂商的产量增加某一百分比,生产总成本增加的比例要小于这一比例。

图 8.6 可以用来说明长期成本函数与长期生产函数是互为倒数的关系。

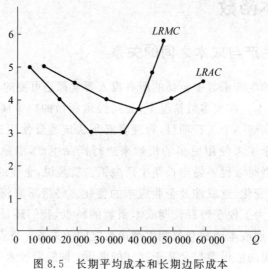

图 8.5　长期平均成本和长期边际成本

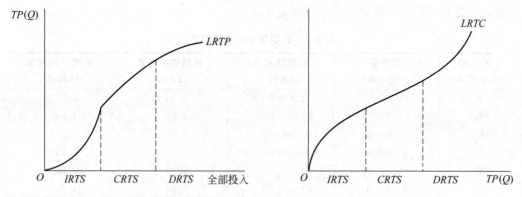

图 8.6　体现在长期总产量函数与长期总成本函数中的规模回报

尽管长期成本函数与短期成本函数的形状非常类似,但引起各自形状的原因却是截然不同的。短期成本函数的形状是由报酬递增和报酬递减所决定的,其中至少有一种生产投入要素是固定不变的,而长期成本函数的形状是由于递增和递减规模回报作用的结果,其中所有生产投入要素都是可变的。图 8.7 提醒我们注意两者的区别。

8.4.2　规模经济

表 8.3 中还有一列重要的信息我们尚未给予关注:长期平均成本。长期平均成本是用于反映规模经济的重要指标。如果随着产量的增加,企业长期平均成本下降,那么企业就经历了规模经济。相反,如果随着产量增加,长期平均成本上升,那么企业就经历了不规模经济。到目前为止,经济学家还没采用任何合适的术语来描述随着产量的增加或减少,企业的长期平均成本保持不变的情况。而只是简单地把这种情况叫作企业既没有经历规模经济也没有经历不规模经济。图 8.8 给出了一条典型的 U 形平均成本曲线,其形

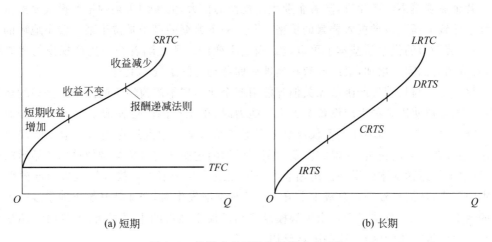

图 8.7　长期成本函数与短期成本函数

状反映了企业在长期经营中可能经历的不同的规模经济。

出现长期规模经济的主要原因是基于体现在企业长期生产函数中的规模回报。进一步仔细观察一下表 8.3，只要边际成本下降，它就必然处在长期平均成本的下方，将平均成本往下拉，这正是规模经济的体现。然而，一旦企业开始经历递减规模回报，长期边际成本开始上升。最终长期边际成本要上升到大于长期平均成本，导致 LRAC 上升，出现不规模经济。

规模经济和不规模经济的现象也可能由规模回报以外的其他因素所致。这些其他因素主要包括企业使用的投入要素的价格。例如，随着企业生产规模的扩大，企业对某种生产投入要素的需求增加，或者说是对该种投入要素的购买能力增加。大批量地购买该种生产资料，生产资料供应商可能愿意对该企业成批量购买在价格上给予优惠。另外一种情况就是企业可能购买具有较好的性价比的设备用于生产。随着企业生产规模的扩大，企业可能加大投资，用于购买成本效率较高的机器设备。而对小企业来讲，购买和使用这种设备可能是不划算的，比如企业规模较小，使用大型机器达不到生产能力。几年前，经济学家常常愿意引用计算机的例子来说明规模经济现象。但是随着小型个人电脑和中型电脑的出现，当今已有各种不同价格和各种计算功能的电脑来满足不同规模企业对电脑的需求。此外，随着计算机硬件技术及软件技术的快速进步，计算机的性价比（即价格与其性能的比率）在不同规格的机器之间并没有明显的差异。

我们还可以列出导致规模经济的另外两个主要因素。一个是，大型企业能够比小型企业在资本市场上更容易以较低的成本筹措企业所需的资金。比如，大公司能够通过商业汇票市场获得企业短期所需资金，通过债券市场获得长期所需资金；而一个小公司只能通过银行借到资金。一般来说，就借贷期相同的某一数量的资金来说，从资本债券市场筹措到资金的还款利息要低于从银行的还款利息。另一个是，大公司可以将企业产品促销的成本分摊到不同产品中去，使得每个单位产品承担较小的促销费用。比如，当公司把生产规模扩大到某一倍数时，他可能不需要把广告的花费扩大到同样的倍数，甚至根本就不必增加广告支出。企业在研发方面的投资也存在着类似的表现。

就企业规模不经济而言,随着企业生产规模的扩大,大量购买某种生产投入要素可能最终会导致市场上该种投入要素的价格上升。一个典型的例子是位于某一较小地域的小型企业,劳动力的供给量基本上可以说是固定不变的。那么随着企业生产规模的逐渐扩大,对劳动力的需求增加,最终导致在当地雇佣劳动力的工资率上升。

另外一个与长期生产函数无关但却能引起企业出现不规模经济的因素是公司的运输成本。当公司使用某种生产设备扩大生产能力时,单位产品的运输成本趋向于上升而不是下降。这是因为,运输成本不仅仅是包括把产品从某一地点运送到另一地点所需要的费用,还包括产品的包装,保险和贮藏费用。增加的这些开支自然会增加总的产品运输成本,导致平均运输成本的增加。运输成本的增加最终会抵消由规模经济效应引起的单位成本的下降,从而导致平均总成本上升。当这种情况发生时,企业就开始出现了规模不经济的结果。表 8.4 总结了企业出现规模经济和规模不经济的主要原因,主要因素还是那些与规模回报有关的因素,这些因素已用"*"标出。

表 8.4 影响企业规模经济和规模不经济的主要因素

产生规模经济的原因	产生不规模经济的原因
资本和劳动力的专业化*	
许多资本设备的不可分性*	
资本设备生产能力提高幅度快于购买价格上涨速度	产品运输成本大幅度地上升
补充配件存货和员工储备经济*	投入要素市场的不完善(如:工资率上升)
批量购买零部件的价格优惠	管理协调和控制问题
低成本筹措资本资金	管理和后勤人员占企业员工总数比例过大*
产品促销和研发成本的分摊	
管理效率(一线工人和管理人员)*	

8.4.3 长期平均成本是短期平均成本的包络线

到目前为止我们一直把长期平均成本看作是企业远景规划内容的一部分。企业可以任意选择自己的生产规模,因为从理论上讲在长期生产决策中所有生产投入要素的使用数量都是可变的。然而,一旦厂商确定了自己的生产规模,他必须考虑到至少有一种生产投入要素是固定不变的,尽管此时企业仍然可以变动其他投入要素的使用量。就生产成本而言,这意味着一旦企业的生产能力确定下来了,企业就必须开始考虑短期的成本函数。为了说明这一点,我们回到前面表 8.3 给出的例子。

假设表 8.3 中的生产水平代表企业生产规模的不断增加。图 8.9 展示了各个生产水平和短期平均成本曲线之间的关系。从 a 点到 f 点代表从表 8.3 中获得的各种产量水平和平均成本。不同水平的短期成本曲线经过上述各点,这些点代表企业在短期内生产规模的锁定点。

像我们预计的那样,较大企业的短期平均成本(SRAC)曲线将位于较小企业短期平均成本曲线的右侧,表示前者有较大的生产能力。例如,$SRAC\ B$ 位于 $SRAC\ A$ 的右侧,因为企业 B 的规模要大于企业 A 的规模。

如图 8.9 所示,具有较大生产规模的企业在一定程度上更容易受到规模经济和规模不经济的影响。由于规模经济的作用,企业 B 的 SRAC 曲线位于企业 A 的 SRAC 右下方,所以企业 B 的 SRAC 的最低点要低于企业 A 的 SRAC 的最低点。同样的情况出现于企业 C 的 SRAC 的最低点要低于企业 B 的 SRAC 的最低点,企业 D 与企业 C 之间存在着类似的关系。然而,由于存在规模不经济,企业 E 的 SRAC 曲线却位于企业 D 的 SRAC 的右上方。就是说,当企业规模大于 D 的情况下,企业平均成本的最低点开始逐渐上升。为便于参考,我们在图 8.9 中把所有企业 SRAC 的最低点全部用"＊"标出。

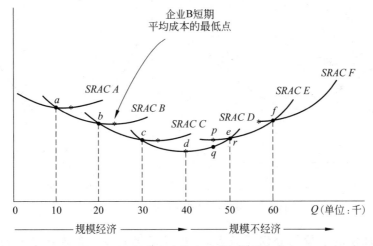

图 8.8　企业的生产能力及其短期平均成本

在图 8.9 中,除了企业 D 以外,所有标出的点都不是所对应的企业生产规模短期成本曲线的最低点。例如,用"＊"表示的企业 B 的最低短期平均成本要大于由企业 C 生产相同数量产品的最低平均成本(见图 8.9 箭头表示部分)。也就是说,如果企业每个月生产产品的数量是在 20 000 和 30 000 之间的话,管理者将愿意选择企业 C 而不愿意选择具有较小生产规模的企业 B 来进行生产。

我们可以回顾一下,一个典型的基于三次方总成本曲线的短期平均成本曲线,随着产量的增加最初呈下降趋势,到达最低点,然后开始上升。根据定义,经济学家把短期平均成本曲线的最低点看作是企业最大的生产能力。尽管"最大生产能力"通常是指企业生产能力在物理上的约束(如现有的厂房和设备所能够生产产品的最大数量)。图 8.9 清楚地表明,企业有能力生产出比处于最低平均成本所对应的产量更大的产量。所以,我们要记住经济学家所说的"企业最大的生产能力"是指企业实现了生产短期成本曲线最低点时所对应的产量是多少。因此,图 8.9 显示在一定的产量区间范围内,虽然厂商选择一个具有较大生产规模的企业没有实现在其最大的生产能力下进行生产,但还是要好于选择一个较小的企业但实现在其最大生产能力下进行生产的情况。在此种情况下,较大企业的平均生产成本要比较小企业最低的平均成本还要低。这是由什么原因引起呢? 当然是由规模经济所致。由于规模经济的作用,随着生产规模逐步扩大,平均成本下降的幅度会大于选择较小企业实现其最佳规模经济时的平均成本下降的幅度。

当然,在我们考虑规模经济效应的同时也需要注意由规模不经济所产生的结果,有时企业利用现有的规模进行超负荷生产要好于选择一个较大规模的企业进行生产。感兴趣的读者可以根据前面介绍的理论与方法自己来验证一下这种情况。其道理与解释规模经济效果非常类似。

从图 8.9 我们可以看出，企业的长期平均成本曲线实际上是企业在不同生产规模下短期平均成本的包络线，即长期平均成本曲线是由连接各个短期生产规模下单位成本的最低点构成的，如企业规模从 A 变化到 F。图 8.10(a) 说明了这一点。

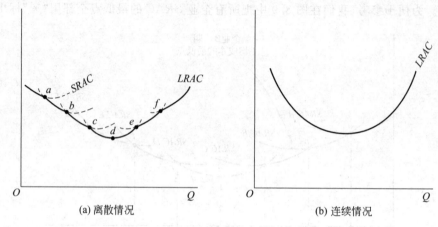

图 8.9　从 SRAC 曲线得到 LRAC 曲线

当企业规模的数量细分到无穷大时，包络线将变成一条连续的平滑的曲线，如图 8.10(b) 所示。你会注意到这条曲线与我们在图 8.8 介绍的平均成本曲线完全一致。

8.4.4　把长期平均成本曲线作为企业决策工具：根据市场预测来制订生产计划

在制定企业长期生产能力的过程中，企业应该选择多大的生产能力为最佳呢？我们仍用表 8.3 中的数字来探讨这个问题。从表 8.3 中我们看到，如果选择生产规模 A，最低单位生产成本则为 5 元。但是，如果选择较大规模的企业，如企业规模 C，由于规模经济效应，单位生产成本会大幅度地下降，可以降低到每单位 4 元。当然，这取决于决策者能否对企业产品的市场需求进行准确的预测。准确的市场需求预测对选择最佳的企业规模是十分重要的。例如，如果每个月市场对企业产品的需求少于 20 000，那么选择企业规模 C 就没有任何意义。而在这种情况下选择较小的企业规模 B 会更适合。实际上，根据表 8.3 和图 8.9，企业产品的市场需求预测并不需要十分精确到某一特定的数量，只要预测出一个合理的区间范围即可。表 8.5 给出了一个在不同市场需求条件下，应该选择的最佳的企业规模。

表 8.5　基于预期需求的最佳企业规模

预期需求单位产量	适当的规模	预期需求单位产量	适当的规模
0～10 000	A	30 000～50 000	D
10 000～20 000	B	50 000～60 000	E
20 000～30 000	C	60 000～70 000	F

可见,企业选择生产规模 E 会出现不规模经济,企业规模 D 较其他任何生产规模都有较大的满足市场需求的区间范围。当然,企业是否选择了最佳的生产规模不可能立刻就能见到分晓,只有当企业产品在市场上销售时才能得到定论。如果企业有过剩的产品在市场上卖不出去,这就说明企业选择了过大的生产规模。反之,如果企业的产品在市场上供不应求,这就说明企业选择的生产规模过于小。上述任何一种情况,都会给企业的经济效益带来一定的损失。在图 8.11 中,如果企业选择了生产规模 B,而市场对企业产品的需求是 25 000,那么销售每单位产品,企业损失的利润部分由箭头所示。如果市场的需求减少到 5 000 个单位,企业会遭到类似的损失,如图中箭头所示。

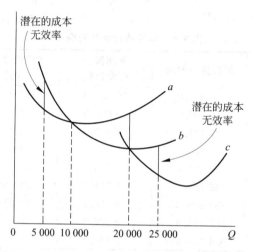

图 8.10 选择不适当的企业规模带来不必要的成本

可见,关于利用长期平均成本进行企业规模决策的问题,市场需求预测结果的准确与否是十分关键的。准确的市场预测是企业进行未来最优规模决策的依据。然而,负责产品生产的经理和工程师更关注的是如何使现有的企业规模达到最佳的生产能力以及实现生产效率的最大化。

8.5 学习曲线

学习曲线是用来表示劳动力成本与增加产量之间关系的一条曲线。它是一条向下倾斜的曲线,表明随着工人工作熟练程度的改善,每多生产一个单位产品,附加劳动力成本的下降。这种由劳动技能改善引起的劳动成本下降的现象被称为学习曲线效应。

更准确地说,学习曲线是用来测量当产量每增加一倍时劳动力成本下降的百分比是多少。表 8.6 给出"80%"学习曲线的数据。产量每增加 1 倍,成本在前一个生产水平基础上增加了 80%。(即成本下降了 20%)。正如在表中所看到的,生产第 1 个单位产量的成本为 100 000 元,生产第 2 个单位产量的成本为 80 000 元,即为生产第 1 个单位产量成本的 80%;生产第 4 个单位产量的成本为生产第 2 个单位产量成本的 80%,即 64 000 元;以此类推。请注意成本下降的百分比是随着使用劳动力的减少而发生的。以劳动工资率按 10 元/小时计算,劳动力成本下降的比例与总成本下降的比例是一样的。利用表 8.6

中的数据制成图8.12。

可以用一个数学表达式来描述劳动力使用数量或成本与产品产量之间的关系。表达式为，

$$Y_n = KX^n$$

式中，Y_n＝劳动力的使用量（小时）或生产第 xth 单位产量的成本

K＝生产第 kth 个单位产量（通常为第1个单位产量）的成本

X＝生产第 xth 个单位产量

$n = \log S/\log 2$

S＝斜率参数

表8.6 学习曲线计算的例子

单位值	单位劳动时间	累计劳动时间	平均累计劳动时间	单位劳动成本/元	平均累计劳动成本/元
1	10 000.0	10 000.0	10 000.0	100 000.0	100 000.0
2	8 000.0	18 000.0	9 000.0	80 000	90 000
4	6 400.0	31 421.0	7 855.3	64 000	78 553
8	5 120.0	53 459.1	6 682.4	51 200	66 824
16	4 096.0	89 201.4	5 575.1	40 960	55 751
32	3 276.8	146 786.2	4 587.1	32 768	45 871
64	2 621.4	239 245.3	3 738.2	26 214	37 382
128	2 097.2	387 439.5	3 026.9	20 972	30 269
256	1 677.7	624 731.8	2 440.4	16 777	24 046

对于80%的学习曲线，为生产第8个单位产量所需要投入的劳动时间为

$S = 0.8$

$$Y_8 = 100\,000(8)^{\log 0.8/\log 2} = 100\,000(8)^{-0.322} = \frac{100\,000}{8^{0.322}} = \frac{100\,000}{1.9535} = 51\,200$$

这说明表8.6与图8.12所得结果是一致的。感兴趣的读者可以运用表中给出的其他成本信息计算单位劳动力成本。虽然学习曲线是以边际生产成本来表示的，节约劳动力成本的效果也可用通过平均成本下降来反映。表8.6表示生产不同产量水平下，累计劳动力成本与累加平均劳动力成本变化情况。如图中所示，平均劳动力使用成本也呈下降趋势，尽管没有像边际劳动力成本下降的那样快。在任何情况下，学习曲线效应会影响到短期生产成本。更确切地说，学习曲线效应会引起平均成本曲线向下移动。详见图8.13。

日本学者在学术研究中经常采用学习曲线效应使企业生产成本下降的案例。特别是在计算机芯片和家用电器生产分析中，经常用到学习曲线效应，通过加大对企业员工培训的力度，快速降低生产成本，从而降低产品的价格。产品价格的下降，提高了产品的市场销量，反过来进一步促进产品生产的数量，同时进一步改善员工的工作经验，使得产品生产成本的逐渐降低。学习曲线的降价策略可用图8.14来反映。

在结束本节学习曲线效应讨论的时候，我们需要提醒一下，科学家首次观察到这一现象是在50多年前飞机制造业的生产中。引用学习曲线效应的原因是基于当劳动力重复

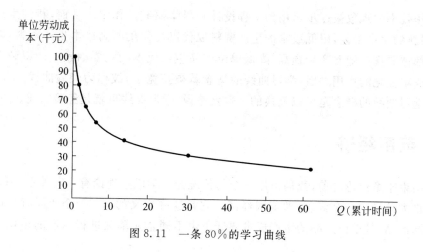

图 8.11 一条 80% 的学习曲线

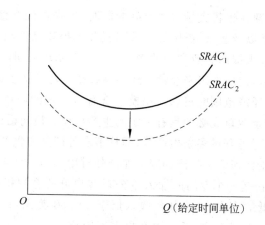

图 8.12 在给定时期内学习曲线效应对短期平均成本的影响

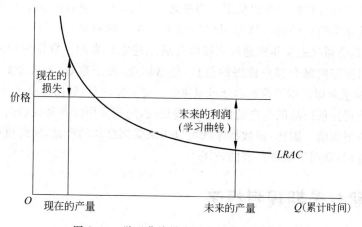

图 8.13 学习曲线效应对产品定价的影响

性从事某项作业,如完成某一道工序对生产成本带来的变化。后来,这种通过重复劳动而提高工作效率的现象被逐步运用到工程设计和科学研究工作中。从而，新的生产流程设计，发明新的生产工艺，用低成本的生产资料取代以往使用的高成本生产资料，以及新产品设计都被看作是随着产量提高，降低单位产品生产成本的主要因素。认识到上述多种要素对成本变化的作用之后，学习曲线的概念就被拓宽了，被称为经验曲线。今天，经验曲线和学习曲线的概念是可以互换的。也就是说，学习曲线也就是经验曲线。

8.6 范围经济

在结束本章讨论之前，我们引用一个与传统经济学成本理论有一定关系，但在含义上却有着很大差异的一个概念，即范围经济。它是这样定义的：一个企业同时生产两种或多种不同产品，其单位产品的生产成本要低于由不同企业单独进行生产的单位产品生产成本。

比如，沃尔玛零售商在销售大量零售商品的同时，也提供洗车修理、个人卫生护理包括理发、美容、牙科诊治以及餐饮、摄影等一系列服务来提高经济利润就是一个很好的利用拓宽经济范围的手段来提高企业利润的例子。由于沃尔玛公司已经具有为消费者提供多种服务的经验和技术，他们在未来经营中还会继续拓宽对消费者提供服务的范围。

从某种意义上讲，经济范围的概念与规模经济有着一定的联系。当一个企业开设多条产品生产线时，要求企业首先必须具有一定的生产规模。换句话说，只有企业具有一定的生产规模，才有可能考虑开设多条生产线，即从事多种产品的生产。

范围经济是在讨论如何改进生产和服务业产品时用到的一个重要的概念。举一个例子，美国 Fingerhut 公司是一个专门向加入本公司客户群的客户推销产品的公司。这些客户的特点是具有较低的家庭收入（如年收入低于 29 200 美元）。公司采用高风险高收费的办法来补偿风险。近年来，为了拉拢客户多家银行向 Fingerhut 公司的低收入客户群销售信用卡，使 Fingerhut 公司的销售业绩受到很大影响。为了报复，Fingerhut 公司开始对自己原来的客户群除提供信用卡服务之外，还给予一定的现金或物资方面的好处，使企业的经营业绩明显好转。该公司成功的关键在于他有 3 000 万个客户信息的数据库，这些信息是公司过去多年来通过直接信件联系建立起来的。数据库中涵盖了关于信用卡发行公司所需的每个客户详细的信息，包括职业、孩子数量、个人爱好、是否拥有住房、每月花钱的数额以及季节花费的分布规律等。更重要的是，数据库中还包括了 1 100 万从未购买过公司任何产品的客户的信息，也就是说，公司采用的各种促销活动对这部分客户没有产生任何影响。因此，该数据库既可以用来促销公司的产品，同时也可以用于与其他竞争对手抗衡，证明了范围经济的效用。

8.7 短期与长期规模经济

规模经济的实质是指当公司扩大产量时，企业的平均成本下降。在微观经济学理论中，规模意味着一个企业长期的生产过程。经济学中的长期是指企业有时间去调整固定生产投入要素的使用量。就成本而言，这意味着在短期的"固定"成本，在长期却被称为

"可变"成本。在长期中,公司也可能采取另外一些行动,那就是收购另外一个公司,或者被另外一家公司收购。不论哪种形式,一旦宣布兼并,公司总裁总会声称兼并的主要好处是"规模经济"。

规模经济的概念也会用到"短期"企业分析的讨论中。换句话说,一些文章的作者可能说为了实现规模经济优势,公司应该选择在自己最大的生产能力下进行生产。这类规模经济产生的原因是因为企业能够把固定成本分摊到更多的单位产品当中去。但这并非是经济学家所说的规模经济的含义。当然,我们不能过分地禁止一些学者这样来引用规模经济的概念。不过,将"短期规模经济"和"长期规模经济"加以区分还是有必要的:短期规模经济的目的是为了分摊固定成本,而长期规模经济的目的是指由表8.4中所列的各项内容。

8.8 供应链管理

供应链管理(SCM)已成为很多公司减少成本的重要途径。相信很多读者在大学本科课程或MBA课程里选修的《运筹学》或《生产力理论》课程中接触过很多关于供应链管理的知识。供应链管理中考虑的某些因素直接地或间接地与管理经济学有着密切的联系,供应链管理即是物流管理过程。我们首先介绍一下有关供应链管理方面的基础知识。

供应链管理是这样定义的:为了改善经营效率,企业从产品或服务的供给者到消费者各个环节之间所进行的一系列有效链接工作。这是通过支持和改善各个组织及个人之间的有效沟通与协作来完成的,供应链管理的主要目标是降低成本、增加企业的利润。供应链管理通过改善消费者的满意度,从而间接地帮助企业提高利润,这反过来能够使企业对自己的产品收取较高的佣金价格或至少能够帮助企业吸引更多的客户。

一般来说,供应链管理包括了为满足客户需求企业所从事的全部的内、外部活动。历史上,一个典型企业,特别是制造企业,完全是一个垂直经营体系。例如,炼钢厂利用自己开采煤炭来进行炼钢,IBM利用自己制造的芯片来生产计算机。一个大型养牛场利用自己拥有的土地生产玉米、大豆、苜蓿等作物,再自己将其加工成饲料饲养肉牛,同时还有自己的肉牛屠宰厂和肉类加工厂等。但是,近年来,一些公司的许多生产活动是通过外包的形式,让其他企业去完成。咖啡加工公司可能不再拥有自己种植咖啡的庄园,通用汽车公司可能不再自己生产轮胎。这些例子说明,供应链管理在当今企业生产管理中发挥着越来越重要的作用,所以,也就引起经济学家的普遍关注。资源外包的主要好处是减少成本。但是,如果管理不善,资源外包节约的成本也可能由于各个环节之间协调的不好所导致成本的增加所抵消。仍以制造业为例,讨论一个完整的供应链问题:假设原材料和零部件是由外部供应商提供(简称为外部供应者或商贩),而把购买这些零部件作为生产投入的制造企业叫作公司,把如何处理好这种特殊的链接关系叫作"做与买"决策。这样一种提法在财务和金融管理以及经济学教科书中是普遍用到的。

从管理经济学角度来看,"做与买"决策,或者说是对采用资源外包节约成本与不采用外包自己生产所需各种投入要素之间的取舍决定。我们在此可以提出一个最基本的问题:什么叫公司?美国的Ronald Coase教授对回答该问题做出了很多学术贡献,由此获得了诺贝尔经济学奖。Coase认为公司要比较自制生产零部件与从市场上购买零部件的成本。在市场交易过程中所发生的成本叫作"交易成本",这些成本包括对生产所需零部件的厂商进行调研的成本,谈判合同成本以及执行合同成本。

基于Coase的开创性研究工作,除了在资源外包过程中发生交易成本之外还有两类成本:协调成本和信息成本。协调成本来源于交货时间、满足消费者需求、付款方式以及市场需求预测等环节的复杂性和不确定性。不确定性的存在是因为公司无法对提供零部件的商贩的行为全部地写入双方协议当中,就是说,总要有些事先预想不到的细节问题。信息成本的产生是因为透明准确的信息是保证厂商与商贩之间有效地协调各项活动所必需的。例如,商贩为了使自己生产的零部件符合公司的详细要求,需要知道公司产品出售的具体时间等详细情况。这意味着公司必须向零部件供应商提供资产信息。如果公司不愿意与零部件供应商共享这些信息的话,那就必须在一定程度上以牺牲一些供应商的供货效率为代价。如果公司选择与供应商共享自己的资产信息的话,那么公司同样要承受建立这个信息平台的成本(包括数据通信网络及计算机软件)。同上面讲到的协调问题一样,信息流的需求增加了公司与供应商之间关系的复杂性,这些关系同样是难以用合同的方式严谨地规定下来,不管写入合同中的条款有多么的详细。

在零部件供货公司和买货公司之间的链接中,保证供应链效率的一个重要指标是货物的有效库存量。最理想的情况是进货公司希望在满足顾客对其产品需求的情况下零部件库存的数量为0。许多年以前,日本的汽车制造商实现了应时(JIT)存货控制系统。这与我们讲的零库存的道理非常相似,唯一不同的是这里所说的JIT是指在一个较大供应链管理系统中的一个环节。在整个供应链系统中如果有一个环节出了问题,将会造成进货公司的库存处于非理想状态,或者出现库存过多造成资源浪费,或者库存过少满足不了生产的需要。同样地卖货公司会发现自己的库存会出现与进货公司相对应的情况。相对于买方库存的过少或过剩,卖方库存会面临产品积压或存货不足。所有这些情况都会导致成本增加。那么,怎样通过加强供应链管理来避免买卖公司双方因库存失衡所致的成本增加呢?

当今市场上有很多咨询公司和计算机软件产品可以用来帮助进货公司或整个供应链系统解决库存失衡和降低成本问题。正是这些咨询公司喜欢把它们所作的这类工作称作供应链管理。实际上,我们可以大胆地说,绝大多数咨询公司都有他们自己的供应链管理的一套做法。像Oracle和SAP等软件公司靠发明计算机软件来帮助公司实现有效的供应链管理。当然,咨询公司和软件公司之间存在着一定的共生关系,各自都能够帮助公司改善供应链管理。比如,一些公司雇用像IBM全球服务公司,EDS和Accenture公司使用供应链管理软件帮助从事供应链管理工作。

当然,并非通过雇用咨询公司使用合适的管理软件就能够解决公司在原材料或零部件采购过程中面临的所有供应链管理问题。正像我们前面所提到的,任何一项合同契约都无法详细到包括公司之间可能发生各种矛盾以及每一个矛盾发生时双方各自应该承担什么责任和义务的地步。当然,签约双方对可能发生的矛盾细节想象得越细致,制作合同所花的时间就越多,解决这类矛盾所需的费用就越大,因此就越难将其写进合同。另一个原因是,企业很难准确地预测产品的市场需求。为了克服合同中有关条款的遗漏,专家建议公司和供应商之间发展友好的工作关系。其中,有两种类型的关系:一种是公司与供应商之间实行资源共享,即所谓战略联盟;另一种是公司可以同时选择两家或多家供应商,叫作竞争关系。这会使供应商之间展开竞争,从而帮助公司更好地控制购进原材料的价格。

关于公司与供应商之间应该选择哪种关系更好?这要取决于企业使用的生产投入要素的特点和生产产品的特点。如果企业使用标准化的生产投入要素和生产标准化的产品,可选择竞争关系较为合适,比如,像饮料制造商需要从外部供应商那里购买富含果糖的玉米糖浆、铝罐或者塑料瓶,此时公司可选择竞争关系。但是,如果公司生产的是一些特殊产品,则应该选择战略联盟的关系。例如,采用高科技生产电力设备公司需要购进一些特制的电子芯片,这种情况下,公司就应该与供应商建立战略联盟关系。

8.9 公司降低成本提高竞争力的主要方法

公司经理在面对降低企业成本决策时通常带有一种矛盾心理。因为降低成本常常意味着精简企业的管理人员,解雇某些员工以及减少一些不必要的日常开资。例如,削减培训费和差旅费,取消公司主要领导的一些特殊津贴和待遇,如不再给他们提供专机服务。对比而言,强调增加企业收入则是与公司业务扩大或成长活动有关,包括招收新的雇员,购进新的设备、扩大新的办公室以及增加日常活动开支和津贴。但是,就企业经营目标而言,在给定的产量和生产成本水平下,节约1元钱和多收入1元钱作用是一样的。下面给出一些公司降低成本提高竞争力的一些主要方法。

1. 低成本策略

公司可以选择低成本战略来提高市场的竞争力。比如,在零售业最引人注目的例子就是沃尔玛,在航空运输业最成功的例子就是美国西南航空公司。让我们详细地看一下西南航空公司是如何采用低成本策略的。

西南航空公司成立于1967年,最初是一个很小的航空公司,其主要目的是改善美国得克萨斯州休斯敦(Houston)跟达拉斯—沃思堡市(Dallas—Fort Worth)和圣安东尼奥市(San Antonio)城市之间的空中运输。今天,该公司已成为短距离(500英里以内飞行距离)航空运输业最具竞争力的企业。实际上,自从西南航空公司进入航空市场以来,原来美联航等大公司曾飞行的部分航段(例如,从美国加州 Burbank 到拉斯维加斯(LasVegas)到内华达(Navada)等城市)纷纷撤出。西南航空公司成功的秘诀就是采用短距离飞行的低成本策略。该公司平均每天的机票价格仅为一些大的航空公司提供同样飞行距离收取票价的三分之一。

其中一项关键的降低成本的举措就是支付较低的人力资源工资(多雇用非工会会员员工)、省略餐饮服务(由于是短距离飞行不给乘客提供任何食物服务)、采用二手设备(如:采用旧的飞机机型)。

值得注意的是,西南航空公司不仅只是采取了一系列降低成本的举措,更重要的是它把低成本作为公司的主要市场战略。当该公司成立时,公司就立足在短距离航空飞行服务业中提供最低价格的飞行运输服务。因此,公司在经营的各个方面都尽可能地采用低成本战略。由于提供的是短距离飞行服务,西南航空仅需要一种机型(波音737)。这意味着公司仅需要花费较少的飞行员培训成本、较低的机器维护以及少量的零部件库存成本。此外,短途飞行不需要在飞机上为乘客提供食物。由于公司在消费者心目中定位是提供低成本的航空运输服务,所以公司可以大胆地取消像其他许多大航空公司提供的许多服务来进一步降低成本。比如,公司不提供机票预订服务,从而减少雇用员工和使用计算机服务的费用。在可能的情况下,飞机可以停落在二级或备用机场,从而可以避免向一些主要城市机场航站交纳高额的飞机着陆费用。

低成本经营模式在美国2001年"9·11"事件之后更加显示出其抵抗经济萧条冲击的能力。虽然,当时许多大的航空公司纷纷遭受严重的经济损失,但是,西南航空公司却能够继续挣得利润,获得较好的经济效益。西南航空公司的成功经验逐渐被美国和欧洲许多航空公司所效仿。比如,英国的EasyJet航空公司和爱尔兰的Ryan航空公司都是采用了提供点对点近距离直飞服务来吸引大量的旅游者,使企业获得了良好的经济效益。

可见低成本的企业运作模式不仅能够在经济萧条时期帮助企业渡过难关,而且也是所有航空公司能够生存或获得利润唯一的选择模式。2004年西南航空公司创立了在全美运输乘客数量第一的记录。同时,在美国前10家大的航空公司中有3家惨遭破产的情况下,西南航空公司却能够继续实现盈利。当然,燃油价格的大幅度地上涨给那些大航空公司带来的压力要超过对小公司带来的压力。

2. 降低使用材料成本

在制造业中降低成本的一个主要途径是实行生产投入要素的替代或对使用的投入要素加以改进。比如,在饮料制造业中一个引人注目的例子就是减小12盎司重的铝盒的盒盖。在饮料加工过程中,输送带上的每一个铝罐必须通过容量测试,检查每一罐饮料的重量是否达到12盎司,对那些重量不足的饮料罐进行淘汰处理。饮料重量的测试是通过伽马光束射到距离铝罐上部1/4英寸处。由于不需要用饮料将铝罐完全充满,可以把铝罐的顶盖做得小一些以节省材料。这样虽然从每一罐饮料中节省的材料费用是十分有限的,但试想饮料公司每年要生产数以百万罐的饮料,其节省的费用是相当可观的。

3. 利用信息技术(IT)降低成本

信息技术从一开始用于公司的财务核算管理至今,已在减少公司成本方面越来越发挥重要的作用。采用IT技术降低企业成本这一开创性的工作始于20世纪90年代初出现的企业资源计划(ERP)。德国的SAP公司是世界上第一个提供这类服务工具的公司,至今仍然在该领域处于世界领先地位。其他一些公司如PeopleSoft和Oracle也提供类似的产品。

ERP是该行业使用的计算机软件名称。该软件能过帮助公司制订综合性的中长期计划、短期计划、合成并跟踪企业整个生产过程各个环节的运作状况。到目前为止,ERP已帮助世界上许多公司降低成本,增加收入,这一目标的实现主要是通过最有效地生产出消费者最需要的并能及时地到达消费者手中的产品。SAP网站(www.sap.com)介绍了一些公司是怎样使用它的产品和服务来省钱的。

4. 降低加工成本

采用 ERP 技术降低企业成本已得到媒体和学术界的普遍关注。当然,还有一些与 ERP 同等重要的能够帮助企业降低成本的软件技术。全球越来越多的企业、政府部门和大学教育系统开始要求员工使用计算机软件在网上登记出差报销的费用。由美国特快公司所做的研究结果表明,美国企业在 1998 年花在出差上面的经费高达 1 750 亿美元,利用网上报销技术可以把每一次报销的加工费用从 36.46 美元降低到 7.91 美元。

5. 异地或他国经营

许多美国公司为了降低生产成本已把企业迁移到支付较低劳动工资的地区或国家。当然,这不仅仅是美国公司的做法,日本的很多企业已分布到整个东南亚。很多德国公司已迁移到中欧地区,包括波兰,因为那里的平均工资要比德国工资低 10%。还有一些其他的例子,像奥地利的一些公司迁移到斯洛伐克,法国公司与德国公司合伙进入匈牙利进行生产。当然,并非只有制造企业把公司迁移到低劳动工资的国家和地区,赚取更多利润。近年来,计算机软件行业已在印度兴旺起来,这是因为美国和欧洲的公司发现印度计算机软件编程技术人员的工资只相当于美国和欧洲具有同水平计算机软件编程人员工资的四分之一。

6. 通过合并扩大企业规模

这一点我们在前面已经讨论过了,这里不再赘述。

7. 裁员和企业关闭

有时候公司发现有必要采取解雇和关掉公司内部某些部门的办法来降低成本。2001 年春开始的全球经济萧条使得世界上很多企业采取了大量的裁员措施。美国的福特汽车公司、日本的柯达公司等世界著名的大企业当时解雇了数以千计的员工是采取这种措施的真实写照。

8.10 国际应用案例:世界的服装是否会全部由中国来生产

众所周知,劳动力成本较低,使中国已成为世界上最大的纺织品出口国。确切地说,劳动力并非生产函数中唯一的投入要素,劳动力成本也并非是所有企业成本函数中的重要组成部分。但是,在劳动密集型的生产行业里,像服装制造业,劳动力的生产能力及其成本对企业成功与否起到决定性的作用。正是由于这个原因,中国在纺织品和服装产业中在世界上具有很强的竞争优势。世界各国政府早已清楚地认识到了这一点,并采取了一系列的对抗措施,比如对中国和其他一些低劳动工资国家的纺织品出口实行限额政策。直到 2004 年 12 月 31 日,这项实行了 30 年之久的限制发展中国家纺织品向发达国家出口定额政策才被宣告结束。不可否认,长期以来,这个纺织品出口限额政策在一定程度上阻止了中国在世界纺织品出口方面的统治地位,给世界其他发展中国家发展纺织工业提供了一些契机。比如,在这个贸易保护主义政策下,孟加拉、美国塞班岛和毛里求斯等国家的纺织工业得到了快速的发展。

随着贸易的全球化,今天大型服装生产企业已不再受到只能在本国进行生产的限制,经济因素决定着各国企业之间是否应该采取兼并的办法来提高竞争力。我们知道,企业合并不仅能够更好地发挥规模经济和范围经济效应降低生产成本,而且能够使得企业在世界不同地方同时完成服装生产的各个工序,从而减少生产每件服装的时间成本。这意味着,在服装行业里企业应该利用取消出口定额约束的大好机会,通过改善供应链管理进一步提高企业的经济效益。

8.11 本章小结

本章的核心内容是分析企业的成本,包括短期成本分析和长期成本分析。在短期成本分析中,值得注意的是由报酬递减法则引起的边际成本上升,而边际成本上升反过来影响企业的平均可变成本和平均总成本的变化。在长期分析中,随着企业生产规模扩大,某些因素会引起企业单位成本下降,但是当企业生产规模变得很大时,另外一些因素可能引起企业的平均成本增加。此外,像学习曲线效应和范围经济效应在企业长期成本的分析中都是必须要考虑到的。

本章讨论的内容看上去可能使人感到有些乏味,因为花了大量的篇幅来解释经济分析中所用到的各种成本的概念。然而,如果你能耐心地、细致地、完整地读完本章全部的内容,这对你学习后面的各章内容将会是非常有帮助的。本章的成本分析与第 2 章、第 6 章一起构成了企业经济分析的核心内容。企业所做的一些重要决策,包括生产决策、产品的价格决策以及判断出企业在所从事的行业中是否处于一个有利的地位,这一切主要是取决于产品的市场需求状况,企业能否在行业平均生产成本水平生产某种产品,以及产品的市场结构状况。

附录 8A

短期成本函数的数学表达方法

短期成本函数的一般形式为

$$TC = f(Q) \tag{8A.1}$$

式中 TC=总成本

Q=产量

正像本章中所介绍的,在经济分析中成本函数有三种特定的形式:三次形式、二次形式和线性形式。微观经济学理论主要是以三次函数形式为主来讨论成本函数的特点。这是因为三次函数形式不仅反映了一种生产投入要素表现为递增回报也反映了投入要素递减回报的情形。与之相比,二次函数的总成本形式只能反映企业在短期生产中所使用的可变投入要素与产量之间存在的报酬递减关系。而线性函数表示随着企业在生产过程中使用某种投入要素的增加,企业既不表现出递增回报也不表现出递减回报。在本附录中,我们利用微积分数学方法讨论三次成本函数的特点,这是在经济学中普遍使用的方法。

考虑下列方程(实际上,该方程是用来生成表 8.2 和图 8.2 中的数据的):

$$TC = 100 + 60Q - 5Q^2 + 0.7Q^3 \tag{8A.2}$$

很显然,式中的常数项 100 为固定成本。方程右边的其他各项表示总可变成本。那么,根据本章给出的定义,平均成本和边际成本可以从方程(8A.2)中求出。其表达式如下:

$$平均固定成本(AFC) = \frac{TFC}{Q} = \frac{100}{Q} \tag{8A.3}$$

$$平均总成本(AC) = \frac{TC}{Q} = \frac{100}{Q} + 60 - 5Q + 0.7Q^2 \tag{8A.4}$$

$$平均可变成本(AVC) = \frac{TVC}{Q} = 60 - 5Q + 0.7Q^2 \tag{8A.5}$$

$$边际成本(MC) = \frac{dTC}{dQ} = 60 - 10Q + 2.1Q^2 \tag{8A.6}$$

请注意,为了求得边际成本,我们只需要对总成本函数(8A.2)求一阶导数。

附录 8B

成本估计

关于成本曲线的研究,最初是由美国经济学家 Joel Dean 开始的,他在 1930 年出版的第一本管理经济学教材中就进行了大量的企业成本研究。

与生产函数的研究相似,我们的兴趣还是集中在短期成本和长期成本的估计上。通过短期成本函数能够确定短期的边际成本,从而帮助企业管理者决定产品生产的数量和价格。在长期,企业面对的主要决策是确定企业的发展规模。这项决策主要是基于规模经济和规模不经济的考虑。

在短期成本函数中(跟短期生产函数一样)至少有一种生产投入要素是固定不变的。因此,成本的变化主要取决于使用投入要素的变化。要估计出短期成本函数,我们必须找到产量和成本随着可变投入要素发生变化而变化的数据以及其他一些使用固定生产投入要素的数据。

回归分析方法被广泛地用于成本函数的估计。在利用回归分析方法建立短期成本函数的过程中,研究人员通常采用某一企业在某一段时间内的时间序列数据。当收集时间序列数据时,时间的跨度不能太大。因为,只有在相对较短的时间内,企业的规模以及采用的技术才会保持相对稳定不变。然而,要做一项有价值的企业成本分析,必须要有较大的样本数据才能反映不同时期内各个因素之间的真实关系及其变化规律。因此,每一个观察期限应该控制在 1 个月内,有时甚至控制在 1 个星期或 2 个星期。

长期成本函数或叫作规划函数允许使用的所有生产投入要素发生变化，包括企业厂房的面积（一般多指资本投资）。绝大多数长期成本函数研究使用的是截面数据。所用的数据反映在某一特定时期内（如1年）多个不同规模的企业使用不同数量的生产投入生产不同数量的产品。下面我们分别来讨论短期成本分析和长期成本分析。

8B.1　短期成本函数估计：存在的问题及调整办法

正确地区分经济成本与会计成本的概念是成本函数分析的关键所在。大多数成本函数的研究是利用会计数据，这些数据记录的是过去发生的实际成本。但是，用于企业决策分析的数据，即经济数据指的是机会成本。遗憾的是还没有一种完善的调整办法能够把已有的会计数据转换成机会成本数据，尽管我们可以对某些数据采取各种矫正方法，使之接近于机会成本的定义。

- 使用的劳动力、原材料以及其他各类投入物的价格必须调整到当前价格才能用于成本函数的分析。因为使用不同的生产投入要素会引起各要素之间相对价格的变化。事实上，随着时间的推移各投入要素之间产生替代是难以避免的。一般来说，我们只是假设发生这种替代的可能性不是很大，否则在分析中想要完全剔除这些替代效应是非常困难的。
- 对于那些与产量变化无关的成本是不需要考虑的，因为我们考虑的是短期成本函数，固定成本不会影响企业的产量与价格决策。
- 与上一点密切相关的是企业设备的折旧问题。会计学上的设备折旧办法是按设备使用的寿命来计算的。这种折旧通常与资本设备是否被使用无关。如果能够把设备"使用"部分折旧从全部设备（被利用设备和没被利用设备）折旧中分离出来，那么只有那部分"使用"设备的折旧才应该算作经济成本。需要注意的是，会计记录的折旧是根据购买设备时支付的成本，与设备是否被使用无关，而经济分析中的折旧是基于置换价值或取代价值。在短期成本函数估计中，会计成本与经济成本在概念上的差异是一个非常难以解决的问题。也就是说，实际可用的统计数据多为会计数据，而成本分析所需的数据则是机会成本数据。因此，在大多数情况下，对数据的要求不得不采取一些妥协的办法。然而，在这里我们又很难提出一些十分具体的建议。我们所能做的只是如何对数据进行适当的调整提出一些建议供参考。解决某一具体问题的关键还是在于数据的可用性和研究者对数据来源的充分了解以及采用合适的矫正办法的能力。

各种比率的变化。除通货膨胀对各种生产投入要素价格变化影响外，成本的变化也会受到各种税率的影响，包括社会保障税、劳动保险成本（失业保险或工人工资补贴率）以及各种福利补助等。由于这些比率大都与企业产量水平无关，因此不应该把它们计算作成本。

产品的均质性。成本估计中遇到的这个问题与生产函数估计遇到的问题类似。当产品质量相同时，分析工作比较容易做。另外，如果企业仅生产一种产品，产品数量的统计很容易处理。但是，如果企业同时生产几种不同的产品，那么就有必要采用加权处理办法来获得产品生产的总量。

不同时间发生的成本。在许多情况下，各种生产活动成本发生的时间是不同的。比如，一台机器在连续使用一段时间后要进行定期维护。在航空业，当一架飞机连续飞行若干小时以后，必须对发动机进行维修保养。当成本发生的时间不同时，必须注意把这些不同时间发生的机器维修和保养成本分摊到机器的全部使用期内，而不应把这些成本全部计算在成本数据发生的时点上。

会计成本。在利用会计数据进行时间序列分析中，研究者必须弄清楚在所研究的时期内成本计算方法是否发生变化，包括资本折旧方法、为企业发展所做的各种开支的分摊方法等。如果数据来源于不同的计算或分摊方法，那么就必须对其进行一致性调整。

通过讨论上述成本估计中可能出现的各种问题，你会觉得没有找到很好的解决办法。但是，所有这些困难并没有挫伤经济学家对成本研究的兴趣。自从20世纪30年代美国学者Dean开始成本研究至今，各类经济学期刊发表了大量的关于统计成本函数研究的成果。

8B.2 短期成本函数的形状

在本章开始的时候，我们介绍了三种不同的成本函数形式。每一种形式代表的成本曲线的形状是不同的。经济学家在收集数据和对数据进行处理之后将利用三种成本函数中的一种形式估计成本和产量之间的关系。当然，也可以使用其他形式的成本函数（如Cobb-Douglas指数函数）进行成本估计，但是，上述三种成本函数是我们在统计分析中应用最普遍的。

图8.4(a)和图8.4(b)代表的是常用的成本理论函数，它们表示边际成本和平均成本递减和递增两种情况。总成本、平均成本和边际成本函数的数学表达式如下：

$$TC = a + bQ - cQ^2 + dQ^3$$
$$AC = a/Q + b - cQ + dQ^2$$
$$MC = b - 2cQ + 3dQ^2$$

其中，平均成本曲线是通过TC除以Q获得的。为了获得边际成本曲线，我们利用初等微积分方法对总成本求一阶导数。如果只是估计可变成本，总成本曲线将代表着总可变成本曲线。从理论上讲，成本曲线应该始于坐标原点因为当产量为0时没有发生可变成本。然而，当采用统计学方法估计成本曲线时，虽然只是包括可变成本，估计出的成本曲线很可能与Y轴相交，即曲线与Y轴的截距不为0。这一点对于研究者来说并不十分重要，因为统计估计中采用的数据不会接近于0。因此，在这里截距没有太大的意义。

如果使用的数据不适合采用三次函数，可试用二次函数进行估计。那么相关的三种函数的形式如下：

$$TC = a + bQ + cQ^2$$
$$AC = a/Q + b + cQ$$
$$MC = b + 2cQ$$

从图8.4(c)和图8.4(d)看到，这个二次函数的形式与三次函数的形式差异很大。该函数只包括了总成本以递增的比率上升的情况，因此，不存在边际成本递减（边际产量增加）的情形。这一点可以从图 7.4(d) 中 MC 曲线是一条随产量增加而上升的直线(并非 U 形曲线)得到证实。

有时线性成本函数更能适合所分析的数据,其所对应的三种函数形式如下:

$$TC = a + bQ$$
$$AC = a/Q + b$$
$$MC = b$$

图 8.4(e) 和图 8.4(f) 表示线性函数曲线。从图中可以看出,平均总成本曲线连续下降并逼近边际成本曲线。这是因为式中的 a/Q 项是随着 Q 的增大而下降,而式中的第二项 b 是一个常数项。如果我们只是分析可变成本,那么式中的 a 是不存在的(因为当产量为 0 时成本应该是 0)。所以 $AVC=b$,边际成本与平均可变成本相等。这是因为当增加的单位成本(边际成本)相同时,每单位平均可变成本不会产生变化,因此必然和边际成本相等。

注意,当成本函数为线性形式时,边际递减法则不再发挥作用,单位成本增加是恒定不变的,即等于 b。因此,这种成本函数表现出恒定不变的边际成本。这种成本分析对经济学家来说并没有太大的兴趣,因为他们知道随着可变生产投入要素使用量的增加,其与固定投入要素使用数量的比例越来越大,那么随着产量的增加,单位成本必然是会上升的。

以上介绍的三种成本函数可以说基本上能够满足各种成本数据的分析。然而,即使研究者得到了很好的分析数据,数据分布的范围可能仍然是非常有限的,多数这些数据趋近于中等生产水平。可能很少遇到产量接近于 0 的数据,同时也很少遇到产量达到或超过理论规定的生产能力的数据,即较大产量数据。因此,获得的统计结果可能难以反映处于成本曲线两端的情况,即较低产量成本和较高产量成本情况。下面我们讨论一下基于过去成本研究的例子。

8B.3 短期成本研究的案例

我们从大量的成本研究中选择涵盖不同行业和不同时期三个短期成本函数研究案例。尽管有些成本估计方法随着时间的推移变得越来越复杂,但这些研究基本上都是采用了时间序列回归分析。

1) 袜子企业生产成本研究。Joel Dean 于 19 世纪 30 年代和 40 年代所作的成本研究是集中在大型针织品制造厂[①]。当时,在美国这类企业已经有了很高的机械化水平和劳动技术水平,即使用技术熟练的工人。袜子成本研究是利用从 1935 到 1939 年 54 个月的数据。在这段时间内企业的规模以及采用的设备没有发生明显的变化,但生产能力却经历了从 0 到最大生产能力的变迁。成本数据包括直接劳动成本、间接劳动成本以及部分固定费用。通过投入要素价格指数把这些成本调整到同一基期,再把劳动力成本比例作为权重将各类产品产量进行加权处理得到总产量数据,然后采用直线回归模型求出下面

---

① Ronald S. Coot and David A. Walker. Short-Run Cost Functions of a Multi-Product Firm. Journal of Industrial Economics, April 1970, pp. 118-128.

的回归方程。

$$TC = 2\,935.59 + 1\,998Q$$

式中 TC＝总成本

Q＝产量（生产多少双袜子）

该函数在统计上是显著的，自变量与因变量之间的相关系数为 0.973（决定系数 R^2 为 0.947）。

作者还分别采用二次和三次函数建立回归方程，但结果都不理想，即曲线拟合的不好。所以，Dean 的分析证明了线性总成本曲线、递减平均总成本和恒定的边际成本曲线的存在。

2）公路旅客运输。英国学者 J. Johnston 从英国的一家大型运输公司获得了成本分析的统计资料。该公司拥有 1 300 辆旅客运输汽车，这些客车每年累计行程达 4 500 万英里。数据包括从 1949 年到 1952 年三年期间以 4 个星期为间隔的旅客运载数量。旅游运输带有明显的季节性，即在不同季节运载旅客的数量有明显的不同。

设计的成本项目包括车辆使用（工资、工作服、汽油、机油和轮胎）、维修保养、折旧（根据行驶的英里数）、水电费、保险费、取暖、租金、税金。产量用研究期内车量行驶的总英里数表示。应用相关价格指数对数据进行调整用来去除价格变化的影响。

直线函数仍然是拟和数据最好的。得到的方程如下：

$$TC = 0.655\,58 + 0.443\,3Q$$

式中 Q＝客车行驶的英里数（以百万英里为单位），相关系数为 0.95。因此，与 Dean 的研究相类似，总成本曲线仍然是线性的，故边际成本曲线是恒定不变的。

3）塑料盒生产成本研究。本研究是基于某公司在同一时间内生产 10 种不同规格的塑料盒子的产品。数据来源于 1996 年 1 月到 1997 年 9 月共 21 个月的数据[①]。在这个期间内公司的生产能力没有发生变化，使用的所有投入物的价格保持不变。数据中只包括直接的劳动成本、机器成本和原材料成本，所以不需要考虑任何固定成本的分摊。公司财务报告显示在该时期内产量波动很大，其中有些观察值达到了公司 90% 生产能力的产量水平。

线性回归方程仍然是拟合 10 种塑料盒子产品数据最好的，即得到 10 个直线回归方程。统计检验表明这 10 种产品的成本之间无相关关系。作者还同时把 10 种产品累加到一起来估计总产量和总成本之间的关系。直线回归方程仍然是拟合数据最好的，

$$TC = 56\,393 + 3.368Q$$

该回归方程的 t 值达到 1% 的显著水平，R^2 为 0.89。

8B.4 边际成本：是 U 形还是水平直线？

上述引用的三个短期成本研究的结果表明，总成本曲线是一条直线生产函数，所以边际成本曲线应该是一条水平直线。除了袜子生产之外，Dean 还对家具和皮带生产成本函

---

① David A. Huettner and John H. Landon. Electric Utilities: Scale Economies and Diseconomies. Southern Economic Journal，April 1978，pp. 883-912.

数进行了研究。Johnston 也对食品加工和采煤企业的成本进行了研究,还有其他一些学者做了大量关于其他产品生产企业成本的研究。也有学者研究炼钢企业、水泥企业和发电企业的生产成本问题。大多数这些成本研究所得的结论都与上述引用的研究结果相似。当然,也有一些研究发现边际成本是递减的。

那么,这是否意味着经济学家应该改变他们对 U 形平均成本和边际成本曲线的认识呢?虽然这些研究发现值得引起经济学家的反思,但是,当把研究的期限扩展到相对较长的时间,比如 50 年以上,研究发现很多成本曲线与传统的认识还是相一致的:

1. 这是因为大多数研究使用产量数据分布的范围是有限的。因此,即使在某些情况下产量可能达到 90%的企业生产能力,仍然不能排除由于很多企业厂房建筑以及设备的具体情况使得单位生产成本在相当大的产量区间范围内处于相对不变状态。一般来说,经济学家画出的成本曲线,如本章所示,总是明显地表示出单位成本曲线的最低点,标出该点的目的是为了更好地向读者解释基本的经济学原理。但是,平均成本曲线的最低处可能不是一个点而是一个很宽的区间,只有当产量增加到接近企业的最大生产能力时,单位成本才会开始表现明显上升。图 8.14 代表的是许多学生在黑板上经常画的平均成本曲线(A)。但是,曲线(B)更接近于企业实际的成本曲线。曲线 B 的最低点不像曲线 A 那样低,但却随着产量的增加,曲线 B 较之曲线 A 表现出较大的低成本区间。当产量随着时间变化表现出较大波动时,产量更有可能是在单位成本相对平稳的曲线 B 上进行生产而不是在曲线 A 上较低单位成本持续性很短的情况下进行生产。

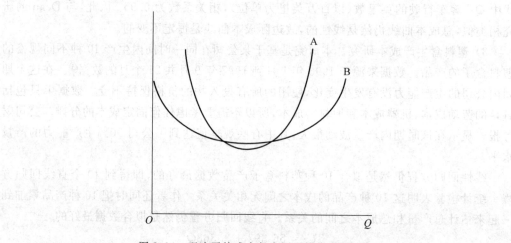

图 8.14 理论平均成本与实际平均成本的比较

2. 许多经济学家在解释线性成本曲线时指出,虽然理论上要求在短期资本的投入是固定不变的,实际上并非如此。例如,当产量扩大时,企业很容易通过增加额外的生产线来使固定投入/可变投入要素的比例保持不变。由于固定投入要素与可变投入要素的比例保持不变,所以不会出现边际成本递增的情况。

3. 回归分析并不是一个非常完美无缺的工具。当样本中大部分数据代表的是企业中等产量生产水平时,可能没有足够的观察值来反映曲线两端的情况,即较低产量和较高产量,因此就无法估计出 U 形的平均成本和边际成本曲线。

因此，虽然已有的很多研究与经济学家提出的理论不是完全一致，但是，这些研究结果还不足以让我们立即重新评价甚至修改微观经济学的相关理论。进一步讲，现实企业生产数据基本上还是反映了边际成本上升的情况。我们知道一个企业或者一个行业的短期供给曲线的斜率是正的，这是由边际成本曲线的斜率是正的来决定的。事实上，当产品的需求增加时，其价格上升，价格上升引起短期产品供给的增加，这一现象表明供给曲线的斜率是正的，这一点也从边际成本曲线的斜率是正的得到解释。因此，尽管一些实证研究发现了一些与理论不是完全一致的结果，但是实际上很多大公司的经理们所面对的企业边际成本曲线与经济学理论还是一致的。

8B.5　估计长期成本函数

长期成本函数的估计带有更大的挑战性。请记住，经济学中的长期是指所有成本都是可变的。这意味着资本投入（厂房和机械设备）在短期分析中是固定不变的，而在长期分析中是可变的。事实上，长期分析的主要目的就是追溯不同生产规模和使用不同生产能力设备的情况下单位成本的变化。

随着生产规模扩大，成本的变化问题不仅仅是对企业或行业的发展规划决策是重要的，而且对企业之间是否需要进行合并提供了一个重要的参考依据，即当企业规模扩大之后，单位成本是否会下降呢？与短期成本函数研究中多利用时间序列分析有所不同，大多数长期成本研究使用截面回归分析。截面回归分析具有下列优点。

1. 数据记录的是在同一时间点不同企业的产量和成本情况。由于各个企业的规模是不同的，因此自变量或产量水平的变化幅度是很大的。

2. 由于所有的数据都是取自同一时间段（如，1年），企业采用的技术水平不会发生很大的变化。在理想状态下，每一个企业都会利用适合自己企业状况的最有效的技术。当然，这种理想状态通常是难以实现的，正像我们在下面解释的那样。

3. 通货膨胀对各种成本或其他价格变化的影响在截面回归分析中可以忽略不计。如果数据是从多个不同规模企业获得的，成本数据可通过这些企业成本的平均数求得（比如：平均每个劳动小时或平均每吨原材料的成本）。只有当通货膨膨胀十分严重，如发生恶性通货膨胀时，采用求各个企业平均成本的方法才会产生明显的问题，然而，在这种情况下所做的任何成本研究的本身在质量上就是值得怀疑的。

利用截面回归方法也会给研究者带来一系列困难的问题。下面我们简单地列出几个可能的问题。

1. 虽然使用截面数据可以避免了通货膨胀的影响，但却引起了一个新的问题。由于数据来自多个不同地点不同规模的企业，这可能产生地区之间情况的差异，包括劳动力工资、用水用电费用、原材料或运输成本等。将这些差异调整到一个统一标准是必要的。但是，如果使用的投入物之间相对价格不同，把某一地区使用的这些投入物合并到一起可能成为这些差异的函数。这样，当把价格调整到某一特定水平时，我们就可能忽略了在某一特定地区管理者基于不同投入物相对价格差异所作出的投入物使用的选择。

2. 尽管我们上面提到每个企业所面临的生产技术状况大体上是一样的，但这并不等于在一个给定的生产时期内，各个企业采用的技术水平是完全等同的。因此，每一个企业都是处在最有效的生产状态的假设可能是不切合实际的,这一点可以通过画一条包络线来说明,图 8.15 中的 ABC 就是这样一条包络线。这是一条表示企业处于最佳生产状态的长期平均成本曲线。B 点位为最低成本,代表企业最有效的生产规模。但是,如果企业在不同的生产规模下没有实现其最佳的经营状态,即不是在最低成本下经营,那么这条包络曲线可能是 DF,这条曲线要高于处在最佳经营状态的成本曲线 ABC。曲线 DF 不仅是高于曲线 ABC,而且该曲线的斜率也与最低成本曲线有所不同。我们没有办法彻底矫正这种误差。

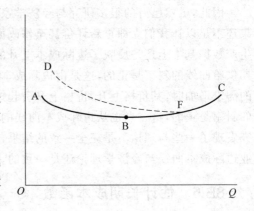

图 8.15　企业处于最佳状态和次佳状态下的长期成本曲线

3. 如果用会计数据做成本估计,我们必须注意所使用的数据的定义是否与经济学成本的概念相一致。采用不同的设备折旧方法、不同的库存估价方法以及其他各种开支的分摊方法会导致分析结果有很大的差异。最佳的调整办法总是有的。

4. 不同公司可能对于它使用的生产投入要素支付不同的价格,这一点在劳动力成本核算中非常重要。总的劳动力成本是由不同比例的工资和其他福利待遇构成的(例如,度假、节假日和医疗保健等)。有些情况下,员工可能得到公司股票作为工资的一部分,当然,公司也可以把股票以优惠的价格卖给员工。成本分析者必须要全面地考虑到各项成本是如何定义的。

8B.6　长期成本研究案例

与短期成本研究情况相类似,在过去 50 年或者更长的时间里,学者们做了大量的关于长期成本的特点研究。下面只是列举几个简单的例子来介绍一下这类研究的主要结果。

1) 鞋子生产连锁店。由 Joel Dean 做的一项早期研究利用某公司在 55 个大城市拥有鞋子生产分厂的数据[①]。产量为生产多少双鞋。成本主要包括销售成本(包括工资)、管理成本和鞋店建筑物(房屋)开支。这项研究是利用从 1937 年到 1938 年两年的数据。回归结果显示二次总成本函数拟合数据最好,表明平均成本曲线为 U 形、边际成本曲线是递增的。

2) 供电公司。供电企业的成本一直是经济学家感兴趣的研究课题。对于发电企业来说,产量是很容易测定的。在美国有许多不同规模私家独立经营的电力公司。由于这些公司必须定期地就电的价格问题与当地政府的电力监管部门打交道,因此这些公司收集了大量的关于供电成本和收入方面的数据。据观察,供电、供水、供气等部门普遍具有

[①] Christensen L. R. and Greene W. H. Economics of Scales in U. S. Electric Power Generation. *Journal of Political Economy*, 84,4 (August 1976), p. 655.

技术发展比较稳定的特点。本研究利用的是 1971 年 74 家供电公司的数据①。由于采用的是 1971 年的数据,该项研究排除了污染控制设备成本,因为当时美国政府还没有对电力生产企业采取环保措施。同样地,在该项研究中采用二次成本函数拟合数据最好,说明平均成本曲线为 U 形的。估计的成本系数在统计上是高度显著的。作者识别出出现规模经济的产量区间和最低成本点。研究发现,规模不经济出现在中等和中等以上电力生产规模企业。许多早期的关于这类有关能源生产企业的研究发现,规模经济出现在各种规模不等的发电企业。这项研究以及由另一学者于 1970 年所作的研究②发现在大规模发电企业出现规模不经济是可能的。

最近的一项研究,分析 1987 年美国中西部五个州的 31 个地区蒸汽发电公司的规模经济问题。研究结果发现有 21 个小型发电公司表现出明显的规模经济,这些小公司发电量占整个地区发电量的 32%。通过对一些较大的发电公司的成本分析结果表明既没有发现规模经济也没有发现规模不经济,这些公司的长期成本曲线是扁平的③。

3) 金融机构。最近的一篇文章回顾了 13 个关于信贷、储蓄、贷款协会以及商业银行的规模经济和范围经济问题研究的文献。规模经济被定义为与企业规模有关,而范围经济是指同时联合生产两种或两种以上的产品单位成本的变化情况。确切地说,规模经济是指随着产量的增加,平均单位生产成本下降。范围经济产生于由同一企业同时生产两种或多种产品的单位成本要低于将这些产品由不同企业分别进行生产的单位成本。这些研究都是利用对数函数,并且对反映规模经济和范围经济的指标采用相同的测度方法。现将这 13 篇研究文献的结果总结如下:

- 总体来说,在产量水平较低时容易出现规模经济,而在产量水平较高时容易出现不规模经济;
- 综合来看,没有出现明显的范围经济现象;
- 但是个别产品之间出现互补(即在某些产品的生产中表现出一定程度的范围经济)。

另一项研究是探讨 1984 年美国 100 家最大的银行的经营成本函数问题,这些银行资产的分布为 25 亿美元到 1 206 亿美元之间。作者发现银行的最低有效经营规模资产为 150 亿美元到 370 亿美元之间。这个研究结论与早期研究得到银行的规模经济出现在较小资产规模的结果有些不一致④。

4) 瓶子制造厂。几年前美国学者 Keat 利用美国 30 多家大型制瓶厂生产成本和瓶子产量数据进行成本分析研究。这些制瓶企业的规模或产量差异很大;因此利用某一特定时期的数据非常适合做截面回归模型。该研究的主要目的是找到最佳的企业规模。

采用线性回归得到了比较理想的总成本函数结果。R^2 等于 0.62(对于截面数据这

---

① Albert A. Ocunade. Economies of Scale in Steam.

② Jeffrey A. Clark. Economics of Scale and Scope at Depository Financial Institutions: A Review of the Literature. Economic Review, Federal Reserve Bank of Kansas City, September/October 1988, pp. 16-33.

③ Sherrill Shaffer and Edmond David. Economies of Superscale in Commercial Banking. Applied Economics, 23, 2,(February 1991), pp. 283-293.

④ George J. Stigler. The economics of Scale. Journal of Law and Economics, 1, 1 (October 1958), pp. 54-81.

算是比较高的),回归系数在统计上高度显著。令人感到惊奇的是,当采用三次回归函数时,统计结果得到进一步明显的改善。利用方程 $TC=a+bQ+cQ^2+dQ^3$,得到下列统计结果:

$$R^2=0.70 \quad F\text{-统计量}=24.87$$

	a	b	c	d
系数估计值	0.078	0.891	−0.096	0.004
t-检验		3.653	−2.240	1.910

回归系数 b 和 c 的 t-检验是显著的,回归系数 d 的显著性略低一些。系数 c 为负的,说明总成本最初以递减的比率上升,然后以递增的比率上升,导致 U 形的单位成本曲线。

长期成本实证研究结果汇总

上述研究结果表明当企业扩大到较大规模时,可能出现规模不经济。但绝大多数实证研究的结论是规模经济只是出现在当企业扩大到一定规模时,超过这个生产规模,规模经济就会迅速消失。但是,企业在较大的产量范围内表现出恒定的回报,即当企业产量达到很高时,平均成本既没有表现下降也没有出现上升的规模不经济现象。

8B.7 两种其他长期成本函数估计方法

在开始讨论成本估计时,我们曾提醒读者采用会计数据进行成本估计与经济学的成本估计可能是不一致的。尽管在上述所有的研究例子中,都对使用的会计数据进行了适当的调整,使其接近于经济学的定义。当然,为了回避这类问题,经济学家试图采用一些不需要依赖企业会计数据来进行成本分析的方法。这里我们简要地介绍两种方法:即工程成本估计法和幸存技术法。

1)工程成本估计法。工程成本估计法是基于技术人员对企业使用的生产投入要素、产品产量以及投入产出之间关系的全面了解。经验丰富的专业技术人员可以计算出生产不同产量所需要的使用投入物的数量是多少。当然,这些计算是基于最理想的假设条件(即给定一种投入要素组合所能生产产品的最大数量)。这实际上就是指的生产函数。有了生产函数,下一步要做的就是把投入要素乘以价格得到成本。

使用工程成本估计法的好处是很明显的。首先,企业生产技术水平可以得到稳定控制,不需要考虑通货膨胀问题,也无须考虑产品组合的变化。事实上,很多大公司在引进一种新产品生产线时,大都使用这种成本估计方法。企业的市场研究和产品预测部门工作的重心是估测在不同价格水平下,产品可能销售的数量。在一些大企业里,成本估计(多由工程师和其他技术人员来完成)的目的是为了找到在不同产量水平下需要花费的成本是多少。然后,企业产品定价部门可以利用其他部门提供的数据估计出不同产量和价格水平下企业的利润是多少。

虽然,工程成本估计法避免了回归分析方法存在的一些漏洞,但这种方法本身也存在着一些问题。首先,这种成本估计结果只是代表工程师和成本估计人员的认知水平,并不一定完全符合实际。由于这种成本估计的结果实属是预测性的,在计算过程中可能会忽略一些引起成本变化的因素。此外,在大多数情况下,分析者只是把那些跟产量直接有关系的成本计算在内(即直接成本),而对那些与产量没有直接关系的成本(产品销售支出、固定成本分摊)可能不予考虑,或者说即使考虑在内,也只是采取带有很大的随意性的分摊处理。这类成本分摊多是根据个别试点生产企业的情况,与实际企业生产情况可能有很大的差异,因此得到的成本估计结果可能是不准确的。

一般来说,工程成本估计的结果多表现为当产量达到某一水平之前,单位成本连续下降,而当产量继续增大时,在一个较大的产量变化区间内,平均成本保持不变。因此,可能存在的规模不经济的情况通常被忽略。

可以把工程成本估计方法与采用会计数据估计成本方法两者结合起来运用,即采用工程成本估计法估计某一生产阶段的成本,采用会计数据估计其他生产阶段的成本,然后,把两种估计结果结合起来使用。几年前,有人尝试过这种做法,美国西北大学运输研究中心的几位经济学家发表了关于预测飞机票价格的研究。在这项研究中,一个重要的步骤是计算飞机作业成本。这是通过利用实际数据和工程估计数据来计算许多不同型号的飞机的作业成本。比如,机组人员的工资是根据多家劳动工会合同数据并参考过去的工资状况推算出平均工资,而飞机的维修成本是通过航空运输协会提供的计算公式推算出来的,飞机的燃油消耗是采用飞机制造商提供的工程曲线推导出来的,同时还参考了有关文献发表的相关数据。其他成本(职工福利、着陆费、负载和财产保险)是采用类似的方法估计出来的。估计的成本曲线反映飞机飞行0~200英里~2 500英里,以及2 500英里以上,每英里的作业成本。结果表明每架飞机在一定的直航距离以内,平均成本随着飞行距离的增加呈下降趋势。

2) 幸存成本估计法。美国著名经济学家诺贝尔奖得主George J. Stigler发明了一个十分有趣的长期成本估计方法[1]。Stigler认为利用经过调整的会计数据进行经济成本估计的做法是不可取的。他采用的方法是通过长时间观察某一行业中规模不等的企业,把各个企业根据规模大小(按每个企业生产产品的数量占整个行业总产量的百分比)进行分类,然后根据各类企业相对增长速度来判断成本使用的效率。他利用炼钢工业1930年、1938年和1951年的数据证明中等规模的炼钢厂(钢产量占整个炼钢工业总产量的2.5%到25%)在过去21年的时间里钢产量出现明显增长,占行业的总产量的比例从35%上升到46%;而那些小炼钢厂(产量占行业总产量的2.5%以下)和大炼钢厂(实际上只有一家这类企业,钢产量占整个行业产量的25%),钢产量所占市场的份额逐渐下降。基于这一研究结果,Stigler得出下面的研究结论:长期成本曲线是U形的,这条曲线起初表现为规模经济,然后保持不变,最终出现规模不经济。

继Stigler的研究之后,美国经济学家R. P. Rogers也考察了美国钢铁制造业的规模经济。作者测算了从1976年和1987年美国主要钢厂的产量分布。根据产量多少,把

---

[1] Roger R. P. The Minimum Optimal Steel Plant and the Survivor Technique of Cost Estimation. Atlantic Economic Journal, 21 (September 1993), pp. 30-37.

D. G. Tarr. The Minimum Optimal Scale Steel Plant in the Mid-1970's. FTC Working Paper, 3, March 1997.

D. G. Tarr. The Minimum Optimal Scale Steel Plant. Atlantic Economic Journal, 12,2 (1984), p. 122.

所有钢厂划分为四个组(即1百万~1.49百万吨、1.5百万~4.5百万吨、4.5百万~7.5百万吨和7.5百万吨以上)。然后,分析这四组钢厂在两年的时间里产量的变化情况。结果发现,产量为4.5百万~7.5百万吨企业的钢产量占市场的份额大幅度增加。这些研究结果与D. G. Tarr先前的研究结论相一致,Tarr的研究是利用工程成本估计方法测算钢厂的最小有效规模,结果发现钢厂的最小有效规模为6百万吨钢产量,这刚好是Roger's发现的长期成本曲线的中间点。

由于简单易行加之避免依赖于不可靠的会计数据,幸存分析方法很受研究者的欢迎。但是,该方法也有其自身的局限性。这种成本估计对制定企业未来发展规划没有多大用处,因为它只是告诉我们多大的企业规模是最有效的,而不能告诉我们任何有关相对成本的信息。这种方法假设在行业内企业之间是高度竞争的,企业能否生存与繁荣完全取决于是否有效地利用资源,与企业的市场势力或进入市场壁垒无关。但是,事实上随着时间的推移,技术变化和通货膨胀自然会引起市场的变化以及行业内各个企业之间相对实力的变化,从而导致某一规模的企业较其他规模的企业更具有竞争优势。

值得一提的是,尽管Stigler的研究证明钢厂的长期平均成本曲线为U形的,他在汽车制造业的成本研究中并没有得到同样的结果。幸存成本曲线随着产量增加最初表现为递减,然后表现为恒定不变,但是当产量进一步扩大时并没有出现规模不经济的现象。

附录小结

会计数据已被广泛地用于研究短期和长期成本函数。然而,由于会计学与经济学对成本的定义有很大的不同,这些数据给研究者带来一系列的问题。取决于会计数据是怎样获得的,对价格变化、地域之间差异以及其他各种变化进行统一性调整使其符合经济学的要求是必不可少的。

时间序列分析被大量地用于估计短期成本,而截面回归方法更适合于长期成本的估计。

从大量的成本实证研究中得到这样的结论:短期边际成本是相对恒定不变的。在长期中,规模经济出现在产量水平较低的时候;当产量水平较高时,企业生产多表现为恒定规模回报。

经济学理论中提出的斜率为正的、U形的平均成本和边际成本曲线在实证研究中表现为只是一个特例,并非普遍存在。尽管这些结果是经济学家对他们提出的理论进行反思或重新考证所得的结论,但是,我们仍然有很多理由相信随着产量的逐渐扩大,边际成本最终是要上升的,规模不经济是不可避免的。

一些经济学家不喜欢采用会计数据进行成本分析。因此,在该附录中我们简要地介绍了其他两个成本估计方法。工程成本分析法是基于专家对生产投入和产量之间的关系的了解以及对标准成本方面掌握的信息。该方法避免了使用会计数据,同时也不需要对技术和通货膨胀因素做出任何调整。幸存分析方法是基于行业中各个规模不等企业产品生产的数量占整个行业产量比例的变化。它的结论是那些有效规模的企业生产产品的数量占整个行业产量的比例随时间增长逐渐增大,这是以那些效率较低规模的企业产量的相对下降为代价的。

习题

1. 根据各种短期成本的定义和计算方法,填写下表。

Q	TC	TFC	TVC	AC	AFC	AVC	MC
0	120	( )	( )	x	X	x	x
1	( )	( )	( )	265	( )	( )	( )
2	( )	( )	264	( )	( )	( )	( )
3	( )	( )	( )	161	( )	( )	( )
4	( )	( )	( )	( )	( )	( )	85
5	( )	( )	525	( )	( )	( )	( )
6	( )	( )	( )	120	( )	( )	( )
7	( )	( )	( )	( )	( )	97	( )
8	( )	( )	768	( )	( )	( )	( )
9	( )	( )	( )	( )	( )	97	( )
10	( )	( )	( )	( )	( )	( )	127

2. 李先生经营一个蔬菜店。近些日子一家大型化学公司准备聘用他在该公司做高级厂房设计师。(李先生曾获得化学工程硕士学位)。公司给他的工资加上福利每年为95 000元。去年李先生的蔬菜店的财务报表如表8.7所示。

表8.7 李先生蔬菜店的财务报表

总收入	625 000元
进货成本	325 000元
员工工资	75 000元
纳税、保险、维修及菜店建筑折旧	30 000元
贷款利息(10%)	5 000元
其他零碎支出	15 000元
税前利润	175 000元

如果李先生决定接受化学公司的工作,他知道他的菜店能卖上350 000元。但是如果保留菜店不卖,将菜店租给他人,每年可获得租金50 000元。如果他决定卖掉菜店,把得到的钱拿出50 000元用于支付过去的贷款。然后,用剩下的300 000元进行投资,预计投资能获得9%的利息回报。那么,李先生是否应该卖掉菜店去接受公司的工作呢?

在回答这个问题时,还需要考虑下列信息。

(1) 在自己菜店工作,李先生需要每周工作6天,每天工作16～18个小时。而在化学公司工作则需要每周工作5天,每天工作10～12小时。

(2) 目前李先生在自己的菜店工作还要靠他的妻子和弟弟帮忙,李先生不需要对他们支付工资,但是,每年与他们分享菜店获得的利润。

(3) 李先生预计他在公司工作的工资和菜店获得的利润在未来5年的时间里各自增长的幅度大致相同。

3. 小周喜欢钓鱼大概每年要外出钓鱼 20 余次。有一天他的妻子小雅告诉他说:"钓鱼作为一种爱好成本太高了,你不应该再去钓鱼了。"妻子接着说:"我计算了一下,你钓到每条鱼的成本为 28.75 元,根据你平均每次钓 20 条鱼计算。此外,你每次钓鱼回到家里,我要亲自动手收拾这些鱼。所以我觉得我们以后还是到当地的卖鱼市场买已经收拾好的鱼会更加划算。

请对小雅说的话给予评论。你同意她的观点吗?请解释。(表 8.8 给出小雅对钓鱼成本的计算过程)。

表 8.8 小雅对钓鱼成本的计算过程

渔船(购买成本=30 000 元,可用 10 年,每年出行 20 次)	150 元
燃油	45 元
每次钓鱼船只停靠费及船只保险	130 元
往返旅行支出	25 元
(100 千米×0.25 元/千米:包括汽油、机油、轮胎磨损费用 0.18 元,折旧和保险费 0.07 元)	
今年新买了钓鱼设备(分摊到 20 次钓鱼旅行)	25 元
每年钓鱼执照	35 元
鱼饵和其他零碎开支	50 元
食物	40 元
饮料	35 元
在去钓鱼的路上得到的超速驾驶罚款	40 元
每次钓鱼旅行的总成本	575 元

4. 用下列成本函数:

$$TC = 100 + 60Q - 3Q^2 + 0.1Q^3$$
$$TC = 100 + 60Q + 3Q^2$$
$$TC = 100 + 60Q$$

(1) 根据上述每一个函数计算平均可变成本,平均成本和边际成本。并画出图形。

(2) 指出每种函数报酬递减在何时发生。指出最大成本效率实现点的产量(即平均成本最低点的产量是多少)。

(3) 利用每一个函数讨论边际成本与平均可变成本的关系以及边际成本和平均成本之间的关系。也讨论一下平均可变成本与平均成本之间的关系。

5. 判断下列说法是否正确,并解释为什么?

(1) 公司决策者必须总是要利用企业过去使用的原材料信息来进行经济决策。

(2) 边际成本必须总是与平均成本曲线的最低点相交。

(3) 长期平均成本曲线的低部水平部分表示企业即没有经历规模经济也没有经历不规模经济。边际成本只是与企业的短期决策有关。

(4) 任何一个理性的企业决策者为了实现效率的最大化,总是试图在平均成本的最低点进行生产。

6. 请指出下列每种情况对企业平均可变成本曲线和平均成本曲线的影响。

(1) 公司搬迁到租金费用较低的地点进行办公。

（2）利用新的加工设备使得作业从过去的三班变成两班。

（3）公司与劳动工会达成协议：工资的增加与劳动生产率的提高绑定在一起。

（4）取消用糖限额（指对那些在生产过程中使用很多糖作为生产投入的企业）。

（5）政府通过了更加严格的环境保护法规。

7. 利用下面的长期成本函数：

$$TC = 160Q - 20Q^2 + 1.2Q^3$$

（1）计算长期平均成本和边际成本。画出成本曲线图。

（2）描述该函数的规模经济属性。在什么产量区间范围内存在着规模经济？在什么产量区间范围内存在着不规模经济？并用图加以表示。

8. 在过去50多年里，经济学家发表了许多关于成本曲线研究成果。其中，有两种成本曲线研究结果介绍如下。请解释每一个成本曲线方程的特点并讨论总成本曲线的形状，边际成本曲线和平均成本曲线的形状。

a. 某灯具生产企业根据过去6个月时间的成本研究发现下列回归方程：

$$Y = 16.68 + 0.125X + 0.00439X^2$$

式中 Y＝总的燃料成本

X＝灯具生产量

b. 早期炼钢企业的成本研究基于12年里每年的数据得出下列函数：

$$Y = 182\,100\,000 + 55.73X$$

式中 Y＝总成本

X＝钢产量（单位：吨）

时间序列分析通常用于短期成本研究。你认为12年的时间算是太长了吗？请解释。

9. 利用表8.9中的数据估计统计成本函数。

表8.9 产量与总成本数据

产量	总成本	产量	总成本
10	104.0	60	118.0
20	107.0	70	123.0
30	109.0	80	128.5
40	111.5	90	137.0
50	114.5	100	150.0

（1）利用数据画出图形。再用手画出一条与数据拟合最好的曲线。

（2）利用三条可能的统计成本函数来拟合数据。即分别利用直线、二次函数和三次回归函数方程。哪一种函数方程最接近在问题(1)中画出的曲线？

（3）讨论从问题(2)中得到的统计结果。包括 R^2，回归系数及其统计的显著性。

（4）如果上述数据代表该企业10个月的生产数据，那么你认为这是短期分析吗？

（5）如果表中的数据代表在一年里10个不同规模企业的数据，那么你怎样回答问题(4)提出的问题？

10. 某个大型企业雇用经济学家利用时间序列数据估计出该企业的成本函数为：

$$TC = 50 + 16Q - 2Q^2 + 0.2Q^3$$

式中 TC = 总成本

Q = 每期产品生产的数量

(1) 取产量从 1 到 10 画出该成本曲线。

(2) 计算总平均成本、平均可变成本和边际成本,并画出各成本曲线图。

(3) 请讨论边际成本递减、恒定不变和上升的情况。能否通过总成本曲线反映出上述边际成本的变化情况?

11. 讨论下列三种成本函数:

$$TC = 20 + 4Q$$
$$TC = 20 + 2Q + 0.5Q^2$$
$$TC = 20 + 4Q - 0.1Q^2$$

(1) 计算下列所有生产成本曲线:

- 总成本
- 总固定成本
- 总可变成本
- 平均总成本
- 平均固定成本
- 平均可变成本
- 边际成本

(2) 画出上述成本曲线图

(3) 比较这些成本曲线的形状并讨论他们的特点。(最重要的是讨论最后的一个成本函数,该函数的形状是在工程成本研究中普遍用到的)

12. 中心出版公司计划首次出版一本管理经济学教材。目前正在估计出版成本。预计在第一年里出版 10 000 册。估计出版成本如下:

a.	纸张	8 000 元
b.	排版	15 000 元
c.	印刷	50 000 元
d.	美术加工(包括作图)	9 000 元
d.	编辑	20 000 元
f.	审核校对	3 000 元
g.	促销广告	12 000 元
h.	装订	22 000 元
i.	邮寄	10 000 元

除上述成本外,出版公司计划给作者另付 13% 的版权费以及给教材推销人员支付 3% 的佣金。这些费用提取是基于每本教材的销售价格为 45 元。

上述成本当中有些是固定成本,其他属于可变成本。预计平均可变成本是恒定不变的。虽然 10 000 册为预计销售量,实际销售量可能在 0 到 20 000 册之间。利用上述数据,

(1) 写出总成本、平均总成本、平均可变成本和边际成本函数。

(2) 画出售书量为 0 到 20 000 册的各个成本曲线图(以 2 000 册为间隔)。

13. 某汽车修理厂聘请经济咨询公司估计企业的成本函数。咨询公司的经济学家收集了企业多年的历史资料,利用这些资料估计出的成本函数如下:

$$TC = 170 + 22Q + 1.5Q^2$$

式中 TC = 总成本(千元)

Q = 每期产品生产的数量

(1) 画出产量从 1 到 15 之间的总成本曲线图

(2) 计算平均总成本、平均可变成本、边际成本。并画出各曲线图形。

(3) 讨论边际成本下降、不变和上升情况。能否用总成本曲线的形状反映边际成本的变化情况?

第 9 章 完全竞争和垄断条件下的价格和产量决策

学习目标

学完本章之后,读者应该能够:
- 描述在经济分析中涉及的四种基本市场的主要特点;
- 比较四种市场价格竞争方面的差异;
- 举例说明每种市场情况;
- 解释为什么根据 $P=MC$ 原理能够使企业实现最佳的生产水平;
- 讨论在长期市场条件下不论是获利企业还是亏损企业会发生什么样的变化;
- 解释为什么采用 $MR=MC$ 原理能够帮助垄断企业决定最佳的价格和产量水平。阐述 $MR=MC$ 和 $P=MC$ 两个原理之间的关系。

喜欢做菜的人都会知道,最难的是炒菜前的准备工作,包括准备各种蔬菜和调料。一旦各种蔬菜、肉、葱、姜都切好了,各种调料也都准备好了,下一步就是开始炒菜,可能在几分钟内几道鲜美的菜就做好了。从这个意义上来说,我们在前面的 8 章的内容学习实际上就好像是在为炒菜做切肉或准备调料,现在应该说是到了炒菜的时候了。到目前为止,我们已经学习了经济学和管理经济学的大部分概念,公司的目标,供给和需求,各种弹性(需求弹性、自身弹性、交叉需求弹性和收入弹性),需求估计与预测,以及生产函数理论与估计、成本估计理论。现在,我们需要把前面学到的所有知识结合到一起来,讨论管理经济学的一个核心内容:为了实现利润最大化,企业如何决定产品的价格和产量水平?

我们将探讨在上述四种市场条件下企业产品的定价和产量决策问题。这四种市场包括:完全竞争市场、垄断市场、垄断竞争市场和寡头市场。四种基本市场类型见表 9.1。本章主要是讲解完全竞争和垄断市场条件下的价格和产量决策问题。关于垄断竞争和寡头市场条件下企业产品价格与产量决策问题将在第 10 章阐述。完全竞争市场和垄断市场被看作是两种极端的市场环境。我们在前面第 3 章里曾介绍过市场势力的概念。为了提醒读者,在此回顾一下市场势力的概念。简单地说,市场势力就是指一个企业对它所生产的产品的定价能力。在完全竞争条件下,有很多卖者销售同样的产品,每一个单独的企业对自己产品的市场价格没有任何控制能力。进一步说,没有任何一个企业能够把自己产品的价格提高到高于市场上其他卖者销售其产品的平均价格,因为每一个企业卖的产品的质量是一样的。因此,在该种市场结构条件下,产品的价格完全是由市场的供给和需求决定的。企业在这个市场里没有任何市场势力,完全是一个价格的接受者。企业所能做的只是是否参与市场竞争以及生产多少产量。与完全竞争市场上的企业相比,垄断企业具有相当大的市场势力。因为垄断企业是市场上唯一一个产品的卖者,在没有政府管制的情况下,垄断企业有能力来确定自己产品的销售价格。因此,我们把垄断企业叫作价格制定者。

表 9.1 四种基本市场类型

完全竞争市场(无市场势力)
1. 有很多相对较小的产品购买者和销售者
2. 标准化的产品
3. 市场很容易进入和退出
4. 企业间不存在非价格竞争因素
垄断市场(在满足政府规制下有绝对的市场势力)
1. 只有一个企业或者说在整个行业只有一家公司
2. 生产独特的产品或者该产品没有接近的替代品
3. 进入或退出市场十分困难或者说法律上不允许
4. 企业间没有必要采取非价格竞争
垄断竞争市场(市场势力取决于产品之间的差异性)
1. 有大量相对小的各自独立的企业
2. 生产差异化的产品
3. 市场进入和退出相对容易
4. 企业之间采取非价格竞争途径非常重要
寡头市场(市场势力取决于产品之间的差异性或企业在市场上占统治地位的状况)
1. 有少数相对较大的和独立的企业
2. 差异性产品或者是标准化的产品
3. 市场进入和退出困难
4. 如果销售的产品是非同质性的,企业间采取非价格竞争途径非常重要

就市场势力而言,垄断竞争和寡头是介于完全竞争和垄断两个极端市场的情况。从教学角度来讲,在清楚地掌握了完全竞争和垄断之后,再来学习垄断竞争和寡头市场的特点是很容易的。这也是为什么我们首先在本章讨论完全竞争和垄断而把其他两种市场安排在下一章进行讲解。在进行完全竞争市场企业的产品定价和决定产品产量的详细讨论之前,我们还是进一步阐述市场结构以及在经济分析中竞争的含义。

9.1 经济分析中的竞争和市场类型

9.1.1 竞争的含义

在经济分析中,衡量市场竞争度的一个最重要指标是企业控制产品的市场价格以及利用这种控制力作为竞争武器的能力。完全竞争是一种极端的竞争形式,在这个市场上,企业之间的竞争是如此激烈,好像产品的市场份额在企业之间进行了平均分配,以至于没有一个或一伙卖者能够控制市场价格。就是说,大家都是价格的接受者。在经济分析中,测量竞争的第二个重要指标是一个企业长期挣得"超出正常利润"或"经济利润"的能力。这个概念将在下一节进行详细讨论。

表9.2是以另外一种方式重新表述表9.1中的内容。它是根据市场势力和企业挣得长期经济利润的能力来揭示四种市场各自的特点。一个垄断竞争企业可能具有一定的市场势力,因为它的产品可能有别于其竞争对手的产品。一个寡头企业获得市场势力是基于其产品上的差异以及较大的企业规模,或者两者兼而有之。进入和退出市场的难易程度直接影响一个企业长期挣得经济利润的能力。在完全竞争的市场条件下,进入市场是非常容易的。因此,当一些企业能够获得正的经济利润时,随着时间的推移,一些新的企业为了获取经济利润将会逐渐进入该产品市场,这些新企业的进入会迅速减小已有的企业和新进企业挣得经济利润的能力。同样的道理可以用来说明垄断竞争企业的情况。之所以称作垄断竞争市场,其中的"垄断"是指因为产品的差异使企业具有一定的市场势力(例如,企业能够为自己的产品进行定价);而"竞争"是指随着新的更多的企业进入市场,导致利润的减少或最终消失。

表9.2 根据竞争程度比较四种市场类型的特点

市场特点	市场类型			
	完全竞争	垄断竞争	寡头	垄断
厂商的数量	有很多相对规模较小的厂商	有多个相对规模较小的厂商	少数几个较大的企业	一家
产品类型	标准化的产品	差异性产品	标准化或差异性化的产品	特殊
进入和退出市场	非常容易	容易	困难	非常困难或不可能
非价格竞争	不可能	可能	可能或者困难	没有必要
衡量竞争的主要指标				
市场势力	无	低到高	低到高	高
长期经济利润	无	无	低到高,取决于相互依存程度	高,取决于政府的规制

在寡头市场条件下,企业的规模或产品的差异性使得寡头企业具有很大的市场势力。此外,由于新的企业很难进入这一市场,使得寡头企业能够有机会在较长的时间里挣得经济利润。从经济分析角度,我们可以很容易地理解为什么垄断市场不存在竞争。在这个市场上,唯独有一家企业,它具有全部的市场势力来决定其产品的价格,垄断企业可以获得高额利润,除非政府对其施加某些限制或由于新技术的发明,市场上出现了垄断产品的替代品。在经济分析中,非价格竞争因素在决定企业竞争度中起到次要的作用。然而,当人们考虑企业之间的竞争程度时,往往先想到非价格竞争因素。非价格竞争因素主要是指企业为了让自己的产品区别于竞争对手所采取一些举措,包括像广告、促销、改进产品特点以及对消费者提供不同质量的服务等。例如,当我们考虑可口可乐(Coke)与Pepsi

两种饮料企业竞争时,我们可能马上会想到每一家企业花在演艺圈名人作为产品代言人的费用是多少?当我们考虑联想和IBM计算机硬件市场时,我们可能考虑到每一种机器的速度和产品质量的可靠性。

另外,买卖双方对某种产品价格及其产品性能(如产品质量、可靠性和可信度)了解的程度也是决定一个企业的市场势力或竞争优势的重要因素。例如,你可能有过这样的经历,你在某一家商店购买了一个产品,而第二天你在另一家商店看到卖同样的东西,但标价低于你昨天在那个商店购买的产品的价格。你的第一反应可能是对于收取你较高价格的那个商店很不满意。但是,一个商店可以这样做,就是因为总是有一些人像你一样在决定购买所需商品之前没有对已有的产品价格信息进行全面的搜集和比较,没有进行货比三家。当然,不完全的产品信息本身也可以导致产品销售商具有一些市场势力。

9.1.2 举例说明各种市场类型

1. 完全竞争

农产品市场(包括玉米、小麦、咖啡、猪肉),金融债券(如股票、国库券、外汇),贵重金属(金子、银子)等都是完全竞争市场的例子。在上述每一市场中,所涉及的产品都是标准化的产品,供给和需求是决定产品市场价格的主要决定因素。正是因为这个原因,产品的卖者有时为了提高产品的价格或保持价格不变形成卡特尔组织。石油输出组织(OPEC)以及国际咖啡种植者协会是典型的卡特尔组织的例子。这些产品销售商集聚到一起通过限制产品的市场供给来达到控制价格的目的。

2. 垄断

在现实市场环境中,纯粹垄断的例子是很难找到的。有些石油、火车运输、电力、航空、电视、电力通信等国有企业可能接近垄断企业。但是,严格地讲,这些企业也并非纯粹的垄断企业。实际上,往往是在一个小的地域范围内才更容易找到垄断企业,如某一村、镇上的地方邮政局、派出所、电话公司、天然气供应公司等。因为在一个较小的地区,可能只有一家企业、部门或公司经营某种特殊的商品或服务,这些产品或服务很少有替代品。对于改革开放以前,我们国家所有的一些国有企业虽具有一定的垄断性,但随着市场机制逐步引进,这些大企业的市场垄断能力也在逐渐减小。比如,很多城市自来水的供应过去一直是靠所谓的政府企业来控制的,但是改革开放以来由于引入市场竞争机制,允许民营自来水公司存在和发展,并且与地方政府控制的自来水供应企业展开竞争。我们知道在某些情况下,专利法为一些企业提供了短期的专利保护。其中,最明显的例子就是专利法对保护医药行业发挥了重要的作用,使得该行业获得大量的经济利润。在某些行业里,个别企业表现出明显的垄断地位。比如,美国的微软公司因为在个人微机操作系统领域占有绝对统治地位而招致美国反托拉斯法的起诉。在某些情况下,一个企业所处的独特的周围环境,使其拥有了垄断地位。如我们国家的一些名胜旅游景区像长城、神农架等。

3. 垄断竞争

一些小企业,特别是像一些小的零售店和服务业构成这类市场很好的例子。这些企业包括卖花店、鞋店、文具店、饭店、修理店、理发店、洗衣店以及美容店等。在一个城市里有很多这类小公司。成立这样的小公司需要很少的起步资金。每一家小企业试图通过生产差异性的产品来提高自己的竞争力。一家饭店为了让自己做的菜好于附近其他饭店,可能公开声称从远方招来了知名的厨师。一家麦当劳快餐店为了扩大"巨无霸"的销售量,可能为前来就餐的儿童免费提供一件好玩的玩具。一家衣物干洗店可能延长每天的营业时间,使其有别于附近其他的衣物干洗店。如果消费者对这些差异感兴趣的话,这些零售店就可以对其产品较竞争对手收取较高一点的价格。

4. 寡头

寡头市场一般来说被认为是大企业之间的游戏领地。世界上很多国家的大型制造行业各企业或部门之间属于寡头竞争关系。例如,在炼油、计算机软件硬件生产企业、化学和塑料、食品加工、烟草、钢铁、汽车、铜矿开采以及饮料生产领域被认为是寡头市场。此外,某些服务部门也有一些属于寡头市场。比如,飞机运输、远程电力通信、互联网等行业都是被少数几家大公司控制。由于很多这些公司规模巨大加之创造高额的收入而被列为美国《财富 500》或世界 500 强以及全球企业周 100 等。

9.1.3 市场竞争理论与实践

经济学家划分上述四种市场结构的目的是为了建立一种理论框架用于分析企业在不同市场条件下价格和产量的决策问题。当然,这种从理论上划分的四种市场类型与实际市场之间的情况很难完全一致。就是说,在实际市场环境中很难有一种市场类型能够完全吻合表 9.2 描述的某种市场类型的特点,有时候,某一实际的市场环境可能具有两种或多种市场类型的特点,有些市场在不同的时间或空间上可能表现为不同的市场类型,或随着时间的推移,市场会从一种类型演变到另外一种类型。不过,一般来说,在很多情况下某种特定的市场还是可以大致归类到上述四种类型市场其中的一种。当然,这种理论上的市场划分与实际的差距模糊了不同类型市场之间的差异,我们将在第 10 章里再详细讨论这个问题。下面我们就来根据上述提出的四种市场的理论框架,讨论企业产品定价和产量水平的决策问题。先讨论完全竞争市场。

9.2 完全竞争条件下的价格和产量决策

9.2.1 基本企业决策

我们可以想象一个厂商想进入一个完全竞争的市场。如果他决定参与这个市场竞争,他必须懂得自己没有能力控制产品的市场价格。在这种情况下,企业的管理者必须考虑到下列的问题:

1. 企业产量应该是多少？
2. 从生产这些产品中能获得多少利润？
3. 如果企业出现亏损，企业是否继续坚持在该行业长期进行生产（期望企业最终会转亏为盈）或者退出该市场？

对于完全竞争企业来说，产量决策也许是多余的，因为这类企业规模如此之小，不论单个企业产量生产多少都不能够影响产品的市场价格。然而，尽管产品的价格对于每一个企业来讲是一样的，但是产品生产的单位成本却可能有所不同。请回忆一下前面讲过的边际成本的概念。边际成本随着产量的增加会上升（由于边际递减法则的缘故），因此，当企业的产量达到一定水平时，多生产一个单位产品的边际成本会超过产品的价格。在这种情况下，企业继续提高产量就是错误的。很显然，从这个意义上讲，我们应该强调在短期，完全竞争企业产品的生产量并非是没有限制的，企业要面临产品生产数量的决策。

由于完全竞争企业不能够控制产品的市场价格，那么有时候就可能存在这样一种情况，即产品的价格低于产品生产的平均成本。在这种情况下，企业要面临评价在多大的亏损范围内应该停止生产。如果一个企业长期处于亏损状态，它必须退出市场。但是，在短期，企业仍然要选择保持待在市场上，期待未来的经济形势会发生逆转，这种做法也可能是正确的。这是因为，在短期，无论企业从事生产与否，某些成本（如固定成本）是必须要承受的。在短期，只要企业的经营损失小于固定成本，企业就应该继续保持经营。

9.2.2 完全竞争市场的主要假设

在学习任何经济学的理论和方法时，明确各种经济模型的假设条件是至关重要的。那么，让我们总结一下在完全竞争条件下分析企业产量决策需要的假设：

1. 企业是产品价格的接受者；
2. 企业的短期决策和长期决策是有区别的；
3. 企业的短期目标是利润最大化。如果企业不能挣得利润，它的目标就是成本损失最小；
4. 企业的总生产成本指的是机会成本。

在企业决策过程中，如想对产量和价格做出一个明确的方案，企业必须建立一个单一明确的目标。一般来说，这个目标就是在短期实现利润的最大化。如果企业有其他目标，包括短期收入最大化，那么企业选择的产量水平跟利润最大化选择的产量水平是不一样的。

在企业的成本结构中，考虑机会成本对决策极为重要。企业必须确保在当前市场价格水平下挣得的收入不仅能够支付现金成本，而且还能够支付机会成本。下面，我们举个数字的例子来说明这个问题。

假设李先生想在大学校园附近开一家便利店。为了开设自己的便利店，李先生必须放弃他目前在另一家公司的工作，并且需要花费 50 000 元自己的存款（这笔存款目前在放入银行做投资，投资回报率为 10%）。经营便利店第一年的成本情况如表9.3所示。

表 9.3 经营便利店第一年的成本情况   元

类　　别	金　　额
进货成本	300 000
一般管理支出	150 000
总财务成本	450 000
自己开店放弃的工资收入	45 000
放弃的存款投资收入	5 000
总机会成本	50 000
总经济成本（总财务成本＋总机会成本）	500 000

为了简化这个例子，我们不考虑设备折旧和税收费用。

假设这个新成立的小公司预测第一年可获得 500 000 元的收入。从财务角度讲，公司的利润为 50 000 元(500 000 元－450 000 元)。但是从经济学角度来说，公司的利润则是 0，因为总收入刚好等于总的经济成本。当然，这一公司实现"收支平衡"的分析结果并不意味着企业的经营状况十分糟糕，它只是表明公司的收入刚好能够弥补现金成本和机会成本。换句话说，当公司处于这种经济分析意义上的"收支平衡"时，公司刚好挣得等于机会成本的会计利润。就是说，如果这个公司每年的收入是 500 000 元，公司挣得的财务利润能够全部抵消其经营的机会成本。经济学把这种情况当作企业挣得正常利润。

采用"正常"一词的原因可以从观察企业的收入是高于还是低于 500 000 元的情况得到理解。假设企业的收入为 550 000 元。在这种情况下，公司的利润为 50 000 元(550 000 元－500 000 元)。我们把这种情况称作"超出正常"或经济利润，因为它表示公司的收入超过了现金成本加上公司经营的机会成本。相反，如果公司的收入是 480 000 元，表示经济亏损是 20 000 元(480 000 元－500 000 元)，但是，公司的财务利润将是 30 000 元(480 000 元－450 000 元)。表 9.4 总结了上述讨论的三种情况。

表 9.4 正常利润、经济利润、和经济损失   元

	正常利润	经济利润	经济损失
收入	500 000	550 000	480 000
会计成本	－450 000	－450 000	－450 000
机会成本	－50 000	－50 000	－50 000
利润	—	50 000	－20 000

注：50 000 元会计利润相当于 50 000 元机会成本，100 000 元会计利润大于 50 000 元机会成本，30 000 元会计利润小于 50 000 元机会成本。

根据这些假设条件，我们现在可以说准备好了讨论企业的决策过程。假设，我们需要决定是否在某一特定市场上生产某一产量水平，公司面对表 9.5 的短期总成本结构。

表 9.5 总的和单位短期成本   元

产量(Q)	总固定成本(TFC)	总变动成本(TVC)	总成本(TC)	平均固定成本(AFC)	平均变动成本(AVC)	平均总成本(AC)	边际成本(MC)
0	100	0.00	100.00				
1	100	55.70	155.70	100.00	55.70	155.70	55.70
2	100	105.60	205.60	50.00	52.80	102.80	49.90
3	100	153.90	253.90	33.33	51.30	84.63	48.30
4	100	204.80	304.80	25.00	51.20	76.20	50.90
5	100	262.50	362.50	20.00	52.50	72.50	57.70
6	100	331.20	431.20	16.67	55.20	71.87	68.70
7	100	415.10	515.10	14.29	59.30	73.59	83.90
8	100	518.40	618.40	12.50	64.80	77.30	103.30
9	100	645.30	745.30	11.11	71.70	82.81	126.90
10	100	800.00	900.00	10.00	80.00	90.00	154.70
11	100	986.70	1 086.70	9.09	89.70	98.79	186.70
12	100	1 209.60	1 309.60	8.33	100.80	109.13	222.90

假设市场价格为110元,给定这一产品价格水平,公司可以自由地决定产品生产的数量,即公司可以生产很高产量也可以生产很低的产量。有关公司产品的需求、总收入、边际收入等信息都列于表9.6。请注意,由于公司产品的价格不随着产量的变化而变化,总收入、边际收入和平均收入曲线与我们前面介绍的这些曲线的一般形状不同。

表 9.6 产量、价格、收入和边际收入   元

产量	价格(AR)	TR	MR
0	110	0	
1	110	110	110
2	110	220	110
3	110	330	110
4	110	440	110
5	110	550	110
6	110	660	110
7	110	770	110
8	110	880	110
9	110	990	110
10	110	1 100	110
11	110	1 210	110
12	110	1 320	110

作为一个价格接受者,企业面临的需求曲线具有"无穷大的弹性。"就是说,公司能够以当前的市场价格卖出全部的产品。图9.1给出了这种特殊需求曲线。另外,公司从多销售每一单位产品得到的边际收入是恒定不变的,而且这个边际收入刚好是产品的价格。此时,价格也等于平均收入。因此,对于完全竞争企业,在所考虑的产量水平范围内,公司的产品需求曲线也是其边际收入曲线和平均收入曲线。所以,在图9.1中需求曲线也被标为"AR"和"MR。"

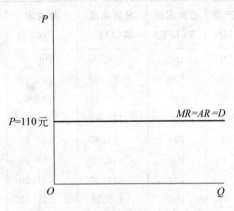

图9.1 具有无限弹性的需求曲线

图9.2把具有无限弹性的需求曲线与典型的有负的斜率的线性需求曲线进行比较,同时,也显示了总收入和两种需求曲线之间的关系。与具有无限弹性的需求曲线的情况相同,带有负的斜率的需求曲线与平均收入曲线也是一样的,因为,根据定义价格 P 等于 AR。然而,与向下倾斜的需求曲线相对应的边际收入曲线的斜率是需求曲线的斜率的两倍。此外,这种需求曲线导致的非线性总收入曲线在边际收入等于0时达到最大(见图9.2(b))。与之相比,如图9.2(d)所示,在完全竞争市场条件下,企业总收入的扩大是不受限制的。企业生产产品的数量越多,获得的总收入就越大。

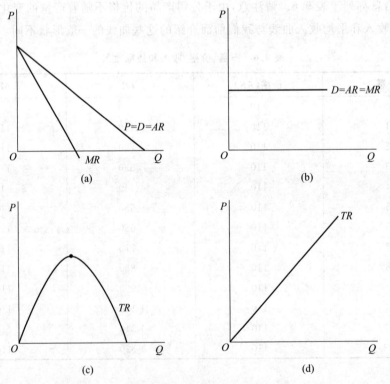

图9.2 不同类型的需求曲线所对应的收入曲线

给定企业的成本和收入信息,企业需要做的就是利用这些信息来确定利润最大化或成本最小化的产量水平。

9.2.3 采用总收入减去总成本的方法选择最佳产量

从逻辑上来讲,企业选择最佳产量的方法是通过比较总收入和总成本。如表 9.7 和图 9.3 所示,这个最佳产量水平是 8,在该产量下,企业挣得了 261.60 元的最大利润。从图 9.3 上看,这个产量所对应的是总收入曲线和总成本曲线之间的最大距离,常规做法是把这一点标为 Q^*。

表 9.7 用于决定最佳产量的成本和收入信息 　　　　　　　　　　　　　　元

产量 (Q)	价格 (P)	总收益 (TR)	总固定成本 (TFC)	总变动成本 (TVC)	总成本 (TC)	总利润 (π)
0	110	0	100	0.00	100.00	−100.00
1	110	110	100	55.70	155.70	−45.70
2	110	220	100	105.60	205.60	14.40
3	110	330	100	153.90	253.90	76.10
4	110	440	100	204.80	304.80	135.20
5	110	550	100	262.50	362.50	187.50
6	110	660	100	331.20	431.20	228.80
7	110	770	100	415.10	515.10	254.90
8	110	880	100	518.40	618.40	261.60
9	110	990	100	645.30	745.30	244.70
10	110	1 100	100	800.00	900.00	200.00
11	110	1 210	100	986.70	1 086.70	123.30
12	110	1 320	100	1 209.60	1 309.60	10.40

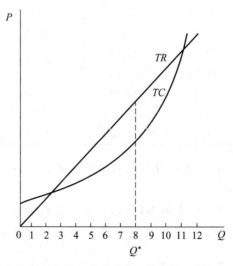

图 9.3 在完全竞争条件下利用成本曲线和收入曲线决定最佳产量

第 9 章 完全竞争和垄断条件下的价格和产量决策

9.2.4 采用边际收入—边际成本方法确定最佳产量

边际分析是企业经济分析的核心。当我们解释怎样利用边际分析进行企业最佳产量决策后,我们将在本章的其余部分直接运用这种分析方法。

表 9.8 给出了生产单位产品的成本和收入,其中的边际收入和边际成本两列包括了企业选择最佳产量必须用到的信息。首先,我们从 0 个单位产量开始考察,随着产量增加边际收入和边际成本的变化情况。如表 9.8 所示,第一个单位产量增加收入 110 元,同时也增加成本 55.70 元。第二个单位产量又增加收入 110 元,总成本增加了 49.90 元。我们观察到,只要企业每多生产一个单位产品的边际收入大于边际成本,企业继续增加产量就是有利可图的,因为边际收入等于市场价格,且不随产量增加而发生变化。然而,由于报酬递减法则的作用,企业从生产第四个单位产量边际成本开始上升。从这一产量水平开始,每增加一个单位产量,边际成本逐渐上升。我们看到,产量从 0 到 8,边际收入大于边际成本。但是,从第九个单位产量开始,边际成本大于边际收入($MC=126.9$ 元,$MR=110$ 元)。从表 9.8 中可以看出,当产量在 8 和 9 个单位之间,MR 可能刚好等于 MC,但是我们采用 8 个产量单位作为最佳产量。

表 9.8 利用边际收入(或价格)和边际成本决定最佳产量　　　　　　　　元

产量 (Q)	边际收益 ($MR=P=AR$)	平均固定成本 (AFC)	平均变动成本 (AVC)	平均总成本 (AC)	边际成本 (MC)	边际收益 ($M\pi$)
0	110					
1	110	100.00	55.70	155.70	55.70	54.30
2	110	50.00	52.80	102.80	49.90	60.10
3	110	33.33	51.30	84.63	48.30	61.70
4	110	25.00	51.20	76.20	50.90	59.10
5	110	20.00	52.50	72.50	57.70	52.30
6	110	16.67	55.20	71.87	68.70	41.30
7	110	14.29	59.30	73.59	83.90	26.10
8	110	12.50	64.80	77.30	103.30	6.70
9	110	11.11	71.70	82.81	126.90	−16.90
10	110	10.00	80.00	90.00	154.70	−44.70
11	110	9.09	89.70	98.79	186.70	−76.70
12	110	8.33	100.80	109.13	222.90	−112.90

经济学把利用边际收入和边际成本之间的关系来决定最佳产量称作 $MR=MC$ 法则。该法则可以表述如下:

一个追求利润最大化(或成本最小化)的企业是这样确定一个最佳产量的,即增加一个单位产量获得的收入等于多生产这个单位产品所增加的成本。简单地说就是 $MR=MC$。

$MR=MC$ 法则适合于所有追求利润最大化的企业,不管这个企业是否有能力决定自己产品的价格。但是,对于一个价格接受企业来说,可以把 $MR=MC$ 法则重新表述为 $P=MC$ 法则。这是因为,当企业为价格接受者时,边际收入就是市场价格。

表 9.8 显示根据 $MR=MC$ 法则,企业生产 8 个单位产量的利润为 261.60 元[$8(AR-AC)$],该结果与采用总收入—总成本方法获得的结果相同。因此,我们可以断言 $MR=MC$ 法则是正确无误的。我们也可以从边际利润角度来考虑 MR 和 MC。如果 $TR-TC$ 等于总利润,那么 $MR-MC$ 一定等于边际利润。表 9.8 的最后一列表示企业从多生产一个单位产品中获得的额外利润。但这一列刚好为 MR 列与 MC 列的差值。当 MR 等于 MC 时,边际利润必须等于 0。边际收入等于 0 表明企业不再能够增加利润,因此不应该继续扩大生产。

如果企业生产多于 8 个单位或少于 8 个单位的产量,企业的利润会下降(见表 9.6 的最后一列从 2 到 12 个单位产量之间),唯有 8 个单位产量时利润最大。

虽然通过 $TR-TC$ 方法可以很容易地确定企业最佳的产量水平,经济学家更喜欢用 $MR=MC$ 方法进行企业产量决策。实质上,这个方法只是我们在前面一些章节中学习需求、生产和成本等基本分析技术的延伸。通常,企业没有完整的像表 9.7 列出的所有成本和收入数据,企业必须根据在某一特定产量水平下的实际成本和收入数据来进行敏感性分析,即在这个实际产量数据上增加或减少一个较小单位的产量来考察成本和利润的变化。因此,边际分析比"总分析"更为适合这种情况。

9.2.5 MR—MC 方法的图形分析

图 9.4 显示了利用表 9.8 的数据进行 $MR=MC$ 分析结果的图形展示。从图 9.4 中可以看出,企业的需求曲线是一条与纵坐标轴相交并对应 110 元市场价格的水平线。因此,作为价格接受者企业的需求曲线具有无限弹性,企业的最佳产量可以通过 MC 曲线和 MR 曲线(即需求曲线)的交点所对应的产量求得。图中的阴影部分 $ABCD$ 的面积表示利润。

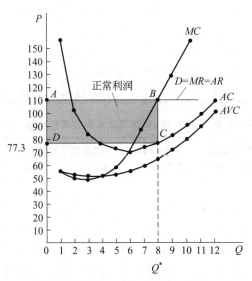

图 9.4 MR—MC 原理的图解法经济利润的表示

单位成本曲线上每一点表示其所对应产量的成本。因此,产量 Q^* 对应的平均成本为 C 点与横坐标的距离(即 CQ^*)。由于总成本等于产量乘以平均成本,因此,$OQ \cdot CQ^*$ 或长方形面积 $ODCQ^*$ 为总成本。同样道理,长方形面积 $OABQ^*$ 为总收入。因此,用总收入 $OABQ^*$ 减去总成本 $ODCQ^*$ 刚好等于利润,即长方形面积 $ABCD$。

9.2.6 企业经济利润、正常利润、损失和关闭

上面讲的是一种产品的市场价格为比较高,企业通过应用 $MR=MC$ 原理能够挣得利润的情况。但是,对于一个价格接受者企业来说,市场上有很多类似的企业从事同样产品的生产,企业没有理由总是期望产品的市场价格总是很有利,使得企业获得经济利润。在大多数情况下,一个企业所面临的情况只是挣得正常利润或者亏损。表 9.9、表 9.10 和图 9.5 证明了这些情况。为了便于应用边际收入－边际成本原理,我们在这些表格和图中只是利用单位成本数据。

表 9.9 利用边际收入(或价格)和边际成本决定最佳产量:正常利润的情况   元

产量 (Q)	边际收益 (MR=P=AR)	平均固定成本(AFC)	平均变动成本(AVC)	平均总成本(AC)	边际成本(MC)	边际收益($M\pi$)	总利润或损失($Q[P-AC]$)
0	71.87						−100.00
1	71.87	100.00	55.70	155.70	55.70	16.17	−83.83
2	71.87	50.00	52.80	102.80	49.90	21.97	−61.86
3	71.87	33.33	51.30	84.63	48.30	23.57	−38.29
4	71.87	25.00	51.20	76.20	50.90	20.97	−17.32
5	71.87	20.00	52.50	72.50	57.70	14.17	−3.15
6	71.87	16.67	55.20	71.87	68.70	3.17	0.02
7	71.87	14.29	59.30	73.59	83.90	−12.03	−12.01
8	71.87	12.50	64.80	77.30	103.30	−31.43	−43.44
9	71.87	11.11	71.70	82.81	126.90	−55.03	−98.47
10	71.87	10.00	80.00	90.00	154.70	−82.83	−181.30
11	71.87	9.09	89.70	98.79	186.70	−114.83	−296.13
12	71.87	8.33	100.80	109.13	222.90	−151.03	−447.16

表 9.10 利用边际收入(或价格)和边际成本决定最佳产量:经济损失的情况   元

产量 (Q)	边际收益 (MR=P=AR)	平均固定成本(AFC)	平均变动成本(AVC)	平均总成本(AC)	边际成本(MC)	边际收益($M\pi$)	总利润或损失($Q[P-AC]$)
0	58						−100.00
1	58	100.00	55.70	155.70	55.70	2.30	−97.70
2	58	50.00	52.80	102.80	49.90	8.10	−89.60
3	58	33.33	51.30	84.63	48.30	9.70	−79.90
4	58	25.00	51.20	76.20	50.90	7.10	−72.80
5	58	20.00	52.50	72.50	57.70	0.30	−72.50

续表

产量(Q)	边际收益(MR=P=AR)	平均固定成本(AFC)	平均变动成本(AVC)	平均总成本(AC)	边际成本(MC)	边际收益(Mπ)	总利润或损失(Q[P−AC])
6	58	16.67	55.20	71.87	68.70	−10.70	−83.20
7	58	14.29	59.30	73.59	83.90	−25.90	−109.10
8	58	12.50	64.80	77.30	103.30	−45.30	−154.40
9	58	11.11	71.70	82.81	126.90	−68.90	−223.30
10	58	10.00	80.00	90.00	154.70	−96.70	−320.00
11	58	9.09	89.70	98.79	186.70	−128.70	−448.70
12	58	8.33	100.80	109.13	222.90	−164.90	−613.60

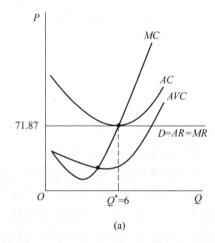 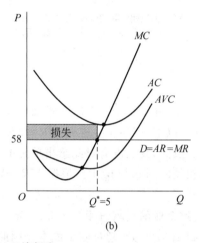

图 9.5 (a)正常利润 (b)经济损失

表 9.10 和图 9.5(b)表示企业出现经济损失的情况。这意味着该企业应该退出市场吗？如你所知，不论企业是否从事生产，总是要承担一些固定成本。根据表 9.10 中的数据，如果企业选择停止生产(即 Q=0)，企业仍然要支付 100 元的固定成本。给定产品的市场价格为 58 元，企业的最佳选择应该是遵照 MR=MC 原理，生产 5 个单位产品，经济损失为 72.50 元。但是，如果企业选择停止生产，它的损失将是 100 元，这刚好等于固定成本，因为在短期，无论企业生产与否，固定成本是不变的。

因此，在市场价格为 58 元的情况下，企业应该选择保持继续生产，虽然此时是在亏本经营，但这样做的经济损失要少于彻底停止生产。

我们也可以通过总收入和总成本的变化来解释上述结论。当产品的价格为 58 元、产量为 5 个单位时，总收入是 290 元(P·Q)，总可变成本是 262.50 元(Q·AVC)。显然，这个收入水平足以支付企业的总可变成本。此外，还剩下 27.50 元用于支付部分固定成本。因此，我们得出这样的结论：只要企业的总收入大于总可变成本(或者说只要市场价格大于平均可变成本)，企业保持继续生产要好于停止生产，因为除了企业的可变成本能够得到全部偿还之外，至少还有部分的固定成本也能够得到偿还。我们把总收入大于总可变成本的余额称作贡献份额[见图 9.6(a)]。那些没有被贡献份额支付的固定成本部分当然是企业的损失（27.50元－100元＝－72.50元）。

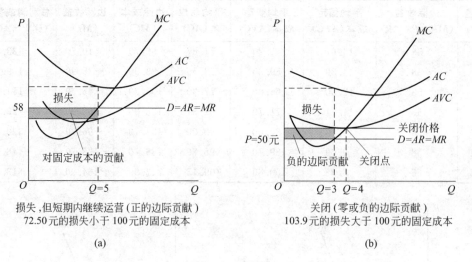

损失，但短期内继续运营（正的边际贡献）
72.50元的损失小于100元的固定成本

(a)

关闭（零或负的边际贡献）
103.9元的损失大于100元的固定成本

(b)

图9.6 贡献额

然而，并不是企业在所有短期内发生亏损时都应该保持继续经营。当市场价格下降到50元以下，即使企业遵循$MR=MC$原理，企业的损失仍然要大于将企业停止生产的情况。虽然，我们没有对此给出单独的数据和图形解释，但是有关数据分别列于表9.7和与其相关的图9.6(b)中。根据$MR=MC$原理，企业应该选择生产3个单位产品。在生产水平下，总收入为150元（50元×3），不能支付153.90元（51.3元×3）企业的总可变成本，导致企业的贡献份额为－3.90元。这个损失加上100元固定成本，使得企业的总损失达到103.90元，超过固定成本。因此，在给定市场价格为50元，企业的最佳选择应该是停止经营[见图9.6(b)]。

经济学家把这种情况称作企业关闭点。根据这一点所对应的价格水平，遵照$MR=MC$原理，企业的最佳选择是关闭、不再从事生产，造成的经济损失等于总固定成本。换句话说，在这个价格水平下，贡献份额为零。在关闭点，我们是假定企业保持经营与停止经营是没有区别的。但是，在短期内企业当然应该倾向于选择停止生产，因为，正如你从图中所看到的，关闭点所对应的刚好是企业平均成本的最低点。

9.2.7 长期竞争市场

不管产品的市场价格在短期能否使得竞争企业挣得经济利润、正常利润或亏损，经济学理论认为从长期来看，产品的市场价格将最终处在使所有企业获得正常利润的水平。这是因为，在长期，如果价格使得企业挣得的利润高出正常利润，就会诱发更多的企业进入该产品市场；而当价格低于使企业挣得正常利润水平时，就会诱发部分现有企业退出该产品市场。我们刚刚讨论了，企业在短期亏损状态下继续保持经营的合理性。然而，在长期，我们是假设那些亏损企业必须考虑退出该产品市场，即使企业获得的贡献额是正的。因为在长期，企业可以有充分的时间来调整固定投入要素的使用，如对其进行淘汰或卖出处理。

我们在前面第3章里讨论了企业进入和退出某一产品市场过程。企业进入某产品市场，导致供给曲线向右移动，产品市场价格下降。企业退出导致供给曲线向左移动，使得市场价格上升。现在，我们可以详细地讨论一下企业进入和退出市场的主要动机。只有一个市场价格水平，在该价格水平下现有企业不会退出，外来企业不会选择进入，这个价格当然是使得企业获得正常利润的价格。图9.7说明了在长期企业选择进入和退出市场的过程。

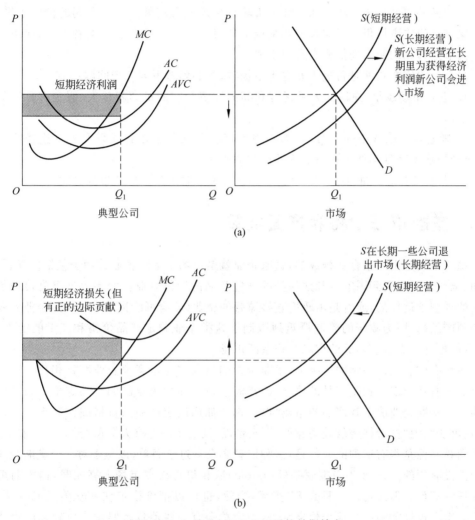

图9.7 企业进入和退出市场的长期效应

图9.7(a)显示的是一种假设情况。在短期，由供给和需求决定的市场价格使得企业能够挣得经济利润（或者在给定的市场价格水平下，企业的成本较低因此挣得经济利润）。随着时间的推移，新的企业进入市场，原有企业也会选择扩大固定投入要素的使用量，以获得更多的经济利润。这将会导致市场供给增加（供给曲线向右移动），致使价格下降。当产品价格下降到使企业只能挣得正常利润的时候，企业将会停止进入和退出市场。图9.7(b)表示了一种相反的情况，即在短期遭受亏损的企业，在长期将会选择退出市场。

第9章 完全竞争和垄断条件下的价格和产量决策

企业的退出导致产品的市场价格上升,从而使得那些仍然保留在市场上的企业能够挣得正常利润。

把长期看作是"停留在某特定的点"是不切合实际的。在现实世界里我们很难找到实际的例子来支持管理经济学的这一理论。这是因为在实际市场条件下,当供给方面向获得正常利润价格方向调整时,需求并不是恒定不变的。一方面,消费者偏好、消费者数量、收入水平以及相关产品的价格都是经常变化的。另一方面,经济学所指的长期是一个理论上的含义并非是日历上的时间。如果市场价格还没有调整到正常利润的价格水平,经济学家将其说成市场仍处于向长期均衡调节的过程中。对于企业决策者来说,向市场均衡的调节过程比均衡市场价格本身要重要。

当企业决定在长期是否进入和退出市场时,务必思考下列几个问题:

1. 进入市场越早,挣得的大于正常利润的经济利润的机会就越大(假定有足够的市场需求);

2. 随着新厂商逐步进入市场,那些想生存和发展的企业必须采取各种途径降低成本,至少把成本降低到低于竞争对手的成本的水平;

3. 那些没有能力进行成本竞争的企业会考虑采取产品差异竞争的方式。

9.3 垄断市场价格和产量决策

垄断市场是由一家企业构成的,这家企业就是市场。垄断企业的例子包括供气、供电公司、电话公司或受到国家专利法保护的某些产品的销售企业。大多数这类公司都是在政府的规制下运作的,或者是由政府直接监管的企业(政府可能指定某一特定企业专销某种专利产品)。因为政府的管制严重地限制了这类企业制定产品价格和产量的能力,所以,我们把这一类企业构成的市场叫作垄断市场。

在没有政府任何限制的情况下,垄断企业的情况与完全竞争企业刚好相反。完全竞争企业没有任何能力控制产品的价格,而垄断企业有能力为自己的产品定价。如果你负责为一个垄断企业决定其产品的市场价格,你会如何决定产品的价格呢?对于一个外行人,他可能会说"把价格定的越高越好,"或者说"只要市场上有人买就行"。乍一看上去,这个回答好像是很有道理的。但是,这种回答实在是过于简单,以至于对一个垄断企业家来说是没有用的。1948年当宝丽莱(Polaroid)照相机首次在市场上亮相时,销售商可以选择任一标价。但最初标价只是85美元,当然,也可以把价格定在850美元或者8 500美元。市场也许能够接受这个价格水平,因为总会有一些消费者愿意支付较高的价格购买这种照相机,但问题是有多少人会愿意购买或在什么时候才能遇到这样的消费者。可是在85美元的价格下,开店后几个小时里就卖出了5台宝丽莱相机。如果把价格定在8 500美元的话,那就恐怕不知道究竟要等多长时间才能卖出去5台相机!

限制垄断企业产品定价水平的关键是产品的市场需求曲线,特别是产品的需求价格弹性(回顾一下,根据需求法则:产品的价格越低,人们购买产品的数量越大,反之亦然)。需求价格弹性表明随着价格下降或增加人们对产品购买的增加或减少的数量。假定,企业面临的需求曲线是一条向下倾斜的直线,那么当产品价格下降时,每增加销售1个单位产品的边际收入是会逐渐下降的,一直下降到 0 然后成为负数。为便于说明,我们假设企业的短期成本曲线是恒定不变的。图 9.8 显示了企业线性的带有负的斜率的需求曲线、边际收入曲线和恒定的边际成本曲线。请注意,如果企业把价格定得很高(比如 P_1),边际收入就会明显大于边际成本;因此就会损失一些边际利润(图中浅色部分)。如果价格定得太低,边际成本将会大于边际收入,企业将会经历边际损失(图中深色部分)。

垄断企业的定价能力还要进一步受到生产边际成本上升的限制。随着产量逐步提高到一定数量之后,递增的边际成本最终会超过递减的边际收入,这一点开始于图 9.9 中的 Q' 点。

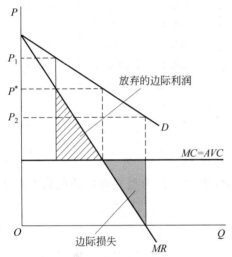
图 9.8　垄断企业的需求、MR 和 MC 曲线

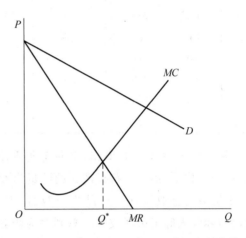
图 9.9　递增边际成本与递减边际收入之间的关系

总之,虽然垄断企业具有定价能力,但并不是把价格定得越高越好,而是应该把价格定在一个合适的水平。那么,什么是合适的价格水平呢?就是根据 $MR=MC$ 原理决定的产品的价格水平。

表 9.11 展示了如何把 $MR=MC$ 原理运用到垄断企业和完全竞争企业产量和价格决策。注意,该表只给出了成本数据。为了便于比较,我们继续引用了上一节完全竞争企业的成本数据。所不同的是,现在我们假定该企业是所在城市里的唯一一家提供游戏服务的企业。注意,这里价格不等于边际收入,因为该企业为自己定价企业不是价格接受者。它的需求函数由表中的第 1 列和第 2 列构成,而总收入和边际收入曲线是随着具有负斜率的需求曲线变化的。

我们从产量水平为 0 开始考察价格、产量、边际收入、边际成本、和边际利润的变化情况。随着产量逐渐增加,在达到 6 个单位产量之前,边际收入一直是大于边际成本。超过 6 个单位产量,企业开始出现边际亏损。但是,超过这个产量水平,企业的总收入仍然是正的,只是不是处在最大。换句话说,遵照 $MR=MC$ 原理,追求利润最大化的企业应该在给定的生产时期内生产 6 个单位产品,产品的价格定为 120 元。

表 9.11 利用边际收入和边际成本决定最佳价格和产量(以垄断企业为例) 元

产量 (Q)	价格 (P)	总收益 (TR)	边际收益 (MR)	平均总成本 (AC)	总成本 (TC)	边际成本 (MC)	总利润 (π)
0	180	0			100.00		−100.00
1	170	170	170	155.70	155.70	55.70	14.30
2	160	320	150	102.80	205.60	49.9	114.40
3	150	450	130	84.63	253.90	48.3	196.10
4	140	560	110	76.20	304.80	50.9	255.20
5	130	650	90	72.50	362.50	57.7	287.50
6	120	720	70	71.87	431.20	68.7	288.80
7	110	770	50	73.59	515.10	83.9	254.90
8	100	800	30	77.30	618.40	103.3	181.60
9	90	810	10	82.81	745.30	126.9	64.70
10	80	800	−10	90.00	900.00	154.7	−100.00
11	70	770	−30	98.79	1 086.70	186.7	−316.70
12	60	720	−50	109.13	1 309.60	222.9	−589.60

从图 9.10 我们可以看出,垄断企业应该选择价格 P^*,因为根据给定的产品需求曲线,在该价格下,消费者购买产品的数量为 Q^*。Q^* 正是垄断企业最佳的产品生产数量,因为,此时边际收入等于边际成本。总利润为阴影部分 $ABCD$ 的面积。

如果是在完全竞争市场,这部分利润随着新的更多的企业进入该产品市场会逐渐消失。但是,对于垄断企业来讲,在长期它也是不会面临这种威胁。然而,这并不意味着垄断企业无论是在短期或是在长期总是会自动地获得经济利润。垄断企业是否能够获得经济利润主要是取决于产品的需求。例如,一个生产儿童玩具的垄断企业,当产品的市场需求很大时,企业当然能够挣得经济利润,如图 9.10 所示。但是,当市场需求得到充分满足或者当很多儿童不再喜欢这种玩具时,玩具的需求下降(即需求曲线向左移动),最终出现垄断企业只是挣得正常利润或者甚至遭受损失。

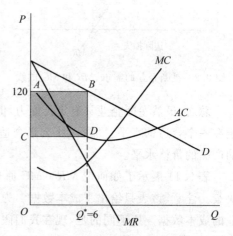

图 9.10 $MR=MC$ 原理在垄断企业决策中的运用

假设一个自己定价的企业不想获得短期利润的最大化而是想获得最大收入。我们可以用表 9.11 的数据说明这种情况。当把价格定为 90 元时,企业会获得 810 元的最大收入,而获得这个最大收入的价格是低于获得最大利润的价格(即 90 元<120 元)。

9.4 完全竞争企业和垄断企业管理决策的含义

在学习本章内容之后,读者可能会感觉到无论是对于完全竞争企业还是对垄断企业,管理者在进行价格和产量决策时并不具有很大的挑战性。在完全竞争条件下,管理者唯一需要做的就是考虑企业目前的成本结构能否使其挣得正常利润。在垄断市场条件下,由于管理者没有竞争对手,只要遵循 $MR=MC$ 原理进行决策就可以实现最大利润。我们基本上同意这种看法,特别是跟垄断竞争企业和寡头企业的价格和产量决策相比较,完全竞争企业和垄断企业的价格和产量决策的确是相对简单。对于这一点,等读者学习了下一章内容之后会更加容易理解。然而,我们在本章详细分析完全竞争企业和垄断企业价格与产量决策过程的主要目的是为了容易地理解垄断竞争企业和寡头企业的价格与产量的决策问题。

通过学习完全竞争市场,管理者学到的主要知识就是在高度竞争的市场条件下,企业想挣到钱是非常困难的。实际上,在完全竞争市场条件下,企业想求得生存的主要秘诀就是尽可能地提高成本利用效率,降低企业的生产成本,这是完全竞争企业唯一能做的,因为企业没有任何能力去控制市场价格。管理者从完全竞争市场模型学到的另外一点,就是要尽量抢在其他企业前面进入某种产品市场。做到了这一点,企业就可能有机会挣得部分经济利润。找到并抓住市场机会并敢于承担风险是一个好的管理者所要面临的关键任务。当然,预计的某种产品的市场需求可能从来不会变成现实或者市场上产品的供给长期处于饱和状态,致使没有一个企业能够在这个市场上挣到钱。但是,对于一个企业管理者来说,必须要冒这种风险。

对于没有政府管制的垄断市场,垄断企业的管理者具有很大的能力能够控制自己产品的市场价格,获得垄断利润,而且这种利润能够相对长时间的存在。当然,历史的经验表明,任何一个企业的垄断能力是随着企业的经济状况发生变化的(包括消费者、科学技术和竞争等因素),并可能打破原来的市场垄断地位,不管原来的垄断企业是多么的强大。

也许垄断企业脆弱性的一面可以通过医药行业得到反映。就世界范围而言,医药企业在20世纪90年代都能获得很高的利润,可以说是世界上投资回报率最高的行业。然而,近年来发生的一系列事件已使得该行业的利润逐渐下降。起初,那些没有获得药品专利的医药企业也开始生产一些药品,这些药品虽然与取得药品专利权企业生产的药物采用化学成分有所不同,但是,却具有同等或相似的疗效。此外,很多患者开始避开使用那些价格昂贵的由专利企业生产的药品,转为使用价格低廉的普通药品。最后,当今药品消费者比以前有更大的市场势力。过去大多数医药购买者是通过私人医生给开出买药处方,这些私人医生不太关注药品价格的高低,因为他们知道患者可以从第三方付款者那里,如保险公司手中把钱拿回来。然而,现在更多的买药决策是由成本敏感的保健组织、医疗协会或药品零售网络组织来完成的。

从上面的例子中可以看出,垄断企业管理者应该懂得经济形势的变化可能改变垄断企业的垄断地位。身居垄断企业的管理者无须感到狂妄自大觉得自己企业的利润从来都不会下降和消失。因此,谨慎应对经济形式的变化对垄断企业同样是重要的。

9.5 应用案例

某饮料生产公司正在准备生产"瓶装水"投入市场。这是该企业经过一段长时间市场调查之后作出的企业发展决策。公司把开设瓶装水生产线看作一项为公司发展的重要战略。目前公司面临的主要任务是确定每瓶纯净水的销售价格。公司总裁和总经理经过认真思考之后，把此项工作安排给市场销售部经理王女士。王女士面临的主要任务是通过市场分析决定纯净水销售的最佳价格，即告诉公司总裁和总经理为了获得公司最大利润，每瓶水的定价应该是多少？并且如何能在最短的时间内使公司获得最大经济利润。根据有关饮料市场发展形式分析认为，饮料市场是一个十分拥挤和高度竞争的市场。尽管一种新饮料上市的价格跟公司推出任何一项新产品价格确定一样，都是要经过公司管理委员会最后讨论决定，但是总裁还是鼓励王女士一定要认真对待此项工作，并强调产品定价是一项非常重要和赋有挑战性的工作，因为这个过程会迫使完成这项任务的人要把影响企业经营的各个因素进行统筹考虑。这项市场研究将再一次给你提供一个市场需求定量分析和整个饮料行业总体竞争趋势分析的机会。总裁接着说，公司管市场和生产成本的同志将会给你提供相关分析资料，现在我们是依靠你来整理和分析这些数据，尽快拿出每瓶纯净水的适宜销售价格[①]。

根据公司提供的有关成本和市场需求数据，王女士计划在下个星期计算出每瓶纯净水的销售价格。每星期纯净水的需求函数估计如下。

$$Q_D = 2\,000 - 1\,000P \tag{9.1}$$

式中，Q_D＝每瓶重量为 12 盎司塑料瓶装水的数量（单位是 1 000 元）

P＝每瓶水的价格

王女士估计出的成本函数为

$$TC = 150 + 0.25Q \tag{9.2}$$

式中，TC＝每星期总成本（单位：1 000 元）

Q＝每瓶重量为 12 盎司塑料瓶装水的数量（单位是 1 000 元）

根据 $MR=MC$ 原理找到最佳价格，王女士首先根据方程(9.1)求得总收入和边际收入。先把该方程表示成价格是需求量的函数

$$P = 2 - 0.001Q \tag{9.3}$$

根据总收入等于价格和需求量的乘积（即 $TR=P \cdot Q$），得到总收入

$$TR = 2Q - 0.001Q^2 \tag{9.4}$$

为确定边际收入和边际成本，她分别对方程(9.4)和方程(9.2)求一节导数，然后，令边际收入等于边际成本，解出需求量 Q^*。接着她把最佳需求数量 Q^* 的值带入方程(9.3)

[①] Tom Weiner. In Mexico, Bitterness Is Sugar's Legacy. New York Times, December 30, 2001.

$$MR = \frac{dTR}{dQ} = 2 - 0.002Q$$

$2 - 0.002Q = 0.25$

$Q^* = 875$(每星期生产 875 000 瓶纯净水) (9.5)

$P = 2 - 0.001 \times 875$

$P^* = 1.125$

$= 1.10$(元)（小数省略到分） (9.6)

图 9.11 显示了王女士求得的解。

王女士假设瓶装水的主要销售渠道是通过一些规模较小的食品零售店,价格是在批发价格的基础上加价 1 倍。因此,王女士决定收取零售商每瓶水的价格为零售价格 1.10 元的 50%,即 0.55 元。

王女士估计公司每星期从卖瓶装水中得到的总利润为

$TR = 0.55 \times 875$

$= 481.25$, 即 481 250 元

$TC = 150 + 0.25(875)$

$= 368.75$, 即 368 750 元

总利润 $= 481 250 - 368 750$

$= 112 500$(元)

虽然,王女士知道自己已经找到了每瓶纯净水的最佳销售价格,她也知道在市场上已有一些公司正在经营瓶装水生意,市场上的价格为 1.25 元/瓶。作为一个刚刚涉足纯净水经营企业,王女士的公司生产的纯净水是否应该把销售价格定在 1.25 元/瓶,或者以较低的价格销售。带着这个问题,她准备与公司总裁商量,如图 9.11 所示。

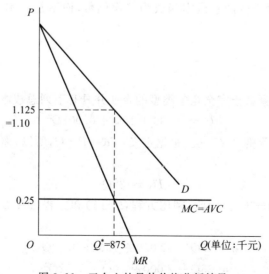

图 9.11 王女士的最佳价格分析结果

9.6 本章小结

本章讨论了处在两个极端市场上的企业各自面临的产品价格和产量决策问题。在完全竞争市场条件下,企业没有任何能力给自己生产的产品确定价格,企业唯一能做的就是在给定的产品市场价格下确定应该生产多少产量。在垄断市场条件下,企业的产量是全部市场的供给。这种市场供给垄断使得企业有能力为自己的产品确定一个比较理想的价格。在某些情况下,垄断企业对市场的垄断能力是受政府管制的。

我们已经证明了对于追求短期利润最大(或损失最小)的企业来说,企业应该根据 $MR=MC$ 原理来确定产品的价格和产量。对于完全竞争企业,就是用 MR 等于由产品的市场需求和市场供给决定的产品的市场价格。这类企业管理者面临的主要任务就是在给定的产品市场价格下,确定产品的产量。对于垄断企业,要根据 $MR=MC$ 原理决定自己产品的销售价格和生产数量。下面,我们将转入讨论介于完全竞争和垄断这两种极端市场的情况。对于这些非完全竞争企业,$MR=MC$ 仍然是价格决策要遵循的重要原理。所不同的是,竞争对手的反应对企业产品价格决策产生重要的作用。

附录 9A

利用微积分决定产品的价格和产量

到目前为止我们已经讨论了如何利用数字表格和图形来确定价格和产量。我们利用"总量"方法和"边际"方法推导出具有市场势力的企业运用 $MR=MC$ 原理,可以决定最佳的产品价格和产量。作为一种补充,我们现在运用微积分来解释 $MR=MC$ 原理。

为方便起见,假设企业的总成本函数为二次函数,而不是在本章介绍的三次总成本函数。

9A.1 完全竞争

假设你在经营一家属于完全竞争类型的企业并具有下列总成本函数

$$TC = 2\,000 + 10Q + 0.002Q^2 \tag{9A.1}$$

如果产品的市场价格是 25 元。根据定义,$TR = P \cdot Q$,所以,你的总收入函数可表示如下

$$TR = 25Q \tag{9A.2}$$

利润(π)被定义为 $TR-TC$。因此,利用方程(9A.1)和方程(9A.2),你的企业利润函数可表示为

$$\begin{aligned}\pi &= 25Q - (2\,000 + 10Q + 0.02Q^2) \\ &= 25Q - 2\,000 - 10Q - 0.02Q^2 \\ &= -2\,000 + 15Q - 0.02Q^2\end{aligned} \tag{9A.3}$$

最佳产量发生在当边际利润等于 0 时。换句话说过,只要从多生产一个单位产品增

加的利润是正的,企业就应该继续扩大产量。边际利润即是求利润函数的一阶的导数

$$\frac{d\pi}{dQ} = 15 - 0.04Q \tag{9A.4}$$

设方程(9A.4)等于 0,解出最佳产量 Q 为

$$15 - 0.04Q = 0 \tag{9A.5}$$

$$Q^* = 375$$

将 $Q^* = 375$ 代入利润函数(9A.3)中的 Q,得到利润:

$$\pi = -2\,000 + 15 \times 375 - 0.02 \times 375^2 \tag{9A.6}$$

$$= 812.50(元)$$

因此,我们可以得出结论当价格为 25 元时,企业获得最大利润的产量是 375 个单位。

求出 P^* 和 Q^* 的另一种方法是让边际收入函数等于边际成本函数。然后,解出 Q^*。我们已经知道 $MR = P$。而边际成本函数是总成本函数的一阶导数

$$MC = \frac{dTC}{dQ} = 10 + 0.04Q \tag{9A.7}$$

令 MR 等于方程(9A.7),然后解出 Q^*

$$25 = 10 + 0.04Q \tag{9A.8}$$

$$15 = 0.04Q$$

$$Q^* = 375$$

比较方程(9A.8)和方程(9A.5)会对 $MR = MC$ 原理有一个更加清楚地理解。就是说,通过这两种数学解法找到的最大利润的产量水平是一样的,两种方法实质上都是在应用 $MR = MC$ 原理。

9A.2 垄断

作为一个垄断企业的管理者,假设你获得了下列总成本和产品需求信息

$$TC = 10\,000 + 100Q + 0.02Q^2 \tag{9A.9}$$

$$QD = 20\,000 - 100P \tag{9A.10}$$

首先,决定边际收入函数。因为,现在你是一个能够为自己的产品定价的企业并非价格接受者企业,因此,你不能继续假定 $MR = P$。你必须利用需求函数方程(9A.10)来推导出边际收入函数。因为,你的目的是求出实现企业最大利润时的产量(即 Q^*)是多少,你必须对原来的需求函数进行转换,即把价格变成因变量,产量变成自变量

$$P = 200 - 0.01Q \tag{9A.11}$$

根据定义,$TR = P \cdot Q$。通过替代,得

$$TR = (200 - 0.01Q)Q \tag{9A.12}$$

$$= 200Q - 0.01Q^2$$

边际收入函数为总收入函数的一阶导数

$$MR = \frac{dTR}{dQ} = 200 - 0.02Q \tag{9A.13}$$

从上面讲到的完全竞争企业的例子,我们知道总成本函数的一阶导数是边际成本函数

$$MC = \frac{dTC}{dQ} = 100 + 0.04Q \qquad (9A.14)$$

因此运用 $MR=MC$ 法则,令方程(9A.13)等于方程(9A.14),然后解出 Q^*

$$200 - 0.02Q = 100 + 0.04Q \qquad (9A.15)$$
$$0.06Q = 100$$
$$Q^* = 1\,667$$

将 Q^* 代入方程(9A.11)中的 Q,求出 P^*。

$$P = 200 - 0.01(1\,667) \qquad (9A.16)$$
$$P^* = 183 \text{元}$$

当产品价格为 183 元,预计你的企业在给定的分析期内能够销售 1 667 单位的产量,获得的经济利润为 73 333 元。从前面完全竞争企业的分析中,你应该知道这个利润水平是如何确定的。

从上面的例子中,你会认识到微积分为确定完全竞争企业的产量以及垄断企业的价格和产量提供了一个非常简捷、准确的方法。采用同样的方法可以解决垄断竞争甚至是寡头企业的产品价格和产量的决策问题。当然,我们在本章运用数字表格和作图方法求出的价格和产量跟采用微积分方法所求得的解是一致的。我们给出这个附录的目的只是为了对本章讲到的数字表格和作图法进行补充,并非为了引入复杂的数学方法用于价格/产量决策。

附录 9B

收支平衡分析(产量—成本—利润)

收支平衡分析(产量—成本—利润分析)被普遍地用于实际企业管理决策当中,从某种意义上讲,它通常被看作是企业的短期经济分析。下列因素是采用该分析方法要考虑的:

1. 注意区分固定成本和可变成本。
2. 一般来说,利用直线表示总收入曲线。从而假设企业是属于完全竞争类型的企业因为价格是恒定的,不随产量的变化而发生变化。
3. 与第 9 章内容的重要区别是在收支平衡分析中采用的总可变成本曲线为线性的。这意味着,边际成本和平均成本两者都是恒定不变的,平且边际成本等于平均可变成本。虽然,这种假设对于较大产量变化区间来说是不切合实际的,但是,对于相对小的产量变化区间的分析应该说是没有太大的问题。

图 9B.1 是一个典型的描述收支平衡分析图形。

但是,常规经济分析与收支平衡分析方法之间的一些重要区别是不容忽视的:

1. 在短期经济分析的图形里,显示有两个点经济利润为 0,最大利润的产量发生在这两个点之间。而在收支平衡分析中,只有一个利润水平为 0(收支平衡)的点。当产量大于这一点时,利润将继续保持增长,直至到达企业最大的生产能力才停止生产。

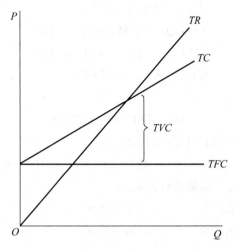

图 9B.1 收支平衡分析图形（恒定的平均可变成本）

2. 经济分析与收支平衡分析两者的目的是不同的。在第 9 章里讨论的经济分析的目的是为了解决资源的分配问题——价格或成本的变化对企业产量的影响。而在收支平衡分析的目的是为了识别企业产量的变化对可变成本和利润的影响。

3. 第三点的区别是基于成本概念的运用。经济成本，正像我们在前面一些章里讨论过的，是基于重置成本，它包括隐性成本和正常利润。收支平衡分析通常是根据会计成本，只包括由历史数据来反映的显性成本。当然，在此种情况下，可以把会计数据转换成经济成本数据。

9B.1 收支平衡点

我们首先要计算出企业在收支平衡点的产量——即没有利润也没有亏损的产量。当然，找到企业收支平衡点的产量并非企业拥有者的经营目的。收支平衡点仅仅是确定了考察产量、成本以及利润之间关系的初始产量水平——称为产量—成本—利润分析。

下面我们符号表示一些变量：

P = 价格　　　　　TC = 总成本

TVC = 总可变成本　　Q = 产量

AVC = 平均可变成本　TR = 总收入

TFC = 总固定成本　　π = 利润

利润方程为

$$\begin{aligned}\pi &= TR - TC \\ &= TR - TVC - TFC \\ &= (P \cdot Q) - (AVC \cdot Q) - TFC \\ &= Q(P - AVC) - TFC\end{aligned}$$

为求得收支平衡点，令总收入等于总成本：

$$TR = TVC + TFC$$
$$(P \cdot Q) = (AVC \cdot Q) + TFC$$
$$(P \cdot Q) - (AVC \cdot Q) = TFC$$
$$Q(P - AVC) = TFC$$

因此,收支平衡产量为

$$Q = TFC/(P - AVC)$$

如果 $P=5$ 元,$AVC=3$ 元,和 $TFC=20\,000$ 元,

$$Q = 20\,000/(5-3) = 20\,000/2 = 10\,000(元)$$

可以通过下列步骤检验这一结果是否正确:

总收入($10\,000 \times 5$ 元)	50 000 元
总可变成本($10\,000 \times 3$ 元)	30 000 元
总固定成本	20 000 元
总成本	50 000 元
利润	0 元

如果产量大于 10 000 个单位,企业将挣得利润。如果产量小于 10 000 个单位,企业将会出现亏损。表 9B.1 说明了随着产量变化企业的收入、成本和利润变化情况,图 9B.2 显示同样的结果。

表 9B.1 收支平衡分析   元

变 量	
单位价格	5.00
单位可变成本	3.00
总固定成本	20 000

结 果	
收支平衡产量	10 000
收支平衡收入	50 000

产 量	固定成本	可变成本	总成本	收 入	利 润
0	20 000	0	20 000	0	−20 000
5 000	20 000	15 000	35 000	25 000	−10 000
10 000	20 000	30 000	50 000	50 000	0
15 000	20 000	45 000	65 000	75 000	10 000
20 000	20 000	60 000	80 000	100 000	20 000
25 000	20 000	75 000	95 000	125 000	30 000
30 000	20 000	90 000	110 000	150 000	40 000
35 000	20 000	105 000	125 000	175 000	50 000
40 000	20 000	120 000	140 000	200 000	60 000

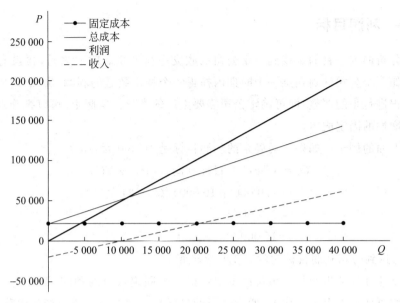

图 9B.2 收支平衡分析

当某个变量发生变化时，收支平衡结果会发生什么样的变化？很显然，增加平均可变成本会增加总成本曲线的斜率，从而会提高收支平衡点的产量（减少平均可变成本情况正好相反）。改变单位产品的价格将改变总收入曲线的斜率；价格上升（下降）将减少（增加）收支平衡产量。增加（减少）固定成本将引起成本曲线向上（向下）平行移动，从而增加（减少）收支平衡产量。

9B.2 收支平衡收入

在某些情况下，产品的价格和单位可变成本信息是得不到的。这种情况常发生在一个企业同时生产多于一种产品，因为每一种不同产品有不同的价格和单位可变成本，因此，很难用上述讨论的办法来确定企业的收支平衡点。

在这种情况下，如果生产的各种产品的比例是固定不变的，可对每一种产品的价格和单位成本辅以不同权重进行计算。如果我们假设可变成本占总收入的比例是一个固定的常数，那么，我们就可以直接计算收支平衡收入。这里再强调一下，我们是假定生产每种产品平均成本和价格之间的关系保持不变，而且各种产品生产数量的比例保持不变。当收入变化的幅度较小时，这样一种假设并不是完全脱离实际。

从收支平衡收入方程开始，

$$TR = TVC + TFC$$

把 TVC 转换成为总收入的一个固定比例，$TVC = a \cdot TR$，式中 a 为一个小于 1 的常数。那么收支平衡总收入为

$$TR = TFC/(1-a)$$

例如，如果 $TFC = 20\,000$ 和 $a = 0.6$，那么收支平衡 TR 等于 $50\,000$，这与我们先前获得的结果有关相同，因为，这与 $P = 5, AVC = 3, a = 0.6$ 表示的是同样的关系。

9B.3 利润目标

如果分析的唯一目的是找到一个公司的收支平衡产量。除此之外,再没有其他任何目的。假如一个公司计划在某一个时期内挣得一个特定数量的利润,那么,可以通过对收支平衡方程进行小的调整,即可确定公司需要生产的产量。实际上,可以把确定的利润目标看作是增加的固定成本。

继续上面的例子。如果公司确定的利润目标是 10 000 元,那么

$$Q_\pi = (TFC + 目标利润)/(P - AVC)$$
$$= (20\,000 + 10\,000)/(5 - 3)$$
$$= 30\,000/2$$
$$= 15\,000$$

式中,Q_π 为达到公司利润目标时的收支平衡产量。

如果企业计划从生产每一单位产量中获得一个固定数量的利润,那么这个利润就应该加到平均可变成本上去。比如,假设公司的目标是从生产每一单位产品中获得 40 分的利润。那么,AVC 就变成了 3.40 元,

$$Q_\pi = 20\,000/1.60 = 12\,500(元)$$

在本附录开始谈到产量—成本—利润分析通常包括运用会计数据。然而,"利润目标"的概念完全可以被解释成经济学家所说的隐性或机会成本。

9B.4 考虑需求变化的收支平衡分析

到目前为止,我们的分析都是假设产品的销售价格是固定不变的。就是说,我们可以计算不同产品价格水平下的收支平衡产量,其具体做法就是把各个价格水平代入到基础公式。仍然采用上面的例子(即 $TFC = 20\,000$ 元 和 $AVC = 3$ 元)。表 9B.2 给出了当价格从 3.75 元增加到 8 元的收支平衡价格和产量。

表 9B.2 收支平衡价格和产量

价格(元)	产量(个)	价格(元)	产量(个)
8	4 000	4.50	13 333
7	5 000	4	20 000
6	6 667	3.75	26 667
5	10 000		

可以把表 9B.2 中的数据做成图 9B.3,并求得 0 利润(等利润)曲线。请注意,该曲线逼近平均可变成本,同时当价格增加到非常高时,该曲线逼近纵坐标,我们现在已经建立了在一个较大价格变化区间内的收支平衡点。

下一步是把等利润线和需求曲线结合起来。假设企业的经济学家已经估计出了产品的需求曲线为 $(8 - P)4\,000$。从图 9B.3,把等利润线和需求曲线 D 结合到一块。需求曲

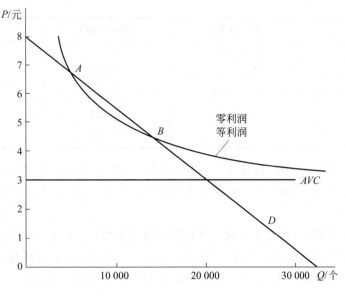

图 9B.3 等利润曲线和需求曲线

线与等利润线相交于两个点。一点是略低于 7 元（A 点），另一点是略高于 4.50 元（B 点），在这两点上公司没有获得任何利润。当价格处于 A 和 B 两点之间时，公司的利润是正的，价格大于或低于该区间，公司将遭受损失。当等利润线位于需求曲线最左端时，公司的利润达到最大。

9B.5 营运杠杆度

由于产量—成本—利润分析是考察企业产量变化对利润的影响，我们必须找到一种方法来量化这种影响，这种方法被叫作营运杠杆度（DOL）。事实上，它是一个典型的弹性公式，其计算结果是测度由 1% 产量的变化引起的利润变化的百分比是多少。

$$DOL = \frac{\Delta \pi \%}{\Delta Q \%}$$

利润变化的百分比可写成

$$\Delta \pi \% = \frac{\Delta \pi}{\pi} = \frac{\Delta Q(P - AVC)}{Q(P - AVC) - TFC}$$

产量变化的百分比等于 $\Delta Q/Q$，让我们运用上面的例子进行一下计算。当产量为 15 000 个单位，利润为 10 000 元，DOL 可以计算为

$$DOL = \frac{15\,000(5 - 3)}{15\,000(5 - 3) - 20\,000}$$

$$= \frac{30\,000}{10\,000} = 3$$

DOL=3 意味着当产量 Q=15,000 时，1% 的产量变化将导致利润变化 3%（或者 10% 的产量变化会引起 30% 利润的变化）。DOL 的效果可以通过公司收入报表（见表 9B.3）中产量从 13 500 增加到 16 500（10% 减少和 10% 增加）反映出来。

表 9B.3　　　　　　　　　　　　　　　　　　　　　　　　　　　　　　　　　　　元

	$Q=13\,500$	$Q=15\,000$	$Q=16\,500$
总收入	67 500	75 000	82 500
总固定成本	20 000	20 000	20 000
总可变成本	40 500	45 000	49 500
总成本	60 500	65 000	69 500
利润	7 000	10 000	13 000

当产量为 13 500 元时,利润是 7 000 元,即比产量为 15 000 个单位的利润低 30%。相反,当产量是 16 500 个单位,利润为 13 000 元,即比产量为 15 000 个单位的利润高出 30%。

应用杠杆度的重要性在于它向企业管理者揭示了当产量发生较小变化时对利润的影响。当然,这一分析结果仍然是基于所有其他变量(包括价格、平均可变成本和总固定成本)都保持不变。固定成本和可变成本的相对大小影响 DOL 系数值。一个具有较大固定成本和较小可变成本的企业,要比一个具有较低固定成本和较高可变成本的企业有较大的 DOL 值。前一种企业也将会有较高的收支平衡点。这种关系的重要性在于,对于一个具有较大固定成本企业,即资本集约型企业要在较高产量时才能达到资本平衡点,但是,因为这个企业的 DOL 很高,当产量上升到超过收支平衡点时,利润将会以较快的速度增长。当然,随着产量下降,利润也会出现快速减少,企业将会在处于较高产量状态下出现亏损(因为收支平衡点会很高)。相反,如果一个企业有较低的固定成本和较高的可变成本——劳动力集约型企业,收支平衡点可能发生在产量较低的时候,这种企业利润不随着产量上升或下降产生快速反应。

因此,收支平衡产量和 DOL 值对于企业决定是否从过去的劳动集约型转化为高度机械化的资本集约型企业有着重要的影响。比如,利用本附录开始时介绍的企业收入报表信息,假定每单位产量的平均可变成本为 2.75 元,总固定成本是 1 450 元。很容易计算出价格为 5 元时的收支平衡点产量是 644 个单位。

假设由于企业购进了先进的机器设备,使得每年的固定成本增加到 2 000 元,而平均成本下降到 2.25 元。那么,此时企业的收支平衡点将上升到 727 个单位。那么,为什么公司应该选择投资购进新的机器设备?因为,购进新的机器设备,企业能够尝到较高营运杠杆度的好处,企业利润随着产量上升快速增加。当到达某一产量水平时,现代企业和老企业将会获得同样水平的利润。在该种情况下,产量为 1 100 个单位,此时,两个企业利润同为 1 025 元。

当产量为 1 100 个单位时,老企业和现代企业的 DOL 值分别为 241 和 2.95。因此,如果未来每年的产量大于 1 100 个单位,那么现代企业将会挣得较大的利润。但是,如果企业预计未来的产量保持在 1 000 个单位,那么选择现代企业则不是有利可图。本例中数据列在表 9B.4。

表 9B.4　老企业和现代企业的收支平衡与 DOL 值计算　　　　　　　　　　　元

	老企业	新企业
单位价格	5.00	5.00
单位可变成本	2.75	2.25
总固定成本	1 450	2 000
收支平衡产量	644	727
收支平衡收入	3 222	3 636
等利润产量	1 100	1 100
利润	1 025	1 025
等利润产量时营运杠杆度	2.41	2.95

9B.6　利用产量—成本—利润分析的限制条件

在某些情况下,产量—成本—利润分析是一个非常有用的工具,但是我们必须要了解它的局限性:

1. 它是假设恒定的价格和恒定的平均可变成本。当产量变化幅度较小时,这种线性收入和线性可变成本假设可以近乎接近实际。

2. 它是假设成本分为固定成本和可变成本。而固定成本的存在限制了这种分析只能用于企业的短期决策分析。如果生产能力发生变化,这种分析将是无效的。

3. 收支平衡分析仅适合用在一个企业只是生产一种产品的情况,如果一个企业同时生产几种产品,那么这些产品各自所占的比例必须是恒定的。

4. 此分析不能解决企业的最佳产量是多少;它的主要目的是评价产量变化对成本和利润的影响。

9B.7　饭店分析案例

下面我们以一个饭店企业为例进行收支平衡分析。表中的数据为假设数据。本研究是想比较一个提供全餐饮饭店与一个只提供快餐饭店的收支平衡情况。成本或支出被分为固定成本和可变成本两类。值得注意的是给员工支付的大部分工资都被看作是固定成本(经营饭店所需的必要的员工人数)。表 9B.5 所示的是收支平衡分析表。

表 9B.5　收支平衡分析表　　　　　　　　　　　元

	全餐饭店	快餐饭店
收入	950 500	622 100
固定成本	445 700	260 700
可变成本	459 500	280 900
利润	45 300	80 500

通过表中的数据,可得到下列结论:

1. 快餐饭店比全餐饭店挣得较高的利润率,12.9%>4.8%。

2. 两个饭店收支平衡点的收入分别为 862 800 元和 475 300 元。

3. 在这一收支平衡点的收入水平下,全餐饮店的经营杠杆度为 10.8%,而快餐店的经营杠杆度为 4.2%。因此,在两个饭店收入增长幅度相同的情况下,全餐饭店利润增长速度要明显快于快餐饭店利润增长的速度。

所以,本研究得出的结论是,产量—成本—利润分析能够帮助企业管理者了解你企业的成本结构,提高管理者进行优化决策的能力。

9B.8 本附录小结

收支平衡(产量—成本—利润)分析是一个简化的企业经济分析。这种方法是基于几个重要的假设条件,如恒定价格和恒定平均可变成本。由于固定成本是该分析方法的核心组成部分,因此,这种方法只能用于企业的短期分析。然而,尽管存在这些限制性假设条件,收支平衡分析仍然是企业经济或财务分析的主要工具。

我们讨论了几个特定的分析工具,首先是计算收支平衡的公式。因为,企业的目标当然不只是实现收支平衡,而是要获得更多的利润,因此,我们推导出了实现企业总利润目标或单位产品利润目标的产量计算公式。

把收支平衡分析与需求分析结合起来可以用来确定实现企业最大利润的价格和产量。

为了测定产量变化对利润的影响,我们引进了营运杠杆度的概念。采用类似弹性的公式测量销售数量变化的百分比和利润变化百分比之间的关系。这项指标也可以用来比较采用不同技术(采用不同比例的固定成本和可变成本)的企业利润的变化情况,从而帮助判断是否应该把老企业快速更新到现代企业。

习题(一)

1. 图 9B.4 表示一个完全竞争企业面临的短期经营情况。请解释该企业目前所处的状况。你认为该企业的长期发展趋势将会是怎样?请解释。

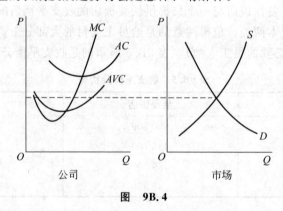

图 9B.4

2. 请指出下列陈述是"对"还是"错?"并解释为什么。

(1) 一个竞争企业在出现亏损时应该立刻停止经营。
(2) 一个垄断企业无须担心企业的亏损,因为企业有能力把自己产品的价格确定到自己期望的水平。
(3) 在长期,不论是完全竞争企业和还是垄断竞争企业都能够挣得正常利润。
(4) 如果需求曲线是线性的,那么追求收入最大的企业将把产品的价格定在低于追求利润最大的企业所要确定的产品价格。
(5) 如果 $P>AVC$,企业的总固定成本将会大于企业的损失。
(6) 如果一个企业能够为自己的产品定价,那么它所决定的价格水平将总是会小于 MR。
(7) 一个垄断企业将总是能够挣得经济利润,因为它可以随意决定自己产品的市场价格。

3. 某录像机生产企业估计出本企业生产录像机的边际成本和每月的产量存在下列函数关系:$MC=150\text{元}+0.05Q$
(1) 通过该企业短期成本函数解释报酬递减法则。
(2) 计算出产量为 1 500 个、2 000 个和 3 500 个单位时的边际成本各是多少?
(3) 如果该企业是一个价格接受者,那么当产品价格为 175 元时,实现企业最大利润的产量是多少?
(4) 求出该录像机企业短期供给曲线。

4. 一家电器产品生产企业正在考虑开设电话设备生产线。企业管理者估计出生产无绳电话的短期成本函数如表 9B.6 所示。

表 9B.6　企业管理者估计出生产无绳电话的短期成本函数　　　　　　　　元

Q(单位:1 000)	AVC	AC	MC
9	41.10	52.21	30.70
10	40.00	50.00	30.10
11	39.10	48.19	30.10
12	38.40	46.73	30.70
13	37.90	45.59	31.90
14	37.60	44.74	33.70
15	37.50	44.17	36.10
16	37.60	43.85	39.10
17	37.90	43.78	42.70
18	38.40	43.96	46.90
19	39.10	44.36	51.70
20	40.00	45.00	57.10

(1) 画出平均成本、平均可变成本、边际成本和价格曲线图。
(2) 如果每台无绳电话的市场批发价格为 50 元。你认为该公司应该进入无绳电话产品市场吗?请解释。画图说明在企业最佳产量水平下的利润(或亏损)的数量。

(3) 假设企业进入了无绳电话产品市场。随着市场竞争日益激烈使得每台电话的价格下降到35元。这对企业的电话生产量和利润会产生何种影响？请解释。你会给该企业提出什么样的建议？

5. 上面同样一家电器产品生产商已经开始生产掌上计算机。下面是每个月生产该种计算机的生产成本。表9B.7中同时给出了预测的产品价格与产量之间的对应关系数据。

表 9B.7 预测的产品价格与产量之间的对应关系数据　　　　　千元

Q	价格	MR	AVC	AC	MC
0	1 650				
1	1 570	1 570	1 281	2 281	1 281
2	1 490	1 410	1 134	1 634	987
3	1 410	1 250	1 009	1 342.33	759
4	1 330	1 090	906	1 156	597
5	1 250	930	825	1 025	501
6	1 170	770	766	932.67	471
7	1 090	610	729	871.86	507
8	1 010	450	714	839	609
9	930	290	721	832.11	777
10	850	130	750	850	1 011

(1) 如果企业想获得短期最大利润，那么产品的价格应定为多少？
(2) 如果决定的价格高于这个价格水平结果会是怎样？
(3) 如果确定的价格低于利润最大价格水平你认为结果会是怎样？

6. 一家洗衣机生产商正在考虑如何为自己的产品定价。企业生产成本和产品市场需求函数估计如下：

$$TC = 500\,000 + 0.85Q + 0.015Q^2$$
$$Q = 14\,166 - 16.6P$$

(1) 决定短期利润最大化产品的价格是多少？
(2) 画出 AC、AVC、MC、P 和 MR 曲线图。
(3) 某公司产品的需求和成本函数估计如下：

$$P = 100 - 8Q$$
$$TC = 50 + 80Q - 10Q^2 + 0.6Q^3$$

(4) 公司实现短期利润最大的价格是多少？
(5) 如果公司的目标是实现短期收入最大化，那么价格应定为多少？
(6) 假设该公司对估计的三次成本函数的准确性有所顾忌，所以想利用线性成本函数代替这个三次成本函数。那么，采用线性成本函数估计的最大利润和最大收入的价格各是多少？

7. 利用下列方程证明为什么一个企业根据 $MR=MC$ 原理决定的产量水平能够实现

最大利润(比如在该产量水平下,边际利润等于0)。

$$P = 170 - 5Q$$
$$TC = 40 + 50Q + 5Q^2$$

8. 在完全竞争市场上的企业必须是好的或者是幸运的。请解释这句话的含义。利用图9.5~图9.7阐述你的观点。

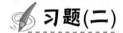习题(二)

1. 某汽车备件生产公司只生产汽车速度表盘,它每年的固定成本为30 000元,可变成本为每件10元。汽车速度表盘的售价是25元。

(1) 公司必须生产多少个速度表盘才能实现收支平衡?

(2) 公司收支平衡的收入是多少?

(3) 公司去年共售出3 000个速度表盘,公司获得的利润是多少?

(4) 预计下一年固定成本将会上升到37 500元,收支平衡产量是多少?

(5) 如果公司销售表盘的数量刚好等于(4)中计算出的数量,并计划能够维持去年的利润水平,那么产品的价格水平必须是多少?

2. 某自来水笔生产企业每年的固定成本是50 000元,单位可变成本是20元。预计明年销售量为5 000支来水笔。

(1) 为实现收支平衡,企业对每支自来水笔的定价应该是多少?

(2) 根据企业的投资情况,企业需要每年获得30 000元的利润。为了实现这一数量的利润,每支笔的价格应该定为多少?(销售数量仍然是5 000支)。

3. 某儿童自行车生产公司具有下列成本信息如表9B.8所示。

表9B.8 某儿童自行车生产公司的成本信息

可变成本		固定成本	
材料	30元/辆	间接劳动力成本	50 000元/年
材料制作劳动力	3小时/辆(8元/小时)	用房、电、气、水成本	5 000元/年
自行车组装劳动力	1小时/辆(8元/小时)	经营成本	65 000元/年
包装材料	3元/辆	销售价格	100元/辆
包装劳力	20分钟/辆(6元/辆)		
运输成本	10元/辆		

(1) 计算收支平衡的产量。

(2) 计算收支平衡收入。

(3) 画图表示当产量为2 000辆、4 000辆、6 000辆、8 000辆和10 000辆时的利润。

4. 某家用电器生产商主要生产电灯开关。每个点灯开关的售价为9元钱,单位可变成本为6元,每年固定成本是60 000元。

(1) 收支平衡点的产量是多少?

(2) 公司每年必须销售多少个开关才能实现利润15 000元?

(3) 如果开关销售数量分别为(1)和(2)中的数量,那么企业的营运杠杆度各是多少?
(4) 如果每年开关的销售量为 30 000 个,那么企业的营运杠杆度是多少?

5. 有两个草坪剪草机生产公司从事剪草机生产和销售业务。公司 A 是一个老企业,它生产剪草机的可变成本是 250 元/台;固定成本为 200 000 元/年。公司 B 是一家刚刚成立的采用先进生产设备的企业,故具有较低的单位可变成本 100 元;固定成本是 400 000 元。由于两家公司产品在市场上处于激烈的竞争关系,所以剪草机的售价都是 250 元/台。
(1) 每个公司的收支平衡产量是多少?
(2) 两个公司各生产多少台剪草机时挣得的利润会相等?
(3) 在(2)的产量水平中,每个公司的营运杠杆度各是多少?
(4) 如果每个公司每年剪草机销量达到 4 500 台,哪个公司挣得的利润会更多?为什么?

6. 红旗水杯生产公司正在考虑采用新的水杯生产设备,目前采用旧设备生产水杯的售价是 20 元,单位可变成本是 8 元,每年固定成本为 840 000 元。
(1) 请计算采用旧设备生产的收支平衡产量。
(2) 如果采用新的生产设备,公司每年的固定成本将增加到 1 200 000 元,但是生产每个水杯的可变成本将会下降到 5 元。
(1) 请计算此时公司的收支平衡点的产量是多少?
(2) 如果公司仍然采用旧设备生产新设备在达到收支平衡时相同数量的水杯,那么采用旧设备生产的每个水杯价格应该定为多少?

7. 鲨鱼公司生产和销售海带产品,每年的固定成本是 10 000 元。上年公司共销售 8 000 袋海带。经估计在这个销售水平公司的营运杠杆度为 1.5。
(1) 鲨鱼公司去年的利润是多少?
(2) 当产量是多少时,公司能实现收支平衡?

8. 奇人公司销售防水纸袋的价格为 9 元。假设每年的固定成本为 400 000 元,生产每个纸袋的平均可变成本为 4 元。
(1) 计算该公司收支平衡产量。
(2) 如果公司今年的销售目标为 100 000 个防水纸袋,公司的利润将会达到多少?
(3) 假如在年初的时候单位可变成本上升到 5 元。如果公司想挣得(2)中同样的利润,需要卖出多少个纸袋?
(4) 如果年初时,公司安装了新的收银设备,使得固定成本上升到 450 000 元。如果公司想把销售数量定在 100 000 个,以保持住(2)中的利润水平,那么,每个纸袋收取的价格为多少?
(5) 通过考察产品的市场价格,公司意思到必须把纸袋的价格下降到 8 元。如果公司的销售目标仍然是 100 000 个纸袋,获得利润为 50 000 元,那么,公司能够支付最大单位可变成本是多少?($TFC=400\ 000$ 元)
(6) 如果在一年里产品的平均售价是 8 元,单位可变成本仍然是 4 元,公司必须售出多少个纸袋才能获得(2)中的利润?($TFC=400\ 000$ 元)

第 10 章 寡头垄断

学习目标

学完本章之后,读者应该能够:
- 企业的合作行为;
- 串谋协议的瓦解;
- 价格领导;
- 市场中具有少数竞争者可能采取的行为;
- 双寡头采取的产品差异化竞争;
- 管理者采取的黏性定价。

下面我们来讨论最后一种市场结构类型——寡头市场。寡头市场是一种行业内仅有几家较大企业构成的竞争市场。比如,以美国的石油行业为例,它就是由几家大的炼油公司所控制的。一般来说,企业为了实现相对较高的利润,管理者必须采取一些有效的管理措施。从管理角度来看,寡头垄断企业的战略制定是一个十分有趣的问题。各个市场参与者之间在管理决策过程中存在着紧密的依存关系。一个寡头企业的管理者在制定价格政策时,必须要考虑到竞争对手的反应。比如,某一生产家庭取暖燃油公司的管理者,可能采取将每升的家庭取暖用油价格提高 5 分或 1 毛钱的策略,以此来试探竞争对手企业的管理者对此会做出什么样的反应。如果竞争对手企业不跟随提高价格,则该公司的管理者可能会选择撤销这项提价策略,以防竞争对手企业从自己的企业拉走许多原本属于本企业的客户,从而损失部分利润。

寡头市场是一种全球现象。例如,在我国民用航空运输市场中占主导地位的航空公司有中国航空公司、南方航空公司、东方航空公司和海南航空公司等。一个城市的食品行业可能是由三四家大超市所控制,它们的销售额可能会占到整个食品行业的 70% 以上。同样地,房地产市场可能也是由几家大型、知名房地产公司所控制,其销售房屋数量可能占到整个城市房屋销售数量的 80% 以上。

寡头企业能够长期控制市场的原因很多。其中一个原因就是,管理者通过相互勾结来制造较高的行业壁垒,迫使外来企业难以进入现有的寡头市场。所以,我们常会听到,一些小企业的管理者抱怨双寡头企业利用它们具有的市场垄断力优势来与业主进行谈判,说服业主不要把可用的场地出租给我们这些小零售企业。我们还常看到,双寡头百货经营企业在制定价格时,通常选择将价格定在与小型超市同类商品的相近价位。

政府法令是形成双寡头市场的另一个原因。美国整个石油行业曾一度被约翰·洛克菲勒垄断。作为一个杰出的企业战略家,洛克菲勒能够让美国整个石油产业按照他个人的设想来运行,致使美国法院最终不得不采取法律手段,允许竞争对手进入石油市场来打破石油市场的垄断状况,营造石油市场竞争的环境。

存在寡头市场的另一个更为普遍的原因是规模经济。由于随着企业产量的增加,生产成本会逐渐降低,产品的市场价格随之下降,从而导致市场中仅有少数的企业能够生存下来。这些企业虽然已占有大量的市场份额,但却依然可以再继续降低单位产品的成本。事实上,规模经济是许多寡头企业能够成功的主要原因。

寡头战略的特点体现在其决策行为的特殊性。与完全竞争或完全垄断市场环境下单一决策模型相比,寡头企业的行为更富有多样性。这种行为选择的多样性是由市场竞争对手间存在多种不同的竞争关系所导致的。在此,我们简要地分析一下寡头企业可能采取的行动。

10.1 合作行为

寡头垄断行业的特点是鼓励与对手企业开展合作。此举能增加利润,减少不确定性,高筑行业壁垒,从而更容易阻止他人进入寡头市场。但是,我们需要认清,维持寡头企业间的相互合作并不是一件容易的事。这是因为通常各合作方之间都存有"欺骗"心理。因此,在许多国家里,寡头企业间若想达成既正式又具有较强操作性的相互勾结协议几乎是办不到的。

如果我们想谈及一种既正式又公开的勾结协议,那就只能是卡特尔。在一些国家里,卡特尔是合法的;但在美国大多数串谋协议中,无论是秘密的还是公开的都是非法的,相关法律则可追溯到1890年谢尔曼反托拉斯法案。当然,这并不意味政府看不到寡头企业间建立合作关系具有好的一面。例如,国际空运协会成员在飞跨大西洋航线上制定统一价格;而职业棒球大联盟也得到美国国会通过的反托拉斯法豁免。

对于均质性产品而言,加入卡特尔组织的企业管理者会对这种产品如何进行定价呢?要回答这个问题,管理者需要了解卡特尔组织生产该产品的边际成本曲线。如果随着卡特尔组织的扩大,企业投入生产要素的价格并不随之增加,那么整个卡特尔组织的边际成本曲线就是每个企业的边际成本曲线的水平相加。从图10.1中可以看到这条卡特尔组织的边际成本曲线。按照图中给出的企业产品需求曲线和与此相联系的边际收入曲线,卡特尔组织的利润最大化产量为 Q_0。因此,为了获得最大利润,卡特尔组织将会把产品价格定在 P_0,这刚好是垄断企业决定的产品价格。

值得注意的是,上述分析中的利润结果并没有解释该利润是如何在卡特尔组织成员间进行分配的。

当然,卡特尔组织内部的企业管理者也需对在各组织成员间产品市场销售份额如何进行分配作出决定。而这一分配过程或分配结果往往导致该组织的动荡或者不稳定。如果为了实现整个卡特尔组织的利润最大化而进行市场份额分配,那就应该使得每个参与

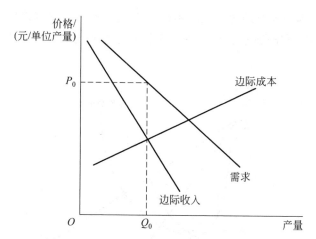

图 10.1　卡特尔组织决定的产品价格和产量

企业的边际成本都相等,同时对其边际成本等于卡特尔组织的边际收入来进行市场份额的分配。否则,无论卡特尔企业的管理者采取何种配额分配方式,都不可能是利润最大化的市场份额分配方案。比如,如果公司 A 的边际成本高于公司 B 的边际成本,那么,卡特尔组织就可以通过把部分本该由 A 企业生产的产量转为由 B 企业进行生产,从而提高该组织的总利润水平。

然而,这样的产量份额分配其结果是很难实现的。因为在卡特尔组织成员间进行实际产量分配决策时,往往是延续过去的一些做法,并取决于各个利益团体和个人之间的谈判能力。在某种意义上,它是各企业管理者具有的政治影响力间相互较量的结果。虽然结果可能增加卡特尔组织的总成本,但是那些最具影响力及较睿智的谈判者仍可能得到较大的销售份额。这样一来,相对于成本较低的企业,那些成本较高的企业很可能得到更大的市场销售份额,从而导致整个组织的决策结果违背利润最大化的产量分配原则。究其原因,是因为如果满足整个卡特尔组织的利润最大化目标,那些具有生产成本较低的企业应该得到较大的市场销售份额。在现实中,实际的销售份额的分配往往是根据每个卡特尔组织成员以往的销售水平及其它们的生产能力来决定的。同时,还要考虑到各个国家和地区之间生产份额的平衡,所以,生产配额的分配并非完全是基于经济效率。

10.2　诋毁勾结协议

下面我们来正式分析为什么卡特尔组织是不稳定的,以帮助企业管理者更加清楚地认识到卡特尔组织结构的脆弱性。如图 10.2 所示,如果卡特尔组织内部某一企业管理者选择离开卡特尔组织,只要该组织中的其他企业仍然保持产品价格在 P_0,那么这个离开组织的企业将仍然面临的市场需求曲线为 DD'。由于这条需求曲线是富有弹性的,管理者可以通过降低很少的价格来显著地扩大产品的销售量。即使该企业无法离开卡特尔组织,它也将面临相同的市场需求曲线,这与卡特尔组织同意它采取秘密降价无关。

无论企业是否已经离开卡特尔或是采取秘密降价,在价格为 P_1、销售量为 Q_1 时都可以获取最大利润。因为此时的边际成本刚好等于边际收入。在该价格水平下,企业的利润为 $Q_1 \cdot P_1 B$。这一利润通常要高于按照卡特尔组织所分配的产品销售份额条件下所能挣得的利润水平。

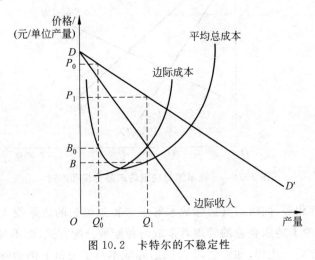

图 10.2　卡特尔的不稳定性

因此,只要竞争对手企业不跟随做同样的事情,即不采取降低产品价格策略,同时卡特尔组织也不采取任何处罚措施,卡特尔企业就可以通过脱离卡特尔组织或偷偷降低产品价格的方法来增加本企业的利润。但是,如果所有卡特尔组织成员都采取这样的方式,那么卡特尔组织就必然会有瓦解的危险。所以,卡特尔组织会经常面对这样的威胁,因为组织内部每个成员都有进行欺骗的动机,而一旦有人这样做了,其他人就可能跟随效仿。类似于日常人际交往中的信任程度一样,信任对卡特尔的存在起到关键性的作用。事实上,商业欺骗行为不仅仅只是存在于卡特尔组织中,同样也存在于一些非正式的商业合作协议当中。

10.3　价格领导者

在寡头市场当中,一家规模较大并具有较强市场力的企业管理者有能力决定自己产品的市场价格。但是,一般来说,寡头市场上产品的价格是由行业老大决定的,我们把这种现象称为价格领导者。在许多寡头垄断行业中,一家具有强大市场力的公司能够制定产品的市场价格,而其他企业只能跟随采用这个价格,这就是所谓的价格领导战略。行业中采取这种战略的例子不胜枚举,包括钢铁业、有色金属业和农具业。当然,管理者在决定产品的市场价格时,应该知道需要考虑哪些因素。假设市场是由一家大公司(价格领导者)和许多小公司组成的,大公司制定产品的市场价格,并让小公司在该价格水平上先卖出它们全部的产品,其余市场供给不足部分,将全部由大公司提供。

在零售业中,一些巨头企业,像沃尔玛、乐购、家得宝、新玛特等,都已成为新的零售业价格领导者。它们的出现,无疑使得那些小零售店、五金店、木材店等成为这些巨头企业定价的受害者。虽然这些小的零售店可能采取提供某些差异化服务的方法来设法维系略有不同的产品价格。但是，不可否认，随着像沃尔玛、家得宝等大企业入驻某城市之后，对之前在该城市经营的小型零售企业来说，都将是一个巨大的冲击。因为，它们不得不屈服于这些巨头企业的价格领导地位。一些小店只有这样做了，才能得以生存。这就使得我们不难理解，为什么报纸上常常登载一些小企业因为不能与大企业在产品价格上进行有效竞争，而招致破产的消息。

战略分析案例 10.1

蔓越莓市场中有 34% 的生产商是价格接受者

蔓越莓（Cranberries）是一种富含维生素 C 和抗氧化物的红色浆果，有助于防止患膀胱炎。在美国该产品市场是由种植合作社巨头欧思培（Ocean Spray）公司所控制。

欧思培公司是蔓越莓的价格制定者，控制 66% 的市场份额。当欧思培制定了蔓越莓的市场价格之后，其他非合作社的生产商都只能跟随这个价格。在每年的 9 月末至 10 月初，欧思培决定各个超市蔓越莓（每箱 24 盒，每盒重量为 12 盎司）销售的价格。这个价格的制定是根据预期和实际的市场供求条件来决定。根据这个价格水平，其他生产商去决定蔓越莓收获产量中有多少用于市场销售、多少用于仓储、多少用来生产其他产品（比如果汁）[①]等。

因此，欧思培属于价格领导者，其余 34% 的生产者就是价格跟随者。无论欧思培制定的价格是多少，跟随者只能根据这个价格水平来优化自己的生产和销售计划。

主导企业的管理者的确能够决定产品的市场价格，因为小公司的管理者只是产品价格的接受者。对这些小企业而言，它们就像是在完善的竞争市场上从事经营活动一样，把产品的价格看作是由市场给定的。这些小企业的管理者衡量价格与边际成本，以此来决定本企业的产量。这些小企业的总供给曲线就是由每个小企业的边际成本曲线水平相加构成的。图 10.3 描绘了这条供给曲线。相比之下，主导企业所面对的需求曲线是从估计的市场总需求中减去由小企业在每个对应价格下的供给数量后构成的。所以，主导企业的需求曲线 d 是由在每一个价格水平下所对应的行业市场需求曲线减去由各个小企业构成的总供给曲线所得的结果。

为了说明需求曲线 d 是怎样获得的，假设主导企业设定产品的价格为 P_0，小企业的总供给为 R_0，市场总需求为 V_0。那么，主导企业的产量应为 V_0-R_0，即在需求曲线 D 上，当价格为 P_0 时的产量是 D_0。换言之，D_0 和 V_0-R_0 相等。采取同样的方法，可以决定需求曲线 d 上的其他各个点，即在每个价格水平上，推导出对应的需求数量，即主导企业的市场需求曲线 d。

了解了主导企业产量的需求曲线 d 及其边际成本曲线 M，管理者就会很容易决定利

[①] The Case if the Vanishing Berries. The New York Times, November 12, 2000.

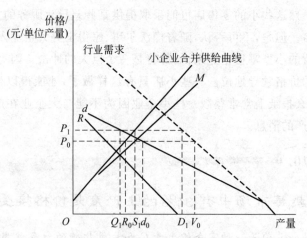

图 10.3 主导企业的价格领导作用

润最大化的产品价格和产量。主导企业的边际收入曲线 R 可根据需求曲线 d 推导得出。

注意,此时的边际收入函数为

$$\frac{dTR_A}{dQ_A} = 15 - \left(\frac{1}{3}\right)Q_A$$

由边际成本等于边际收入,可知主导企业的最优产量为 Q_1。该产量所对应的价格为 P_1。因此,行业的总产量为 D_1,小企业的供给曲线为 $S_1(=D_1-Q_1)$。

战略分析案例 10.2

沃尔玛公司的产品价格决策

沃尔玛公司作为零售行业中的主导企业,它如何决定利润最大化产品的价格呢?假设某产品的行业需求曲线是

$$Q = 100 - 5P$$

式中,Q 是需求数量而 P 是价格。该行业内其他各个小企业的总供给曲线是

$$Q_s = 10 + P$$

其中,Q_s 是所有小企业供给量之和(总供给)。沃尔玛企业的边际成本为

$$MC = \frac{8}{3}Q_A \tag{10.1}$$

式中,Q_A 是沃尔玛企业的产量。为了推导出沃尔玛企业产品的需求曲线,我们从 Q 中减去 Q_s,结果是

$$Q_A = Q - Q_s = (100 - 5P) - (10 + P) = 90 - 6P$$

$$P = 15 - \frac{1}{6}Q_A \tag{10.2}$$

沃尔玛企业的总收入等于PQ_A，据此可得出总收入函数为

$$TR = \left(15 - \frac{1}{6}Q_A\right)Q_A = 15Q_A - \frac{1}{6}Q_A^2$$

因此，沃尔玛企业的边际收入为

$$\frac{\Delta TR_A}{\Delta Q_A} = MR_A = 15 - \frac{1}{3}Q_A \tag{10.3}$$

为了实现最大利润，沃尔玛企业需要让边际收入方程(10.3)等于边际成本方程(10.1)，即

$$MR_A = 15 - \frac{1}{3}Q_A = \frac{8}{3}Q_A = MC_A$$

因此，Q_A一定等于5。从式(10.2)可得到$P=14.167$美元。

总之，如果沃尔玛企业的管理者想要实现最大利润，其产品的市场价格就该定在14.17美元[①]。

10.4 市场上仅有少数竞争对手时企业的行为

我们将在第11章介绍为什么一个企业的管理者需要能够预测对手企业的管理者可能采取的某些行为。当对手的行为发生改变时，你的行为也可能需要做出相应的调整。下面我们就来分析在市场上仅有少数竞争对手时，一个企业的管理者可能需要采取的行为模型。为了便于说明问题，这里我们只讨论市场上仅有两个公司的行为问题。我们把仅有两家企业构成的市场称作双寡头市场。正如后面结果所示，双寡头市场分析的结果完全可以适用于由多个寡头企业构成的市场。

假如两家公司生产相同的产品，每个公司的管理者需要决定各自产品的生产量。在不知道对手企业产量决策的前提下，对本企业产量进行的决策称作同步决策。企业的管理者是要经常进行同步决策的。比如，在进行封闭式投标拍卖时，管理者就是在进行同步决策。当几个公司同时进入某一市场时，每一个公司的管理者并不知道其他管理者为自己公司所设计的生产规模。那么，在这种情况下公司管理者进行的生产规模决策就属于同步决策。

10.4.1 少数竞争对手之间的价格竞争

价格竞争是管理者普遍采用的一个竞争策略。价格竞争常常导致产品价格的轮番下降，当然下降的底线是不低于边际成本。经常有人把这种竞争称为价格战，其战火可能达到把土壤烧焦的程度。当然，管理者应尽量避免这种行为。

[①] Bruce W. Allen, Neil A. Doherty, Keith Weigelt, Edwin Mansfield. Managerial Economics Theory, Applications, and Cases, Seventh Edition. W. W. Norton & Company, Inc, 2009, pp.340.

战略分析案例 10.3

集团企业的协同效应

为什么一些公司愿意把自己变成能够生产多种产品的一个大型企业集团,而另一些公司则选择只是经营一条生产线而并不追求企业规模的扩大?后者更加注重打造企业具有的核心优势,仅做一种产品,但把它做到最好。而前者更加注重范围经济和分散风险。那些主张把一个大型集团企业拆分成几个小企业的人,则认为前者创造的价值要小于后者所能创造价值的总和。那些热衷于经营大型集团企业的管理者,像通用电气和西门子,则认为大企业是有好处的,因为它可以更容易实现管理理念和资源的共享。

在分散风险方面,很多评论家指出,随着资本市场变得更加复杂,资金的全球化和流动性进一步加强,资本的管理者需要从各种不同的行业部门那里购买债券,从而降低投资风险,增加投资的回报[①]。

我们在此考虑一个情况。假设行业内只有两家公司——A 和 B,同时生产一种同样的产品。假设两个公司具有相同的总成本函数:

$$\text{TC}_i = 500 + 4q_i + 0.5q_i^2 \tag{10.4}$$

式中,i 代表公司 A 和 B,q_i 是公司 i 的产量。
同时,两个公司管理者面对同样的市场需求函数:

$$P = 100 - Q = 100 - q_A - q_B \tag{10.5}$$

式中,P 是产品单位产量的价格,Q 是在产品价格 P 时的市场需求数量,且 $Q = q_A + q_B$。
公司 i 的边际成本为

$$\text{MC}_i = \frac{\Delta \text{TC}_i}{\Delta \text{d}q_i} = 4 + q_i \tag{10.6}$$

运用一阶导数可以求得公司的边际成本:

$$\frac{\text{d}\,\text{TC}_i}{\text{d}q_i} = 4 + q_i$$

如果两个公司的管理者想开展价格竞争,这种竞争将会导致产品价格持续下降,一直降到边际成本的水平。当然,无论如何,管理者不会把价格降到低于边际成本的水平。因为,此时从多销售一个单位产品所得到的收入增加要小于为生产这一单位产品所要发生的成本。

购买第 1 个单位产品的保留价格是 99 元,每个生产者生产该产品的成本是 5(即 4+1)。如果企业之间在该价格水平展开竞争,管理者就会把价格定在 99 元,而他们实际可以接受的价格仅有 5 元。事实上,如果两家企业想在这个客户上展开价格竞争,我们可以预计,产品的价格可能降低 5 元。假设公司 A 把价格定在 99 元(预计获得 99-5=94 元的利润)。公司 B 将接下来把价格定在 98 元(预计获利 98-5=93 元的利润)。然后,公

[①] Less Than the Sum of its Parts? Decline Sets in at the Conglomerate, Financial Times, February 5, 2007.

司 A 反过来会把价格定在 97 元。可以想象,通过这样多次轮番降价,最终价格会降至 5 元。在该价格上,企业利润将最终降到 0。

所以,我们预计价格竞争的最终结果是价格等于边际成本。对于公司 A 来说,这意味着

$$P = 100 - Q = 100 - q_A - q_B = 4 + q_A = MC_A$$
$$2q_A = 96 - q_B$$
$$Q_A = 48 - 0.5q_B \tag{10.7}$$

对于公司 B 来说,这意味着

$$P = 100 - Q = 100 - q_A - q_B = 4 + q_B = MC_B$$
$$2q_B = 96 - q_A$$
$$Q_B = 48 - 0.5q_A \tag{10.8}$$

我们将等式(10.8)代入等式(10.7),即可确定这种定价游戏的结果,即求得 q_A [或者用等式(10.7)代入等式(10.8),得到 q_B]。

$$q_A = 48 - 0.5(48 - 0.5q_A) = 24 + 0.5q_A$$
$$0.75q_A = 24$$
$$q_A = 32$$

将 $q_A = 32$ 代入等式(10.8),得到 $q_B = 48 - 0.5(32) = 32$。这并不奇怪(因为两个公司具有相同的成本函数)。由于每个公司的产量都是 32,所以行业的总产量是 64(Q)。将 $Q = 64$ 代入市场需求函数,即可得出价格为 36 元(100-64)。这刚好等于每个公司的边际成本,36 元(即 4+32)。每个公司的总收入为 1 152 元(36 元×32),而总成本为 1 140 元(500+4(32)+0.5×32²)。每个公司获得 12 元的利润。

10.4.2 少数竞争对手之间采取勾结行为

如果上述两个企业的管理者都意识到价格战给各自带来的利润损失,从而双方会开始考虑是否应该采取协作。那么,如果双方采取协作的话,情况会是怎样呢?假定它们可以合法地成立一个卡特尔组织。在这种情况下,市场需求曲线即是卡特尔组织的需求曲线,而卡特尔组织的边际成本曲线是每个公司的边际成本曲线的水平相加。每个公司的边际成本可写成

$$q_A = -4 + MC_A$$
$$q_B = -4 + MC_B$$

把 q_A 和 q_B 相加(相当于将边际成本进行水平累加),得到

$$Q = q_A + q_B = -4 + MC_A - 4 + MC_B$$
$$= -8 + 2MC$$

整理可得卡特尔组织的边际成本

$$2MC = 8 + Q$$

$$MC = 4 + 0.5Q$$

我们知道卡特尔组织可以采取垄断行为,通过边际收入等于边际成本决定其最佳产量。那么,卡特尔组织的总收入是

$$TR = PQ = (100 - Q)Q = 100Q - Q^2$$

因此,卡特尔组织的边际收入是

$$MR = \frac{\Delta TR}{\Delta Q} = 100 - 2Q$$

卡特尔的边际收入可通过一阶导数求得

$$\frac{dTR}{dQ} = 100 - 2Q$$

令卡特尔组织的边际收入等于边际成本,得到

$$MR = 100 - 2Q = 4 + 0.5Q = MC$$
$$2.5Q = 96$$
$$Q = 38.4$$

将 $Q=38.4$ 代入卡特尔组织的需求函数,得到价格是 61.6 元(即 $100-38.4$)。卡特尔组织的总收入是 2 365.44 元(61.6 元$\times 38.4$)。由于每个公司的边际成本方程是相同的,因此各自应生产相同的产量 19.2。两个企业各自的边际成本是 23.2 元(即 $4+19.2$),刚好等于卡特尔组织的边际收入,23.2 元($100-2\times 38.4$)。可见,两家公司平分总收入,各自分得 1 182.72 元。每个公司的总成本是 761.12 元($=500+4\times 19.2+0.5\times 19.2^2$);因此,每个公司可获得利润 421.6 元,大大超过两个公司采取价格竞争战略所能获得的 12 元的利润。值得注意的是,这种合作的结果大大减少了两家企业总的产量(从 64 减少到 38.4);同时,显著地增加了产品的市场价格(从 36 元到 61.6 元)。

10.4.3 少数企业之间的产量竞争行为

不幸的是,形成卡特尔组织通常是非法的。但是,采取残酷的价格竞争策略是一个双输的决策。那么,管理者该怎样做呢?他们可能在除了价格因素以外的任何其他方面开展竞争,从中获得比通过价格竞争获得利润更高的利润。其中的一个方面就是进行产量(或生产能力)竞争。这种形式的竞争有时被称为古诺现象(Cournot),大部分思想是源于法国经济学家(Cournot)最初提出这种竞争方式所具有的某些属性。

古诺分析是基于如下一些假设:市场中所有竞争对手企业同时采取行动,他们对市场需求的认知是相同的,并且能够估计对方企业的成本函数,基于对手企业采取追求最大利润的假设条件,来为本企业的利润最大化做出产量决策。

对于市场上每个参与者都对市场需求持有相同判断的这样一个假设条件,看上去好像有些牵强。但是,有很多证据表明这样的假设还是比较符合实际的。我们知道在许多情况下,企业的分析师和公司情报人员都是使用由政府或行业协会收集的数据(宏观经济和行业特殊信息)进行各种分析。因此,大家所利用的信息很多是相同的。此外,企业管理者之间历经长期的相互竞争过程,并通过各种行业协会活动实现彼此的了解。当然,必须承认,虽然各个企业的管理者使用的数据相同,这并不等于他们各自总是会得出相同的

分析结论。在某些情况下,竞争企业之间很可能大致了解对手企业的成本函数。比如,美国航空业是由两家大的飞机制造商(波音和空客)以及几家小型商用飞机制造商(比如 Bombardier 和 Embraer)组成的。对某一航空运营商来说,要么和竞争对手使用一样的机型,要么使用按运营商要求进行特制的某种机型。此外,各个航空公司的职员都加入了同一个工会组织,彼此都知道各自雇用员工的工资水平。所有运营商几乎都需要从仅有的几家供应商那里购买燃料、食品及其他用品。因此,运营商 A 可以对运营商 B 的运营成本基本上有一个准确的评估,对运营商 B 来说也是如此。此外,我们知道企业高管在行业内是经常流动的,当一些高管离开运营商 A,他们对运营商 A 所掌握的信息,对运营商 B 可能是十分有用的。

最后,公司 A 假设公司 B 的产量是固定在某一水平上,公司 A 基于这个假设来优化自己的产量(或生产能力)。这一假设并不像第一眼一看上去那样颇具局限性。首先,我们可以把这种情况勾画成一系列"假设"的问题。如果对手企业计划生产 X 数量的产品,那么我的企业应该生产多少才能获得最大的利润?根据对手企业可能采用的各种不同产量水平的假设,本企业可以提出不同的最佳产量计划。当然,本企业最终产量计划,取决于对手企业采取的实际产量(试想一下,对手企业需要经历相同的"假设"过程)。通过这样一个推理过程,管理者可以对对手在为了实现利润最大化条件下的产量有一个符合逻辑的推断。这是古诺模型的基本原理,它与运用博弈论所得到的结论是完全一致的。

我们现在就用两种不同的方法来讨论前面案例中古诺模型的解。第一种是,遵循一系列的"假设"场景。我们把公司 A 作为我们的决策公司。显然,如果公司 A 认为公司 B 会放弃与其共享的这个市场,那么,公司 A 就变成了一个垄断者,因为此时公司 A 就成为了市场中唯一生产商,其边际成本是 $MC_A = 4 + q_A$。管理者将通过 $MR = MC$ 来决定其利润最大化的产量,即

$$MR_A = 100 - 2q_A = 4 + q_A = MC_A$$
$$3q_A = 96$$
$$Q_A = 32$$

所以,如果 $q_B = 0$,公司 A 的利润最大化的产量就是 $q_A = 32$。

另一方面,如果公司 A 的管理者认为其对手企业的产量是 96 个单位,那么公司 A 最多只能生产 4 个单位的产量。我们可以把市场需求曲线改写成 $Q = 100 - P$。那么,公司 A 的剩余需求曲线(从市场需求曲线中减去假设由公司 B 生产的那部分产量),即公司 A 剩下的产量为

$$Q_A = 100 - P - 96 = 4 - P$$
$$P = 4 - q_A$$

此时公司 A 将不会生产任何产量,因为此时最高价格只能是 4 元(当 q_A 等于 0),最低边际成本也是 4 元(当 q_A 等于 0)。因为价格从来不可能等于或大于公司 A 的边际成本(在产量大于 0 的情况下)。因此,如果 $q_B = 96$ 是公司 B 的利润最大化产量,那么,公司 A 的最优产量必为 $q_A = 0$。

假设公司 A 认为对手会生产 50 个单位产量,即 $q_B = 50$。在这种情况下,公司 A 的剩余需求是

$$q_A = 100 - P - 50 = 50 - P$$
$$P = 50 - q_A$$

公司 A 的总收入为 $Pq_A = (50-q_A)q_A = 50q_A - q_A^2$。因此,边际收入

$$MR_A = \frac{\Delta TR_A}{\Delta q_A} = 50 - 2q_A$$

公司的边际收入可用一阶导数求得

$$\frac{dTR_A}{dq_A} = 50 - 2q_A$$

假设给定公司 B 产量时,确定公司 A 的利润最大化产量,如表 10.1 所示。

表 10.1　A 公司的利润最大化产量

如果公司 B 生产	公司 A 将生产
0	32
50	15.33
96	0

为了得到最大的利润,我们设定 $MR_A = MC_A$,即

$$MR_A = 50 - 2q_A = 4 + q_A = MC_A$$
$$3q_A = 46$$
$$q_A = 15.33$$

如果 $q_B = 50$,那么公司 A 的利润最大产量是 $q_A = 15.33$。

所以,我们得到基于对手企业 B 的一系列产量的假设,A 企业利润最大化的产量水平(见表格 10.1)。通过更多的"假设"情况,我们可以得出公司 B 从 0~96 的各种产量水平时,公司 A 的产量决策。

公司 A 获得最大利润是指,它的总收入(Pq_A)与总成本($500 + 4q_A + 0.5q_A^2$)之间的差值达到最大。可见公司 A 的总收入是

$$TR = (100-Q)q_A = (100 - q_A - q_B)q_A = 100q_A - q_A^2 - q_A q_B$$

边际收入为

$$MR_A = \frac{\Delta TR_A}{\Delta q_A} = 100 - 2q_A - q_B \tag{10.9}$$

公司边际收入可用一阶导数求得:

$$\frac{\partial TR_A}{\partial q_A} = 100 - 2q_A - q_B$$

为获得最大利润,设 $MR_A = MC_A$,或

$$MR_A = 100 - 2q_A - q_B = 4 + q_A = MC_A$$
$$3q_A = 96 - q_B$$
$$q_A = 32 - (1/3)q_B \tag{10.10}$$

方程(10.10)叫作公司 A 的反应函数;也就是说,公司 A 根据竞争对手公司 B 选择的产量水平,来决定公司 A 的利润最大化的产量水平。我们把表 10.1 中左边各个的数值分别代入到反应函数(10.10),即可得到表 10.1 右边一列的结果。

由于公司 B 和公司 A 具有相同的成本函数,并面对同样的市场需求曲线。因此,公司 B 的反应函数可写成

$$q_B = 32 - \frac{1}{3}q_A \tag{10.11}$$

通过将公司 A 的反应函数(10.10)代入到公司 B 的反应函数(10.11),就可以预期对手企业利润最大化的产量,即得到 q_B;或者将公司 B 的反应函数(10.11)代入到公司 A 的反应函数(10.10),从中解出 q_A。后者产生

$$q_A = 32 - \frac{1}{3}\left(32 - \frac{1}{3}\right)q_A$$

$$q_A = \frac{96}{3} - \frac{32}{3} + \frac{1}{9}q_A$$

$$\frac{8}{9}q_A = \frac{64}{3}$$

$$q_A = 24$$

将 $q_A=24$ 代入公司 B 的反应函数(10.11)中,得到

$$q_B = 32 - \frac{1}{3}24 = 24$$

因此,$Q=q_A+q_B=48$,将 $Q=48$ 代入市场需求函数得到产品的价格为 52 元,也就是 100−48。

我们不妨这样想:只有当两家公司各自都能按照其反应函数进行产量决策时,才能实现公司利润的最大化。这个反应函数告诉我们,一个企业是如何基于对手企业的产量水平来决定本企业的利润最大产量水平。然而,这一结果只发生在当两条反应函数曲线交叉的点。只有在这一点上,才能代表双方各自最理想的产量水平。我们把该点叫作纳什(Nash)均衡,以此来纪念诺贝尔经济学奖获得者 John Nash 对发明该理论所做的贡献。

在古诺分析的背景中,每个公司都生产 24 个单位的产品,市场价格是 52 元。每个公司的总收入是 1 248 元(即 52×24),每个公司的总成本是 884 元(即 500+4×24+0.5×24^2),每个公司都获得了 364 元的利润。虽然这个利润水平低于形成卡特尔垄断情况下的利润,421.6 元,但要明显大于在采取价格竞争策略条件下各自所能得到的利润水平(12 元)。这一发现的重要性在于,当在该垄断市场中加入另外一个同样生产规模企业的时候,它对该垄断市场的影响是非常明显的。此时,价格下降了 15.6%(价格从 61.6 元下降到 52 元),而产量增加了 25%(从 38.4 增加到 48)。因此,如果在垄断市场中加入一个竞争企业,将会大大降低现有企业的市场垄断地位。换言之,如果两家公司采取古诺产量竞争策略,将可以维持 86.3% 的垄断(卡特尔组织)利润,该利润水平是采取价格竞争策略时所能获得利润的 30 倍。

企业管理者采取什么办法才能使自己进入古诺状态,从而避免价格竞争的窘境呢?对于一些管理者来说,很多时候后者是难以避免的。例如,各航空公司间经常会进行价格战,造成两败俱伤,各自利润都有所损失。另外,各企业管理者间也可能放弃价格竞争,从而选择采取产量竞争。图 10.4 反映了该产量竞争过程。

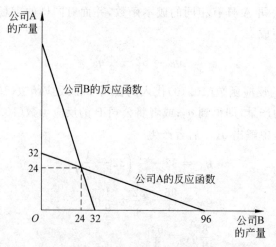

图 10.4　公司 A 和 B 的古诺反应函数

这种策略适合在进行大额资本投资决策时使用。一旦企业投资规模得以确定，产量也随之确定。航空公司之所以不能很好地实现古诺产量，究其原因是因为航空公司很容易通过租赁不同的飞机来改变其运载能力［比如，美国大陆航空公司（Continental Airlines）的所有飞机都是租赁的］。对于炼油企业而言，就比较容易实现古诺产量，因为炼油厂的规模一旦确定，就很难进行改变（原因是投资金额约束、环境问题、场地限制等，而且没人愿意让炼油厂建在离自己的居住地较近的地方）。

10.4.4　多于两家公司的古诺情境

考虑一个市场需求曲线为 $P=a-bQ$，该市场中有 n 个完全相同的公司，即每个公司的产量为 $Q_i=Q/n$，其中 a 和 b 是需求函数的参数，而 Q_i 为第 i 个公司的产量。每个公司的边际成本是 $MC_i=c+eQ_i$，其中 c 和 e 是边际成本函数参数。因此，我们可以把市场需求函数改写成

$$P = a - bQ_1 - bQ_2 - \cdots - bQ_i - \cdots - bQ_n$$

公司 i 的总收入是：

$$\begin{aligned} TR_i &= P \cdot Q_i = (a - bQ_1 - bQ_2 - \cdots - bQ_i - \cdots - bQ_n)Q_i \\ &= aQ_i - bQ_iQ_1 - bQ_iQ_2 - \cdots - bQ_i^2 - \cdots - bQ_iQ_n \end{aligned}$$

公司 i 的边际收入：

$$\begin{aligned} MR_i &= \frac{\Delta TR_i}{\Delta Q_i} = a - bQ_1 - bQ_2 - \cdots - bQ_i - \cdots - bQ_n \\ &= a - 2bQ_i - \sum_{k \neq i}^{n} bQ_k \\ &= a - 2bQ_i - (n-1)bQ_i \end{aligned}$$

由于所有公司的规模都是一样的，$Q_i=Q_k$，我们可以得到下面的边际收入函数：

$$\mathrm{MR}_i = \frac{\partial \mathrm{TR}_i}{\partial Q_i} = a - bQ_1 - bQ_2 - \cdots - bQ_i - \cdots - bQ_n$$

$$= a - 2bQ_i - \sum_{k \neq i}^{n} bQ_k$$

$$= a - 2bQ_1 - (n-1)bQ_1$$

进一步简化,可得到边际收入 $\mathrm{MR}_i = a - (n+1)bQ$。令 $\mathrm{MR}_i = \mathrm{MC}_i$ 从而得到最大利润产量

$$\mathrm{MR}_i = a - (n+1)bQ_i = c + eQ_i = \mathrm{MC}_i$$

从中解出产量 Q_i:

$$Q_i = \frac{a-c}{[(n+1)b+e]}$$

表 10.2 给出多家公司之间进行产量竞争的结果。运用以上 Q_i 的公式,代入 $a=100, b=1, c=4, e=1$,得到 $Q_i = 96/(n+2)$。因此,在双寡头市场中加入第三个相同的竞争公司时,会使产品的价格从卡特尔垄断价格水平上下降 31.17%,同时产量增加 50%。在有 8 个相同成本的竞争者参与的古诺情境中,产品价格会从卡特尔垄断价格下降 62.34%,而产量同时会增加 100%。由于较高的固定成本(500 元),当有三个公司参与古诺竞争时,利润则变成负数。如果固定成本比较低(例如 50 元),所有描述的情境都会得到正的利润(n 值很大时除外)。

表 10.2 多企业古诺竞争条件下的价格、产量和利润

竞争者数量	价格	价格下降的百分比	产量/公司	利润/公司	总产量	产量增加的百分比
卡特尔	61.6		38.4	421.6	32	
2	52	15.58	24	364	48	25
3	42.4	31.17	19.2	52.96	57.6	50
4	36	41.56	16	−116	64	66.67
5	31.43	48.98	13.71	−217.92	68.57	78.57
6	28	54.55	12	−284	72	87.5
7	25.33	58.88	10.67	−329.33	74.67	94.45
8	23.2	62.34	9.6	−360.8	76.8	100
9	21.45	65.18	8.73	−385.77	78.55	104.56
10	20	67.53	8	−404	80	108.33
n	$4n+200/n+2$		$96/n+2$	$[11824-2000n-500n^2]/(n+2)2 - 500$	$96/n+2$	
∞	4	93.51	0	500	96	150

该分析结果表明,只要在古诺市场环境中增加少数的进入者就会给市场带来明显的价格竞争。即使这些进入企业具有较高的成本,它们仍然能够大大地削弱现有企业的市场力,并造成巨大的产品降价压力。

10.4.5 管理者先行: 斯坦克尔伯格行为

下面考虑某公司管理者可以在竞争对手之前采取行动的情况。假如公司 A 先做出

生产能力决策,并决定付诸实施;公司 B 得知公司 A 的这一决策,那么公司 B 会如何选择自己企业的生产能力呢?奥托·斯坦克尔伯格(Otto Stackelberg)描述了公司 B 的这种行为过程,故依此得名为奥托·斯坦克尔伯格行为。公司 B 对公司 A 的生产能力决策会做出怎样的反应呢?如果公司 B 的管理者想追求利润最大化,那么公司就必须遵守反应函数。这个函数代表在已知公司 A 产量决策的情况下,公司 B 如何进行产量决策才能实现利润的最大化。如果管理者不遵守反应函数曲线,就无法实现最大利润。所以,公司 A 可以预计公司 B 可能选择的生产能力。

公司 A 面对的需求曲线为[把公司 B 的反应函数 q_B,代入方程(10.11),因此可预知公司 B 采取的产量决策。]

$$P = 100 - q_A - q_B = 100 - q_A - \left(32 - \frac{1}{3}q_A\right) = 68 - \left(\frac{2}{3}\right)q_A$$

那么,公司 A 的总收入是 $Pq_A = \left(68 - \frac{2}{3}q_A\right)q_A = 68q_A - \frac{2}{3}q_A^2$。公司 A 的边际收入是

$$MR_A = \frac{\Delta TR_A}{\Delta q_A} = 68 - \frac{4}{3}q_A$$

公司 A 的边际收入来自一阶导数

$$\frac{d\,TR_A}{dq_A} = 68 - \frac{4}{3}q_A$$

公司 A 通过设定边际收入等于边际成本,从而获得最大利润

$$MR_A = 68 - \frac{4}{3}q_A = MC_A$$

$$\frac{7}{3}q_A = 64$$

$$q_A = 27.43$$

将 $q_A = 27.43$ 代入公司 B 的反应函数,得到

$$q_B = 32 - \frac{1}{3}27.43 = 22.86$$

因此,$Q = q_A + q_B = 50.29$,将 $Q = 50.29$ 代入市场需求函数,得到价格等于 49.71 元(也就是 $100 - 50.29$)。公司 A 的总收入是 1 363.59(即 49.71×27.43),总成本是 985.88 元(即 $500 + 4 \times 27.43 + 0.5 \times 27.43^2$)。所以,公司 A 的利润是 377.71 元(高于古诺同步决策利润 13.71 元)。一般来说,如果你的企业具有较好的市场优势,而且竞争对手对你有所让步,那你就应该采取先行行动。公司 B 的总收入是 1 136.33 元(即 49.71×22.86),总成本是 852.65 元(即 $500 + 4 \times 22.86 + 0.5 \times 22.86^2$)。因此,公司 B 的利润为 283.67 元(相比古诺情形利润下降了 80.33 元。所以,公司 B 从采取跟随策略中受到了惩罚)。

如果公司 B 采取先行行动,利润的状况将会完全颠倒。因为在这种情况下,由于两个公司的成本是一样的,采取先行行动的公司都将获得 94.04 元的利润(即先行行动的所得减去后行动造成的损失)。在两个公司具有不同成本函数的情况下,成本较低的公司相比成本较高的公司,在价格决策方面有着更大的优势,包括采取先行行动。此时,低成本公司采取先行行动,将会获得更多利润。它们甚至可以通过花钱来"购买"先行优势,比如

从彩票中奖者手中购买先行行动权,销售专利产品的价格要高于高成本公司产品的价格,或者通过扩大企业规模来实现自己的先行优势。

当企业管理者面对不同的成本函数时,其利润是怎样变化的呢?假设两个公司面临同样的市场需求曲线,$P=100-q_A-q_B$。公司 A 的成本函数 $TC_A=500+4q_A+0.5q_A^2$,公司 B 的成本曲线是 $TC_B=500+10q_B+0.5q_B^2$(也就是公司 B 的生产成本高于公司 A 的生产成本)。公司 A 的反应函数是 $q_A=32-\frac{1}{3}q_B$,公司 B 的反应函数是 $q_B=32-\frac{1}{3}q_A$。如果公司 A 采取先行的话,它的斯坦克尔伯格的解为:$P=51.143$ 元,$q_A=28.286$,$q_B=20.571$,$\pi_A=433.429$ 元,$\pi_B=134.776$ 元;如果公司 B 先行的话,其斯坦克尔伯格的解为 $P=51.429$ 元,$q_A=23.714$,$q_B=24.857$,$\pi_A=343.551$ 元,$\pi_B=220.857$ 元。

下面我们来解释一下为什么低成本公司具有先行优势。如果公司 A 先行,得到 $\pi_A=433.429$ 元的利润;反之,如果公司 A 等待公司 B 先行,公司 A 只能得到 $\pi_A=343.551$ 元的利润。因此,当公司 A 先行时,可以多得 $433.429-343.551=89.878$ 元的利润。如果公司 B 先行,则能得到 $\pi_B=220.857$ 元的利润;反之,如果公司 B 让公司 A 先行了,公司 B 仅能得到 $\pi_B=134.776$ 元的利润。因此,当公司 B 采取先行时,它可多得 $220.857-134.776=86.081$ 元的利润。可见,同样采取先行,但公司 A 可以获得更多的利润。如果我们把问题改成一个向发明者购买专利权的问题,那么,公司 A 就可以以价格优势(即用较高的价格购买到专利权)优先购买到这个专利权(因为公司 A 可以接受的出价高达 89.878 元,而公司 B 能够接受的最高出价仅为 86.081 元)。在升价拍卖中,所有的报价都是公开的,最终以拍卖到最高价格结束。据此,我们推断公司 A 将以略高出 86.081 元的价格购买到专利。

在现实经济环境中,寡头垄断市场和少数企业竞争市场是最为普遍的市场形式,有必要对区分这两种市场的条件进行仔细的分析。我们在开始分析企业的行为时,曾经提到过,你的最优策略总是取决于你的竞争对手所采取的策略;也就是说,在方程(10.9)中,你的边际收入不仅取决于你选择怎样做,还取决于你的对手企业采取怎样的策略。因此,最终你能得到的产品价格是由你和对手企业共同决定的。这是一个具有连锁互惠性质的决策过程;换言之,我的行动取决于你的行动;你的行动也取决于我的行动。企业之间这种相互依存关系在任何一个经济体中都是普遍存在的。

10.5 双寡头和差异化产品价格竞争

根据上述分析,我们看到两个企业间采取价格竞争其结果总是双输吗?在前面我们已经证实在市场产品没有差异的情况下,这个结论是肯定的。但是,如果企业管理者能使其产品有所差异,那么情况会是怎样呢?采取价格竞争,双方是否有利可图?下面我们来分析一下两个竞争企业各自生产不同的产品,但产品间却具有高度的相互替代性。为了简化分析,假设产品的边际成本为 0。设公司 1 产品的需求函数为

$$Q_1 = 100 - 3P_1 + 2P_2$$

其中 Q_1 是在其每单位产品价格为 P_1 和公司 2 每单位产品价格为 P_2 时公司 1 产品的需

求数量。请注意,当公司2对其产品定价较高时,会有一些原来购买公司2产品的消费者转为购买公司1的产品,从而导致市场对公司1的产品需求量增加。这说明产品差异化能够在一定程度上缓解由价格竞争给企业带来的负面影响,但却不能彻底摆脱这种负面影响。因为市场对公司1产品的需求不仅仅取决于自身的定价水平,还取决于竞争对手产品的定价。

同样地,公司2的产品需求是 $Q_2 = 100 - 3P_2 + 2P_1$,此时,公司1想获得最大利润,等同于获得最大收入,因此我们假设生产成本等于0。

在古诺模型中,如果企业间开展价格战,产品的价格将会降低至边际成本,利润将是0。这再次证明,价格战是双输的。那么,是否有与古诺竞争类似的情形,企业双方展开价格竞争,并不造成经济自杀的结果呢?答案是肯定的。这个解释模型当作伯特兰(Bertrand)模型。此时,公司1的总收入为

$$TR_1 = P_1 \cdot Q_1 = P_1 \cdot Q_1(100 - 3P_1 + 2P_2)$$
$$= 100P_1 - 3P_1^2 + 2P_1P_2$$
$$= TR_{11} + TR_{12}$$

其中,$TR_{11} = 100P_1 - 3P_1^2$,$TR_{12} = 2P_1P_2$。

为得到最大总收入,令 $\Delta TR_1 \Delta P_1 = (\Delta TR_{11}/\Delta P_1) + (\Delta TR_{12}/\Delta P_1) = 0$。$\Delta TR_{11}/\Delta P_1$ 和之前的 ΔQ 有相同的形式,即 $100 - 6P_1$(相同的截距100和2倍的斜率-3)。关于 $\Delta TR_{12}/\Delta P_1$,可将 P_1 看作是初始价格,P_1' 看作新价格,$\Delta P_1 = P_1' - P_1$。因此,$\Delta TR_{12} = 2P_1'P_2 - 2P_1P_2 = 2P_2(P_1' - P_1) = 2P_2\Delta P_1$,和 $\Delta TR_{12}/\Delta P_1 = 2P_2$。因此,公司1收入(或利润)最大化的条件是

$$\Delta TR_1 \Delta P_1 = (100 - 6P_1) + (2P_2) = 0$$

或

$$6P_1 = 100 + 2P_2$$

或

$$P_1 = \frac{50}{3} + \frac{1}{3}P_2 \qquad (10.12)$$

收入(利润)最大化的条件来自

$$Q_1 = 100 - 3P_1 + 2P_2 = 0$$

类似地,公司2收入(或利润)最大化价格为

$$P_2 = \frac{50}{3} + \frac{1}{3}P_1 \qquad (10.13)$$

这样,方程(10.12)和方程(10.13)给出两个方程和两个未知变量。将方程(10.13)代入方程(10.12)即可得到 P_1

$$P_1 = \frac{50}{3} + \frac{1}{3} \times \left(\frac{50}{3} + \frac{1}{3}P_1\right)$$
$$= \frac{150}{9} + \frac{50}{9} + \frac{1}{9}P_1$$
$$= \frac{200}{9} + \frac{1}{9}P_1$$

即

$$\frac{8}{9}P_1 = \frac{200}{9}$$

因此,公司 1 的最优价格是 $P_1=25$。将 $P_1=25$ 代入方程(10.13),得出 $P_2=\frac{50}{3}+\frac{1}{3}\times 25=\frac{75}{3}=25$。可见双方采取同样的定价,这是因为各自采取的产品差异化措施对对方产品的市场需求产生同样的影响(记住它们各自的需求曲线都是在对手价格前有个 +2)。将 $P_1=P_2=25$ 代入到公司 1 的需求曲线,得到 $Q_1=100-3\times 25+2\times 25=100-75+50=75$;相似地,$Q_2=75$。公司 1 的总收入(利润)为 $TRP_1=P_1\cdot Q_1=25\times 75=1\,875$;相似地,$TR_2=1\,875$。这要明显好于双方采取价格战,各自所得利润为 0 的结果。图 10.5 表示了这样的最优解。

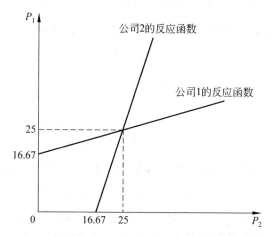

图 10.5 公司 1 和公司 2 的伯特兰反应函数及其均衡

如果两个公司采取相互勾结或者是采取合并行为,结果会是怎样呢?双方采取合并的总收入是

$$\begin{aligned}
TR &= TR_1 + TR_2 \\
&= P_1\times(100-3P_1+2P_2) + P_2\times(100-3P_2+2P_1) \\
&= 100P_1 - 3P_1^2 + 2P_1P_2 + 100P_2 - 3P_2^2 + 2P_1P_2 \\
&= 100P_1 - 3P_1^2 + 100P_2 - 3P_2^2 + 4P_1P_2 \\
&= TRP_{11} + TR_{22} + TR_{12}
\end{aligned}$$

其中:

$$TR_{11} = 100P_1 - 3P_1^2$$
$$TR_{22} = 100P_2 - 3P_2^2$$
$$TR_{12} = 4P_1P_2$$

为了达到最大收入(或利润),需要令 $\Delta TR/\Delta P_1=0$ 和 $\Delta TR/\Delta P_2=0$。与推导方程(10.12)和方程(10.13)相类似,我们得到

$$\Delta(TR_{11}+TR_{12})/\Delta P_1 = \Delta TR/\Delta P_1 = 100 - 6P_1 + 4P_2 = 0$$

或
$$6P_1 = 100 + 4P_2$$

或
$$P_1 = \frac{50}{3} + \frac{2}{3}P_2 \tag{10.14}$$

令 $\Delta(TR_{11}+TR_{12})/\Delta P_2 = \Delta TR/\Delta P_2 = 0$，得到最优价格 P_2 是

$$P_2 = \frac{50}{3} + \frac{2}{3}P_1 \tag{10.15}$$

可通过下列推导过程获得企业的最大收入(利润)

$$\frac{\partial TR}{\partial P_1} = 100 - 6P_1 + 4P_2 = 0$$

$$\frac{\partial TR}{\partial P_2} = 100 - 6P_2 + 4P_1 = 0$$

上述两个方程中有两个未知变量，将式(10.15)代入式(10.14)，即可得到 P_1：

$$P_1 = \frac{50}{3} + \frac{2}{3}\left(\frac{50}{3} + \frac{2}{3}P_1\right)$$

$$= \frac{150}{9} + \frac{100}{9} + \frac{4}{9}P_1$$

$$= \frac{250}{9} + \frac{4}{9}P_1$$

那么 $\frac{5}{9}P_1 = \frac{250}{9}$，结果是 $P_1=50, P_2=50$。将 $P_1=P_2=50$ 代入公司1的需求函数，得到 $Q_1=100-3\times50+2\times50=100-150+100=50$。类似地，$Q_2=50$。公司1的总收入(利润) $TR_1=P_1 \cdot Q_1=50\times50=2\,500$。同样地，$TRP_2=2\,500$。可见，相互勾结可获得更高的利润。当然，一般来说这种做法可能是违法的。在采取价格竞争策略时，其各自利润水平仅为勾结状态下获得利润的75%(1\,875/2\,500=75%)。所以，企业间将不会选择采取价格战的策略。在此，我们可以与前面讲的古诺均衡模型结果做一比较，即让第三个竞争者进入该产品市场，其结果是会使价格下降50%。这就是为什么管理者需要了解采取各种不同竞争策略会对企业利润水平产生的影响。要记住，当消费者获得较多的消费者剩余时，就意味着生产者剩余的减少。我们将在第12章(博弈论)中继续讨论市场上具有少数竞争企业之间的战略定价问题。

10.6 企业的黏性定价

　　古诺模型解释了价格为什么会有"黏性"，也就是说管理者知道自己产品的最佳价格水平是多少，但却总是让价格停留在另一水平而不是最佳水平上。这对产品的生产成本和市场需求长期处于较为稳定的条件下而言，情况更是如此。我们需要采用另一个行为模型来解释为什么在差异化产品的情况下，价格仍然会具有黏性，即价格不会轻易地发生改变。

　　假设某企业管理者面对少数同行业的竞争者。在当前的价格是 P_0 时，产量是 Q_0。

如果企业选择提高产品的价格,需求将变得富有弹性(当然不至于变成具有完全弹性,即无穷大的需求弹性,因为毕竟产品之间存在差异,不可能实现完全替代)。当价格提高时,一些消费者将会去购买其他类似商品。当然,仍会有一些消费者继续购买该提价的产品,其原因是该种产品对这些消费者来说具有较高的价值。

另外,如果企业管理者选择降低产品的价格,产品的需求将会变得缺乏弹性,或弹性下降。这是因为为保证产品的市场销量,竞争对手企业也会选择降低产品的价格。虽然在对手企业不采取跟随降低产品价格的情况下,先采取降价的企业可能会扩大一些产品的销量,而增加一些收入,但是,如果对手企业也采取降价的策略,那么由此导致的利润的损失可能会大于增加的销售收入,从而导致利润下降。

因此,企业面临的市场需求曲线在(Q_0,P_0)处呈现出折点。在该点之上,需求曲线的斜率下降(曲线变得平缓),在该点之下,需求曲线变得更加陡峭(斜率增大)。由此在Q_0处产生一条不连续的边际收入曲线(见图10.6中BC间隔)(注意:对于线性需求曲线,边际收入曲线与需求曲线在价格轴上的截距是一样的,但边际收入曲线的斜率是需求曲线斜率的2倍)。

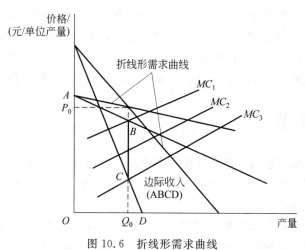

图10.6　折线形需求曲线

因此,边际成本曲线水平不论是在MC_1还是MC_3(或者是位于两者之间的任何一条边际成本曲线,如MC_2),当它们与非连续的边际收入曲线($ABCD$)相交时,都会得到相同的利润最大化的产品价格P_0和产量Q_0,尽管在此边际成本有一个较大的变化范围。

10.7　国际案例研究——啤酒市场

我们在本章开始时指出,在某些情况下,很难区分寡头和垄断竞争;而在另外一些情况下,寡头可能变成垄断竞争(如中国和美国的汽车市场)以及垄断市场可能变成寡头市场(如零售消费市场),这两种市场的区别也体现在全球规模的市场上。在这里举一个啤酒市场的例子。

美国的啤酒市场很明显属于寡头市场。在2000年,安海斯布希(Anheuser-Busch)啤酒销售量接近占到美国50%的市场份额。它的领先品牌百威(Budwiser)和Bud Light各占16%的市场份额。Miller啤酒占20%的市场份额,Coors占11%市场份额。因此,这前三大品牌啤酒企业占美国啤酒市场近80%的份额[①]。进口啤酒仅占美国10%的市场份额。

从长远来看,全球啤酒市场将是一个垄断竞争市场而不是寡头市场,因为整个世界啤酒市场远比美国啤酒市场更加分散。然而,回顾过去几十年的历史,国际啤酒市场正在逐渐趋于集中。根据行业贸易出版杂志 *Impact* 1980年报道,世界前十位啤酒生产商啤酒销量占整个世界市场的10%。而到2000年时,它们却占到了35%的市场份额。根据世界市场份额排序,前三位啤酒生产商分别是美国的安海斯布希(Anheuser-Busch)、荷兰的喜力(Heineken)和比利时的英特布鲁(Interbrew)。安海斯布希为世界领先,由于它在美国啤酒市场的统治地位,且基于荷兰和比利时两个国家各自的人口数量,可以想象其啤酒的生产水平是多么惊人(荷兰的人口仅有1 600万人,比利时人口只有1 000万人,两国人口总和还不到美国纽约州人口1 900万人和新泽西800万人的人口之和)。比利时的英特布鲁公司于2003年通过收买德国的Beck和英国的Whitebread以及Bass啤酒公司,成为世界啤酒生产领先企业。2004年通过与巴西的Brahma啤酒公司合并成为世界上最大的啤酒生产商(根据啤酒产量)。新的合并后的公司叫作InBev。根据该公司网站提供的信息,该公司目前生产全球13%的啤酒,在全球前20个主要啤酒消费市场中名列第一或第二。InBev的旗帜性品牌有Brahma(Brazil)、德国的Beck和比利时的Stella Artois。

10.8 本章小节

寡头市场具有如下特点:有少数几家企业参与该市场竞争,企业间具有很强的相互依存关系。美国石油产业就是比较典型的寡头市场的例子。在该市场中,有几家大的石油公司控制整个石油产业的生产能力。

目前还没有一个单独的模型可以用来分析寡头企业的行为,因为寡头企业的行为取决于具体的特定的市场环境。市场环境不同,寡头企业采取的行为也就不同。寡头市场企业的经营策略逐渐趋于与竞争对手间展开合作,包括串谋。当竞争企业的数量较少时,相互之间较容易建立起合作关系,因为企业管理者会认识到与其竞争对手企业之间有着紧密的相互依存关系。企业之间实行串谋的好处在于能够增加利润,减少不确定性,而且可以更为有效地控制新竞争对手进入市场,修筑更加牢固的市场进入壁垒。然而,寡头企业之间达成的串谋协议常常难以付诸实施和维持,因为一旦达成串谋协议,协议中的任何一方都可能存在欺骗的动机。因为这样做可以增加企业自身利润。而且,卡特尔组织内部也很难制订使所有成员都十分满意的行动方案。

分析寡头行为的另一个模型是价格领导分析。价格领导主要是指在某种市场内发挥主导作用的企业。我们讨论了在此种情况下,价格领导企业是如何通过产品定价来实现

---

① How Seagoing Chemical Haulers May Have Tried to Divide Market. The Wall Street Journal, February 20, 2003.

企业的利润最大化。这个模型也可用于解释不完善的卡特尔组织（即并非所有生产者都是卡特尔组织的成员）的定价问题。

当几家公司之间存在竞争时，企业管理者之间可能采取价格竞争，这通常导致一个双输的结果。因为这种竞争的结果导致产品的价格下降到边际成本水平，从而对企业的利润造成严重的影响。古诺竞争（在产量或生产能力上展开的竞争）是能够获得较高比例的卡特尔组织的利润，且避免像采取价格竞争那样给企业利润带来较大的负面影响。古诺行为存在于当不同企业的管理者同时采取行动和基于一系列假设条件。例如，给定竞争对手的产量水平，确定本企业的利润最大化的产量应该是多少；针对竞争对手可能选择各种不同的产量水平，推断出对应的本企业利润最大化的各种产量；或者把自己置于对方企业的管理者，为对方企业做出同样的分析和决策，从而使我们得出所有市场参与者都会采取相同策略的结论。少数企业之间进行竞争的主要特征是企业之间的相互依存。一个企业的最优产量不仅取决于本企业的各种影响要素，还取决于对手企业采取什么样的策略。

如果一个公司比另一个公司先采取行动，斯坦克尔伯格行为能够解释先行者和跟随者在顺序博弈中如何选择最优（利润最大化）策略。通常，采取先行策略比同时采取行动的古诺策略能够获得更多的利润；而跟随者只能获得比古诺策略较少的利润。如果低成本企业采取先行行动，它能够比高成本企业获得更多的利润。如果企业能够购买到先行行动权，那么企业对购买这个先行行动权愿意支付的价格刚好等于采取先行行动与采取跟随行动之间所能获得利润的差额。

生产具有差异化产品的企业之间也可以展开价格竞争，但不至于使价格下降到等于边际成本的水平。如果参与竞争企业的数量较少，那么每个企业不仅能够确定本企业的反应函数，也能够确定竞争对手企业的反应函数；同样地，本企业利润最大化的产品价格不仅取决于竞争对手企业的价格，还取决于本企业的具体情况。企业管理者能够推断出本企业产品的最优价格，从而能够推断出竞争对手企业采取的最优价格。当然，这个最优价格要明显低于卡特尔组织企业所决定的产品价格，但要明显高于企业间采取价格战所能得到的价格。

在具有产品差异化的寡头市场中，产品价格可能具有一定的黏性（即趋于相对稳定）。这是因为需求曲线在当前产品的价格水平上产生折点。当价格高于当前价格时，需求曲线变得富有弹性，因为竞争对手可能选择不跟随其提高产品的价格；而当价格处于当前价格之下，需求曲线会变得相对缺乏弹性，竞争对手企业为了保证销售量很可能采取跟随降低产品价格的策略。这种折线形需求曲线导致企业的边际收入曲线的不连续。因此，在这条边际收入曲线非连续的节段上，可以有多个不同水平的边际成本曲线与其相交，从而得到同等的利润最大化产量和产品的价格。

习题

1. 必胜与格达是市场上唯一的两家生产和销售一种特殊机器设备的公司，其产品的市场需求曲线是

$$P = 580 - 3Q$$

其中，P是产品的价格（元），Q是市场总需求数量。必胜公司的总成本函数为$TR_B = 410Q_B$，其中TR_B是总成本（元）而Q_B是产量。格达公司的总成本函数是$TR_G = 460Q_G$，其中TR_G是总成本（元），而Q_G是产量。

(1) 如果两个公司实行串谋，为实现两家企业利润总和达到最大，必胜公司的产量是多少？

(2) 格达公司的产量是多少？

(3) 格达公司会同意该协议吗？为什么？

2. 某种食品罐头行业仅有两家公司从事经营。假设该罐头产品的市场需求曲线是

$$P = 100 - Q$$

其中，P是罐头的价格（分/罐），Q是罐头的需求数量（百万罐/月）。假设每个公司的总成本函数是

$$TC = 2 + 15q$$

其中，TC是每月的总成本（万元），q是每个月的产量（百万罐/月）。

(1) 如果让价格等于边际成本，由此决定的产品价格和产量分别是多少？

(2) 如果双方通过串谋形成垄断，那么企业利润最大化的价格和产量分别是多少？

(3) 通过串谋形成垄断获得的利润是否会大于利用价格等于边际成本所能获得的利润？如果是的话，那么前者的利润比后者要大多少？

3. 一个销售某种特殊机器工具的寡头行业由两家公司经营。假设两家公司制定同样的产品价格，然后平分市场份额，即各销售市场总需求量的1/2。每个公司的产品需求数量和总成本如表10.3所示。

表10.3 该公司相关资料

价格/万元	日需求数量/台	日产量/台	总成本/万元
10	5	5	45
9	6	6	47
8	7	7	50
7	8	8	55
6	9	9	65

(1) 假设双方定价相同，该定价应该是什么？

(2) 在第(1)题的假设条件下，每个公司的日产量应该是多少？

4. 皮扎尔公司是一家在所属石油行业里具有价格领导地位的企业。也就是说，由它来决定该行业石油产品的价格，而其他公司只能按照这个价格来出售它们的产品。换言之，相当于其他公司采取完全竞争市场的决策行为。假设行业的需求曲线是$P = 300 - Q$，其中P是产品的价格，Q是市场总需求数量。其他公司提供的产量总和为Q_r，而$Q_r = 49P$（P是元/桶；Q、Q_r和Q_b为百万桶/周）

(1) 如果皮扎尔公司的边际成本曲线是$2.96Q_b$，其中Q_b是该公司的产量。为实现公司的最大利润，产量应该是多少？

(2) 此时的价格应定在多少？

(3) 在该价格水平,整个行业的石油产量是多少?

(4) 皮扎尔公司是否算得上该行业的主导企业?

5. 国际航空运输协会(IATA)是由 108 家美国和欧洲的航空公司组成的,提供横跨大西洋的航空服务。多年来,国际航空运输协会形成了一个卡特尔组织,由它来制定统一航空运输服务的价格。

(1) 如果国际航空运输协会想要实现协会内部所有成员的利润最大化,那么这个统一价格应该定为多少?

(2) 航空运输服务供给量应该在协会成员之间如何进行分配?

(3) 国际航空运输协会愿意采用价格等于边际成本来决定服务供给的数量吗?为什么?

6. 爱连与贝尔两家公司从事居民住宅楼太阳能管线换水机器装置,以提高冬季太阳能地热效果。该机器的市场需求曲线是 $P=200\,000-6(Q_1+Q_2)$,其中 P 是机器的价格(元),Q_1 是爱连公司每个月生产和销售机器的数量,Q_2 是贝尔公司每个月生产和销售机器的数量。爱连公司的总成本是 $TC_1 = 8\,000Q_1$,而贝尔公司的总成本是 $TC_2 = 12\,000Q_2$。

(1) 如果两个公司各自决定本企业利润最大化的产量水平,假设对方生产一个固定不变的产量,那么公司产品的均衡价格应该是多少?

(2) 每个公司的产量是多少?

(3) 每个公司能够挣得的利润是多少?

7. 在何种情况下,企业会发现改善自己产品的质量是有利可图的?企业的收益总是会大于成本吗?为什么?

8. 西方集团相信其产品的需求函数是

$$P = 28 - 0.14Q$$

其中,P 是价格(元),Q 是产量(万个单位)。公司董事会经过长时间会议讨论,决定企业需要在未来一段时间内增加总收入,即使这意味着可能会降低企业的利润。

(1) 为什么该企业要采取这样一个政策?

(2) 如果要实现企业的最大总收入,价格应定在多少?

(3) 如果企业的边际成本等于 14 元,那么企业的产量比利润最大化时的产量要多还是小?如果是多,多了多少?如果是少,少了多少?

9. 英国在过去的 100 多年里,根据售书协议的规定,书店之间不允许开展价格战。然而,1991 年 10 月 Waterstone 公司决定,对在它所经营的 85 家书店的书进行降价销售。其理由是,Waterstone 公司的管理者认为,与其竞争的 Dillon 公司已将其经销的 40 多种书进行了降价 25% 销售。

(1) 根据英国出版协会提供的信息,降价卖书将会给许多利润微薄的书店公司带来极大的破坏作用。那么,这样的降价是否与公众的利益相矛盾呢?

(2) 为什么 Dillon 公司要降价呢?在何种条件下,该降价是一个好的策略?在何种情况下,采取这种降价政策是错误的?

10. 1991 年美国有两家航空公司(Delta 航空公司和 Trump Shuttle 航空公司)提供

从纽约至波士顿或华盛顿的航空运输服务。两家航空公司对周末飞行和周一到周五单程飞行的乘客所制定的单程票价分别为 142 美元和 92 美元。1991 年 9 月,Delta 公司决定给那些频繁乘坐本航空公司的会员每次单程飞行免费赠送 1 000~2 000 英里积分,即使从纽约到波士顿或华盛顿的飞行距离仅有 200 英里。此外,Delta 还对那些经常当日往返的旅客再额外赠送 1 000 英里积分,从而使得一个旅客每日可能得到的赠送飞行英里积分数最多可达 5 000 英里。几乎与此同时,Trump 公司也对经常乘坐本公司航班的乘客实行了新的飞行里程赠送计划。你认为 Trump 航空公司应实行什么样的里程赠送计划?为什么?

第 11 章 特殊定价

学习目标

学完本章之后,读者应该能够:
- 分析卡特尔定价;
- 阐述价格领导作用;
- 理解价格歧视并能解释它对产量和价格的影响;
- 解释边际定价与成本加成定价的区别;
- 讨论各种形式的多产品定价;
- 解释"转移定价"的含义,并解释企业内部各个部门间产品的定价。

在第9、10章中,我们讨论了在不同市场条件下的产量与价格决策问题。下面我们继续讨论这一话题并运用我们所学到的在特定环境下进行价格决策方面的知识。在前面的章节中,都是假设企业仅生产一种产品,而在本章我们将要面临更加复杂的多种产品定价的问题。本章中所遇到的问题大都出现在非完全竞争的条件下。

11.1 卡特尔安排

企业之间的竞争是极其残酷的。要想在长期的竞争中得以生存,企业就必须在最低的成本水平下进行经营,而且通常只能获得正常利润。一个企业总是有一种动机要超过竞争对手,在某些特殊情况下,甚至想自己成为垄断企业。在寡头竞争产业中,通常有几个非常有实力的企业,其中任意一家企业想击垮其他竞争对手企业都是不可能的。因此,为了获得垄断利润(包括获得较高的利润、稳定的市场份额,以及创造一个有较小竞争的市场环境),最好的做法就是这些企业联合起来共同成为一个垄断企业。换言之,企业之间同意彼此合作,这样它们就形成了卡特尔。卡特尔安排可能是隐蔽的,但在大多数情况下,企业间达成了某种形式的正规协议。很早以前人们就发现了形成卡特尔的动机。实际上,亚当·斯密最早认识到卡特尔的存在[①]。

[①] Adam Smith, An Inquiry into the Nature and Cause of the Wealth of Nations. New York: Modern Library, 1937, p. 128.

美国于1890年通过的谢尔曼反托拉斯法规定卡特尔是违法的。所以,世界上多数"正式的"卡特尔往往都是发生在美国之外的国家。当今世界上最大的卡特尔可能是欧佩克石油输出国组织(OPEC)。当然,也存在一些其他卡特尔,比如国际航空运输协会(IATA),美国的航空公司也属于这一组织的内部成员。在美国一些大企业之间相互密谋勾结还是存在的。比如美国的电力行业就曾实行过产品统一定价和分配市场份额的问题。

卡特尔并不是在所有的寡头市场上都表现得非常活跃。以下是形成卡特尔的一些基本条件。

(1) 市场上存在少数几家大的具有实力的企业推崇相互勾结达成协议。

(2) 这些企业在地理位置上相互比较靠近。

(3) 产品的均质性使得卡特尔成员们很难通过产品差异化来彼此欺骗。

(4) 卡特尔通常是在产业萧条的环境下产生的,当企业为了事先预防因市场环境不佳而引起产品大幅度降价时才形成联盟。然而,当市场对其产品的需求减少时卡特尔也会瓦解,因为每一成员都会认为它们在卡特尔组织之外可能会做得更好。当市场状况好转时,卡特尔又会再次重新形成。所以,卡特尔会在商业周期的不同阶段形成或瓦解。

(5) 产业的进入具有较高的壁垒。欧佩克石油输出国组织就是一个很好的例子。对于一个没有基础能源的国家而言,想与欧佩克成员国竞争寡头垄断利润是不可能的。

(6) 如果各个卡特尔成员生产成本较接近,利润也基本相当,那么在这种情况下形成卡特尔就会相对稳定。正如前面提到的,产品的均质性一般会导致成本的一致性。

理想的卡特尔有着超凡的实力来制定垄断价格,使所有的成员获取最大的垄断利润,如图11.1所示。为简化起见,假设在一个寡头市场中只有两家公司,产业总需求曲线如图11.1(c)所示。采用通常的办法构造出这条需求曲线和边际收入曲线。两家寡头企业[见图11.1(a)和图11.1(b)]具有各自不同的平均总成本和边际成本曲线。

将两个企业的边际成本曲线水平相加,即可得到图11.1(c)中 MC_T 曲线。行业的产量发生在 MC_T 等于行业边际收入曲线,价格可以通过从 A 点向价格轴画一条水平线来确定。这是古典的垄断企业的决策状况,在 A 点垄断利润达到最大。

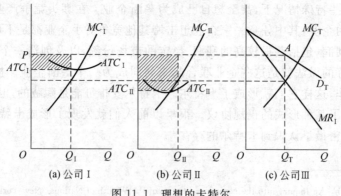

图 11.1 理想的卡特尔

下一步要确定在这个价格水平下,每一个企业生产的产品产量。为了把整个行业的产品全部销售出去,每个企业生产的数量是这样确定的:从图11.1(c)中的总边际收入曲线与总边际成本曲线的交点处画一条水平线,与两家企业各自的边际成本曲线相交[见图11.1(a)和图11.1(b)],这两个交点所对应的产量就是每个企业应当生产的产品数量。可以看出两个企业的产量是不同的,并且所获得的利润也是不同的,取决于在各自产量水平下所对应的总平均成本曲线。一般来说,低成本企业会挣得更多的利润(如图11.1中的阴影部分)。虽然这种决策结果使总利润达到了最大值,但也可能是卡特尔瓦解的原因之一。一家具有较低平均成本、生产效率高,而且拥有多余生产能力的企业,会发现通过采取制定较低产品价格的欺骗行为,可以扩大市场份额,从而使自己获得更高的利润。

因此,这样的卡特尔是不稳定的,除非在卡特尔组织内部执行监管力度非常大,否则卡特尔将趋于解体;通过秘密降价,企业可以获得很大的超额利润。这是因为卡特尔企业的需求曲线是非常有弹性的(在产品差异性很小的情况下)。在市场需求大幅度下降的情况下,卡特尔很容易遭受解体,因为每一个卡特尔的成员都会想尽办法保住或扩大自己产品的市场份额,其中秘密降价是一个十分重要的途径。

值得注意的是,企业之间形成卡特尔也是需要付出高昂代价的。首先,建立卡特尔是需要成本的;其次,监督卡特尔成员各自的行动也是需要成本的,包括制定各种相关制度,使得欺骗行为发生的概率达到最小。除此之外,被政府权威机构惩罚也是一种潜在的成本。因此,最终卡特尔并不一定会给所有成员带来利润。总之,通过相互勾结建立起来的卡特尔所赚取额外的收入必须要超过以上提到的各种成本的总和才会获得利润。所以,利润最大化既是产生勾结的动因,也是卡特尔瓦解的驱动力。

卡特尔成员之间往往需要通过协议来具体指定每个成员生产产品的市场份额,这种分配可能是基于历史情况或者是再重新规定把一个特定区域的市场划归为某一卡特尔成员拥有。此外,勾结行为也可以很多非正式的形式存在。例如,一个区域内的医疗服务部门可以通过勾结制定出统一的服务收费标准。贸易协会也常常通过收集和传达信息来限定贸易产品的价格。

11.2 价格领导

当共谋安排难以实现时,寡头市场上也可能出现另一种定价形式——价格领导。在价格领导定价模式下,寡头企业之间并不是通过正式的协议或默许来保持某一特定的产品价格水平或者把价格统一提高某一幅度,而是当一家企业标出产品价格时,其他企业跟随制定相同的价格。这种情况是非常普遍的。例如,在同一交叉路口上的两家或者多家汽车加油站,在大多数情况下两家汽油站销售汽油的价格总是相同的或者相差无几。另外一个例子是关于汽车公司。近年来很多汽车经销商登出给买车提供现金回扣或提供低息贷款的广告。具体做法是,客户每购买一辆汽车,经销商给客户返现金1 000元或提供3.9%的低息贷款。这种广告一旦登出,其他汽车销售公司纷纷效仿。再举一个美国IBM计算机企业的例子。在20世纪五六十年代,IBM被公认为是计算机行业的价格领导者。确切地说,IBM计算机的价格被看作是计算机行业的价格上限。据说IBM具有这个定价的资格,因为它是当时最大的和最受欢迎的计算机企业,所以,它是最有资格引领计算机行业的价格,它的竞争对手总是把与IBM生产相类似的计算机设备的价格定在略低于IBM的价格水平。

下面我们描述两种主要的价格领导形式:指标式价格领导和主导型价格领导。

11.2.1 指标式价格领导

也许在某一行业内没有一家企业总是能够主宰行业内产品的价格。但是,在该行业内可能有一家公司,也许不总是同一家公司,会基于经济环境制定出各种产品的价格,行业内其余的公司可能采取跟随亦可能采取不跟随其改变价格。如果这一标志性的价格领导者错误地判断了经济形势,当它做出价格变化时,其他公司可能不跟随其改变价格,或者改变价格很小。但是,如果这一标志性的价格领导企业是在正确地判断了该行业的经济形势之后做出价格调整,那么其他企业会跟随领导者做出同样的价格改变。如果情况不是这样,价格领导者必须撤销其价格变动计划,或者是重复尝试制订不同的价格方案,直到确定新的价格水平得到行业内所有其他企业的认可为止。这种价格变动机制存在于很多行业当中,包括汽车制造业、钢铁产业和造纸行业。

近年来,航空产业也出现过几次价格领导者没有其他企业跟随的例子。一个特例发生在1998年8月。当时美国达美航空公司与泛美航空公司率先把休闲旅游出行的机票票价提高了4%,而西北航空公司拒绝跟随提价。可是几天之后,西北航空公司也提高了机票的价格,随后其他航空公司跟随相继提价。然而两天以后,西北航空公司废除了这一涨价政策,几天之后其他航空公司也随之取消提价。接着,当西北航空公司又再次提高部分航线的票价时,仅有少数部分航空公司跟随提价。事实上,西北航空公司这次是降低了某些航线的休闲机票。其他航空公司也跟随降价[①]。

近年来,类似的情况时有发生。2004年夏天,由于飞机燃油价格上涨,美国航空公司宣布将提高国内航线的票价,单程提高5美元,往返提高10美元。部分航空公司随之采取了同样的做法。然而,一些低成本航空公司包括西南航空公司和JetBlue航空公司拒绝提高票价。一天之后,泛美航空公司和其他所有航空公司也都放弃了提价的做法。

11.2.2 主导型价格领导

当整个行业中有一家企业,其规模与经济实力相对于其他企业具有绝对的优势时,就会出现主导型价格领导模式。具有占主导地位的企业可能是效率最高的(成本最低的)企业。在某些情况下,它可以通过降低价格强迫那些小的竞争企业退出市场,或者以有利的条件收购这些小企业。但是这种做法可能招致美国司法部门根据谢尔曼反托拉斯法对其进行调查并最终提出诉讼的结果。为了避免出现这种状况,主导型企业可能以一个垄断者的身份出现,根据其利润最大化的目标制定产品价格,在此基础上,允许其他小的竞争

---

① This is sequence of fare changes was reported in several issues of the World Street Journal between August 11, 1998 and the end of August.

企业继续生存在市场中,并且可以以领导者制定的价格销售它们的产品。这种主导型价格领导模型的理论解释非常简单,几乎出现在所有的微观经济学书中。其具体解释见图11.2。

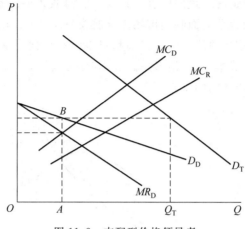

图 11.2 支配型价格领导者

整个产业的需求曲线是 D_T,主导型企业的边际成本曲线是 MC_D,跟随企业的总边际成本曲线(每一个企业边际成本的水平相加)是 MC_R。主导型企业的需求曲线是通过总需求曲线 D_T 的各点减去跟随企业的总边际成本曲线相对应的各点而得,原因是跟随企业的供给即是这些跟随企业的总边际成本曲线 MC_R,也就是产业总需求曲线 D_T 与 MC_R 曲线之间的差就是主导企业的需求曲线 D_D。按照常规的做法画出主导型企业的边际收入曲线 MR_D,主导企业的边际收入曲线与边际成本曲线的交点 A 所对应的产量即是主导企业利润最大化产量或销售量,B 点所对应的价格是主导企业的价格。行业中其他跟随企业按照这个价格出售自己的产品,满足其余市场的需求。实际上,所有跟随企业的需求曲线为价格等于 P 的一条水平线。

对于这样一种安排,主导企业是满意的。因为对于主导企业来说,不仅实现了利润的最大化,而且通过允许那些小企业生存,可以避免法律上的纠纷。另外,对于跟随企业来说,有可以遵循的价格,能够避免因价格战而带来的损失。

与卡特尔情况类似,这种主导价格领导者安排也容易遭受解体。随着市场不断地增长,众多新企业会涌入到同一行业中,使得企业间相互依存的程度下降。同时,技术的变化也会导致价格发生变化,因此从长期来看,主导企业的领导地位很可能会逐渐丢失。

11.3 收入最大化

若干年前美国经济学家威廉·鲍莫尔(William Baumol)提出了另一个关于寡头竞争企业的行为模型[①]。在不考虑相互依存的情况下,鲍莫尔模型提出一个公司的主要目标

---

① Peterson T. The Cartel Are Finally Crumbling. Business Week, February 2,1998, p.52。R. Atkins. German Phone Call Prices Cut. Financial Times,July 9,1999.

是在满足一定利润水平下的收入最大化,而不是一般意义上的利润最大化。其原因是:①当一个公司变得很大规模时(用收入表示),它将更加具有竞争力;②与管理者获得报酬多少密切相关的并不是利润,而是收入。

图 11.3 描述了这种情况。该图中有三条实线。总收入曲线是一条普通的非完全竞争企业的总收入曲线,因为公司面临的市场需求曲线是向下倾斜的,因此总收入曲线以递减的比率逐渐增加。总成本曲线 TC 的变动趋势也没有任何特别之处,边际成本开始递减,然后随产量增加边际成本上升(请考虑总成本曲线的斜率)。第三条曲线代表利润,即总收入曲线和总成本曲线之间的垂直距离。

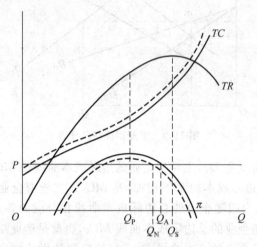

图 11.3 收入与利润最大化

对于利润最大化企业,产出水平将发生在 Q_P 点,此时利润曲线达到最高点。相反地,如果该企业经营目标是收入最大化,产量将是 Q_S 点,在此处总收入达到最大。在这一点上,正如我们以前学习过的,需求弹性为1(即边际收入为0)。

然而,如果收入最大化要满足一个可接受的利润水平的约束条件,那么这一利润水平就会低于利润最大化时的(利润)水平。假设这一可接受的利润水平为 O_P,那么产出水平就为 Q_A,这就实现了在满足一定利润水平条件下的收入最大化的要求。此时的总收入水平大于在利润最大化条件下的总收入水平,低于收入最大化条件下(没有最低利润限制)的总收入水平。

这个模型隐含着固定成本变动的影响效果。回顾一下,在短期利润最大化条件下,固定成本的变化不会对价格和产量产生影响,因为边际收入与边际成本均不受到固定成本变化的影响,因此 $MR=MC$ 的利润最大化原则不发生任何改变。然而,在鲍莫尔的模型中,固定成本的提高将引起总成本曲线向上移动,同时利润曲线向下移动,两条新的曲线将与原先的曲线平行。图 11.3 中的两条虚线代表曲线移动的结果。可以看出,在存在利润水平约束的条件下,使得产量减少到 Q_N。由于产量减少,价格将会有所上升。

鲍莫尔模型展示了一个与传统最大化假设不同的有趣的尝试。由于这一模型没有被广泛地进行检验,因此还很难评价它的有效性。虽然已有一些实证研究探讨企业主要管理者个人的收入与企业收入(而不是利润)之间的关系,但并没有得出确切的定论。一些研究发现主要管理者所得收入与企业收入之间存在显著的关系,而其他一些研究却发现与利润之间存在更显著的关系。当然,还有一些研究得出模棱两可的结论。一个重要的问题仍然是:公司的所有者(股东)更关注的是决定公司市场价值的到底是收入还是利润。从长期来看,最可能的答案应该是后者。所以,鲍莫尔模型是令人怀疑的,虽然在短期用于解释一些企业的行为可能是适用的,但长期来看,难以取代传统的企业利润最大化目标。

11.4 价格歧视

到目前为止,我们一直是假设一家企业在所有的市场上按照相同的价格出售同一种产品。当用到"同一"一词时,这意味着产品生产和销售的成本相同。但情况并非总是如此,当一家公司在两个或更多的市场上出售同一产品时,可能会以不同的产品价格进行销售。这就是经济学中通常所说的价格歧视。这里"歧视"一词并不是我们平常所指的意思,我们对这种定价行为并没有任何褒贬的意思(价格歧视也叫作差别计价,但是前者已成为经济学中的常用术语)。

价格歧视有如下含义。
(1) 相同成本的产品在不同的市场上以不同的价格出售。
(2) 类似的产品但价格与边际成本的比率不同。

价格歧视不是一个孤立的事件,它发生在很多我们比较熟悉的情况下。本节的后半部分会给出几个普通的例子供参考。这里先列举两个简单的例子。第一个例子是电影院对卖给成人与学生的电影票收取不同的票价;另外一个是关于化妆品的例子。完全相同的化妆品仅因为包装风格与标签名的不同,在百货店和专卖店收取的价格会大大高于在折价店收取的价格。价格歧视的存在是由需求弹性不同引起的,而不是因为成本的差异。

价格歧视并非在所有的情况下都是可行的。事实上,只有市场需要具备以下两个条件时,价格歧视才可行。

(1) 出售相同产品的不同市场必须是可分的。具体地说,就是在一个市场上销售的产品不能转移到另一个市场或者不能在另一个市场上再次出售。也就是说,各个产品市场之间没有任何联系。即每个市场都是各自封闭的(通过自然或人为的手段),没有人能在两个市场之间进行买卖活动。只有在这种情况下,卖者才能在不同市场上以不同的价格销售同一种产品。需要注意的是,如果卖者在为建立市场隔离付出了额外的费用,那么由价格歧视而增加的收入必须大于这项费用,否则价格歧视同样是不可行的。

(2) 在给定的产品价格水平下,每一个市场需求曲线的弹性是不同的。没有这个先决条件,价格歧视是无效的。

企业试图采用价格歧视的原因是为了提高利润。对于消费者而言,位于低价市场区的消费者要比统一定价更有利。然而,这对高价市场区的消费者很明显是不利的。

经济学家一般把价格歧视分为三级。一级价格歧视对卖者是最有利的,但仅仅出现在少数市场环境下。三级价格歧视虽不像一级价格歧视那样对卖者有利,但最容易出现在现实市场中。我们在下一节将专门讨论三级价格歧视问题。

(1) 对卖方而言，一级价格歧视是最理想的情况。卖方要能够识别出每一个买方在需求曲线上的位置，从而可以向每一个消费者索取其最大意愿支付的价格。因此，此时的需求曲线就变成了卖者所面临的边际收入曲线。当然，要实现这种有利的状况，卖者或垄断者需要掌握大量准确的关于买者在需求曲线上所处位置的信息。然而，要完整地获得这样的信息几乎是不可能的。在现实生活中，也很难找到这样的例子。我们在这里举一个类似的案例。一位想购买新车的顾客总是要与汽车销售员进行讨价还价，直到最终价格达到自己满意时才会决定购买这辆汽车。一位优秀的汽车销售员有能力判断出每一位购车者的最高意愿支付价格是多少，并按这个价格成交（但前提是没有其他销售员提供更低的价格）。因此，每辆车交易的价格都是按照买方的需求曲线完成的。但在现实生活中，汽车销售员通常不具备这样的能力，也不可能掌握所需要的全部市场信息。我们可以把这个汽车的例子延伸到医疗与法律等私人服务行业中。在这些行业里，医院和律师在提供服务时可根据服务对象的收入水平收取不同的费用。

(2) 相对于一级价格歧视，现实生活中出现二级价格歧视的情况要多一些，但也并非比比皆是。二级价格歧视是按照消费商品和服务数量的多少来收取不同的价格。例如公共电力企业对用电的收费。对用户最初使用的少量的电（位于需求曲线的上方），每千瓦收取最高的价格，随着用电量的增加，单位用电价格开始下降。只有当垄断企业掌握了电力消费者详细的电力需求曲线信息，才能实现这样的价格歧视。为了实现二级价格歧视，垄断者必须能够度量买者对实行价格歧视产品的使用数量。

(3) 三级价格歧视在日常生活中是最常见的。在这种情况下，垄断者可根据地理位置、年龄、性别、产品用途或收入水平等把市场划分为不同的市场，在每一个市场上收取不同的价格。

11.4.1 三级价格歧视

如果一个企业可以成功地划分市场，通过歧视定价，企业可以获得比统一定价更多的利润。下面用图形表示定价结果，随后再举例来比较差异定价与统一定价之间获利的差异，以及采用数学推导的结果。如图 11.4 所示，某家企业在 A、B 两个市场上出售产品。从图 11.4(a)和图 11.4(b)可以看出，市场 A 的需求曲线较需求曲线 B 缺乏弹性。图 11.4(c)表示通过水平相加两个市场的需求曲线和水平相加两个市场的边际收入曲线得到企业总的市场情况。

因为我们假设两个市场上的产品是同质的，所以可以画出这家企业总的边际成本曲线，如图 11.4(c)所示。由边际成本等于边际收入决定最佳产量。如果企业制定统一价格，那么企业就应该把产量和价格定在总需求曲线的 C 点上。但是，企业可以通过对两个市场制定不同的价格来获得更多的利润。从 $MR=MC$ 点画一条水平线，分别与两个市场的边际收入曲线相交。在这两个市场上，边际收入是相等的。两个市场上各自的价格是这样决定的：从 $MR=MC$ 点引出的水平线与各自的边际收入曲线的交点向需求曲线引一条垂直线，该垂直线与需求曲线的交点所对应的价格。用类似的办法决定产品的数量，所不同的是将垂直线引向横坐标轴所对应的点。市场 A 的价格大大高于市场 B 的价格，因为前者需求弹性较小。

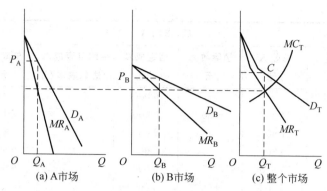

(a) A市场　　(b) B市场　　(c) 整个市场

图 11.4　三级价格歧视

下面举例来解释三级价格歧视。表 11.1A 显示了两个市场各自的需求表以及整个市场的需求表。假设每期的固定成本是 12 000 元,平均可变成本是恒定的(因此边际成本是一个常数),为每单位 3 元。

如果该公司在两个市场上为产品制定统一的价格,通过表 11.1B 可以看出,利润最大化的价格为 18 元。此时,利润达到 10 500 元。但是,如果该公司能够分别定价,可以增加总利润,如表 11.1C、D 所示。如果在市场 A 的定价为每单位 24 元,市场 B 的定价为每单位 12 元,那么两个市场获得的利润将分别为 12 900 元和 300 元。从而,总利润将会增加 2 700 元。

表 11.1　三级价格歧视举例数据

A. 需求表

价格/元	市场 A/吨	市场 B/吨	总计/吨
36	0	0	0
30	475	25	500
24	900	100	1 000
18	1 100	400	1 500
12	1 300	700	2 000
6	1 450	1 050	2 500
0	1 500	1 500	3 000

B. 总市场

价格/元	数量/吨	总收入/元	边际收入/元	固定成本/元	平均可变成本和边际成本/元	总成本/元	利润/元
36	—			12 000		12 000	−12 000
30	500	15 000	30	12 000	3	13 500	1 500
24	1 000	24 000	18	12 000	3	15 000	9 000
18	1 500	27 000	6	12 000	3	16 500	10 500
12	2 000	24 000	−6	12 000	3	18 000	6 000
6	2 500	15 000	−18	12 000	3	19 500	−4 500
—	3 000	—	−30	12 000	3	21 000	−21 000

第 11 章　特殊定价

续表

C. 市场 A

价格/元	数量/吨	总收入/元	边际收入/元	固定成本/元	平均可变成本和边际成本/元	总成本/元	利润/元
36	—			6 000		6 000	−6 000
30	475	14 250	−30	6 000	3	7 425	6 825
24	900	21 600	17	6 000	3	8 700	12 900
18	1 100	19 800	−9	6 000	3	9 300	10 500
12	1 300	15 600	−21	6 000	3	9 900	5 700
6	1 450	8 700	−46	6 000	3	10 350	−1 650
—	1 500	—	−174	6 000	3	10 500	−10 500

D. 市场 B

价格/元	数量/吨	总收入/元	边际收入/元	固定成本/元	平均可变成本和边际成本/元	总成本/元	利润/元
36	—			6 000		6 000	−6 000
30	25	750	30	6 000	3	6 075	5 325
24	100	2 400	22	6 000	3	6 300	3 900
18	400	7 200	16	6 000	3	7 200	
12	700	8 400	4	6 000	3	8 100	300
6	1 050	6 300	−6	6 000	3	9 150	−2 850
—	1 500		−14	6 000	3	10 500	−10 500

若该公司能够进行一级价格歧视，使得所有潜在客户按照最高意愿支付价格购买产品（除最后 500 台例外，企业也不会生产这一数量，因为边际收入为负数），如表 11.2 所示，利润可以增加到 25 500 元。

表 11.2　一级价格歧视利润

价格/元	数量/吨	收入/元
30	500	15 000
24	500	12 000
18	500	9 000
12	500	6 000
6	500	3 000
总收入/元		45 000
固定成本/元	12 000	
变动成本/元	7 500	
总成本/元	19 500	
利润/元		25 500

用数学方法确定三级价格歧视的价格与产量：

现在我们简单讨论一下运用数学方法求解三级歧视条件下的价格和产量问题。

(1) 假设有 A、B 两个市场，各自的需求曲线为直线：

$$Q_A = a_A - b_A P_A$$
$$Q_B = a_B - b_B P_B$$

（2）重新安排一下这两个函数，把 P 作为因变量：

$$P_A = \frac{a_A}{b_A} - \frac{Q_A}{b_A}$$

$$P_B = \frac{a_B}{b_B} - \frac{Q_B}{b_B}$$

（3）两边同时乘以 Q 得到总收入：

$$TR_A = \frac{a_A Q_A}{b_A} - \frac{Q_A^2}{b_A}$$

$$TR_B = \frac{a_B Q_B}{b_B} - \frac{Q_B^2}{b_B}$$

（4）对总收入求一阶导数得到边际收入：

$$MR_A = \frac{a_A}{b_A} - \frac{2Q_A}{b_A}$$

$$MR_B = \frac{a_B}{b_B} - \frac{2Q_B}{b_B}$$

（5）令边际收入等于企业的边际成本，这里我们假设边际成本是一个常数：

$$MR_A = MC$$
$$MR_B = MC$$

（6）将 MR_A 和 MR_B 代入上式，解两个方程即可得到在每个市场上销售产品的数量。

（7）现在我们就可以得出在每一个市场挣得利润的数量以及两个市场累计获得利润的数额。注意，因为 MC 是恒定的，平均可变成本必然是一个常数，所以总可变成本可以通过将 AVC(＝MC)乘以产量 Q 求得。

（8）如果我们想知道收取的统一价格应该是多少时，首先把第(1)步中的两个需求函数加起来。然后，把 P 变成因变量，就像我们在第(2)步做的那样，目的是得到边际收入。令边际收入等于 MC，即可从中解出价格和数量，然后再运用第(3)~(7)步，求出从每个市场获得的利润是多少。其实，在每个市场销售产品的数量与歧视定价的情况是一样的，但统一定价时，企业的利润下降了。

11.4.2 有关价格歧视的例子

在现实市场运作当中，价格歧视的现象是非常普遍的。下面举几个普通的例子作为参考。

（1）在过去，医生经常根据病人的收入情况决定收费标准。从某种程度上来说，这样的做法是很公平的，那些有能力支付较高价格的人也许不会不接受。但是，正如前面所说，我们在这里不考虑差别定价的规范性方面(即是否合理的问题)。我们所要强调的是，这种做法的结果会增加医生的收入。

如今，医疗价格歧视常常以更隐蔽的形式存在。在美国，医院提供同样的服务，但是对那些有医疗保险的人比没有医疗保险的人会收取更高的价格。这主要是因为实行差异定价的两个必要条件是存在的。一是两个市场(保险与非保险)需求的弹性是不同的；二是这是两个独立的市场(一个病人或者有保险或者没有保险)。

（2）通常出口产品的价格比内销产品的价格要低。其主要原因是,国际市场比国内市场的竞争更加激烈。因此,在国际市场上产品的需求曲线会更富有弹性。日本的电子产品和法国葡萄酒就是这种价格歧视的例子。

（3）剧场、电影院和体育运动场所对与中青年享受同等待遇的儿童和老人收取较低的门票价格。

（4）公共交通系统普遍对老年人实行乘车票价优惠。

（5）在美国大学里对州外来的学生收取的学费要大大超过对州内学生收取的学费,尽管培养每个学生的成本是一样的。

（6）公用事业部门（电、煤气、电话）通常对商业客户收取的费用比普通居民要高。

（7）大学书店对老师购书给予10%～15%的价格折扣,而对学生购书收全价。

（8）个人能以比图书馆和其他机构更低的价格从出版社订到杂志。大多数专业性期刊都采用这种定价方式。

（9）技术进步正在创造出新的价格歧视方法,下面举两个例子来说明。

① 飞机起飞的最后时刻买到的票价可能会便宜很多。

② 新的计算机软件能够允许网络售货企业识别登录该企业网站的每个客户的购物信息,从而,企业可以对价格敏感的客户收取较低的价格。基于企业对客户的跟踪了解,企业可以向不同地区的消费者提供相同产品但售价不同的广告。

以上所举的例子中都是指在同一时间里收取不同的价格。一个40岁的成年人与一位老年人同时乘坐同一车次地铁,却支付不同的票价。公用事业公司在同一时间里对商业用电和普通居民用电采取不同的收费标准。有些情况下价格的差异取决于产品购买或服务发生的时间：

（1）剧院下午场的票价与晚间票价不同。

（2）剧院周末的票价高于平日票价。

（3）晚间打电话的费用比白天便宜。

（4）酒店对周末入住的商务客人收取较低的房价。

以上所举的这些例子属于价格歧视吗？许多经济学教科书是这样认为的。但是,如果把这些例子看作是价格歧视的话,它们也并不属于原始意义上的价格歧视的概念。毕竟,随着时间的变化需求曲线会发生移动,即使在没有价格歧视的情况下,很多产品的价格同样会发生变化。比如,周末电影院门票的需求要大大高于周二或周三的需求,而供给曲线基本上是垂直的。这时门票价格的变化完全是由需求变化引起的,那么这种情况是否属于价格歧视是值得争论的。

11.4.3 价格歧视实例：酒店业定价

长期以来,酒店业对相同质量的房间收取不同的价格是普遍存在的。但在这里,我们不打算讨论酒店在周末收取较低价格或者旅游景区的酒店在旅游旺季抬高房价的问题,因为,这些价格差异主要是由于在不同时期里需求的不同所致。这里我们主要关注的是在同一时间里(比如在同一天)针对不同客户收取不同费用的问题。我们知道：经营一家酒店的大部分费用是固定费用。出租一个房间的可变成本是很低的。只要入住者愿意支付的费用大于酒店为打扫这个房间需要的可变费用,酒店就会愿意把这个房间出租出去,并可以赚到钱。多出租一个房间意味着多一份额外的收入。

这种情况就导致了酒店业不同类型的价格歧视行为。

通常一个酒店的房间采用几种不同的收费标准,最终的实际收费取决于顾客讨价还价的技巧以及酒店管理者对潜在顾客的最高支付意愿估计的准确性。因此,酒店的收入可沿着需求曲线来实现(如果酒店管理者能够准确地把握入住者的意愿支付水平),这种做法的结果可以接近一级价格歧视的状况。图11.5为通过三种不同价格反映的歧视。

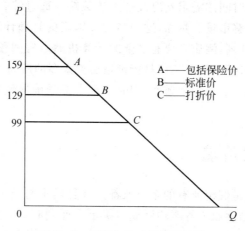

图11.5 酒店业的一级价格歧视

然而,更典型的歧视方式是细分市场。具体的办法就是将一般旅游者与商务旅行者区分开来。无疑,前者的需求会更富有弹性,因为入住酒店的价格是普通旅游者所支付的全部旅游费用的一个重要组成部分。同时,一般旅游者多采取提前预定,停留的时间可能较长,并且日程安排也较为灵活。与之相比,商务旅客者对酒店房间的需求弹性要相对较小,他们的行程也往往比较固定(必须在某一固定的时间到达某一地点);他们的住宿安排也常常难以提前预定,更重要的一点是在大多数情况下他们不愿意在周末入住酒店,即使周末房价较低。图11.6为两种价格的需求曲线。

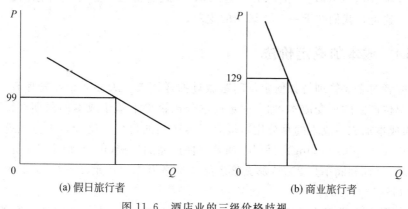

图11.6 酒店业的三级价格歧视

随着游客对酒店价格体系的逐步了解，他们知道如何在价格上占酒店的便宜，所以酒店被迫时常调整它们的价格结构，新的价格结构就是基于需求市场细分。下面是进行酒店消费市场细分的一些主要依据和具体做法。

(1) 提前预订和提前购买。
(2) 根据提前预订时间的长短制定不同的价格。
(3) 退款政策。
(4) 日程安排的灵活性。
(5) 要求入住的天数。

酒店可以依据不同时间的需求状况改变上述策略。通过综合考虑上述各种因素，酒店能够做到更深入地了解市场。然而，这种考虑多因素的管理计划也存在一些问题。首先，为实施这样的管理计划，酒店需要有复杂的计算机酒店房间预订系统，以及能够根据房间出租的情况进行迅速调整，避免以打折价格出租太多的房间。除此之外，这样一个管理系统可能需要使用额外的人工和成本，同时管理者必须确保使用这种系统的额外收入大于成本。

11.5 非边际定价法

在本书中我们一直是假定所有的企业家都是计算需求与成本表，从中得到边际收入和边际成本曲线，通过边际收入等于边际成本决定企业利润最大化产品的销售价格和产量。但是，在实际的商业活动中，真正有多少企业拥有者和管理者知道如何进行这些计算呢？即使他们知道怎样计算，获得计算所需的信息也仍然是一个问题。

实际上，正像我们在第 2 章所说的，很多企业并非真的只是为了追求利润最大化，它们往往还有其他目标。一般来说，管理者只是寻求股东对利润的满意程度。企业的其他目标也可能是重要的，包括占有理想的市场份额、完成目标利润率(利润占收入的百分比)、实现既定的资产回报率(利润除以资产)或自有资产回报率(利润除以股东自有资产)目标。

在企业管理实践中，有一个最流行的产品定价方法，通常被称作成本加成(cost-plus)或者完全成本(full-cost)定价法。乍看起来，好像此定价法与边际定价原则没有什么直接的联系。这也是我们在下一节要讨论的主题。

11.5.1 成本加成定价法

有研究者对企业管理者如何定价问题做过抽样调查。大多数企业管理者的回答是：先估算出单位产品的可变成本，加上固定成本分摊再加上基于成本的预期获得利润的百分比(也叫成本加成=成本的百分比)，最后得出产品的价格。这种定价方式就叫作成本加成定价法(cost-plus pricing)。例如，如果一件产品的直接(可变)成本是 8 元，固定成本分摊是 6 元，目标利润率是 25%，那么该产品的价格为 17.50 元(8+6+0.25×14)，毛利率为 20%(1−14/17.5)。

这种计算方法看起来非常简单，但实际上，它隐含着一些复杂的计算和假设条件。

包括:

(1) 如何计算平均可变成本?

(2) 如何把固定成本分摊到单位产品上去?为什么在价格中要考虑到固定费用?经济学理论告诉我们,固定费用是不影响产品价格的。

(3) 如何决定成本加成比例?一般认为,这一比例的确定应以保证卖方能够获得"合理的利润"或毛利率为基础。那么,在这种情况下,对产品的市场需求状况给予充分考虑了吗?

如果带着上述问题进行分析,我们会发现,成本加成定价法和边际定价法有很多共同之处。

在成本加成定价中,这里的成本包括可变成本和固定成本,通常是由会计师按标准或正常产量计算出来的。这些成本代表历史成本,但不包括机会成本。然而,经济学理论告诉我们,单位成本是随着实际产量的变化而改变的。此外,正像我们在上面已经提到的,在价格决策中不考虑固定成本。

然而,如果我们从另外一些角度来看待上述问题,成本加成定价的不足之处也许不是像乍一看上去那么严重。其实,没有真正的原因使得在会计成本计算中不考虑机会成本。即使不包括机会成本,一个正常利润(机会成本的代名词)也应该是涉及成本加成的概念。有人把成本加成定价说成是一个对企业进行长期分析的概念。如果是这样的话,根据经济学理论,所有的成本在长期都是可变的;那么成本分摊在长期里就变成了估计可变成本的增加额。此外,尽管经济学家喜欢画出一条漂亮的 U 形平均成本曲线,很有可能企业的长期平均成本曲线的底部部分的弯曲程度是很小的(如碟子形),甚至在某一产量区间内几乎是水平的。在这种情况下,只要企业产品生产的数量是在标准的成本计算范围内,那么成本随产量变化的问题就可以被忽略了。另外,如果平均成本曲线是相对水平的,那么在这个产量区间内边际成本与平均成本几乎是相等的,因此按照平均成本定价与按照边际成本定价几乎是一样的。经济学理论告诉我们,在长期完全竞争的市场条件下,企业只能挣得经济利润为 0 的正常利润。在现实的市场环境中,完全竞争的市场环境是很少存在的,企业更多面临的还是一条向下倾斜的需求曲线。

这就引起我们对需求曲线的思考。如果成本加成是基于获得"适度"的利润水平,这就意味着产品的市场需求状况是不予考虑的。这表明成本加成或目标毛利率是恒定不变的。但是,无数的例子表明,在同一企业里,企业对生产的各种产品的成本加成或目标毛利率水平的要求是不一样的。企业为部分产品设定的目标毛利率要低于对另一些产品设定的目标毛利率(或成本加成标准)。这一事实表明了企业在其定价决策过程中,是会考虑到市场的需求状况和竞争环境的。也就是说,成本加成的比例(%)与需求弹性成反比。这个道理是显而易见的:在一个企业面临激烈的市场竞争环境下,其产品的需求曲线几乎或者完全是水平的,在这种情况下,企业不可能设置较高的目标毛利率。

还有另外一个值得关注的问题。企业不仅对不同产品设定了不同的目标毛利率,而且还对同一产品的目标毛利率标准随时进行调整,这种调整是基于需求或成本的变化。当这些变化发生时,企业就会随时调整该种产品的目标毛利率和产品的价格以适应新的市场情况,其目的是增加或保证实现预定的利润水平。只要企业能够通过调整价格来增加利润或降低成本,那就好比企业了解了自己产品的需求曲线和成本曲线,也就相当于企业采取了边际定价。

事实上,很多企业管理者并不掌握如何准确地估计边际收入曲线和边际成本曲线方面的知识。所以,他们就采取成本加成定价代替边际定价。但是,基于这些企业针对市场需求和成本情况来调整目标毛利率(或成本加成)用以改善企业利润的做法,利润最大化的边际定价与成本加成定价是一致的。

成本加成与边际定价之间的数学关系介绍如下。

在某些情况下,我们可以从数学角度来证明成本加成定价法与利润最大化原理(如 $MR=MC$)的边际定价法是一致的。

价格、边际收入以及需求弹性三者之间的关系如下:

$$MR = P\left(1 + \frac{1}{E_P}\right)$$

当 $MR=MC$ 时,可将上式写成

$$MC = P\left(1 + \frac{1}{E_P}\right)$$

在特定条件下,边际成本与平均成本相等,此时等式变为

$$AC = P\left(1 + \frac{1}{E_P}\right)$$

也可以写成

$$AC = P\left(\frac{E_P + 1}{E_P}\right)$$

把价格写成平均成本的函数

$$P = AC\left(\frac{E_P}{E_P + 1}\right)$$

在成本加成定价法条件下

$$P = AC(1 + M)$$

式中 M 代表成本加成的百分比。如果上述两式是可以比较的,则可以得到

$$(1 + M) = \frac{E_P}{E_P + 1}$$

由此可见,成本加成(或目标毛利率)与需求弹性之间存在反向关系。例如,如果 $E_P=-2$,那么 $(1+M)=-2/-1=2$,则 M 为 100%;如果 $E_P=-5$, $(1+M)=-5/-4=1.25$,那么成本加成 M 就为 25%。这一结果非常合理,这表明需求曲线弹性越小,成本加成比例(目标毛利率)越大。

因此,在一定的产量范围内,当平均成本曲线是恒定不变的,采用成本加成定价与企业的利润最大化目标是一致的。

11.5.2 增量定价和成本分析

在前文,我们讨论了成本加成定价的方法。它是一种非常流行的定价方法。一般来说,成本加成定价与边际定价结果是一致的。但在现实情况中,使用边际定价法是困难

的。因为采用边际定价法,管理者必须能够准确地估计出需求曲线和成本曲线的形状。由于需要花费很高的成本和克服一定的困难才能估计出边际产量,因此,企业通常会使用增量分析来实现利润最大化的目标。

从某种意义上说,边际分析与增量分析是非常相似的。虽然边际分析意味着我们必须估计由多生产一个单位的产品所引起的额外花费和额外的收益各是多少或者从多投入一元钱支出会引起总收入增加多少。而增量分析也可以用来估计由价格、引进新产品,停止现有产品生产线,产品升级或购买额外设备与场地等决策所引起的总收入和总成本的变化量。我们在第7章曾讨论过有关增量成本的问题。

值得注意的是,我们只考虑那些与决策有关或由决策变化引起的收入和成本的变化。因此,沉淀成本与固定成本是不在考虑之列的(虽然财务核算中将这些成本进行分摊),因为它们与决策无关。相反,如果某一产品的决策会引起另一种产品的收入或成本发生变化(可能因为补足或替代关系),那么这种影响必须列入分析。

很明显,我们在此仅用很小的篇幅来讨论增量分析这样一个重要的问题。但是,增量分析是研究长期投资的核心问题。我们将在第12章进行更详细的讨论。

11.6 多产品定价

在经济学中,很多分析都是基于一系列的假设条件。例如,很少有产品是在完全竞争市场的条件下生产的。然而,本书以及其他经济学教材都用大量的篇幅来讨论这个问题。这样做是有原因的。首先,完全竞争是一个最简单的经济模型,有助于为讨论复杂模型做准备和铺垫。其次,虽然很多市场不属于完全竞争(企业面临向下倾斜的需求曲线),但可以把它们看作是完全竞争的市场进行分析,因为在这一市场中,企业的行为与完全竞争非常接近。基于完全竞争市场分析来预测企业的行为也将获得比较准确的结果。因此,没有必要采取更加复杂的预测分析方法。

在经济学理论讨论中,我们用到的另外一个假设就是一个企业只是生产一种产品。现在我们简单地介绍多种产品的定价问题。一个企业可能生产多种相互独立的产品,就是说一种产品的需求和成本与另外一种产品的需求与成本没有任何关系。在这种情况下,每种产品生产的数量可由边际收入等于边际成本来决定,其分析过程与单一产品生产的分析过程完全相同。

但是,在大多数情况下,一个企业生产的各种产品之间是有联系的。这种联系可能是需求方面的,也可能是成本方面的,或是兼而有之。我们可以把产品之间的关系划分为四种:

(1) 产品在需求方面是互补的。例如,一个公司可能既生产个人电脑也生产计算机软件;一个食品店可能同时生产饺子皮和饺子馅。

(2) 产品在需求方面是替代的。例如,一个饭店可能同时生产饺子和馄饨,馅饼和包子。

(3) 生产联合产品。联合产品可能发生在两种产品以一个固定的比例进行生产,例如从一头肉牛身上可以同时生产出肉牛和牛皮。

(4) 使用竞争资源生产的产品。如果一个企业使用某种竞争资源来生产多种产品，要增加其中一种产品的产量就必须以减少其他产品的产量为代价。例如，生产不同品牌的计算机。

下面我们讨论一下上述每种情况。

11.6.1 需求互补产品

当两种产品为互补产品时，增加一种产品的销售量将同时增加另外一种产品的销售量。有时两种产品之间的关系是如此密切，以至于二者是以一个固定的比例进行出售。例如，厨房用的菜刀生产，必须有一个金属刀片和一个木制刀把组合在一起才能构成一把切菜刀。又比如，计算机和键盘，汽车车身与四个车轮。还有一些产品可以不需要严格地按某一固定的比例进行生产，但是它们之间仍然存在着密切的关系，如刮脸刀架和刀片、网球拍和网球，以及计算机和软件。另外，还有一些关系比较远的产品，但是其中一种产品的需求却会带来对另外一种产品的需求。例如，由某公司出版的经济学教材在市场上十分畅销，这可能会提高由该出版社出版的金融教科书的市场需求。

需要强调的是，一种产品的需求不仅会受到其价格、消费者收入水平、偏好的影响，同时还要受到相关产品价格的影响。我们在第 3 章里已经讨论了这个问题，包括需求曲线的决定要素。在此我们主要关注互补产品对企业收入的影响。如果两种产品 A 和 B 是互补品，那么 A 产品收入的变化可能引起 B 产品收入的变化。在这两种情况下，利润最大化产量是由每种产品的边际收入等于边际成本来决定的。由于每一个产品的需求函数方程将包括两种产品的价格，因此价格水平需要通过联立方程组来确定。

如果企业管理者掌握每种产品的需求和成本函数，他们可以通过下面简单的数学公式来求出联合利润最大化每种产品的产量。企业管理者可以先计算出两种相关产品的边际收入。因为

$$Q_A = f(P_A, P_B)$$
$$Q_B = f(P_B, P_A)$$

那么

$$MR_A = \frac{dTR_A}{dQ_A} + \frac{dTR_B}{dQ_B}$$

$$MR_B = \frac{dTR_B}{dQ_B} + \frac{dTR_A}{dQ_B}$$

令每一产品的边际收入等于各自的边际成本，然后解此联立方程组：

$$MR_A = MC_A$$
$$MR_B = MC_B$$

然而，由于在现实企业管理中，决策者手头上很难拥有这样详细的数据，所以利润最大化只能是通过逐步试错过程来实现，比如，通过逐渐调整成本加成的百分比（从而调整产品价格）直到实现最优的产品组合为止。实际上，在现实企业的决策中，这个调节过程是非常复杂的，因为不仅这两种产品之间的互补关系对企业的收入（或利润）有着重要的影响，其他竞争企业生产的产品与本企业产品的替代关系同样要予以考虑。

还有另外一种情况,一个企业并不一定同时生产两种相关产品。企业可能只是先生产一种产品,在这个产品生产过程中再决定是否生产其互补产品。在计算扩大互补产品生产的利润时,必须包括生产前一产品的销量和利润增加的数量。如果忽略了这一正的效应,那么企业将会低估新产品的利润。如果增加新产品的生产能提高企业的总利润,那么企业就应该决定生产这一新的互补产品。例如,假设一个电视生产商正在考虑是否引进一个新的 VCR 生产线。在计算生产 VCR 可能获得的潜在利润时,必须考虑增加的电视销量带来利润的扩大。

11.6.2 需求替代产品

需求替代产品的价格与产量决策问题与需求互补产品的决策问题非常类似。对于替代产品,需要考虑的是如果第二个产品的销售量增加(下降)引起第一个产品的收入和利润的下降(增加)。这种例子是很多的。两个不同计算速度的计算机在很多使用情况下是互为替代品。由同一汽车制造商生产的不同牌子的汽车(如丰田佳美和丰田花冠)是相对接近的替代品,所以有必要对这两种牌子的汽车采取联合定价。

像生产互补产品的情况一样,替代品可能发生在一种新产品引进的时候。一个计算机制造商在计划生产新一代计算机时,必须要考虑引进新一代计算机生产线对市场现有的类似的但性能较低的计算机销量的影响。

这种情况下的分析基本上与互补产品的分析相同。即一种产品的边际收入将是两种产品各自销售量的函数,产品的价格可从联立方程中求得。所不同的是,这时候一种产品的销售量对另一产品的销量有负的影响。

11.6.3 成固定比例的联合产品

某些产品是从使用同一组投入要素一起生产出来的。有些情况下,两种产品将以一个固定的比例进行生产。虽然在现实世界中,严格地按照某一固定比例进行生产的产品是不多见的,但在短期里,以相对固定比例进行产品生产的现象还是存在的。我们在前边提到一个牛肉和牛皮的例子(这两种产品可从从一头肉牛上同时获得)。其他例子有豆饼和豆油,椰子汁和椰子肉。在很多情况下,有一种主产品和一种或多种副产品。

假设产品 A 和产品 B 为以某一固定比例生产的两种产品。在这种情况下,只能构造一条成本曲线。但是,两种产品的需求曲线是各自独立的(比如,椰子肉的需求与椰子汁的需求无关)。因此,通过垂直相加两条需求曲线和各自所对应的边际收入曲线可得到总需求曲线和总边际收入曲线。但是,如图 11.7 所示,当两条边际收入曲线的其中一条为负时,它将与问题的解无关,因为没有一个企业会在边际收入为负时进行生产。这就会出现总边际收入曲线与某一产品的部分正的边际收入曲线重合的现象。此时,产量仍然可以从总边际收入等于总边际成本来获得,两种产品各自的价格可通过产量所对应的需求曲线来确定。图 11.7 显示了这一结果。图中 D_A 和 D_B,MR_A 和 MR_B 分别表示两种产品的需求曲线和边际收入曲线,MR_S 表示两条边际收入曲线垂直相加得到的总边际收入曲线(相加的需求曲线与解决此问题无关,故没有显示)。正如从图中所看到的,MR_S 在

MR_A 点的右侧与 MR_B 相等,因为过了这一点 MR_A 变成了负的。

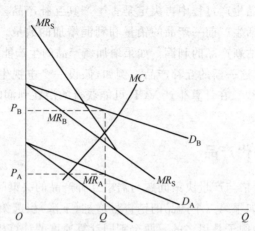

图 11.7　以固定比例生产联合产品的价格决策

曲线 MC 表示联合产品的边际成本。生产将会发生在边际成本等于 MR_S 曲线处,即图 11.7 中的产量 Q。两种产品的价格可分别通过各自的需求曲线来确定,即 P_A 和 P_B。

另外一个重要的问题是,在两个联合产品中,其中由一种产品需求的变化带来的影响。如果产品 B 的需求增加,其价格上升,这将会使产品 A 的价格下降(因为它将在需求曲线的较低部分进行生产)。

11.6.4　使用竞争资源生产的产品

当采用不同投入要素组合比例生产两种产品时,比如,如果我们多生产一种产品,我们就必须少生产另一种产品,这种情况与使用有限资源生产不同产品组合的情况是类似的。就跟我们讨论的"枪支或奶油"的情形一样。我们是在短时间生产条件下,使用给定数量的资源去生产两种不同的产品。

图 11.8 说明了这种情况。图中曲线 I_1 是一条等成本曲线,即在这条曲线各个点所代表的成本是相同的。一个先决条件是该等成本线必须是凸离原点:表示随着其中一种产品的产量的增加,另一种产品产量减少的速度会越来越快。等成本线表示产品 A 和产品 B 的不同组合。当这两种产品的价格不随产量的改变发生变化时(即企业是在完善竞争的市场条件下经营),那么我们就可以画出一条线性的等收入曲线。在图 11.8 中直线 R_1 上的每一个点表示获得相同的收入水平。在达到最优的生产条件下,公司将会选择在等收入曲线和等成本曲线相切的点(图中的 M 点)进行生产。它表示在给定的成本水平下,公司能够达到的最大收入的两种产品的生产数量,或产品组合。在这一点上,如果收入大于成本,那么公司将会获得利润。

公司也可以从一条等成本曲线移到另外一条等成本曲线(比如,从 I_1 移到 I_2 到 I_3),相应地,等收入曲线也会发生改变,这表示公司需要使用更多的可变资源。从而,由等成本曲线与等收入曲线相切点所决定的产品产量组合可能获得最大的利润,即总收入与总成本的差值最大。那么,这个点就是公司获得最大经济利润的生产计划。在长期,这些等

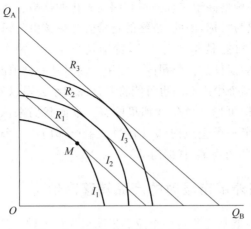

图 11.8　使用竞争资源生产的产品

成本曲线可以包括各种不同资源使用数量(例如,厂房的规模和使用设备的数量),这些资源在短期里是固定不变的。在完善竞争的市场条件下,最优切点必然发生在总收入等于总成本,即经济利润为零。而在任何其他的点进行生产,结果必然是经济损失,即经济利润是负的。

在此我们的讨论只是局限于一个简单的模型,假设在完善竞争的市场条件下,仅生产两种产品的情况。当然,我们也可以采用更加复杂的模型,包括多于两种产品,非定量竞争的市场条件以及需求的产品之间存在相互联系等。在这种情况下,需要引入更加复杂的数学模型,其分析结果可能难以获得,但是经济利润最大化的原理同样是适用的。不论何时,当公司决定生产一种新的产品时,以及采用一个新产品取代在生产线上的某种产品,如果公司这样做的目的是改善短期或长期的利润,那么公司自然需要采用边际收入等于边际成本的基本原理来进行最优决策。

11.7　转移定价

在当今复杂的产业环境里,许多公司都把自己的业务划分成若干小组或部门。一件产品从最初加工到最后完成品在市场上出售,要经过公司内部的很多环节或部门。例如,在汽车制造业,各种汽车零部件先在不同的车间进行加工,最后在组装车间完成汽车组装。然后,企业的销售部门负责把汽车卖出去。

为了开展进一步的分析,有必要介绍一下"利润中心"这个在很多大企业里经常用到的概念。在一个企业内部,每一个部门的管理者负责制定本部门的利润目标。因此,每一个生产部门必须要测算本部门的成本并决定将该本部门生产的中间产品转移到下一个部门的价格。然而,如果每个间接产品生产部门的利润中心都是以自己部门的利润最大化为目标来确定价格,那么最终产品的价格水平可能不是使整个企业的利润最大化的价格水平,这就违背了企业的总体利润目标。上游部门为间接产品设定的"移交"价格是下游部门接受该间接产品的成本。因此,如果前一个生产部门把价格定得太高,就可能引起连锁反应导致最终的产品价格高于实现公司利润最大化的价格。转移定价机制必须是以实现企业整体利润最大化为目标,因此,最终的定价方针应该由公司上层控制中心来决定。

这种价格控制过程可能是非常复杂的,特别是当存在有两个以上价格转移过程时。具体地说,间接产品可能仅仅是在公司内部使用。而另外一种情况是,如果对扩大公司利润有利的话,公司内部某个生产部门也可能将其产品卖给公司以外的用户,而当本公司内部需要这种间接产品时,可以从竞争者那里购买。下面我们来依次讨论上述两种情况。为了简化起见,我们假定一个企业内部只有两个生产部门:一个是零件加工部门(部门C),另一个是产品组装和销售部门(部门A)。

11.7.1　不存在外部市场时的产品转移定价

如果部门A没有可能从竞争对手企业那里购买任何零件产品,同时部门C也没有可能向其他企业出售自己生产的零件产品,那么这两个部门将处理等量的产品;部门C生产的零件数量刚好等于部门A组装最终产品所需要的零件数量,也就是产品销售的数量。图11.9说明了这种情况。企业面对的最终产品需求曲线和两条边际成本曲线分别为D,MC_A和MC_C,将代表两个部门各自边际成本曲线垂直加总,得到了总边际成本曲线(MC),通过总边际成本等于边际收入(MR),企业可以确定利润最大化的产量Q_t和相应的价格P_t,间接产品的转移价格P_C。

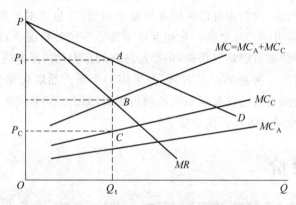

图11.9　不存在外部市场条件下间接成品的转移定价

11.7.2　存在外部竞争市场时的转移定价

当部门A可以通过外部市场购买到与部门C生产的同样的零件产品,而部门C也可以在竞争市场上直接销售它生产的间接产品的情况下,产品的定价过程如下。

(1) 部门C将按其边际成本等于市场价格来决定产品生产的数量(因为我们已经假设了企业是在完全竞争市场环境下经营,需求曲线为一条水平线,不论产量是多少价格均是不变的)。

(2) 部门A得到间接产品的成本是市场价格,将这部分成本加到部门A的边际成本,即可得到最终产品的总边际成本。

(3) 通过企业总边际收入等于总边际成本得出企业最终产品的最佳产量。

图 11.10 显示了间接产品存在竞争市场下的情况，部门 C 生产的间接零件产品的数量大于部门 A 需要的数量。假设部门 C 生产的零件的市场价格为 P_C，生产的最优产量为 Q_C，给定其边际成本为 MC_C。从部门 C 转移到部门 A 的间接产品的价格为 P_C，即是部门 C 生产的零件的边际成本，那么总边际成本 MC 等于 MC_A 与 P_C 之和。企业产品的最优价格为 P_t，出售产量为 Q_t。而部门 C 将在外部竞争市场上出售 Q_C 减 Q_t 数量的零件。

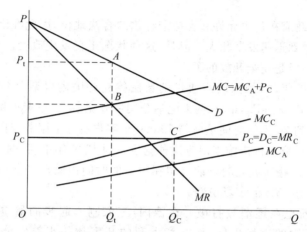

图 11.10 间接产品在有竞争市场条件下的转移定价

当然，如果部门 C 因某种原因试图把间接产品的价位定在高于市场价格，在这种情况下，部门 A 就将从外部市场上购买所需要的间接产品。

如果部门 C 生产的最优产量低于部门 A 想要购买的数量，那么部门 A 会到外部市场上购买短缺部分的间接产品来实现企业的利润最大化。这种情况的画图解释与图 11.9 非常类似，所以我们把它留给读者自己画图来说明。

本节讨论的转移定价都是针对在一个国家的一个企业内部不同部门之间产品的转移定价问题。当一个企业内部各个分部门位于不同的国家，产品需要在不同国家之间进行传递时，情况就会变得更加复杂。我们将在第 14 章再详细讨论这一问题。

11.8 其他定价实践

吸脂定价（price skimming）发生在当一家企业在市场上开发出一种新产品，该企业相当于一个垄断企业，在竞争企业进入之前，企业可以把产品的价格定得非常高，以获得巨额的利润。

渗透定价（penetration pricing）是指以相对较低的产品价格打入市场，以占领市场份额。

声望定价（prestige pricing）指价格定得越高带来的市场需求越大，这是因为企业的这种产品能够给购买者来某些声望或荣耀。

心理定价是基于一种产品在某一特定的需求范围内表现出无弹性需求,而在高于或低于某一价格水平时表现出非常有弹性需求而进行的产品定价。这种情况下的需求曲线是阶梯形的。

11.9 国际应用案例

11.9.1 欧洲卡特尔市场控制能力下降

很多欧洲国家政府在过去允许和支持卡特尔的合法地位,因此在欧洲企业里卡特尔曾一度非常流行,得到迅速发展壮大。但是,这种状况正在发生改变。比如,虽然允许垄断存在,但是市场已经是完全开放的了。

例如,早在1998年,当德国政府通过的新法律允许国内电话服务企业与德国电信(Deutsche Telekom),TelePassport两大电话公司展开竞争后,一家提供价格优惠的小的电话服务公司在不到20天的时间里就与19 000个客户签订了服务合同。后来Deutsche Telekom公司立刻采取减价措施来回应这种竞争。到1999年中期,德国国内长途电话费用已下降了85%。那些新成立的电话公司在很短的时间内就已经获得了德国国内和国际长途电话服务业务35%的市场份额。

此外,航空垄断也在逐渐被打破。在德国,三家刚刚起步的航空公司已经占据了22%的德国航空运输的市场份额,而在意大利的几家新的小航空公司的出现也使得Alitalia航空公司的市场份额从原来的90%下降到75%[①]。

11.9.2 欧洲维生素卡特尔

2001年11月,欧洲委员会对欧洲13个大型医药公司在过去连续9年的时间以固定价格销售维生素的垄断行为实行了高达8.5亿欧元(约等于7.47亿美元)的罚款。这些罚款大部分是针对瑞士的Roche公司和德国的BASF公司。这项罚款是继美国经过调查对这两个公司已经进行了7亿美元罚款两年以后进行的。据悉,这些公司实质上相当于是一家公司在经营。卡特尔成员每个月或每个季度开一次会议,互相交换销售量和价格数据,然后为每个公司分配销售份额。在某些情况下,卡特尔成员甚至可以根据各个公司的销售定额来准备本公司每年的预算方案[②]。

11.9.3 航空服务价格歧视

2003年12月,欧洲委员会询问18家欧洲航空公司是否对来自欧洲不同国家的乘客

[①] This section is based on T. Peterson. The Cartel Are Finally Crumbling. Business Week, February 2, 1998, p.52.

R. Atkins. German Phone Call Prices Cut. Financial Times, July 9, 1999.

[②] Francesco Guerrera and Birgit Jennen. European Groups Face Record Fines for Roles in Price-Fixing. Financial Times, November 21, 2001.

Francesco Guerrera. Monti Lashes "Vitamins AG" Cartel. Financial Times, November 22, 2001.

购买机票收取不同的价格。据悉,大多数这种票价的差别发生在通过网络订票,且与机票购买日期没有什么关系,也可能是因为改变了订票日期的缘故,或因为其他原因可能会影响到机票的成本。不过很明显,这种机票价格歧视是存在的。在收到18家公司中的16家公司的反馈信息之后,欧洲委员会于2004年结束了调查,原因是在欧洲委员会提出询问之后,这些航空公司很快取消了这种价格歧视的做法①。

11.10 本章小结

本章是在第9章和第10章学习的基础上讨论如何运用价格与产量决策原理解决特殊市场环境下的产品价格决策问题,主要是探讨在不完全市场竞争条件下的产品价格与产量决策问题。简言之,我们学到的知识点如下。

(1) 卡特尔的形成是为了避免由价格和产量竞争引起企业经济效益的不确定性。在该行业中的企业采取统一产品定价和产量分配制度来实现整个行业利润的最大化。然而,历史经验表明,这种安排是不稳定的。

(2) 在存在价格领导的情况下,一个公司制定了产品价格后,其他公司跟随制定同样的价格。我们讨论了价格领导的两种形式:指标型和主导型。

(3) 鲍莫尔模型描述的是在满足一定利润水平约束条件下的企业收入(而不是利润)的最大化的模型。

(4) 价格歧视(或差别定价)是指在不同的市场上以不同价格销售同一种产品。其中,三级价格歧视现象最为普遍。针对同一种产品在不同市场上的需求弹性不同来收取不同的价格要比收取统一价格的企业可以获得更多利润。

(5) 成本加成定价是一种非常普遍的产品定价方法。然而,使用这种定价方法并不意味着不考虑边际分析原理和需求曲线的影响。

(6) 考察了多产品定价。因为大多数企业要同时生产多种产品,多种产品之间可能存在互补或替代关系,这些关系可能表现在需求方面,也可能表现在供给方面。我们讨论了四种情况,并介绍了如何运用边际分析原理实现利润的最大化。

(7) 我们也总结了其他几种产品的定价实践。关于转移定价,考察产品在企业内部各个生产部门中的定价问题。

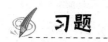
习题

1. 在某一儿童玩具行业仅有两家企业。玩具市场的总需求为 $Q=30-2P$。这两个企业有相同的成本函数,$TC=3+10Q$。两家企业达成协议要形成行业垄断。为了实现利润最大化,产品的价格与产量应该分别定为多少?

---

① Air Transport: Suspicion of Price Discrimination Practices. European Report, December 24, 2003.
Airlines Put End to Price Discrimination on Basis of National Residence. Europe Information, June 9, 2004.

2. 一个游乐园将消费者分为成年人与儿童两个市场,经调查得到需求表如表 11.3 所示。

表 11.3 游乐园需求表

价格/元	数量/人	
	成人	儿童
5	15	20
6	14	18
7	13	16
8	12	14
9	11	12
10	10	10
11	9	8
12	8	6
13	7	4
14	6	2

假设边际经营成本为 5 元(提示:由于边际成本是一个常数,因此平均变动成本等于边际成本,不考虑固定成本),游乐园的经营目标是实现利润最大化。

(1) 计算价格,产量和利润各是多少?如果:① 游乐园在每个市场收取不同的票价;② 游乐园将两个市场看作是一个市场收取统一的价格;③ 解释以上两种情况实现的利润数量有何差别。

(2) 需求表中的数据可以表示成下面的方程(式中下标 A 表示成人市场,下标 C 表示儿童市场,下标 T 表示这两个市场的总和):

$$Q_A = 20 - 1P_A$$
$$Q_C = 30 - 2P_C$$
$$Q_T = 50 - 3P_T$$

解上述方程求出游乐园在两个市场分别定价与统一定价各自能够达到的利润是多少。

3. 某公司估计其产品的总需求函数和成本函数分别如下:

$$Q = 25 - 0.05P$$
$$TC = 700 + 200Q$$

通过采用需求与成本表或解方程的方法回答以下问题(提示:产量为 1~14)。

(1) 如果该公司要实现以下各个目标,价格与产量各应定为多少?
① 利润最大化。
② 收入最大化。
③ 在获得利润不能少于 300 万元时的最大收入。

(2) 假设需求方程保持不变,成本方程变为 TC=780+200Q,求该公司要实现以下各目标时的价格与产量。
① 利润最大化。
② 收入最大化。
③ 利润不能少于 300 万元,求最大的收入。

(3) 解释(1)①与(2)①答案相同,但(1)③与(2)③的答案却不同的原因。

4. 某纸业公司具有下列生产纸浆的边际成本表(见表 11.4)。

表 11.4 边际成本表

数量/吨	边际成本/元	数量/吨	边际成本/元
1	18	4	33
2	20	5	43
3	5		

在市场上购买每吨纸浆的价格为 25 元。用纸浆生产纸的边际成本为 $MC=5+5Q$,纸的需求方程为 $P=135-15Q$。若公司自己生产纸浆,那么生产纸的边际成本是多少?利润最大化的产量是多少?公司应该使用从市场上购买的纸浆还是应该使用自己生产的纸浆,为什么?

5. 远征鞋店销售每双布鞋的价格为 50 元。估计得到的价格点弹性为 -1.8。如果该鞋店想获得最大利润,每双布鞋的价格应该是定为多少?

6. 一家飞机制造企业每年的固定成本为 5 000 万元。生产每架飞机可变成本为 200 万元。如果该飞机制造企业从其 4 亿元投资中得到 10% 回报率并预计在今年生产 100 架飞机,成本加成的百分比应定为多少?如果企业想生产 150 架飞机,它的成本加成比例又该定为多少?

7. 李大叔的果园种植两种果树:苹果树和桃树。表 11.5 给出两种水果的两组生产水平信息和总成本。

表 11.5 两种水果的生产水平信息   元

苹果	桃子	苹果	桃子
900	0	1 400	0
800	200	1 200	300
600	400	900	600
400	500	700	700
250	550	300	850
0	600	0	900
总成本:15 000 元		总成本:25 000 元	

预计今年苹果的价格为每吨 30 元,桃子的价格为每吨 45 元。在每一成本水平下水果的最佳产量是多少?每一产量水平的利润是多少?

8. 红太阳家具公司销售不同类型的办公用品。去年,公司以每张桌子 500 元的价格出售了 5 000 张高档办公桌,获利 700 000 元。

公司的顾问提出每张桌子降价 30 元的销售方案。该方案可以增加 500 张的销量,利润也会相应增加。同时,某经济学家估算办公用品(包括办公桌)的价格弹性为 -1.8。

假设下一年每张桌子的变动成本保持不变,请你评价该顾问提出的降价销售方案如何。请在你的答案中采用顾问假定的价格弹性及出版物的价格弹性信息。

9. 大学教科书作者版权费通常为书的销售价格的15%。这可能会引起出版社利润最大化与作者利润最大化的目标相冲突。学生作为一名消费者(假设你必须买这本教科书),你认为谁的利润最大化目标对你更有利?为什么?请画图解释你的答案(假定需求曲线是向下倾斜的)。

10. 某公司生产 X 和 Y 两种产品。两种产品为联合产品,即当生产一个单位产品 X 时,也同时生产出一个单位的产品 Y。公司的联合成本函数为:

$$TC = 50 + 2Q + 0.5Q^2$$

式中,Q 为生产的联合产品的数量。两种产品的需求函数如下:

$$Q_X = 100 - P_X$$
$$Q_Y = 60 - 2P_Y$$

(1) 公司每期应该生产多少产品?

(2) 对每种联合产品收取的价格应该是多少?

(3) 公司每期的利润将是多少?

假设企业的经营目标是利润最大化。

第12章 博弈论

> **学习目标**
>
> 学完本章之后,读者应该能够:
> - 战略制定与博弈论;
> - 战略的合理性;
> - 实现战略均衡的条件;
> - 主导战略;
> - 纳什均衡;
> - 逆向归纳法与战略预期;
> - 重复博弈;
> - 协作博弈;
> - 不完全信息条件下的博弈;
> - 竞争博弈。

12.1 战略制定与博弈论

管理世界是一个人与人的行为相互联系的世界,它反映社会运行的现实情况。本章提供了一个可以帮助管理者处理复杂的管理实务的工具。这个工具同样能够帮助人们处理日常生活中遇到的各种事情。我们可以把所有的管理决策划分为战略性决策和非战略性决策。二者的区别在于,非战略决策中管理者不需要考虑其他人的活动和行为。例如,运输公司的管理者在制定运输路线决策时,可以在不考虑其他运输公司行为的情况下,去制定出本公司的一个最有效的运输路线。

与之相比,战略性决策却有本质的不同,因为战略决策具有利益相互依存的特点。因此,需要决策者采用一个可识别的分析框架。所谓利益相互依存,就是一个管理者制定决策的结果既取决于管理者自身的行为,又取决于其他所有利益相关者所采取的行为,即受益是相互的。例如,某企业管理者决定进入一个新的产品市场,该决策获得利润回报的多少将取决于是否有其他企业也将跟随进入这个产品市场。

所以，当管理者思考策略选择时，必须要考虑其他企业（或对手企业）会采取什么样的战略。最优策略的选择将随着管理者对其他企业可能采取的行为的预判结果而发生改变。当然，如果其他人采取的行为与你的预判完全吻合，那么你的决策就会是十分正确的。但是，这仅仅是预期链条中的第一个接口。如果你知道当其他人能够准确预测你的行为时，你会不会改变自己之前的决策呢？其实，制定战略决策就好像是你自己站在一个大厅里的镜子面前，除了看到你自己，还要看到镜子里所有其他的人。

博弈论虽然可以帮助管理者处理企业经营中的很多问题，但并不能解决企业面临的所有问题。就像数学家试图想通过建立一个理论，用来对世界上一切事物的重要性进行排序一样。博弈论的组织框架能够帮助企业管理者从战略层面上理解竞争对手的行为。所以，这一理论能够帮助企业管理者提高预测竞争对手采取某种行动的准确性。当然，这种能力能够帮助企业提高经济效益。简言之，所谓一个好的企业管理者，就是说该企业管理者比一般管理者更能够清楚地看到未来。

管理者制定策略需要把握的一个最基本的原则，就是要分析出与竞争对手之间进行利益分摊的结果：没有无条件的最优策略，也不存在一个适合所有情境下的最优策略。任何一个最优策略都是有条件的。我们若用参数来描述这些条件的话，那么应该说这些参数大部分都应该是在管理者的控制之下。虽然在很多情况下，复杂的战略形势会给管理者制定决策带来严峻的挑战，但也为管理者提供了改变影响环境的某些参数的可能，从而为提高企业的经济效益带来机遇。抓住这些机遇并及时地采取相应的行动是管理者应尽的职责。例如，从之前本企业制定的与对手企业建立某种短期关系，调整到与该企业建立长期关系，就可能会改变对手企业的行为（后面会详细讲述）。

与许多著名的科学理论一样，博弈论促进了管理者理解不同层面的策略问题。物理学中的地球引力理论是我们都很熟悉的理论，尽管很少人能够背诵其复杂的数学公式。从原理上来说，博弈论也是如此。如果我们能够遵照这个理论，它将会指导我们制定出更好的决策。

博弈论的原理源自中国的道家学说。早在2000多年前就在《孙子兵法》等一系列古典著作中有所记载。博弈论被看作是制定战略的路径，因为它是在制定战略过程中必须要遵循的。博弈理论清楚地阐述了为什么管理者需要遵循这些原理。因为只有遵循这些原理，才能制定出好的决策。管理者需要记住的一个最重要原则就是，如何控制他们所面临的策略环境。由于企业收益的相互依存性，无论管理者采取什么样的行动都将可能诱发对手企业管理者行为的改变，这也就是我们前面所说的，最优策略是有条件的。

只要管理者遵循这些基本原则，虽然不一定能够与对手企业达成共识或实现市场的均衡状态，但仍然会有助于提高企业管理者的决策能力。这个能力体现在对一些相关博弈参数的识别。

我们的目的是帮助管理者更好地处理各种管理问题。在很多情况下，我们讨论和分析问题都会与解决博弈双方的冲突和依赖的情形有关。这些情形普遍存在于管理事务中，包括企业之间为什么会开展价格战，对手企业之间如何开展谈判以及如何处理企业之间的相互关系等。一个具有智慧和经验的企业管理者会对所有这些问题的影响因素予以系统全面的考虑。

12.2 策略基础

在展开博弈分析之前,我们需要了解博弈的原理。以打扑克为例,扑克的玩法有很多种,每一种玩法都有一些特定的规则。相关的博弈参数包括扑克牌使用的数量、判断输赢的程序和规则。这与任何一种战略决策的情形是一样的,即规则(或参数)决定游戏过程。因此,在管理者进行决策之前,需要了解和评价博弈的规则。

对所处战略环境的评估是制定战略的基础,尽管这一点对大多数管理者来说是显而易见的。然而,在实践中很多管理者并没有对此给予足够的重视。比如,区分一个好的谈判者与一个不好的谈判者的一个重要标志在于二者当中谁为谈判所做的准备更加充分。一个好的谈判者往往在谈判发生之前为谈判做了非常充分的准备,以确保从中获得理想的谈判结果。

博弈论为管理者提供了一个对环境进行评估的框架。所有的博弈理论模型都被定义为一个包含有五个要素的框架。当然,除了这五个要素之外,其他要素也会对管理决策产生影响。因此,博弈论通常也会对这些因素予以考虑。框架中考虑的五个要素分别是:

(1) 参与者。参与者被定义为是制定决策的组织或个人,他可以是一个人,也可以是一个团体。所有参与者选择的决策决定了一个博弈的结果。要知道每一位参与者就好像与你一样处在一个四面装有玻璃镜子的大厅里,他们与你所看到的周围环境是相同的。所不同的是,各自带着不同的目光或态度来观察周围的环境。博弈模型能够描述各个参与者的身份和数量,身份和数量任何一个发生改变都会改变这场博弈的结果。由于宇宙的复杂多变,身份信息就显得非常重要。你需要通过位于大厅的镜子,清楚地了解共有哪些参与者与你处在同样的环境里。比如,当你与你的父母亲在一起以及与你的同事在一起时,你的行为是一样的吗?如果你面对的是一个完全陌生的人,你的行为又会是怎样的呢?一般来说,在与我们打交道的对手的身份发生变化时,我们的决策行为往往会随之发生改变。博弈模型充分地考虑到了这一点,因此首先需要识别参与者的身份。如果参与者的数量发生变化,同样会影响到战略的制定。

(2) 可用的战略集。管理者不必去预测或评估那些他们认为不可能发生的情况。所以模型中只需要包含那些发生的概率不为零的活动选项。这些活动选项构成了可行的战略选择集(或简称为战略集)。我们可以把这些活动选项看作其他参与者采取的潜在的行为,那么不在这个策略集里面的活动选项或行为显然就超出了一个特定的博弈模型的分析范围。

思考策略集的构成对管理者来说是非常重要的。对于一个管理者来说,忽略任何一个战略选项,而竞争对手却没有忽略这个战略选项,都会使得前者处于不利的战略地位。从战略的角度来讲,如果对手采取的某种行为让你感到吃惊,这不是一件好事儿,这意味着你事先没有预料到对手可能采取的行为,说明你的战略集是不完善的。如果你事先没有对各种可能的活动选项予以充分的评估,你怎么会知道采取什么样的应对措施呢?

(3) 结果。博弈模型把上述两个要素的交集看作结果。每一个博弈参与者都有一个可行的战略选择集(即活动或行为选项),这个战略选择集由每个参与者具有的备选战略组成。各个参与者拥有的各种选择战略集的交集构成了一个结果矩阵。某种特定的博弈结果取决于每个参与者的战略选择决策。我们可以把这个结果矩阵看成是一个包含未来一切所有可能状态的水晶球。当所有的博弈参与者选择了他们的战略并付诸战略实施之后,这个矩阵就可以用来识别未来事物发展的状态是什么样子的。就像一个算命的先生,博弈论就是在某种事件实际发生之前,预测该事件的某种结果发生的可能性。

(4) 收益。通过模型给出每一位博弈参与者可能得到回报的结果。每个参与者的回报结果可以表示成一个收益向量,且有与其相对应的收益水平。一个参与者获得收益的大小取决于他的偏好。博弈论的一个固有的假设就是参与者是理性的,即他们不会去伤害自己。在其他各种情况都不变的情况下,他们会选择能够获得最大回报的战略。这进一步说明了为什么识别一个博弈过程的各个参与者的身份是重要的。个人偏好是带有主观性的:对于一个参与者认为是回报较高选择,而对另外一位参与者可能不会这么认为。

(5) 博弈顺序。时序在博弈过程中发挥着重要作用。模型要能够显示各个博弈参与者选择策略的顺序,在每一位管理者都在不知道自己的对手会选择什么样的战略的情况下,去揭示自己选择的战略。用来分析这类情况的模型叫作策略同步博弈模型。同步博弈模型对时间的依赖程度是较弱的。当然,同步博弈并不是一定要求所有的参与者都在同一时刻宣布他们的选择战略。这里强调的是信息的问题。如果每一位参与者在了解其他参与者的策略之前,就决定了自己的策略,那么这个博弈就被看作是同步发生的。与之相比,非同步发生的博弈就需要有一个先后的顺序。在任何顺序的博弈中,模型要确定博弈的顺序。

对企业管理者来说,检验模型好坏的一个重要方法就是看它是否符合客观实际。为此,我们构造出一个数学框架来帮助管理者检验所构造的模型是否与现实世界相符。管理者在战略选择过程中是否需要考虑下面所有这些因素呢?

- 参与者自己的行为及其他人的行为对决策结果的影响。
- 其他参与者的身份对决策的影响。
- 博弈的顺序。
- 其他参与者会对自己的决策做出什么样的反应。
- 所实现的战略目标是否与决策者的偏好相一致。

我们认为大部分管理者对上述问题的回答是肯定的。因为这些问题说明博弈论与管理决策有着密切的关系。在大部分情况下,博弈论通常是用来分析管理者在制定管理决策时需要考虑的那些因素。建立博弈模型需要运用管理者已经知道的所有信息,模型对这些信息进行加工,从中提炼出那些对管理者决策最有意义或起到关键作用的信息。把相关的理论方法进行可视化表达才能成为管理决策有用的工具。

12.3 可视化

博弈模型就是将每一个参与者采取的策略之间相互作用的结果进行最直观或可视化的表述。一般多采用矩阵式或者扩展式来表述各种策略回报的结果。其实这两种表述形式提供的信息是一样的。扩展式更适合于用来表述顺序博弈的结果。矩阵式会给出所有可能的结果；而扩展式能够提供一个决策者进行决策的路径。

表12.1给出了基于下列情况的博弈矩阵结果。假如艾连和巴里分别为两个公司的经理，各自都发现对方的公司与自己的公司在计划开发同一种新的市场产品。他们各自都有同样的两种选择：一是按照当前计划的投资进行生产；二是通过追加投资，加快生产进度，以便抢先占领市场。企业的预期利润是预期投资成本和产品收入的函数。

下面我们来看一下如何运用矩阵式博弈来分析上面阐述的5种参数。

表12.1　二人同步博弈模型　　　　　　　　　　　　　　　百万元

		巴里的策略	
		当前投资水平	追加投资
艾连的策略	当前投资水平	3,4	2,3
	追加投资	4,3	3,2

（1）参与者：有两位参与者——艾连和巴里。

（2）博弈顺序：同时博弈。每个参与者都是在不知道对手决策结果的情况下制定自己的策略。

（3）可行的策略集：每位参与者都可以选择采取目前计划的投资或者选择追加投资。

（4）博弈的结果：共有2位参与者，每位参与者有2种选择策略。所以，共有4种可能的结果。

（5）博弈最终结果：列出每个可能结果所对应的收益回报。一般情况下，博弈理论把所谓的行参与者（巴里）的回报结果放在表格数字中的第1个位置，把所谓的列参与者（艾连）的回报结果放在表格数字中第2个位置。所以，如果艾连追加投资，而巴里不追加投资，那么艾连的预期收益就是300万元，巴里的预期收益就是400万元。

博弈的扩展式也叫作博弈树，它与决策树很相似，博弈树与决策树最基本的区别在于是否涉及策略分析。博弈树是用来进行策略分析的，而决策树不是用来进行策略分析的。所以，决策树不考虑与对手之间通过相互作用对各自利益产生的影响，获得各种利益的结果完全是由管理者本人及其所处的某种特定的环境决定的。

如果将博弈的扩展式作为一个决策路径图来看，那么从起点开始，你是不会迷失方向的。扩展式比矩阵式更加明确地给出了各个参与者进行策略选择的时间顺序。扩展式采用决策节点表示一个参与者的策略选择。这个节点反映参与者的身份和可行的策略集（或行为）。第一个博弈节点（决策）用一个中空方格来表示，所有其他节点用填充的方格来表示。从每一个节点引出的各条线代表各种可行的策略要素集。如果其他参与者做出的策略带有滞后性，那么从一个节点到另一个节点的连线就代表博弈的顺序。对于一个最后制定策略的参与者，这条连线就是从节点出发到回报结果结束。

图12.1给出了一个扩展式的博弈过程。假如艾连和巴里两位公司的经理计划对开发的新产品制定价格策略，各自都知道对方会将一个新的产品投入市场。预计巴里比艾连可能会提早一些进入市场，所以，巴里会先公布产品的价格（注意图12.1中中空的方

格)。假设他有下列3种价格选择方案：1元、1.35元、1.65元。艾连是在巴里公布价格之后公布产品的价格。由于艾连是第二个进入市场的，其可选择的3种价格方案分别为0.95元、1.30元、1.55元。最后，博弈的收益水平是成本和收入的函数。

扩展式也可以用来表示同步博弈，它是通过信息集来完成的。所有的同步博弈都是在信息不完善的情况下进行的。也就是说，当一个参与者披露自己采取策略的时候，他并不知道其他参与者采取什么样的策略，这就是同步博弈所具有的性质。图12.2显示了图12.1所描述的同步博弈情况。两图的不同之处在于，围绕艾连的决策节点是采用虚线来表示的，这个虚线代表艾连的信息集，即在该时间点上所披露的策略。虚线表明艾连知道巴里可以从3个节点中选择一个，但是艾连并不知道巴里会选择哪一个，因为巴里没有披露他的选择策略。

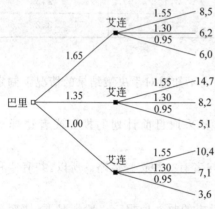

图12.1　艾连与巴里的价格战：顺序博弈　　图12.2　艾连与巴里的价格战：同步博弈

以上这两种模型介绍了博弈理论所分析的战略情境。从中可以看出，模型所需要的信息量并不是很大。但是，制作图形的确需要进行一些思考和反思。图形给我们提供了一个很好的分析问题的组织框架，从而能够帮助管理者相互之间运用统一的语言进行沟通。这些模型能够有效地用来分析各种假设环境。如果一个管理者对所有这些模型的功能能够很好地把握和正确地运用，那么，可以肯定管理者从学习这些模型中获得的边际效益一定会大于边际成本。除此之外，这些模型也有助于管理者通过预测其他参与者的行为来更好地预测自己企业的未来。因此，理解模型运用的基本原理就显得非常重要。这些知识可以大大提高管理者对他人和企业行为的洞察力。

12.4　预测博弈的原理

博弈论是如何帮助管理者预见未来的呢？它是通过帮助管理者正确地预测对手企业的行为来实现的。基于传统的道家原理，博弈论在此基础上进行了一些理论创新和模型参数的设计。那么，模型是怎样预测行为的呢？博弈论提供了预测逻辑一些微细的环节。

很多理论的预测力都是基于预测的原理，原理能够指导和决定行为。理论之所以能够用来预测行为，是因为个人的行为总是遵照之前建立的一些准则。我们在分析这些准则的内涵之前,需要理解均衡的概念。

12.5 均衡

均衡可以用来预测人们的行为。在均衡状态时,没有参与者愿意主动单方面地去改变他的策略。虽然行为的准则并没有说明个人是如何到达这个均衡状态的,但是一旦到达这个均衡状态,就不再有人愿意单方面地去打破这种均衡。因此,博弈模型需要考虑并预测每一个参与者的行为,从中推断未来的结果。均衡就是将各个参与者的行为固定在某一稳定的状态。

参与者不愿意单方面地去改变自己的行为,是因为如果他们这样做并不能从中改善他们的回报。在处在均衡状态下的所有选择集中,如果没有任何参与者改变他们的行为,那么当前的选择就是回报最大的那个选择。换句话说,基于其他参与者已经做出的选择,我们已经做得最好了(收益回报是互相作用的结果)。因此,我们假设行为取决于我们自身的偏好。作为每一个决策者,他们都是理性的,他们从主观上不会愿意伤害自己去接受一个较低的利益回报。因此,均衡是理性的、最优的和稳定的。一位参与者的行为是由他具有的偏好函数决定的。每一个参与者都是在给定其他参与者采取的行为一定的情况下,试图使自己获得最大的利益回报。但是,一旦达成某种利益的均衡状态,就不再有参与者愿意单方面地去改变自己的行为。

12.6 主导策略

一种应对复杂问题的策略的办法就是尽量不从策略的角度去考虑问题,这看起来好像有些自相矛盾。试想,如果一个企业的管理者在制定决策时,不去考虑其他企业管理者可能采取的行为,结果将会是怎样呢?这就像该管理者从前面我们讲的四周都是镜子的大厅环境中跳出来,自己独自一人站在一面镜子面前。在这种情况下,如果管理者仍然没能选择出最好的策略,那就只能责怪自己了。

数学家在建立分析模型时不能忽略与生活的关联性;在现实生活中总有一些时候,管理者要面对一些相对重要的战略选择。数学家把这类选择战略看作是主导策略。主导战略是指其所能获得的利益回报要大于从其他任何可以选择的战略中获得的利益回报。管理者是通过选择主导战略来优化企业的预期回报的。虽然其他参与者的策略选择仍可能对本企业的边际收益产生影响,但把这种影响看作是并不足以能够改变本企业的管理决策。主导战略能够比其他所有可行策略在任何情况下都能获得较高的利益回报。因此,当主导战略存在时,管理者自然会去选择主导策略。

我们可以很容易通过矩阵的形式对主导战略进行可视化的表达。从表12.1中可以看出,艾连的主导战略就是维持当前投资水平(左列)。如果巴里也保持当前的投资水平,他能够获利300万元;如果艾连增加投资,巴里也采取增加投资,那么艾连将获利200万元。可见,巴里也面临一个主导战略,即要选择增加投资的策略。如果艾连选择当前的投资水平,巴里可获利400万元;如果艾连选择增加投资,巴里将获利300万元。

现在我们预测一下,当艾连采取当前的投资水平,巴里选择增加投资战略,这就是一个主导战略均衡。为什么这个结果会占有主导地位呢?因为每一个管理者都有一个主导战略,这个战略总是要优于其他战略。为什么双方各自不会改变其主导战略呢?因为谁改变了这个主导战略,谁的回报结果就会变小。当主导战略存在时,对于一个理性决策者而言需要对决策付出的努力应该是最小的。

在现实世界中,制定主导战略对管理者来说是最容易的。它不仅能够减轻决策者的精神压力,而且能够简化分析过程。在这种情况下,管理者可以忽略其他参与者采取的行为,从而能够节省管理者非常宝贵的时间。以拍卖为例,拍卖设计能够决定在一个特定的拍卖过程中是否存在主导战略。在不存在主导战略的拍卖中,管理者必须要考虑其他人的投标情况,据此决定自己应该如何进行投标。而在存在主导策略的拍卖中,管理者就不需要这么做。一个好的策略制定者能够理解二者之间的差异,因而不会去浪费时间考虑那些与决策无关的因素。

在所有矩阵式博弈中,寻求主导战略是首要任务。即使一项博弈过程不存在主导战略,经过这一过程也会排除一些可能误认为是主导战略的结果,从而大大降低了博弈中备选战略的数量,简化决策过程。

当管理者能够排除一个策略时,会使得分析战略结果的数量变少,这可能导致某种战略原来属于非主导战略,现在却变成了主导战略。经过这样重复多次的排除过程,最终使得每一个参与者只剩下唯一的一个选择策略。

表 12.2 是图 12.1 展示博弈理论的矩阵形式。管理者总是可以采取扩展式或矩阵式来建立博弈模型。我们再来看一下艾连和巴里的战略制定问题。巴里存在一个占优策略。对巴里来说,1.35 元的定价策略好于 1 元的定价策略(表格第 1 位黑体数字表示巴里的收益回报,第 2 位数字表示艾连的收益回报),因为与其他定价策略相比,巴里选择 1.35 元的定价策略将会得到较高的收益回报。如果艾连选择 0.95 元的定价策略,巴里可获得收益 5 元,大于把价格定在 1 元时只能得到 3 元的收益。如果艾连把价格定在 1.30 元,巴里可获得 8 元的收益,好于把价格定在 1 元时只能得到 7 元的收益;如果艾连把价格定在 1.55 元,巴里可得到 14 元的收益,好于把价格定在 1 元时只能得到 10 元的收益。因此,巴里不应该选择定价为 1 元的策略。所以,我们可以不必考虑定价 1 元策略的结果。这样通过排除巴里的 1 元定价策略,就可以把表 12.2 矩阵表格减小为表 12.3,在此基础上再进一步排除艾连的 0.95 元和 1.30 元的定价策略,最后得到表 12.4。

表 12.2 根据图 12.1 制作的矩阵式博弈　　　　　　　　元,百万元

		艾连的价格策略		
		0.95 元	1.30 元	1.55 元
巴里的价格策略	1.00 元	3,6	7,1	10,4
	1.35 元	5,1	8,2	14,7
	1.65 元	6,0	6,2	8,5

表 12.3　通过降阶过程寻求主导战略(一)　　　　　　　元,百万元

		艾连的价格策略		
		0.95 元	1.30 元	1.55 元
巴里的价格策略	1.35 元	5,1	8,2	14,7
	1.65 元	6,0	6,2	8,5

表 12.4　通过降阶过程寻求主导战略(二)　　　　　　　元,百万元

		艾连的价格策略
		1.55 元
巴里的价格策略	1.35 元	14,7
	1.65 元	8,5

由于我们排除了巴里定价为 1 元策略的可能性,艾连现在面临一个主导战略:1.55 元的定价要好于 0.95 元和 1.30 元的定价策略。因此,博弈矩阵可进一步从表 12.3 简化到表 12.4 的形式。现在,艾连只剩下一个备选策略:定价 1.55 元。巴里现在面临另一个主导策略,因为 14 元大于 8 元,巴里将会选择 1.35 元的价格策略。至此,这个博弈过程就达到了主导战略均衡状态:艾连选择 1.55 元的定价策略,巴里选择 1.35 元的定价策略。

虽然表 12.1 的博弈以及前面介绍的博弈都实现了主导战略均衡状态,但各自均衡状态的实现是基于不同的推理过程。很多人认为理性具有二分性:如果你不是理性的,那你就是非理性的。但事实上理性有很多种测量方法,其中一个方法就是测量达到均衡状态的理性程度。理性也可以用一个连续的量来表示。一种关于理性度的表示方法就是看其达到均衡的难易程度。由于参与博弈各方的利益是相互作用的,我们不仅要考虑我们自己具有的理性,还要考虑到其他参与者具有的理性。所以,所谓理性程度就是对决策参与者为到达均衡状态可能采取的行为的推测。

例如,在表 12.1 中的博弈结果就是基于决策双方都是理性的假设。如果你是理性的,你就会选择主导策略。无论其他人做出什么样的决策,这个策略对你来说都是最优的。但是,仅仅根据理性并不足以保证管理者实现表 12.2 中的均衡状态。当主导战略需要经过降阶过程才能发现时,管理者就需要考虑其他参与者具有的理性度。

在矩阵式博弈中,我们通过几轮降阶过程之后即可达到均衡状态。在表 12.2 的博弈过程中,经过了 3 轮降阶才到达博弈均衡状态。根据经验,很多人会以较低的理性度去认识和参与博弈决策,而仅有很少的人能以较高的理性度去理解和参与博弈。

管理活动是十分复杂的,通过识别出主导战略使得管理决策得到简化。但是,存在一个主导战略均衡的博弈必定还是少数。另外,由多个参与者构成的降阶博弈过程一般来说是很复杂的。在没有主导战略均衡的情况下,管理者怎样来预测其他参与者的行为呢?

12.7 纳什均衡

纳什均衡是 20 世纪 50 年代由数学家纳什(John Nash)提出的。他得出的纳什均衡解成为我们今天研究博弈问题普遍使用的一个重要概念。与主导战略类似，纳什认为管理者的行为是理性的、最优的和稳定的。纳什同时提出了参与者在缺乏主导战略的情况下会采取什么样的行为。以下是纳什均衡的基本思想。

无论一个决策者具有一个或者多个选择战略，他的决策目标是一样的，即获得最大的利益回报。如果他必须从所有备选策略中进行选择，他应该选择那个最优的策略，即会选择其中一个最好的策略。但是，由于博弈参与者之间的利益是相互作用的。一个决策者的策略选择必须根据其他参与者可能采取的策略。那么，其他参与者会采取什么样的行为准则呢？如果他们是理性的，各自的目标应该是一样的：基于其他参与者可能选择的决策，选择一个能使自己获得最大收益回报的决策。因此，每一个参与者都是在根据其他参与者采取的决策条件下，选择能够使自己获得最大收益的决策。这就是纳什提出的在存在多个战略条件下如何来预判决策者的行为。

采用数学的形式来表达纳什的思想会更加清晰。令 N 个参与者中每一位参与者具有的可选策略为 S_i^*，$i=1,2,\cdots,N$。其中一个结果代表一个策略序列 $S^*=(S_1^*,S_2^*,S_3^*,\cdots,S_N^*)$。令 $B_i(S^*)$ 为参与者 i 选择策略 S^* 的收益，i 为任一一位参与者，$i=1,2,\cdots,N$。则纳什均衡就可以表示为如下形式的战略排列：

$$B_i(S_1^*,S_2^*,S_3^*,\cdots,S_N^*) \geqslant B_i(S_1^*,S_2^*,S_3^*,\cdots,S_N^*)$$

方程的左端表示存在的战略结果，表示决策者对所有其他参与者所做的最佳决策的选择。方程的右端表示，如果有任一一个参与者单方面地改变策略，他将获得较低的收益。对于一个十分复杂的博弈过程，纳什设计了一个完美的解决方案。他将每个人的理性程度看成是一样的，并以此来规范他们的行为。这时候尽管战略制定是有条件的，但也仍然存在主导战略。在博弈参与者的数量和结果有限的条件下，最优解仍然是存在的。

主导战略无条件地存在于具有主导战略解的博弈中。因此，我们不需要去预测其他人可能采取的行为，因为它并不影响我们的策略选择。但是，对于任何有条件的主导战略，我们就需要进行预测。因为各个参与者的收益回报水平是相互作用的，所以我们需要对其他参与者行为做出预测。纳什规定了一个行为准则：基于其他参与者同样会选择使自己获得最大收益的策略。遵照这些原则，就可以获得最优的纳什解。

实现均衡状态需要理性、最优和稳定的条件。纳什的解是理性的，因为所有参与者都采取可以预知的行为；纳什方案是最优的，因为所有的参与者都试图使自己的收益达到最大化；纳什方案是稳定的，因为没有一个参与者愿意单方面地改变自己的策略来获得更高的收益。

表 12.5 给出了具体的说明。图中的数据表示利润单位，为百万元。假如巴里首先进入市场，艾连跟随其后。两个公司都想引进一种新产品，而且每个公司都可以从多种新产品中选择一种产品。但是，由于资金的约束，只能生产一种新产品。两个公司的经理都知晓这一点，各自引进新产品的策略取决于对对手企业可能采取的行为的预判。正如纳什

所说，我们大家各自采取的行为实际上是相同的：我们都想获得利益润的最大化，这个利润最大化目标是基于对手企业也想获得最大利益。

表 12.5 引进一个新产品的博弈   百万元

		艾连		
		产品 α	产品 β	产品 z
巴里	产品 λ	4,6	9,8	6,10
	产品 π	6,8	8,9	7,8
	产品 Σ	9,8	7,7	5,5

对表 12.5 进行分析，我们进行决策的准则寻求主导战略。首先，确定两家公司各自都没有主导战略，接下来进行以下简单的计算。对于每一个选择策略，都要基于其他参与者可能采取的行为。例如，如果巴里清楚地知道艾连将引进产品 α，巴里会做出什么决策呢？如果巴里分别引进产品 λ、π、Σ，他将分别得到收益 400 万元、600 万元和 900 万元（即对应于产品 α 列的第一个数字）。因为 900 万元是三个收益中最高的，所以，如果巴里知道艾连生产 α，巴里一定会选择引进产品 Σ。在 α—Σ 结果旁标注 B。相应地，对 β 和 z 战略做出同样的标示。接下来，对艾连的策略选择做出同样的处理（参与博弈的先后顺序对结果无影响）。例如，如果巴里引进产品 Σ，艾连将会做出什么样的选择呢？如果艾连选择生产产品 α，将会得到利润 800 万元；选择产品 β 会得到利润 700 万元；选择产品 z 会得到利润 500 万元。所以，如果已知巴里引进产品 Σ，艾连定会选择产品 α，在这一结果旁标注 A。对引进产品 λ 和 π 战略做出同样的标示，得到矩阵表 12.6。

表 12.6 基于对手的行为决定新产品的引进   百万元

		艾连		
		产品 α	产品 β	产品 z
巴里	产品 λ	4,6	(B)9,8	6,10(A)
	产品 π	6,8	8,9(A)	(B)7,8
	产品 Σ	(B)9,8(A)	7,7	5,5

矩阵表中同时标注 A 和 B 的结果为纳什均衡状态。在这个博弈中，纳什的方案是巴里引进产品 Σ（获得收益 900 万元），艾连引进产品 α（获得收益 800 万元）。我们来分析一下纳什是怎样预测这一结果的。不论是 A 还是 B 代表的都是有条件主导战略，即在基于其他参与者已经选择某种战略条件下的最优战略。纳什均衡是一个最佳策略选择，是一个所谓有条件的主导战略结果。

在这个博弈过程中，每一个参与者都是根据自身利益最大化目标来参与博弈的。没有一个参与者愿意单方面地改变他的决策行为。例如，只要艾连生产 α，巴里就会选择生产 Σ，从中得到收益 900 万元。如果巴里选择生产 π，他只能得到收益 600 万元；如果生产 λ，那就只能获得收益 400 万元。艾连面临同样的情形：任何策略的改变都将使他的收益降低。在此,我们再进一步强调一下,参与博弈各方的收益是相互牵制、互相影响的。

12.8 战略远见:逆向归纳法的应用

一个好的企业管理者一定是具有战略远见的。我国古代道家学说把这种战略远见看作是用来区分战略家是否优秀的一个重要标准。我们把战略远见定义为,一个管理者能够基于对未来事态发展的预知,在当下能够做出理性决策的能力。比如,一个管理者可以根据未来市场需求增长预测,给当前的企业规模设计预留出额外的生产能力:包括扩大厂房的面积、仓储设施等。战略预知是一种非常有用的技能。要知道,今天的决策不会影响过去,只会影响到未来。在制定决策的时候,我们就是要看到未来。使用战略预测也能够帮助管理者把握所做的决策产生的短期和长期效应。

博弈理论运用逆向归纳法建立战略预测模型。在博弈论中,采用逆向归纳法能帮助参与者理性地选择各种战略。逆向归纳法被广泛地用于扩展式博弈中,这是因为该方法能方便地展示参与者具有的各种选择战略。

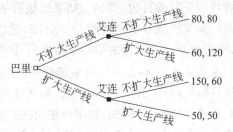

图 12.3 显示了扩展式博弈的情况。让我们回忆一下在表 12.6 中,巴里选择引进产品 Σ,艾连选择引进产品 α。他们现在各自都必须面对是否要采取扩大新产品生产线的决策。每个公司都可以选择扩大生产线或不扩大生产线。巴里是市场的领导者,所以假设他会首先做出决策。

图 12.3 艾连与巴里的扩展决策(单位:百万元)

在得到巴里的决策之后,艾连再决定是否扩大生产线。图 12.3 给出了四种可能的结果。

下面我们来分析一个具有战略远见的管理者是如何运用逆向归纳法来进行博弈决策的。图 12.3 中最左端的决策节点代表巴里需要做出扩大生产线或者不扩大生产线的决策。如果巴里决定扩大生产线,艾连就面临位于图下端的决策节点。如果巴里选择不扩大生产线,艾连将会面临位于此图上端位置的决策节点。在此,假设巴里具有战略远见,根据他对未来的判断制定出一个能够使未来收益达到最大的决策。巴里意识到如果自己选择扩大生产线,艾连也会选择扩大生产线,艾连将会得到 5 000 万元的收益;如果艾连选择不扩大生产线,艾连将会获得 6 000 万元的收益。

据此,巴里预测如果他自己选择扩大生产线,艾连就不会选择扩大生产线。那么,如果巴里选择不扩大生产线情况将会是怎样呢?如果艾连选择扩大生产线,他将获得收益 1.2 亿元;如果艾连选择不扩大生产线,他将获得收益 800 万元。所以,巴里预测如果他自己不选择扩大生产线,艾连一定会选择扩大生产线。如果巴里选择扩大生产线,预计可获得 1.5 亿元的收益(因为艾连选择不扩大生产线)。如果巴里选择不扩大生产线,将会预期获得 600 万元的收益(因为艾连会选择扩大生产线)。由于 1.5 亿元大于 600 万元,所以巴里必然会选择扩大生产线的战略。

使用逆向归纳法时,必须从未来开始向现在进行推测。因此我们需要预期其他人将来可能会采取什么样的行为,据此来决定自己应该采取的策略,即根据我们对对手未来行为的预期,来理性地决定自己应该采取的行为。

12.8.1 逆向归纳法与蜈蚣博弈

我们可以用简单的蜈蚣博弈来说明逆向博弈在战略制定中的应用,很多研究都以蜈蚣博弈为例来解释逆向归纳方法。蜈蚣博弈的过程见图11.4。蜈蚣博弈过程含有6个顺序决策,体现了逆向归纳思想的具体运用。

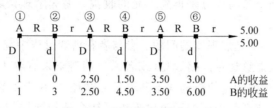

图 12.4 蜈蚣博弈(单位:元)

在这个顺序博弈中有两个参与者 A 和 B。参与者 A 首先开始移动,他可以选择向下移动(D)或者向右移动(R)。如果参与者 A 选择 D,博弈就结束了,两位参与者分别得到 1 元钱的收益。如果参与者 A 选择移动 R,那么参与者 B 会面临类似的选择;B 也可以选择 d 或 r。如果参与者 B 选择 d,博弈就结束了;这时 A 获得 9 元的收益,而 B 获得 3 元的收益。如果参与者 B 选择 r,博弈继续进行,参与者 A 又可以选择 D 或 r。博弈一直进行,直到其中一位参与者选择向下,即参与者 B 被要求进行第三次选择。在这一点,如果参与者 B 选择 d,参与者 A 获得 3 元的收益,参与者 B 获得 6 元的收益。但是,如果在这一点参与者 B 选择 r,两个参与者各自都会获得 5 元的收益。根据图12.4,假设你是参与者 A,你将会选择什么样的策略呢?

下面我们采用逆向归纳法来分析这个博弈的问题。这个博弈实际上是由 6 个系列决策步骤构成的。参与者 A 选择在 1,3,5 环节进行决策;而参与者 B 是选择在 2,4,6 的环节进行决策。我们需要从博弈过程的末端,即从未来向现在进行推测。那么,在第 6 环节:参与者 B 可以选择向下移动,获得 6 元的收益,或者选择向右移动,获得 5 元的收益。因为 6 元大于 5 元,可以预测参与者 B 将会选择向下移动的策略。因为我们已经知道了未来,所以我们现在可以继续分析环节 5。这时,参与者 A 面临如下选择:如果 A 选择向右移动,他知道 B 会选择向下移动,那么 A 将获得 3 元的收益。当然,A 也可以选择向下移动,从中获得 3.5 元的收益。因为 3.5 元大于 3 元,所以参与者 A 将会在第 5 个环节选择向下移动。给定这样的结果,参与者 B 会在第 4 环节做出什么样的选择呢? 参与者 B 可以选择向下移动,获得 4.5 元的收益;也可以选择向右移动,获得 3.5 元的收益(因为我们已经知道参与者 A 在第 5 环节选择了向下)。因为收益 4.5 元大于 3.5 元,参与者 B 将会在第 4 个环节选择向下移动。现在我们就可以进入到第 3 个环节。此时,参与者 A 会选择向下移动,获得 2.5 元的收益;或者选择向右移动,获得 1.5 元的收益(我们已经在第 4 环节预测了 B 会选择向下移动)。因为收益 2.5 元大于收益 1.5 元,所以参与者 A 在第 3 环节定会选择向下移动。我们现在来分析第 2 个环节。此时如果参与者 B 选择向下移动，可获得3元的收益；或选择向右移动，获得2.5元的收益(因为已知参与者A在第3环节选择了向下移动)。所以，参与者B在第2环节必然会选择向下移动。最后，我们终于来到了需要进行当下决策的环节，也是最为关键的决策环节，即第1环节。在第1环节，参与者A可以选择向下移动，得到1元的收益；或者选择向右移动，得到0元的收益(因为已知参与者B在第2环节选择了向下移动)。所以，参与者A在第1环节将会选择向下移动。根据我们对未来的预知，这是一个唯一的理性选择。参与者A将在第1个环节选择向下移动，两个参与者分别得到1元的收益。博弈学理论家将上述模型的运作过程称作逆向归纳法。

下面我们来分析一个更加现实的问题。参与者在博弈过程中究竟会采取什么样的行为呢？最初，很少有人能够运用战略远见(或者说他们对未来有着不正确的判断)。参与者最关心的是要找到一种能够使得利润不断增长的途径，并在未来的某一阶段，他们也许会继续采用这一途径，或者是他们的竞争对手也可能会选择同样的路径。在下一轮博弈的时候，大多数参与者可能会继续延用之前选择的策略(尤其是当他们的对手继续选择了之前采用的策略)。当到达第3、4轮博弈时，参与者A则会选择放弃在第1环节所选择的策略。经验表明逆向归纳仍是明智之举。

12.8.2 承诺的可信度

逆向归纳法有多种用途。其中之一，就是检验承诺的可信度。从威胁到承诺，从吹捧到贬低，我们总想知道哪些是可信的。当面对各种各样的信息时，我们首先要考虑的就是每一个信息的可信度，这就是主导策略。在这个过程中，我们只是需要对那些可信的承诺予以考虑。如果一个承诺是可信的，由承诺者发出虚假承诺为其带来的成本必然要大于给他带来的收益。比如，一个公司的管理者宣称自己公司要生产最好的产品，这样的承诺是不可信的。因为，这种承诺没有给企业违背承诺带来任何成本或者产生的成本很小，企业没有对违背自己的承诺付出任何代价。相反，如果企业管理者答应为购买本企业的产品提供质量担保，这时管理者提出的产品质量承诺就具有可信度了，因为产品质量担保大大增加了企业承诺的成本。

下面我们考虑另外一种情形。巴里决定扩大生产线，而艾连决定不扩大产品的生产线。艾连打算采取降低产品价格的方法来对抗巴里扩大产品生产线的策略。但是，艾连要顾及到如果自己采取降低产品价格，巴里也可能跟随降低产品的价格。事实上，巴里已经告诉两家公司的供应商，如果艾连降低产品的价格，他也会跟随降低产品的价格。那么，艾连应该如何决策呢？

艾连首先必须考虑，巴里的跟随产品降价的威胁是否是可信的。艾连可以根据图12.5，采用逆向归纳法得出博弈的解。巴里可以选择维持原来的价格，也可以选择降价。当然，艾连也同样可以选择这两种价格策略。那么，如果艾连选择了降价策略，情况会是怎样呢？巴里可以选择维持原价，获得收益300万元；如果选择降价，可获利200万元。因为300万元大于200万元，所以，如果艾连选择降价，巴里将会选择维持原价。如果艾连选择维持原价，情况又会是怎样呢？如果巴里选择维持高价他将会获利500万元；如果选择降价将会获利700万元。因此，如果艾连选择维持原价，巴里将会选择降价。假设艾连能够预测到巴里采取的价格策略,艾连会怎样进行价格决策呢?他应该选择降价策略。很显然,巴里不会选择降价。所以,巴里的降价威胁是不可信的,艾连可以忽略这一威胁。即使有人强制巴里采取降价策略,巴里也同样会拒绝。否则,巴里就会损失100万元的利润。

上文所描述的均衡属于子博弈完善均衡。子博弈就是处在一个较大博弈过程中的一个环节。从图12.5中可以看出子博弈。在整个博弈过程中有3个子博弈。在重复博弈中,所有的子博弈完善均衡都是纳什均衡,虽然并不是所有的纳什均衡都是完善子博弈。那些基于非可信威胁的纳什均衡就是非完善子博弈。我们把一个子博弈完善均衡看作是存在于全部博弈集(D)中的一个策略集 s^*,对于任一过去博弈结果 h,集合 $s^* u_h$ 是子博弈 $D(h)$ 的一个纳什均衡。直观上讲,任何子博弈均衡都是理性的,是构成未来博弈的基础。例如,在蜈蚣博弈中,参与者A在第一阶段选择策略D(向下)是理性的,因为它是基于我们知道未来子博弈的结果是怎样的。所以,它属于完善子博弈均衡。

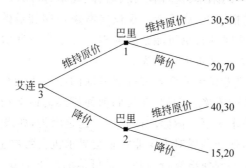

图12.5 关于巴里是否存在一个可信的威胁(单位:百万元)

12.9 重复博弈

商界的特点就是参与者之间要频繁地发生相互作用。在许多商品市场中,企业之间常常在几十年里进行相互竞争,从而导致在某个产业里有很多家企业管理者相互之间存在着长期的竞争关系。那么,企业管理者对未来的预知是如何影响他们各自的行为呢?管理者需要知道未来的任何变化可能改变每个参与者的行为。下面我们就采用逆向归纳法来解释重复博弈的内容。

我们在此举一个经典的例子——囚徒困境来说明重复博弈策略的结果。假设艾连和巴里各自所管理的企业生产同一种产品,且产品的生产成本结构相同。两人代表各自的企业,需要决定产品的价格,即把产品的价格定得高一些,还是定得低一些?见表12.7。

这一博弈的纳什均衡,是两个公司的管理者均以较低的价格出售产品,从中各获利300万元。尽管两家公司经理各自都知道如果对产品制定较高的价格,企业会获得更高的收益,但是各自都担心对方可能会制定较低的价格,从而损失自己的市场销售份额。因此,各自都选择了低价策略。如果艾连和巴里管理的两个企业同处在一个市场进行竞争,我们可以预期两个公司都会制定低价策略。毕竟,这才是理性的选择。

表 12.7　囚徒困境的价格策略　　　　　　　　　　　百万元

巴里的价格策略		艾连的价格策略	
		高价	低价
巴里的价格策略	高价	5,5	1,20
	低价	20,1	3,3

但是，他们长期的竞争结果会是怎样的呢？在这种情况下，他们之间不再只是进行一次性的价格博弈，而是要采取多次重复性的博弈。那么，我们还能预期两个公司都会采取低价策略吗？两个企业的管理者都意识到，由于各自对对方缺乏信任，在每一时期各自都损失了 200 万元的收益。可见，这种相互不信任产生了极高的成本。

从战略角度来讲，一次性博弈和重复性博弈之间的关键区别在于是否拥有未来。在一次性博弈中是不需要考虑未来的。而信任、名誉、允诺、威胁和互惠等仅存在于未来当中。同时，有未来存在的情况下，决策者不仅仅要考虑短期利益的回报，还要考虑到未来长期的利益结果。虽然暂时的背信可能会给欺骗一方带来一些短期的利益，但是从长远角度来看也许会给欺骗者带来重大的损失。

重复博弈模型必须要考虑到博弈各方可能采取的各种决策行为，从协调各方利益的角度出发，得出所应采取的策略。例如，在我们前面讲述的博弈情境中，双方都可以选择高价的策略，实现高价格水平下的博弈均衡状态。这是因为，如果一方企业的管理者想通过制定低价来欺骗对方，他会顾忌对方企业将来会寻求机会对本企业采取报复行动，从而导致两败俱伤。当然，这些威胁报复行为必须是可信的。下面我们来分析一下这类模型的结果。

重复博弈模型的首要特征是考虑时间期限。在一个时间为无限大的博弈中，博弈双方很容易选择合作的策略，因为未来永远是存在的。而在一个有限时间的博弈过程中，当博弈进行到最后阶段时，未来的时间就变得很短。我们再来分析一下表 12.7 显示的时间为无限期的博弈的情况。如果艾连和巴里选择采取合作，共同制定产品高价策略，那么各自在每一个时期都会得到收益 500 万元。然而，如果有一方制定了低价，即可在该决策期内获利 200 万元。但是，接下来另一方也将会采取低价策略。这样一来，双方各自在剩下未来各个时期的博弈中都只能获利 300 万元。所以早期增加的获利 1.5 亿元将会在 8 次博弈周期内损失掉[(5−3)×8]。事实上，在一个无限期的博弈中，很少存在一个参与者从某一个博弈期中采取不合作获得的收益会大于在未来各个博弈期里采取合作能够获得收益的总和。

在一个无限期的博弈中，只要参与者相信未来相互作用的可能性是很大的，那么无论各自采取什么行为都会达到均衡状态，从而导致每个参与者采取的决策行为可能是多种多样的，因为他们知道未来各自总有机会来调整自己的策略。因此，可信的威胁和允诺都可以改变参与者现在的行为。这种情况导致在无限期的博弈中，准确地预测参与各方会采取什么样的行为具有较大的难度。

与无限期博弈相比，有限期博弈的特点是，随着博弈的进行未来的期限变得越来越短。在这类博弈中，目前的行为是根据能够反映影响未来行为的那些可信信息决定的，参与者对行为进行调节的能力随着未来期限的逐渐缩短而递减。事实上,在最后一个博弈期里,任何可信的信号对预测未来已变得毫无意义,因为已经没有未来了(在重复博弈中的最后一个时期的博弈就等同于一个期限的博弈);因此,此时的纳什均衡与单期博弈是一致的。在价格博弈中,这意味着两家公司的管理者都会选择低价策略。在没有可信信息和未来约束的条件下,决策者可以认为其他对手都会采取机会主义的行为。

但是,如果我们知道两家公司的管理者都会在最后一期的博弈中选择低价策略,这是否会对各自在最后一期之前的决策产生影响呢?在此我们仍需要使用逆向归纳法来解释这个问题。两个企业当中是否会有一家企业改变采取低价策略呢?答案是否定的:不论采取哪种类型的博弈,两家公司都会采取低价策略。他们采取这一策略的结果是确定的。基于此,理性战略也是在选择低价。正像我们在蜈蚣博弈中所看到的,采用类似的推理方法可以逆推到第一环节的博弈结果。所以,一个重复博弈均衡等同于单次博弈的均衡。两家公司的管理者都应该选择低价策略。

但是,在未来逐渐逼近和使用可信承诺情况时,博弈结果会是怎样的呢?它能改变决策行为吗?博弈论学者也为解决这类博弈的问题提出了一个基本理论。相对于无限期博弈理论而言,这个理论要面对更加艰巨的任务,那就是它必须考虑上述情况对最后一个博弈期所应采取策略的影响。

在我们讨论博弈论时,值得注意的一点是,并非所有参与者都是机会主义者。如果人群中存在一些非机会主义者,而你又不确定自己是否在与这些人进行博弈,这将会对管理行为产生什么样的影响呢?

12.10 不完全信息条件下的博弈

不完全信息条件下的博弈是博弈论的一个重要分支。这类博弈放宽了对所有参与者都掌握相同数量信息的假设。不完全信息博弈的引入使得参与各方到达合作均衡状态(表 12.7 中双方都制定了高价策略)成为可能。当我们采用逆向推导方法时,低价策略就不一定是最后一个时期应该采用的价格策略。在最后一个阶段,非机会主义的参与者可以联合起来采取高价策略,使双方从合作中受益。他们不去顾忌没有未来,而只是想要合作。因此,他们在一开始就放弃了选择低价的策略,通过选择高价策略来试探对方是否为非机会主义类型的博弈者。

有一种叫作"以牙还牙"的博弈实验方法。参与者在第一阶段的博弈中就可以采用以牙还牙的策略,同时在所有未来各个时期的博弈中,他们也会模仿在前期博弈中竞争对手采用的各种策略。例如,假设巴里采用了"以牙还牙"的策略,巴里和艾连在第 1 博弈期都采取高价策略。在第 2 期巴里继续模仿艾连在第 1 期采用的策略,而在第 3 期巴里又会模仿艾连在第 2 期采取的策略。所以,巴里在博弈开始期就采用高价策略。只要艾连选择高价策略,巴里就将一直采用高价策略。但是,如果艾连采取了低价策略,巴里将会在未来的博弈期里选择低价策略,直到艾连采取高价策略,巴里才会改变他的低价策略。通过这样的变化过程,巴里可以发现或判断出艾连是否属于机会主义者。如果艾连的确是机会主义者,巴里也只是在一个博弈期里损失一些收益。

在不完全信息博弈模型中，参与者之间掌握的信息是非对称的。比如，巴里对自己企业成本函数的了解要多于艾连对巴里企业成本函数的了解。不完全信息博弈模型把这种不对称信息归纳成不同类型的博弈参与者的形式。其中，一种类型的参与者的信息不被任何其他人所了解。在商业世界里，有些时候我们对某一参与企业的信息如成本函数一无所知。在个人层面，这可能还包括个人性格和可信度等。

不同类型的参与者可用不同的回报函数（偏好）来表示。一个低成本类型与一个高成本类型的参与者相比，各自的收益函数是不尽相同的。表 12.8 和表 12.9 介绍了一个简单的不完全信息博弈模型。在该模型中，艾连需要决定是否进入巴里已经经营的某种产品的市场。艾连不知道如果自己决定进入该产品市场，巴里会做出什么样的反应。如果巴里采取很强势的态度，那么当艾连进入该产品市场后，巴里一定会采取降低价格的策略，以防止任何其他人抢占自己的市场。但是，如果巴里进入市场采取的态度不是很强硬，艾连可以预计巴里仍然会采取高价策略，这表明巴里允许艾连进入该产品市场。

表 12.8　巴里采取强硬态度的结果

		艾连的策略	
		进入市场	不进入市场
巴里的策略	抵制进入（低价）	6,2	8,3
	不抵制进入（高价）	5,4	2,3

表 12.9　巴里采取弱势态度的结果

		艾连的策略	
		进入市场	不进入市场
巴里的策略	抵制进入（低价）	2,2	3,3
	不抵制进入（高价）	7,4	4,3

如果巴里采取强硬态度（见表 12.8），纳什均衡的结果是艾连不进入该产品市场，巴里采取低价策略。当然，巴里不是必须要采用低价策略，因为艾连也可能选择永远不进入该产品市场。当巴里采取弱势态度时（见表 12.9），纳什均衡的结果是艾连进入市场，巴里采取高价策略。注意，在上述两种情况下艾连得到的收益是一样的。因此，这里的不完全信息博弈主要是针对巴里，而不是针对艾连。因为，只有巴里的收益才会有所不同。

所以，如果艾连知道巴里是何种类型的管理者，艾连的决策就会变得非常简单。如果巴里采取弱势的态度，艾连就选择进入市场；如果巴里采取强势态度，艾连就选择不进入市场。问题的关键在于艾连并不知道巴里是属于哪种类型的管理者。相反，如果艾连知道巴里是属于哪种类型管理者，巴里还能够影响艾连的决策吗？

12.11　建立声誉

存在未来和信息不完全是建立声誉必要的条件。在这些条件下，声誉成为一种能够产生租金的资产。举一个例子，如果巴里通过某种行为使得艾连相信他在重复博弈的最初阶段就采取了强势的态度,那么艾连就会在未来的博弈阶段选择不进入该产品市场。

在博弈论中,声誉被简单地看作是某种行为的历史。直观地讲,声誉模型的建立与人们的思维过程是同步发生的。当我们不确定其他人具有某些品性的时候,我们总是从考察此人过去的行为中寻找线索,并利用这些线索来推断此人具有某一类品性的可能性。俗话说:"我想我可以信任他,但是我不能拿我的生命去对这种信任做赌注。"实际上,所谓的声誉模型,就是我们根据某人过去的行为来推测他未来会采取的行为。例如,假如你的一个朋友向你借100元钱。如果你先前借过钱给这个朋友,你就会回忆他以前是否把钱还给你。你会更倾向于把钱借给一位之前按时还给你钱的那个人。为什么呢?因为从这个人的有借有还的行为中,你能预测出当你再次借给他钱时,她还钱的概率是很高的。相反,如果这个人之前借钱不还给你,你可能就不愿意再借给他钱了。

所以,在一个信息不完全和存在未来的博弈中,管理者需要通过建立声誉来为自己企业的未来赢得租金。在所有这些情况下,基于逆向归纳法,管理者需要考虑当前的行为将会对未来产生何种影响。债务违约可能会即刻产生收益(借方可以得到借款),但他面临的一个长期结果是债权人将不会再借钱给他。虽然这些声誉模型解释起来很复杂,但它的基本思想却是很简单的。在存在未来的博弈中,参与者必须既要考虑现在,也要考虑到未来。管理者决策的收益由两个部分组成,即刻收益和未来收益。

例如,假设巴里实际上采取了弱势的态度,但他仍有在早期阶段采取强势态度的动机。这样做的结果要比采取弱势态度获得的收益要低(高价是弱主导战略)。但是,如果巴里在早期采取强势的态度,在以后阶段的博弈中艾连就可能不进入该产品市场,因为他会相信巴里一定会采取强势的态度。值得注意的是,随着未来的逐渐临近(在有限期博弈中这是必然的),维系虚假声誉的价值会逐渐降低。所以,在接下来的博弈期里,巴里暴露其采取真实的弱势态度的概率会逐步增加。而在最后博弈期,巴里将会明确地披露他所采取的弱势态度。

管理者在从事企业管理工作中注重打造企业声誉的例子是很多的。从提高产品的质量到对其他企业进入市场采取威慑行为,从打造企业文化到严格遵守财务审计制度,这些例子使我们看到企业注重自己声誉的行为。例如,对于有关一些大的上市公司出现的欺诈丑闻,博弈论学者将披露这些丑闻的审计公司看作是为了打造审计公司的声誉之举,并运用博弈模型的方法进行分析。模型的预测结果表明,任何采取欺诈性活动的会计审计公司都会给公司带来恶劣的声誉,他们声誉的价值也将很快下降到零。就像美国安达信会计师事务所(Arthur Andersen)的会计丑闻曝光之后,该会计师事务所即刻威信扫地。

12.12 协同博弈

对于管理者来说,采取与对手企业进行合作的策略通常是有利的。合作不仅在公司内部运作中是必不可少的,而且也适合于制定市场策略。管理者总是要分析与对手进行合作带来的收益和成本。采取什么样的合作方式是管理者面对的一项重要工作。所以,管理者常常要面对很多类型的协同或合作博弈;因此,他们必须了解采取协同博弈的结果会给企业带来多大的收益。

博弈理论家把协同博弈看作是包含多个纳什均衡的情况。认识纳什均衡（即管理者想要采取协同的结果）本身一般来说并不是一个什么问题，问题的关键在于选择哪种均衡状态。我们将会看到随着博弈参数的改变，阻碍协调的一些因素会发生轻微的变化。博弈论能够帮助我们识别这些微小的变化，及由这些变化引起的企业收益结构的改变。

12.12.1 匹配博弈

在匹配博弈中，一般参与者偏好相同的结果。但是，这里可能存在实现这一结果的某些障碍。这些障碍可能来自交流和沟通不便、采用的措施不得力，或者信息不对称等。表 12.10 介绍了关于某些产品属性协同博弈的情况。

表 12.10　产品协同博弈

		艾连的策略	
		生产消费产品	生产工业产品
巴里的策略	生产消费产品	0,0	7,7
	生产工业产品	12,12	0,0

在这个博弈中存在两个纳什均衡。我们预测一个公司将会选择为消费者生产产品；另一个公司将会选择为工厂生产产品。尽管博弈结果 7,7 明显不如结果 12,12 好，但也不能排除前者不是一个纳什均衡。需要注意的是不论艾连还是巴里都会偏好 12，而不是 7。

12.12.2 性别战争

在这个协同博弈中，参与者仍然打算采取协同策略，但是他们偏好的结果却有所不同，其中一方偏好的结果是不被另一方所接受的。如果这个博弈是重复进行的，博弈双方可以通过转换均衡状态来让双方都达到满意。但是，像表 12.11 中这样的单期博弈，我们就很难预测博弈的结果。

表 12.11　性　别　战　争

		艾连的策略	
		高端产品	低端产品
巴里的策略	高端产品	0,0	11,6
	低端产品	6,11	0,0

与匹配博弈类似，参与博弈的每一方都想独自进入细分市场，但是各自获得的收益不同。如果艾连和巴里都选择生产高端产品，这对双方都是有利的，所以我们难以预测最终协同博弈的结果。

12.12.3　保证博弈

表 12.12 介绍的协调博弈也叫作猎鹿博弈。它源自法国的哲学家 Rosseau 讲述的一个故事。该故事中有两个狩猎者从事狩猎活动,如果二人合作的话就可以猎取到一只大的雄鹿,如果不合作每人只能猎取到几只小兔子。虽然他们每个人都希望猎取到大的雄鹿,但采取协同策略存在一些风险,那就是如果第二位狩猎者放弃采取合作狩猎行动,第一位狩猎者将会一无所获。因此,两个人偏好同样的结果,但是该结果伴随一定的风险。

这里我们将构建一个是否采用新产品标准的模型。虽然两家公司的管理者都偏好于采用新的产品标准,但这里存在的风险是一方选择采用新的产品标准,而另一方不选择采用新的产品标准。我们把结果 12,12 看作是帕累托占优(双方收益都有所改善),但是风险同样占有主导地位(如果一方选择采用新的产品标准而另一方选择不采用新的产品标准,选择采用新的产品标准一方获得的收益将下降到 0)。

表 12.12　猎鹿和保证博弈

		艾连的策略	
		维持原标准	改变到新标准
巴里的策略	维持原标准	0,0	11,6
	改变到新标准	6,11	0,0

12.12.4　先行者博弈

我们也可以应用协同博弈来说明先行者的收益情况。表 12.13 显示了两家公司打算采取协同策略,但是各自都有动机去生产更优质的产品(与性别战争的情况类似)的顺序博弈结果。在这个博弈中,参与博弈的每一方都有可能采取加速开发产品进度,使其产品率先进入市场。这个博弈会判断哪家公司将会采取先行策略,以及为实现市场先占优势所愿意支付的成本。

表 12.13　先行优势　　　　　　　　　　　　　　百万元

		艾连的策略	
		生产高档产品	生产低档产品
巴里的策略	生产高档产品	25,50	110,70
	生产低档产品	30,140	20,30

在这个博弈中,两家公司的管理者都想第一个引进优质产品。这里存在两个纳什均衡:分别是艾连生产高档产品,巴里生产低档产品,或者二者倒过来。但是,一旦其中一家公司生产了高档产品,那么另一家公司就只能生产低档的产品。问题在于,谁愿意支付较高的成本来生产高档产品呢?我们可以根据先行者效益递增分析来回答这个问题。对于生产低档产品的艾连公司来说,其收益的变化等于从生产高档产品获得的收益(1.4 亿

元)与生产低档产品获得的收益(7 000 万元)之间的差额,即 7 000 万元。而对于采取先行策略的巴里企业来说,递增的收益是 1.1 亿元减去 3 000 万元等于 8 000 万元。因此,我们可以预测巴里将会采取先行生产高档产品策略,并愿意为此支付 8 000 万元的最大成本,而艾连最大愿意支付的成本是 7 000 万元。

12.12.5 鹰鸽博弈

这是一个有趣的协同博弈,它不仅被用于人类社会当中,也被应用到动物世界里。假设有两位博弈的参与者处在一个对抗的环境之中。如果二者都采取鹰的行为,那么二者之间发生冲突是不可避免的。但是,如果其中一方采取鹰的行为,而另一方采取鸽子的行为(退让一步),二者之间就可以避免冲突。如果两个人都采取鸽子的行为,冲突的可能性就不存在了。该博弈的过程见表 12.14。

表 12.14 鹰鸽博弈

		国家 1 的策略	
		采取鹰的行为	采取鸽子的行为
国家 2 的策略	采取鹰的行为	−1,−1	10,0
	采取鸽子的行为	0,10	5,5

这里存在两个纳什均衡。该博弈要求一个国家采取鹰的行为,而另一个国家采取鸽子的行为。问题是在这个博弈中,谁采取鸽子的行为,谁就会获得较低的收益。

美国学者约翰·梅纳德·史密斯(John Maynard Smith)运用类似的模型来分析在动物世界里什么时候动物之间将会发生争斗。一个有趣的例子是关于研究美国新墨西哥州蜘蛛行为的例子。我们知道蜘蛛网在茫茫戈壁滩的环境里实属稀缺之物,因为蜘蛛很难在茫茫荒漠的环境中织网。但是,雌性蜘蛛需要利用蜘蛛网来进行产卵。因此,雌性蜘蛛之间就会为了占有现有的蜘蛛网相互争斗。它们争斗的方式是,每个蜘蛛会来到一张蜘蛛网上,然后用力地摇晃。当每一只雌蜘蛛都展示了自己的力量之后,将会有一只蜘蛛(鸽子的角色)选择离开,把这张蜘蛛网让给其他蜘蛛。这样,蜘蛛之间很少发生肢体之间的争斗。史密斯和其他几位生物学家注意到,可以根据蜘蛛的某些身体特征大致推断出哪只蜘蛛会扮演鹰的角色,哪只会扮演鸽子的角色。对于蜘蛛来说,最重要的两个特征是占有状态和体重。通常身体较重的蜘蛛会在网争中取胜,而身体较轻的蜘蛛会退出。史密斯认为蜘蛛网摇晃的猛烈程度是判断蜘蛛重量的一个可信的信号。

12.13 严格的竞争博弈

我们前面提到的博弈考虑了参与者具有的各种动机,冲突与彼此依赖交织在一起。但是,有一些博弈完全是竞争式的:一方的获得意味着另一方的损失,博弈结果的净收益为零,即所谓的零和博弈。例如,一个相对成熟的商品市场就具有零和博弈的特点,因为市场的规模基本上是恒定不变的,其中一家公司的市场销售份额的增长就意味着另外一家公司市场销售份额的减少。表 12.15 介绍了这样一种博弈的例子。

表 12.15　广告方案竞争

		艾连		
		方案 A	方案 B	方案 C
巴里	方案 1	−5,5	20,−20	−22,22
	方案 2	−3,3	7,−7	4,−4
	方案 3	−4,4	−6,6	17,−17

零和博弈仍然可以用纳什均衡来解决。表 12.15 的纳什均衡是艾连采用方案 A,巴里采取方案 2。

12.14　本章小结

(1) 战略决策的特点是各个参与者之间的收益是相互影响的。在这类博弈过程中,一个参与者的收益状况不但取决于自己的决策,同时要受到其他参与者采取的决策的影响。因此,参与者在制定自己最佳战略的时候,必须对其他参与者可能采取的行为作出正确的预判。

(2) 博弈论是一个可以帮助管理者预测其他参与者行为的数学框架。这一理论可以帮助管理者明确要解决的战略问题,其具体的内容包括如何识别和关注哪些参与者,决策者可以采用哪些可行的策略,采用各种策略的结果是怎样的,以及由此产生的经济利益的大小。

(3) 在解决博弈问题的过程中,管理者首先需要寻找主导策略。如果存在主导策略,管理者就不再需要考虑其他人的行为。一个理性的参与者在博弈过程中总是会选择主导策略。

(4) 如果不存在主导策略,管理者就应该使用纳什均衡的概念和求解方法去预测其他人的行为。这个纳什均衡的概念就是假设所有博弈的参与者都会尽他们自己最大的努力来为自己制定最佳的策略。在这一过程中,他们也假定其他参与者也会尽他们自己最大的努力来选择他们各自最佳的策略。这是在博弈论中使用最为广泛的概念和方法。

(5) 管理者应该使用战略远见。战略远见是指决策者目前在根据对其他参与者未来的行为进行预测的结果的基础上,对自己的企业进行理性决策的能力。博弈理论运用逆向归纳法来构建这一战略远见模型。在使用逆向归纳法的过程中,我们从博弈过程的末端开始,分析参与者将会采用什么样的策略,然后再根据对对手企业未来行为的判断,来理性地选择自己当前的策略。

(6) 管理者必须要对那些可信的信号予以关注。博弈模型可以决定各种威胁和承诺的可信度。

(7) 含有未来的博弈叫作重复博弈。当存在未来时,参与者有机会改变未来所选择的策略。一般来讲,在重复博弈中,采取与其他参与者开展合作的策略是有利可图的。

(8) 博弈理论家已经发现了采用不完全信息模型分析存在未来和不确定性时,其他参与者具有的某些行为特点。对于参与者来说,建立声誉就显得非常重要,因为声誉可以产生未来租金。

(9) 与对手企业采取协同的能力对管理者来说是十分重要的。协同模型可以帮助管理者更好地理解实施协同战略存在的各种障碍因素以及采取什么样的措施能够减少实施协调策略的成本。

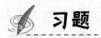

习题

1. 有两家香皂生产企业,分别为福来公司和美神公司,每家公司都想在报纸或杂志上刊登自己的产品广告。各自的广告收益矩阵如表 12.16 所示(单位:百万元)。

表 12.16　广告收益矩阵

		美神公司登广告	
		报纸	杂志
福来公司登广告	报纸	8,9	7,8
	杂志	9,8	8,7

(1) 对于每一家公司来说是否存在主导策略?如果存在,请指出。

(2) 每一家公司的盈利将会是多少?

(3) 这是一个囚徒困境博弈的例子吗?

2. 雷神公司和先锋公司是市场上生产精密相机的生产商。每一家公司都计划在贸易杂志上刊登高档费用和低档费用不同的广告,其收益矩阵如表 12.17 所示(单位:百万元)。

表 12.17　生产商广告收益矩阵

		先锋公司	
		低档广告	高档广告
雷神公司	低档广告	12,13	11,12
	高档广告	13,12	12,11

(1) 雷神公司将会选择刊登高档广告,还是会选择刊登低档广告?

(2) 先锋公司会选择刊登高档广告,还是会选择刊登低档广告?

(3) 每一家公司都存在主导策略吗?

3. 美国《纽约时报》报道沃尔玛公司已经决定要挑战奈飞公司,进入在线邮递 DVD 产品市场。奈飞公司是一家在线影片租赁提供商。该公司能够提供超大数量的 DVD,而且能够让顾客快速方便地挑选影片,同时免费递送。但是,由于规模经济的原因,沃尔玛公司仍然比奈飞公司稍微有一些低成本的优势。所以,沃尔玛公司正在考虑采取限价策略。它可以与奈飞公司制定同等产品价格来进入市场。如果这样做,奈飞公司将会维持产品的原价,那么两家公司都会获利 500 万美元。但是,如果奈飞公司为了防止沃尔玛公司进入,采取降价的策略,沃尔玛公司就不得不跟从采取低价策略。在这种情况下,沃尔玛公司只能获利 200 万美元,奈飞公司将获利 300 万美元。当然,沃尔玛公司也可以低于奈飞公司当前的产品定价,但高于自己的边际成本的产品价格进入市场。此时,奈飞公司将会面临如下两种选择:一是把产品价格降到低于沃尔玛的价格水平。这样一来,沃尔玛公司的收益将会降到 0,而奈飞公司将获利 200 万美元。二是奈飞公司可以选择保持原价的策略。如果是这样的话,沃尔玛公司可以选择保持原价,从中可获利 600 万美元(而奈飞公司将获利 400 万美元)。或者沃尔玛公司可以选择提高产品的价格,从中获利 200 万美元,而奈飞公司将会获利 600 万美元。请回答下列问题。

(1) 画出该博弈过程的扩展表达式并求解。
(2) 画出该博弈的矩阵图,并识别纳什均衡解。

4. 两家相互竞争的书店正计划从两个地点中选择一地作为自己的店铺。这两个店铺相距比较近,各自都想避免价格战,因为这样做将会提高各自店铺的租金。各自的收益情况如表 12.18 所示。

表 12.18 两家书店的收益情况

		博德书店	
		位置 1	位置 2
贵族书店	位置 1	10,10	60,40
	位置 2	25,55	20,20

根据以上信息,是否有一家书店怀有提高店铺租金的动机?如果有的话,价格将会是多少?

5. 两个软饮料生产公司——可口可乐和瑞诺可乐近期决定合谋为其产品定价。每一家公司都必须决定是采取信守共谋达成的协议,还是采取欺骗行为。各自的收益矩阵如表 12.19 所示(单位:百万元)。

表 12.19 两公司的收益矩阵

		可口可乐	
		信守协议	欺骗
瑞诺可乐	信守协议	29,29	26,30
	欺骗	30,26	28,28

回答下列问题。
(1) 每一家公司将会选择什么样的策略?各自从中获利多少?
(2) 如果双方签署 1 期协议或签署 3 期协议,这对采取什么样的策略有影响吗?
(3) 这个博弈属于囚徒困境博弈的类型吗?

6. (Ⅰ) A 公司是市场上的垄断企业,每年可获利 1 000 万元。B 公司是该产品市场一个潜在的进入者,他正在考虑是否进入这个市场。如果 B 公司选择放弃进入该市场,其获利自然是 0,从而使 A 公司每年可继续获利 1 000 万元。但是,如果 B 公司选择进入该市场,A公司必须决定是允许B公司进入,还是抵制B公司进入。如果A公司选择允许B公司进入,将获利500万元,B公司也将获利500万元。如果A公司选择抵制B公司进入,两个公司都将损失500万元。请画出这一博弈的扩展式博弈(路径)图,并预测其结果。

(Ⅱ)仍以上述博弈为例。假设B公司采取选择进入市场的决策是可逆的。在B公司进入市场之后,A公司已经决定是否采取抵制或者配合(允许),接下来B公司可以选择留在市场或是退出。各自博弈收益的状况与(Ⅰ)相同。但是,如果B公司决定退出市场,他将会损失100万元,而A公司又可以获利1 000万元。请画出该博弈的扩展路径图,并预测其结果。

7. 玫瑰公司是两家销售涂料产品公司中的一家公司。它信奉采用以牙还牙的策略。但是,它面临很大的困难,去发现他的竞争对手企业是否在偷偷地削减价格。这是什么原因造成的呢?

8. 雷顿公司为了免除消费者担心购买公司的产品之后,产品的价格会下降的忧虑,宣布将会给每个购买产品的消费者发一张价格兑换券。如果购买本公司的产品之后确实发生产品减价的情况,那么顾客可持这张价格兑换券,从公司找回之前多付的价格。通过这种办法,使得消费者相信他们不会支付高于产品降价后的价格。

(1) 如果雷诺公司在市场上只有一个竞争对手,并且它的竞争者对手也发布同样的信息,这将会改变博弈的收益矩阵吗?如果改变,是怎样改变的?

(2) 这样的信息发布是不是不鼓励产品降价?为什么?

第 13 章 资本预算

学习目标

学完本章之后,读者应该能够:
- 资本预算的类型;
- 净现值和内部收益率的计算及其二者之间的区别;
- 现金流的类型与资本预算;
- 资本成本及计算;
- 资本预算模型;
- 资本分配决策;
- 敏感性分析与方案分析;
- 实物期权与资本预算。

在讨论企业长期成本曲线时,我们用坐标横轴上的每个点代表不同的企业规模,并没有探讨企业如何从一个点变化到另一个点,即企业规模的变化问题。资本预算的核心是解决一个企业扩大生产能力、开发新的生产线以及扩大固定资产规模等投资决策问题。我们现在就来分析实现股东未来财富最大化的企业投资问题。

虽然资本预算是企业管理专业财务课程学习的主要内容,需要采用大量的篇幅予以讨论,但是我们在这里只是做基本的介绍。我们从前几章学习中了解到资本预算就是利用增量和边际分析的工具,把微观经济分析扩展到多期决策环境中去。

在本章的结尾部分,我们将讨论企业的风险问题。在本书中,到目前为止我们是假设所有的数量都是带有确定性的。然而,风险存在于所有管理决策之中,因为未来的任何事件都具有一定的不确定性。因此,我们将探讨在考虑风险情况下如何进行企业经济分析的各种方法。

13.1 资本预算决策

资本预算是对一项具有时间持续性的投资和生产经营活动所发生的收入和支出的决策。这类决策通常涉及早期的资金流出(支出)和之后从某一时间点开始发生长期的连续性的资金流入(收入)。

我们用图 13.1 所示的图形对资本预算决策过程做一个简要的说明。图中显示在项目开始期发生了一次性资金流出和后来五个时期的资金流入。这个模型可以代表企业购买一台新机器的情形,该机器可以使用 5 年,在此期间它每年为企业创造了新的收入(或者为企业节省了生产成本)。我们也可以引用一个企业在前 3 年发生连续性资金流出的例子。这种情况表示一个企业要投资建设一个新的生产车间或者购买一台新的机器,企业从第 4 年起出现资金流入。

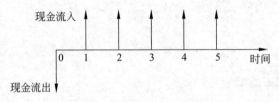

图 13-1 资本预算决策过程

前面我们已经描述了资本预算决策的一般特点,下面给出一些资本预算的类型。

(1) 扩大设施:企业产品市场需求增加使得企业考虑增设新的设施,包括扩大厂房、车间、营销办公室以及仓储设施等。

(2) 生产新产品或改进现有的产品:企业有必要对现有产品进行改进或开发新的产品追加投资。

(3) 设备更新:至少包括两类设备更新决策——对破旧厂房和设施进行更新以及对仍然可以使用但已过时的机器设备进行升级和改造。

(4) 租用或购买:企业需要决定是花费较大的一笔投资来购买一件新设备,还是支付少量的租金长期使用租用设备。

(5) 自做或购买:有时企业可能需要决定是否花费较大的资金投入来自己生产所需的某些零部件或者选择从其他厂家购买所需的零部件。我们在第 2 章里讨论了在过去十几年里企业采取资源外包的做法已日益普遍。

(6) 其他:可以说只要存在初期现金流出接着发生现金流入的情况,就存在着一个资本预算的问题。例如,一个广告促销或者员工培训计划都可以被看作是资本预算问题。

(7) 购买安全环保设备:这类投资可能是由法律规定的,带有强制性,因此可能与经济决策无关。但是,如果存在不同的解决方案,资本预算同样可以用来帮助做出最佳选择方案。

13.2 货币的时间价值

由于资本预算涉及在未来不同时间点上发生的现金流,所以必须设法使得它们发生在某一特定时间点上的价值相等。这就需要考虑资金的时间价值。货币的时间价值是指今天的 1 元钱的价值要大于明天 1 元钱的价值。只要有能够获得正的投资回报的机会,那么今天的 1 元钱和一年以后的 1 元钱在价值上就是不等的。

因此,为了把发生在不同时间点的现金流实现其价值上具有可比性,必须使用利息率把发生在不同时间的现金流折算成同一时间的价值。在资本预算的计算中,通常是把未来发生的现金流折算到项目的开始期,即 0 时间点,就是把未来发生的所有的现金流都折算成现值。这是一种常规的做法,我们可以通过折现或复利计算把现金流计算到某一特定的时间点。

13.3 资本项目评价方法

有很多方法可用于资本预算决策,评价投资项目的价值。我们在此简单地介绍以下两种最常用的方法。它们是偿还期法(payback method)和会计收益率(accounting rate of returns)法。虽然这两种方法今天仍然还在广泛地用于商业分析,但必须承认它们是有欠缺的。

偿还期法是计算偿还项目投资所需要的时间周期(年)。而会计收益率是指把平均每年的利润除以平均投资再乘以 100 所得的百分比。这两种方法存在的一个共同问题就是在投资价值计算中没有考虑到货币的时间价值。对这两种方法不熟悉和感兴趣的读者,可以参考很多关于公司财务,分析方面的教科书。另有两种方法考虑了现金,流折现,它们是净现值法(net present value, NPV)和内部收益率法(internal rate of return, IRR)。这两种方法满足了正确评价资本投资项目的两个主要标准:现金流和货币的时间价值。

13.3.1 净现值

一个投资项目的净现值就是把所有的收入现金流折现为现值减去把所有的支出现金流折算为现值。用一个简单的数学公式表示:

$$\text{NPV} = \sum_{t=1}^{n} \frac{R_t}{(1+k)^t} - \sum_{t=0}^{n} \frac{O_t}{(1+k)^t}$$

式中:t——时间周期(比如:年);

n——项目持续的时间周期(或项目的结束期限);

R_t——第 t 期现金的流入量;

O_t——第 t 期现金的流出量;

k——折现率(资本成本)。

我们对公式中的一些变量进一步做解释。现金流出是从第 1 期到 n 期;但是,现金流入可能不会发生在从第 1 期到 n 期的所有各个时期。如果分析的项目是建设一个工厂,那么生产出第一批产品并获得现金收入可能要等到晚些时候才能发生。一般来说,现金流入要等到投资项目进行到第 2 年才能发生。

现金流出发生在第 0 期(即项目的开始期)。实际上,现金流入发生在第 0 期的唯一可能性是如果购买一台机器,一旦安装完毕即可投入使用并带来现金流入。

折现率 k 通常等于评价项目的利息率。这个利息率表示使用资金的成本(即资金的机会成本),通常被称作资本成本,也常被称为投资项目的障碍率、截止率或最低要求的回报率。

为了说明净现值(NPV)评价方法,我们举一个简单的例子。假设一个拟开发的项目需要初始投资 100 元。该项目将持续三年时间,从第 1 年到第 3 年现金流入量分别为 40 元、60 元和 30 元,资本成本是 12%,如表 13.1 所示。

表 13.1 拟开发项目相关资料

第 1 年的现金流入	40×0.892 9	35.72 元
第 2 年的现金流入	60×0.797 2	47.83
第 3 年的现金流入	30×0.711 8	21.35
		104.90 元
第 0 年的现金流出		100.00
净现值		4.90 元

所有估算出的现金流入量都通过 12% 的资本成本折算成现值后再相加。每一个现金流所乘的贴现因子可从本书末尾部分附录 A 中的表 A.1c 中获得。从收入现金流现值减去总流出现金流现值即可得到净现值。在这个例子中,只有一次现金流出发生在第 0 期(现在),因此不需要对其进行折现。根据净现值等于 4.90 元,这个项目是否可行呢?

答案是肯定的。因为这个项目的净现值是正的,用资本成本折现后的现金流入量减去现金流出量,仍然有所剩余。也就是说,该项目投资的回报大于资本成本,表明该项目能够给投资者带来大于资本成本额外的收益。

如果净现值是正的,那么项目在财务上是可以接受的;如果净现值是负的,该项目将被拒绝;如果净现值刚好是零,说明该项目刚好挣得资本成本,处于接受与拒绝的分界线上。然而,因为实际回报刚好等于需要的回报率,所以该项目还是可以被接受的。

13.3.2 内部收益率

与我们在净现值分析中计算得到一个确切的价值量有所不同,内部收益率是计算现金流入现值等于现金流出现值时的利息率是多少,其计算公式为:

$$\sum_{t=1}^{n} \frac{R_t}{(1+r)^t} = \sum_{t=0}^{n} \frac{O_t}{(1+r)^t}$$

或者

$$\sum_{t=1}^{n} \frac{R_t}{(1+r)^t} - \sum_{t=0}^{n} \frac{O_t}{(1+r)^t} = 0$$

公式中的 r 即是我们要求的未知变量——内部收益率。实际上,内部收益率(IRR)的解是净现值计算中的一个特殊情况。一个项目的内部收益率是使净现值等于零时的折现率(它发生在该项目刚好挣得资本成本的情况下)。

分析者可以运用很多商务计算器或者计算机软件(比如 Excel)很容易地计算出 IRR。然而,为了方便读者,我们在本书后面附录 A 中提供了有关计算折现率的信息。在上面的这个例子中,计算过程可能变得很复杂。除非所有的现金流入量都是相同的并且只有一次现金流出(在这种情况下我们可以使用年金公式来进行计算),否则,必须采用试错方法才能求出 IRR。其具体做法是,首先选择一个适当的利息率代入公式,看方程两端是否相等。如果不等,就重新选择一个利息率代入,这样尝试多次,直到找到一个利息率能够满足净现值等于 0 的条件。该利息率即是我们要求的内部收益率。

回到前面净现值分析的例子,在12%的资本成本条件下,净现值是正的(4.9元)。因此,可以断定内部收益率一定大于12%。我们首先尝试14%的利息率,NPV仍然是正的(见表13.2),所以我们尝试15%利息率,看结果如何。

表13.2 不同利息率的净现值

	14%利息率		15%利息率	
第1年的现金流入	40×0.8772	35.09元	40×0.8696	34.78元
第2年的现金流入	60×0.7695	46.17	60×0.7561	45.37
第3年的现金流入	30×0.6750	20.25	30×0.6575	19.73
		101.51元		99.88元
第0年的现金流出		100.00		100.00
净现值		1.51元		−$.12

我们发现,当利息率是15%时,净现值变成了负数。因此,内部收益率一定是在14%到15%之间。很容易发现内部收益率更接近15%。使用直线插值法可以得到更精确的结果;最终得到准确的内部收益率结果是14.9%。

最后决定项目被接受还是被拒绝的标准是基于内部收益率与资本成本的比较结果。如果内部收益率大于资本成本,即项目需要的最低回报率,那么该项目就可以被接受。如果 $IRR<k$,那么该项目被拒绝。如果 $IRR=k$,对于决策者来说,接受与拒绝没有什么区别。但是,因为该项目能够挣得资本成本,严格地说,该项目满足评价标准,应该被接受。

13.3.3 比较净现值和内部收益率

在净现值和内部收益率两种方法比较中,能说一种方法好于另一种方法吗?在绝大多数的情况下,采用每种分析方法都会得到一致的正确的结论。比如:

$$NPV>0, \quad IRR>k$$
$$NPV=0, \quad IRR=k$$
$$NPV<0, \quad IRR<k$$

然而,在某些情况下,采用这两种方法也会出现不一致的评价结果。

当评价一个独立项目时,采用净现值和内部收益率评价标准是一致的,得出的结论是一样的。所谓"独立"项目是指当一个公司同时考虑几个投资项目,只要每个项目的净现值或者内部收益率都通过检验标准,而且企业没有资金上的限制,那么所有的项目都可以同时开始实施。实施其中一个项目对其他项目的现金流没有影响。

然而,项目评价中常常存在互斥项目。在这种情况下,采用两种评价指标可能得出不一致的结论,一种认为项目可以被接受,另一种认为项目不被接受。假设某房地产开发公司决定要购买一台新型推土机。恰好在此时,有两家推土机制造商分别向该房地产开发公司提供了各自新的推土机型。但是公司仅需要一台推土机。通过净现值分析后认为应该购买机器A,而内部收益率分析结论是应该购买机器B。产生这种结果的原因可能有两个:

(1) 两个项目的初始成本不同。

(2) 现金流入的分布不同。比如，一个项目可能在初期有较大的现金流入，而另一个项目随着时间的推移现金流入量逐渐增加。

内部收益率与净现值分析结果不同的原因在于其隐含着再投资的假设。在计算净现值时，每当发生现金流入，它们被自动地假定成以资本成本为回报率（即项目的 k 值）的再投资。而 IRR 分析是假设以内部收益率（项目的 r）为基础的再投资。

在资本项目分析中，出现这种接受与拒绝相矛盾的结论的情况并不是经常发生。但是，一旦发生这种情况，会令分析者难以决断。

战略分析案例 13.1

两个具有不同规模的互斥项目

正如我们在前面提到的，采用 IRR 和 NPV 方法评价投资规模不同的项目容易产生相互矛盾的评价结论。如表 13.3 所示，项目 A 最初支出为 1 500 元；它在未来的 4 年里每年的现金流入量是 580 元。项目 B（为项目 A 替代项目）投资数额较小，仅为 1 000 元，它每年的现金流入量也相对很小，为 400 元。两个项目具有相同的 4 年生命周期并且都没有残值，资本成本是 15%。从表中看出项目 B 的内部收益率大于项目 A 的内部收益率；而项目 A 的净现值大于项目 B 的净现值。

为了解决这一问题，我们需要计算一个增量（或变动量）项目的净现值和内部收益率。也就是说，采用两个项目现金流的差做一个变动项目。如果我们启动项目 A 而不启动项目 B，则必须在项目初始期多支出 500 元，但在 4 年的项目期内每年可多得到 180 元的现金流入。单独评价这个项目，得到 NPV 为 14 元和 IRR 为 16.4%。这就意味着 500 元的额外支出使 NPV 增加了 14 元，并获得了大于 15% 的资本成本的内部收益率。因此，这两个指标都表明额外投资的 500 元是值得的。根据 NPV 评价原则，应该选择项目 A，拒绝项目 B。

表 13.3 两个具有不同规模的互斥项目

项 目	$t=0$	$t=1$	$t=2$	$t=3$	$t=4$	$t=5$
A	(1 500.00)元	580.00 元	580.00 元	580.00 元	580.00 元	0.00 元
B	(1 000.00)	400.00	400.00	400.00	400.00	0.00
资本成本			15.0%			
		内含报酬率			净现流	
项目 A		20.1%			156.00	
项目 B		21.9%			142.00	
(A−B)	(500.00)	180.00	180.00	180.00	180.00	0.00
内含报酬率	16.4%		净现流			14
不同折现率下的工程评估值	0.00%	5.00%	10.00%	15.00%	20.00%	25.00%
项目 A	820.00 元	557.00 元	339.00 元	156.00 元	1.00 元	(130)元
项目 B	600.00	418.00	268.00	142.00	35.00	(55.00)

图 13.2 说明了两个项目之间的关系。在表 13.3 的下部分,分别采用 6 个不同的折现率评价两个项目,将各自对应的 NPV 的值画在图 13.2 中。当折现率是 0 的时候,NPV 是所有现金流的总和,该值被表示在纵坐标轴上。水平轴上表示项目的净现值等于 0 时所对应的 IRR。两个项目的 NPV 曲线在 111 元处交叉,所对应的折现率是 16.4%,这正是增量项目的 IRR。在交叉点左边的部分,项目 A 的 NPV 总是大于项目 B 的 NPV,这刚好与项目 B 的 IRR(21.9%)大于项目 A 的 IRR(20.1%)相矛盾。如果资本成本大于 16.4%,采用两种方法评价的结果都会选择项目 B,因为这时项目 B 会有较高的 NPV。

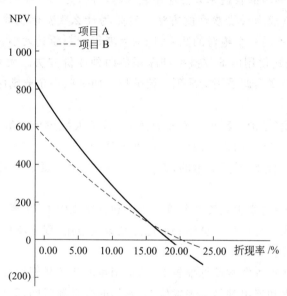

图 13.2 不同规模投资项目净现值的比较

第二个例子关于采用两种评价方法产生相互矛盾的结论是发生在当两个项目的现金流入有着显著不同的情况。虽然两个互斥项目的初始投资额是一样的,但其中一个项目的现金流入量较小,却表现为逐渐增加;而另一个项目的现金流入数量开始较大,但后来逐渐减小。

还有另外一个不正常的现金流入量问题。一般来说,现金流入发生在继现金流出结束之后,在项目生命周期内产生一系列的现金流入。换句话说,随着时间的变化,只会出现一次从负现金流(支出)到正的现金流(收入)的变化。假设会出现两次或多次这样的变化,那么情况会是怎样呢?如果一个项目在初始期产生现金流出,随后出现现金流入,最后以现金流出结束,这将会产生两种不同的投资回报率。这样的一个评价结果显然不能令人满意。如果使用 NPV 分析,就只会得出一个结果。

很多从事金融和经济研究的学者都认为,从理论上讲,采用净现值方法进行投资项目评价应该更加合理。主要原因是:

(1) 公司的财务目标是股东财富最大化。而产生最大净现值的项目也会给公司创造最大的财富。

(2) 以资本成本 k 进行的净现值再投资假设,在大多数情况下比采用利息率为 r 的再投资假设更为现实。

13.3.4 资本预算的实践

根据多数调查研究结果,投资回收期和会计收益率过去一直是最受欢迎的评价方法。但是近年来,净现值和内部收益率方法应用越来越广泛,尤其是在一些大公司进行投资评价更是如此。IRR 已成为最受欢迎的方法。这是为什么呢?因为企业界人士喜欢用一个百分比的数字,而不是一个绝对的数字,因为后者很难判断其大小。一项美国企业调查表明,大约 75% 的公司使用内部收益率和净现值两种评价方法。大型企业(年产品销售额在 10 亿美元以上)多强调采用折现现金流分析。而一些小企业则愿意采用投资回收期指标[1]。

对小型制造企业(年销售额小于 500 万美元,员工人数少于 1 000 名)经常使用投资回收期和会计收益率方法,而很少使用 IRR 和 NPV 方法[2]。

总之,正如多数调查结果所显示的,近三十多年来,使用复杂的资本预算方法呈上升趋势。

至此,我们的讨论是集中在资本预算的方法和具体步骤上,主要是关注如何把发生的现金流代入计算公式进行计算。虽然我们已经频繁地引用"现金流量"一词,但是,还没有对其给出详细的解释。

项目评估专家在审查资本预算报告书时,最困难的任务是把握现金流估计的准确性。因为所有的现金流入和流出都是未来发生的,它们的数量和时间都具有不确定性。当然,有些是相对确定的,如购买新机器的成本。然而,当分析师评估项目未来每年收益和成本时,随着年份的增加不确定性增大。

在大多数情况下,资本预算分析师不会自己确定评价所需的信息,而是通过企业的其他机构和部门,如市场营销、产品加工、工程或服务部门来获得相关数据。这些数据不经审查可能会存在潜在的偏差。比如,如果市场预测人员对某种产品的未来收益比较感兴趣,他们可能会把该种产品的市场需求预测的水平故意提高一些,而把成本有意低估一些。多数情况下,相关部门对现金流入量的估算更趋于乐观一些,所以分析师需要对得到的第一手数据进行适度的调整,以便更加符合实际。

收集分析数据的人,必须要了解以下几点。

(1) 所有的收入和成本都要以现金流的形式来表示。

(2) 所有现金流都应该是递增的。只记录那些影响项目决策的现金流。

---

[1] Gerham J R. The Theory and Practice of Corporate Finance: Evidence from the Field. Journal of Financial Economics, 2001(61): 1-53.

[2] Blocs S. Capital Budgeting Techniques Used by Small Business Firms in the 1990s. The Engineering Economist, Summer 1997: 289-302.

（3）不计算沉没成本。可以忽略发生在项目评估之前的各种成本以及无法收回的成本。

（4）必须加以考虑任何对其他产品销售产生影响的结果。比如，生产一种新的减肥苏打水将给目前软饮料产品的销售带来不利影响，那么这个减少的现金流必须从投入新产品生产计划创造的现金流中减去。相反，影响也可能是正的，这种正的效果也要予以考虑，包括人们熟悉的替代品和互补品的情况。

（5）一般来说，在资本预算分析中，为债务支付的利息是不予考虑的。由于利息包括在折现率中，若将其看作现金流出会导致重复计算。

13.4 现金流的类型

现金流有多种表现形式，下面我们讨论一些最为普遍和重要的现金流类型。

1. 初始现金流出

初始现金流出发生在项目的开始期。购买一台新机器，会出现一次性现金流出。但是，如前所述，初始现金流出也会持续发生在一段时间内。

2. 营业现金流量

当一个新项目开始实施后，它会产生现金流入（收入）。当然，也会产生现金流出（成本和开支）。在经营初期，现金流出量可能会超过现金流入量。因此，在投资初期阶段，可能会连续每年出现净现金流出。在会计记录的年度决算表中有一项开支是折旧。但是，折旧并不代表现金流。现金流是发生在固定资产获得之后，而在会计记录中把折旧记作固定资产价值的下降。尽管在记录折旧时，没有现金流发生，但它的确减少了报税的利润，因此折旧可以作为合格的税收减免。在资本预算分析中，我们必须把折旧加回到税后利润，变成现金流。下面举一个简单的例子，相关资料如表13.4所示。

表 13.4 资本预算分析资料

销售额	100元
成本和支出	50
折旧	20
总成本和支出	70元
税前净利润	30
收入税	12
税后净利润	18元
折旧	20
净现金流	38元

要计算每一年的营业现金流并对其结果进行折现计算。

3. 追加流动资金

在扩大项目投资计划时,除了增加新的厂房和设备,还需要增加流动资本。由于扩大库存,应收账款增加,因此需要更多的现金来支持财务交易。流动资本投资属于现金流出,这样的投资与用于购买砖和钢铁的投资在性质上是相同的,因此,必须予以考虑。当整个项目周期结束时,库存将会清空,应收账款将会收回,也就不再需要追加资金。因此,项目扩大初期支出的流动资金在项目结束时会得到收回,其数量与初始期基本相同:发生在项目运营初期的现金流出量大致等于项目结束时的现金流入量,当然必须对其采取折现计算。

4. 项目残值或销售价值

在项目寿命期结束时,一台已完成折旧的机器(即有一个为 0 的会计账面价值)可能还会有一些残余的再销售价值或叫作废品价值。如果从中获得现金,应该将其计入现金流。但是,必须谨慎对待这项现金流。如果废品的市场价值比账面价值大,则会产生一定的利润,由此会产生一些不可避免的税收。这种情况下,计算现金流量的公式为:

$$现金流 = SV - (SV - BV)T$$

式中:SV——固定资产残值;

　　　BV——账面价值;

　　　T——税率。

5. 非现金投资

有时启动一个新的项目可能不需要支出现金流。例如,假设有一个陈旧的、完全折旧的机器竖立在工厂的院子之中。这台机器对工厂已经不再有什么用处。但是,一个扩大企业生产计划提出要利用这台机器。如果继续使用这台旧机器,这是否表示有现金流出呢?答案是肯定的,如果机器尚存残值;相反,答案是否定的,如果机器不再有任何市场价值。在所有资本预算决策中,对这些可能性都要给予考虑。

13.5　资本成本

在进行每一项资本预算决策的时候,都需要假设采用某一水平的资本成本。我们在前边对每一项资本成本的来源都给予了解释。在会计学和金融学教材中,通常要花大量的篇幅专门讨论这个问题。然而,对此进行详细的讨论超出了本书的范围。因此,我们在此只是简单地解释一下几个重要的概念。

为了实施一个投资资本项目,公司可能需要通过融资以获得所需资金。当然,融资可以来自不同的渠道。可通过短期或长期借债融资,也可以使用自有资本。一个公司可以采取保留部分盈余,使其变成自有资本,或者通过发行新的股票来获得所需的资金。每一种类型的融资都需要连本带息地进行偿还。这些成本构成了公司的资本成本。当公司明确了所有的成本构成之后,把各自累加起来得出一个债务或股权混合资本的平均成本。

13.5.1 债务

债务成本是为偿还债务支付的利息率。因为利息开支是可以减免税收的,企业债务的实际成本是税后费用。债务成本的计算公式表示为:

$$债务成本 = 利息率 \times (1 - 税率)$$

那么,应该使用哪个利息率呢?如果一个公司有尚未偿还的债务,它应该偿还某一利息率。但是,这与公司在过去为偿还债务使用的利息率是不相关的。对于公司来说,测量资本成本最重要的是假如公司今天借债需要偿还的利息是多少。因此,公司目前发行债券的市场利率决定了公司发行债券的成本。

13.5.2 股权(或自有资本)

股权的成本是很难获得的。已有大量的文献讨论过这个问题,也有多种不同的方法用于计算股权成本。以下描述了其中的两种方法。

1. 股利增长模型

因为我们已经在第 2 章讨论了股利增长模型(the dividend growth model)的推导过程,在这里我们就只给出公式。如果每年的股利保持不变,那么股票的价格公式是:

$$P = \frac{D}{k_e}$$

式中:P——股票现在的价格;
$\quad\quad D$——每年的股利(或分红);
$\quad\quad k_e$——折算率(资本成本)。

如果我们期望每年股利的增长是固定不变的,那么这个公式就变为

$$P = \frac{D_1}{(k_e - g)}$$

式中:D_1——下一年支付的股利;
$\quad\quad g$——每年股利的增长率。

因为我们要求的是资本成本,所以该公式可以写成:

$$k_e = \frac{D_1}{P} + g$$

这个公式表示股权资本成本(k_e)等于第 1 年的股利除以今天股票的价格,即为股利加上股利期望增长率。这个模型被称为 Gordon 模型,它是由美国际经学家 Myron J. Gordon 发明的[①]。

上面介绍的股利增长模型也适用于公司不发放股利,而是进行股利再投资的情况。如果一个公司在资本市场上发行新的股票,这会引发额外的费用。由于存在股票认购发行成本,所以股票的销售价格要低于当前市场价格。如果把这些成本 f 表示成价格 P 的

---

① Myron G J. The Investment, Financing, and Valuation of the Corporation. Homewood, IL: Irwin, 1962.

百分比，Gordon 模型变成：

$$k_0 = \frac{D_1}{P(1-f)} + g$$

显然，向外部新发行股权的成本要大于已保留的股票收益。虽然 Gordon 模型公式看上去相当简单，但是它需要预测股利的增长率。然而，任何预测总是很微妙的。因此，资本成本的计算只能是基于最好的估计结果。

2. 资本资产定价模型

资本资产定价模型(the capital asset pricing model)源于 20 世纪 60 年代。它是基于风险和回报之间存在着相互关系的原理。高风险的投资，要求得到较高的回报。下面我们对该模型进行简单的描述。

运用该模型得到的一个重要结论是，股票的必要收益率是该股票的收益率相对于市场总体股票(投资组合)收益率波动的函数。这个波动称为 β 系数，是通过回归分析计算的。用个体股票回报波动作为回归方程的因变量，市场股票综合回报率的波动作为自变量。个别股票收益波动比市场综合股票收益波动越大，那么 β 系数就较大。当 β 系数是 1 的时候，表示所关注的这个股票收益波动程度与市场综合股票收益波动程度相等。如果 β 系数大于 1，说明这支股票收益波动性很大，即该股票风险很高；当 β 系数小于 1，情况刚好相反。

这个模型中还包括了一个无风险利率变量，通常为政府发放国库券的利息率。β 系数是用来表示个别股票相对于市场综合股票平均回报率与无风险股票回报率之差的风险佣金。

个别股票的必要回报率可用以下公式进行计算：

$$k_j = R_f + \beta (k_m - R_f)$$

式中：k_j——是股票 j 的必要收益率；

R_f——无风险回报率；

k_m——市场全部股票综合回报率。

这个模型一直备受欢迎，但也受到一些批评。主要的反对意见是这个模型是运用过去的数据预测现在和未来的股权资本成本。因此，它是假设未来个别股票收益与整个市场股票收益之间的关系与过去是一致的。

另一种关于 CAPM 模型的批评意见是基于 β 系数并不总是稳定的考虑。根据分析的不同时间，它是变化的，并且受到所采用的统计方法的影响。因此，资本成本估计的准确与否完全取决于获得的数据质量和使用的估计方法。很显然，为了提高资本股权成本估计的准确性，还有大量的工作要做。

13.5.3 加权平均资本成本(综合资本成本)

尽管在资本成本计算中所考虑的各个因素还不是完全令人满意，但到目前为止它们还是最好的计算方法，并且被广泛地用于计算企业总的资本成本。加权资本成本是对资本结构中各项资本成本进行加权平均得到的。当计算加权平均资本成本(WACC)时，每项权重应该能够反映其实际市场价值而不是资产负债表中的账面价值。

如果一个公司的财务结构是由20%的债务和80%的股权(自有资本)组成,它们所对应的资本成本的权重分别为6%和14%,那么资本加权成本就是

$$0.2 \times 0.06 + 0.8 \times 0.14 = 0.012 + 0.112 = 0.124 = 12.4\%$$

由于债务资本成本的数量通常少于股权资本成本,那么这个公式表示一个公司可以通过增加债务与股权的比例来降低公司的资本成本(提高公司的价值)。然而,这可能是一个误导。当公司持有债务的比例增加时,人们会认为该公司的风险增加。这将引起债务和股权的同时上升,导致加权平均资本成本的增加。但是,可能存在这样一个点使两种资本组合达到最优,公司的加权资本成本达到最小。

13.6 资本预算模型

在公司做决策的过程中,资本预算是应用边际收入等于边际成本的原理。图13.3说明了这一原理。

假设一个公司面临七个独立的资本预算方案。资本规划部门已经分析了每一个预算方案,并计算了每种预算方案的内部收益率。在图13.3中,把所有项目投资方案按照内部收益率从高到低的顺序进行了排序。每个项目投资方案对应一个竖长方形,它的高度表示IRR,宽度表示投资的规模。如果用一条平滑的曲线把每个竖长方形的顶端连接系起来,这条曲线代表各个不同数额项目投资方案的内部收益率——边际投资机会曲线。

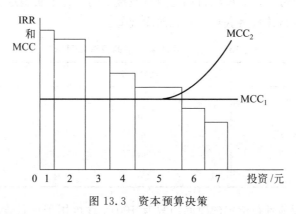

图13.3 资本预算决策

如果一个公司能够以不变的资本成本获得新的资金,那么水平的资本边际成本曲线(MCC_1)就是有效的。然而,当一个公司需要获取更多额外的资金,这往往引起资本成本的增加。因此,曲线MCC_2可能更加接近于实际的情况。

当债务和股权的成本上升时,随着公司对资本资金需求的增加,资本的边际加权成本也会增加。因此,画出一条像MCC_2上升的资本加权边际成本曲线是非常符合实际的,特别是当资本预算达到一定的规模时。

当边际投资机会曲线与边际资本成本曲线相交时,公司实现了最优的投资预算。当然,这一原则只能用于在同一时期的情况。在我们的例子中,所得结论是项目 1 到项目 5 应该全部被接受,其他具有较低内部收益率的项目(项目 6 和项目 7)应该被拒绝。

还有重要的一点需要说明,当公司达到最优资本预算时,公司将接受所有净现值为正的投资项目。然而,如果在一个竞争市场环境中经营的企业,在长期,所有的净现值都将减少到零。这与第 9 章讨论的在竞争市场中,企业实现长期均衡只能获得正常利润的结论是一致的。当然,在现实中,由于需求和供给在不断地变化,可能会阻止这个静态长期均衡的实现。然而,市场的竞争使得企业必须不断地创新,以保持它们的市场优势或者试图为自己的企业创造非竞争的市场环境(如形成垄断),获得经济利润,使企业能够长期获得正的净现值。

13.7 资本限额

边际原理说明了公司应该投资所有内部收益率大于边际资本成本或者净现值为正的投资项目。但是,一些公司在某一时间内对资本的支出规定了绝对的限额。因此,不可能对所有通过内部收益率或者净现值检验的项目都进行投资。这种资本限制的情况发生在当管理者不愿意去获得外部资金时。企业这样做是有很多原因的。比如,企业不情愿背负更多的债务。此外,管理者不愿承担增加稀释股权的危险。在资本限额条件下,公司不得不拒绝一些本来可以接受的项目。

假设一个公司评价五个独立的资本项目,其结果显示在表 13.5 中。每一个项目都能获得正的净现值,通常来说这些项目都是应该被接受的。为了实施这五个项目,公司将产生 250 元的现金流出,并且将获得 120 元的净现值。

表 13.5 资本限额条件下的投资项目选择　　　　　　　　　　　　　元

项目	初始投资	净现值
A	50	25
B	70	30
C	20	25
D	30	10
E	80	30

然而,公司的管理者在给定的时间内只有 100 元钱可用于项目投资。应该选择哪个项目呢? 为了实现最多的价值,公司将选择一个能够得到最大净现值的项目组合。因此,应该选择项目 A、C 和 D。这三个项目组合的支出刚好等于 100 元,共获得 60 元的净现值。在 100 元资本投资限额的条件下,再没有任何其他项目组合可以达到 60 元的净现值。

虽然施加资本限额并不是理性的利润最大化行为,但是这种情况确是经常发生的。资本限额的存在使公司不能实现资本价值的最大化。

13.8 本章小结

本章我们把利润最大化的经济学概念扩展到了多期项目。

资本预算是对通过初始投资而获得长期现金流入项目的评估。评价资本投资设计的过程包括以下内容：

(1) 估计该项目产生的所有增量现金流；

(2) 对所有现金流进行折现；

(3) 决定该投资项目是否应当被采纳。

评估资本预算设计主要有两种方法——净现值法和内部收益率法。我们对这两种评价方法的有效性进行了比较。从理论的角度来看，净现值是一个更有效的评价标准。然而，在实际应用中，内部收益率方法被使用得更加普遍。在大多数情况下，这两种方法得到的答案是相同的。

我们引入了资本成本的概念，并且讨论了加权资本成本的计算方法以及资本限额问题。

习题

1. 士杰想要从当地一家摩托车经销商购买一辆摩托车。摩托车的价格是 15 000 元。士杰手里有足够的现金支付这辆摩托车的价格。但是，摩托车经销商经理试图用下面的理由说服士杰通过贷款购买一辆摩托车："你只需一次性支付 3 000 元的首期付款，然后可以向我公司财务以 12% 的利率贷款 12 000 元，您将在未来五年（60 个月）的时间里每月仅付款 266.93 元，五年付款总额是 16 015.80 元。这样做，你现在不用支付这 12 000 元。如果现在你把这笔钱存入货币市场账户，每季度的利率是 8%。那么五年后，你现在的 12 000 元能增值到 17 831.40 元，这意味着比你现在一次性支付 12 000 元能多赚 1 815.60 元。"

假设上述所有估计都是正确的。这个建议看上去可信吗？为什么？

2. 假设你的公司正在考虑一个 50 000 元的投资项目，其资本成本是 12%。预计在未来 5 年里可获得税后现金流如表 13.6 所示。

表 13.6　税后现金流　　　　　　　　　　　　　　　　元

第一年	10 000 元	第四年	20 000
第二年	20 000	第五年	5 000
第三年	30 000		

(1) 计算 NPV。

(2) 计算 IRR（近似到整数的百分比）。

(3) 你接受这个项目吗？

3. 如果你是快捷印刷公司的资本投资分析师，为了满足预期市场需求增加，公司要求你评估购买一台新型打印机的可行性。这台新机器预计可以使用 5 年,你需要计算该项目每年的现金流量。

预计打印机的购买价格为 14 万元,此外,还要花费 1 万元的安装费用。按直线折旧法这台打印机五年后残值为 0。预计 5 年后该机器的市场价值为 1 万元。

该打印机将产生表 13.7 所示的现金收入以及成本和费用。

表 13.7 购买打印机相关资料　　　　　　　　　　　　　　　　元

项目	第一年	第二年	第三年	第四年	第五年
现金收入	50 000	80 000	80 000	80 000	40 000
现金成本和费用	25 000	40 000	40 000	40 000	20 000

由于扩大产量,在 $t=0$ 时(今天),需要额外追加 15 000 元的营运资金,这笔流动资金将在项目结束后(5 年后)退回。如果所得税税率为 40%,公司的资本成本是 12%,请计算净现值,并决定公司是否应该购买这台打印机。

4. 雷鸟快递公司需要购买一辆摩托车,为了满足未来十年的需要,公司目前正在评价两种选择。

选择 A:花 6 000 元购买一辆二手大运摩托车,在未来五年按直线折旧,其残值将为 0。但是,预计此摩托车 4 年后还能卖 800 元。这时(即 5 年后),公司可花 12 000 元再购买一辆二手大运摩托车,它将被使用 6 年,6 年后市场价值为 0,这辆摩托车也在 5 年内采用直线折旧。

选择 B:花 16 000 元购买一辆全新的雪豹摩托车,它可以被使用 10 年,最后的市场价值是 1 000 元,同样采用 5 年直线折旧。

其他信息:所得税税率为 34%,资本成本是 12%。

请问这两个选择哪个更好些?

5. 奔腾计算机公司给公司市场营销部工作人员提供下列待遇:给销售人员提供摩托或销售人员使用自己的摩托车但公司为他们提供里程补助。如果提供摩托车,公司必须支付所有的有关开支,包括汽油。有关成本估计如下:

购买摩托车成本:15 000 元;

估计使用年限:4 年;

折旧方法:4 年直线折旧(假设无残值);

4 年后摩托车的售价:2 500 元;

估计每年维持费用如表 13.8 所示。

表 13.8 摩托车维持费用　　　　元

汽油	900
执照和保险	600
停车费	300
维修费	
第一年	250
第二年	350
第三年	450
第四年	600

如果销售人员使用他们自己的摩托车,公司将为他们提供每千米 0.35 元的补贴;公司估计每辆摩托车每年业务出行在 18 000 千米。公司的资本成本是 10%,所得税税率为 40%。

公司应该选择为销售人员购买摩托车,还是选择为他们支付里程补助?利用 NPV 方法进行计算。

6. 某公司的普通股票目前每股的售价为 40 元。该股票的最近一次分红是每股 1.6

元,预计该股票红利在未来将以10%的速度递增。那么保留股息的公司的股权成本是多少? 如果公司想通过销售新股票的方式为新项目筹集资金,并且要支付每股2元的流动成本,那么股权成本是多少?

7. 某公司拥有100万股普通股,目前该股票发行的市场价格为每股50元。该公司还发行债券20 000股(每股到期价值为1 000元),目前每股在市场上的售价是980元。这些债券以11%的收益率出售,公司计划会在来年支付每股3元的股息,预计股息将以每年8%的速度增长。该公司的税率是40%。请问加权平均资本成本是多少?

8. 一家公司的β值是1.3,当日的无风险利率是8%,股票的市场投资组合回报率是14%[因此,市场风险溢价(即市场回报率和无风险利率的差)为6%]。

(1) 公司股票的必要收益率(股权成本)是多少?

(2) 若无风险利率提高到9%,该公司股票的必要收益率将是多少?

(3) 若公司的β值为0.8,必要收益率又是多少?

9. 两个互斥项目C和D各自具有的投资额和现金流量如表13.9所示。

表13.9 两项目相关数据　　　　　　　　　　　　　　　元

项目	项目C	项目D
$t=0$时的初始投资	40 000	40 000
$t=1$时的现金流入量	10 000	20 500
$t=2$时的现金流入量	10 000	20 500
$t=3$时的现金流入量	47 000	20 500

(1) 计算每个项目的NPV和IRR,公司的资本成本是12%。

(2) 你会选择哪个项目?为什么?

(3) 简述两个项目的净现值情况。

10. 长城酒店计划实施几个改进项目。但酒店决定下一年的资本投资要限制在340 000元。表13.10是有关项目评价的信息。

表13.10 有关项目评价的信息　　　　　　　　　　　　元

项目	原投资	净现值
增设网球场	20 000	5 500
厨房改造	50 000	14 000
新的儿童游乐场	60 000	12 500
平顶看台	100 000	22 500
新高尔夫休息室	120 000	32 500
奥林匹克规模的游泳池	140 000	45 000
新型剧场	150 000	40 000

酒店应该执行哪个项目?

11. 开拓设计公司利用确定性等值法进行资本预算决策。相关数据如表13.11所示。

表 13.11 开拓设计公司相关数据

年份	现金流/元	确定性等值因子
0	−20 000	1.00
1	5 000	0.90
3	5 000	0.90
4	5 000	0.90
5	15 000	0.70

无风险折现率是 4%，RADR 为 12%。请计算 NPV。你会接受这个项目吗？

第 14 章 风险分析

学习目标

学完本章之后，读者应该能够：
- 风险和概率；
- 概率分布和期望值；
- 期望利润的比较；
- 决策路线图；
- 完全信息的期望值；
- 测量对风险的态度：效用法；
- 对待风险的三种态度；
- 风险的测量：标准差和变异系数；
- 调整风险评价模型；
- 确定性等值和保险市场。

管理学与其他学科相互作用，它是现实生活的反映。现实生活中，管理者不可避免地会遇到各种风险和不确定性，此时他们面临的决策有两个特征：一个是战略性，另一个是不完全信息。关于战略性我们在前面章节中已经讨论过。

在不完全信息的背景下，管理者不可能知道所有的相关信息。因此在做决策时，管理者并不能确定该决策的结果，因为其他可能性也可能会发生。例如，销售一个新产品就存在着风险，因为管理者不能确定市场需求的水平，如果需求很高，则利润就会较大；而如果需求水平低于盈亏平衡点时需要销售的产品数量，则利润就是负的。管理者可以预先确定投资会带来回报吗？通常情况下，这个答案是不确定的，因为即使管理者做出了一个很好的决策，然而未来某些影响决策结果的因素往往是不确定的。

当高风险伴随着高回报时，企业管理者往往会面临很多选择。比如，钻井探测石油或投资新能源都是有风险的。尽管如此，管理者在做决策时必须对决策的未来抱有信心。如果不能预测未来，则管理者就很难做出决策。因此，管理者需要使用决策工具来探索各种选择的可能性，从中做出最佳的决策。

本章将介绍多种分析工具来帮助管理者做出决策。我们首先介绍期望值的概念，即将一组可能的结果总结成一个简单的代表值。接下来介绍决策树理论。很多决策会包含无数个可能的结果,有的结果的发生可能是纯属巧合,而有的结果的发生却是由于其他因素造成的。例如,管理者可能会想:"如果利率较低而竞争对手却将价格定得很高,那么市场对自己企业新产品的需求就会很高;但是如果利率提高,竞争者却选择降低产品的价格,或者有新企业进入该市场,结果又将会如何呢?"决策树给我们提供了一种可视的、直观的方法,通过分析各种可能结果的概率,可以用一种简单有序的方式来做出决策。

我们也需要运用一些统计检验技术分析方法来减少不确定性。统计检验技术和数据库可以提高我们预测未来的能力。例如,对于一项新产品的设计,研发人员可以对消费者对该新产品的接受性进行市场调查并分析可比产品的业绩,这样可以得到尽可能多的信息来预测新产品可能的市场需求。比如,石油公司可以使用地理模型和卫星调查来确定钻探地点的具体位置,并测算该地点含油的可能性。简言之,我们可以投资关于未来的信息。我们可以展示这些信息的价值有多大以及根据可靠性分析来判断这些信息的质量如何。

本章还有一个重要概念是期望效用。人们对待风险的态度不同,就像他们对现实商品的偏好不同一样。有的人会选择较安全的投资,这样的投资风险低,但相应的回报率较低;也有一些人会偏好高风险高回报的投资;这就反映了人们对于风险的承受能力。本章我们将介绍如何用期望效用分析来反映管理决策中的决策者对风险的承受能力。

14.1 风险和概率

在日常用语中,风险是指危险或损失的可能性。如果一家生物技术公司的管理者知道所研发的一项新产品在市场上很可能没有理想的销路,进而会给企业造成巨大的损失,但却仍然坚持投资 1 200 万元用于研发该产品,那么管理者就是做了一项风险投资。而且,损失的机会越大或者损失的数额越多,该项决策的风险就越高。

为了分析风险,首先很有必要定义概率的概念。概率是指某事发生的可能性。假设一种情形,可能产生一系列可能的结果。例如,赌博者掷一次骰子,结果可能发生六种情况:1 点、2 点、3 点、4 点、5 点和 6 点。概率就是附属于每种可能结果的数值,它是指如果一直重复这项游戏,某种结果发生次数所占的比例。骰子出现 1 点的概率是指如果掷很多次骰子,出现 1 点的次数占总次数的比例;出现 2 点的概率是指出现 2 点的次数占投掷的总次数的比例,以此类推。

如果某一情形被重复 R 次,其中结果 A 发生了 r 次,则发生 A 事件的概率为

$$P(A) = \frac{r}{R} \tag{14.1}$$

因此,如果骰子是"真"的(即掷骰子时,每个点面出现的可能性是平等的),那么出现 1 点的概率是 1/6,即 0.167,因为如果重复掷骰子无数次,出现 1 点的次数占掷骰子总次数的 1/6。

这就是我们所说的概率的频率定义,即在大量的重复实验中,某一事件发生的频率的极限。然而,在很多情形下很难应用概率的这种定义,因为这些情形可能无法被一遍遍地重复。例如,2008 年在国内肯德基测试了一个新的烤鸡产品来决定是否在 2009 年年初

期投入中国市场。这个试验根本无法在完全相同的环境中重复多次,因为市场和其他条件每个月都是在变化的。如果肯德基延迟投入该产品,而其他竞争对手,如麦当劳或比萨饼可能推出了类似的快餐,那么这些竞争产品的价格加之它们实施的广告战略以及诸多其他相关因素都会发生变化。

为解决这类问题,管理经济学家有时使用主观概率的概念。主观概率是指管理者对于某种事件可能发生的可信的程度。比如,如果管理者相信结果 X 比结果 Y 更可能发生,那么 X 发生的概率就大于 Y 发生的概率。如果管理者相信某一特定结果发生或不发生的可能性是一样的,那么该结果发生的概率就是 0.50。我们使用主观概率的定义来模拟管理决策的可信性。

战略分析案例 14.1

Pfizer 公司和新的胆固醇药物

制药公司在开发新药品的时候往往面临高风险的决策。接下来我们来看一下 Pfizer 制药公司的管理者在面对下面的问题时是如何运用期望值的概念的。

Pfizer 公司打算投资 10 亿美元来开发一个新的具有重要医疗作用的药物,预计能够为公司带来 100 亿美元的市场价值。公司管理者知道,对于生产所有的新药品来说都存在着风险。任何一种新药物具有的副作用都可能造成对人体的伤害甚至是死亡,进而导致高昂的法律诉讼费用。事实上,一些制药公司已经因为这种情况损失了很大的市场价值。制药公司通过临床试验来评估新药品的风险。2006 年,Pfizer 公司对该新药品进行临床试验,将 15 003 名有高危心血管疾病患者分为两组:实验组和对照组。让实验组的患者使用新药品,而让对照组的患者使用当前市场上已经存在的药品 Lipitor。

临床试验的结果发现,使用新药品的实验组有 82 人死亡,而对照组有 51 人死亡。由于该新药品存在较高的高心血管功能障碍风险,企业已经预料到会发生一定的死亡率。但是,为了评估新药品的有效性和安全性,管理者需要确定比对照组多出的死亡人数是属于统计上的异常现象,还是确实是由于新药品具有较高的心血管功能障碍风险所致[1]。

企业在之前拟定的协议中规定:如果由新药品导致多出的死亡人数的概率超过 1%,公司就应该停止该药品的生产。该试验结果的统计分析表明已经超过该临界值。换句话说,管理者有 99% 的把握确定该结果不是异常现象,而是由于新药品比对照药品的确更容易给患者引起致命的伤害。

Pfizer 公司面临如下选择决策的权衡。如果他们停止该药品生产,企业会丧失获得高额利润的机会;而如果他们决定申请进行生产和销售该新药品,就可能面临患者将他们的伤害或死亡归因于该药品有缺陷而导致高昂的诉讼费用。管理者面临该如何筹划和量化每种决策(放弃新药品和不放弃新药品)的结果。此外,企业需要测量每一种预期结果的可能性。企业管理者需要经过认真的讨论和分析,根据统计数据来做出一个明智的决

---

[1] Bruce W. Allen, Neil A. Doherty, Keith Weigelt, Edwin Mansfield. Managerial Economics Theory, Applications, and Cases, Seventh Edition. W. W. Norton & Company, Inc, 2009, p. 432.

策,以确保这一决策能够和企业股东的利益最大化相一致。

事实上,Pfizer 企业决定放弃该新药品的研发,由此损失了他们最初 10 亿美元的投资。而且,这项决策最终导致该公司的市场价值损失了 210 亿美元。

战略分析案例 14.2

2008 年企业面临的风险

根据安永会计师事务所和牛津分析公司合作得出的一项报告显示,2008 年全球领先企业面临的十大战略经营风险(被分为三种不同的类别:宏观威胁、部门威胁和经营威胁)分别是:

(1) 监管风险和合规风险(部门威胁);
(2) 全球金融冲击(宏观威胁);
(3) 老龄消费群和老龄员工(部门威胁);
(4) 无法使用新兴市场(部门威胁);
(5) 产业联合/产业转型(部门威胁);
(6) 能源冲击(宏观威胁);
(7) 战略事务的执行(经营威胁);
(8) 成本膨胀(经营威胁);
(9) 激进的绿化(部门威胁);
(10) 消费者需求的变化(部门威胁)。

报告还进一步识别了另外五个风险:

(1) 人才争夺战;
(2) 流行性疾病的威胁;
(3) 私人股本收购的威胁;
(4) 没有创新能力的威胁;
(5) 中国经济增长放缓的威胁。

这些因素是通过调查资产管理行业、汽车行业、银行和资本市场、生物技术行业、消费品行业、保险行业、媒体与娱乐行业、石油和天然气行业、制药行业、房地产业、电信行业和公共事业部门等感知到的风险。大多数情况下,只有不到 50% 的受访者认为他们能够有效地控制多数的风险[①]。

---

① www.ey.com/global/content.nsf/International/ABBS_Strategic_Business_risk_Report_2008.

14.2 概率分布和期望值

当我们以表格的形式列出所有可能出现的结果,并且为每一种结果指定其可能发生的概率,这个表格叫作概率分布表。例如,某机器人研发技术公司认为,它在一年内可以开发新型机器人的概率为 0.6,而不能开发的概率为 0.4,则概率分布如表 14.1 所示。

所有可能事件的概率之和必为 1。

如果该技术公司在一年内开发新型机器人将获利 100 万元,而如果在一年内不开发公司将损失 60 万元,那么我们可以很容易计算出新型机器人研发利润的概率分布,如表 14.2 所示。

表 14.1 开发新型机器人的概率分布

事件	发生的概率
一年内开发新机器人	0.6
一年内不开发新机器人	0.4
	1.0

表 14.2 新型机器人研发利润的概率分布

利润	概率
1 000 000 元	0.6
−600 000 元	0.4

而且,我们还可以计算出利润的期望值:
$$1\,000\,000 \times (0.6) + (-600\,000) \times (0.4) = 360\,000(元)$$

期望值是每个可能结果对应利润的加权平均值,每个可能结果对应利润的权重就是该结果发生的概率。

一般来说,期望利润可以通过以下公式来计算:
$$期望利润 = E(\pi) = \sum_{i=1}^{N} \pi_i P_i \tag{14.2}$$

其中,π_i 是第 i 个结果对应的利润水平,P_i 是第 i 个结果可能发生的概率,N 是所有可能结果的总数。在上例中,$N=2$,$\pi_1=1\,000\,000$,$\pi_2=-600\,000$,$P_1=0.6$,$P_2=0.4$,等式 14.2 就可以写成前面的计算等式,结果一样。

14.3 比较期望利润

管理者可以通过比较不同方案的期望利润的大小来决定采用哪一种措施。例如,假设汽车轮胎生产商耐跑公司的管理者正在考虑提高产品的价格,每个轮胎提高 1 元钱。管理人员的估算过程如下:如果提高价格,广告宣传活动成功的话企业将会实现 800 000 元的利润;反之,如果活动失败则会损失 600 000 元,再假设管理者预测广告宣传活动成功和失败的概率均为 0.5。

在这种情况下,管理者提高价格会给公司带来的期望利润为:
$$800\,000 \times 0.5 + (-600\,000) \times 0.5 = 100\,000(元)$$

前面我们提到过,期望利润是用每种结果带来的收益(或损失)乘以该结果发生的概率,然后求和得到的。在上面例子中有两种可能的结果:①公司当前的广告宣传活动成功;②公司当前的广告宣传活动失败。第一种结果给公司带来的收益乘以该结果发生的概率得到的值是 800 000×0.5。第二种结果给公司带来的损失乘以该结果发生的概率得到的值是(-600 000)×0.5。将这两个值加和,得出该公司提高产品价格的期望利润为 100 000。

如果耐跑公司的管理者不提高价格,期望利润是多少呢?假设管理者预测如果不提高价格,利润将会达到 200 000 元。如果管理者希望达到最大期望利润,那么他们就不应该提高价格,因为不提高价格的利润为 200 000 元,而提高价格的期望利润只有 100 000 元。在本章后面部分,我们将讨论在什么情况下最大化期望利润是合理的,以及如果最大化期望利润为不合适的情况下管理者应该如何决策等问题。

14.4 决策路线图

当管理者在选择战略的过程中面临风险时,经常会遇到以下情境。管理者需要在所有可选战略中选择一个或者几个战略,他们会根据其他公司的行动来权衡所选的战略,但由于很难准确预测其他公司的行为,所以需要管理者对未来进行预期。在这种情境下,决策树是一种很有用的工具。

决策树是一个图,它可以用图解的形式帮助管理者形象化地选择各种战略的预期结果。它代表了一种情境,在该情境下存在一系列的选择,每一种选择用一个分叉(有时也叫结点或分支点)表示。一个决策结点代表一种选择,也就是管理者最终必须选择一种战略。一个机会结点代表可能影响最终结果的点。为了区别决策结点和机会结点,我们用一个小方格表示决策结点,用小圆圈表示机会结点。

图 14.1 给出了耐跑公司的管理者所面临情形的决策树,管理者要做出是否提高产品价格的决策。从图形的左侧开始,管理者必须选择是否提高价格,我们用一个决策结点表示该选择,即用一个小方格表示。如果管理者不提高价格,结果是确定的:管理者挣得 200 000 元的利润。因此,在该分支的端点处标出 200 000 元。如果管理者选择提高价格,将会产生两种结果:当前的广告宣传活动如果成功,消费者接受提高了的价格,管理者将会挣得 800 000 元的利润,如图 14.1 上面的分支所示;如果广告宣传活动不成功,消费者不接受提高价格,那么管理者将会损失 600 000 元,如图 14.1 较下方的分支所示。从历史数据来看,广告宣传活动成功和失败的概率各占 50%。

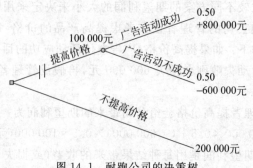

图 14.1 耐跑公司的决策树

决策树展示了不同的选择,并给管理者提供了一种简单的方式来比较不同战略之间的结果。这样我们就能更简单地决定管理者应该采用哪种战略。从决策树的右端开始,即从表示利润数字的一侧开始。第一步是计算当管理者位于报酬数字左侧的机会结点时的期望利润。换句话说,这是考虑到如果随后分支的情形发生,管理者在机会结点的期望利润。由于随后分支产生 800 000 元利润的概率为 0.5,而损失 600 000 元的概率也是 0.5,所以在该机会结点的期望利润为:

$$0.50\times(800\,000)+0.50\times(-600\,000)=100\,000(元)$$

将这个数字写在该机会结点的上方来表示当公司位于该结点处时的期望利润。再沿着决策树往左,很显然管理者也面临两个分支决策:一条分支的期望利润是 100 000 元,另一条分支的期望利润是 200 000 元。如果管理者希望获得最大期望利润,他就应该选择后者的分支,即不应该提高价格。由于前面的分支(提高价格)不是最优的,我们在该分支上划两条垂直线。

当然,用这种图形方式分析的耐跑公司的定价问题,得到的结果与我们在前一节计算的结果是一致的。简单来说,决策树提供了一种更加形象化的方法来解决复杂的决策问题。

战略分析案例 14.3

美国 Tomco 石油公司的钻井决策问题

决策树已被应用到石油探测业务中。石油探测需要耗费大量的资金,石油公司的管理者可以使用一些分析工具来辅助他们进行决策。下面我们以 Tomco 石油公司的实际例子来具体阐释决策树的概念是如何应用的。Tomco 石油公司需要决定要不要在美国堪萨斯州的布雷尔西部钻井探测石油。管理者已知的信息包括钻井的成本、石油的价格以及地质学家预测的可以探测到石油的概率。根据地质学家的报告,如果公司钻井,不能探测到石油的概率为 0.6,探测到 10 000 桶石油的概率为 0.15,探测到 20 000 桶石油的概率为 0.15,探测到 30 000 桶石油的概率为 0.1。

尽管这些数据很有用,但它们本身并不能帮助管理者选择是否实施钻井,管理者需要考虑每种情形下的可能收益。假设管理者估计如果没有探测到石油,公司将损失 90 000 美元,如果探测到 10 000 桶石油公司将获利 100 000 美元,如果探测到 20 000 桶石油公司将获利 300 000 美元,而如果探测到 30 000 桶石油,公司将获利 500 000 美元。根据这些信息,管理者应该决定实施钻井吗?

管理者可以通过构建图 14.2 所示的决策树来回答这个问题。从图的左侧开始看,第一个选择取决于管理者是否决定钻井。如果选择不钻井,则沿着钻井这条分支看,期望利润是 0。如果钻井,则沿着钻井这条分支看,首先会遇到一个机会结点:管理者并不能确定钻井是否能够探测到石油,而且即使能够探测到石油,能探测多少石油也是不确定的。该机会结点后面最高的一个分支表示结果并没有探测到石油,在这种情况下,管理者将损失 90 000 美元;接下来的一个分支表明最终探测到 10 000 桶石油,此时公司将盈利 100 000 美元;同样地,剩下的两条分支分别表示将探测到 20 000 桶和 30 000 桶石油,公司的获利情况分别见两分支后面端点标注的数字①。

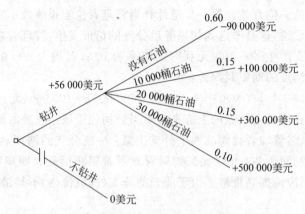

图 14.2　美国 Tomco 石油公司的决策树

建构这样的决策树之后,该公司的管理者就可以计算出机会结点处的期望利润。如果公司位于该结点处,那么有 0.60 的可能性损失 90 000 美元,0.15 的可能性获利 100 000 美元,0.15 的可能性获利 300 000 美元,以及 0.1 的可能性获利 500 000 美元。为了计算该结点的期望利润,管理者应该用每种可能的利润值(或损失值)乘以发生的概率,再求和。因此,该机会结点处的期望利润等于 $0.60\times(-90\,000)+0.15\times100\,000+0.15\times300\,000+0.1\times500\,000=56\,000$ 美元。在图 14.2 中,将该数字写在机会结点的上方,表示公司如果处于该结点位置时的期望利润。

再进一步看决策树的左侧,公司面临两个分支,钻井的期望利润为 56 000 美元,不钻井的期望利润为 0。所以,如果公司希望最大化期望利润,就应该选择钻井。

14.5　完全信息的期望值

有的时候管理者可以获得额外信息,在一定程度上消除不确定性。如果管理者能够买到这样的信息,他们最多愿意支付多少钱呢?我们将完全信息的期望值定义为如果管理者能够获得关于未来结果的完全准确的信息,期望利润的增加值。管理者通常是在知道该信息之前为得到信息而支付价格。例如,耐跑公司的管理者可能认为准确估计出公司广告宣传活动成功与否是值得的。

为了说明管理者如何计算完全信息的期望值,我们还是引用耐跑公司的例子。我们首先来计算管理者获得这类完全准确信息的预期货币价值。如果管理者可以得到完全信

---

① Bruce W. Allen, Neil A. Doherty, Keith Weigelt, Edwin Mansfield. Managerial Economics Theory, Applications, and Cases, Seventh Edition. W. W. Norton & Company, Inc, 2009, p.438.

息,就很容易做出最优的决策。如果广告活动成功,管理者会获利 800 000 元。反之,管理者可以获利 200 000 元。对管理者来说获得完全信息的期望利润是

$$0.50 \times (800\ 000) + 0.50 \times (200\ 000) = 500\ 000(元)$$

尽管管理者可以获得完全信息,但也必须是在他们为此支付价钱后才能具体知道这些信息。我们可以想象咨询预报员广告活动能否成功,请预报员给出他们的专业(且从不会出错的)意见。预报员告诉他们广告活动会成功的概率为 0.50,这种情况下管理者可以提高价格并能最终获利 800 000 元;而预报员告诉他们广告活动会失败的概率也为 0.50,这种情况下管理者不会提高价格并最后获利 200 000 元。因此,如上面式子计算的,管理者获得完全信息预测的期望利润为 500 000 元。

回顾前面两节我们已经得出没有完全信息的情况下管理者做出的决策会使他们获得 200 000 元的利润。这两者之差(500 000－200 000＝300 000 元)就是完全信息的期望值。

在多数情况下,管理者都很有必要考虑完全信息的价值。管理者经常要面临测试服务、研究组织、新闻机构、征信机构以及各种各样其他组织提供的信息。除非管理者确切知道每种类型信息的价值,否则他很难做出合理的决策(即是否购买该信息)。本节介绍的分析信息价值的方法可以很好地帮助管理者做出此类决策,因为得到的期望值就是管理者为得到完全信息最多愿意支付的价格。不完全信息期望价值的计算太复杂,本书中不再具体介绍。毫无疑问,管理者愿意为不完全信息支付的价格一定小于完全信息的价格。而一旦信息的准确度低于一个特定水平,对管理者来说该信息就毫无价值了。

战略分析案例 14.4

评估是否投资一个新化工厂

为了说明完全信息期望值的作用,我们来看一个美国公司的实际案例,该公司的管理者构建决策树来帮助决策是否投资一个新工厂。新工厂的主要产品是增白剂,不过通过新的加工方法,可以同时生产一种有价值的副产品。每种产品的产量是不确定的,但是生产过程使用的原材料中如果混有少量杂质就会明显影响增白剂和副产品的产量。另外,原材料的价格和工厂的效率也是不确定的。

表 14.3 中分别列出了关于副产品产量、杂质、原材料价格和工厂效率的完全信息的期望值。从中可以看出,关键的不确定性是副产品的产量和原材料中混有杂质的程度。例如,关于副产品产量的完全信息价值 620 万元。换句话说,在该决策过程中,原材料价格和工厂的效率是相对不重要的。事实上,关于工厂效率的完全信息的期望值接近 0。基于这些结果,管理者决定在建设新工厂前需要研究副产品产量和杂质水平的不确定性[1]。

---

[1] Spetzler C. and Zamora R. Decision Analysis of a Facilities Investment and Expansion Problem. In R. Howard and J. Matheson, eds, The Principles and Applications of Decision Analysis (Menlo Park, CA: Strategic Decision Group, 1984).

表 14.3 完全信息的期望值

因　素	完全信息的期望值/百万元	因　素	完全信息的期望值/百万元
副产品产量	6.2	原材料价格	0.3
杂质程度	3.9	工厂效率	0.0

14.6 运用效用方法测量对风险的态度

在讨论耐跑公司和 Tomco 石油公司的案例时,我们都假设管理者追求期望利润最大化,在本节中我们将测量风险是如何影响管理行为的。假设一个小公司面临如下选择。

(1) 获得确定利润 2 000 000 元。

(2) 有 50% 的概率获得如下两种利润结果的决策:一是获利 4 100 000 元,二是损失 60 000 元。

这项冒险决策的期望利润为:

$$0.50 \times 4\,100\,000 + 0.50 \times (-60\,000) = 2\,020\,000(元)$$

因此,如果管理者欲获得最大期望利润,就应该选择第二项冒险而不是获得确定利润 2 000 000 元的决策。但是,很多管理者,尤其是小公司的管理者通常会偏好选择确定获利 2 000 000 元的决策。因为,一旦选择冒险决策,他们有 50% 的概率会损失 60 000 元,这对于一个小公司来说是很大一笔钱。而且,很多管理者认为获利 2 000 000 元和获利 4 100 000 元能够做的事几乎差不多,所以额外获得的利润不值得冒损失 60 000 元的风险。

在这种情况下,公司管理者是否愿意获得最大化期望利润,取决于他们对于风险的态度。如果决策结果带来的价值损失相对于公司总体价值来说很大,并且可能会明显地影响到管理者的奖金,那么在考虑承担 50% 的概率损失 60 000 元时,管理者会认为不堪重负,因为这个损失需要管理者用他们自己的奖金来支付。另外,如果管理者管理的是一个大型公司,损失 60 000 元对他们来说无关紧要,因此管理者就会偏好选择冒险获得高额利润的决策,而不会选择获得确定的 2 000 000 元利润的决策。

不过,我们不一定需要假设管理者总是希望获得最大化期望利润,相反,我们可以构造一个效用函数来测量管理者对待风险的态度。通过效用函数,我们可以识别在考虑管理者对待风险的态度的条件下,得到对于管理者来说是最优的战略决策。

14.6.1 构建效用函数

假设管理者都是理性的,理性管理者即希望最大化期望效用。也就是说,管理者不想伤害他自己,他会选择期望效用最高的策略。那么在该条件下,什么是效用?效用就是管理者可能做出的所有决策结果的价值。管理者的效用函数代表管理者从每一种可能决策的结果中得到的满意（或利益或福利）程度。当然，该效用函数是考虑了风险因素的，因此，它也反映了管理者对风险的偏好。管理者如何计算期望效用呢？期望效用是通过将每种结果的效用乘以该结果发生的概率，然后求和得到的。例如，如果某种情况下存在两种结果 A 和 B，结果 A 的效用是 2，结果 B 的效用是 8，每种结果发生的概率均为 0.50。那么，期望效用就等于

$$0.50 \times 2 + 0.50 \times 8 = 5$$

回顾前面介绍的 Tomco 石油公司的例子，石油公司钻井的期望效用等于

$$0.60 \times U(-90) + 0.15 \times U(100) + 0.15 \times U(300) + 0.10 \times U(500)$$

其中，$U(-90)$ 是公司从损失资金 90 000 元这一结果中得到的效用，$U(100)$ 是公司从获利 300 000 元这一结果中得到的效用，以此类推。因为损失 90 000 元的概率为 0.60，获利 100 000 元的概率为 0.15，获利 300 000 元的概率为 0.15 以及获利 500 000 元的概率为 0.10，所以，上述计算等式就是石油公司的期望效用值。那么，管理者不钻井的期望效用是多少呢？由于在不钻井的情况下，确定收益为 0，所以这种情况下的期望效用为 $U(0)$。

为了发现公司在每一种可能结果下的效用，我们先来对任意两个利润水平的效用进行排序。最好结果的效用肯定会高于最坏结果的效用。石油钻井问题的管理者可以将 $U(-90)$ 设置为 0，而把 $U(500)$ 设置为 50。由于期望利润是一个序数系统，也就是说，效用的具体数值大小不能代表什么，但效用的排序能代表效用的大小。因此，管理者也可以设置 $U(-90)$ 为 1，而把 $U(500)$ 设为 10。这样做并不会影响最终的分析结果。要知道，我们构建的效用函数并非唯一确定的，因为我们可以任意设置两个不同的效用水平，所以结果可能不同，这取决于我们最初设置的效用的值。比如，如果用 $X_1, X_2, \cdots, X_n$ 表示 n 个用货币值表示的效用值，$(\alpha + \beta X_1), (\alpha + \beta X_2), \cdots, (\alpha + \beta X_n)$ 也可以分别表示每个可能货币值的效用，其中，α 和 β 是常数，且 $\beta > 0$。

然后，管理者应该考虑位于这两个极端值之间可能的回报结果，并在两种利润效用水平之间做出取舍：一个是具有确定性的利润结果，另一个是具有不确定性的效用结果，它是通过对这两种可能的利润随意赋以效用值得到的结果。在石油钻井的例子中，假设管理者希望确定 $U(100)$。为了确定 $U(100)$，管理者应该考虑可能获利 500 000 元（概率为 P）的可能性，也要考虑可能会损失 90 000 元（概率为 $1-P$）的可能性，从中决定是否选择确定能够获利 100 000 元的决策。管理者应该考虑 P 为多大时，确定获利 100 000 元和冒险决策结果之间是无差异的。比如，假设 P 为 0.40 时，两种决策之间变得无差异。

如果管理者达到了在获得确定利润 100 000 元与采取冒险决策这两个选择之间无差异，那么获利 100 000 元的期望效用和采取冒险决策的期望效用必须是相等的（因为管理者要实现最大化期望效用）。因此，

$$U(100) = 0.40 \times U(500) + 0.60 \times U(-90)$$

由于我们设置 $U(500)$ 等于 50，而 $U(-90)$ 等于 0，所以上式可以写成：

$$U(100) = 0.40 \times 50 + 0.60 \times 0 = 20$$

也就是说，获利 100 000 元的效用为 20。

这样，管理者就得到了三个财富水平的效用了。随意设置 $U(-90)$ 为 0，$U(500)$ 为

第 14 章　风险分析

50,来确定效用函数的范围。然后通过这个范围,进一步计算出 $U(100)$ 等于 20。

利用相同的过程,石油公司可以估计出 $U(300)$ 和 $U(0)$,$U(300)$ 是如果钻井获利 300 000 元的效用,$U(0)$ 是不钻井的情况下的期望效用。例如,为了得到 $U(300)$,管理者应该考虑是偏好获得确定利润 300 000 元还是更偏好冒险决策,即有 P 的概率获利 500 000 元以及 $(1-P)$ 的概率损失 90 000 元。然后,管理者应该考虑 P 值为多大时,确定获利 300 000 元与采用冒险决策之间无差异。假设此时的 P 值为 0.80,那么确定获利 300 000 元的期望效用一定等于此时采取冒险决策的期望效用,即

$$U(300) = 0.80 \times U(500) + 0.20 \times U(-90)$$

而已知 $U(500)$ 等于 50,$U(-90)$ 等于 0,所以得出 $U(300)$ 等于 40。

管理者的效用函数给出了效用和得到利润(或损失)之间的关系。通过测算 $U(-90)$、$U(100)$、$U(300)$ 和 $U(500)$,管理者可以得到效用函数上的四个点,如图 14.3 所示。如果重复上述的计算过程,管理者可以得到更多其他的点[根据图 14.3,$U(0)=10$]。

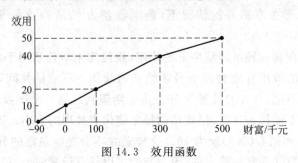

图 14.3 效用函数

战略分析案例 14.5

是否应该钻井?

一旦估计出管理者的效用函数,就可以利用效用函数决策是接受还是拒绝某个特定的冒险项目。回顾 Tomco 石油公司总裁 Thomas Blair 的实际例子。经过前面的一些步骤,一位经济学家估计出了 Blair 的效用函数。假设 Blair 的效用函数如图 14.3 所示,他必须决定是否进行钻井。如果他对于钻井的期望效用高于他对于不钻井的期望效用,他就应该钻井。在前一部分已经计算出,如果钻井 Blair 的期望效用是

$$0.60 \times U(-90) + 0.15 \times U(100) + 0.15 \times U(300) + 0.10 \times U(500)$$

他可以通过如下步骤估计出他的效用函数。因为 $U(-90)$ 等于 0,$U(100)$ 等于 20,$U(300)$ 等于 40,$U(500)$ 等于 50,如果钻井他的期望效用是

$$0.60 \times 0 + 0.15 \times 20 + 0.15 \times 40 + 0.10 \times 50 = 14$$

必须要注意,效用函数测量的是"财富"或者说"资产净值"的效用而不是"收入变化"的效用。例如,假设某个人拥有 100 元,他面临如下冒险项目:如果抛出的硬币朝上,他会赢得 10 元;如果朝下,他会损失 10 元。那么,这项冒险项目的期望效用等于 $0.5 \times U(100+10) + 0.5 \times U(100-10)$,而不冒险的期望效用 $= 1.0 \times U(100)$。

考虑到这些,Tomco 石油公司需要考虑公司在不同情形下的财富或资产净值 $-90,100$,

300 或者是 500。也就是说,这些数字是指未来利润的现值而不仅仅是某一年的利润。

如果不钻井,Blair 的期望效用等于 U(0),根据图 14.3 可知 U(0) 等于 10。因此他应该钻井,因为如果他不钻井,期望效用是 10,而钻井的期望效用是 14。为了最大化期望效用,他应该选择能够获得更大效用的决策,即应该钻井。

事实上,Tomco 石油公司确实选择了钻井。随后 Blair 陈述:"在我们实际使用决策树辅助我们选择钻井的位置之前,我们很怀疑决策树是否能够分析石油勘测和油田开发的决策。现在证明决策树是很有用的,不仅能够帮助我们在两个或多个钻井位置中做出选择,也可以帮助决策选出钻井位置之后的选择[①]。"

14.7 对待风险的三种态度

尽管管理者的预期效用会随着货币收入的增多而增大,但由于个体偏好的不同,每个个体的效用函数的形状是不一样的。图 14.4 给出了效用函数的三种类型。其中图 14.4(a) 的形状与图 14.3 相似,效用随着财富的增多而增大,但增大的比率是递减的。换句话说,随着财富的增多,每 1 单位货币收入的增加所带来的效用的增量是越来越小的。具有这种效用函数类型的管理者属于风险规避者。风险规避者是指管理者在面临相同期望财富的多种选择时,他们会偏好最终结果是比较确定的选择。假设管理者面临这样一种选择,获得收益 π_1 的概率为 P,收益损失 π_2 的概率为 $(1-P)$。如果认为该选择期望利润的效用 $U[P\pi_1+(1-P)\pi_2]$ 大于该选择的期望效用 $PU(\pi_1)+(1-P)U(\pi_2)$,则此人就是风险规避者。

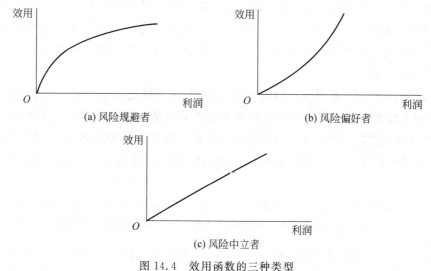

图 14.4 效用函数的三种类型

---

① Bruce W. Allen, Neil A. Doherty, Keith Weigelt, Edwin Mansfield. Managerial Economics Theory, Applications, and Cases, Seventh Edition. W. W. Norton & Company, Inc, 2009, p.447.

图 14.4(b)图则体现了另一种情况,效用增加的速度随着财富的增多而增大。换句话说,随着财富的增加,每 1 单位的货币收入伴随的效用的增量越来越大。我们把具有此类效用函数类型的管理者叫作风险偏好者。风险偏好者在面对能带来相同期望财富的多个选择时,会偏好那些结果不确定但收益较大的选择。同样是前面的假设,风险偏好者认为该选择期望利润的效用 $U[P\pi_1+(1-P)\pi_2]$ 小于该选择的期望效用 $PU(\pi_1)+(1-P)U(\pi_2)$。

图 14.4(c)则表示随着财富的增加,效用以一个固定的比率增加的情况。也就是说,随着财富的增加,每 1 单位收入带来的效用增大的比例是固定不变的。换句话说,这种情况下的效用是财富的线性函数

$$U = a + b\pi \tag{14.3}$$

其中,U 代表效用,π 代表财富,a、b 是常数($b>0$)。具有这种效用函数特征的管理者叫作风险中立者[1],即管理者不管风险如何,唯独考虑获得最大化期望利润。这一点很容易加以证明。如果等式(14.4)成立,则

$$E(U) = a + bE(\pi) \tag{14.4}$$

其中 $E(U)$ 是期望效用,$E(\pi)$ 是期望利润[2]。又由于期望效用与期望财富直接相关,因此当期望财富最大时,期望效用也最大。

14.8 风险的测量:标准差和变异系数

风险具有很多含义,从一些管理者的行为来看,好像风险是通过某种决策造成的负面结果的大小来测量的。管理者可以通过测量决策产生利润的概率分布离散程度来测度风险的大小。例如,假设周记公司管理者必须针对是否投资一项新项目做出决策。如果新项目获得利润的概率分布如图 14.5(a)所示,那么投资该新项目的决策相对于图 14.5(b)的概率分布来说更有风险。因为图 14.5(a)中的新项目得到的利润比图 14.5(b)更具有不确定性和多变性。

管理者通常使用标准差 σ 来测量风险,标准差是测量概率分布偏差最常用的度量指标[3]。管理者需要考虑所有可行的选择并考虑所有可能选择带来的收益或损失。然后,管理者把这些数据输入软件中计算标准差。通过计算利润的期望值 $E(\pi)$ 来计算利润的标准差(回顾等式(14.2)),然后用每个可能的利润水平减去这个期望值从而得到一系列

---

[1] 一个人在某种情况下可能是风险规避者,但在另一种情况下则是风险偏好者,也可能在某种情况下变成风险中立者了。但是,图 14.4 展示的效用函数表示纯粹是属于某种特定类型的管理者,即不管在什么情况下管理者的风险偏好都不变。

[2] 证明等式(14.4)是成立的,假设 π 可以呈现两种可能价值 π_1 和 π_2,且 π_1 发生的概率为 P,而 π_2 的概率为 $(1-P)$。那么,如果 $U=a+b\pi$,则 $E(U)=P(a+b\pi_1)+(1-P)(a+b\pi_2)=a+b[P\pi_1+(1-P)\pi_2]=a+E(\pi)$。因为 $E(\pi)$ 等于 $P\pi_1+(1-P)\pi_2$。

[3] 尽管标准差通常是测量风险的有用工具,但它也不总是最好的工具。本部分及本章后面部分的讨论是简单化的,我们仅对测量方法和工具进行粗略的介绍。当然,已有很多分析家证明这些测量方法和工具是非常有效的。

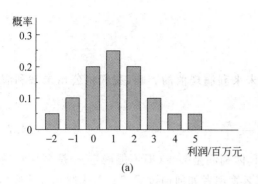
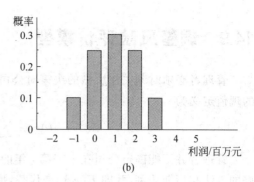

图 14.5　投资新项目可能利润的概率分布

注：图(a)中的概率分布比图(b)更加离散

关于这个期望值的偏差。[第 i 个偏差为 $\pi_i - E(\pi)$。]然后将每个偏差求平方后乘以该结果发生的概率 P_i 再求和就得到

$$\sigma^2 = \sum_{i=1}^{N} P_i [\pi_i - E(\pi)]^2$$

将上述等式开平方根，就得到了标准差

$$\sigma = \Big(\sum_{i=1}^{N} P_i [\pi_i - E(\pi)]^2\Big)^{0.5} \tag{14.5}$$

下面我们举例来说明上述过程。假设某个公司的管理者必须要决定是否投资一项新型生产工艺。根据公司工程师的测算，投资该新工艺会产生 100 万元利润的概率为 0.3，产生 20 万元利润的概率为 0.4，而损失 60 万元的概率为 0.3。因此，这项投资所获利润的期望值为 20 万元。

$$E(\pi) = 0.3 \times 100 + 0.4 \times 20 + 0.3 \times (-60)$$
$$= 20(万元)$$

再根据式(14.5)，可以得到标准差等于 62 万元：

$$\sigma = [0.3 \times (100-20)^2 + 0.4 \times (20-20)^2 + 0.3 \times (-60-20)^2]^{0.5}$$
$$= (3\,840)^{0.5}$$
$$= 62(万元)$$

标准差越大表示风险越大。如果这项技术投资所得利润水平的标准差是 200 万元而不是 62 万元，那么这项投资盈利的确定性会小很多。也就是说，标准差越大，表示利润会偏离期望值的可能性就越大。

管理者在使用标准差测量风险的时候，都暗含一个假设即项目的规模是保持不变的。如果对项目的投资翻倍，那么投资带来利润的标准差肯定也是不同的。投资越大，标准利润偏差也越大。考虑到项目规模这一因素，管理者还需要测量相对风险，通常通过变异系数来测量。变异系数通常以下面的公式来定义：

$$V = \frac{\sigma}{E(\pi)} \tag{14.6}$$

例如，在上面的新技术投资的例子中，利润水平的变异系数是 62/20 即 3.1。

14.9 调整风险评价模型

管理者必须时刻关注所做的决策对公司未来利润现值的影响,我们将公司未来利润的现值定义为

$$PV = \sum_{t=1}^{N} \frac{\pi_t}{(1+i)^t} \tag{14.7}$$

管理者并不能确定公司在未来第 t 年的具体利润是多少(即不能确定 π_t 是多少),最好的方法是用期望利润[即 $E(\pi_t)$]来代替,那么管理者如何通过式(14.7)来解释风险呢?

一种方法是使用确定等值法。确定等值法与前一部分提到的效用理论有关。当管理者处在确定性收入和风险性收入之间无差异时,确定性等值能够帮助我们识别管理者是风险规避者、风险偏好者还是风险中立者。例如,前一节提到的例子,某个公司管理者考虑是否投资一项新的生产工艺。假设对于该管理者来说,获得确定 100 000 元的净利润与风险性投资获得的利润结果是无差异的。在这种情况下,式(14.7)的右边应该代入确定性等值 100 000 元而不是期望利润 200 000 元。如果确定性等值小于期望净值,决策制定者就是一个风险规避者;如果确定性等值大于期望净值,决策制定者就是一个风险偏好者;如果二者相等,那么决策制定者就是一个风险中立者。

图 14.6 描述了管理者采取风险投资所得期望利润与风险之间水平无差异的情况。也就是说,管理者认为确定获利 100 000 元与风险获利(期望利润)200 000 元之间无差异,以及变异系数是 3.1 的情况。

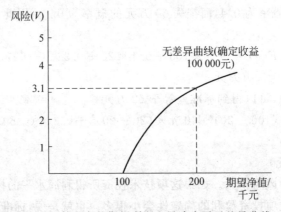

图 14.6 管理者的期望利润和风险水平无差异曲线

基于决策者的效用函数,我们可以构建图 14.6 中所示的无差异曲线。每一条这样的无差异曲线代表一个确定性等值,该确定性等值与相应的各个不确定结果一致。根据这样的无差异曲线,我们可以估计出任何不确定情形下的确定性等值。和第 3 章的无差异曲线相比,这些无差异曲线的斜率倾向右上方,因为此处管理者更偏好较少的风险,而第 3 章消费者更偏好较多的商品。

当然,在实际应用中很难获得这样的无差异曲线,正如我们很难获得效用函数一样。这是因为管理者的时间和精力有限,他们不可能获得关于构建效用函数的很多信息,更不

可能清楚地知道诸多管理者中,每一个管理者需要的相关信息。如果有多个管理者参与某个特定的决策过程,并且他们各自的效用曲线是不一样,那么不同的管理者就可能得到不同的结论。当然,这是在预料之中的。事实上,当需要在不同风险水平之间做出选择决策时,对待风险持有不同态度的管理者得出的结论自然会有所不同。

14.10 确定性等值和保险市场

假设管理者持有一部分抵押债券,在2009年早期这部分债券价值9亿元,他们估计存在25%的可能性市场会恶化,使得这部分债券的价值会降至4亿元。同时,他们估计有75%的可能性市场会保持稳定。因此,这部分债券的期望值等于

$$0.25 \times 4 + 0.75 \times 9 = 7.75 (亿元)$$

如果管理者是风险规避者,那么他们的效用函数可能为

$$U = W^{0.5}$$

因此,这部分债券的期望效用为

$$0.25 \times 4^{0.5} + 0.75 \times 9^{0.5} = 2.75$$

确定性等值能够使管理者认为现在卖掉债券和继续持有债券直到不确定性被消除,二者之间没有差异的货币金额,它等于刚刚计算的风险投资决策的期望效用

$$U = W^{0.5} = 2.75$$

两边求平方得 $W = 7.5625$ 亿元,这是管理者在折价卖出债券时的保留价格。

确定性等值还在保险行业中被用来创建一些测算指标。美国 LBI 保险公司提供的保险服务范围包括保护个人遭灾难。该公司提供全额保险——涵盖被保人的全部损失(在该例中假设是5亿元)。如果 LBI 是风险中立者,那么管理者针对这项全额担保政策应该向被保人收取多少保险费呢?

LBI 管理者的预期赔付额是 1.25 亿元。公司有 25% 的可能性需要赔付 5 亿元,75% 的机会需要赔付 0 元,因此公司最少应该向投保人收取 1.25 亿元的预期保险费用,这样公司才能保持收支平衡①。那么,持有这些抵押债券的管理者最多愿意为这项投保政策支付多少钱呢?这就需要用到确定性等值的概念了。如果 LBI 公司为这项投保政策收取 1.437 5 亿元的收入,则持有债券管理者确定能够剩余 7.562 5 亿元(9−1.437 5)。如果没有损失发生,债券管理者只需要向 LBI 保险公司支付保险费,那么所剩余额也为 9−1.437 5 = 7.562 5 亿元,但是,如果灾难性事件发生,损失 5 亿元,债券管理者将会得到全额赔付,在这种情况下管理者的剩余同样是 9−1.437 5−5+5 = 7.562 5 亿元。如果

---

① 在这我们只是进行了最简单的分析。事实上,虽然这项全额保险政策的期望支出是 1.25 亿美元,但公司还会发生一些其他相关费用,在实际经营中都应该包含在内。例如,推销该政策的代理人员的工资、后勤人员的工资以及管理人员的薪资等。保险公司也会利用收到的保险费进行新的投资来赚取利润。在本部分的分析中,我们统一假设保险公司花费的除了期望支出外的所有成本之与公司利用保险费再次投资获得的利润正好抵消。此外,我们还假设 LBI 公司是风险中立者,这样假设是因为 LBI 公司为很多个人进行投保,每位顾客发生灾难性事件的概率接近 25%,因此 LBI 公司需要通过很多个人投保来分散风险。

购买该保险,债券管理者确定能够拥有 7.562 5 亿元的财富,或者获得确定效用 $7.562\,5^{0.5} =$ 2.75。可以看到,这个确定效用正好是前面所计算的未投保前的期望效用。因此,债券管理者可以认同,花 1.437 5 亿元购买全额保险和采取风险决策之间没有差异,因为二者的期望效用都是 2.75。

收取的保险费用金额可以在期望支出 1.25 亿元和管理者最多愿意支付的 1.427 5 亿元之间,二者之差叫作风险溢价,或者说是债券管理者愿意支付给保险公司高于损失期望值以上的货币数量。在本例中,风险溢价是 1 875 万元(即 0.187 5 亿元)。如果保险费(P)水平处在 1.25 和 1.437 5 之间,债券管理者会偏向购买该保险(因为 9−P>2.75),且保险公司也愿意出售该保险(因为 P−1.25>0)。如果 LBI 公司是该项业务的垄断者,那么它就可以收取 1.437 5 亿元的保险费,榨取债券管理者的全部盈余。

战略分析案例 14.6

按风险大小来调整折现率

将风险因素引入到式(14.7)评估模型的另一种方式是调整折现率 i。该方法与前一部分讨论的方法一样,是基于管理者的风险偏好来实施的。例如,假设图 14.7 表示管理者关于期望收益率和风险的无差异曲线。从中可以看出,该无差异曲线的斜率是向右上方倾斜的,这表示管理者只有在预期获得很大的回报时,他才会愿意接受较大的风险。更具体地说,管理者在无风险投资获得 8% 的回报率和风险投资($\sigma=2$)获得 12% 的回报率之间是无差异的。也就是说,随着风险的增加,管理者需要更大的期望利润来补偿所承担的高风险。

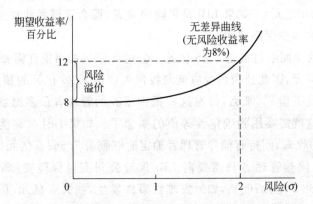

图 14.7 管理者关于期望收益率与风险的无差异曲线

某项特定风险投资的期望收益率和无风险投资的期望收益率之间的差值叫作风险溢价。例如,图 14.7 所示的管理者可以从无风险投资中获得 8% 的回报,那么他需要 4%(12%−8%)的风险溢价来补偿所承担的 $\sigma=2$ 的风险。这是他做出这个风险投资决策所需要额外的回报,如果风险溢价少于 4%,管理者就不会做该项风险投资。

由于所需要的回报率依赖于这项投资风险的大小,管理者可以调整式(14.7)的基本

评估模型,通过修改折现率 i 来表示风险。调整后的等式为

$$PV = \sum_{t=1}^{N} \frac{\pi_i}{(1+r)^t} \qquad (14.8)$$

其中,r 是按风险调整的折现率,风险调整的折现率等于无风险的收益率与补偿投资风险的风险溢价之和。假设风险为 $\sigma=2$,按风险调整的折现率即为 12%,等于无风险利率 8% 加上风险溢价 4%[1]。

14.11 本章小结

(1) 某一事件发生的概率是指长期来看该事件发生次数占全部可能次数的比例。期望利润是每种结果可能受益(或损失)乘以该结果发生概率后加和得到的。

(2) 管理者可以使用决策树来以一种可视化的方法分析具有一系列选择的决策问题,每一种选择用一个决策结点表示。但是,决策树也有机会结点,用来反映风险对每种选择的影响。决策树可以用来识别能够给企业带来最大期望利润的措施。本章讨论了几个例子,其中包括 Tomco 石油公司是否应该在堪萨斯州钻井的决策。

(3) 对于管理者来说,完整准确的信息的价值在于,它能够给企业带来额外的期望利润或期望利润的增加值。它等于管理者为得到这样的信息愿意支付的最大价格。本章介绍了计算完全信息期望值的方法。

(4) 我们通常使用利润概率分布的标准差或变异系数来测量风险。管理者如何选择最大化期望利润取决于他们对待风险的态度。通过效用函数能够测量管理者对待风险的态度。

(5) 为了构建效用函数,管理者首先需要为两个货币值任意设置效用水平。然后,管理者在确定收益(这两个货币值之外的其他某个货币值)和冒险(对两个货币值任意设置了效用值)这二者之间进行选择。经过不断重复这个过程就可以估计出管理者的效用函数。

(6) 管理者为调整风险采用的基本评价模型是用确定性等值替代式(14.7)中的期望利润数据。为此,我们构建了无差异曲线(基于管理者的效用函数构建)找出确定性等值与各个不确定结果的一致性。

(7) 将风险因素引入到评价模型的另一种方法是调整折现率。为此,管理者应该基于他们的效用函数,构建期望收益率和风险之间的无差异曲线。根据这样的无差异曲线,管理者可以估计出对风险进行投保的取值范围。

---

[1] Bruce W. Allen, Neil A. Doherty, Keith Weigelt, Edwin Mansfield. Managerial Economics Theory, Applications, and Cases, Seventh Edition. W. W. Norton & Company, Inc, 2009, p.455.

习题

1. 假设 M 公司总裁面临两种投资选择，X 和 Y。如果两种投资都实施，会有四种可能的结果，每种结果的净利润现值和发生概率如表 14.4 所示。

表 14.4 净利润现值和发生概率

投资 X			投资 Y		
结果	净现值/百万美元	概率	结果	净现值/百万美元	概率
1	20	0.2	A	12	0.1
2	8	0.3	B	9	0.3
3	10	0.4	C	6	0.1
4	3	0.1	D	11	0.5

(1) 投资 X 的期望现值、标准差、变异系数各是多少？
(2) 投资 Y 的期望现值、标准差、变异系数各是多少？
(3) 哪一项投资风险较大？
(4) 假设 M 公司总裁的效用函数为 $U=10+5P-0.01P^2$，其中 U 是效用，P 是净现值。那么他应该选择哪一项投资？

2. 廉韦是一家电气设备工厂的总经理，他需要决策是否在工厂内安装一定数量的组装机器人。这项投资是有风险的，因为管理人员和普通职工都没有操作此类机器人的经验。廉韦的期望收益率和风险的无差异曲线如图 14.8 所示。

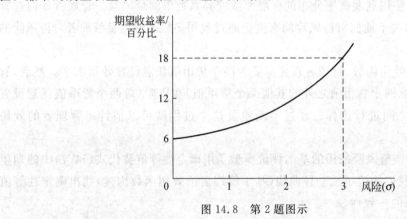

图 14.8 第 2 题图示

(1) 如果该项投资的风险(σ)为 3，那么廉韦需要支付多少风险投保保险费？
(2) 无风险收益率是多少？
(3) 按风险调整的折现率是多少？
(4) 在计算这项投资未来利润的现值时，用到的利率是多少？

3. Z 公司正在考虑开发一项新型塑料。该塑料开发成功与否取决于一个重点大学研究项目的结果。Z 公司的总经理并没有可靠的方法来估计出该大学研究团队成功的概率。依据该重点大学研究项目的结果,Z公司的收益(或损失)情况如表14.5所示。

表14.5 Z公司的收益情况   百万元

行动	重点大学研究项目的结果	
	成功	失败
Z公司开发该塑料	50	−8
Z公司不开发该塑料	0	0

根据所给的信息,你能计算出完全信息的期望值吗?为什么?

4. E公司是一家制造电视机的企业,每年的固定成本为100万元。每卖出一台电视机的毛利润(即价格减去平均可变成本)为20元。该公司预期每年销售电视机的数量为100 000台,每年销售数量的标准差为10 000元。

(1) 该公司年利润的期望值是多少?
(2) 该公司年利润的标准差是多少?
(3) 该公司年利润的变异系数是多少?

5. 米勒是一位上海商人,他说自己是风险中立者。已知他获得100 000元利润的效用是0,获得200 000元利润的效用是1。如果他说的是真的,他获得400 000元、40 000元和−20 000元的效用分别是多少?

6. 某出版公司的经理说他自己在确定获利7 500元和冒险获利(0.5的可能性获利5 000元,0.5的可能性获利10 000元)之间是没有差异的。并且,他还表示在确定获利10 000元和冒险获利(0.5的可能性获利7 500元,0.5的可能性获利12 500元)之间无差异。

(1) 画出该出版公司经理效用函数的四个点。
(2) 该出版公司的经理是一个风险规避者、风险偏好者还是风险中立者?请解释。

7. 欧林公司正在考虑收购一家生产钟表的小公司。如果欧林公司收购这家小公司,能够成功地将该小公司转型为生产洗衣机零件的生产商。假设成功转型的概率为0.5。而且,如果成功转型,欧林公司可以获利500 000元;如果没有成功转型,欧林公司将会损失400 000元。

(1) 构建一个决策树来反映欧林公司面临的决策问题。
(2) 决策结点是什么?决策结点有几个?多于1个吗?
(3) 机会结点是什么?机会结点有几个?多于1个吗?
(4) 使用决策树解决欧林公司的决策问题。假设公司希望获得最大化的期望利润,那么欧林公司应该收购该小公司吗?
(5) 在欧林公司做出是否收购该小公司的决策之前,欧林公司的总裁预测,如果该钟表生产商不能转型成为洗衣机零件的生产商,还可以将它再次卖给沙特财团,从中可获利100 000元,再出售的概率为0.2。然而,如果该小公司不能再次成功出售,欧林公司会损失400 000元。

① 这些信息会改变决策树的结论吗?
② 你能说出如果欧林公司购买该小公司可能出现的三个相互排斥的结果吗?

③ 第②问中的三个结果,每个结果的概率是多少?

④ 第②问中的三个结果,每个结果的货币价值是多少?

(6) 根据(5)题的答案,在新的条件下解决欧林公司的问题。即根据(5)题中给出的新信息,欧林应该购买生产钟表的小公司吗?

(7) 欧林公司的副总裁发现,在预测公司收购该钟表制造商,并将其转型成为洗衣机零件生产商会获得多少利润时出现了一个错误。

① 在(4)题的情况下,错误为多大时将会改变原有的决定?

② 在(5)题的情况下,错误为多大时将会改变原有的决定?

8. 国家航空航天局估计一个航天飞机坠毁的概率是 1/100 000,而实际上发生这个事件的概率接近 0.01~0.02。如果使用决策树来决定是否尝试发射该航天飞机,决策会有什么不同吗?

9. 某论坛报必须决定是否发行周日版本,出版商认为发行周日版本成功的概率是 0.6,失败的概率是 0.4。如果该周日版发行成功,出版商将获利 100 000 元;如果失败,出版商会损失 80 000 元。

(1) 请构建该问题的决策树,并使用倒推法解决该问题。(假设该出版商是风险中立者)

(2) 列出你构建的决策树中的所有结点,并指出哪些是决策结点,哪些是机会结点,并说明原因。

10. 王明拥有一片特定土地的选择权,他必须在该土地合同期满前决定是否在该土地上钻井。如果钻井的话,成本是 200 000 元,如果钻出石油,他将获利 1 000 000 元,而如果没有钻出石油,他就什么也得不到。

(1) 构建一个决策树来表示王明的决策。

(2) 根据已有的信息,你能说明王明是否应该钻井吗?为什么?

已知王明相信他在这片土地上钻井发现石油的概率是 0.25,不能发现石油的概率为 0.75。

(3) 根据已有的信息,你能说明他是否应该钻井吗?为什么?

(4) 假设王明是风险偏好者,他应该钻井吗?为什么?

(5) 假设王明是风险中立者,他应该钻井吗?

11. 某办公家具公司编制了今年的期望收益和相应的概率,如表 14.6 所示。

表 14.6 期望收益及概率

销售额/万元	概率	销售额/万元	概率
240	0.05	360	0.10
280	0.10	400	0.05
320	0.70		

计算:

(1) 期望收益;

(2) 标准差;

(3) 变异系数。

12. 某书籍出版公司计划出版关于希腊神话两本书中的一本。预计每本书的销售期限是非常短的,估计各自获得的利润概率如表 14.7 所示。

表 14.7 两书的利润概率

A 书		B 书	
概率	利润/元	概率	利润/元
0.2	2 000	0.1	1 500
0.3	2 300	0.4	1 700
0.3	2 600	0.4	1 900
0.2	2 900	0.1	2 100

请计算每本书的期望利润、标准差和变异系数。关于应该出版哪本书,你的建议是什么?

13. 某公司正在考虑一个两年期的项目 A,初始投资为 600 元,表 14.8 给出了现金流入和概率。

表 14.8 项目 A 现金流入和概率

第一年		第二年	
概率	现金流量/元	概率	现金流量/元
0.1	700	0.2	600
0.4	600	0.3	500
0.4	500	0.3	400
0.1	400	0.2	300

(1) 计算项目的预期净现值和标准差,假设折现率为 8%。

(2) 该公司也在考虑另外一个为期两年的项目 B,它的预期净现值为 320 元,标准差为 125。项目 A 和项目 B 是互斥的,这两个项目你会选择哪个?请解释。

14. 开拓设计公司利用确定性等值法进行资本预算决策。相关数据如表 14.9 所示。

表 14.9 开拓设计公司相关数据

年	现金流/元	确定性等值因子	年	现金流/元	确定性等值因子
0	−20 000	1.00	4	5 000	0.90
1	5 000	0.90	5	15 000	0.70
3	5 000	0.90			

无风险折现率是 4%,RADR 为 12%。请计算 NPV。你会接受这个项目吗?

15. 项目 A 的预期 NPV 是 500 元,标准差 125 元。项目 B 的标准差为 100 元,预计 NPV 是 300 元。你愿意选择哪一个项目?请解释为什么。

16. 全球工业公司采用模拟的方法计算了它实施多个项目中的其中一个项目的资产收益率(ROA),通过 1 000 次模拟,它得到 ROA 为 16.7%,标准差为 6.2。这些模拟的结果非常接近于正态曲线。

(1) 利用给定的数据绘制出概率分布图。

(2) 公司的目标是达到12%的ROA。那么该项目实现目标的概率是多少?

(3) 测算ROA为非负的概率是多少。

17. 大松林公司正在分析一个扩建项目,项目的有关信息如表14.10和表14.11所示。

表14.10 扩建项目相关信息

初始投资	120 000元	在$t=5$时返回的营运资本	20 000元
折旧周期	5年直线折旧	在$t=5$时的预计残值	15 000元
项目生命周期	5年	税率	34%
在$t=0$时的额外营运资本	20 000元	资本成本	12%

表14.11 收益及现金成本   单位:元

项目	第一年	第二年	第三年	第四年	第五年
收益	50 000	80 000	80 000	80 000	40 000
现金成本	30 000	30 000	30 000	25 000	25 000

(1) 计算该项目的净现值。

(2) 请进行如下情景分析。

① 假设最好的情况是收益比给定的水平高10%,成本比给定的水平低5%,残值是给定金额的两倍。

② 假设最坏的情况是收益比给定的水平低10%,成本比给定的水平高5%,残值是0。

请分析最好可能的情况、最有可能发生的结果和最坏的结果如何。

18. 蔡先生有一块不可转让期权的开采金矿的土地。他有三个选择:

(1) 他可以马上开始开采;

(2) 他可以进行进一步的测试,了解开采黄金的数量能达到多少;

(3) 他可以放弃这一期权。

假设测试费用是4.5万元,开采成本是15万元。如果他的确发现黄金,预计可获得利润60万元。

他估计出下面的概率。如果不经任何测试就开始采矿,估计能找到黄金的概率是55%。他预计测试获得成功的概率是60%。如果测试是有利的,地下有黄金的概率为85%,但如果测试结果是不利的,这一概率只有10%。请使用决策树给蔡先生提出建议。

19. 假设你有一个投资兴建游乐园的梦想。现在实现这个梦想的机会来了。在大连星海湾有一大片空地归大连市政府所有。城市规划部门愿意把这块空地面积的1/2出租5年,并有可能在5年后将另外一半的空地也出租出去。作为免费向你出租的回报,城市规划部门将在第5年或者第10年底全部拥有你的全部设备,即所有权归政府所有。

你已经估计出你的原始投资为25万元。在开始的5年里,预计你每年的净现金流量

(扣除租赁费用、其他所有费用以及税收之后)能达到 55 000 元。如果你想在 5 年之后继续租赁全部的空地,你需要再投资 15 万元(用于额外的设备和建设一个小型高尔夫球场)。由于现在你要做出较长时间的现金流量估计,你估计有 50% 的概率每年的现金流量会保持不变(55 000 元),有 50% 的概率在第二个五年里每年的现金流增加到 100 000 元。资本成本是 12%。

(1) 第一个五年项目可行吗?

(2) 如果实施你的选择,那么整个项目的价值是多少?你的期权价值是多少?

第15章 跨国公司与经济全球化

学习目标

学完本章之后,读者应该能够:
- 解释经济全球化及其优缺点;
- 了解汇率的概念和识别几种主要外汇套购方法;
- 掌握跨国企业的资本预算并能够解释它与本国企业资本预算的区别;
- 解释企业为什么要"走出去"和"请进来";
- 了解企业海外并购的重要意义;
- 解释怎样通过改变转换价格使企业受益。

到目前为止,本书讲述的大部分内容并没有对本国企业和跨国企业加以区分,尽管我们在每章结尾的"国际应用"案例中简要地讨论了一些有关国际企业的问题。然而,随着中国经济改革三十多年来的快速发展,我国企业迈出国门,走向世界早已成为政府和企业十分关注的问题。不论是学术界、政府有关部门,还是企业界都十分注重国际型企业面临的机遇和挑战,相关宣传和报道也纷纷占据各种媒体中的显著位置。因此,笔者认为很有必要把跨国企业经营作为本书中的单独一章来加以认真讨论。

跨国公司或多国企业除了要面临本国企业必须面临的机遇和挑战,同时还要面对来自国际方面的机遇和挑战。不论是跨国企业还是本国企业都需要面对市场供给和需求问题,产品的需求弹性,各种风险和不确定性,以及如何运用边际原理来实现企业利润的最大化。所有这些概念和问题已在本书前面的各章中进行了详细的讨论。然而,一个跨国企业还将面临一些其他挑战,包括了解他国的货币制度、税收制度、关税、法律及其他各种限制条件,不同的市场成本和异国的历史、文化上的差别。跨国企业必须学会面对各种挑战,每一种挑战都可能是一种新的风险(当然也可能是一种机遇)。

15.1 全球化背景下的管理经济学问题

"经济全球化"最早是由 T·莱维于 1985 年提出的,但至今还没有一个公认的定义。国际货币基金组织(IMF)在 1997 年 5 月发表的一份报告中指出:"经济全球化是指跨国商品与服务贸易及资本流动规模和形式的增加,以及技术的广泛迅速传播使世界各国经济的相互依赖性增强。"而经济合作与发展组织(OECD)认为:"经济全球化可以被看作是一种过程,在这个过程中,经济、市场、技术与通信形式都越来越具有全球特征,而民族性和地方性在减少。"为此,我们可从三方面来理解经济全球化:一是世界各国经济联系的加强和相互依赖程度日益提高;二是各国国内经济运行规则逐渐趋于一致;三是国际经济协调机制加强,即各种多边或区域组织对世界经济的协调和约束作用越来越强。

20世纪90年代,经济全球化得到迅速发展具有其必然性:第一,"冷战"结束,计划经济退出历史舞台,市场经济一统天下,为经济全球化创造了最根本的前提。第二,"冷战"结束,美国等发达国家为进一步控制和垄断世界市场,进一步鼓吹自由主义经济思想,推行经济、贸易自由化政策,为经济全球化扫清了各种障碍。第三,世界贸易组织(WTO)的建立推动了全球统一市场及其机制的形成,为经济全球化提供了制度保证。第四,作为经济全球化主体的跨国公司大发展,加速了经济全球化的历史进程。第五,最重要的是,20世纪90年代以信息技术革命为中心的高新技术迅猛发展,不仅冲破了国界,而且缩小了各国和各地区的距离,使世界经济越来越融为整体。

经济全球化的主要表现特征是全球范围内的通用标准数目的增长,例如版权法;国际贸易出现以比世界经济增长速度更快的速度递增,由跨国公司控制的世界经济股份的增长,全球金融体系的发展,更多的国际间文化的交流,例如通过好莱坞电影的出口,文化多样性的减少,国际旅游业的发展,互联网和电话等技术的快速普及使得共享的信息资源的数量不断增长,移民数量的快速增加,包括非法移民。这些发展趋势的绝大多数被各种各样的全球化支持组织看作是积极的,因此,在很多情况下,全球化受到多国政府和民众的积极推动。人们更加熟知和接受经济学的比较优势理论:国际自由贸易更加有益于各国相对优势的发挥,从而使得资源分配变得更加有效,其结果是对参与贸易的双方都有利。

经济全球化作为一种历史的大趋势,不仅决定着人类社会发展的进程与方向,而且在一定程度上关系着一个国家的前途与命运,尤其是像中国这样有13亿人口的大国,应该清醒认识到,如果说缺少"中国元素"的经济全球化,不是真正的经济全球化,那么缺乏"经济全球化"内涵的中国,既不可能是现代的中国,也不可能成为一个强大的中国。改革开放以来,经济全球化已成为中国经济发展的战略选择。目前,中国海外投资已遍布世界130多个国家和地区,投资企业超过5 000多家,中方投资金额已超过53.7亿美元。积极开展海外投资有利于促进中国商品与技术出口,带动相关劳务输出,有效开发和利用国外资源,参与国际分工和协作,除了能获取市场信息和吸收先进的技术和管理经验之外,还能有效地促进中国经济各个方面、各个环节的进一步成熟与壮大。与此同时,经济全球化也成了当今经济发展的竞争焦点。在经济全球化的情况下,市场竞争往往表现为大公司、大集团在科技、产品、服务、形象以及综合素质的竞争。20世纪90年代以来,世界著名的500家大型跨国公司已有200多家在华投资,其规模大、领域宽、覆盖面广,对扩大中国外商投资的整体规模和带动中国产业技术水平的提高,发挥出强有力的推动作用。近年来,中国的家电企业发展异常迅猛,一个重要的原因是直接参与了同国际上家电行业一流名牌企业的市场竞争,目前我国不仅基本占领了本国的家电市场,而且还在一定规模上开拓了国际市场。全球化市场竞争,既提高了产品的质量,又使得世界范围的市场竞争从自由竞争、保护性竞争、垄断竞争,过渡到目前的联盟竞争,与此同时,大大增进了企业的国际交往，激发产品、服务、人才和信息在全球市场中流动。

有学者认为，国际化包含了一个演变过程。在起初阶段，一个跨国公司进行的各种交易完全局限于本国领土内，包括所有产品销售和生产资料的购买。然而，为了改善竞争谋求发展，公司开始进口所需要的生产投入要素，然后把使用这些生产投入要素生产的产品销往外国市场。这一阶段被称作"国际贸易"阶段。与他国的企业打交道，使得企业不得不做出一些新的思考。企业要考虑外汇和汇率、国外消费者的信誉程度国外企业运作方式、政府的法律制度以及语言和文化方面的差异等。

接下来企业要考虑何时在其他国家开办自己的公司。最初可能先考虑在国外开设一个销售点或服务机构。为此，需要向国外政府申请营业执照。最后，在国外正式成立自己的公司。该公司可以是与他国企业或政府进行联合投资、兼并一个或两个外国公司或者开设一个自己的加工厂（即所谓的"绿地投资"）。这一阶段被称作演变过程的第三阶段和最后阶段——"多国阶段"。此时，公司会面临许多新的服务于世界市场的机会，当然也会面临一些新的问题。企业现在必须要考虑他国传统与文化以及法律规章制度和税收制度方面的差异。打入他国境地或国际市场的跨国企业需要思考的另外一个问题就是金融国际化——由较低运输和通信成本引起的世界各国之间贸易水平和资本流动的增长。随着世界经济全球化和一体化进程的加快和随之而来的国际竞争的加剧，对企业发展战略研究的要求越来越高。企业战略是指企业根据环境的变化、本身的资源和实力选择适合的经营领域和产品，形成自己的核心竞争力，并通过差异化在竞争中取胜。总之，跨国企业除了面临上述提及的一般企业所要面对的企业战略选择、市场供求分析、资源优化分配、市场定位分析、比较优势分析、企业最佳经济规模等管理经济学问题之外，更重要的是要掌握国际金融方面的知识，包括熟悉国际金融市场，正确地把握各种投融资渠道，控制金融风险，资本转移，正确地评价汇率变化可能对企业资本预算和企业经济效益带来的影响，产品价格在国际间的转移，以及跨国企业管理的旅行成本等。这些将在下面的各节中分别加以阐述。

15.2 全球化优劣评述

20世纪90年代以来，以信息技术革命为中心的高新技术迅猛发展，不仅冲破了国界，而且缩小了各国和各地的距离，使世界经济越来越融为一个整体。但经济全球化是一把"双刃剑"。它推动了全球生产力大发展，加速了世界经济增长，为少数发展中国家追赶发达国家提供了一个难得的历史机遇。与此同时，也加剧了国际竞争，增多了国际投机，增加了国际风险，并对国家主权和发展中国家的民族工业造成了严重的冲击。更为严重的是，在经济全球化中，由于实力不同，发达国家和跨国公司将得利最多，而发展中国家得利甚少，使得发展中国家与发达国家的差距进一步拉大。一些最不发达国家将被排除在经济全球化之外，逐渐"边缘化"，甚至成为发达国家和跨国公司的"新技术殖民地"。目前，经济全球化已显示出其强大的生命力，并对世界各国经济、政治、军事、社会、文化等各个方面，甚至包括人们的思维方式等，都造成了巨大的冲击。这是一场深刻的革命，任何国家也无法回避，人们唯一所能做的是如何去适应它，积极参与其中，在经济变革的历史大潮中接受检验。

在当今世界里,全球化是一个带有争议的话题,争论双方好像各自都有充分的理由。然而,有关此问题的争议大都基于主观的看法而并非客观实际。从某种意义上来讲,好像发达国家对经济全球化褒贬争议比发展中国家更加强烈。其中一个重要的反对呼声是经济全球化给本国就业带来的问题。以美国为例,一些政治家极力反对执行《北美贸易总协定》,理由是它使得美国大量的加工制造业的就业机会流向了邻国墨西哥。今天,我们也经常会听到一些美国的政治家谴责计算机软件行业实行资源外包的做法,理由是这种做法使得美国国内很多白领的工作机会流向了印度和中国。那么,这些观点是否被大多数人所认同呢?

在讨论上述有关经济全球化带来的好处和坏处的争论之前,我们先回顾一下过去存在的一些并非因为国际贸易所引起的一些类似的问题。在20世纪中叶,为了支付较低的劳动工资,大量的纺织工业从美国的东北部六州(所谓的新英格兰)迁移到美国的南部地区,导致美国东北地区大量的工人失业。随着经济进步和技术革新步伐的加快,一些旧的职业和产业部门必然被一些新的职业和产业部门所取代。以我国农业为例,当今机械整地和收获作业几乎全部代替了20世纪70年代以前的靠畜力和人力作业的状况。更近一些年代的例子是使用电子计算机代替了古老的手动打字机和珠算算盘,数码相机代替了胶卷相机,从而宣告胶卷照相已成为历史。这样的例子不胜枚举。总而言之,人类一直在通过改善和发明新技术来创造新的产业、取代旧的产业。

从长远来看,技术革新毋庸置疑地会不断提高人们的生活水平和创造新的就业机会。然而,我们必须认识到在短时间内,这种技术变革过程已经给许多人带来了负面影响,使得他们失去了工作和生活保障。抵御由技术变化带来的这些不良后果,一直是世界各国特别是发达国家面临的严峻挑战,从而导致各国政府不断改革出台各种新的法律制度和雇工制度。当然,由此引发的各种社会动荡和破坏也是时有发生。

15.3 赞同全球化的观点

支持全球化主要包括如下观点。

(1)消费者受益,因为全球化给消费者带来了新的产品,为消费者提供更多的产品消费选择。

(2)由市场扩大引起的竞争使得产品的价格下降,消费者能够从中受益。产品能够在较低成本的地区进行生产。

(3)信息产业的进步允许产品、服务以及资本得以自由流动,使得生产力得到快速增长。

(4)世界范围的竞争使得产品和服务的质量得到快速提高。

(5)金融市场全球化能够引起世界资源更加有效的分配。由于资本的自由流动,产品可以在世界生产成本最低的国家和地区进行生产,充分发挥地区比较优势。

(6)当生产从发达国家迁移到贫穷落后的发展中国家,能够改善这些发展中国家的生活条件。当这些贫穷国家对劳动力需求增加时,随着就业机会的增多,工资水平会提高。

(7) 随着这些贫穷国家工资水平的提高,消费需求增加,进而能够促进发达国家消费品的出口。

(8) 当跨国公司在国外进行投资时,一般来说,它们会对外国企业的工人支付比本国企业的工人更高的工资,同时给这个国家提供了新的就业机会。

15.4 反对全球化的观点

下面列出一些反对经济全球化的观点。

(1) 由于在他国经营,引发本国劳动力市场出现激烈竞争,本国劳动力工资水平降低,本国人民的生活水平下降。

(2) 从事国际经营的大型跨国企业常常从事不公平的经营活动,如采用不合理的劳动力使用制度,包括使用奴隶工资,为工人提供恶劣的生活和工作条件,以及缺乏对他国环境保护的考虑,将导致自然资源和生态的破坏。

(3) 技术进步使得工业化国家减少了对劳动力的需求,引起劳动力市场失去保障。这种状况在制造业发达的国家表现尤为明显,出现大量的劳动力向低工资的服务行业转移。近年来,还出现了一种服务业向低工资国家转移的倾向,引起工业化国家失业率上升。

(4) 资本主义经营理念往往更易忽视社会福利,引起本国和他国文化的破坏。

(5) 企业把生产转移到成本最低的国家进行生产,会大大提高企业的利润,造成资本迅速集聚到少数企业巨头手里。

(6) 企业转移到那些纳税较低的国家进行经营,造成世界范围内税收基数下降,不利于公共事业的发展。

(7) 国际化也会在一定程度上弱化国家主权和独立。

必须承认,以上列出的有关赞赏和反对国际化的观点并非十分全面和完整。但是,它提示了我们支持每种观点的主要理由。

15.5 国际化的未来

上面我们提到了关于国际化问题两种对立的主要观点。那么,我们怎样来判断国际化未来的发展呢?

尽管遭到大量的反对,包括抗议和动乱,但是国际化的进程将是不可逆转的。这一点是毋庸置疑的。虽然国际化给世界很多国家的人们带来了极大的好处和利益,但是我们也必须清楚地认识到,并不是所有的国家或一个国家内部的每一个人都得到了同等的好处和利益。国际化虽有好处,但的确也带来很多的问题。不可否认,国际化使得技术转移更加迅速和技术发展更加快捷。然而,正如我们在前面所说的,技术进步的过程已经伴随我们人类社会很多个世纪了。不容置疑,技术进步已经给一些地区的经济发展带来了好处,同时也给另外一些地区带来痛苦和磨难。但是,从总体来看,它已经引起了世界经济的进步和人们生活水平的改善。尽管人们总是担心技术进步可能带来失业问题,但就全世界范围来看,劳动力的就业机会并没有减少,而是在不断地增加。

下面我们考察一下国际化对世界不同国家产生的影响。可以说,国际化给世界上绝大多数发展中国家带来了好处,把这些国家的经济提高到了发达国家经济发展初期的水平。尤其是对东亚国家来说,情况更是如此,采用国际化战略使这些国家的经济受益匪浅。当然,我们也必须看到许多非洲国家的经济发展明显滞后,这些国家平均每人的收入水平与发达国家的差距不但没有缩小,反而在逐渐增大。

历史的经验表明,要使这些落后的发展中国家享受到经济全球化带来的好处,必须具备某些条件。首先,必须拥有一个有工作效率的政府,它能够制定出适合本国经济发展水平的财政政策,促进经济稳定发展。这个政府能够有效地实施鼓励外来投资政策;鼓励国内企业之间展开公平竞争;改善本国人们的健康、教育和培训。

当然,对于那些贫穷落后的发展中国家,完全依靠它们自己的力量是难以实现上述目标的。发达国家必须采取各种措施帮助这些贫穷国家的经济发展,而不只是等待、依靠这些国家自己实现进步。发达国家必须支持自由贸易、公开本国的关税政策或出口补贴政策,同时,发达国家要鼓励本国的私人资本流向发展中国家。另一个重要的问题是,发达国家在他国的跨国企业内部应该注重推行良好的企业道德和管理文化。近年来出现的许多关于国际化企业的问题都是因为这些大的跨国企业丧失了企业的伦理道德,缺乏严谨的财会制度,使自己失去了信誉,进而影响了企业国际化的进程。此外,大型跨国企业还必须兼顾到保护自然环境等社会责任,并且要为之付诸行动。

国际化真的给发达国家劳动力就业带来严重的问题吗?近年来发生的白领工作机会转移现象,特别是发生在计算机软件领域,已经引起了大量的争论和忧虑。比如,美国共和党和民主党两大党派一直严厉谴责把白领工作机会转移到其他国家,致使此问题成为美国2004年总统竞选的一个主要议题。其主要观点是反对把有关计算机零部件和软件生产的工作机会转给印度和中国,导致美国本国就业机会的丧失。

虽然向其他国家输出工作机会的数量仅为经济发达国家劳动力就业人数的一小部分,但这的确代表着一种趋势。此外,发达国家生产效率的快速提高也是造成就业机会减少的又一个原因。跨国企业的支持者们一直是在不断地宣扬在国外开设公司具有的种种好处,包括降低产品的生产成本,提高发达国家企业在国际市场的竞争力,从而降低产品的价格,使消费者从中受益。他们认为损失一些本国的就业机会是一件正常的事情,况且本国具有的这些技术性较强的专业人才是十分有限的。除了降低生产成本之外,在他国经营企业还有具很大的灵活性,企业可以进行7天24小时的排班作业,并且可以随时聘请到所需要的各类咨询专家。

但是,即使是对于那些跨国企业的支持者,他们同样承认把工作机会送到国外要面临许多新的挑战。远距离管理位于他国的企业设备和生产技术需要付出额外的成本,包括对企业各种运营活动的监管和指导,特别是涉及一些复杂的先进技术领域。在某些情况下,在他国开设的企业生产效率可能较低,远距离通信有时是非常困难的,文化上的差异也可能带来各种问题。虽然现代中国的跨国企业管理者一般都具有用英语进行交流的能力,但是与英、美、印度、非洲等说英语的国家或地区的工作人员进行交流并不是一件容易的事情。另外一个不利的方面就是跨国企业要面临安全保障被破坏以及被他国没收企业的贸易机密的风险。

对于那些反对企业国际化做法的人来说,他们更是极力反对将工业化国家的就业机会转移到发展中国家。他们呼吁限制自由贸易,保护本国企业。但是虽然这些做法在短期内可能会帮助某些行业的工人就业,但是这也会提高整个经济运行的成本。比如,美国政府为了保护当时美国钢铁行业工人的就业,在 2001 年采取了钢材进口关税。但是这种做法造成美国用钢行业原材料价格上升,从而减少了这些行业对劳动力的需求,引起劳动者失业。因此,为了从国际化中得到更多的利益,发达国家必须制定相应的政策来缓解上述问题。这包括政府要采取行动,给那些因企业工作机会输出而失去工作的人提供必要的教育和培训,为他们创造从推进国际化过程中所产生的新的就业机会。

此外,政府的政策还应包括为某些行业的就业者提供就业安全网,给那些为了找到新的工作需要移居的人提供必要的搬迁费用和适当的补贴。不可否认,关于经济全球化价值的讨论将会继续进行下去。与此同时,跨国企业必须时刻注意日益增长的国际化可能给企业带来的各种风险,随时准备采取各种有效措施进行应对。

15.6　多国企业面对的各种风险

所有企业,不论是本国企业还是国际企业都要面对许多风险。正如前面所说,风险的大小是指企业运营的实际结果与所预期的结果出现差异的概率。由于大多数企业管理者都是风险规避型,他们最担心的是出现企业经济效益下滑的风险。一个跨国公司不仅要面临国内企业所面临的风险,而且还要面临其他国家内部的风险,故称为多国公司风险。其中一个最重要的风险是由汇率变化引起的汇率风险。我们将在下一节详细讨论汇率风险问题。在此,我们先讨论一下跨国企业需要面对的各种其他风险。

(1) 资金拦截和资本控制:跨国公司所在国可能禁止公司将资金送回本国。这可能限制了公司实施最佳的投资方案。

(2) 文化与宗教信仰差异:这可能导致对外来企业的敌对心理。

(3) 所有权限制:完全占有附属公司的所有权可能是不允许的。所以,跨国企业财产所有权限可能会受到限制。

(4) 人力资源限制:所在国企业的用人制度可能与本国企业用人制度存在很大的差异。可能会要求跨国公司必须全部从当地雇用工人。在一些国家,劳动法和工会合同对企业用人和解雇员工建立了十分严格的制度。比如,一些国家严格禁止雇用和提拔女性雇员。

(5) 知识产权:在一些国家里,对如计算机软件、教科书以及电影录像等产品实行知识产权保护是非常困难的。

(6) 歧视:政府对外国企业实行特殊的法律制度和税收政策,同时却对本国同类企业采取补贴政策。

(7) 腐败:可以说在世界上绝大多数国家里都存在腐败问题,只是在程度上有所不同。举个例子,国际透明组织(Transparency International)出版了一本《腐败感知指数》

用来对世界上146个国家的腐败程度进行评价。这项指数是基于商界人士、学术界人士以及风险分析家各自对被评价国腐败现象的感知进行打分而得。该指数的分布是从0(最严重腐败)到10(最轻微腐败)。根据2004年的评价指数,芬兰得分最高(9.7),排在第二位的是新西兰(9.6);孟加拉和海地并列为最严重腐败(1.5);美国排在第七位(7.5)。

(8) 内、外部战争:这种情况可能发生在任何时候。

(9) 政府变更:一个对外友好的政府可能被一个对外抱有敌对态度的政府所取代。在某种极端的情况下,新成立的政府可能会采取政策没收外国企业的全部财产。

以上只是列出了那些作为一个跨国企业必须要考虑的各种风险,当然还可以在这里列出更多其他的风险。

美国PRS集团有限公司发表了一本《世界各国风险指南》。该指南采用考虑政治、经济与金融三种风险的综合指数。其中,每一个风险测量因素都是基于大量的反映风险的变量。指数的分布是从100(最低风险)到0(最高风险)。根据最近公布的信息,瑞士和卢森堡并列排名第一,各得分91.0,而津巴布韦得分最低,为34.3。

15.7 汇率

跨国企业必须面对的一个重要风险就是汇率的变化。一个跨国企业在他国于某一时间点进行买卖活动,但在晚些时候进行货币支付或收到付款,必须要考虑到在此期间汇率可能发生的变化。

汇率是指用他国货币来表示本国货币的价格。汇率可以用本国或外国货币单位来表示。比如用美元来表示人民币,在某一特定的时间1元人民币相当于0.15美元,那么我们就可以写成￥1/＄0.15。如果我们想用人民币来表示同样的汇率,那么我们可以写成＄1/￥6.88。

假设一个美国公司想把一批价值为人民币100 000元的货物卖给一个中国的进口企业,汇率是￥1/＄0.15。以该汇率计算,这批货物的价值为＄15 000。假设60天后进行付款时,汇率变化为￥1/＄0.13。即在此期间人民币出现了贬值。这时美国的出口商只能得到＄13 000的付款。

下面我们来考察一下进口企业面临的风险。假设美国企业从一家中国出口企业购买一批价值为100 000元的货物,交易时的汇率为￥1/＄0.15。因此,此货物的移交价值是＄15 000。假设在60天后执行付款时,汇率变成了￥1/＄0.17,即美元发生了贬值,那么现在美国进口商需要向中国出口企业支付＄17 000。当然,如果汇率呈反方向变化,将会对美国企业有利。

15.8 汇率套购

汇率套购是指企业通过采取某种手段来保护由汇率的波动给企业造成的损失。当然,对于一个美国企业来说,为避免这种损失它可以将所有的交易都以美元来进行,然而这种情况并不总是可能的。

15.8.1 抵消交易

一家中国公司在某一时期内向美国出口一定数量的货物,同时也从美国进口同等价值的货物,从而抵消由汇率的变化给企业带来的影响。虽然这种套购是最容易操作的用来抵消由汇率变化带来的经济损失的套购方式,但是这种机会并不是很多,因此依靠这种简单的做法可能是不切合实际的。

15.8.2 远期合同市场

一个想保护自己免受不利的汇率波动造成损失的企业可以进入期货市场。现期汇率是指当日支付交易的货币价格,而远期合同是指公司可以在未来某一特定的时间以某一特定的汇率进行买卖货币。

假设一家美国进口公司欠一家中国出口企业 1 000 000 元人民币,需要 60 天之后付款。如果美国的进口公司想预防由于人民币突然增值给自己造成的损失,它可以购买一个 1 000 000 元人民币 60 天的远期合同来锁定美国公司 60 天后向中国企业支付的价格。相反,如果一个美国出口商想在 60 天后获取 1 000 000 元人民币的付款,它可以签署一个 60 天后出售人民币的合同,来保护自己因可能发生人民币贬值带来的损失。

在英国的伦敦和美国的纽约都有规模庞大的期货市场。期货交易通常是由商业银行来主办的,有时也可能由货币经纪人来操持。签署货币合同的数量通常为 100 万美元或更大数额,有效期大都为 30～360 天,特殊情况可延续到更长的时间。

15.8.3 期货合同市场

期货市场与远期合同市场相似。但有如下几点不同:期货合同是按一个标准的数量制作的,并以一定的天数为期限(如某月里的每个星期三)。当签署一个购买期货的合同时,必须同时支付一定数额的押金——保证金(margin)。合同上须标注每天上市销售日期,交易费用通过讲价来决定。世界上最大的期货合同市场是位于美国芝加哥的商业交易所(the Chicago Mercantile Exchange)。类似于远期合同市场交易,如果一个人或一个企业预计外汇会增值,则将会购买期货。相反,如果预计外汇会贬值,则将会卖出期货。

15.8.4 货币期权

货币期权是一个允许买者在某一特定时间内以某一特定的价格进行购买或销售一定数量货币的合同。一个购买期权(call option)赋予购买者购买外汇的权利,而一个卖出期权(put option)赋予外汇持有者卖出外汇的权利。每一单位货币期权的价格叫作保费(premium),结算价格(strike price)是指当期权执行时必须支付的价格。每一个合同都会标明期权到期的日期,即执行期权的最后日期。

如果某一企业有一个未来支付外币的承诺,它将会购买一个购买期权。如果在这个购买期权到期之前的时段里,外汇价格上升到高于结算价格,企业将会提前执行该期权。然而,如果外汇价格仍然保持在低于结算价格水平,企业将会持有该期权直到期满。正如上面所说，购买一个期权是赋予购买者执行该期权的权利；但是，它并没有责任必须要这样做。

同样地，当企业预期未来会收到一笔资金时，为了防止外汇可能发生贬值而购买一个卖出期权。各种期权可以在不同期货交易市场上进行交易，例如芝加哥商业交易所。

15.8.5 货币交易

货币交易发生在位于不同国家的两个企业预计将来有来自于各自国家的一笔现金流的情况下。假如中国企业 A 把自己的产品卖给英国的消费者，预计从英国收到英镑货币付款；而位于英国的英国企业 B 将产品卖给位于中国的多家中国企业，预计得到人民币付款。但是，每一个企业都想获得本国的货币。为了达到这一目的，中、英两国公司之间可以安排货币交易。这类交易可以是通过双方自行谈判或者通过某一银行参与来完成。使用这种办法使得两国公司可以各自得到本国的货币，从而避免因汇率变化带来的损失。

15.9 直接对外投资

当公司发展到多国阶段，它们可能想要扩大在他国的经营规模。公司经营的方式可能包括获得独立的经营执照或者与他国企业进行联合投资。但是，要想实现在他国永久性的经营，企业就必须通过投资建立实物财产。为了达到这一目的，公司可以在他国通过各种途径获得固定资产，包括在他国购买其他小公司或者成立由自己提供基础设施的分公司。这就叫作国外直接投资。

公司在国外进行投资当然是为了增加收入和提高企业的价值。那些在本国市场上遭遇激烈竞争的企业，可以在国外市场找到竞争优势。由于国内市场处于饱和状态，它们把实现公司发展潜力的唯一希望寄予尚未开发的国外市场。当然，一个大公司在本国也可能具有比较优势，但是把企业迁移到国外是为了在国际市场上发挥自己更大的优势。国外直接投资的另外一个原因，可能是因为投资所在国实行了严格的进口限制政策；在该国建立公司能够避免这些限制，甚至还会受到该国的欢迎，如果新成立的企业能够通过增加产品出口来对所在国的贸易均衡做出贡献。此外，跨国企业也许能够更好地实现规模经济优势，以及降低生产和运输成本。

在进行国外投资之前，公司必须对是否在他国购买一个企业、建立一个分公司或建设一个大的项目进行资本预算分析，以明确哪种投资形式最好，哪种形式的投资能获得最大的净现值或者最短的投资回收期。下面我们来讨论这个问题。

15.10 跨国资本预算

跨国公司资本预算方法与本国公司资本预算方法是相通的。首先要能够识别项目所需的投资，估计现金流量，确定一个贴现率，然后测算出净现值和内部收益率。然而，当我们进行跨国企业资本预算分析时，除了要考虑到在对本国公司做资本预算分析时遇到的各种复杂因素，还须考虑其他一些重要因素，包括公司间的资金流动、通货膨胀率、汇率、税收差异、现金流量的差异以及资本成本等各个因素。

15.10.1 公司间的资金流动

从母公司到子公司之间总是会有现金流动,反之亦然。母公司会为子公司欲建设的大项目提供一部分资金,包括提供股本投资(自己出资)或者通过贷款。随着项目投入运营,子公司将会逐渐开始向母公司提供返还现金——股息。此外,子公司也可能需要向母公司支付执照费或者版权使用费(例如,子公司通过使用母公司的专利来进行产品生产)。而母公司也可能给子公司提供某种特定产品,包括零部件,用于子公司产品生产和销售,所以子公司需要向母公司支付相关费用。

15.10.2 通货膨胀率

母公司和子公司所在国家的通货膨胀率可能会有所不同,子公司所在国产品的销售价格和生产成本与本国相比也会有所不同。因此,在资本预算计算中必须要考虑预期的通货膨胀率。

15.10.3 汇率

在项目运营期间,母公司与子公司所在国的汇率可能会发生变化,这种变化可能是基于两国之间通货膨胀率的差异,因为子公司可能需要向母公司提交利润(或者提交部分利润)和支付其他款项。因此,在分析中考虑汇率的预期变化是非常重要的。当然,对于那些出人意料的变化我们是无法预测的,公司可以采用对冲方法来规避因汇率发生意外变化可能引起的损失。由于资本项目会跨越多个年限,因此采取长期对冲是必要的。对冲限于几种主要的货币(如欧元、日元等)。但是,世界上很多流通的货币不能进行长期对冲。

15.10.4 税收差异

当我们考虑一个资本投资项目时,不能忽视的一个问题是两国之间税率的不同。税率的差异不仅仅只是所得税税率的不同。一个国家不仅对位于本国领土的公司征收利润税,而且还可能会向位于母国企业汇款增收额外的费用。这种预提款项或税收可以是基于汇出的利润(股息)、执照费、特许权使用费,或子公司向母公司支付的利息等,不同的款项征收的税率不尽相同。

可能产生另外一个复杂的问题。当母公司从子公司那里收到某些应该赋税的款项时,这些款项可能会遭到双重征税,因为子公司针对这些款项已在所在国支付过了税收。为了避免双重征税,大多数国家允许子公司在所在国免交税收。如何进行这类税收的抵免,各个国家采取的办法有所不同。一般来说,如果在母国支付的税额大于子公司在所在国支付的税额,那么母公司必须支付其差额。作为一种规则,税收抵免仅限于那些本来应在母国缴纳的税款。

计算外国税收抵免时必须计算所谓的"总价值"。可以通过把子公司得到的股息(分红)折算到税前的数额来求得,其做法是将获得的分红金额除以 $1-t$(1 减去子公司所在国的税率),然后按照母公司的税率来计算母公司支付的税额。

15.10.5 现金流量的差异

由于前面提到的各种差异,母公司收到和记录的现金流量可能会与子公司所在国收到和记录的现金流量有很大的不同。因此,资本预算的计算必须在这两个国家里进行,只有这样,才能正确地评价所要投资的项目是否符合公司要求的标准。

15.10.6 资本成本

当从母公司和子公司两个视角对投资项目进行评价时,都必须按资本成本进行贴现计算。但是,跟前面一样,两者是有区别的。这是因为项目的部分筹资可能来自子公司所在国提供的贷款支持,同时,由于不同的税率以及存在获得当地贴息贷款的可能性,使得子公司的资本成本可能会与母公司的资本成本有很大的差别。母公司可能粗略地为其投资确定一个特定的资本成本水平,再根据风险大小来上下调整这个成本比例。由于跨国投资存在着较大的不确定性,公司可能会把项目的资本成本调整到高于其加权平均资本成本水平。政治风险当然是确定这个资本成本比例时必须考虑的一个重要因素。

15.10.7 最终的项目评价

如前所述,母公司和子公司采用的现金流量和贴现率可能存在着很大的不同。这种差异可能会导致出现这样的情况,那就是一种计算结果认为项目是可以接受的(即项目具有正的 NPV,或者 IRR 大于资本成本),而在另一个计算中所得结论却可能恰好相反。那么,最终应采用哪种结论呢?是采用依母公司评价得出的结论还是采用依子公司评价得出的结论?

大多数金融界人士会认为从母公司角度来考虑所得结果应该占主导地位。子公司的现金流量仅仅会增加或减少总公司的价值,而总公司的目标是股东价值的最大化。尽管从理论上讲,根据母公司的计算结果所得结论进行决策是较为准确的,但是,在实践中往往并不是这样。很多公司似乎更倾向于用子公司评价的结果来确定项目的可接受性。

15.11 资金的重新定位

对于一家跨国公司来说,进行国家间的资金流动可能会带来更大的盈利和更高的公司价值。资金的定位可能会影响到公司的税务负担、额外的资金收益和资本成本。我们在此简要地介绍一下为实现这一目标可以采用的几种方法,其中我们将重点讨论转移定价问题。

特许权使用费和执照费可以用来把资金注入到能为公司创造最多利润的地方。

另一个控制资金定位的方法是把股息支付给母公司。因为母公司会向股东支付股利,子公司向母公司支付的股息会受到母公司向股东支付股利数额的影响。但是,还需要考虑其他影响因素。首先是税收的含义。一些国家对分配的收入和不分配的收入采用不同的税率；其次是一些国家对提交给母公司的股利征收股息税。

但是，如果某一子公司具有较好的收入再投资的机会（即能够比公司其他部门获得更多的利润），它可以要求向母公司提交较少部分的收入；相反，对于投资机会不利的子公司，会被要求向总公司提交一个加大比例的收入。此外，在总公司制定子公司提交股利政策时，还必须要考虑到政治风险和潜在的汇率的变化。如果一个子公司必须向母公司或其他子公司支付款项（例如，由于从母公司或其他子公司购买了某种产品），可以延期这些付款，如果需要付款的子公司可以比收取这些款项的母公司或子公司能够获得更高的收益。借款利息率也是决定何时付款的重要决定因素。

总公司可以设立转售中心来管理母公司和子公司之间的现金流动，把资金调拨到获利能力最强的部门。

15.12 跨国公司转移定价

在第11章我们已经讨论了转移定价理论。当产品在同一国家内同一公司的不同部门之间转移时，确定能够使公司获得最大利润的价格已经是一件不容易的事，而当产品在跨国范围内进行转移时，定价就更复杂了。跨国公司转移定价涉及从母公司到子公司或者子公司之间的产品或服务的转移。

通过收取较高或较低的价格，一家跨国公司能够对资金从一个单元转移到另一个单元产生影响。如果进行的是低价转移，这将会把资金转移到产品接收国。这对公司可能是有利的，如果产品接收国比产品输送国具有较好投资机会。

然而，制定过高或过低的转移价格会对公司的税务负担产生影响，原因在于不同的国家实行不同的税收制度和税率。公司可以尝试利用这些差异，通过制定适当的转移价格水平来减少税收。

下面我们举一个简单的例子来说明这种情形。

战略分析案例15.1

跨国公司转移定价举例

一家跨国公司在本国P拥有一家元件厂，它把其元件运送到位于国家S的子公司，与子公司自己生产的一些其他元件结合起来组装成最终的电子设备在S国销售。假设在一年内，P向S运送了100 000个元件，S应对每个元件支付2元的成本。在P国的公司营业费用是每年35 000元，在S国子公司每年的营业费用是25 000元。此外，在S国的子公司还需要对每一单位产品支付1元的销售费用。P制定的转移价格是每单位3.20元，S出售最终产品的价格是每单位5.00元。P国的所得税税率是25%，S国所得税税率是35%。表15.1计算了在每个国家的利润、总的利润和总的所得税。

如表15.1的第一部分所示，子公司的成本是母公司获得的收益320 000元加上其本身的产品成本100 000元，这两个实体的总利润是99 500元，总赋税额是40 500元。然而，由于S国的税率高于P国的税率，如果母公司以牺牲子公司为代价保留较大比例的利润,整个公司将会获利。在表 15.1 的第二部分,假设每单位产品的转移价格上升到 3.60。母公司的利润现在上升到 93 750 元,而子公司的利润下降到 9 750 元。由于 S 国的税率较低,总利润为 103 500 元,上升了 4 000 元,其赋税额也减少了相同数量到 36 500 元。

如果母公司所在国的所得税税率高于子公司所在国的所得税税率,那么通过降低转移价格,总公司能够增加利润(并且减少了税务负担)。如果进口国征收关税,这将在一定程度上抵消制定高转移价格的优势。

我们用一个简单的等式来说明由转移价格的变化对税务负担产生的影响。

$$\Delta T = (Q \times \Delta P \times t_e) - (Q \times \Delta P \times t_m)$$

其中,ΔT——总赋税额的变化;

Q——E 出口国向 M 进口国运送的产品数量;

ΔP——产品价格的变化;

t_e——出口国的税率。

t_m——进口国的税率。

若 $t_e > t_m$,当转移价格降低,总收入会增加;若 $t_e < t_m$,当转移价格上升,总收入会增加。

表 15.1 在转移定价中税收对利润的影响　　　　　　　　　　　元

项　目		母公司	子公司
所得税税率		25.0%	35.0%
收入		320 000	500 000
生产成本		200 000	420 000
毛利润		120 000	80 000
营业费用		35 000	25 000
税前利润		85 000	55 000
所得税		21 250	19 250
税后利润		63 750	35 750
合并结果	赋税		40 500
	利润		99 500
收入		360 000	500 000
生产成本		200 000	460 000
毛利润		160 000	40 000
营业费用		35 000	25 000
税前利润		125 000	15 000
所得税		31 250	5 250
税后利润		93 750	9 750
合并结果	赋税		36 500
	利润		103 500

第 15 章　跨国公司与经济全球化

15.13 跨国企业的旅行成本

本章是专门讨论国际企业的,因此在这里我们举一个有别于前面其他章里所举的例子。部分企业从"国际"到"多国"的扩张过程中需要公司职员在全球范围内进行工作。在今天,一家大的跨国公司的管理层是由居住在世界不同国家的人组成的"工作团队"。虽然这个团队的成员之间在一年的时间里可能仅有几次面对面的交流,但是他们之间可以不分昼夜地随时通过电子邮件或电话会议来开展工作。由公司总部指派员工到他国工作长达3~4年时间的做法已不再像过去那样普遍,这是因为公司把员工及其家属派往他国工作的成本是非常高的。据美国有关统计,一家美国公司每年需耗费100万美元的费用来维持一个派往日本东京工作的美国员工家庭。由于这个原因以及各国人力资源转移政策上的差异,很多跨国公司正在想方设法培养和启用当地员工来代替过去由公司总部所在地员工担任的职位。然而,对那些在公司里负有全球性职责的人,同样还是需要往返于公司总部和位于他国企业地点之间,或至少需要在他国持续停留几个星期或几个月的时间来处理一些企业的工作。

举一个有趣的例子,即关于一家软件公司首席执行官的故事。1997年这个执行官在6个月的时间里飞行了约24万英里往返于他的居住地美国西雅图和英国伦敦之间。这一飞行里程相当于地球到月球的距离。此外,他还在欧洲境内进行多次旅行。他已经学会了如何适应这种情况,并建议国际旅行者,要学会睡觉和饮水,远离咖啡和酒精是对付这些远距离飞行的最好方式[①]。

15.14 案例研究:中国企业实施海外并购的战略分析

企业"引进来"和"走出去",是我国对外开放并行不悖的两个轮子。"引进来"是充分利用国内市场和国内资源吸引国际资本;"走出去"则是充分利用国际市场和国外资源进行跨国投资。在我国长期资源约束的情况下,让更多的企业走出去整合全球资源,培育具有国际竞争力的世界跨国公司,参与国际市场竞争有着更为重要的意义。"走出去"符合我国企业扩张的内在要求。随着国有企业改革的不断深化,现代企业制度的不断完善,海外经营管理经验的不断成熟,企业开展跨国经营的内在条件已经逐渐成熟,"走出去"在更高的层次上参与当代的国际分工与合作也必将成为企业实施国际化战略的必然选择。目前,我国已经具有一批优秀的跨国企业在国际市场竞争中崭露头角,这些企业已经摆脱了跨国经营的起步阶段,在经营方式和管理方式方面也在逐步缩小和世界优强跨国公司的差距,成为我国企业跨国经营的先锋。2009年世界500强排行中有中国石化炼油、中国石油天然气、中国工商银行、中国移动通信、上海汽车工业(集团)总公司(上汽集团)、中国第一汽车集团公司(一汽)、宝钢集团等43家企业入选。吉利汽车公司在成功实施以自主创新为主的名牌战略之后,开始了以海外收购为主的品牌战略。2009年4月,浙江吉利

---

① Joe Sharkey. Coping with the Rigors of Global Flights. New York Times, March 30, 2004.

控股集团有限公司(吉利汽车)收购了全球第二大自动变速器制造企业澳大利亚 DSI 公司,使其核心竞争力大大增强。2010 年 3 月 28 日,吉利汽车与美国福特汽车公司在瑞典哥德堡正式签署收购沃尔沃汽车公司的协议。又如 2005 年年底,海尔公司制定的名牌化战略进入第四个战略阶段——全球化品牌战略阶段。海尔"走出去"的主要特点是:经营范围有自己的核心产品;发展进程经历从创造国内名牌、国际名牌着手,到出口,再到跨国投资,渐进性发展;对外投资方式以"绿地投资"即新建企业为主;跨国投资效果表现出成功率高,发展快。如今的海尔已在全球建立了 29 个制造基地,8 个综合研发中心,19 个海外贸易公司,员工总数超过 6 万人。2008 年海尔集团实现全球营业额 1 190 亿元。像以上这些中国企业海外并购获得成功的例子,近年来在我国已经不胜枚举[①]。究其原因如下。

(1) 跨国并购是企业实施全球化战略的有效途径。跨国并购以其进入成本低、速度快的特点成为跨国公司普遍采用的对外直接投资方式。它不仅是企业海外投资的有力方式,也是企业成功实施全球化战略的重要途径。目前,跨国并购占全球跨国投资总额的 70% 以上。近年来,我国企业的跨国并购战略也逐渐走向成熟。如中国海洋石油集团总公司在国际化战略中,一是在选择并购对象时选择盈利的、符合公司产业政策的资产;二是国际并购要符合公司长期发展战略;三是充分考虑并购后的整合问题,选择中海油有能力整合的资产;四是采取与巨人合作战略,选择国际一流石油公司为合作伙伴,共同并购海外项目。可以看出,跨国公司的并购为我国企业"走出去"提供了宝贵经验。

(2) 跨国并购有利于迅速开拓国际市场。以三九集团为例,2003 年 5 月,三九集团成功兼并了日本东亚制药,从 2003 年 10 月开始,共有 30 类 100 种 OTC 中药正式以"999"商标在日本销售,进入日本医药的主流市场。如果新建企业,至少要拖延 5 年时间。2003 年 11 月 25 日,三九集团与世界 500 强伊藤忠商事株式会社签订协议,共同打造全球医药网络平台。合作项目包括三个方面的内容:一是由双方共同投资创办世界最先进的汉方原料提取制品企业,建设世界最先进的提取制品质量监测中心,共同打造全球医药网络平台;二是伊藤忠将现有的化学制药原料加工基地向中国转移;三是三九集团作为伊藤忠大元药业化学制剂中国总代理。

(3) 跨国并购有利于加速跨国公司核心技术的转移。在当前跨国公司对我国大规模的制造业转移中,核心技术空洞化已经成为转移过程中的主要问题。因此,中国企业利用跨国并购方式将成为获取跨国公司核心技术的有效途径。如华立集团收购飞利浦在美国加州圣何赛的 CDMA 移动通信部门,成为国内 18 家手持 CDMA 手机生产牌照的企业中唯一掌握 CDMA 核心技术的企业。由于华立集团收购中所获得的不仅仅是资产,还包括世界领先的核心技术,且整体收购了飞利浦公司在美国的研发团队,并以此搭建国际平台,上市资本运作,因而被业内称其为走向世界的"加速器"。

(4) 我国企业在跨国并购中已经取得了较好的经济效益。2002 年 1 月 28 日,上海电气完成了对日本秋山公司的收购,上海电气完整地收购了秋山公司的经营权,包括土地、

---

① Transparency International, Corruption PerceptionsIndex2004, October20, 2004. www.transparency.org/pressreleases_archive/2004/2004.10.20.cpi.en.html.

厂房、全部设备、专利技术、无形资产和其他财产的所有权。2003年2月6日,《华盛顿邮报》发表文章称,这是"手中有钱并试图在全球扩大市场的中国公司收购处于困境的日本公司的开始","这一交易说明亚洲经济力量的重组"。成立秋山国际后,第一财政年度就实现了销售收入4 200万美元,利润150万美元;第二年的营业额收入同比增长50%,达到6 000万美元,利润达到400万美元,这在经济不景气的日本是一个奇迹,因此,它和尼桑汽车(Nissan)一起被誉为日本近年来外资经营日本企业最成功的两个典型案例,并被日本产经界誉为日本技术先进企业应用国际资源走出困境的典范。

当然,中国企业海外并购并非一帆风顺。从总体来看,我国企业海外并购成功的案例并不多,至少有70%是失败的。分析人士认为,我国企业在海外并购中,存在四个明显不足:一是缺乏明确的海外并购战略。二是过于关注收购价格。实际上,更重要的是被收购企业的价值提升潜力。三是我国企业管理水平和管理经验明显不足,缺乏可持续的国际核心竞争力,缺乏强大的自主研发能力及关键的核心技术。四是缺乏并购后的整合能力。

一些企业投资失败,主要是在对外投资方面缺乏明确的战略,在并购时存在一时冲动的因素,没有针对东道国的法律、市场、劳工、环保等方面做足可行性研究和尽职调查,而这一点往往导致最终的并购失败。例如,在我国企业参与并购的过程中,对被并购外企工会的作用过于忽视,往往造成了巨大的损失。因为许多国家的工会都相当于一个大股东,这个股东可以不代表资产,但是代表生产力。比如,2004年10月28日,上海汽车工业(集团)总公司(上汽集团)以5亿美元的价格高调收购了韩国双龙48.92%的股权。此次收购,上汽集团的本意是借此迅速提升技术,利用双龙的品牌和研发实力。但并购之后主要遭遇了两个问题:首先,对并购的收益估计过高,双龙汽车虽然拥有自己的研发队伍,在技术和研发上较好,但缺少市场;其次,上汽集团在收购双龙之前对自身的管理能力和对方的工会文化认识不足,以至于在收购后两个企业的文化难以融合,合作与企业经营拓展无法真正展开。

15.15 本章小结

跨国公司不仅要参与国内市场竞争,还要参与国际市场竞争。正如我们在本章所讨论的那样,企业的管理者必须关注公司所面对的国内外经济环境。他们必须明白公司产品的需求状况、生产成本、人工与设备的生产能力以及技术更新等信息,并利用这些信息实现公司利润的最大化。要实现利润最大化,企业利润的增加就必须大于成本的增加,换句话说,就是边际收益大于边际成本。

跨国公司必须考虑下列因素。

(1) 经济因素:汇率及其变化,资本成本差异,外国的经济是否稳定和影响资源配置的各种因素。

(2) 政治因素:政府机构的稳定性,税收制度的差异,对外国所有权的限制,资金转移的限制,与就业、劳资相关的法律,官僚与腐败,政府对跨国公司的态度,征用,战争和恐怖活动。

(3) 社会与文化因素：宗教信仰的差异，女性就业与晋升的差异，对待利润最大化的态度差异。

本章还详细描述了本国公司资本预算与跨国公司资本预算的差异。我们特别关注税收制度、通货膨胀率、通货膨胀率对汇率的影响以及资金成本的差异。我们还讨论了对外投资决策分析应该以母公司为主还是以子公司为主的问题。

最后，我们讨论了转移定价问题。通过操控母公司销售给子公司产品的价格，能够使整个公司获得更多的利润。当然，各国政府越来越关注此种行为，要求公司对此交付额外的税收。

习题

1. 讨论在全球化背景下，企业"走出去"、"引进来"的必要性。
2. 结合实际讨论影响企业海外并购成功的主要因素。
3. 美国的一家计算机公司在荷兰有一个子公司。公司现在要决定是否给荷兰的子公司投资 3 年期 200 万美元的项目。

子公司的税后现金流量估计如下表 15.2 所示。

表 15.2　税后的现金流量　　　　　　　　　　　　　　　　　　　　　　欧元

年度	现金流	年度	现金流
1	500 000	3	900 000
2	800 000		

子公司的现金流每年都汇给母公司。母公司不需要交纳额外的税收。现在的汇率是 1 美元/1.2 欧元，未来三年汇率的变化如表 15.3 所示。

表 15.3　未来三年汇率变化

年度	汇率	年度	汇率
1	1 欧元/1.15 美元	3	1 欧元/1.05 美元
2	1 欧元/1.10 美元		

假设母公司与子公司的资金成本都是 13%：

(1) 计算荷兰子公司的现金流。
(2) 计算美国母公司的现金流。
(3) 这个投资项目是否可行？

4. 某跨国公司在 A 国有生产工厂，在 B 国有组装厂。该公司需要将零配件从 A 国运往 B 国。

(1) 2009 年 4 月，公司将 1 000 个配件以每件 650 元的价格运往位于 B 国的组装厂。A 国公司每月的经营成本为 15 000 元。A 国的销售税率是 20%，B 国的销售税率是 40%。公司设定的转移定价为每件 100，最后的产品在 B 国销售，每件价格为 1 400 元。

B国公司每月的经营成本为10 000元。公司在2009年4月的总利润是多少？

(2) 如果转移定价定为120元，公司的利润是多少？

(3) 假设A国的销售税率为40%，B国的销售税率为20%，其他因素保持不变，计算公司的利润是多少。

(4) 如果将转移价格定为900元，那么公司的利润又为多少？

3. 位于美国的一家该跨国公司计划向比利时客户发送价值为100万美元的商品，该客户将在90天内以欧元结算这笔费用。目前的即期汇率是1欧元/1.25美元，但90天的远期汇率是1欧元/1.22美元。

(1) 如果现在付款，公司会收到多少钱？

(2) 如果公司出售100万美元90天的远期合同，90天后会收到多少钱？

(3) 如果公司没有采取远期套购，而90天后的即时汇率变为1欧元/1.24美元，那么公司将收到多少美元？

(4) 如果美元在90天后发生贬值，而该公司没有采取对冲，那么公司的盈亏状况会是如何？

第 16 章 政府和企业的关系

> **学习目标**

学完本章之后,读者应该能够:
➢ 理解在市场经济中政府的五种职能;
➢ 掌握如何运用科斯定理解释为什么不需要通过政府的干预来解决市场外部性问题;
➢ 解释企业进行并购的原因。

本章的基本目标是讨论政府的政策对公司管理决策的影响。当政府参与到市场经济活动中时,通常是通过"间接的手段"来控制买方和卖方的行为。也就是说,政府不是直接地以带有指令性的方式来控制买卖双方的资源分配,而是使用市场机制间接地影响买卖双方的资源分配方式,从而达到政府所希望的资源分配的结果。其具体做法包括价格控制、规章制度、税收和补贴等。在使用利益激励机制过程中,政府并没有改变由市场运行所体现的奖惩机制。事实上,政府只是改变了市场的奖惩结构,使其比由买者和卖者在完全竞争的市场条件下的个人行为导致的资源分配结果更加符合政府的政策目标。

在下一节,我们将详细讨论政府在市场经济中能够发挥的各种职能及其合理性。

16.1 政府干预市场经济的合理性

在市场经济的国家里,政府可以发挥五种主要职能:

(1) 建立一个法律和社会规则制约环境,在这个环境中买卖双方参与市场中稀缺资源的分配、产品和服务的生产以及交易活动。比如,国家食品和药物监督局对企业生产的各种食品和药物进行质量监督,以确保满足最基本的安全和质量标准。

(2) 维护竞争市场环境,限制个别企业采取不正当的手段实行市场垄断,确保市场有序运行。

(3) 通过税收(特别是所得税)、各种形式的政府捐赠、救济和补贴等手段来实现经济收入和社会财富的重新分配。比如,政府对农业免收各种所得税、对低收入居民免收或收取较低的所得税,对贫困、老、少、边地区实行儿童免收学费和书本费等。

(4) 完成部分市场的资源分配职能。根据经济学理论,当市场存在外部性或外溢性条件下,资源分配可能是无效的。所谓市场外部性或外溢性,是指某种特定产品在其进行生产和消费的过程中,产生的成本与收益没有完全归属于该种产品的生产者或消费者。在这种情况下,政府需要发挥其对市场的矫正功能,以实现资源的优化利用。

(5) 稳定和协调整个市场的经济功能。在市场经济运行中,总是倾向于出现兴旺与衰退的周期性的波动,即所谓的企业循环。正如在宏观经济学中所提到的,政府可以使用货币和财务政策来解决失业和通货膨胀问题。

政府除了发挥上述五种职能外,还有另外一个职能就是对自然垄断企业进行规制。自然垄断的经济学定义是指在一个行业中,由一个企业来生产社会所需的产品和服务比由多个企业为社会生产同样的产品和服务更有效率,这主要是因为规模经济的缘故。自然垄断企业最典型的例子是电力、煤气和电话服务等。但是,在过去十多年的时间里,世界上很多国家逐渐减少了对私有自然垄断企业和国有自然垄断企业的规制。在我国社会主义市场经济中,政府的具体功能包括:通过相关政策引导市场发展,从而解决产业结构不合理、地区经济发展不协调、产业发展失衡等问题。政府采取促进经济发展的措施,扶植和促进市场的发展。此外,政府还在以下几个方面发挥作用:建立并维护有效的制度条件,包括所有制结构、经济体制和经济的运行机制;以市场体系为依托,创造公平竞争的秩序与环境,保持社会公正和稳定;努力为经济发展提供必要的服务,包括提供能源、交通、通信等有形的基础设施,以及发展教育和科技事业等;进行宏观经济调控,包括制定发展规划和产业政策,协调区域经济,控制人口增长,保护生态平衡,实现社会保障等。

我们在此强调一下上述五种功能中的后两种主要功能:对存在外部性市场进行资源优化分配,以及保持整个宏观经济体平稳运行。

16.1.1　政府在市场经济中一个关键作用:解决市场外部性

以微观经济学理论为基础的管理经济学早已证明,在完全竞争的市场条件下,一个经济体的稀缺资源能够得到有效分配,从而实现社会福利的最大化。这是因为在完全竞争的市场条件下,产品的价格能够反映所有的成本。但是,当有些成本不能涵盖在产品价格中或者有些成本无法得到补偿时,就会出现外部性问题,从而导致市场失灵。

收益外部性是指成本未能得到全部的补偿。换句话说,就是某些收益可能被第三方所占有。例如,一个美丽漂亮的私家花园会给所有路过的行人带来愉悦,但是他们并没有对花园的拥有者提供任何经济补偿。收益外部性(通常称为正外部性)也产生于信息领域(几个人可以同时阅读同一份报纸),一项新技术的发明可能给很多人带来利益。由于这些产品的生产者没有从他们的产品生产中得到足够的补偿,所以导致这类产品生产的数量不足。

成本外部性是经济学家们最担心的问题。这种情况产生于一个产品生产者没有支付产品生产过程中所发生的全部成本。在经济学分析中,成本外部性(有时也称负外部性)最典型的例子是环境污染。例如,一个工厂在生产出产品的同时,也给环境带来污染。但是,如果这个工厂没有支付由它所造成的环境污染成本,即产品的价格将只是基于"私人"的生产成本来决定,那么产品的价格将会低于在充分考虑环境成本条件下所制定的价格,导致该种产品的生产数量大于社会最佳的需求水平。图16.1描述了这种情况。

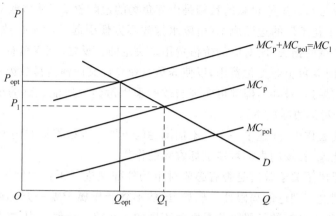

图 16.1 污染边际成本对产品价格的影响

在图 16.1 中，在不考虑环境污染成本的条件下，MC_p 是产品的边际成本曲线，产品价格为 P_1，产品生产的数量为 Q_1。MC_{pol} 表示污染的边际成本。

产品生产的总成本，即"社会成本"是 MC_s，由 MC_p 和 MC_{pol} 的垂直相加求得。如果按这一成本来决定产品的价格，那么市场的均衡价格为 P_{opt}，数量为 Q_{opt}。显然，企业在生产过程中总是要造成一定的环境污染。如果要完全消除污染，企业只好关闭工厂停止任何产品。这显然不是一个理想的选择，因为消费者或整个社会对企业生产的产品存在需求。因此，可以看出产品的社会最优价格为 P'_{opt} 该价格等于边际社会成本。注意，该产品生产水平比在完全竞争，由 MC_p 决定的产品价格条件下生产了较少的污染（当然也生产了较少数量的产品）。

如何获得最优市场均衡条件呢？通常政府可以采取如下两种方法中的一种方法：一种方法是把产品限制在 Q_{opt} 水平；另一种方法是对生产污染企业征收污染税。在理想状态下，这个污染税额应该刚好等于 MC_{pol} 曲线。当政府对企业征收这一数量的污染税时，外部性得到了内在化，即企业将会把污染成本考虑在产品的定价中，从而减少生产环境污染。第三种办法是政府可以确定一个最大的排污量，然后将这一污染排放数量向企业拍卖，买到排污许可证的企业才可具有排污的权利。当然，每一个企业排污的数量不得超过排污许可证规定的水平，所有企业的排污数量将不会超过政府规定的最大排污量。

16.1.2 科斯定理在处理外部性问题中的应用

1960 年，美国经济学家罗纳德·科斯（Ronald Coase）提出了在产权明晰的条件下，政府采取任何排除外部性的行动是没有必要的。这一观点被称作科斯定理。其主要内容是，如果最初资源的产权是明晰的，那么在没有政府干预的情况下，依靠污染生产者和污染受害者双方之间的谈判，完全可以实现与政府采取正确的污染税所得到的相同的最优环境污染结果。

在现实生产和生活实践中，用于说明这种情况的例子很多。假设在一条河流上有两家企业，一个是化工生产企业位于河流的上游，一个是养鱼企业位于河流的下游。再假设，河流的产权属于化工厂，那么养鱼企业就必须向化工厂支付一定的费用，来让化工厂减少向河流排放污水。这笔付款的数额是由养鱼场的边际收益（从多收获健康的鱼产品得到的收益）等于化工厂的边际成本（由废水排放不方便引起的污水排放成本的增加,或者说是化工厂产量的损失）所对应的价格费用来决定的。反之,当养鱼企业拥有河流产权时,化工厂必须向养鱼企业支付费用,以使养鱼企业允许其向河流排放废水。这两种情况最终所产生的结果是一样的,即都可实现与政府采用污染税所能达到的最优污染排放水平（污染税等于污染边际成本）。

科斯在其代表作中,描述了一个在不加围栏的土地上种植谷物的例子,后来一个养牛的牧场主搬到此地,牧场的牛群可能破坏农场的作物。

科斯定理提出了关于政府是否有必要对市场外部性进行干预的问题。当然,我们应该清楚地认识到这一理论的局限性。例如,虽然不管产权属于哪一方都可以实现最优的生产水平,但是收入分配的结果可能是截然不同的。在前一个例子中,如果化工厂获得了河流产权,它的收益必然是建立在养鱼企业经济损失基础上的。因此,科斯定理没有考虑规范问题,即资源分配和产品交易的合理性问题。

此外,科斯定理还有其他一些方面的限制。第一,如果交易成本（双方通过谈判的费用）很高,那么谈判就可能不是一个理想的解决办法。第二,如果一个公司采取了不公正的谈判行为,那就难以达成一个公平合理的协议。第三,参与谈判的任何一方都可能不具有达成最佳协议所需要的成本和收益的全部信息。

16.2 利用货币和财政政策稳定宏观经济的发展

货币政策及财政政策是作为政府稳定宏观经济形势的重要手段。在当今世界各国存在严重经济危机的背景下,政府为经济快速复苏发挥的作用就显得更为重要。下面分别对每一政策给予简要的讨论。

16.2.1 货币政策

货币政策是指中央银行为了实现既定的经济目标,运用各种工具调节货币供给和利率,进而影响宏观经济的方针和措施的总和。

货币政策是通过政府对国家的货币、信贷及银行体制的管理来实施的。其目的是实现某些经济活动和价格目标。政府在不同历史时期内可能采取不同的货币政策。比如,在某一时期可能采用控制货币供给的数量,而在另一时期则主要采用控制利息率的变化以及调整央行规定的储备金率。

中央银行要求各个银行交付一定比例的现金储存在央行系统,即所谓的储备金率。但就某一天而言,一些银行交付的储备金额可能大于央行所要求的数量。这些过剩的现金储备成了央行可以支配的资金。各个银行可以借用这些基金补充自己不足的现金储备。然而,大部分这类贷款的时间是非常短的,基本上是不超过一夜的时间。央行主要是通过调整储备金率来实现对宏观经济的调控。根据经济形势,央行可以降低、提高或保持储备金率不变。

当经济处于萧条时期,央行会下调储备金率。比如,在2001年美国经济处于萧条时,美联储连续 11 次下调联邦储备金率,每次下调 0.25 个或 0.5 个百分点,目的是防止经济下滑。美国联邦储备金率从 2000 年年末的 6.5% 下调到 2003 年 1 月的 1%。除此之外,为了实现理想的央行储备金率目标,央行还通过公开市场交易来提高或降低整个经济体中货币流通的数量。公开市场交易形式包括赎回政府的债券,以增加市场上货币的供给。而在另一个时期,当经济出现过热,可能出现潜在的通货膨胀威胁的时候,央行可以向市场出售政府债券,以减少货币供应,提高利息率。

16.2.2 财政政策

财政政策是指国家根据一定时期政治、经济、社会发展的任务而规定的财政工作的指导原则,通过财政支出与税收政策来调节经济总需求。增加政府支出,可以刺激总需求,从而增加国民收入,反之,则压抑总需求,减少国民收入。税收对国民收入是一种收缩性力量,因此,增加政府税收,可以抑制总需求从而减少国民收入,反之,则刺激总需求增加国民收入。财政政策是国家整个经济政策的重要组成部分。

政府支出有两种形式:其一是政府购买,指的是政府在物品和劳务上的花费,如为满足军事、基础设施建设、法制建设和民生的需要,政府可能购买坦克、飞机、修建道路、支付法官的薪水等;其二是政府转移支付,以提高某些人群(如老人、失业者或丧失劳动能力者)的收入。

税收是政府财政政策的另一种形式,它通过两种途径影响整个经济。首先,税收影响人们的收入以及劳动者的劳动情绪。其次,影响物品和生产要素的使用方式和使用数量,因而会通过激励机制影响市场参与者的行为方式。

财政政策手段主要包括税收、预算、国债、购买性支出和财政转移支付等手段。减少税收可以刺激消费,增加政府的支出能够刺激生产,这两种方式都可以刺激经济增长。

财政政策是国家为实现财政政策目标所采取的经济、法律、行政措施的总和。经济措施主要指财政杠杆;法律措施是通过立法来规范各种财政分配关系和财政收支行为,对违法活动予以法律制裁;行政措施指运用政府机关的行政权力予以干预。

16.2.3 滞后性

上述的财政政策及货币政策都会影响整个经济运行。但是,在实施过程中,任何一种政策都不会立即发挥作用。现实中,货币政策及财政政策的效果有明显的滞后性。首先,政府需要一定的时间才能认识到经济运行过程中存在的问题。虽然央行和政府各个部门掌握着大量的经济统计数据,但是它们不可能在任何时候都能对掌握的数据进行及时的分析,有时即使做到了及时分析,采用不同部门的数据分析可能得出相反的结果。在这种情况下,政府很难判断出经济体存在的问题。所以,准确地识别出宏观经济存在的问题需要一定的时间。比如,美国于 2001 年 3 月开始出现经济危机,直到 2001 年 12 月政府才正式宣布存在经济危机。其次,从认识到存在经济危机到提出具体的应对措施,还需要一定的时间。当然,与政府实施货币政策相比,财政政策的实施要有更长的滞后期,这是因为政府出台一项财政政策需要经过一系列的政治讨论和协商过程。而货币政策的实施则相对较快。最后,当政策付诸实施之后,仍然需要一定的时间才能显现出效果。

经济学家对上述两种政策的滞后期限进行了大量的研究。虽然在具体的延迟时间上还未达成一致的结论,但一般认为,这个滞后期限一般 6 个月到 1 年,甚至更长的时间。因此,无论是货币政策还是财政政策在实际应用中都可能是无效的。有时我们可能观察到,当实施某项货币或财政政策之后,经济形势有所好转,但这也许并不是政策的作用,而是经济体本身自行调节的结果。此时,政策也许只是为已经开始恢复的经济体起到一点助推作用,使经济停止下滑,逐步走向繁荣。

16.3 企业并购

企业并购包括兼并和收购两层含义。国际上习惯将"兼并"与"收购"两个词合在一起使用,在我国统称为并购。企业之间的兼并与收购行为是指企业法人在平等自愿、等价有偿交换的基础上,以一定的经济方式取得其他法人产权的行为,是企业进行资本运作和经营的一种主要形式。

产生并购的原因和动机主要包括以下几个方面:首先,早期的时候(20 世纪 80—90 年代)许多公司并购是为了整合那些经营业绩不佳、经济价值较低的一些公司,以改善其经营状况。期间,除了出现公司并购外,还出现举债并购现象,即许多私人投资者通过借债合伙购买一些大的国有企业。然而,到了 20 世纪 90 年代的后期,企业并购主要是为了通过扩大企业规模或经营范围来提高企业经营效率,从而提升自己在全球经济中的竞争力。这种并购现象几乎出现在所有市场竞争环境非常激烈的行业当中。

当今,中国的部分企业正在从出口型向国际型转变,一些顶尖企业正在努力克服一切困难,想进入跨国企业的行列。目前,中国企业国际化面临两条道路:一个是自主扩张,一个是收购兼并。自主扩张的代表企业有华为公司,海外并购典型的企业是联想集团。为了使销售业务进军全球,联想宣布并购 IBM PC。但是并购后,联想的竞争对手戴尔一方面在欧洲市场千方百计地争夺 IBM 的客户;另一方面在中国市场和联想打价格战,力图削弱联想在中国市场的盈利能力,从而削弱联想整合 IBM 全球业务的能力。在中国市场打价格战对于戴尔来说,损失的只是其全球业务中一个并非重要的部分,而对并购初期的联想而言,损失的是中国市场,意味着失去了全部。

另外一个例子是联通与网通的合并。2008 年 6 月,为了形成综合业务经营能力、进入第三代移动通信(3G)战略领域,打造更强的中国综合电信企业,中国联通股份有限公司(中国联通)与中国网通集团(香港)有限公司(中国网通)通过换股方式实施合并。中国联通同时宣布,为进一步调整业务模式,集中优势资源,中国联通及其全资拥有的中国运营公司已和中国电信订立《关于 CDMA 业务转让的框架协议》,拟向中国电信出售 CDMA 业务。业内人士认为,中国联通与中国网通的合并,符合移动和固网业务融合的发展趋势,预计将有利于公司确立清晰的战略目标和定位。公司计划通过技术和产品创新,优化资本结构,巩固市场地位,提高综合竞争力,着力于长期健康发展[①]。

---

① http://news.xinhuanet.com/fortune/2008-06/02/content_8302087.htm.

导致企业并购的原因很多,其中最根本的动机是并购后的企业价值大于并购前各自独立的价值总和:

$$V_{A+B}>(V_A+V_B)$$

式中,V 代表并购后总的市场价值,A 和 B 为并购的两家公司。

从企业并购的总体上看,有些并购增加了经济效率,而另一些并购效果则并非如此。常见的并购动机如下。

(1) 生产协同作用。如果两家企业在生产中存在协同作用,那么企业合并后总的市场价值将大于单个企业的市场价值之和。当存在生产协同作用时,我们可以看到:

a. 收入增加。两企业并购后能够形成更好的产品分销体系,从而改善产品的市场销量。

b. 提高运营效率。两企业并购以后,更能体现规模经济效益或范围效益。这些效益的实现与提高企业研发能力或者管理能力有关(两个合并公司存在着技术上或者管理技术上的互补性)。比如,其中一个公司可能具有很强的产品营销管理能力,而另一个公司的管理者可能掌握某种先进的技术。

c. 提高企业融资效率。企业并购后更有利于降低资本成本。

(2) 改善管理。在某些情况下,被收购的企业可能缺乏好的管理能力,而收购企业却可能有很多优秀的管理人才。这样,并购后的企业可以通过启用有能力的管理者,提高整个企业的管理水平。

(3) 减少企业税收。在某些情况下,即使并购后企业的收入并没有得到改善,但却可能减少了企业税收的负担。如果一个公司遭受经济损失,它可能不需要赋税。亏损企业与盈利企业合并以后,新企业的税务负担将会小于合并之前盈利企业的税务负担,使得企业合并之后的现金流有所增加。对于拥有较多的现金流,但没有理想投资机会的企业,税收也会减少。因为,如果这个公司要支付大规模的分红,那么股票的持有者需要立即缴税。如果企业利用拥有的现金收买另一家企业,可以减少税务负担。

(4) 管理权限。当并购企业的管理者欲寻求更大的管理权限时,也会采取并购行动。虽然收购另一个企业可以扩大管理者权限,但在大多数情况下,并不能提高并购企业的管理效率。

(5) 多样化。企业通过并购可以增加产品的多样性。而产品多样性能够提高企业销售及收入的稳定性,即使在产品生产过程中没有协同作用,这对于股东也是有利的。其实,这种说法可能是不正确的,因为股票持有者完全可以通过购买多家公司的股票来降低投资风险,得到稳定的投资回报。这样做,股票购买者可以避免因企业在并购过程中支付大量成本而带来的损失。

(6) 市场势力。两家或者多家有实力的企业实行并购,会减少行业内企业之间的竞争性。最终导致整个行业的产量减少,产品价格上升,使得整个经济运行效率下降。

很多美国学者就企业并购对股东以及整个经济带来的影响进行了大量的研究。下面我们总结一下这些研究的主要结论。

(1) 一般认为,被并购企业的股东是企业并购的最大赢家,被合并企业股票的价格大约能够上涨 20%～30%。相比之下,寻求并购企业的股东不会获益太大,因为一般来说,并购后寻求并购企业的股票价格基本保持不变。总体来说,并购后企业的市值会有所增加。

(2) 并购后企业的盈利能力是不确定的,有可能增加,也有可能减少。

(3) 企业并购并不一定增加整个行业的集聚性。

(4) 企业并购后并不一定减少研发能力[1]。

近年来,有美国学者对本国过去 30 年里 120 多个并购企业研究结论进行了分析[2]。主要是利用下面三种度量形式来考察企业并购的结果:保留价值、创造价值、丢失价值。这三种度量形式是:

弱式:股票价格有无上升?

半强式:公司的回报是否超过标准指数(如美国的标准普尔 500 指数英文简写为 S&P 500 Index,是记录美国 500 家上市公司的一个股票指数)?

强式:企业合并后股东们的利益较并购前是否有所改善?

虽然强式型是一个最有效的度量形式,但这类结果是观察不到的。因此,这项研究采用了半强式度量指标来总结研究的结果。大多数的研究证明被合并企业股东的收入是明显增加了。但是,对于寻求收购企业来说,合并后的经济状况是不确定的。有 50 多个研究案例表明寻求收购企业的股东只是获得了零经济利润,即这类企业处于"盈亏平衡"状态。当把两者结合起来进行分析时,多数研究结果表明并购企业获得了正的经济回报。

然而,从经济学角度来看,盈亏平衡并不代表失败。即使没有创造新的价值,并购企业的现值为零,它表示股东门至少挣得了资金的机会成本。只有当股票的价值减小时,即出现了企业的价值丢失,经济学家才会认为并购是失败的。

有几项研究是分析并购的长期效果,得出的主要结论是企业获得了负的回报。然而,在这些并购失败的例子中,失败的原因并非来自并购交易过程本身,而是由一些其他原因所致,比如:

(1) 在发生企业并购时,高估了合并方企业股票的价格;

(2) 并购后整个行业形势出现逆转,对并购企业产生明显的负面影响;

此外,研究还发现企业并购的成功与否受到很多因素的影响。其中,那些帮助提高并购价值的因素有:

(1) 预期的协同效应;

(2) 寻求价值的并购;

(3) 通过企业结构重组放弃那些业绩不佳的部门;

(4) 投标式收购,而不是友情合并。

不利于产生并购价值的因素有:

(1) 以建立市场势力为目的的并购;

(2) 为使用过多现金而进行的并购。

总之,大多数企业并购还是有利可图的,企业的经济效益有所改善。

---

[1] Oligopolies Are on the Rise as the Urge to Merge Grow. The Wall Street Journal, February 25, 2002.

[2] Brunner R F. Applied Merge and Acquisitions. John Wiley, 2004, Chapter 3.

16.4 本章小结

本章讨论了在市场经济条件下,政府如何影响企业的决策。正如我们在第1章中曾经提到过的,与传统的计划经济相比,市场经济的主要优势就在于它能够有效地分配市场中稀缺的资源。在本书中我们着力帮助企业管理者了解影响市场运作的各种主要因素(包括供给、需求、生产、成本和竞争)以及使用各种定量工具进行企业管理优化决策,从而实现企业利润的最大化。

企业在制定最优管理决策时必须要考虑政府这一影响因素。这一点对于跨国企业的管理者来说尤为重要。因为他们不仅要了解本国的法律和规章制度,还要了解他国的法律和规章制度。政府的法规可能会减少企业的利润,同时,我们也应当注意到,政府本身也是市场上的一个主要消费者。所以,企业能够在为政府提供所需要的各种产品和服务中获得利润。今天的企业管理者不仅要学会与其他企业打交道,同时还要精通如何与政府进行交易。

习题

1. 政府为什么要参与市场经济?(给出在本章开始时介绍的五点理由)
2. 给出利益外部性和成本外部性的定义。为什么在存在效益外部性的情况下,社会的稀缺资源不能得到充分利用?而在有成本外部性的情况下,社会的稀缺资源会被过度地利用?
3. 在处理收益外部性的问题时,政府是如何发挥作用的?在处理成本外部性问题时,政府又该如何发挥作用?
4. 假设一个化工企业因违反环境保护法而受到政府法律的处罚。作为政府环保机构的发言人,你怎样对由政府处罚导致的化工产品价格上涨而引起消费者不满情绪,从经济学角度给予合理的解释?
5. 因为人都是自私的,所以一切利益外部性和成本外部性问题都必须由政府来解决。你同意这一说法吗?请解释。
6. 请简述科斯定理。这个定理意味着在处理市场外部性问题中政府应该扮演什么样的角色?
7. 从经济学角度讨论企业并购的原因,并运用这些原因解释目前世界很多国家在石油、汽车、电信、电力以及商业银行等领域出现企业并购的现象。

附录 统计检验与财务分析表

表 A.1a 现在 1 元钱到 n 期末的终值

期	1%	2%	3%	4%	5%	6%	7%	8%	9%	10%
1	1.010 0	1.020 0	1.030 0	1.040 0	1.050 0	1.060 0	1.070 0	1.080 0	1.090 0	1.100 0
2	1.020 1	1.040 4	1.060 9	1.081 6	1.102 5	1.123 6	1.144 9	1.166 4	1.188 1	1.210 0
3	1.030 3	1.061 2	1.092 7	1.124 9	1.157 6	1.191 0	1.225 0	1.259 7	1.295 0	1.331 0
4	1.040 6	1.082 4	1.125 5	1.169 9	1.215 5	1.262 5	1.310 8	1.360 5	1.411 6	1.464 1
5	1.051 0	1.104 1	1.159 3	1.216 7	1.276 3	1.338 2	1.402 6	1.469 3	1.538 6	1.610 5
6	1.061 5	1.126 2	1.194 1	1.265 3	1.340 1	1.418 5	1.500 7	1.586 9	1.677 1	1.771 6
7	1.072 1	1.148 7	1.229 9	1.315 9	1.407 1	1.503 6	1.605 8	1.713 8	1.828 0	1.948 7
8	1.082 9	1.171 7	1.266 8	1.368 6	1.477 5	1.593 8	1.718 2	1.850 9	1.992 6	2.143 6
9	1.093 7	1.195 1	1.304 8	1.423 3	1.551 3	1.689 5	1.838 5	1.999 0	2.171 9	2.357 9
10	1.104 6	1.219 0	1.343 9	1.480 2	1.628 9	1.790 8	1.967 2	2.158 9	2.367 4	2.593 7
11	1.115 7	1.243 4	1.384 2	1.539 5	1.710 3	1.898 3	2.104 9	2.331 6	2.580 4	2.853 1
12	1.126 8	1.268 2	1.425 8	1.601 0	1.795 9	2.012 2	2.252 2	2.518 2	2.812 7	3.138 4
13	1.138 1	1.293 6	1.468 5	1.665 1	1.885 6	2.132 9	2.409 8	2.719 6	3.065 8	3.452 3
14	1.149 5	1.319 5	1.512 6	1.731 7	1.979 9	2.260 9	2.578 5	2.937 2	3.341 7	3.797 5
15	1.161 0	1.345 9	1.558 0	1.800 9	2.078 9	2.396 6	2.759 0	3.172 2	3.642 5	4.177 2
16	1.172 6	1.372 8	1.604 7	1.873 0	2.182 9	2.540 4	2.952 2	3.425 9	3.970 3	4.595 0
17	1.184 3	1.400 2	1.652 8	1.947 9	2.292 0	2.692 8	3.158 8	3.700 0	4.327 6	5.054 5
18	1.196 1	1.428 2	1.702 4	2.025 8	2.406 6	2.854 3	3.379 9	3.996 0	4.717 1	5.559 9
19	1.208 1	1.456 8	1.753 5	2.106 8	2.527 0	3.025 6	3.616 5	4.315 7	5.141 7	6.115 9
20	1.220 2	1.485 9	1.806 1	2.191 1	2.653 3	3.207 1	3.869 7	4.661 0	5.604 4	6.727 5
21	1.232 4	1.515 7	1.860 3	2.278 8	2.786 0	3.399 6	4.140 6	5.033 8	6.108 8	7.400 2
22	1.244 7	1.546 0	1.916 1	2.369 9	2.925 3	3.603 5	4.430 4	5.436 5	6.658 6	8.140 3
23	1.257 2	1.576 9	1.973 6	2.464 7	3.071 5	3.819 7	4.740 5	5.871 5	7.257 9	8.954 3
24	1.269 7	1.608 4	2.032 8	2.563 3	3.225 1	4.048 9	5.072 4	6.341 2	7.911 1	9.849 7
25	1.282 4	1.640 6	2.093 8	2.665 8	3.386 4	4.291 9	5.427 4	6.848 5	8.623 1	10.835
26	1.295 3	1.673 4	2.156 6	2.772 5	3.555 7	4.549 4	5.807 4	7.396 4	9.399 2	11.918
27	1.308 2	1.706 9	2.221 3	2.883 4	3.733 5	4.822 3	6.213 9	7.988 1	10.245	13.110
28	1.321 3	1.741 0	2.287 9	2.998 7	3.920 1	5.111 7	6.648 8	8.627 1	11.167	14.421
29	1.334 5	1.775 8	2.356 6	3.118 7	4.116 1	5.418 4	7.114 3	9.317 3	12.172	15.863
30	1.347 8	1.811 4	2.427 3	3.243 4	4.321 9	5.743 5	7.612 3	10.063	13.268	17.449
40	1.488 9	2.208 0	3.262 0	4.801 0	7.040 0	10.286	14.974	21.725	31.409	45.259
50	1.644 6	2.691 6	4.383 9	7.106 7	11.467	18.420	29.457	46.902	74.358	117.39
60	1.816 7	3.281 0	5.891 6	10.520	18.679	32.988	57.946	101.26	176.03	304.48

续表

期	12%	14%	15%	16%	18%	20%	24%	28%	32%	36%
1	1.1200	1.1400	1.1500	1.1600	1.1800	1.2000	1.2400	1.2800	1.3200	1.3600
2	1.2544	1.2996	1.3225	1.3456	1.3924	1.4400	1.5376	1.6384	1.7424	1.8496
3	1.4049	1.4815	1.5209	1.5609	1.6430	1.7280	1.9066	2.0972	2.3000	2.5155
4	1.5735	1.6890	1.7490	1.8106	1.9388	2.0736	2.3642	2.6844	3.0360	3.4210
5	1.7623	1.9254	2.0114	2.1003	2.2878	2.4883	2.9316	3.4360	4.0075	4.6526
6	1.9738	2.1950	2.3131	2.4364	2.6996	2.9860	3.6352	4.3980	5.2899	6.3275
7	2.2107	2.5023	2.6600	2.8262	3.1855	3.5832	4.5077	5.6295	6.9826	8.6054
8	2.4760	2.8526	3.0590	3.2784	3.7589	4.2998	5.5895	7.2058	9.2170	11.703
9	2.7731	3.2519	3.5179	3.8030	4.4355	5.1598	6.9310	9.2234	12.166	15.917
10	3.1058	3.7072	4.0456	4.4114	5.2338	6.1917	8.5944	11.806	16.060	21.647
11	3.4786	4.2262	4.6524	5.1173	6.1759	7.4301	10.657	15.112	21.199	29.439
12	3.8960	4.8179	5.3503	5.9360	7.2876	8.9161	13.215	19.343	27.982	40.037
13	4.3635	5.4924	6.1528	6.8858	8.5994	10.699	16.386	24.759	36.937	54.451
14	4.8871	6.2613	7.0757	7.9875	10.147	12.839	20.319	31.691	48.756	74.053
15	5.4736	7.1379	8.1371	9.2655	11.974	15.407	25.196	40.565	64.359	100.71
16	6.1304	8.1372	9.3576	10.748	14.129	18.488	31.243	51.923	84.954	136.97
17	6.8660	9.2765	10.761	12.468	16.672	22.186	38.741	66.461	112.14	186.28
18	7.6900	10.575	12.375	14.463	19.673	26.623	48.039	85.071	148.02	253.34
19	8.6128	12.056	14.232	16.777	23.214	31.948	59.568	108.59	195.39	344.54
20	9.6463	13.744	16.367	19.461	27.393	38.338	73.864	139.38	257.92	468.58
21	10.804	15.668	18.822	22.574	32.324	46.005	91.592	178.41	340.45	632.26
22	12.100	17.861	21.645	26.186	38.142	55.206	113.57	228.36	449.39	866.67
23	13.552	20.362	24.891	30.376	45.008	66.247	140.83	292.30	593.20	1 175.7
24	15.179	23.212	28.625	35.236	53.109	79.497	174.63	374.14	783.02	1 603.0
25	17.000	26.462	32.919	40.874	62.669	95.396	216.54	478.90	1 033.6	2 180.1
26	19.040	30.167	37.857	47.414	73.949	114.48	268.51	613.00	1 364.3	2 964.9
27	21.325	34.390	43.535	55.000	87.260	137.37	332.95	784.64	1 800.9	4 032.3
28	23.884	39.204	50.066	63.800	102.97	164.84	412.86	1 004.3	2 377.2	5 483.9
29	26.750	44.693	57.575	74.009	121.50	197.81	511.95	1 285.6	3 137.9	7 458.1
30	29.96	50.950	66.212	85.850	143.37	237.38	634.82	1 645.5	4 142.1	10 113
40	93.051	188.88	267.86	378.72	750.38	1 469.8	5 455.9	19 427	66 521	*
50	289.00	700.23	1 083.7	1 670.7	3 927.4	9 100.4	46 890	*	*	*
60	897.60	2 595.9	4 384.0	7 370.2	20 555	56 348	*	*	*	*

*＞99 999

表 A.1b n 期每期 1 元钱的年金总值

期	1%	2%	3%	4%	5%	6%	7%	8%	9%	10%
1	1.000 0	1.000 0	1.000 0	1.000 0	1.000 0	1.000 0	1.000 0	1.000 0	1.000 0	1.000 0
2	2.010 0	2.020 0	2.030 0	2.040 0	2.050 0	2.060 0	2.070 0	2.080 0	2.090 0	2.100 0
3	3.030 1	3.060 4	3.090 9	3.121 6	3.152 5	3.183 6	3.214 9	3.246 4	3.278 1	3.310 0
4	4.060 4	4.121 6	4.183 6	4.246 5	4.310 1	4.374 6	4.439 9	4.506 1	4.573 1	4.641 0
5	5.101 0	5.204 0	5.309 1	5.416 3	5.525 6	5.637 1	5.750 7	5.866 6	5.984 7	6.105 1
6	6.152 0	6.308 1	6.468 4	6.633 0	6.801 9	6.975 3	7.153 3	7.335 9	7.523 3	7.715 6
7	7.213 5	7.434 3	7.662 5	7.898 3	8.142 0	8.393 8	8.654 0	8.922 8	9.200 4	9.487 2
8	8.285 7	8.583 0	8.892 3	9.214 2	9.549 1	9.897 5	10.256	10.637	11.028	11.436
9	9.368 5	9.754 6	10.159	10.583	11.027	11.491	11.978	12.488	13.021	13.579
10	10.462	10.950	11.464	12.006	12.578	13.181	13.816	14.487	15.193	15.937
11	11.567	12.169	12.808	13.486	14.207	14.972	15.784	16.645	17.560	18.531
12	12.683	13.412	14.192	15.026	15.917	16.870	17.888	18.977	20.141	21.384
13	13.809	14.680	15.618	16.627	17.713	18.882	20.141	21.495	22.953	24.523
14	14.947	15.974	17.086	18.292	19.599	21.015	22.550	24.215	26.019	27.975
15	16.097	17.293	18.599	20.024	21.579	23.276	25.129	27.152	29.361	31.772
16	17.258	18.639	20.157	21.825	23.657	25.673	27.888	30.324	33.003	35.950
17	18.430	20.012	21.762	23.698	25.840	28.213	30.840	33.750	36.974	40.545
18	19.615	21.412	23.414	25.645	28.132	30.906	33.999	37.450	41.301	45.599
19	20.811	22.841	25.117	27.671	30.539	33.760	37.379	41.446	46.018	51.159
20	22.019	24.297	26.870	29.778	33.066	36.786	40.995	45.762	51.160	57.275
21	23.239	25.783	28.676	31.969	35.719	39.993	44.865	50.423	56.765	64.002
22	24.472	27.299	30.537	34.248	38.505	43.392	49.006	55.457	62.873	71.403
23	25.716	28.845	32.453	36.618	41.430	46.996	53.436	60.893	69.532	79.543
24	26.973	30.422	34.426	39.083	44.502	50.816	58.177	66.765	76.790	88.497
25	28.243	32.030	36.459	41.646	47.727	54.865	63.249	73.106	84.701	98.347
26	29.526	33.671	38.553	44.312	51.113	59.156	68.676	79.954	93.324	109.18
27	30.821	35.344	40.710	47.084	54.669	63.706	74.484	87.351	102.72	121.10
28	32.129	37.051	42.931	49.968	58.403	68.528	80.698	95.339	112.97	134.21
29	33.450	38.792	45.219	52.966	62.323	73.640	87.347	103.97	124.14	148.63
30	34.785	40.568	47.575	56.085	66.439	79.058	94.461	113.28	136.31	164.49
40	48.886	60.402	75.401	95.026	120.80	154.76	199.64	259.06	337.88	442.59
50	64.463	84.579	112.80	152.67	209.35	290.34	406.53	573.77	815.08	1 163.9
60	81.670	114.05	163.05	237.99	353.58	533.13	813.52	1 253.2	1 944.8	3 034.8

续表

期	12%	14%	15%	16%	18%	20%	24%	28%	32%	36%
1	1.000 0	1.000 0	1.000 0	1.000 0	1.000 0	1.000 0	1.000 0	1.000 0	1.000 0	1.000 0
2	2.120 0	2.140 0	2.150 0	2.160 0	2.180 0	2.200 0	2.240 0	2.280 0	2.320 0	2.360 0
3	3.374 4	3.439 6	3.472 5	3.505 6	3.572 4	3.640 0	3.777 6	3.918 4	4.062 4	4.209 6
4	4.779 3	4.921 1	4.993 4	5.066 5	5.215 4	5.368 0	5.684 2	6.015 6	6.362 4	6.725 1
5	6.352 8	6.610 1	6.742 4	6.877 1	7.154 2	7.441 6	8.048 4	8.699 9	9.398 3	10.146
6	8.115 2	8.535 5	8.753 7	8.977 5	9.442 0	9.929 9	10.980	12.136	13.406	14.799
7	10.089	10.730	11.067	11.414	12.142	12.916	14.615	16.534	18.696	21.126
8	12.300	13.233	13.727	14.240	15.327	16.499	19.123	22.163	25.678	29.732
9	14.776	16.085	16.786	17.519	19.086	20.799	24.712	29.369	34.895	41.435
10	17.549	19.337	20.304	21.321	23.521	25.959	31.643	38.593	47.062	57.352
11	20.655	23.045	24.349	25.733	28.755	32.150	40.238	50.398	63.122	78.998
12	24.133	27.271	29.002	30.850	34.931	39.581	50.895	65.510	84.320	108.44
13	28.029	32.089	34.352	36.786	42.429	48.497	64.110	84.853	112.30	148.47
14	32.393	37.581	40.505	43.672	50.818	59.196	80.496	109.61	149.24	202.93
15	37.280	43.842	47.580	51.660	60.965	72.035	100.82	141.30	198.00	276.98
16	42.753	50.980	55.717	60.925	72.939	87.442	126.01	181.87	262.36	377.69
17	48.884	59.118	65.075	71.673	87.068	105.93	157.25	233.79	347.31	514.66
18	55.750	68.394	75.836	84.141	103.74	128.11	195.99	300.25	459.45	700.94
19	63.440	78.969	88.212	98.603	123.41	154.74	244.03	385.32	607.47	954.28
20	72.052	91.025	102.44	115.38	146.63	186.69	303.60	494.21	802.86	1 298.8
21	81.699	104.77	118.81	134.84	174.02	225.03	377.46	633.59	1 060.8	1 767.4
22	92.503	120.44	137.63	157.41	206.34	271.03	469.06	812.00	1 401.2	2 404.7
23	104.60	138.30	159.28	183.60	244.49	326.24	582.63	1 040.4	1 850.6	3 271.3
24	118.16	158.66	184.17	213.98	289.49	392.48	723.46	1 332.7	2 443.8	4 450.0
25	133.33	181.87	212.79	249.21	342.60	471.98	898.09	1 706.8	3 226.8	6 053.0
26	150.33	208.33	245.71	290.09	405.27	567.38	1 114.6	2 185.7	4 260.4	8 233.1
27	169.37	238.50	283.57	337.50	479.22	681.85	1 383.1	2 798.7	5 624.8	11 198.0
28	190.70	272.89	327.10	392.50	566.48	819.22	1 716.1	3 583.3	7 425.7	15 230.3
29	214.58	312.09	377.17	456.30	669.45	984.07	2 129.0	4 587.7	9 802.9	20 714.2
30	241.33	356.79	434.75	530.31	790.95	1 181.9	2 640.9	5 873.2	12 941	28 172.3
40	767.09	1 342.0	1 779.1	2 360.8	4 163.2	7 343.9	22 729	69 377	*	*
50	2 400.0	4 994.5	7 217.7	10 436	21 813	45 497	*	*	*	*
60	7 471.6	18 535	29 220	46 058	*	*	*	*	*	*

* > 99 999

表 A.1c 在未来 n 期内每期 1 元钱的累计年金

期	1%	2%	3%	4%	5%	6%	7%	8%	9%	10%
1	0.990 1	0.980 4	0.970 9	0.961 5	0.952 4	0.943 4	0.934 6	0.925 9	0.917 4	0.909 1
2	0.980 3	0.961 2	0.942 6	0.924 6	0.907 0	0.890 0	0.873 4	0.857 3	0.841 7	0.826 4
3	0.970 6	0.942 3	0.915 1	0.889 0	0.863 8	0.839 6	0.816 3	0.793 8	0.772 2	0.751 3
4	0.961 0	0.923 8	0.888 5	0.854 8	0.822 7	0.792 1	0.762 9	0.735 0	0.708 4	0.683 0
5	0.951 5	0.905 7	0.862 6	0.821 9	0.783 5	0.747 3	0.713 0	0.680 6	0.649 9	0.620 9
6	0.942 0	0.888 0	0.837 5	0.790 3	0.746 2	0.705 0	0.666 3	0.630 2	0.596 3	0.564 5
7	0.932 7	0.870 6	0.813 1	0.759 9	0.710 7	0.665 1	0.622 7	0.583 5	0.547 0	0.513 2
8	0.923 5	0.853 5	0.789 4	0.730 7	0.676 8	0.627 4	0.582 0	0.540 3	0.501 9	0.466 5
9	0.914 3	0.836 8	0.766 4	0.702 6	0.644 6	0.591 9	0.543 9	0.500 2	0.460 4	0.424 1
10	0.905 3	0.820 3	0.744 1	0.675 6	0.613 9	0.558 4	0.508 3	0.463 2	0.422 4	0.385 5
11	0.896 3	0.804 3	0.722 4	0.649 6	0.584 7	0.526 8	0.475 1	0.428 9	0.387 5	0.350 5
12	0.887 4	0.788 5	0.701 4	0.624 6	0.556 8	0.497 0	0.444 0	0.397 1	0.355 5	0.318 6
13	0.878 7	0.773 0	0.681 0	0.600 6	0.530 3	0.468 8	0.415 0	0.367 7	0.326 2	0.289 7
14	0.870 0	0.757 9	0.661 1	0.577 5	0.505 1	0.442 3	0.387 8	0.340 5	0.299 2	0.263 3
15	0.861 3	0.743 0	0.641 9	0.555 3	0.481 0	0.417 3	0.362 4	0.315 2	0.274 5	0.239 4
16	0.852 8	0.728 4	0.623 2	0.533 9	0.458 1	0.393 6	0.338 7	0.291 9	0.251 9	0.217 6
17	0.844 4	0.714 2	0.605 0	0.513 4	0.436 3	0.371 4	0.316 6	0.270 3	0.231 1	0.197 8
18	0.836 0	0.700 2	0.587 4	0.493 6	0.415 5	0.350 3	0.295 9	0.250 2	0.212 0	0.179 9
19	0.827 7	0.686 4	0.570 3	0.474 6	0.395 7	0.330 5	0.276 5	0.231 7	0.194 5	0.163 5
20	0.819 5	0.673 0	0.553 7	0.456 4	0.376 9	0.311 8	0.258 4	0.214 5	0.178 4	0.148 6
25	0.779 8	0.609 5	0.477 6	0.375 1	0.295 3	0.233 0	0.184 2	0.146 0	0.116 0	0.092 3
30	0.741 9	0.552 1	0.412 0	0.308 3	0.231 4	0.174 1	0.131 4	0.099 4	0.075 4	0.057 3
40	0.671 7	0.452 9	0.306 6	0.208 3	0.142 0	0.097 2	0.066 8	0.046 0	0.031 8	0.022 1
50	0.608 0	0.371 5	0.228 1	0.140 7	0.087 2	0.054 3	0.033 9	0.021 3	0.013 4	0.008 5
60	0.550 4	0.304 8	0.169 7	0.095 1	0.053 5	0.030 3	0.017 3	0.009 9	0.005 7	0.003 3

期	12%	14%	15%	16%	18%	20%	24%	28%	32%	36%
1	0.892 9	0.877 2	0.869 6	0.862 1	0.847 5	0.833 3	0.806 5	0.781 3	0.757 6	0.735 3
2	0.797 2	0.769 5	0.756 1	0.743 2	0.718 2	0.694 4	0.650 4	0.610 4	0.573 9	0.540 7
3	0.711 8	0.675 0	0.657 5	0.640 7	0.608 6	0.578 7	0.524 5	0.476 8	0.434 8	0.397 5
4	0.635 5	0.592 1	0.571 8	0.552 3	0.515 8	0.482 3	0.423 0	0.372 5	0.329 4	0.292 3
5	0.567 4	0.519 4	0.497 2	0.476 1	0.437 1	0.401 9	0.341 1	0.291 0	0.249 5	0.214 9
6	0.506 6	0.455 6	0.432 3	0.410 4	0.370 4	0.334 9	0.275 1	0.227 4	0.189 0	0.158 0
7	0.452 3	0.399 6	0.375 9	0.353 8	0.313 9	0.279 1	0.221 8	0.177 6	0.143 2	0.116 2
8	0.403 9	0.350 6	0.326 9	0.305 0	0.266 0	0.232 6	0.178 9	0.138 8	0.108 5	0.085 4
9	0.360 6	0.307 5	0.284 3	0.263 0	0.225 5	0.193 8	0.144 3	0.108 4	0.082 2	0.062 8
10	0.322 0	0.269 7	0.247 2	0.226 7	0.191 1	0.161 5	0.116 4	0.084 7	0.062 3	0.046 2
11	0.287 5	0.236 6	0.214 9	0.195 4	0.161 9	0.134 6	0.093 8	0.066 2	0.047 2	0.034 0
12	0.256 7	0.207 6	0.186 9	0.168 5	0.137 2	0.112 2	0.075 7	0.051 7	0.035 7	0.025 0
13	0.229 2	0.182 1	0.162 5	0.145 2	0.116 3	0.093 5	0.061 0	0.040 4	0.027 1	0.018 4
14	0.204 6	0.159 7	0.141 3	0.125 2	0.098 5	0.077 9	0.049 2	0.031 6	0.020 5	0.013 5
15	0.182 7	0.140 1	0.122 9	0.107 9	0.083 5	0.064 9	0.039 7	0.024 7	0.015 5	0.009 9
16	0.163 1	0.122 9	0.106 9	0.093 0	0.070 8	0.054 1	0.032 0	0.019 3	0.011 8	0.007 3
17	0.145 6	0.107 8	0.092 9	0.080 2	0.060 0	0.045 1	0.025 8	0.015 0	0.008 9	0.005 4
18	0.130 0	0.094 6	0.080 8	0.069 1	0.050 8	0.037 6	0.020 8	0.011 8	0.006 8	0.003 9
19	0.116 1	0.082 9	0.070 3	0.059 6	0.043 1	0.031 3	0.016 8	0.009 2	0.005 1	0.002 9
20	0.103 7	0.072 8	0.061 1	0.051 4	0.036 5	0.026 1	0.013 5	0.007 2	0.003 9	0.002 1
25	0.058 8	0.037 8	0.030 4	0.024 5	0.016 0	0.010 5	0.004 6	0.002 1	0.001 0	0.000 5
30	0.033 4	0.019 6	0.015 1	0.011 6	0.007 0	0.004 2	0.001 6	0.000 6	0.000 2	0.000 1
40	0.010 7	0.005 3	0.003 7	0.002 6	0.001 3	0.000 7	0.000 2	0.000 1	*	*
50	0.003 5	0.001 4	0.000 9	0.000 6	0.000 3	0.000 1	*	*	*	*
60	0.001 1	0.000 4	0.000 2	0.000 1	*	*	*	*	*	*

表 A.1d n 期每期 1 元钱年金的现值

期	1%	2%	3%	4%	5%	6%	7%	8%	9%
1	0.990 1	0.980 4	0.970 9	0.961 5	0.952 4	0.943 4	0.934 6	0.925 9	0.917 4
2	1.970 4	1.941 6	1.913 5	1.886 1	1.859 4	1.833 4	1.808 0	1.783 3	1.759 1
3	2.941 0	2.883 9	2.828 6	2.775 1	2.723 2	2.673 0	2.624 3	2.577 1	2.531 3
4	3.902 0	3.807 7	3.717 1	3.629 9	3.546 0	3.465 1	3.387 2	3.312 1	3.239 7
5	4.853 4	4.713 5	4.579 7	4.451 8	4.329 5	4.212 4	4.100 2	3.992 7	3.889 7
6	5.795 5	5.601 4	5.417 2	5.242 1	5.075 7	4.917 3	4.766 5	4.622 9	4.485 9
7	6.728 2	6.472 0	6.230 3	6.002 1	5.786 4	5.582 4	5.389 3	5.206 4	5.033 0
8	7.651 7	7.325 5	7.019 7	6.732 7	6.463 2	6.209 8	5.971 3	5.746 6	5.534 8
9	8.566 0	8.162 2	7.786 1	7.435 3	7.107 8	6.801 7	6.515 2	6.246 9	5.995 2
10	9.471 3	8.982 6	8.530 2	8.110 9	7.721 7	7.360 1	7.023 6	6.710 1	6.417 7
11	10.367 6	9.786 8	9.252 6	8.760 5	8.306 4	7.886 9	7.498 7	7.139 0	6.805 2
12	11.255 1	10.575 3	9.954 0	9.385 1	8.863 3	8.383 8	7.942 7	7.536 1	7.160 7
13	12.133 7	11.348 4	10.635 0	9.985 6	9.393 6	8.852 7	8.357 7	7.903 8	7.486 9
14	13.003 7	12.106 2	11.296 1	10.563 1	9.898 6	9.295 0	8.745 5	8.244 2	7.786 2
15	13.865 1	12.849 3	11.937 9	11.118 4	10.379 7	9.712 2	9.107 9	8.559 5	8.060 7
16	14.717 9	13.577 7	12.561 1	11.652 3	10.837 8	10.105 9	9.446 6	8.851 4	8.312 6
17	15.562 3	14.291 9	13.166 1	12.165 7	11.274 1	10.477 3	9.763 2	9.121 6	8.543 6
18	16.398 3	14.992 0	13.753 5	12.659 3	11.689 6	10.827 6	10.059 1	9.371 9	8.755 6
19	17.226 0	15.678 5	14.323 8	13.133 9	12.085 3	11.158 1	10.335 6	9.603 6	8.950 1
20	18.045 6	16.351 4	14.877 5	13.590 3	12.462 2	11.469 9	10.594 0	9.818 1	9.128 5
25	22.023 2	19.523 5	17.413 1	15.622 1	14.093 9	12.783 4	11.653 6	10.674 8	9.822 6
30	25.807 7	22.396 5	19.600 4	17.292 0	15.372 5	13.764 8	12.409 0	11.257 8	10.273 7
40	32.834 7	27.355 5	23.114 8	19.792 8	17.159 1	15.046 3	13.331 7	11.924 6	10.757 4
50	39.196 1	31.423 6	25.729 8	21.482 2	18.255 9	15.761 9	13.800 7	12.233 5	10.961 7
60	44.955 0	34.760 9	27.675 6	22.623 5	18.929 3	16.161 4	14.039 2	12.376 6	11.048 0

期	10%	12%	14%	15%	16%	18%	20%	24%	28%	32%	36%
1	0.909 1	0.892 9	0.877 2	0.869 6	0.862 1	0.847 5	0.833 3	0.806 5	0.781 3	0.757 6	0.735 3
2	1.735 5	1.690 1	1.646 7	1.625 7	1.605 2	1.565 6	1.527 8	1.456 8	1.391 6	1.331 5	1.276 0
3	2.486 9	2.401 8	2.321 6	2.283 2	2.245 9	2.174 3	2.106 5	1.981 3	1.868 4	1.766 3	1.673 5
4	3.169 9	3.037 3	2.913 7	2.855 0	2.798 2	2.690 1	2.588 7	2.404 3	2.241 0	2.095 7	1.965 8
5	3.790 8	3.604 8	3.433 1	3.352 2	3.274 3	3.127 2	2.990 6	2.745 4	2.532 0	2.345 2	2.180 7
6	4.355 3	4.111 4	3.888 7	3.784 5	3.684 7	3.497 6	3.325 5	3.020 5	2.759 4	2.534 2	2.338 8
7	4.868 4	4.563 8	4.288 3	4.160 4	4.038 6	3.811 5	3.604 6	3.242 3	2.937 0	2.677 5	2.455 0
8	5.334 9	4.967 6	4.638 9	4.487 3	4.343 6	4.077 6	3.837 2	3.421 2	3.075 8	2.786 0	2.540 4
9	5.759 0	5.328 2	4.946 4	4.771 6	4.606 5	4.303 0	4.031 0	3.565 5	3.184 2	2.868 1	2.603 3
10	6.144 6	5.650 2	5.216 1	5.018 8	4.833 2	4.494 1	4.192 5	3.681 9	3.268 5	2.930 4	2.649 5
11	6.495 1	5.937 7	5.452 7	5.233 7	5.028 6	4.656 0	4.327 1	3.775 7	3.335 1	2.977 6	2.683 5
12	6.813 7	6.194 4	5.660 2	5.420 6	5.197 1	4.793 2	4.439 2	3.851 4	3.386 8	3.013 3	2.708 4
13	7.103 4	6.423 5	5.842 4	5.583 1	5.342 3	4.909 5	4.532 7	3.912 4	3.427 2	3.040 4	2.726 8
14	7.366 7	6.628 2	6.002 1	5.724 5	5.467 5	5.008 1	4.610 6	3.961 6	3.458 7	3.060 9	2.740 3
15	7.606 1	6.810 9	6.142 2	5.847 4	5.575 5	5.091 6	4.675 5	4.001 3	3.483 4	3.076 4	2.750 2
16	7.823 7	6.974 0	6.265 1	5.954 2	5.668 5	5.162 4	4.729 6	4.033 3	3.502 6	3.088 2	2.757 5
17	8.021 6	7.119 6	6.372 9	6.047 2	5.748 7	5.222 3	4.774 6	4.059 1	3.517 7	3.097 1	2.762 9
18	8.201 4	7.249 7	6.467 4	6.128 0	5.817 8	5.273 2	4.812 2	4.079 9	3.529 4	3.103 9	2.766 8
19	8.364 9	7.365 8	6.550 4	6.198 2	5.877 5	5.316 2	4.843 5	4.096 7	3.538 6	3.109 0	2.769 7
20	8.513 6	7.469 4	6.623 1	6.259 3	5.928 8	5.352 7	4.869 6	4.110 3	3.545 8	3.112 9	2.771 8
25	9.077 0	7.843 1	6.872 9	6.464 1	6.097 1	5.466 9	4.947 6	4.147 4	3.564 0	3.122 0	2.776 5
30	9.426 9	8.055 2	7.002 7	6.566 0	6.177 2	5.516 8	4.978 9	4.160 1	3.569 3	3.124 2	2.777 3
40	9.779 1	8.243 8	7.105 0	6.641 8	6.233 5	5.548 2	4.996 6	4.165 9	3.571 2	3.125 0	2.777 7
50	9.914 8	8.304 5	7.132 7	6.660 5	6.246 3	5.554 1	4.999 5	4.166 6	3.571 4	3.125 0	2.777 8
60	9.967 2	8.324 0	7.140 1	6.665 1	6.249 2	5.555 3	4.999 9	4.166 7	3.571 4	3.125 0	2.777 8

表 A.2　正态曲线下的面积

Z	0.00	0.01	0.02	0.03	0.04	0.05	0.06	0.07	0.08	0.09
0.0	0.000 0	0.004 0	0.008 0	0.012 0	0.016 0	0.019 9	0.023 9	0.027 9	0.031 9	0.035 9
0.1	0.039 8	0.043 8	0.047 8	0.051 7	0.055 7	0.059 6	0.063 6	0.067 5	0.071 4	0.075 3
0.2	0.079 3	0.083 2	0.087 1	0.091 0	0.094 8	0.098 7	0.102 6	0.106 4	0.110 3	0.114 1
0.3	0.117 9	0.121 7	0.125 5	0.129 3	0.133 1	0.136 8	0.140 6	0.144 3	0.148 0	0.151 7
0.4	0.155 4	0.159 1	0.162 8	0.166 4	0.170 0	0.173 6	0.177 2	0.180 8	0.184 4	0.187 9
0.5	0.191 5	0.195 0	0.198 5	0.201 9	0.205 4	0.208 8	0.212 3	0.215 7	0.219 0	0.222 4
0.6	0.225 7	0.229 1	0.232 4	0.235 7	0.238 9	0.242 2	0.245 4	0.248 6	0.251 7	0.254 9
0.7	0.258 0	0.261 1	0.264 2	0.267 3	0.270 4	0.273 4	0.276 4	0.279 4	0.282 3	0.285 2
0.8	0.288 1	0.291 0	0.293 9	0.296 7	0.299 5	0.302 3	0.305 1	0.307 8	0.310 6	0.313 3
0.9	0.315 9	0.318 6	0.321 2	0.323 8	0.326 4	0.328 9	0.331 5	0.334 0	0.336 5	0.338 9
1.0	0.341 3	0.343 8	0.346 1	0.348 5	0.350 8	0.353 1	0.355 4	0.357 7	0.359 9	0.362 1
1.1	0.364 3	0.366 5	0.368 6	0.370 8	0.372 9	0.374 9	0.377 0	0.379 0	0.381 0	0.383 0
1.2	0.384 9	0.386 9	0.388 8	0.390 7	0.392 5	0.394 4	0.396 2	0.398 0	0.399 7	0.401 5
1.3	0.403 2	0.404 9	0.406 6	0.408 2	0.409 9	0.411 5	0.413 1	0.414 7	0.416 2	0.417 7
1.4	0.419 2	0.420 7	0.422 2	0.423 6	0.425 1	0.426 5	0.427 9	0.429 2	0.430 6	0.431 9
1.5	0.433 2	0.434 5	0.435 7	0.437 0	0.438 2	0.439 4	0.440 6	0.441 8	0.442 9	0.444 1
1.6	0.445 2	0.446 3	0.447 4	0.448 4	0.449 5	0.450 5	0.451 5	0.452 5	0.453 5	0.454 5
1.7	0.455 4	0.456 4	0.457 3	0.458 2	0.459 1	0.459 9	0.460 8	0.461 6	0.462 5	0.463 3
1.8	0.464 1	0.464 9	0.465 6	0.466 4	0.467 1	0.467 8	0.468 6	0.469 3	0.469 9	0.470 6
1.9	0.471 3	0.471 9	0.472 6	0.473 2	0.473 8	0.474 4	0.475 0	0.475 6	0.476 1	0.476 7
2.0	0.477 2	0.477 8	0.478 3	0.478 8	0.479 3	0.479 8	0.480 3	0.480 8	0.481 2	0.481 7
2.1	0.482 1	0.482 6	0.483 0	0.483 4	0.483 8	0.484 2	0.484 6	0.485 0	0.485 4	0.485 7
2.2	0.486 1	0.486 4	0.486 8	0.487 1	0.487 5	0.487 8	0.488 1	0.488 4	0.488 7	0.489 0
2.3	0.489 3	0.489 6	0.489 8	0.490 1	0.490 4	0.490 6	0.490 9	0.491 1	0.491 3	0.491 6
2.4	0.491 8	0.492 0	0.492 2	0.492 5	0.492 7	0.492 9	0.493 1	0.493 2	0.493 4	0.493 6
2.5	0.493 8	0.490 4	0.494 1	0.494 3	0.494 5	0.494 6	0.494 8	0.494 9	0.495 1	0.495 2
2.6	0.495 3	0.495 5	0.495 3	0.495 7	0.495 9	0.496 0	0.496 1	0.496 2	0.496 3	0.496 4
2.7	0.496 5	0.496 6	0.496 7	0.496 8	0.496 9	0.497 0	0.497 1	0.497 2	0.497 3	0.497 4
2.8	0.497 4	0.497 5	0.497 6	0.497 7	0.497 7	0.497 8	0.497 9	0.497 9	0.498 0	0.498 1
2.9	0.498 1	0.498 2	0.498 2	0.498 3	0.498 4	0.498 4	0.498 5	0.498 5	0.498 6	0.498 6
3.0	0.498 7	0.498 7	0.498 7	0.498 8	0.498 8	0.498 9	0.498 9	0.498 9	0.499 0	0.499 0

表 A.3a F-分布临界值（$\alpha=0.05$）

分母自由度	分子自由度								
	1	2	3	4	5	6	8	10	15
1	161.4	199.5	215.7	224.6	230.2	234.0	238.9	241.9	245.9
2	18.51	19.00	19.16	19.25	19.30	19.33	19.37	19.40	19.43
3	10.13	9.55	9.28	9.12	9.01	8.94	8.85	8.79	8.70
4	7.71	6.94	6.59	6.39	6.26	6.16	6.04	5.96	5.86
5	6.61	5.79	5.41	5.19	5.05	4.95	4.82	4.74	4.62
6	5.99	5.14	4.76	4.53	4.39	4.28	4.15	4.06	3.94
7	5.59	4.74	4.35	4.12	3.97	3.87	3.73	3.64	3.51
8	5.32	4.46	4.07	3.84	3.69	3.58	3.44	3.35	3.22
9	5.12	4.26	3.86	3.63	3.48	3.37	3.23	3.14	3.01
10	4.96	4.10	3.71	3.48	3.33	3.22	3.07	2.98	2.85
11	4.84	3.98	3.59	3.36	3.20	3.09	2.95	2.85	2.72
12	4.75	3.89	3.49	3.26	3.11	3.00	2.85	2.75	2.62
13	4.67	3.81	3.41	3.18	3.03	2.92	2.77	2.67	2.53
14	4.60	3.74	3.34	3.11	2.96	2.85	2.70	2.60	2.46
15	4.54	3.68	3.29	3.06	2.90	2.79	2.64	2.54	2.40
16	4.49	3.63	3.24	3.01	2.85	2.74	2.59	2.49	2.35
17	4.45	3.59	3.20	2.96	2.81	2.70	2.55	2.45	2.31
18	4.41	3.55	3.16	2.93	2.77	2.66	2.51	2.41	2.27
19	4.38	3.52	3.13	2.90	2.74	2.63	2.48	2.38	2.23
20	4.35	3.49	3.10	2.87	2.71	2.60	2.45	2.35	2.20
21	4.32	3.47	3.07	2.84	2.68	2.57	2.42	2.32	2.18
22	4.30	3.44	3.05	2.82	2.66	2.55	2.40	2.30	2.15
23	4.28	3.42	3.03	2.80	2.64	2.53	2.37	2.27	2.13
24	4.26	3.40	3.01	2.78	2.62	2.51	2.36	2.25	2.11
25	4.24	3.39	2.99	2.76	2.60	2.49	2.34	2.24	2.09
26	4.23	3.37	2.98	2.74	2.59	2.47	2.32	2.22	2.07
27	4.21	3.35	2.96	2.73	2.57	2.46	2.31	2.20	2.06
28	4.20	3.34	2.95	2.71	2.56	2.45	2.29	2.19	2.04
29	4.18	3.32	2.93	2.70	2.55	2.43	2.28	2.18	2.03
30	4.17	3.32	2.92	2.69	2.53	2.42	2.27	2.16	2.01
40	4.08	3.23	2.84	2.61	2.45	2.34	2.18	2.08	1.92
50	4.03	3.18	2.79	2.56	2.40	2.29	2.13	2.03	1.87
60	4.00	3.15	2.76	2.53	2.37	2.25	2.10	1.99	1.84
70	3.98	3.13	2.74	2.50	2.35	2.23	2.07	1.97	1.81
80	3.96	3.11	2.72	2.49	2.33	2.21	2.06	1.95	1.79
90	3.95	3.10	2.71	2.47	2.32	2.20	2.04	1.94	1.78
100	3.94	3.09	2.70	2.46	2.31	2.19	2.03	1.93	1.77
125	2.93	3.07	2.68	2.44	2.29	2.17	2.01	1.91	1.75
150	3.90	3.06	2.66	2.43	2.27	2.16	2.00	1.89	1.73
200	3.89	3.04	2.65	2.42	2.26	2.14	1.98	1.88	1.72
∞	3.84	3.00	2.60	2.37	2.21	2.10	1.94	1.83	1.67

表 A.3b F-分布临界值（$\alpha=0.01$）

分母自由度	分子自由度								
	1	2	3	4	5	6	8	10	15
1	4 052	4 999	5 403	5 625	5 764	5 859	5 981	6 056	6 157
2	98.50	99.00	99.17	99.25	99.30	99.33	99.37	99.40	99.43
3	34.12	30.82	29.46	28.71	28.24	27.91	27.49	27.23	26.87
4	21.20	18.00	16.69	15.98	15.52	15.21	14.80	14.55	14.20
5	16.26	13.27	12.06	11.39	10.97	10.67	10.29	10.05	9.72
6	13.75	10.92	9.78	9.15	8.75	8.47	8.10	7.87	7.56
7	12.25	9.55	8.45	7.85	7.46	7.19	6.84	6.62	6.31
8	11.26	8.65	7.59	7.01	6.63	6.37	6.03	5.81	5.52
9	10.56	8.02	6.99	6.42	6.06	5.80	5.47	5.26	4.96
10	10.04	7.56	6.55	5.99	5.64	5.39	5.06	4.85	4.56
11	9.65	7.21	6.22	5.67	5.32	5.07	4.74	4.54	4.25
12	9.33	6.93	5.95	5.41	5.06	4.82	4.50	4.30	4.01
13	9.07	6.70	5.74	5.21	4.86	4.62	4.30	4.10	3.82
14	8.86	6.51	5.56	5.04	4.69	4.46	4.14	3.94	3.66
15	8.68	6.36	5.42	4.89	4.56	4.32	4.00	3.80	3.52
16	8.53	6.23	5.29	4.77	4.44	4.20	3.89	3.69	3.41
17	8.40	6.11	5.19	4.67	4.23	4.10	3.79	3.59	3.31
18	8.29	6.01	5.09	4.58	4.25	4.01	3.71	3.51	3.23
19	8.18	5.93	5.01	4.50	4.17	3.94	3.63	3.43	3.15
20	8.10	5.85	4.94	4.43	4.10	3.87	3.56	3.37	3.09
21	8.02	5.78	4.87	4.37	4.04	3.81	3.51	3.31	3.03
22	7.95	5.72	4.82	4.31	3.99	3.76	3.45	3.26	2.98
23	7.88	5.66	4.76	4.26	3.94	3.71	3.41	3.21	2.93
24	7.82	5.61	4.72	4.22	3.90	3.67	3.36	3.17	2.89
25	7.77	5.57	4.68	4.18	3.85	3.63	3.32	3.13	2.85
26	7.72	5.53	4.64	4.14	3.82	3.59	3.29	3.09	2.81
27	7.68	5.49	4.60	4.11	3.78	3.56	3.26	3.06	2.78
28	7.64	5.45	4.57	4.07	3.75	3.53	3.23	3.03	2.75
29	7.60	5.42	4.54	4.04	3.73	3.50	3.20	3.00	2.73
30	7.56	5.39	4.51	4.02	3.70	3.47	3.17	2.98	2.70
40	7.31	5.18	4.31	3.83	3.51	3.29	2.99	2.80	2.52
50	7.17	5.06	4.20	3.72	3.41	3.19	2.89	2.70	2.42
60	7.08	4.98	4.13	3.65	3.34	3.12	2.82	2.63	2.35
70	7.01	4.92	4.07	3.60	3.29	3.07	2.78	2.59	2.31
80	6.96	4.88	4.04	3.56	3.26	3.04	2.74	2.55	2.27
90	6.93	4.85	4.01	3.53	3.23	3.01	2.72	2.52	2.24
100	6.90	4.82	3.98	3.51	3.21	2.99	2.69	2.50	2.22
125	6.84	4.78	3.94	3.47	3.17	2.95	2.66	2.47	2.19
150	6.81	4.75	3.91	3.45	3.14	2.92	2.63	2.44	2.16
200	6.76	4.71	3.88	3.41	3.11	2.89	2.60	2.41	2.13
∞	6.63	4.61	3.78	3.32	3.02	2.80	2.51	2.32	2.04

表 A.4 t-分布临界值

单尾 $\alpha=$	0.10	0.05	0.025	0.01	0.005
双尾 $\alpha=$	0.20	0.10	0.05	0.02	0.01
$df=1$	3.078	6.314	12.706	31.821	63.657
2	1.886	2.920	4.303	6.965	9.925
3	1.638	2.353	3.182	4.541	5.841
4	1.533	2.132	2.776	3.747	4.604
5	1.476	2.015	2.571	3.365	4.032
6	1.440	1.943	2.447	3.143	3.707
7	1.415	1.895	2.365	2.998	3.499
8	1.397	1.860	2.306	2.896	3.355
9	1.383	1.833	2.262	2.821	3.250
10	1.372	1.812	2.228	2.764	3.169
11	1.363	1.796	2.201	2.718	3.106
12	1.356	1.782	2.179	2.681	3.055
13	1.350	1.771	2.160	2.650	3.012
14	1.345	1.761	2.145	2.624	2.977
15	1.341	1.753	2.131	2.602	2.947
16	1.337	1.746	2.120	2.583	2.921
17	1.333	1.740	2.110	2.567	2.898
18	1.330	1.734	2.101	2.552	2.878
19	1.328	1.729	2.093	2.539	2.861
20	1.325	1.725	2.086	2.528	2.845
21	1.323	1.721	2.080	2.518	2.831
22	1.321	1.717	2.074	2.508	2.819
23	1.319	1.714	2.069	2.500	2.807
24	1.318	1.711	2.064	2.492	2.797
25	1.316	1.708	2.060	2.485	2.787
26	1.315	1.706	2.056	2.479	2.779
27	1.314	1.703	2.052	2.473	2.771
28	1.313	1.701	2.048	2.467	2.763
29	1.311	1.699	2.045	2.462	2.756
30	1.310	1.697	2.042	2.457	2.750
40	1.303	1.684	2.021	2.423	2.704
50	1.299	1.676	2.009	2.402	2.678
60	1.296	1.672	2.000	2.390	2.660
70	1.294	1.667	1.994	2.381	2.648
80	1.292	1.664	1.990	2.374	2.639
90	1.291	1.662	1.987	2.368	2.632
100	1.290	1.660	1.984	2.364	2.626
125	1.288	1.657	1.979	2.357	2.616
150	1.287	1.655	1.976	2.351	2.609
200	1.286	1.653	1.972	2.345	2.601
∞	1.282	1.645	1.960	2.326	2.576

表 A.5a D-W 统计量：d_l 和 d_u 显著点（单尾检验 $\alpha=0.05$）

n	k=1		k=2		k=3		k=4		k=5	
	d_l	d_u	d_l	d_u	d_l	d_u	d_l	d_u	d_l	d_u
15	0.95	1.23	0.83	1.40	0.71	1.61	0.59	1.84	0.48	2.09
16	0.98	1.24	0.86	1.40	0.75	1.59	0.64	1.80	0.53	2.03
17	1.01	1.25	0.90	1.40	0.79	1.58	0.68	1.77	0.57	1.98
18	1.03	1.26	0.93	1.40	0.82	1.56	0.72	1.74	0.62	1.93
19	1.06	1.28	0.96	1.41	0.86	1.55	0.76	1.72	0.66	1.90
20	1.08	1.28	0.99	1.41	0.89	1.55	0.79	1.70	0.70	1.87
21	1.10	1.30	1.01	1.41	0.92	1.54	0.83	1.69	0.73	1.84
22	1.12	1.31	1.04	1.42	0.95	1.54	0.86	1.68	0.77	1.82
23	1.14	1.32	1.06	1.42	0.97	1.54	0.89	1.67	0.80	1.80
24	1.16	1.33	1.08	1.43	1.00	1.54	0.91	1.66	0.83	1.79
25	1.18	1.34	1.10	1.43	1.02	1.54	0.94	1.65	0.86	1.77
26	1.19	1.35	1.12	1.44	1.04	1.54	0.96	1.65	0.88	1.76
27	1.21	1.36	1.13	1.44	1.06	1.54	0.99	1.64	0.91	1.75
28	1.22	1.37	1.15	1.45	1.08	1.54	1.01	1.64	0.93	1.74
29	1.24	1.38	1.17	1.45	1.10	1.54	1.03	1.63	0.96	1.73
30	1.25	1.38	1.18	1.46	1.12	1.54	1.05	1.63	0.98	1.73
31	1.26	1.39	1.20	1.47	1.13	1.55	1.07	1.63	1.00	1.72
32	1.27	1.40	1.21	1.47	1.15	1.55	1.08	1.63	1.02	1.71
33	1.28	1.41	1.22	1.48	1.16	1.55	1.10	1.63	1.04	1.71
34	1.29	1.41	1.24	1.48	1.17	1.55	1.12	1.63	1.06	1.70
35	1.30	1.42	1.25	1.48	1.19	1.55	1.13	1.63	1.07	1.70
36	1.31	1.43	1.26	1.49	1.20	1.56	1.15	1.63	1.09	1.70
37	1.32	1.43	1.27	1.49	1.21	1.56	1.16	1.62	1.10	1.70
38	1.33	1.44	1.28	1.50	1.23	1.56	1.17	1.62	1.12	1.70
39	1.34	1.44	1.29	1.50	1.24	1.56	1.19	1.63	1.13	1.69
40	1.35	1.45	1.30	1.51	1.25	1.57	1.20	1.63	1.15	1.69
45	1.39	1.48	1.34	1.53	1.30	1.58	1.25	1.63	1.21	1.69
50	1.42	1.50	1.38	1.54	1.34	1.59	1.30	1.64	1.26	1.69
55	1.45	1.52	1.41	1.56	1.37	1.60	1.33	1.64	1.30	1.69
60	1.47	1.54	1.44	1.57	1.40	1.61	1.37	1.65	1.33	1.69
65	1.49	1.55	1.46	1.59	1.43	1.62	1.40	1.66	1.36	1.69
70	1.51	1.57	1.48	1.60	1.45	1.63	1.42	1.66	1.39	1.70
75	1.53	1.58	1.50	1.61	1.47	1.64	1.45	1.67	1.42	1.70
80	1.54	1.59	1.52	1.62	1.49	1.65	1.47	1.67	1.44	1.70
85	1.56	1.60	1.53	1.63	1.51	1.65	1.49	1.68	1.46	1.71
90	1.57	1.61	1.55	1.64	1.53	1.66	1.50	1.69	1.48	1.71
95	1.58	1.62	1.56	1.65	1.54	1.67	1.52	1.69	1.50	1.71
100	1.59	1.63	1.57	1.65	1.55	1.67	1.53	1.70	1.51	1.72

注：n＝观察值的个数，k＝解释变量的个数。

表 A.5b　D-W 统计量：d_l 和 d_u 显著点（双尾检验 $\alpha=0.05$）

n	$k=1$		$k=2$		$k=3$		$k=4$		$k=5$	
	d_l	d_u	d_l	d_u	d_l	d_u	d_l	d_u	d_l	d_u
15	1.08	1.36	0.95	1.54	0.82	1.75	0.69	1.97	0.56	2.21
16	1.10	1.37	0.98	1.54	0.86	1.73	0.74	1.93	0.62	2.15
17	1.13	1.38	1.02	1.54	0.90	1.71	0.78	1.90	0.67	2.10
18	1.16	1.39	1.05	1.53	0.93	1.69	0.82	1.87	0.71	2.06
19	1.18	1.40	1.08	1.53	0.97	1.68	0.86	1.85	0.75	2.02
20	1.20	1.41	1.10	1.54	1.00	1.68	0.90	1.83	0.79	1.99
21	1.22	1.42	1.13	1.54	1.03	1.67	0.93	1.81	0.83	1.96
22	1.24	1.43	1.15	1.54	1.05	1.66	0.96	1.80	0.86	1.94
23	1.26	1.44	1.17	1.54	1.08	1.66	0.99	1.79	0.90	1.92
24	1.27	1.45	1.19	1.55	1.10	1.66	1.01	1.78	0.93	1.90
25	1.29	1.45	1.21	1.55	1.12	1.66	1.04	1.77	0.95	1.89
26	1.30	1.46	1.22	1.55	1.14	1.65	1.06	1.76	0.98	1.88
27	1.32	1.47	1.24	1.56	1.16	1.65	1.08	1.76	1.01	1.86
28	1.33	1.48	1.26	1.56	1.18	1.65	1.10	1.75	1.03	1.85
29	1.34	1.48	1.27	1.56	1.20	1.65	1.12	1.74	1.05	1.84
30	1.35	1.49	1.28	1.57	1.21	1.65	1.14	1.74	1.07	1.83
31	1.36	1.50	1.30	1.57	1.23	1.65	1.16	1.74	1.09	1.83
32	1.37	1.50	1.31	1.57	1.24	1.65	1.18	1.73	1.11	1.82
33	1.38	1.51	1.32	1.58	1.26	1.65	1.19	1.73	1.13	1.81
34	1.39	1.51	1.33	1.58	1.27	1.65	1.21	1.73	1.15	1.81
35	1.40	1.52	1.34	1.58	1.28	1.65	1.22	1.73	1.16	1.80
36	1.41	1.52	1.35	1.59	1.29	1.65	1.24	1.73	1.18	1.80
37	1.42	1.53	1.36	1.59	1.31	1.66	1.25	1.72	1.19	1.80
38	1.43	1.54	1.37	1.59	1.32	1.66	1.26	1.72	1.21	1.79
39	1.43	1.54	1.38	1.60	1.33	1.66	1.72	1.72	1.22	1.79
40	1.44	1.54	1.39	1.60	1.34	1.66	1.29	1.72	1.23	1.79
45	1.48	1.57	1.43	1.62	1.38	1.67	1.34	1.72	1.29	1.78
50	1.50	1.59	1.46	1.63	1.42	1.67	1.83	1.72	1.34	1.77
55	1.53	1.60	1.49	1.64	1.45	1.68	1.41	1.72	1.38	1.77
60	1.55	1.62	1.51	1.65	1.48	1.69	1.44	1.73	1.41	1.77
65	1.57	1.63	1.54	1.66	1.50	1.70	1.47	1.73	1.44	1.77
70	1.58	1.64	1.55	1.67	1.52	1.70	1.49	1.74	1.46	1.77
75	1.60	1.65	1.57	1.68	1.54	1.71	1.51	1.74	1.49	1.77
80	1.61	1.66	1.59	1.69	1.56	1.72	1.53	1.74	1.51	1.77
85	1.62	1.67	1.60	1.70	1.57	1.72	1.55	1.75	1.52	1.77
90	1.63	1.68	1.61	1.70	1.59	1.73	1.57	1.75	1.54	1.78
95	1.64	1.69	1.62	1.71	1.60	1.73	1.58	1.75	1.56	1.78
100	1.65	1.69	1.63	1.72	1.61	1.74	1.59	1.76	1.57	1.78

注：$n=$观察值的个数，$k=$解释变量的个数。

参 考 文 献

[1] Laissez-Faire My Gas Guzzler. Already: Never Mind the Price, Just Fill "er up". New York Times, September 7, 2004.

[2] Coffee Bean Prices Perk Up 30 Percent in Last Month as Supply Trickles Down. Chicago Tribune, June 5, 2004.

[3] Commodities and Agriuclture: Vietnam Tackles Coffee Crisis: Plans Include Reducing Acreage and Expanding Arabica Production. Financial Times, January 29, 2002.

[4] Alfred Marshall, Principles of Economics, 8th ed. Philadelphia: Porcupine Press. 1920, reprinted 1982, p. 288.

[5] Alfred Marshall. Principles of economics, 8ed. Philidaphia Press. reprinted 1982, pp. 319-320.

[6] Milton Friedman. Price theory: A Provisional Text, Hawthorne. NY: Dldine, 1962, pp. 155-159.

[7] James R. Seale Jr., Mary A. Merchant, and Alberto Basso. Imports versus Domestic Production: A Deamnd system Analysis of the U. S. Redwine Market. Review of Agricultural Economics. Vol. 25, Issue Spring-Summer 2003, pp. 1870-2012.

[8] Jani Beko. Some Evidence on Elasticitiesof Demand for Services of Public Railway Passenger Trsportation in Slovenia. Eastern European Economics, Vol. 42, No. 2, March-April 2004, pp. 63-85.

[9] Rajindar K. Koshal and Manjulika Koshal. Deamnd for Kerosene in Developing Countries: a Case of Indonesia, Journal of Asian Economices, Vol. 10, Issue 2, Summer 1999, pp. 329-336.

[10] For a good review of "merger mania," see Richard Teitlebaum, Mergers, Mergers Everywhere, But Do Shareholders Benefit? New York Times, November 29, 1998.

[11] Joel Dean, Statistical Cost Functions of a Hosiery Mill, Studies in Business Administration, 11, 4, Chicago: University of Chicago Press, 1941. This study and others have been reprinted in a volume of Dan's work, Statistical Cost Estimation, Bloomington: Indiana University Press, 1976.

[12] Ronald S. Coot and David A. Walker. Short-Run Cost Functions of a Multi-Product Firm. Journal of Industrial Economics, April 1970, pp. 118-128.

[13] David A. Huettner and John H. Landon. Electric Utilities: Scale Economies and Diseconomies. Southern Economic Journal, April 1978, pp. 883-912.

[14] L. R. Christensen and W. H. Greene. Economics of Scales in U. S. Electric Power Generation. Journal of Political Economy, 84, 4 (August 1976), pp. 655-676.

[15] Albert A. Ocunade. Economies of Scale in Steam-Electric Power Generation in East-North-Central U. S.. Journal of Economics and Finance, 17, 1, (Spring 1993), pp. 149-156.

[16] Jeffrey A. Clark. Economics of Scale and Scope at Depositºry Financial Institutions: A Review of the Literature. Economic Review, Federal Reserve Bank of Kansas City, September/October 1988, pp. 16-33.

[17] Sherrill Shaffer and Edmond David. Economies of Superscale in Commercial Banking. Applied Economics, 23, 2, (February 1991), pp. 283-293.

[18] George J. Stigler. The economics of Scale. Journal of Law and Economics, 1, 1 (October 1958), pp. 54-81.

[19] R. P. Roger. The Minimum Optimal Steel Plant and the Survivor Technique of Cost Estimation. Atlantic Economic Journal, 21 (September 1993), pp. 30-37.

[20] D. G. Tarr. The Minimum Optimal Scale Steel Plant in the Mid-1970's. FTC Working Paper, 3, March 1997, D. G. Tarr. The Minimum Optimal Scale Steel Plant. Atlantic Economic Journal, 12,2 (1984), p. 122.

[21] Adam Smith, An Inquiry into the Nature and Cause of the Wealth of Nations, New York: Modern Library, 1937, p. 128.

[22] This is sequence of fare changes was reported in several issues of the World Street Journal between August 11, 1998 and the end of August.

[23] This section is based on T. Peterson. The Cartel Are Finally Crumbling. Business Week, February 2, 1998, p. 52; R. Atkins. German Phone Call Prices Cut. Financial Times, July 9, 1999.

[24] Transparency International, Corruption PerceptionsIndex2004, October20, 2004. WWW. transparency. org/pressreleases_archive/2004/2004. 10. 20. cpi. en. html.

[25] PRS Group, Inc. , International Country Risk Guide, XXIV, 10, October 2003.

[26] Joe Sharkey. Coping with the Rigors of Global Flights. New York Times, March 30, 2000.

教学支持说明

尊敬的老师:

您好!为方便教学,我们为采用本书作为教材的老师提供教学辅助资源。鉴于部分资源仅提供给授课教师使用,请您填写如下信息,发电子邮件或传真给我们,我们将会及时提供给您教学资源或使用说明。

(本表电子版下载地址:http://www.tup.com.cn/sub_press/3/)

课程信息

书　　名			
作　　者		书号(ISBN)	
课程名称		学生人数	
学生类型	□本科　□研究生　□MBA/EMBA　□在职培训		
本书作为	□主要教材　□参考教材		

您的信息

学　　校			
学　　院		系/专业	
姓　　名		职称/职务	
电　　话		电子邮件	
通信地址		邮　编	
对本教材建议			
有何出版计划			

_____年___月___日

清华大学出版社

E-mail: tupfuwu@163.com　　　　　　　　网址: http://www.tup.com.cn/
电话: 8610-62770175-4903/4506　　　　　传真: 8610-62775511
地址: 北京市海淀区双清路学研大厦 B 座 506 室　　邮编: 100084